傳統整合分析
理論與實務：ESS & EXCEL

Theory and Practice of Classical Meta-analysis : ESS & EXCEL

李茂能 著

五南圖書出版公司 印行

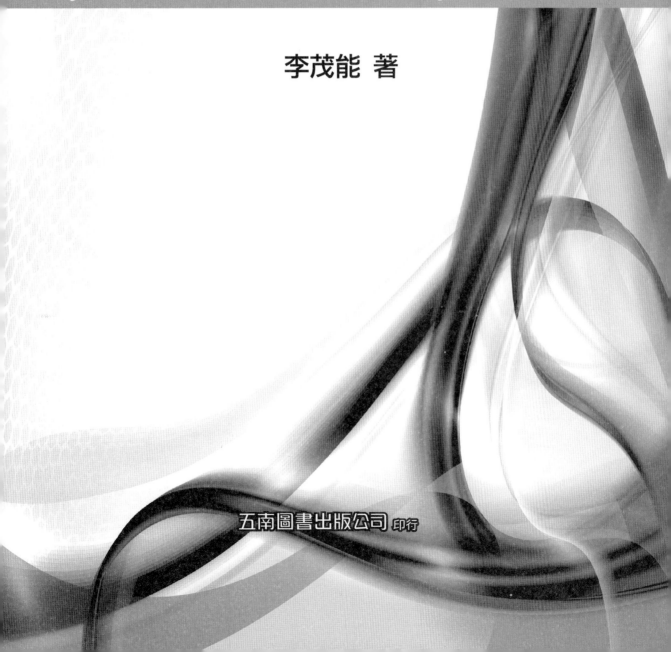

序　言

　　整合分析是「分析中的分析」，「研究中的研究」，是當代實徵研究者的必備知能。目前它已受到實證醫學、心理學、教育學、社會科學、市場行銷、經濟學等各學術領域的廣泛應用，主要係因整合分析可以讓文獻探討更客觀與深入。整合分析可以提供量化研究者更具體的研究假設，可以驅使研究者繼續去探求研究結果不一致的原因，可以讓研究者不只關切統計顯著與否，而且更重視效果值的大小。整合分析在量化研究中引領風騷近半世紀。近年來，國衛院的「考科藍實證醫學資料庫」與國家教育研究院的「系統性文獻回顧與後設分析資料庫」的建置，開啓了我國整合分析的新里程碑。整合分析在我國學術界已進入推廣階段，全方位整合分析專書的問世與相關軟體的研發，將是整合分析在我國學術界落地生根與開花結果的觸媒。

　　本書旨在引領讀者熟悉整合分析的系統核心公式、技術與應用實務，以奠定整合分析的理論與實務根基。理論的部分會先作簡介，再作實例解說；解說演算過程將利用 Excel 的內定統計程式及筆者開發的整合分析軟體 Effect Size Synthesizer（簡稱 ESS）交互印證之。基於全方位內容的撰寫理念，全書共分八章，分別討論整合分析的理論基礎、基本假設、文獻搜尋與研究品質評鑑、調節變項分析、整合分析的統計考驗力分析、整合分析報告的撰寫準則與實例、整合分析軟體 ESS 簡介與報表解說。各章節係以最新之理論爲經、以實務爲緯，深入淺出交織而成系統化與全方位的整合分析知能，讓讀者能迅速掌握基本知能、應用與解釋之技巧。

　　整合分析的推廣有賴相關軟體的普及，隨書附贈本土化的 ESS 軟體，係依全方位整合分析的先後步驟與內容而設計，可處理大部分的整合分析模式與問題。尤其，ESS 特別提供了經濟學常用的整合迴歸分析：FAT-PET & PEESE 模式，以排除出版偏差而獲得淨效果值。ESS 使用者介面力求簡單、功能力求完整與多元，讓所有使用者都能快速而有效地進行整合分析。ESS 的研發費時、費神，處處充滿著挑戰難題，過程中也交織著不少焦慮與喜悅。

　　國內系統性的整合分析專書與相關之應用軟體尚不多見，秉持著接受挑戰與突破自我的狂熱信念，歷經數年的文獻研析、筆耕與 VBA 程式撰寫及除錯，筆者終於能將心血結晶與同好分享；雖然學術無價但所付出的心力與時間亦甚巨大，企盼個人的犧牲與棉薄的貢獻，可以讓整合分析的學術與應用更普及，亦稍寬慰。

　　在此撰寫序言之時，筆者深信「證據導向的研究」是獲得實用知識的可靠途徑，也是未來研究的主流；而書中內容儘可能與國際最新學術同步，亦請整合分析的研究者或讀者不吝指教，俾使本書與 ESS 軟體能更趨完善。

李茂能

Contents

Chapter 02　整合分析的基本假設　　109

Contents

Chapter 03　整合分析的文獻搜尋與研究品質評鑑 197

Contents

<table>
<tr><td>**Chapter 05**</td><td>**整合分析的統計考驗力分析**</td><td>**327**</td></tr>
</table>

Contents

整合分析的理論基礎

Cumming（2012）：揚棄 NHST 的風潮已成，「許多的雜誌編輯都要求報告效果值與信賴區間，整合分析將成為主流！」

一、整合分析的時代背景、演進與發展現況

統計「虛無假設」顯著性的考驗模式，常被視為客觀量化的表徵，似乎已成為科學研究不可或缺的下決策工具。過去的文獻分析與結論大都依賴此統計顯著性考驗的結果，作為研究結果之主要依據。可惜，此種統計結論過度依賴樣本大小，因樣本愈大 p 值愈小，讓人以為效果值愈大，且研究者常只關心 p 值（p-value）是否小於 α，忽略了效果值（effect size）是否具有應用價值（Rojewski, 1999; Thompson, 1996 ,1998；李茂能 , 1998 & 2002）。此種偏頗因而極易導致研究發現的不一致及應用上的矛盾，例如：資料分析結果常因樣本過大而達到統計上的既定水準，但卻無臨床上的運用價值。Cohen（1994）也直陳過去許多研究結果產生矛盾的現象，主因係源自於統計的顯著性考驗（通常係統計考驗力過低所致）。

一場寧靜的統計革命似乎已銳不可檔，有些雜誌主編，例如：《流行病學雜誌》主編 Rothman 與《記憶與認知雜誌》主編 Loftus，在 1990 年代擔任主編時，就禁止在其雜誌的論文中使用 p 值，以改善推論統計的實務（Fidler, 2005），對於虛無假設的統計考驗（NHST）的反動，似乎已無法阻擋。近年來，APA 的出版手冊（2010）也要求作者應根據估計值（效果值的點估計或信賴區間）而非以 p 值進行資料的解釋。Psyconomic Association（2012）也指出 NHST 的理論缺陷，呼籲使用估計值作為推論的依據。因此，NHST 的時代似乎已將結束，隨之而起的估計法（estimation），將是未來推論統計的新主角（Cumming, 2012）。

有鑑於統計考驗模式之缺陷——過去作者依個人好惡去引用文獻與流於主觀的描述性文獻分析，描述型整合分析大師 Glass（1976），率先大力提倡以「效果值」為核心的客觀性文獻整合分析（meta-analysis）技術，引導了描述性的整合分析（descriptive meta-analysis）的量化方向。接著，為了反駁 Eysenck 的心理治療無用論，Glass（1977）發表了第一篇有關心理治療效果的整合分析（含 375 篇研究結果），發現心理治療效果在不同療法間均具不錯的效能（g = .68）。從 1980 年代起，整合分析學者（張明玲，2013、Hedges & Olkin, 1985、Cooper

& Hedges, 2009、Borenstein, Hedges, Higgins, & Rothstein, 2009）進而強調控制
抽樣誤差變異量的重要性，提倡研究結果需經異質性分析；其它學者 Hunter &
Schmidt（1990 & 2004）等人亦融入了心理計量的技術，開啓了整合分析的另一
途徑。至此，整合分析已是一門系統化的研究方法學，目前受到醫學、心理學、
教育學、社會科學、市場行銷、經濟學等各學術領域的廣泛應用，常用以建立變
項間之關係（理論模式之建立）與其因果關係之考驗（理論模式之考驗）。

　　整合分析的盛行係對於顯著性考驗中的 p 值至上的反擊（Schmidt & Hunter,
1997；Cumming, 2012），也是研究者企圖客觀量化文獻分析結果，以降低研究
結果的不確定性與變異性，而提升研究結果的可複製性。尤其，當研究發現出
現不一致或研究結果相當分歧時，整合分析常可以獲致清晰的結論而解決爭論
性的議題。例如：在 1970 年代後期，爲了降低嬰兒猝死症（SIDS，又稱嬰兒
床症），雖然其原因不明，但醫生大都教導要讓出生嬰兒俯睡；不過，Gilbert,
Salanti, Harden, & See（2005）針對 1940 ～ 2002 年間嬰兒猝死症的研究報告進行
整合分析，卻獲得仰睡比俯睡更安全的明確證據。他們認爲假如整合分析在 1970
年代時就出現的話，世界各地將近 5 萬位嬰兒猝死的悲劇將可以避免。研究整合
（research synthesis）或整合分析（meta-analysis）即是在此股切實務需求下的產
物。統計的教材與實務上也產生巨大轉變，Cumming（2012）在其退休後的《新
統計法》著作中，就極力提倡統計實務的改革，研究者應揚棄 NHST，改以估計
法（點估計與區間估計）與整合分析，進行資料分析與解釋。

　　自從 Glass 的描述性的整合分析之後，不少研究者試圖精進整合分析的技
術 與 正 確 性。例 如：Hedges & Olkin（1985）、Cooper & Hedges（2009）與
Borenstein, Hedges, Higgins, & Rothstein（2009）大力提倡同質性考驗爲主的整合
分析（Homogeneity test-based meta-analysis），旨在分析抽樣誤差的變異量以決
定是否進行調節變項的分析。Hunter & Schmidt（1990、1996、2004）則認爲整
合分析時應針對單一研究結果可能的錯誤（errors）或偏差（biases）加以校正：
例如，抽樣誤差、測量誤差（工具的效能）與全距限制（常會導致低估效果值）
之效應，再進而探討矛盾原因，以利臨床上之正確運用。整合分析早期常只作最
低限度的整合分析（Bare bones meta-analysis），研究者僅控制抽樣誤差，其它
統計或測量上的人爲偏差（artifacts）均未加以處理。Hunter & Schmidt（1990 &
2004）在其整合分析的經典著作 *Correcting Error and Bias in Research Findings*，

又進而提倡心理計量整合分析（Psychometric meta-analysis），強調整合分析時需要排除抽樣誤差、測量誤差、全距限制與連續變項的二分類之人為效應。Oh（2007）特將此流派稱為構念層次（construct-level）的整合分析，以區別其它量尺層次（measure-level）的整合分析方法。

前述傳統的整合分析，是配對式的直接比較（pair-wise direct comparisons）整合分析，它係直接比較的整合分析。近年來傳統的整合分析延伸發展，利用直接比較結果衍生出間接比較（indirect comparisons）與更複雜的脈絡整合分析（Network meta-analysis）。此種間接比較的結果，係根據相關直接比較的證據推估而來。傳統整合分析只估計一個參數，而脈絡整合分析則需估計 k-1 個參數（k 為實驗處理個數），以進行在 k 個處理間的多重比較（multiple pair-wise comparisons），此種比較也稱為混合治療處理比較（mixed treatment comparisons, MTC）。此新興的整合分析方法有其特殊的優勢與應用時機，值得研究者的關注與學習。

整合分析的期刊論文或碩博士論文近年來呈現快速的成長，尤其在 1990 年代之後，實證醫學的整合分析更是邊增。Kontopantelis & Reeves（2009）的論文中曾利用 Medline 的搜尋，純粹整合分析的論文在 1990 年就有 274 篇，到 2005 年大增至 2135 篇；如含探討 meta-analysis 的文章，在 1990 年有 329 篇，到 2005 年就大增至 3350 篇；15 年來大約增加 10 倍。再看看其它領域的發展狀況，圖 1-1 係近年來四個有名論文資料庫（美加博碩士論文 ProQest 資料庫、EBSCOhost 期刊論文綜合資料庫、台灣博碩士論文資料庫與台灣期刊論文索引資料庫）中，論文篇名含有 meta-analysis 或後設分析（含整合分析與統合分析）的篇數。蒐集的年代橫跨 1990 ～ 2008，每隔 6 年分析一次。由圖 1-1 的數據可知，國內的整合分析論文在 1990 年以前並不多見（僅為個位數，分別為 4 和 6 篇），但不管國外或國內，整合分析的論文篇數逐年遞增；但國內論文的篇數卻顯著的落後國外的論文篇數很多。不過，無庸置疑地是整合分析乃是當今研究方法的顯學，而且在不同學術領域逐年增溫，是各領域量化研究的熱門課題。由於整合分析可以足不出戶，筆者戲稱為「宅男、宅女研究法」，近幾年來大受歡迎，研究的經濟與便利性是主因。

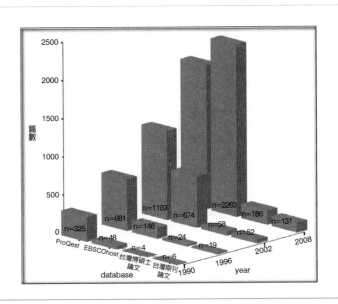

圖 1-1　四個資料庫的整合分析論文篇數：1990 ～ 2008

二、整合分析的意義與分析步驟

(一) 意義

　　整合分析（meta-analysis）為量化的系統性文獻探討（Systematic reviews），該詞為 Glass（1976）所創用，在國內也被譯為統合分析或後設分析。它有別於初始研究（primary research），而與針對初始資料再分析的次級研究（secondary study），似乎有點雷同。整合分析旨在針對特定的研究問題，利用統計方法整合過去的實徵研究結果（含相關性與因果性，描述性很少見）以分析其推論性，並進而探究研究結果不一致的原因。因此，整合分析，是一種理論導向或研究取向的研究法，堪稱為量化的文獻分析、分析中的分析（analysis of analyses）或研究中的研究（research on research），它與傳統的敘述性文獻探討最大不同，在於研究結論具有更佳的再製性與更客觀，而不是來自於研究者主觀的好惡。另外，整合分析猶如挖掘寶礦的工具，它需有理論的導引，指出研究的方向與範疇，才能迅速挖到寶藏，因此整合分析者對於待研究的主題內容與相關理論必須有充分的

理解。例如，文獻搜尋時就需使用到此理論知識，才能運用適當的關鍵詞搜尋到相關的重要文獻。

整合分析的整合內容主要以效果值（effect size）為分析對象，扭轉了過去研究者常以「單一 p 值」作為為結論的做法。效果值與研究結果的標準化值，是整合分析的心臟與靈魂。因此，有必要在此針對效果值進行明確之定義與說明，以利讀者後續之運用與解釋。效果值常須經標準化過程，才具有共同量尺或無單位（unit-free）的特性，以適合於跨研究的整合分析。效果值可視為在母群中，H_0 與 H_1 的距離指標，它代表處理效果或變項間相關性的大小；而且這些效果值必須與樣本大小獨立無關。依照資料來源的類別，它主要可分為四大類：(1) 變項間關聯性指標，例如：Cohen f^2, r, ϕ, R^2, η^2；(2) 組間差異的效果值指標，例如：Cohen d, f, & w, Glass Δ, 與 Hedges g；(3) 勝算比或風險指標，例如：勝算比（Odds Ratio, OR）、相對風險（Relative Risk, RR）等；(4) 比率的平均效果值指標。第一類係變異導向的效果值係數，可以處理雙變項均為連續變項間的相關性問題；第二類可為原始分數的差異分數，亦可轉化為標準化的差異分數，可以處理二分類別變項與連續變項間的相關性問題；第三、四類為處理雙變項均為類別變項的效果值係數。這些效果值指標可能來自於調查研究的同時相關（concurrent association）、縱貫式相關（across-time association）與來自於實驗研究的因果相關。這三種效果值分析的詮釋具有不同的意義；其中縱貫式相關可以探究因果時序，實驗研究的因果相關可以具有較強的內在因果效度。因此，不同類的效果值分析，可以探究不同的研究問題。

(二) 步驟

進行整合分析的基本步驟，通常含有：(1) 提出概念型與操作型的研究問題；(2) 依據研究問題進行相關文獻搜尋與品質評估；(3) 進行研究方法、對象、特徵與工具的編碼；(4) 將報告的效果統計量，進行共同量尺的效果值換算；(5) 各研究間效果值同質性之考驗；(6) 根據同質性考驗結果，進行數據之合併或次群組分析；(7) 出版偏差評估；(8) 呈現分析結果；(9) 下結論與解釋。據此，整合分析可以有效回答以下三大問題（Cheung, 2010）：

(1) 相關研究的效果值是否具有異質性（heterogeneity in effect size），此問題係整合分析的基本假設。

(2) 如具有同質性，整體的平均效果值（overall effect）有多大？此問題係整合分析的內部效度問題。

(3) 假如未具有同質性，有何調節變項可以說明效果值的變異性（factors that change the magnitude of effect size）？此問題係整合分析的外在效度或推論性問題。

綜上所述，整合分析可說是次級資料的分析，其主要目的不外乎統整（integration）、批判（criticism）與找出核心議題（critical issues）或新假設（new hypotheses）。研究者進行整合分析的最主要目的為統整，統整的途徑有二：合併（combing）與比較（comparing）。合併旨在利用初始研究結果估計平均效果值與其變異量，比較則在評估效果值與研究特徵間的關聯性，意即在探究異質性問題與評估新研究的貢獻性。雖然統整是整合分析的主要焦點，但有時研究者也可針對該研究領域的研究進行批判、提出該主題領域的研究方法或內涵上之未來核心議題與走向；因此，整合分析不但鑑古知今，而且繼往開來。

三、四大平均效果值指標的簡介與計算過程

整合分析的主要目的在於估計變項間之關係強度，並找出影響該關係的調節變項。變項間之整合關係強度都以平均效果值表示之，因而各類平均效果值的計算乃是整合分析研究者的核心任務。一般來說，平均效果值指標的整合分析，主要涵蓋：(1) 平均數差異的平均效果值的分析；(2) 相關係數的平均效果值的分析；(3) 勝算比或風險的平均效果值的分析與 (4) 比率的平均效果值的分析。其中，(1) 和 (2) 較適合於連續變項的效果值分析；(3) 和 (4) 適合於類別變項的效果值分析。進行平均效果值分析，須計算各研究統計量之標準化效果值（standardized effect size）與相關之變異量，才能據以計算這些研究效果的加權平均數；而且有些原始效果值指標尚須進行資料之修正或轉換（如 Fisher z 與 natural log（odds）的轉換）。因為這四大效果值指標所涵蓋的統計量相當多元與龐雜，無法一一詳加列述；以下僅就各類效果值的常用相關公式、資料修正或轉換方法，透過 EXCEL 及筆者所研發整合分析軟體 Effect Size Synthesizer（簡稱 ESS），利用簡單實例針對各效果值的演算過程加以說明與交互驗證，以利研究者之理解與查考。需要各種單變項效果值指標公式的計算細節，請參閱 Lipsey & Wilson（2001）專書的

附錄 B，至於多變項效果值的計算方法，可參考 Grissom & Kim（2012）的專書。

（一）平均數差異平均效果值之計算

因為大部分的研究均使用不同的測量工具或量尺，平均數差異之效果值均需加以標準化；假如所有研究均使用相同的測量工具或量尺，平均數差異量既可作為整合分析的效果值，不需標準化。以下將針對 Cohen d 值與 Hedges & Olkin 之小樣本校正公式，逐一介紹。

1. Cohen d 值

計算 Cohen d 值，需利用公式 1-1。

$$d = \frac{(\overline{X}_E - \overline{X}_C)}{S_{pooled}} \qquad \text{（公式 1-1）}$$

公式 1-1 中 $\overline{X}_E, \overline{X}_C$ 代表實驗組與控制組的平均數，其併組標準差（式中分母）之計算如公式 1-2 所示，此即有名的 Fisher 組內標準差公式（參見 Hunter & Schmidt, 2004, p.277）。Cohen d 值是一種沒有測量單位的標準化的效果值指標，因而各種不同測量工具測得的結果，均可以加以整合與比較。

$$S_{pooled} = \sqrt{\frac{(N_E - 1)(SD_E)^2 + (N_C - 1)(SD_C)^2}{N_E + N_C - 2}} \qquad \text{（公式 1-2）}$$

不過，Glass（1977）則主張使用控制組的標準差當分母，而不用併組標準差，因為實驗組的標準差會受到實驗的影響而虛胖。值得研究者注意的是，公式 1-2 中於計算實驗組或控制組的標準差時，均採用 N_E 或 N_C 當分母，亦即使用兩組的樣本標準差；但是 Hedges & Olkin（1985）則主張實驗組或控制組的標準差計算時，均採用 N_E-1 或 N_C-1 當分母，亦即使用兩組的母群標準差（兩組的不偏標準差估計值）。

至於計算 d 值的抽樣變異數，定義如公式 1-3 所示。

$$V_{di}^2 = \frac{N_E + N_C}{N_E N_C} + \frac{d_i^2}{2(N_E + N_C)} \qquad \text{（公式 1-3）}$$

V_{di}^2 開根號，即為該研究之標準誤（SE），可用以建立該研究效果值的信賴區間。

2. Hedges & Olkin（1985）之小樣本校正公式

由於當 N < 20 時，d 值會有高估現象，因此有必要根據各研究的樣本大小予以加權（合理的假設是：樣本較大的研究估計比較準確），以獲取不偏估計值 g，公式 1-4 係根據 N 加以校正的公式。

$$g = (1 - \frac{3}{4N-9})d \qquad （公式 1-4）$$

公式（1-4）中，$N = N_E + N_C$，而計算 g 值的抽樣變異數定義如公式 1-5 所示。

$$V_{gi}^2 = \frac{N_E + N_C}{N_E N_C} + \frac{g_i^2}{2(N_E + N_C)} \qquad （公式 1-5）$$

V_{gi}^2 開根號，即為該研究之標準誤（SE），可用以建立該研究效果值的信賴區間；其中，N_E 與 N_C 分別指實驗組與控制組的樣本大小。另外，在多變項統計中，相對應的標準化平均數差異的多變項 Hedges's g 為 Mahalanobis distance，D_M^2，計算公式與細節請參閱 Kline（2004）、Grissom & Kim（2012）。

實例解說

表 1-1　估計平均效果值變異數的實例演練：開放教育對於學校態度與閱讀成就之成效

Study	N_E	N_C	$d_{attitude}$	$d_{achievement}$	$Var(d_{attitude})$	$Cov(d_{attitude}, d_{achievement})$	$Var(d_{achievement})$
1	40	40	0.458	0.100	0.0513	0.0319	0.0501
2	60	55	0.363	0.241	0.0354	0.0222	0.0351
3	34	40	0.162	-0.121	0.0546	0.0344	0.0545
4	79	64	0.294	0.037	0.0286	0.0179	0.0289

註：取自 Hedges & Olkin（1985）表 4，p.218。

以表 1-1 中之 study 1 為例：

$$V_{di}^2 = \frac{N_E + N_C}{N_E N_C} + \frac{d_i^2}{2(N_E + N_C)} = \frac{40+40}{40 \times 40} + \frac{.458^2}{2(40+40)} = .0513$$

3. 估計母群平均數差異的平均效果值

Cohen 母群的平均效果估計值，$\bar{d}$ 之計算，如公式 1-6；其小樣本校正值 $\bar{g}$ 之計算，如公式 1-7 所示。

$$\bar{d} = \frac{\sum_{i=1}^{k} \frac{d_i}{V_{di}^2}}{\sum_{i=1}^{k} \frac{1}{V_{di}^2}} \qquad （公式 1\text{-}6）$$

$$\bar{g} = \frac{\sum_{i=1}^{k} \frac{g_i}{V_{gi}^2}}{\sum_{i=1}^{k} \frac{1}{V_{gi}^2}} \qquad （公式 1\text{-}7）$$

公式 1-6 和 1-7 中，k 指 k 個獨立研究，V_{di}^2，V_{gi}^2 分別為 d_i 與 g_i 的變異量。注意這些變異量的倒數即為各研究之加權量。

以下各節之實例運用解說，將利用 EXCEL 的內定統計程式及筆者研發之整合分析軟體 Effect Size Synthesizer（簡稱 ESS）等不同統計程式，逐一分開交互印證；首先以 EXCEL 具體說明效果值之計算過程，再利用 ESS 驗證之，以確認 ESS 計算結果之正確性。

實例解說

表 1-2　母群平均數差異之效果估計值的實例演練

Study	g_i	v_{gi}^2	$w_i = 1/v_{gi}^2$	d_i	N_E	N_c	N_{tot}	weeks
1	−0.264	0.086	11.63	−.268	23	24	47	3
2	−0.230	0.106	9.43	−.235	18	20	38	1
3	0.166	0.055	18.18	.168	33	41	74	2
4	0.173	0.084	11.90	.176	26	22	48	4
5	0.225	0.071	14.08	.228	29	28	57	3
Tot	.07	.402	65.22	.069	129	135	264	

以表 1-2 中之 study 1 為例，

$$g_1 = (1 - \frac{3}{4N - 9})d_1 = (1 - \frac{3}{4(23 + 24) - 9})（-.268）= -.264，而其變異數為$$

$$V_{g1}^2 = \frac{N_E + N_C}{N_E N_C} + \frac{g_1^2}{2(N_E + N_C)} = \frac{47}{23 \times 24} + \frac{(-.264)^2}{2 \times 47} = .086 \ 。$$

其餘研究也依此類推計算，至於欲獲取加權平均效果值之不偏估計值，請利用公式 1-7：

$$\bar{g} = \frac{\sum_{i=1}^{k} \frac{g_i}{V_{gi}^2}}{\sum_{i=1}^{k} \frac{1}{V_{gi}^2}} = \frac{\sum_{i=1}^{k} w_i g_i}{\sum_{i=1}^{k} w_i} = \frac{3.01}{65.22} = .0462$$

以下公式 1-8 則係估計母群的標準誤，用以建立 $\bar{g}$ 之信賴區間與進行統計考驗：

$$SE_{\bar{g}} = \sqrt{(\sum_{i=1}^{k} v_{gi}^2)^{-1}} = \sqrt{\frac{1}{65.22}} = \sqrt{.01533} = .1238 \qquad （公式 1-8）$$

利用此母群標準誤，可以計算出 z = .0462/.1238 = .3732。接著，可以利用 SPSS 內建函數 CDFNORM（操作步驟如圖 1-2 中阿拉伯數字 $\boxed{1}$～$\boxed{4}$ 所示），計算出 z 值的單尾 p 值 .354（= 1-CDFNORM（0.3732）），顯示未達 .05 顯著水準，研究者如需雙尾機率值，請將此 p 值乘以 2。

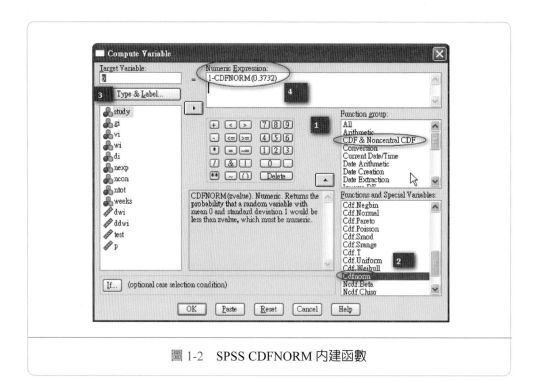

圖 1-2　SPSS CDFNORM 內建函數

ESS 途徑

　　此外，亦可利用筆者研發設計的整合分析程式，EXCEL 增益集：ESS，計算各研究的效果值和相關統計量，輸出結果請參見圖 1-5 之內容。ESS 的具體操作步驟，請參閱本書第七章。圖 1-3 係原始資料檔，需包含實驗組與控制組中各研究的平均數（欄位 ME 和 MC）、標準差（欄位 SDE 和 SDC）與樣本人數（欄位 NE 和 NC）。

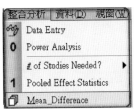

圖 1-3　實驗組與控制組之原始資料檔

　　EXCEL 增益集 ESS 操作提示：首先備妥如圖 1-3 的兩組原始資料之後，接著在圖 1-3 頂端之 EXCEL 功能表單上點開「整合分析」表單

，在表單中點選「Mean_Difference」，接著在視窗中輸入

研究樣本數 ，其次在以下視窗中，選擇 Cohen's d 或 Hedges's g

指標 ，就可順利完成平均數差異之效果值之分析。

本例，採用 Hedges's g 係數，其輸出結果如圖1-4之 EXCEL 表單 H 欄位內容所示。

	A	B	C	D	E	F	G	H	I	J	K	L
1	Study	ME	SDE	NE	MC	SDC	Nc	EF_AG	SE	.95 CI-L	.95 CI-U	
2	2	2	1.3	10	2.8	1.6	10	-0.52561	0.448755	-1.4052	0.354	
3	13	24.4	16.9	145	33.2	17.1	73	-0.51685	0.143554	-0.7982	-0.2355	
4	9	26	21	58	36	19	58	-0.49608	0.185794	-0.8602	-0.1319	
5	4	2.5	2.3	23	5.6	12	23	-0.35266	0.295083	-0.931	0.2257	
6	1	34.5	28.5	140	43.7	29.8	70	-0.31678	0.146402	-0.6037	-0.0298	
7	11	6.9	5.6	10	7.9	5.7	10	-0.16951	0.447374	-1.0464	0.7073	
8	6	30.6	23.5	50	34.5	23.5	25	-0.16425	0.244971	-0.6444	0.3159	
9	12	44.5	24.5	50	48	22	25	-0.14611	0.244966	-0.6262	0.334	
10	10	3	2.3	315	3.3	2.4	358	-0.12731	0.077253	-0.2787	0.0241	
11	8	2.9	1.6	119	3.1	1.7	58	-0.12193	0.160143	-0.4358	0.192	
12	7	3.7	2	138	3.6	2.1	78	0.04893	0.141658	-0.2287	0.3266	
13	3	6.38	4.1	113	5.98	4.3	115	0.094875	0.13246	-0.1647	0.3545	
14	5	2.7	2.2	35	2.1	2.2	40	0.269916	0.231511	-0.1838	0.7237	
15												
16								Mean EF-F=-.1568				
17				Totw=510.9637				P-F=.00039				
18				Totwef=-80.1155				CI-F=-.24350 ~ -.07008(-.15679)				
19				Mean EF=Totwef/Totw				Q=21.2487				
20								P-for Q=.0469				
21												

圖 1-4　各研究的平均數差異之效果值和相關統計量

圖 1-4 之 H 欄位中，EF_AG 係 Hedges's g 係數，採用 $g_i = (1 - \dfrac{3}{4N-9})d_i$ 之公式加以校正，並提供各研究效果值的 .95 信賴區間（J～K 欄位）。

接著，使用筆者所研發的 EXCEL 增益集 ESS 中的「Trim & Fill」副程式：

，執行之後，就可獲得圖 1-5 中之各研究平均數差異平均效果值、z 考驗與 Q 值之計算與統計考驗結果。

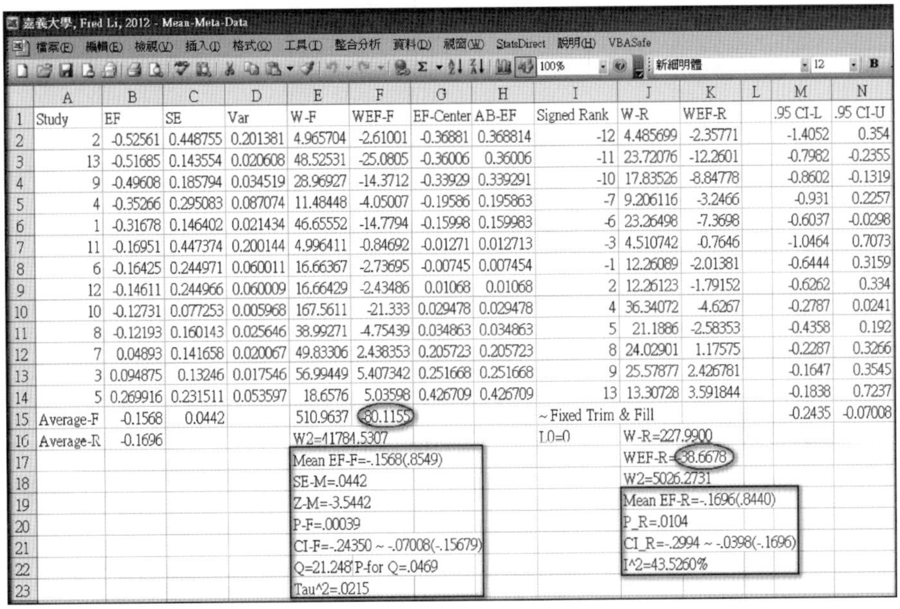

嘉義大學, Fred Li, 2012 - Mean-Meta-Data

檔案(F) 編輯(E) 檢視(V) 插入(I) 格式(O) 工具(T) 整合分析 資料(D) 視窗(W) StatsDirect 說明(H) VBASafe

新細明體　12　B

	A	B	C	D	E	F	G	H	I	J	K	L	M	N
1	Study	EF	SE	Var	W-F	WEF-F	EF-Center	AB-EF	Signed Rank	W-R	WEF-R		.95 CI-L	.95 CI-U
2	2	-0.52561	0.448755	0.201381	4.965704	-2.61001	-0.36881	0.368814	-12	4.485699	-2.35771		-1.4052	0.354
3	13	-0.51685	0.143554	0.020608	48.52531	-25.0805	-0.36006	0.36006	-11	23.72076	-12.2601		-0.7982	-0.2355
4	9	-0.49608	0.185794	0.034519	28.96927	-14.3712	-0.33929	0.339291	-10	17.83526	-8.84778		-0.8602	-0.1319
5	4	-0.35266	0.295083	0.087074	11.48448	-4.05007	-0.19586	0.195863	-7	9.206116	-3.2466		-0.931	0.2257
6	1	-0.31678	0.146402	0.021434	46.65552	-14.7794	-0.15998	0.159983	-6	23.26498	-7.3698		-0.6037	-0.0298
7	11	-0.16951	0.447374	0.200144	4.996411	-0.84692	-0.01271	0.012713	-3	4.510762	-0.7646		-1.0464	0.7073
8	6	-0.16425	0.244971	0.060011	16.66367	-2.73695	-0.00745	0.007454	-1	12.26089	-2.01381		-0.6444	0.3159
9	12	-0.14611	0.244966	0.060009	16.66429	-2.43486	0.01068	0.01068	2	12.26123	-1.79152		-0.6262	0.334
10	10	-0.12731	0.077253	0.005968	167.5611	-21.333	0.029478	0.029478	4	36.34072	-4.6267		-0.2787	0.0241
11	8	-0.12193	0.160143	0.025646	38.99271	-4.75439	0.034863	0.034863	5	21.1886	-2.58353		-0.4358	0.192
12	7	0.04893	0.141658	0.020067	49.83306	2.438353	0.205723	0.205723	8	24.02901	1.17575		-0.2287	0.3266
13	3	0.094875	0.13246	0.017546	56.99449	5.407342	0.251668	0.251668	9	25.57877	2.426781		-0.1647	0.3545
14	5	0.269916	0.231511	0.053597	18.6576	5.03598	0.426709	0.426709	13	13.30728	3.591844		-0.1838	0.7237
15	Average-F	-0.1568	0.0442		510.9637	-80.1155				~Fixed Trim & Fill			-0.2435	-0.07008
16	Average-R	-0.1696			W2=41784.5307				1.0=0	W-R=227.9900				
17					Mean EF-F=-.1568(.8549)					WEF-R=-38.6678				
18					SE-M=.0442					W2=5026.2731				
19					Z-M=-3.5442					Mean EF-R=-.1696(.8440)				
20					P-F=.00039					P_R=.0104				
21					CI-F=-.24350 ~ -.07008(-.15679)					CI_R=-.2994 ~ -.0398(-.1696)				
22					Q=21.248 P-for Q=.0469					I^2=43.5260%				
23					Tau^2=.0215									

圖 1-5　平均數差異效果值 ESS 整合分析結果（採用 Hedges's g 係數）

　　圖 1-5 下半部中，固定效果模式與隨機效果模式下，Hedges's 加權 ḡ 的計算（請參見公式 1-127 和公式 1-131）說明如下，以利讀者概念上的理解：

$$\hat{\theta}_{fixed} = \frac{\sum_i W_i Y_i}{\sum_i W_i} = \frac{-80.1155}{510.9637} = -.1568$$

$$\hat{\theta}_{random} = \frac{\sum Y_i w^*_i}{\sum w^*_i} = \frac{-38.6678}{227.9900} = -.1696$$

4. β、r_{sp}、η^2/R^2、F 考驗中效果值的計算

　　本節將依迴歸分析與變異數分析兩大類，逐一討論之：

(1) 迴歸分析效果值

　　就迴歸分析而言，研究者最常使用標準化的迴歸係數（standardized regression slopes，β）進行整合分析，因而未標準化的迴歸係數需透過公式：

$\beta = \dfrac{B * SD_X}{SD_Y}$ 加以轉換。惜預測變項數及其標準差在各個研究間均不同（Becker

& Wu, 2007），且此量數的標準誤常未見於研究報告中，因而 Aloe & Becker（2011）主張使用半淨相關（semipartial correlation）作為多元迴歸分析的效果值指標。兩個預測變項（X1 & X2）之標準化迴歸係數與其標準誤的計算公式為：

$$\beta_1 = \frac{r_{Y1} - r_{Y2}r_{12}}{1 - r_{12}^2} , \quad \beta_2 = \frac{r_{Y2} - r_{Y1}r_{12}}{1 - r_{12}^2} \qquad （公式 1-9）$$

式中 r_{Y1} 乃指 Y & X1 的簡單相關，式中 r_{Y2} 乃指 Y & X2 的簡單相關。

$$SE_{\beta_1} = \sqrt{\frac{1}{1 - R_1^2} \cdot \frac{1 - R_Y^2}{n - p - 1}} = \frac{\beta_1}{t_1} = SE_{\beta_2} \qquad （公式 1-10）$$

依據 Pedhazur（1997）的定義，半淨相關係反映焦點預測變項（the focal predictor）在排除其它預測變項與效標變項之解釋變異量後，它與效標變項的純淨相關指標。半淨相關的公式界定如下：

$$r_{sp} = Sgn(t_f)\sqrt{R_Y^2 - R_{(f)}^2} \qquad （公式 1-11）$$

公式 1-11 中 Sgn（t_f）表示 r_{sp} 是帶正或負的符號，要視迴歸模式中該迴歸係數 b_f 之 t-test 而定（i.e., the test of $H_0 : b_f = 0$），R_Y^2 係全模式的 R^2，$R_{(f)}^2$ 係排除焦點預測變項之外的 R^2。此 r_{sp} 指標也可由下式求出（Pedhazur, 1997）：

$$r_{sp} = \frac{t_f\sqrt{(1 - R_Y^2)}}{\sqrt{(n - p - 1)}} = t_f SE(r_{sp}) \qquad （公式 1-12）$$

式中 R_Y^2 界定同上所示，p 代表預測變項之數目，n 代表樣本大小，$SE(r_{sp})$ 代表回歸係數之標準誤。

r_{sp} 的變異數計算，如公式 1-13（Aloe, 2009）：

$$var\ (r_{sp}) = \frac{r_Y^4 - 2r_Y^2 + r_{Y(f)}^2 + 1 - r_{Y(f)}^4}{n} \qquad （公式 1-13）$$

另外，各研究所使用的測量工具的測量單位通常並不相同，並無法作出正確之解釋，因而原始線性迴歸係數與其標準誤不可直接使用，除非預測變項與效標均已取自然對數（log function）後，再進行迴歸分析。經對數化的迴歸係數即為無測量單位（unitless）的彈性（elasticity）效果值指標，因此具有可比較

性（comparable）。如果所蒐集的研究均只報告原始迴歸係數與其相關之 t 值，需利用下列 delta method 方法（參見公式 2.6，p.27，Stanley & Doucouliagos，2012），計算平均數彈性效果值指標（mean elasticity）與其變異誤，以克服測量單位不同的問題。delta method 界定如公式 1-14：

$$E_i = b_i \frac{\overline{X}}{\overline{Y}} \text{，} \quad \mathrm{var}(E_i) = \mathrm{var}(b_i)\frac{\overline{X}^2}{\overline{Y}^2} + b_i^2 \frac{\overline{X}^2}{\overline{Y}^2}\mathrm{var}(\overline{Y}) \qquad （公式 1-14）$$

式中 Y 變項平均數的變異量，可以樣本平均數的變異誤估計之（$\frac{S^2}{N}$）。平均數彈性效果值指標，可以反映 Y 變項對於 X 變項改變的敏感度。另外，$SE(E_i) = \frac{E_i}{t_i}$，亦可用來計算 elasticity 的標準誤。

上述的 elasticity 指標在經濟學研究上，常用來反映實際經濟效應的指標，不過它亦有其它不同形式的定義，例如：

$$E = \frac{\dfrac{y_1 - y_0}{y_0}}{\dfrac{x_1 - x_0}{x_0}}$$

在此 elasticity 代表雙變數變化的百分比：當 X 變數改變時，Y 變數改變的百分比。例如：書商將本書的價格下降，書商可以多賣多少 % 的書？

該指標等於 1 時表示具有單一彈性，大於 1 時表示富有彈性（elastic），等於 0 時表示完全無彈性；如果指標大於 0 但小於 1 時表示缺乏彈性（inelastic）。

實例解說

表 1-3　The r_{sp} values 摘要表

Study	Sample Size	Number of predictors	R^2	t	r_{sp}
1	799	5	0.448	3.300	0.00309
2	524	5	0.584	2.500	0.00311
3	889	23	0.550	−0.380	−0.00029
4	888	23	0.840	6.030	0.00279

（續前表）

Study	Sample Size	Number of predictors	R^2	t	r_{sp}
5	885	23	0.850	6.100	0.00274
6	884	23	0.880	5.820	0.00234
7	856	24	0.880	5.600	0.00233
8	856	24	0.890	6.800	0.00271
9	595	19	0.530	1.610	0.00192
10	205	7	0.620	1.341	0.00420
11	207	8	0.660	−0.576	−0.00170
12	199	8	0.540	−0.472	−0.00168
13	203	7	0.630	−4.953	−0.01545

註：取自 Aloe & Becker（2009），Table 4-1.

　　表 1-3 的資料係 Aloe & Becker（2009）的整合分析原始資料，該研究旨在探究教師口語能力與學生的學習成就間的關聯性。

　　研究者如欲將效果值 r_{sp} 轉換成 Fisher z 分數，其標準誤的計算如公式 1-15：

$$SE_{sp} = \frac{1}{\sqrt{n - p - 2}} \qquad （公式 1\text{-}15）$$

　　式中 n 係樣本大小，p 係所有預測變項數（含焦點預測變項與共變項），在研究報告時再轉換成原始量尺。其次，以表 1-4 中 study 1 為例，利用公式 1-12 說明 r_{sp} 值的計算過程：

$$r_{sp} = \frac{t_f \sqrt{(1 - R_Y^2)}}{\sqrt{(n - p - 1)}} = \frac{3.3\sqrt{(1 - .448)}}{\sqrt{(799 - 5 - 1)}} = 0.00309$$

　　最後，以表 1-4 中 study 1 為例，利用公式 1-13 說明 var（r_{sp}）的計算過程：

表 1-4　The var（r_{sp}）values 摘要表

r_Y^2	$r_{Y(f)}^2$	r_Y	$r_{Y(f)}$	r_{sp}	N	Var（r_{sp}）
0.4480	0.44799	0.66933	0.66932	0.00309	799	0.00069
0.5840	0.58399	0.76420	0.76419	0.00311	514	0.00081

（續前表）

r_Y^2	$r_{Y(f)}^2$	r_Y	$r_{Y(f)}$	r_{sp}	N	Var (r_{sp})
0.5500	0.55000	0.74162	0.74162	−0.00029	889	0.00051
0.8400	0.83999	0.91652	0.91651	0.00279	888	0.00018
0.8500	0.84999	0.92195	0.92195	0.00274	885	0.00017
0.8800	0.87999	0.93808	0.93808	0.00234	884	0.00014
0.8800	0.87999	0.93808	0.93808	0.00233	856	0.00014
0.8900	0.88999	0.94340	0.94339	0.00271	856	0.00013
0.5300	0.53000	0.72801	0.72801	0.00192	595	0.00079
0.6200	0.61998	0.78740	0.78739	0.00420	205	0.00185
0.6600	0.66000	0.81240	0.81240	−0.00170	207	0.00164
0.5400	0.54000	0.73485	0.73484	−0.00168	199	0.00231
0.6300	0.62976	0.79373	0.79358	−0.01545	203	0.00182

註：取自 Aloe & Becker (2009), Table 4-2.

$$r_{Y(f)}^2 = R_Y^2 - r_{sp}^2 = .66933^2 - (.00309)^2 = .44799$$

$$r_{Y(f)} = \sqrt{.44799} = .66932$$

$$var(r_{sp}) = \frac{r_Y^4 - 2r_Y^2 + r_{Y(f)}^2 + 1 - r_{Y(f)}^4}{n} = \frac{.66933^4 - 2 \times (.66933)^2 + (.66932)^2 + 1 - (.66932)^4}{799}$$

$$= \frac{.551996}{799} = .00069$$

　　傳統的整合分析技術可以運用到表 1-4 的資料，以計算整體的加權平均效果值。同樣地，研究者亦可使用 Q 統計量考驗這些 r_{sp} 效果值的同質性問題。公式 1-16 式中，半淨相關 $T_i = r_{spi}$、k 代表研究數、$\overline{T}.$ 界定如公式 1-17。

$$Q = \sum_{i=1}^{k} \frac{(T_i - \overline{T}.)^2}{V_i} \qquad （公式 1-16）$$

　　假如 Q 值超過 χ^2 的臨界值（df=k-1），則可以推翻虛無假設 $H_0 : \theta_1 = \theta_2 = \cdots = \theta_k = \theta$，表示從 k 個研究的估計效果值並非來自於相同的母群效果值。將表 1-4 的相關資料帶入公式 1-16 可得 Q = .2098, p = 1.0，表示該研究並未出現異質性問題。

上式中 $\overline{T}.$，係以各研究的變異數倒數作爲加權量的平均效果值，V_i 係各研究效果值的抽樣變異數（爲樣本大小的函數）。此 $\overline{T}.$ 的計算界定如公式 1-17：

$$\overline{T}. = \frac{\sum_{i=1}^{k} \frac{T_i}{V_i}}{\sum_{i=1}^{k} \frac{1}{V_i}}$$

（公式 1-17）

本研究的 $\overline{T}. = \frac{88.01786}{41459.03} = .002$, SE $= .0049$, z $= .43$, p $= .664$。反映出在排除其它迴歸方程式中的預測變項的解釋力之後，教師的語言表達能力並無法有效預測學生的學習成就。

目前對於將回歸係數作爲效果值指標的看法，似乎仍有爭論。Becker & Wu（2007）認爲未標準化迴歸係數的整合分析涉及三大基本假設：Y（效標）量尺在不同研究間要具有等同性、X（預測變項）量尺在不同研究間要具有等同性、與相同的額外預測變項。此外，Aloe（2009）的研究也發現 r_{sp} 與 var（r_{sp}）會受到樣本大小、預測變項間的相關程度與預測變項的個數之影響。不過，Peterson & Brown（2005）的研究發現：不關預測變項的多寡，Beta & r 間之相關甚高（=.84）。Borenstein, et al.（2009）與 Bowman（2012），也認爲在量化的整合分析中，標準化回歸係數可直接作爲相關係數之指標。Card（2012）則主張利用標準化迴歸係數與半淨相關，進行迴歸分析的效果值分析至少有一基本前提：每一研究均需包含相同的預測變項（含焦點預測變數與共變數），效果值的整合分析才有意義。假如 r_{sp} 係來自於不同迴歸模式 (不同的預測變項或不同個數的預測變項)，顯然的這些 r_{sp} 係在估計不同的母群參數。因此，研究者最好使用隨機效果模式或進行敏感度分析，以進行來自於不同迴歸模式的 r_{sp} 整合分析。

(2) 變異數分析效果值

就變異數分析而言，本法適用於三組以上平均數差異效果值之計算。就單因子而言，η^2 的計算如公式 1-18：

$$\eta^2 = \frac{df_B \times F_B}{(df_B \times F_B) + df_w}$$ （單因子）

（公式 1-18）

公式 1-18 中，下標 B 代表組間，而下標 W 代表組內；至於雙因子中第一個因素效果值，（partial η^2）的計算如公式 1-19：

$$\eta^2 = \frac{df_{effect1} \times F_1}{(df_{effect1} \times F_1) + (df_{effect2} \times F_2) + df_{error}} \quad （雙因子） \qquad （公式 1-19）$$

本類的效果值整合分析（SPSS 均可提供相關之統計指標），因涉及三組以上之比較，研究者可以在整體性考驗之後，進行事後考驗（相當於 t 考驗）以取得計算效果值的相關統計量。另外，在多變項統計中，相對應的多變項 $\eta^2 = 1 - \Lambda$，其計算細節請參閱 Kline（2004）、Grissom & Kim（2012）。

當單因子 ANOVA、單因子 ANCOVA 或雙因子 ANOVA 的研究結果報告中，可能只提供各組平均數與樣本大小，並未提供各組標準差以致無法計算組間平均數差異之效果值時，研究者如欲計算其併組標準誤（pooled standardized error），請參考公式 1-20（單因子 ANOVA）、1-22（雙因子 ANOVA）和 1-23（單因子 ANCOVA），以獲得較佳之標準誤估計值（Lipsey & Wilson, 2001）。

$$S_{pooled} = \sqrt{\frac{MS_{between}}{F}} \qquad （公式 1-20）$$

$$式中 MS_{between} = \frac{\sum n_j \overline{X}_j{}^2 - \frac{(\sum n_j \overline{X}_j)^2}{\sum n_j}}{k-1} \qquad （公式 1-21）$$

公式 1-20 因為使用的樣本人數較多（超過兩組），可以獲得較佳的標準誤。

$$S_{pooled} = \sqrt{\frac{SS_B + SS_{AB} + SS_w}{df_B + df_{AB} + df_W}} \qquad （公式 1-22）$$

式中 B 係無關因素，A 是感興趣待探討的因素，公式 1-22 可以校正效果值高估的現象。

研究者如欲計算單因子 ANCOVA 中的對比效果值時，其併組標準誤的計算公式定義如公式 1-23：

$$S_{pooled} = \sqrt{\frac{MS_{within} \times (df_{within} - 1)}{(1 - r^2) \times (df_{within} - 2)}} \qquad （公式 1-23）$$

公式 1-23 中 r 代表共變項與依變項間的相關係數，很遺憾這項資訊常未呈現在研究報告中。

另外，Wilson 教授在以下網站有提供計算上述統計量之網路計算器，有興

21

趣讀者可以前往該網站計算所需之效果值與變異量，該軟體係 Lipsey & Wilson（2001）的《實務整合分析》一書的隨書計算器（參見圖 1-6 和圖 1-7），堪稱便捷。http://www.campbellcollaboration.org/escalc/html/EffectSizeCalculator-Home.php

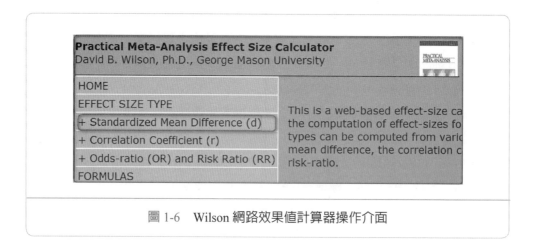

圖 1-6　Wilson 網路效果值計算器操作介面

研究者如欲進行平均數差異的效果值計算，請點選圖 1-6 表單中的「Standardized Mean Difference（d）」，就會打開圖 1-7 的表單，以便進行各類平均數差異效果值的計算。

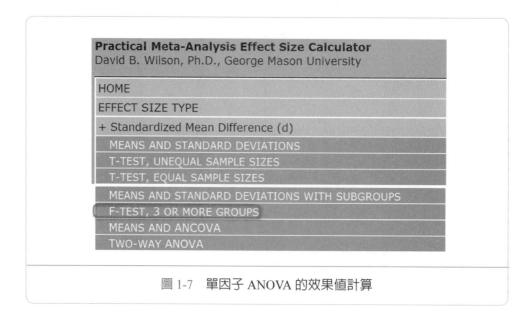

圖 1-7　單因子 ANOVA 的效果值計算

在此，將示範如何進行單因子 ANOVA 的效果值計算，首先需點選圖 1-7 表單中的「F-test, 3 or More Groups」。以 Lipsey & Wilson（2001）的《實務整合分析》一書中的 Table B3 ～ Table B5 為例（pp.183 ～ 185），逐一介紹單因子 ANOVA、單因子 ANCOVA 或雙因子 ANOVA 效果值計算之具體操作步驟，其相關介面與參數輸入示範如圖 1-8 到圖 1-10 所示。

由圖 1-8 中左側數據知，此單因子變異數分析包含四組平均數及相關各組的人數，$F_{(3,86)}$ 值為 7.05；但未提供各組標準差。因此，如欲計算第一組與第二組的效果值時，必須借助公式 1-20 計算併組標準差。利用 Lipsey & Wilson（2001）的計算器，將圖 1-8 中左側的空白處輸入相關資料之後，在右側點選待計算的實驗組與控制組。接著按下計算之按鈕，即可獲得圖 1-8 底部的相關統計量。

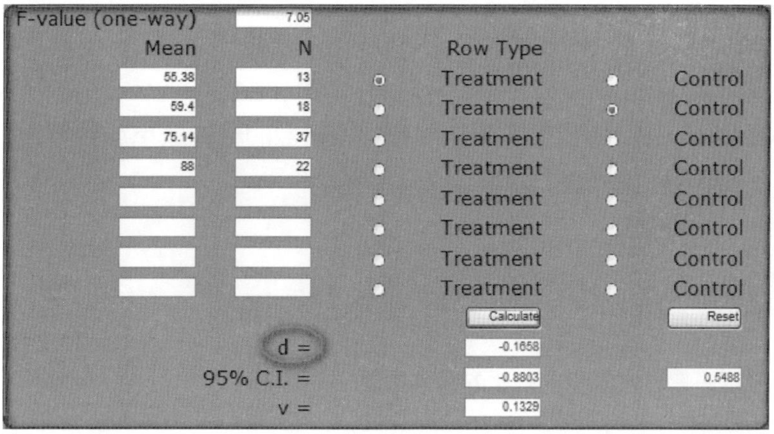

圖 1-8　One-way ANOVA 輸入介面與輸出結果

以下手算的結果與圖 1-8 計算器的輸出結果完全相同。

$$MS_{between} = \frac{\sum n_j \overline{X}_j^2 - \frac{(\sum n_j \overline{X}_j)^2}{\sum n_j}}{k-1} = \frac{482651.49 - \frac{6505.32^2}{90}}{4-1} = 4146.1$$

$$S_{pooled} = \sqrt{\frac{MS_{between}}{F}} = \sqrt{\frac{4146.1}{7.05}} = 24.25$$

因而可以求得：

$$ES = \frac{55.38 - 59.4}{24.25} = -.1658 \ （d 值）$$

$$V = \frac{13+18}{13 \times 18} + \frac{-.1658^2}{2 \times (13+18)} = .1329 \ （參見公式 1-3）$$

另外，研究者亦可利用 Rosnow, Rosenthal, & Rubin（2000）的公式 18（p.451），進行效果值的計算（參見公式 1-24）。

$$r_{effectsize} = \sqrt{\frac{F_{contrast}}{F_{between}(df_{between}) + df_{within}}} \qquad （公式 1-24）$$

式中 $F_{contrast} = \dfrac{MS_{contrast}}{MS_{within}}$, $\qquad$ （公式 1-25）

式中 $MS_{contrast} = \dfrac{(\sum \lambda_g \overline{X}_g)^2}{\sum \dfrac{\lambda^2_g}{n_g}}$, $MS_{within} = \dfrac{\sum(n_g s^2_g)}{\sum n_g}$ （公式 1-26）

公式 1-26 式中 λ_g 為正交多項式係數（平均數的線性效果加權量，請研究者參考趨向分析的統計書籍）。

實例解說　心理抗逆能力與各年級之趨向分析

表 1-5　單因子變異數分析內對比的原始數據

grade	$\overline{x}$	n_g	λ_g	$\lambda_g \overline{x}$	$\dfrac{\lambda^2_g}{n_g}$
6	25	10	−2	−50	0.4
7	30	10	−1	−30	0.1
8	40	10	0	0	0
9	50	10	1	50	0.1
10	55	10	2	110	0.4

首先，利用公式 1-26 計算：

$$MS_{contrast} = \frac{(\sum \lambda_g \overline{X}_g)^2}{\sum \frac{\lambda^2_g}{n_g}} = \frac{80^2}{1} = 6400$$

其次，利用公式 1-25 計算：

$$F_{contrast} = \frac{MS_{contrast}}{MS_{within}} = \frac{6400}{1575} = 4.06$$

表 1-6 係表 1-5 之變異數分析結果。

表 1-6　單因子變異數分析結果

變異源	SS	df	MS	F
組間	6488	4	1622	1.03
線性對比	6395	1	6395	4.06
非線性對比	93	3	31	0.02
組內	70875	45	1575	

最後，利用公式 1-24 計算：

$$r_{effectsize} = \sqrt{\frac{F_{contrast}}{F_{between}(df_{between}) + df_{within}}} = \sqrt{\frac{4.06}{1.03 \times 4 + 45}} = .29$$

至於二因子的變異數分析，請參見圖 1-9 的操作介面，A 因子為處理組別（實驗組 vs. 控制組），B 因子係性別因子。假設處理組別（實驗組 vs. 控制組）的平均數（Mean）分別為 144.09，114.86；而各組人數（N）分別為 237，237。利用 Lipsey & Wilson（2001）的計算器，將圖 1-9 中上方的空白處輸入相關資料之後，接著按下計算之按鈕，即可獲得圖 1-9 底部的相關統計量。

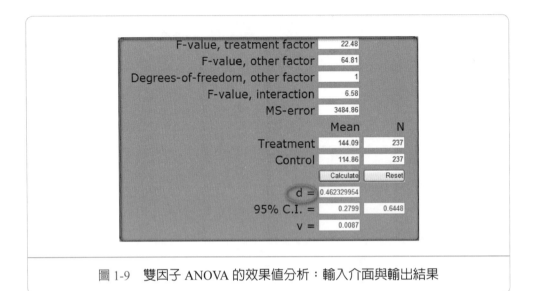

圖 1-9　雙因子 ANOVA 的效果值分析：輸入介面與輸出結果

　　利用公式 1-22 與圖 1-9 中上半部的相關統計量（F 值和 DF），可以求得併組標準差：

$$S_{pooled} = \sqrt{\frac{SS_B + SS_{AB} + SS_w}{df_B + df_{AB} + df_W}} = \sqrt{\frac{3484.86 \times 64.81 + 3484.86 \times 6.58 + 3484.86 \times 470}{1 + 1 + 470}} = 63.22$$

$$ES = \frac{144.09 - 114.86}{63.22} = .462$$

上式中 ES 係標準化效果值。

$$V = \frac{237 + 237}{237 \times 237} + \frac{-.462^2}{2 \times (237 + 237)} = .0087 \text{（參見公式 1-3）}$$

以上手算的結果與圖 1-9 計算器的輸出結果完全相同。

　　圖 1-10 係 One-way ANCOVA，為含前測當共變項的單因子共變數分析；前測與後測間之相關為 .88。假設處理組別（實驗組 vs. 控制組）的平均數分別為 14.41，11.49，而各組人數分別為 236，236；因此 $df_{error}=471$。利用 Lipsey & Wilson（2001）的計算器，將圖 1-10 中上方的空白處輸入相關資料之後，接著按下計算之按鈕，即可獲得圖 1-10 底部的相關統計量。

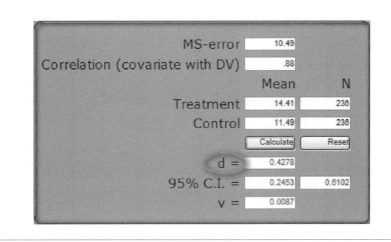

圖 1-10　One-way ANCOVA 輸入介面與輸出結果

利用公式 1-23，可以求得併組標準差：

$$SE_{pooled} = \sqrt{\frac{MS_{error} \times (df_{error} - 1)}{(1 - r^2) \times (df_{error} - 2)}} = \sqrt{\frac{10.49}{1 - .88^2} \times \frac{471 - 1}{471 - 2}} = 6.826$$

$$ES = \frac{14.41 - 11.49}{6.826} = .4278$$

$$V = \frac{236 + 236}{236 \times 236} + \frac{-.4278^2}{2 \times (236 + 236)} = .00867$$

至於有關迴歸分析中 R^2 的計算，請參見公式 1-27。

$$R^2 = \frac{SS_{regression}}{SS_{total}} \quad （迴歸分析） \qquad （公式 1-27）$$

　　值得一提的是變異數導向的效果值指標如 r^2，常易使讀者誤以為沒有實用價值。Rosenthal（1991）主張使用 BESD（binomial effect size display）進行 r 效果值的解釋。BESD 的表示方法為：$.50 - \frac{r}{2} \leq BESD \leq .50 + \frac{r}{2}$（控制組與實驗組的基本成功率均設定為 .50）。例如，假如心理治療的效果值為 r = .32，如換成 r^2 = .10，常令人覺得沒有什麼應用價值（Randolph & Edmondson, 2005）。以此例子作說明，r = .32，轉換成 BESD 來作解釋：$.50 - \frac{.32}{2} \leq BESD \leq .50 + \frac{.32}{2} = .34 \leq BESD \leq .66$。

亦即心理治療的成功率提升了 32%（34%～66%），此種 r 的解釋方式比起 r 的決定係數（10%），更能彰顯心理治療的效果。

(二) 相關係數平均效果值之計算

相關係數的來源可能來自不同的研究設計，可能來自於同一時間的橫斷式相關，也可能來自於縱貫式相關，也可能來自於實驗研究的因果相關。因此，在將來整合分析結果的解釋時，也會因研究設計的不同而回答不同的研究問題。相關係數的統計指標相當多（如：r, ϕ, c, w），在此僅介紹最常用的 Pearson 積差相關係數。過去有不少研究者直接利用原始的相關係數，利用公式 1-28 計算其平均效果值。

$$\bar{r} = \frac{\sum_{i=1}^{k} r_i n_i}{\sum_{i=1}^{k} n_i} \qquad （公式 1-28）$$

而計算 Pearson r 值的抽樣變異數，如公式 1-29：

$$V^2{}_i = \frac{(1 - r^2{}_i)^2}{N_i} \qquad （公式 1-29）$$

不過，仍有些研究者（Borenstein, et al., 2009）擔心相關係數的抽樣分配左右不對稱（當 $\rho \neq 0$ 時），而主張使用 Fisher z 較接近常態分配，因而須將 r 值轉換成 Fisher z 分數。最近這種處理方式似乎已是常態了，不過 Schulze（2007）根據過去的研究結果，認為 Fisher z 的轉換較適合應用於固定效果模式中；而 Hunter & Schmidt（1990 & 2004）則認為 Fisher z 的轉換會高估相關係數估計值。茲將常用 Fisher z 轉換的處理方法，細節詳述如下：

1. 將 r 值轉換成 Fisher z 分數

先將 r 轉換成 Fisher z，才能進行合併以估計母群的相關係數，其轉換公式，參見公式 1-30。

$$z = \frac{1}{2} log \frac{1+r}{1-r} \qquad （公式 1-30）$$

2. 計算 Fisher z 值的抽樣變異數

計算 Fisher z 值的抽樣變異數，如公式 1-31：

$$V^2_i = \frac{1}{N_i - 3}$$

（公式 1-31）

3. 估計母群的相關係數與標準誤

相關係數的平均效果值之計算，如公式 1-32：

$$\bar{z} = \frac{\sum_{i=1}^{k} \frac{z_i}{V_i^2}}{\sum_{i=1}^{k} \frac{1}{V_i^2}} = \frac{\sum_{i=1}^{k} z_i w_i}{\sum_{i=1}^{k} w_i}$$

（公式 1-32）

公式 1-32 中，z_i 是指 Fisher z；由此可知，公式 1-32 是根據各研究的樣本大小予以加權。。公式 1-33 係 z 值標準誤，用以建立信賴區間與進行統計考驗用。

$$SE_{\bar{z}} = \sqrt{\frac{1}{\sum_{i=1}^{k} \frac{1}{V_i^2}}} = \sqrt{\frac{1}{\sum_{i=1}^{k} w_i}} = \sqrt{\frac{1}{\sum_{i=1}^{k} (N_i - 3)}}$$

（公式 1-33）

公式 1-33 中，N_i 是每個研究的樣本大小，k 指 k 個研究，W_i 為 $N_i - 3$。此外，研究者亦可利用公式 1-34，將整合後的平均效果值還原成 Pearson r 值。

相關係數還原公式：$r_{\bar{z}} = \dfrac{e^{2\bar{z}} - 1}{e^{2\bar{z}} + 1}$

（公式 1-34）

實例解說

表 1-7　相關係數整合性分析的實例演練

Study	Sample size (n_i)	Correlation (r_i)	Fisher z_i	Var（z_i）	Weight：$w_i = 1/var(z_i)$
1	26	0.13	0.1307	0.0435	23
2	42	0.37	0.3884	0.0256	39
3	20	−0.10	−0.1003	0.0588	17
4	40	0.31	0.3205	0.0270	37

表 1-7 中含有四個研究，將相關數據代入公式 1-32，其併組效果值等於：

$$\bar{z} = \frac{\sum\limits_{i=1}^{k} \dfrac{z_i}{V_i^2}}{\sum\limits_{i=1}^{k} \dfrac{1}{V_i^2}} = \frac{28.307}{116} = .244$$

如將其還原成 Pearson r（利用公式 1-34），其值約爲 .239。

另外，再將相關數據代入公式 1-33，其抽樣標準誤等於：

$$SE_{\bar{z}} = \sqrt{\frac{1}{\sum\limits_{i=1}^{k} \dfrac{1}{V_i^2}}} = \sqrt{\frac{1}{\sum\limits_{i=1}^{k}(N_i - 3)}} = \sqrt{\frac{1}{(23+39+17+37)}} = \sqrt{\frac{1}{116}} = .0928$$

因此，可以算出 z= $\dfrac{.244}{.0928}$ = 2.629 （p=.009）已達 .05 顯著水準，拒絕了平均相關係數爲 0 的虛無假設。

ESS 途徑

EXCEL 增益集 ESS 操作提示：備妥如圖 1-11 左側 A ～ C 欄位的原始資料（含相關係數與樣本大小即可）之後，首先在 EXCEL 表單上方點開「整合分析」

表單 ，在表單中點選「Correlation」，接著輸入研究樣本數

，按下確定之後就可順利完成相關係數效果值之分析，分析結果如圖 1-11 右側 D ～ K 欄位所示。

嘉義大學, Fred Li, 2012 - cor-table1-3

檔案(F) 編輯(E) 檢視(V) 插入(I) 格式(O) 工具(T) 整合分析 資料(D) 視窗(W) StatsDirect 說明(H) VBASafe

100% 新細明體

	A	B	C	D	E	F	G	H	I	J	K
1	Study	Corr	Sample Size	EF(Fisher)	SE	Var	W-F	WEF-F		.95 CI-L	.95 CI-U
2	3	-0.1	20	-0.10034	0.242536	0.058824	17	-1.7057		-0.5757	0.375
3	1	0.13	26	0.13074	0.208514	0.043478	23	3.007017		-0.2779	0.5394
4	4	0.31	40	0.320545	0.164399	0.027027	37	11.86018		-0.0017	0.6428
5	2	0.37	42	0.388423	0.160128	0.025641	39	15.1485		0.0746	0.7023
6							Weight total=116	28.31			
7							Mean Fisher r=.2441				
8							Z_r=2.6285(SE=.0928)				
9							P_r=.0086				
10							Pearson r=.2393				
11							Q=3.3409				
12							P=.3420				

圖 1-11　相關係數整合分析的報表

(三)勝算比與相對風險的平均效果値分析

勝算比或相對風險的應用情境相當廣泛，例如：洋基球隊會打敗紅襪隊的機會有多高、抽菸者得肺癌的風險爲不抽菸者的幾倍。勝算比或相對風險的平均效果値分析與世代研究（Cohort Study）、病例－對照研究（Case-Control）具有密切關係。流行病學上經常採用這兩種追蹤危險因子，世代研究又稱爲追蹤研究（Prospective Study），病例－對照研究又稱爲回溯研究（Retrospective Study）。勝算（Odds）係發生某事件的人數與未發生該事件人數的比值。勝算比（Odds Ratio,OR）通常使用於病例－對照研究或回溯研究之中，爲實驗組中發生結果的勝算與對照組中發生結果的勝算之勝算比（參見公式 1-38）。各組的勝算爲研究過程中各組發生某一事件之人數除以沒有發生某一事件之人數。以表 1-8 爲例：實驗組中發生結果的勝算 = a/b，對照組中發生結果的勝算 = c/d。因此，勝算比 =（a/b）/（c/d）= ad/bc，參見公式 1-38。勝算比的效果値整合分析，最常見於健康或醫學的實徵研究中，常指實驗組中發生疾病的勝算與控制組中發生疾病的勝算比率，或罹患疾病的病患暴露於某環境危險變因的勝算與控制組暴露的勝算比。

表 1-8 處理組別與事件出現之交叉分析表

	事件發生 （特殊病患）	事件未發生 （正常人）	總計
暴露組（實驗組）	a	b	a+b
非暴露組（對照組）	c	d	c+d
總計	a+c	b+d	a+b+c+d

表 1-8 中事件出現者稱為病例群（cases），事件未出現者稱為對照群（controls），常為觀察性的事後回溯或追蹤研究結果。以表 1-8 的列聯表作說明，各組勝算之計算亦可依公式 1-35 進行運算。

$$勝算(Odds) = \frac{P(事件出現)}{p(事件未出現)} \qquad （公式 1-35）$$

根據公式 1-35，實驗組之 $勝算_E = \dfrac{\dfrac{a_i}{a_i + c_i}}{\dfrac{c_i}{a_i + c_i}} = \dfrac{a_i}{c_i}$ （公式 1-36）

根據公式 1-35，對照組之 $勝算_C = \dfrac{\dfrac{b_i}{b_i + d_i}}{\dfrac{d_i}{b_i + d_i}} = \dfrac{b_i}{d_i}$ （公式 1-37）

因此，勝算比（Odds Ratio, OR）為兩組勝算之比值：

$$勝算比 = \frac{勝算_E}{勝算_C} = \frac{\dfrac{a_i}{c_i}}{\dfrac{b_i}{d_i}} = \frac{\dfrac{a_i}{b_i}}{\dfrac{c_i}{d_i}} = \frac{a_i d_i}{b_i c_i} \qquad （公式 1-38）$$

由公式 1-38 可知，勝算比的比較單位是勝算（Odds），假如勝算比大於 1，表示分子的勝算值大於分母的勝算值。因此，可以回答以下的問題：暴露組得病的勝算是非暴露組得病的幾倍？

除了勝算比之外，實證醫學的研究上最常見的是相對風險（Relative Risk, RR）。在實證醫學的研究上，常指接受治療病人相對於未接受治療病人出現不良事件的風險。當所發生的事件稀少時，OR 的值將非常接近 RR 值；因此當所

發生的事件較多（如 > .20）時，結果解釋要謹慎爲之；例如：當發生率爲 .95 時，其相對風險將爲 .95，但勝算比卻高達 19。計算 RR，首先需計算各組之事件發生率（event rate）：研究追蹤過程中各組發生某一事件之人數占該組總人數之百分比。其次，才能計算實驗組事件發生率（Experimental Event Rate, EER）與對照組事件發生率（Control Event Rate, CER）之比值（亦即 EER/CER），就稱之爲相對風險，參見公式 1-39。

$$相對風險 = \frac{EER}{CER} = \frac{\frac{a}{a+b}}{\frac{c}{c+d}} \qquad （公式 1-39）$$

相對風險的使用時機，較適合用於世代研究或稱追蹤研究（Prospective Study）中，假使用在回溯性研究中，可能會得到錯誤的結論；因爲在事後回溯性研究中，研究者要先選定疾病組與非疾病組的人，然後去回溯他們暴露的狀態，此時「疾病的機率是由研究者所決定」，因而當然不能直接以 a/(a + b) 去除以 c/(c + d)，因爲 a 跟 c 都是研究者一開始時就決定的染病組。至於相對風險之追蹤危險因子方法，簡單來說，一開始就先把受試者分成暴露組（exposed group）與非暴露組（unexposed group），然後進行追蹤一段時間，此時暴露組得病的機率爲 a/(a + b)，非暴露組得病的機率爲 c/(c+d)，此時兩者的機率比即爲相對風險。

至於相對風險（Relative Risk）的解釋，以表 1-8 爲例，實驗組事件發生率：EER = a/a+b，對照組中事件發生率：CER = c/c + d，則 RR = EER/CER = (a/a + b)/(c/c + d)，參見公式 1-39。由公式 1-39 可知，相對風險的比較單位是比率，因此可以回答以下的問題：暴露組得病的機率是非暴露組得病的幾倍？

危險因子暴露與否與出現不良事件結果具有相關性：當 RR 或 OR = 1 時，表示無論有無暴露於假設危險因子中，發生不良事件的可能性一樣，意即發生不良事件的可能性在組間無顯著差異；當 RR 或 OR > 1 時，表示暴露於假設因子中導致不良事件的風險增加；當 RR 或 OR < 1 時，表示暴露於假設危險因子者比未暴露於假設因子者更不可能發生不良事件。

除考慮 RR 與 OR 的數值大小，必須由信賴區間（Confidence Intervals, CI）來確認該數值的準確度。當信賴區間愈窄，結果準確度愈高。OR 和 RR 的 95% 信賴區間若沒有包含 1，則代表兩組之間有顯著的差異。OR、RR 旨在測量 X 與

Y 間的關聯強度，可以藉助圖 1-12 加以說明。當 OR、RR = 1，X 與 Y 間沒有關聯性；當 OR/RR > 1（正相關），實驗組（X = 1）具有較高的勝算比或風險；當 OR/RR < 1（負相關），非實驗組（X = 0）具有較高的勝算比或風險。因為 OR、RR 效果值並非對稱性指標（圖 1-12 中的上圖），其標準誤不易計算，研究者常須將 OR、RR 值進行自然對數轉換，以利於分析與解釋：當效果值 OR、RR < 1 時，其自然對數必然小於 0，表示負相關；當效果值 OR、RR > 1 時，其自然對數必然大於 0，表示正相關。

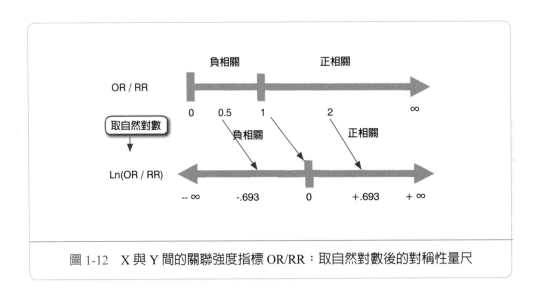

圖 1-12　X 與 Y 間的關聯強度指標 OR/RR：取自然對數後的對稱性量尺

取自然對數之後，效果值 OR、RR 將擁有對稱性指標的特性（圖 1-12 中的下圖），可以正確反應大小相同但方向相反的關聯性（例如，OR 值為 $\frac{1}{2} = 0.5$, $\frac{2}{1} = 2$ 的自然對數分別為 −.693 和 + .693）。不過，因為原始 OR、RR 量尺具相對比率關係，在解釋上因倍數關係具有便利性；筆者建議兩種量尺均作報告。

實例解說

表 1-9　個別研究之勝算比計算的實例示範

	腦瘤	正常	總數
使用手機	9	40	49
未使用手機	4	46	50
總數	13	86	99

以表 1-9 的虛構資料為例：

EER = a/(a + b) = 9/49 = 0.184

CER = c/(c + d) = 4/50 = 0.08

因此，依公式 1-39，相對風險為 EER/CER = 0.184/0.08 = 2.3。

另外，依公式 1-38，使用手機者得腦瘤的勝算 = a/c= 9/4=2.25 ，未使用手機者得腦瘤的勝算 = b/d = 40/46 = 0.87 。因此，勝算比 = (a/c)/(b/d) = ad/bc = $\frac{9 \times 46}{4 \times 40}$ = 2.59（2.59：1）。由此觀之，使用手機者得腦瘤的風險，約為未使用手機者的 2.6 倍。換算成機率量尺：使用手機者得腦瘤的機率為：0.72（2.59/3.59），而未使用手機者得腦瘤的機率為：0.28（1/3.59）。

實例解說　空氣污染與小孩子得癌症的風險

表 1-10 係世界衛生組織（WHO, 2005）有關兒童癌症與空氣污染的研究報告：

表 1-10　兒童得癌症與空氣污染的關係

空污指標	空污差異性	相對風險（95%CI）
居家在街道 40 公尺內每日車輛數 > 5000	Yes vs. No	1.6（1.1-2.3）
每日車輛數	More vs. less than 500: 　　All cancers: 　　Leukaemia: 　　CNS tumour: 　　Lymphoma: More than 10,000 vs. less than 500: 　　All cancers: 　　Leukaemia:	 1.7（1.0-2.8） 2.1（1.1-4.0） 1.7（0.8-3.9） 0.7（0.2-3.0） 3.1（1.2-8.0） 4.7（1.6-13.5）

註：取自 World Health Organization (2005). Effects of air pollution on children's health and development: A review of the evidence.

　　由表 1-10 報告下半欄知，住在交通非常忙碌的街道旁（空污指數 > 10,000 輛車）與住在交通低忙碌的街道旁（空污指數 < 500 輛車），得到白血症（Leukaemia）的風險大增（4.7 倍）；但在空污指數 < 500 與空污指數 > 500 作比較時，小孩子得到淋巴癌（Lymphoma）的風險為 0.7，因信賴區間（0.2 ～ 3.0）包含 1，表兩組之得癌比率沒有顯著差異。由此數據可推知：住在交通非常忙碌的街道旁且車輛數愈多，得癌的比率將愈大。

　　至於勝算比的整合分析，通常可以透過 Wolfe 方法（又稱 the inverse variance method）、Mantel-Haenszel 方法與 Peto 方法，計算併組勝算比。其中，Wolfe 方法運算最簡單，且直接適合進行刪補法之分析；Mantel-Haenszel 公式適合小樣本時使用；而 Peto 公式則適用在細格含有 0 時（但不適用於小樣本與含有極端值時）。

　　以下逐一分述各研究的個別勝算比（或風險指標）與整體平均效果值的計算公式。研究者較需關切的是各類勝算比的加權平均數如何計算、它的信賴區間如何求得與其變異數或加權量的計算，以利進行整合分析時的解讀與正確解釋。

1. 變異數倒數法：Wolfe 公式

　　Wolfe 公式在 OR 和 RR 上定義不同，茲分別界定如下：

　　以表 1-9 之 2×2 列聯表中之 a，b，c，d 細格數據為例，OR 和 RR 之 Wolfe 個別勝算比的計算前已說明過，為完整性今重述，如公式 1-40 和公式 1-41 所示。

$$OR_i = \frac{a_i d_i}{b_i c_i} \qquad \text{（公式 1-40）}$$

$$RR_i = \frac{\dfrac{a_i}{a_i + b_i}}{\dfrac{c_i}{c_i + d_i}} \qquad \text{（公式 1-41）}$$

因為 OR 和 RR 估計值的抽樣分配並不服從常態分配，研究者通常會取自然對數，使其值的抽樣分配逼近常態分配，而且計算變異數時也變得比較簡單。Ln（OR）的標準誤計算，請參見公式 1-42，式中各參數（a, b, c, d）的定義請參見表 1-8。

$$\sqrt{\text{var}_i} = \sqrt{\frac{1}{a_i} + \frac{1}{b_i} + \frac{1}{c_i} + \frac{1}{d_i}} \qquad \text{（公式 1-42）}$$

Ln（RR）的標準誤計算，請參見公式 1-43，式中各參數的定義亦請參見表 1-8。

$$\sqrt{\text{var}_i} = \sqrt{\left(\frac{1}{a_i} + \frac{1}{c_i}\right) - \left(\frac{1}{a_i + b_i} + \frac{1}{c_i + d_i}\right)} = \sqrt{\frac{b_i}{a_i} \times \frac{1}{a_i + b_i} + \frac{d_i}{c_i} \times \frac{1}{c_i + d_i}}$$

$$\text{（公式 1-43）}$$

公式 1-42、公式 1-43 的標準誤倒數，則為各研究的加權量（$w_i = \dfrac{1}{\text{var}_i}$）。

研究者可以根據公式 1-44，計算各研究效果值 Ln (OR) 和 Ln (RR) 的信賴區間。

$$SE_i = \sqrt{\text{var}_i} \qquad \text{（公式 1-44）}$$

個別研究的勝算比的計算完成之後，接著，勝算比的整合分析就可利用公式 1-45 與公式 1-46 計算出來。因為勝算比並非對稱性之關聯量尺（如圖 1-12 所示），例如：OR 和 RR 值等於 2 與 0.5 時，本質上係反映方向相反但關聯強度相同的相關性，如果進行自然對數之轉換，將可以得到 + .693（= Ln(2)）和 − .693

（= Ln（.5）），因而才能有效的進行各研究效果值的數學運算。

$$\ln OR_{wolfe} = \frac{\sum w_i \ln OR_i}{\sum w_i}，\text{OR 取自然對數} \qquad （公式 1-45）$$

$$\ln RR_{wolfe} = \frac{\sum w_i \ln RR_i}{\sum w_i}，\text{RR 取自然對數} \qquad （公式 1-46）$$

因為 OR 和 RR 之變異數係加權量和之倒數，它們的整體研究之信賴區間可利用公式 1-47 與公式 1-48 求得。

$$\ln OR_{wolfe-95\%CI} = \ln OR_{wolfe} \pm 1.96 \frac{1}{\sqrt{\sum w_i}} \qquad （公式 1-47）$$

$$\ln RR_{wolfe-95\%CI} = \ln RR_{wolfe} \pm 1.96 \frac{1}{\sqrt{\sum w_i}} \qquad （公式 1-48）$$

各研究間是否具有同質性，可利用公式 1-49 與公式 1-50 考驗之，在虛無假設為真的假設下，Q 統計量會服從自由度為 k-1 的卡方分配。

$$Q_{wolfe} = \sum w_i \left(\ln OR_i - \ln OR_{wolfe} \right)^2 \qquad （公式 1-49）$$

$$Q_{wolfe} = \sum w_i \left(\ln RR_i - \ln RR_{wolfe} \right)^2 \qquad （公式 1-50）$$

實例解說　OR指標的研究實例

表 1-11　肺癌與抽菸關係之研究資料

Study	TOTE	NPE（a）	TOTC	NPC（c）
1	155	83	17	3
2	317	90	46	3
3	210	129	26	7
4	711	412	163	32
5	2646	1350	68	7

（續前表）

Study	TOTE	NPE（a）	TOTC	NPC（c）
6	166	60	30	3
7	993	459	99	18
8	961	499	75	19
9	2180	451	675	39
10	519	260	33	5

註：取自 Armitage & Berry (1994), p.516.

表 1-11 中，TOTE 係實驗組總人數，TOTC 係控制組總人數，a 係抽菸得肺癌人數，b=TOTE − NPE=TOTE − a，c 係未抽菸而得肺癌人數，d=TOTC − NPC=TOTC − c。

以圖 1-13 中之 study 1 為例，計算其勝算比：

$$OR_1 = \frac{a_1 d_1}{b_1 c_1} = \frac{83 \times (17-3)}{(155-83) \times 3} = 5.37963$$

顯示相對未抽菸者而言，抽菸者癌症的相對風險約為 5.4 倍的勝算，亦即抽菸者會增加罹癌症的勝算約為 438%（＝100×（OR − 1）%）。將之取自然對數：

$Ln (OR_1) = Ln (5.37963) = 1.68262$（大於 0，表罹癌風險增加）。

利用公式 1-42 可求得 Study 1 的標準誤：

$$SE_1 = \sqrt{\frac{1}{a_1} + \frac{1}{b_1} + \frac{1}{c_1} + \frac{1}{d_1}} = \sqrt{\frac{1}{83} + \frac{1}{155-83} + \frac{1}{3} + \frac{1}{17-3}} = .6563$$

利用公式 1-45，計算整合分析的整體勝算比：$\ln OR_{wolfe} = \frac{\sum w_i \ln OR_i}{\sum w_i} = 1.53149$，其計算過程為：

$$\frac{3.90672 + 4.10656 + 6.79028 + 4.66923 + 7.093133 + 8.742161 + 5.510271 + 8.800334 + 8.245691 + 3.72074}{2.32181 + 2.52225 + 4.63851 + 2.68741 + 4.10812 + 2.393781 + 3.394551 + 3.898053 + 3.32332 + 6.22034}$$

$$= \frac{161.58567}{105.50864} = 1.53149$$

$$z = \frac{1.53149}{.09735} = 15.73109 \ （p=.0000）$$

利用公式 1-49，計算整合分析的異質性指標 Q：

$$Q_{wolfe} = \sum w_i \left(\ln OR_i - \ln OR_{wolfe} \right)^2 = 6.6256$$

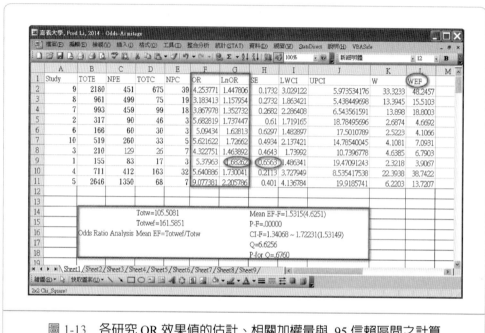

圖 1-13　各研究 OR 效果值的估計、相關加權量與 .95 信賴區間之計算

ESS 途徑

筆者研發之 EXCEL 增益集 ESS 操作提示：備妥如圖 1-13 左側 A ～ E 欄位的原始資料（含實驗組與控制組之總次數與事件發生次數）之後，首先在 EXCEL 表單上方點開「整合分析」表單 ，在表單中點選「Odds」與「Odds-Wolfe」，接著在視窗中輸入研究樣本數 ，其次在提示視窗中，選擇 Odds Ratio 指標 ，之後就可順利完

成勝算比之計算，分析結果如圖 1-13 右側 F ～ L 欄位所示。

　　而各研究整體 OR 效果值、z 考驗與 Q 值之計算與統計考驗結果（參見圖 1-14 底部），此項分析結果需使用 ESS 增益集中的「Trim & Fill」副程式才能取得。「Trim & Fill」執行過程中，研究者可以選擇「Trim & Fill」的分析模式為固定效果模式或隨機效果模式。本例，選擇了固定效果模式，參見圖 1-14 的上方 L0 = 2 處。備妥如圖 1-14 左側 A ～ C 欄位的原始資料（含各研究之勝算比效果值與其標準誤）之後，首先在 EXCEL 表單上方點開「整合分析」

表單 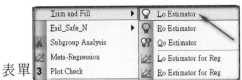，在表單中點選「Trim & Fill」與「Lo

Estimator」，接著輸入研究樣本數 ，按下確定之後，就可順利完成勝算比或相對風險效果值的整合分析，分析過程資料會出現於圖 1-14 Sheet1 表單之右側 D ～ K 欄位，而最後的 Trim & Fill 分析結果會出現於圖 1-14 下方：下側中央的統計量係固定效果模式的結果（例如，Mean EF-F = 1.531），而其右側的統計量係隨機效果模式下的結果（例如，Mean EF-R = 1.531）；這些效果值的 CI 皆係取自然對數之後的結果，如需原始單位之數據可利用自然對數的反函數求得。因為 $\tau^2(\text{ta}\mu^2) = 0$，隨機效果模式所得的結果與固定效果模式的結果完全相同。

41

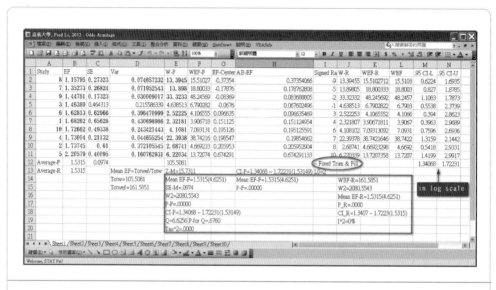

圖 1-14　各研究整體 OR 效果值、z 考驗與 Q 值計算與考驗結果（未增刪）

實例解說　RR指標的研究實例

以圖 1-15 中之 study 1 為例，利用公式 1-39 逐步示範計算相對風險指標與其標準差的計算過程：

$$RR_1 = \frac{\dfrac{a_1}{a_1+b_1}}{\dfrac{c_1}{c_1+d_1}} = \frac{\dfrac{83}{83+(155-83)}}{\dfrac{3}{3+(17-3)}} = \frac{\dfrac{83}{155}}{\dfrac{3}{17}} = 3.034409$$

顯示相對未抽菸者而言，抽菸者癌症的相對風險約為 3 倍，亦即抽菸者會增加罹癌症的機率約為 200%（=100×（RR-1）%）。

利用公式 1-43，可求得 study 1 的標準誤：

$$se_1 = \sqrt{\frac{b_1}{a_1} \times \frac{1}{a_1+b_1} + \frac{d_1}{c_1} \times \frac{1}{c_1+d_1}} = \sqrt{\frac{72}{83} \times \frac{1}{155} + \frac{14}{3} \times \frac{1}{17}} = .5293$$

利用公式 1-46 可計算整合分析的整體相對風險：

$$\ln RR_{wolfe} = \frac{\sum w_i \ln RR_i}{\sum w_i} = \frac{117.7915}{105.50864} = 1.11642 \text{。}$$

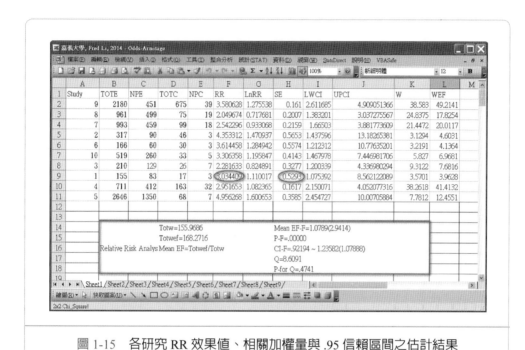

圖 1-15　各研究 RR 效果值、相關加權量與 .95 信賴區間之估計結果

　　操作 EXCEL 增益集 ESS 的步驟與前述勝算比的過程完全相同，只差在此時

研究者須在提示視窗中選擇 Relative Risk 指標，按「否
（N）」即可，之後就可順利完成相對風險效果值之計算，因而其具體之操作過程
不再贅述。

　　至於各研究整體 OR 效果值、z 考驗與 Q 值之計算與統計考驗結果，則須使
用 ESS 增益集中的「Trim & Fill」副程式，其表單為

　。

　　「Trim & Fill」執行過程中，研究者可以選擇「Trim & Fill」的分析模式：
固定效果模式或隨機效果模式。本例，選擇了隨機效果模式，參見圖 1-16 的上

方 L0 = 2 處。

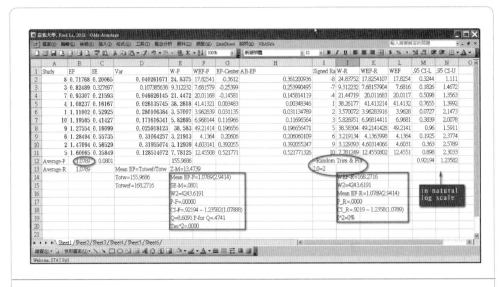

圖 1-16　各研究整體 RR 效果值的估計、z 考驗與 Q 值計算與考驗（未增刪）

各研究固定效果值的整體 RR 效果值（1.0789）、z 考驗（13.4739）與 Q 值（8.6091）與統計考驗 p 值等，呈現於圖 1-16 Sheet1 表單之下方左側，下方右側為隨機效果模式之分析結果，因為 $\tau^2 = 0$，所得的結果與固定效果模式的結果完全相同；這些效果值的 CI 皆係取自然對數之後的結果，如需原始單位之數據可利用自然對數的反函數求得。

2. 勝算比：Mantel-Haenszel 公式

Mantel-Haenszel 方式的分析，對於 OR 和 RR 的定義大致雷同；惟 Mantel-Haenszel 的「加權量」計算方法與 Wolfe 法不同。就 OR 而言，第 i 個研究的加權量為：$w_i = \dfrac{b_i c_i}{N_i}$；就 RR 而言，第 i 個研究的加權量為：$w_i = \dfrac{(a_i + b_i) c_i}{N_i}$。Mantel-Haenszel 的併組勝算比估計值，如 OR 和 RR 取自然對數，可按照固定效果模式公式 1-51-1 和 1-52-2 計算之；如 OR 和 RR 採原始量尺，可按固定效果模式公式 1-51-2 和公式 1-52-1 求得：

$$\mathrm{Ln}OR_{MH} = \frac{\sum(w_i \mathrm{Ln}OR_i)}{\sum(w_i)} \qquad (公式\ 1\text{-}51\text{-}1)$$

公式 1-51-1 中的第 i 個研究的加權量為： $w_i = \dfrac{1}{\dfrac{a_i + c_i}{a_i * c_i} + \dfrac{b_i + d_i}{b_i * d_i}}$ 。

$$OR_{MH} = \frac{\sum(w_i OR_i)}{\sum(w_i)} = \frac{\sum(a_i d_i / n_i)}{\sum(b_i c_i / n_i)} \qquad (公式\ 1\text{-}51\text{-}2)$$

公式 1-51-2 係 Mantel-Haenszel, 1959 所創用，採原始量尺； $w_i = \dfrac{b_i c_i}{N_i}$ 。

$$RR_{MH} = \frac{\sum\left(\dfrac{a_i}{a_i + c_i}\right)}{\sum\left(\dfrac{b_i}{b_i + d_i}\right)} = \frac{\sum\left(a_i \times \dfrac{b_i + d_i}{n_i}\right)}{\sum\left(b_i \times \dfrac{a_i + c_i}{n_i}\right)} \qquad (公式\ 1\text{-}52\text{-}1)$$

公式 1-52-1 係採原始量尺計算； $w_i = \dfrac{(a_i + b_i)c_i}{N_i}$ 。

Mantel-Haenszel 的相對風險併組估計值，如 RR 取自然對數，係按照公式 1-52-2 求得：

併組相對風險估計值： $\mathrm{Ln}RR_{MH} = \dfrac{\sum(w_i \mathrm{Ln}RR_i)}{\sum(w_i)}$ \qquad (公式 1-52-2)

公式 1-52-2 係採自然對數量尺計算； $w_i = \dfrac{1}{\dfrac{1 - (\dfrac{a_i}{a_i + c_i})}{a_i} + \dfrac{1 - (\dfrac{b_i}{b_i + d_i})}{b_i}}$ 。

利用公式 1-51-1 與公式 1-51-2、公式 1-52-1 與公式 1-52-2，整合分析所得結果會略有出入，但使用公式 1-51-2 與公式 1-52-1 可以不必計算加權量，請參見後面實例說明。

至於 $\mathrm{Ln}OR_{MH}$ 之變異數為：

$$Var(\mathrm{Ln}OR_{MH}) = \frac{\sum F}{2\sum R^2} + \frac{\sum G}{2\sum R \sum S} + \frac{\sum H}{2\sum S^2} \qquad (公式\ 1\text{-}53)$$

$\mathrm{Ln}OR_{MH}$ 變異數之推導過程，讀者如有興趣請參閱 Silcocks（2005）的論文。

公式 1-53 中，F，G，H，R 和 S 之定義如公式 1-54 所示：

$$F = \frac{a_i d_i (a_i + d_i)}{n_i^2}$$

$$G = \frac{a_i d_i (b_i + c_i) + b_i c_i (a_i + d_i)}{n_i^2}$$

$$H = \frac{b_i c_i (b_i + c_i)}{n_i^2} \qquad （公式 1-54）$$

$$R = \frac{a_i d_i}{n_i}$$

$$S = \frac{b_i c_i}{n_i}$$

將公式 1-54 中各要素代入公式 1-53 中，即可得公式 1-55：

$$Var[\text{Ln}(OR_{MH})] = \frac{\sum_{j=1}^{K} \frac{a_j d_j}{n_j} \cdot \frac{a_j + d_j}{n_j}}{2\left(\sum_{j=1}^{K} \frac{a_j d_j}{n_j}\right)^2} + \frac{\sum_{j=1}^{K}\left(\frac{b_j c_j}{n_j} \cdot \frac{a_j + d_j}{n_j} + \frac{b_j + c_j}{n_j} \cdot \frac{a_j d_j}{n_j}\right)}{2\left(\sum_{j=1}^{K} \frac{a_j d_j}{n_j}\right)\left(\sum_{j=1}^{K} \frac{b_j c_j}{n_j}\right)} + \frac{\sum_{j=1}^{K} \frac{b_j c_j}{n_j} \cdot \frac{b_j + c_j}{n_j}}{2\left(\sum_{j=1}^{K} \frac{b_j c_j}{n_j}\right)^2}$$

$$（公式 1-55）$$

研究者如欲計算 LnRR 的變異數，其計算方法如公式 1-56 所示：

$$\text{Ln}RR_{MH} \text{ 之變異數} = Var(\text{Ln}RR_{MH}) = \frac{P}{R \times S} \qquad （公式 1-56）$$

至於公式 1-56 中，P，R 和 S 定義如公式 1-57 所示：

$$P = \frac{(a_i + b_i)(c_i + d_i)(a_i + c_i) - a_i c_i n_i}{n_i^2}$$

$$R = \frac{a_{ii}(c_i + d_i)}{n_i} \qquad （公式 1-57）$$

$$S = \frac{c_{ii}(a_i + b_i)}{n_i}$$

以上的 LnOR$_{MH}$ 和 LnRR$_{MH}$ 變異數，係 Robins, Greenland & Breslow （1986） 所建議的計算公式，參見公式 1-55 和公式 1-56；而其併組 Ln OR 與 Ln RR 之

95% 信賴區間的計算公式，請參見公式 1-58 和公式 1-59。本法較適用於發生事件稀少（sparse data）時，且可產生較適切的信賴區間。

併組 Ln OR 之 95% 信賴區間為：Ln（OR_{MH}）± 1.96SE　　　　（公式 1-58）

至於併組 LnRR 之 95% 信賴區間為：Ln（RR_{MH}）± 1.96SE　　　　（公式 1-59）

有關於同質性考驗的計算公式為：$LnQ_{MH} = \sum w_i \left(LnOR_i - LnOR_{MH}\right)^2$
　　　　　　　　　　　　　　　　　　　　　　　　　　　　　（公式 1-60）

公式 1-60 係在虛無假設為真的假設下，Q 統計量會服從自由度為 k-1 的卡方分配；如為 LnRR 同質性考驗，取代公式 1-60 中的 LnOR 即可。

如果各研究的原始數據之細格大小不可得，亦可間接求得 SE；首先，將雙尾 p 值除以 2 取得單尾機率，接著將其轉換成 z 值；最後利用公式 1-61 和公式 1-62 間接求得 SE。

$$z = \log\left(\frac{OR}{SE}\right) \qquad （公式 1-61）$$

$$SE = \frac{\log(OR)}{z} \qquad （公式 1-62）$$

公式 1-63 係考驗 OR 併組估計值之關聯性程度的 χ^2 考驗公式：

$$\chi^2_{MH} = \frac{\left[\sum_{j=1}^{k} a_j - \hat{E}\left(\sum_{j=1}^{k} a_j\right)\right]^2}{\sum_{j=1}^{k} V\hat{a}r\left(a_j\right)} = \frac{\left[\sum_{j=1}^{k} a_j - \hat{E}\left(\sum_{j=1}^{k} a_j\right)\right]^2}{\sum_{j=1}^{k} \dfrac{m_{0j} m_{1j} n_{0j} n_{1j}}{n^2{}_j (n_j - 1)}} \qquad （公式 1-63）$$

公式 1-63 中，分子部分定義如公式 1-64 所示：

$$\left[\sum_{j=1}^{k} a_j - \hat{E}\left(\sum_{j=1}^{k} a_j\right)\right]^2 = \left[\sum_{j=1}^{k} a_j - \sum_{j=1}^{k} \frac{m_{1j} n_{1j}}{n_j}\right]^2 = \left[\sum_{j=1}^{k} a_j - \sum_{j=1}^{k} \frac{\left(a_j + c_j\right)\left(a_j + b_j\right)}{a_j + b_j + c_j + d_j}\right]^2$$

$$= \left[\sum_{j=1}^{k} \frac{a_j \cdot \left(a_j + b_j + c_j + d_j\right) - \left(a_j + c_j\right)\left(a_j + b_j\right)}{a_j + b_j + c_j + d_j}\right]^2 = \left[\sum_{j=1}^{k} \frac{a_j d_j - b_j c_j}{n_j}\right]^2 \qquad （公式 1-64）$$

實例解說

以圖 1-17 中之 study 1 為例，利用公式 1-40、公式 1-42 和公式 1-44 介紹，如何計算 OR_{MH} 效果值與其相關統計量之過程：

$$OR_1 = \frac{a_1 d_1}{b_1 c_1} = \frac{83 \times (17-3)}{(155-83) \times 3} = 5.37963$$

$$W_1 = \frac{72 \times 3}{155 + 17} = 1.256$$

$$SE_1 = \sqrt{\frac{1}{1.256}} = .892$$

$$WEF_1 = W_1 \times LnOR_1 = 1.256 \times 1.68262 = 2.113$$

ESS 途徑

操作 EXCEL 增益集 ESS 的步驟與前述勝算比的過程大致相同，研究者只要在 EXCEL 表單上方點開「整合分析」表單 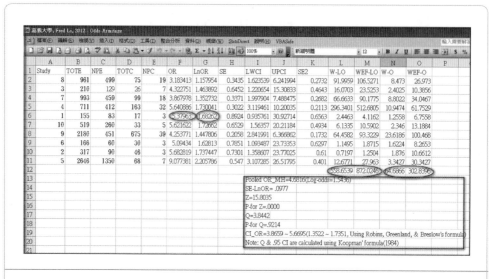，接著在表單中點選「Odds」與「Odds-Mantle-Haenszel」即可，因而其餘之具體之操作過程不再贅述。

圖 1-17　OR_{MH} 效果值及相關統計量之計算：利用 R-G-B 公式計算 CI

利用圖 1-17 中 L 和 M 欄位（WEF – LO = (W – LO)*LnOR）的數據，根據自然對數法公式 1-51-1 與加權量算法：$w_i = \dfrac{1}{\dfrac{a_i + c_i}{a_i * c_i} + \dfrac{b_i + d_i}{b_i * d_i}}$，就可算出 Mantel-Haenszel 的 LnOR 平均效果值（參見圖 1-17）：

$$Mean\,Effect = \frac{872.0246}{558.6539} = 1.5609$$

值得注意的是，自然對數法公式所算出 Mantel-Haenszel 的 LnOR 平均效果值與使用原始量尺公式 1-52-1 所計算出來的 LnOR 平均效果值 1.5436（= Ln（302.8394/64.6866）），略有出入。另外，圖 1-17 中之 SE2，係使用 Wolfe 公式計算出來（參見公式 1-42），有些統計分析軟體仍使用此標準誤計算 Q 值，本軟體使用 Koopman（1984）的標準誤公式計算 CI 和 Q 值！至於各研究整體 OR_{MH} 效果值、z 考驗與 Q 值之計算與統計考驗結果，則需使用 ESS 增益集中的

「Trim & Fill」副程式，其表單為 　　　　　　　　　　　。注意，ESS 在進行「Odds-Mantle-Haenszel」之後，直接進行「Trim & Fill」時，係使用原始之 Odds 和 SE（參見圖 1-18 和圖 1-21 之 B 和 C 欄位），而非取自然對數值。

圖 1-17 底部方框內的 OR_{MH} .95 信賴區間，係利用 R-G-B 公式計算出來；而圖 1-18 中底部方框內的 OR_{MH}.95 信賴區間，係利用未經校正的偏估信賴區間。

值得注意，OR_{MH} 的「Trim & Fill」之後的 SE 和 CI 為偏差估計值（biased estimates）。因為 Robins, Greenland & Breslow（1986）的 SE 計算公式涉及各細格次數資料（參見公式 1-55 和公式 1-56），在「Trim & Fill」的過程中不可能取得這些缺失研究（missing studies）的具體資訊。因此，本軟體在執行 Trim & Fill 的過程中，仍沿用傳統之方法建立 CI 值；乃導致 Trim & Fill 前後整合分析結果的 CI 值差異。建議讀者使用 Trim & Fill 之前的 OR_{MH} 平均效果值及其相關之 .95 CI（參見圖 1-17），作為基本之描述統計用。對於 OR_{MH} 效果值而言，Trim & Fill 後之結果僅供參考；參見圖 1-18 的之 OR_{MH} 平均效果值及其相關統計量。

	A	B	C	D	E	F	G	H	I	J	K	L	M	N	O
1	Study	EF	SE	Var	W-F	WEF-F	EF-Centered	AB-EF	Signed Ra	W-R	WEF-R	W	.95 CI-L	.95 CI-U	
2	8	3.18341	0.34354	0.11802	8.47297	26.97297	-1.498226099	1.4982261	-9	8.472973	26.972973	8.473	2.5101	3.8568	
3	7	3.86798	0.33706	0.11361	8.8022	34.0467	-0.813661649	0.81366165	-5	8.802198	34.0467033	8.8022	3.2073	4.5286	
4	9	4.25377	0.20577	0.04234	23.6186	100.468	-0.427868656	0.42786866	-3	23.61856	100.467951	23.6186	3.8505	4.6571	
5	3	4.32275	0.645156	0.416226	2.402542	10.38559	-0.358887855	0.35888785	-1	2.402542	10.3855932	2.4025	3.0582	5.5873	
6	6	5.09434	0.78508	0.61635	1.62245	8.265306	0.412700445	0.41270045	2	1.622449	8.26530612	1.6224	3.5556	6.6331	
7	1	5.37963	0.89235	0.7963	1.25581	6.755814	0.697990452	0.69799045	4	1.255814	6.75581395	1.2558	3.6306	7.1286	
8	10	5.62162	0.65288	0.42625	2.34601	13.18841	0.939982444	0.93998244	6	2.346014	13.1884058	2.346	4.342	6.9013	
9	4	5.64089	0.30224	0.09135	10.9474	61.75286	0.95924711	0.95924711	7	10.94737	61.7528604	10.9474	5.0485	6.2333	
10	2	5.68282	0.7301	0.53304	1.87603	10.66116	1.001180206	1.00118021	8	1.876033	10.661157	1.876	4.2518	7.1138	
11	5	9.07738	0.54696	0.29916	3.34267	30.34267	4.395741775	4.39574178	10	3.342668	30.3426676	3.3427	8.0053	10.1494	
12	Average-F	4.6816	0.1243		64.6866				~ Fixed Trim & Fill				4.43794	4.92534	
13	Average-R	4.6816			W2=857.1297				L0=2	W-R=64.6866					
14					Mean EF-F=4.6816(1.5436)					WEF-R=302.8394					
15					SE-M=.1243					W2=857.1297					
16					Z-M=37.6535					Mean EF-R=4.6816(1.5436)					
17					P-F=.00000					P_R=.0000					
18					CI-F=4.43794 ~ 4.92534(4.68164)					CI_R=4.4379 ~ 4.9253(4.6816)					
19					Q=3.8442 P-for Q=.9214					I^2=0%					
20					Tau^2=.0000										

Sheet1 / Sheet2 / Sheet3 / Sheet4 / Sheet5 / Sheet6 / Sheet7 / Sheet8 / Sheet9 / Sheet10

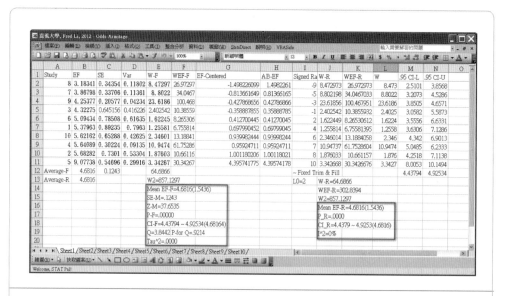

圖 1-18　OR_{MH} 效果值及相關統計量之計算：經 Trim & Fill

	A	B	C	D	E	F	G	H	I	J	K	L	M	N	O
1	Study	TOTE	NPE	TOTC	NPC	RR	LnRR	SE	LWCI	UPCI	SE2	W-LR	WEF-LR	W-R	WEF-R
2	8	961	499	75	19	2.049674	0.717681	0.2382	1.285065	3.269223	0.2732	616.9023	442.739	17.6245	36.1245
3	3	210	129	26	7	2.281633	0.824891	0.4007	1.040352	5.003929	0.4643	86.7177	71.5326	6.2288	14.2119
4	7	993	459	99	18	2.542296	0.933068	0.2472	1.566133	4.126898	0.2682	459.9821	429.1945	16.3681	41.6126
5	4	711	412	163	32	2.951653	1.082365	0.196	2.01016	4.33411	0.2113	1463.963	1584.543	26.032	76.8375
6	1	155	83	17	3	3.034409	1.110017	0.6082	0.921243	9.994798	0.6563	12.7454	14.1476	2.7035	8.2035
7	10	519	260	33	5	3.306358	1.195847	0.4612	1.338931	8.164728	0.4934	33.9534	40.603	4.7011	15.5435
8	9	2180	451	675	39	3.580628	1.275538	0.1832	2.500197	5.127955	0.1732	1488.651	1898.831	29.7793	106.6287
9	6	166	60	30	3	3.614458	1.284942	0.6274	1.056885	12.36114	0.6297	10.3628	13.3156	2.5408	9.1837
10	2	317	90	46	3	4.353312	1.470937	0.6178	1.296939	14.61235	0.61	9.7931	14.405	2.6198	11.405
11	5	2646	1350	68	7	4.956268	1.600653	0.3828	2.340545	10.49524	0.401	60.5478	96.9161	6.8246	33.8246
12												4243.619	4606.228	115.4225	353.5755
13									Pooled RR_MH=3.0633(Log-odds=1.1195)						
14									SE_LnRR= .0063						
15									Z=177.9916						
16									P-for Z=.0000						
17									CI_RR=3.0258 ~ 3.1013(1.1072 ~ 1.1318, Using Robins, Greenland, & Breslow's formula)						
18									Q=6.7168						
19									P-for Q=.6666						
20									Note: Q & .95 CI are calculated using Koopman' formula(1984)						

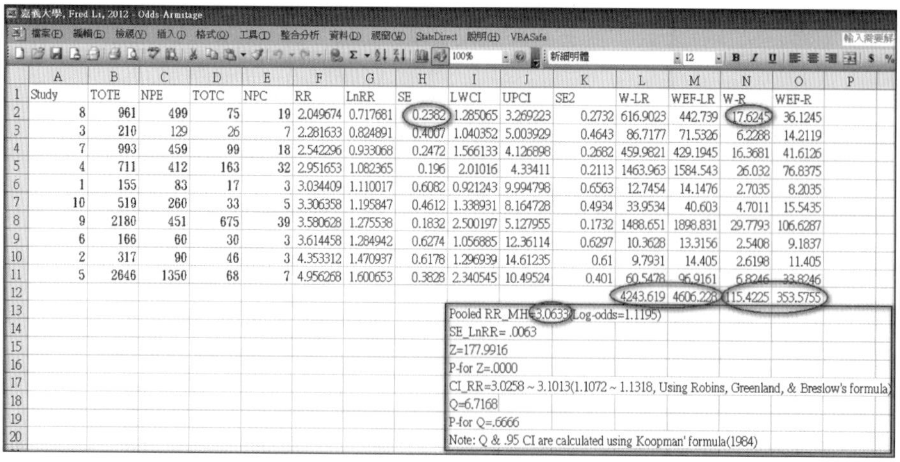

圖 1-19　RR_{MH} 效果值及其相關統計量之計算：未經 ESS 之 Trim & Fill

以圖 1-19 中之 study 8 為例,利用公式 1-41、公式 1-42 和公式 1-52-1,介紹如何計算 RR_{MH} 效果值與其相關統計量之過程:

$$RR_1 = \frac{\dfrac{a_1}{a_1+b_1}}{\dfrac{c_1}{c_1+d_1}} = \frac{\dfrac{499}{961}}{\dfrac{19}{75}} = 2.049674$$

$$W_1 = \frac{(a_1+b_1) \times C_1}{N_1} = \frac{961 \times 19}{961+75} = 17.6245$$

$$SE_1 = \sqrt{\frac{1}{17.6245}} = .2382$$

$$WEF - R_1 = RR_1 \times (W - R_1) = 2.049674 \times 17.6245 = 36.1245$$

圖 1-17 中 M 欄位(WEF-R=(W-R)*LnRR)的數據,係根據自然對數法公式 1-52-1 求得;L 欄位的數據,係根據自然對數法公式 1-52-2 中的加權量算法:

$$w_i = \frac{1}{\dfrac{1-(\dfrac{a_i}{a_i+c_i})}{a_i} + \dfrac{1-(\dfrac{b_i}{b_i+d_i})}{b_i}}$$ 求得,接著,就可算出 Mantel-Haenszel 的 LnRR 平

均效果值(參見圖 1-19):

$$Mean\,Effect = \frac{4606.228}{4243.619} = 1.0854$$

值得注意的是,自然對數法公式所算出 Mantel-Haenszel 的 LnRR 平均效果值與使用原始量尺公式 1-52-2 所計算出來的 LnRR 平均效果值 1.1195(= Ln(353.5755/115.4225)),略有出入。

又由圖 1-18 和圖 1-19 知,OR_{MH} 平均效果值與 RR_{MH} 平均效果值存在著一些差異(4.6816 vs. 3.0633);以 Study 8 為例,圖 1-19 內的 .95 CI 係利用下式求得 .95 之 CI 上限:Exp(.717681 + 1.96×.2382)= Exp(1.184553)= 3.26923,而其 .95 之 CI 下限:Exp(.717681 − 1.96×.2382)= Exp(.25809)= 1.285065。

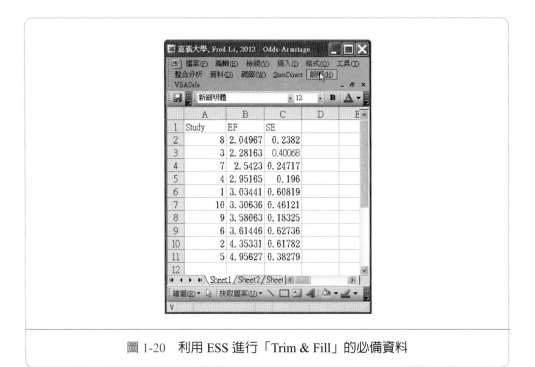

圖 1-20　利用 ESS 進行「Trim & Fill」的必備資料

利用圖 1-20 的資料，就可利用 ESS 進行「Trim & Fill」，結果如圖 1-21 所示。利用 ESS 進行「Trim & Fill」分析，圖 1-21 底部方框內係 OR_{MH} 的 SE 和其信賴區間 CI 為偏差估計值（採用不同公式計算 SE）。

圖 1-21 中的 .95 CI 計算，Study 8 為例。係利用下式求得 .95 之 CI 上限：2.04967 + 1.96*.2382 = 2.5165，而其 .95 之 CI 下限為：2.04967 − 1.96*.2382 = 1.5828。

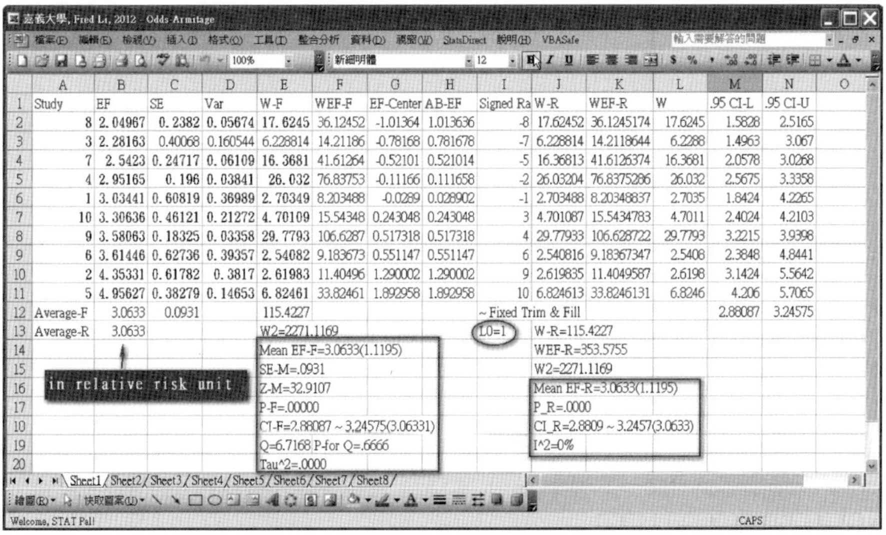

嘉義大學, Fred Li, 2012 - Odds-Armitage

	A	B	C	D	E	F	G	H	I	J	K	L	M	N
1	Study	EF	SE	Var	W-F	WEF-F	EF-Center	AB-EF	Signed Ra	W-R	WEF-R	W	.95 CI-L	.95 CI-U
2	8	2.04967	0.2382	0.05674	17.6245	36.12452	-1.01364	1.013636	-8	17.62452	36.1245174	17.6245	1.5828	2.5165
3	3	2.28163	0.40068	0.160544	6.228814	14.21186	-0.78168	0.781678	-7	6.228814	14.2118644	6.2288	1.4963	3.067
4	7	2.5423	0.24717	0.06109	16.3681	41.61264	-0.52101	0.521014	-5	16.36813	41.6126374	16.3681	2.0578	3.0268
5	4	2.95165	0.196	0.03841	26.032	76.83753	-0.11166	0.111658	-2	26.03204	76.8375286	26.032	2.5675	3.3358
6	1	3.03441	0.60819	0.36989	2.70349	8.203488	-0.0289	0.028902	-1	2.703488	8.20348837	2.7035	1.8424	4.2265
7	10	3.30636	0.46121	0.21272	4.70109	15.54348	0.243048	0.243048	3	4.701087	15.5434783	4.7011	2.4024	4.2103
8	9	3.58063	0.18325	0.03358	29.7793	106.6287	0.517318	0.517318	4	29.77933	106.628722	29.7793	3.2215	3.9398
9	6	3.61446	0.62736	0.39357	2.54082	9.183673	0.551147	0.551147	6	2.540816	9.18367347	2.5408	2.3848	4.8441
10	2	4.35331	0.61782	0.3817	2.61983	11.40496	1.290002	1.290002	9	2.619835	11.4049587	2.6198	3.1424	5.5642
11	5	4.95627	0.38279	0.14653	6.82461	33.82461	1.892958	1.892958	10	6.824613	33.8246131	6.8246	4.206	5.7065
12	Average-F	3.0633	0.0931		115.4227				~ Fixed Trim & Fill				2.88087	3.24575
13	Average-R	3.0633			W2=2271.1169				L0=1	W-R=115.4227				
14					Mean EF-F=3.0633(1.1195)					WEF-R=353.5755				
15					SE-M=.0931					W2=2271.1169				
16	in relative risk unit				Z-M=32.9107					Mean EF-R=3.0633(1.1195)				
17					P-F=.00000					P_R=.0000				
10					CI-F=2.88087 ~ 3.24575(3.06331)					CI_R=2.8809 ~ 3.2457(3.0633)				
19					Q=6.7168 P-for Q=.6666					I^2=0%				
20					Tau^2=.0000									

Sheet1 / Sheet2 / Sheet3 / Sheet4 / Sheet5 / Sheet6 / Sheet7 / Sheet8

Welcome, STAT Pal!

圖 1-21 RR_{MH} 效果值及其相關統計量之計算：經 ESS 之 Trim & Fill

3. 勝算比：Peto 公式

Peto Odds 不適用於非平衡設計的樣本上及 Odds 與 1 具極大差距時（會低估效果值），但適用於具有 0 的細格或處理效果很小的平衡設計時。注意，本整合分析軟體爲避免細格爲 0 而無法計算 Odds 的狀況，不管細格是否具有 0，均一律將每一細格之人數或次數加上 0.5。勝算比 Peto 的計算如公式 1-65 所示。

$$Peto勝算比 = \exp(\frac{O_i - E_i}{W_i}) \quad （公式 1\text{-}65）$$

公式 1-65 中，觀察值 O = a （公式 1-66）

公式 1-65 中，期望值 E =（a + b）（a + c）/n （公式 1-67）

公式 1-65 中，$W_i = \frac{(a_i + b_i)(c_i + d_i)(a_i + c_i)(b_i + d_i)}{n_i^{\ 2}(n_i - 1)}$ （公式 1-68）

公式 1-68 係加權值（即超幾何分配的變異數），而 Peto Odds 的標準誤爲 $\sqrt{\frac{1}{W_i}}$，式中 a, b, c, d 之定義請參照表 1-8。此標準誤可以作爲建立各研究效果值的自然對數信賴區間用。Peto Odds 的 z 考驗公式如 1-69 所示：

$$Z_p = \frac{O_i - E_i}{\sqrt{W_i}}$$ （公式 1-69）

Peto Odds 併組勝算比估計值 $= \exp\left(\frac{\sum_{i=1}^{k}(O_i - E_i)}{\sum_{i=1}^{k} W_i}\right)$ （公式 1-70）

而併組勝算比之 95% 信賴區間的計算，如公式 1-71 所示：

$$\exp\left(\frac{\sum_{i=1}^{k}(O_i - E_i) \pm Z_{\alpha/2}\sqrt{\sum_{i=1}^{k} W_i}}{\sum_{i=1}^{k} W_i}\right)$$ （公式 1-71）

至於同質性考驗公式：$Q_{Peto} = \sum W_i (\ln OR_i - \ln OR_{Peto})^2$ （公式 1-72）

實例解說

Peto 效果值及其相關統計量的計算過程：

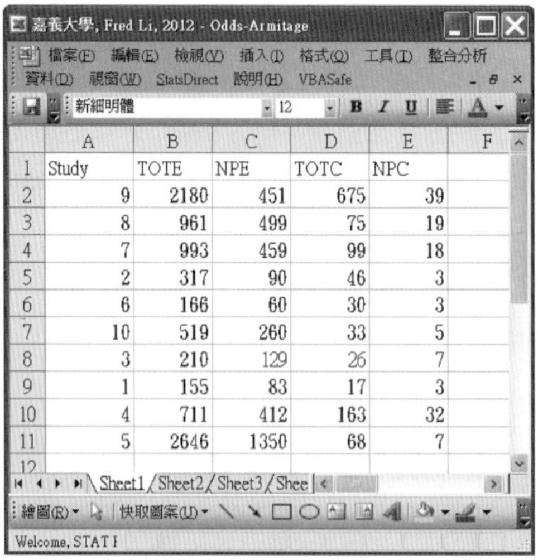

	A	B	C	D	E
1	Study	TOTE	NPE	TOTC	NPC
2	9	2180	451	675	39
3	8	961	499	75	19
4	7	993	459	99	18
5	2	317	90	46	3
6	6	166	60	30	3
7	10	519	260	33	5
8	3	210	129	26	7
9	1	155	83	17	3
10	4	711	412	163	32
11	5	2646	1350	68	7

圖 1-22 Peto 效果值的原始資料

利用公式 1-70 與圖 1-23 中 P 和 R 欄位之資訊，可求得併組勝算比估計值 =

$$\exp\left(\frac{\sum_{i=1}^{k}(O_i - E_i)}{\sum_{i=1}^{k} W_i}\right) = \exp(\frac{238.1525}{193.1703}) = 3.4310$$

請注意，本軟體在執行 Peto Odds 的整合分析時，其計算過程需要使用原始資料而無法與其它統計量使用共同的副程式，ESS 乃撰寫另一獨立的副程式，同時進行平均效果值的計算與 Trim & Fill 分析。

ESS 途徑

EXCEL 增益集 ESS 操作提示：備妥如圖 1-22 左側 A ～ E 欄位的原始資料（含實驗組與控制組之總次數與事件發生次數）之後，首先在 EXCEL 表單上

方點開「整合分析」，在其表單中 ，點選

「Odds」與「Odds-Peto」，接著輸入研究樣本數 ，按下「確定」之後就可順利完成勝算比或相對風險效果值之計算，分析結果如圖 1-23 右側 F ～ S 欄位所示。

以圖 1-22 中 study 9 為例：

$O = 451$

$E = (a+b)(a+c)/n = (2180) * (490)/2855 = 374.15$

$$w_9 = \frac{(a_i + b_i)(c_i + d_i)(a_i + c_i)(b_i + d_i)}{n_i^2(n_i - 1)} = \frac{2180 \times 675 \times 490 \times 2365}{2855^2 \times (2855-1)} = 73.3029$$

因此，study 9 的標準誤為：$\sqrt{\frac{1}{73.3029}} = .1168$，而其 .95 的效果值信賴區間為：$1.04838 \pm 1.96*.1168$（$.8195 \sim 1.2773$）。至於 study 9 的 Peto 勝算比則可計算如下：

$$Peto 勝算比 = \exp(\frac{O_9 - E_9}{W_9}) = \exp(\frac{451 - 374.15}{73.3029}) = \exp(1.048382) = 2.85303$$

此 Peto 勝算比，請參見圖 1-23 中 S 欄位的內容，該欄位之值係 F 欄位值的

Peto 指數轉換結果。該 Peto 效果值的 z 統計考驗量，計算如下：

$$Z_p = \frac{O_9 - E_9}{\sqrt{W_9}} = \frac{451 - 374.15}{\sqrt{73.3029}} = \frac{76.85}{8.5617} = 8.976$$

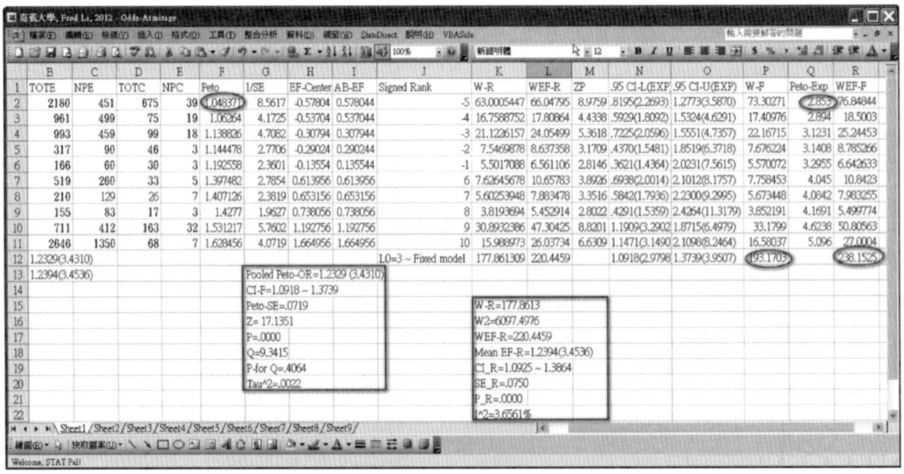

	B	C	D	E	F	G	H	I	J	K	L	M	N	O	P	Q	R
1	TOTE	NPE	TOTC	NPC	Peto	1/SE	EF-Center	AB-EF	Signed Rank	W-R	WEF-R	ZP	.95 CI-L(EXP	.95 CI-U(EXP)	W-F	Peto-Exp	WEF-F
2	2180	451	675	39	1.048371	8.5617	-0.57804	0.578044	-5	63.0005447	66.04795	8.9759	.8195(2.2693)	1.2773(3.5870)	73.30271	2.853	76.84844
3	961	499	75	19	1.06264	4.1725	-0.53704	0.537044	-4	16.7588752	17.80864	4.4338	.5929(1.8092)	1.5324(4.6291)	17.40976	2.894	18.5003
4	993	459	99	18	1.138826	4.7082	-0.30794	0.307944	-3	21.1226157	24.05499	5.3618	.7225(2.0596)	1.5551(4.7357)	22.16715	3.1231	25.24453
5	317	90	46	3	1.144478	2.7706	-0.29024	0.290244	-2	7.5469878	8.637358	3.1709	.4370(1.5481)	1.8519(6.3718)	7.676224	3.1408	8.785266
6	166	60	30	3	1.192558	2.3601	-0.13554	0.135544	-1	5.5017088	6.561106	2.8146	.3621(1.4364)	2.0231(7.5615)	5.570072	3.2955	6.642633
7	519	260	33	5	1.397482	2.7854	0.613956	0.613956	6	7.62645678	10.65783	3.8926	.6938(2.0014)	2.1012(8.1757)	7.758453	4.045	10.8423
8	210	129	26	7	1.407126	2.3819	0.653156	0.653156	7	5.60253948	7.883478	3.3516	.5842(1.7936)	2.2300(9.2995)	5.673448	4.0842	7.983255
9	155	83	17	3	1.4277	1.9627	0.738056	0.738056	8	3.8193694	5.452914	2.8022	.4291(1.5359)	2.4264(11.3179)	3.852191	4.1691	5.499774
10	711	412	163	32	1.531217	5.7602	1.192756	1.192756	9	30.8932386	47.30425	8.8201	1.1909(3.2902	1.8715(6.4979)	33.1799	4.6238	50.80563
11	2646	1350	68	7	1.628456	4.0719	1.664956	1.664956	10	15.988973	26.03734	6.6309	1.1471(3.1490	2.1098(8.2464)	16.58037	5.096	27.0004
12	1.2329(3.4310)								L0=3 ~ Fixed model	177.861309	220.4459		1.0918(2.9798	1.3739(3.9507)	193.1703		238.1525
13	1.2394(3.4536)					Pooled Peto-OR=1.2329 (3.4310)											
14						CI-F=1.0918 ~ 1.3739											
15						Peto-SE=.0719				W-R=177.8613							
16						Z= 17.1351				W2=6097.4976							
17						P=.0000				WEF-R=220.4459							
18						Q=9.3415				Mean EF-R=1.2394(3.4536)							
19						P-for Q=.4064				CI_R=1.0925 ~ 1.3864							
20						Tau^2=.0022				SE_R=.0750							
21										P_R=.0000							
22										I^2=3.6561%							

圖 1-23　Peto 效果值整合分析結果與相關統計量的計算

圖 1-23 係各研究 Peto 整體 OR 效果值、z 考驗與 Q 值之計算與統計考驗結果，此項分析結果不必再使用 ESS 增益集中的「Trim & Fill」副程式。因爲併組勝算比估計值 $= \exp\left(\frac{\sum_{i=1}^{k}(O_i - E_i)}{\sum_{i=1}^{k} W_i}\right)$ 涉及原始資料中各細格資料之運算，導致無法運用 ESS 增益集中「Trim & Fill」副程式之正常運作。因此，筆者在「Odds-Peto」副程式中，即設計含有「Trim & Fill」副程式之功能。

(四) 比率的平均效果值分析

在實證醫學上的研究，比率整合性分析常見於健康診斷工具的評估，參見表 1-12 的健診的虛擬之正確性分析結果。

表 1-12　虛擬健診實例的正確性分析結果（Diagnostic data）

判斷結果	是否真正有病	
	是	否
+	a(2)	b(12)
−	c(1)	d(2)

註：a：診斷工具能診斷出真正有病的人數（true positive）
　　b：診斷工具誤診為有病的人數（false positive）
　　c：診斷工具誤診為無病的人數（false negative）
　　d：診斷工具能診斷出真正無病的人數（true negative）
　　（ ）：括弧內數字代表虛構的人數

Diagnostic data 的比率整合性分析具有五種型式：

1. 正確診斷率（sensitivity）

正確診斷率就是 TP（true positives）的驗出比率。正確診斷率計算方法如公式 1-73 所示，常作為健康檢查工具真正能發現罹病的比率。

$$ES = \frac{a}{a+c} \qquad （公式 1-73）$$

依表 1-12 虛構的人數計算，效果值 ES = .667，假如正確診斷率相當高而檢查結果為陰性時，排除此人得病的機率較高。ESS 軟體之應用，參見後面之實例解說。高的正確診斷率，有助於排除檢查結果為陰性的受試者。

2. 特殊診斷率（specificity）

特殊診斷率就是 TN（true negatives）的驗出比率。換言之，此人沒病，而健康診斷工具真正能判斷出此人是健康人的比率；其計算方法如公式 1-74 所示。

$$ES = \frac{d}{b+d} \qquad （公式 1-74）$$

依表 1-2 虛構的人數計算，ES = .143，假如特殊診斷率相當高而檢查結果為陽性時，此人得病的機率較大。軟體之應用，請參見後面之實例解說。高的特殊診斷率，有助於找出檢查結果為陽性的受試者。

3. 整體流行率

整體流行率的計算方法，如公式 1-75 所示。

$$ES = \frac{a+c}{a+b+c+d}$$ （公式 1-75）

依表 1-2 虛構的人數計算，ES= .176。ESS 軟體之應用，參見後面之實例解說。

4. 比率差異值的考驗（ESS 軟體尚未提供相關之程式）

比率差異值（兩組 % 之差異量）的考驗，計算方法如公式 1-76 所示。

$$ES = P_{G1} - P_{G2}$$ （公式 1-76）

比率標準誤的計算方法，如公式 1-77 所示。

$$SE = \sqrt{P(1-P)(\frac{1}{n_{G1}} + \frac{1}{n_{G2}})}$$ （公式 1-77）

式中 $P = \dfrac{n_{G1}P_{G1} + n_{G2}P_{G2}}{n_{G1} + n_{G2}}$ 係兩組之加權平均數。

比率加權量的計算方法，如公式 1-78 所示。

$$W = \frac{1}{SE^2} = \frac{n_{G1}n_{G2}}{P(1-P)(n_{G1} + n_{G2})}$$ （公式 1-78）

此種比率差異值的計算易高估研究間的異質性，而低估比率差異值的信賴區間。Lipsey & Wilson（2001）建議使用 Odds Ratio 進行效果值的計算；除非 P_{G1} 和 P_{G2} 的值很相似。

5. 正確診斷勝算比（diagnostic odds ratio）

進行正確診斷勝算比整合性分析時，請以「a + d」作為實驗組總人數；以「b + c」作為控制組總人數，這是另一種的比率資料分析形式；計算方法如公式 1-79 所示。

$$ES = \frac{ad}{bc}$$ （公式 1-79）

運用公式 1-79，請研究者直接使用一般勝算比程式進行資料分析。

至於比率整合性分析之計算過程與其相關計算公式，分別說明如下：為了獲得較穩定的比率變異量，首先，將比率透過公式 1-80 之反正弦（Arcsine）平方根轉換函數（Freeman, Tukey, 1950；Stuart & Ord, 1994），進行資料之轉換，計算出整合比率效果值之後，再將之還原成原始比率量數。

$$x = \sin^{-1}\sqrt{\frac{r}{n+1}} + \sin^{-1}\sqrt{\frac{r+1}{n+1}} \qquad （公式 1-80）$$

公式 1-80 中 r 代表發生次數或人數，x 的標準誤計算如公式 1-81。

$$se_x = \sqrt{\frac{1}{n+0.5}}$$

$$w = \frac{1}{se_x^2} = n+0.5 \qquad （公式 1-81）$$

公式 1-81 中 w 表研究加權量，另外，因為 n + 1 會低估變異量，筆者 ESS 軟體中使用 n + 0.5。

公式 1-82 係在固定效果模式下，比率整合性分析之加權平均效果值的公式。

$$\hat{x} = \frac{\sum xw}{\sum w} \qquad （公式 1-82）$$

$$\hat{P} = \sin^2 \frac{\hat{x}}{2} \qquad （公式 1-83）$$

公式 1-83 係資料轉換公式，式中 $\hat{P}$ 代表併組比率的固定效果估計值，且又經 Sin 函數之資料轉換。至於隨機效果模式的計算公式，則如公式 1-84 所示：

$$\hat{x}_r = \frac{\sum xw_r}{\sum w_r} \qquad （公式 1-84）$$

公式 1-84 中，$\hat{x}_r$ 代表併組比率的隨機效果估計值；w_r 係隨機效果模式的加權量，定義如公式 1-85：

$$w_r = \frac{1}{\tau^2 + \frac{1}{w}}$$

（公式 1-85）

公式 1-85 中，w 表固定效果模式下之研究加權量，τ^2 代表組間變異量之估計值，定義如公式 1-86：

$$\tau^2 = \frac{q - (k-1)}{\sum w - \frac{\sum w^2}{\sum w}}$$

（公式 1-86）

公式 1-86 中，q 值係 Cochran's q，可利用公式 1-87 求得：

$$q = \sum w(x - \hat{x})^2 \, ,$$

（公式 1-87）

最後，再利用公式 1-88 將 Freeman-Tukey 的比率平均效果值還原：

$$\hat{p}_r = \sin^2 \frac{\hat{x}_r}{2}$$

（公式 1-88）

Miller（1978）在美國《統計學人》期刊上曾提出不同於公式 1-88 的轉換公式，有興趣讀者可參讀。

ESS實例解說　比率平均效果值的計算過程：正確診斷率

	A	B	C	D	E
1	Study	TP+FN	TP		
2	Abu Hmeidan	86	81		
3	Auslender	16	16		
4	Botsis	8	8		
5	Cacclatore	4	4		
6	Chan	17	15		
7	Dorum	15	12		
8	Goldstein	1	1		
9	Granberg	18	18		
10	Hanggi	21	18		
11	Karlsson (a)	114	112		
12	Karlsson (b)	15	14		
13	Klug	8	7		
14	Malinova	57	57		
15	Nasri (a)	7	7		
16	Nasri (b)	6	6		
17	Pertl	19	18		
18	Taviani	2	2		
19	Varner	2	1		
20	Weigel	37	37		
21	Wolman	4	4		

圖 1-24　正確診斷率的研究數據

資料取自：Deeks（2001）.

　　圖 1-24 中 B 欄位的 TP 代表正確診斷出有病的人數，FN 代表誤診為無病的人數。

　　ESS 的操作步驟：首先在 ESS 的表單中 ，點選「Proportion」即可執行正確診斷率的整合分析，獲得圖 1-25-1 的整合分析結果。

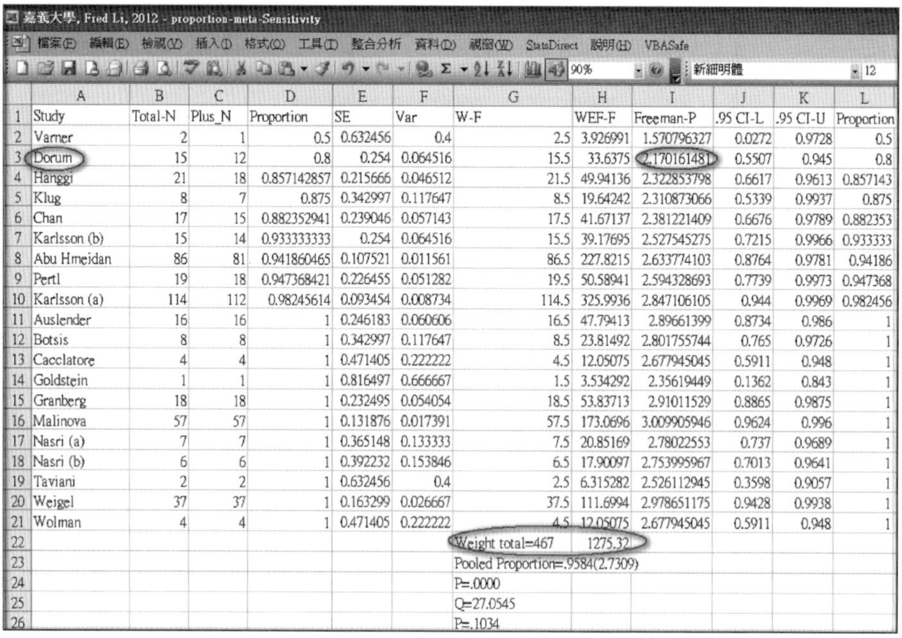

圖 1-25-1　正確診斷率的平均效果值：不進行 Trim & Fill 之畫面

以圖 1-25-1 中的 Dorum 研究為例：

其比率等於 12/15 = .8，依公式 1-80 轉換成 Freeman-Tukey 的數值為：

$$x = \sin^{-1}\sqrt{\frac{r}{n+1}} + \sin^{-1}\sqrt{\frac{r+1}{n+1}} = \sin^{-1}\sqrt{\frac{12}{15+1}} + \sin^{-1}\sqrt{\frac{12+1}{15+1}} = 2.17016$$

將之還原成原始比率量尺：

$$\hat{P} = \sin^2\frac{\hat{x}}{2} = \sin^2\frac{2.17016}{2} = .7821$$

注意，研究者如要使用一般的電子計算機計算 $\hat{P}$，須將 $\frac{2.17016}{2}$ 乘以 57.2958 後，再求取平方 Sine 函數值（$\hat{P} = \sin^2\frac{2.17016}{2} = \sin^2 1.08508 * 57.2958 = .7821$）。在 ESS 中 Sine 函數的內定單位為角度（degrees）；而在一般的計算

機中 Sine 函數的內定單位爲弧度（radians，約等於 180/π=57.2958°），因而會出現計算結果相左的現象。因此，假如要使用一般手邊的計算機計算，前述兩種 Sine 反函數值的總合需再除以 57.2958（$\frac{60+64.34}{57.2958}=2.17016$）。

Dorum 研究的標準誤爲：

$$se_x=\sqrt{\frac{1}{n+.5}}=\sqrt{\frac{1}{15+.5}}=.254$$

依公式 1-82 和公式 1-83，計算相關之統計量如下：

$\hat{x}=\frac{\sum xw}{\sum w}=\frac{1275.32}{467}=2.73088$，將之還原成原始比率量尺：

$$\hat{P}=\sin^2\frac{\hat{x}}{2}=\sin^2\frac{2.73088}{2}=.95842$$

相反的，研究者如要使用一般的電子計算機計算 $\hat{\mathrm{P}}$，須將 $\frac{2.73088}{2}$ 乘以 57.2958 後，再求取平方 Sine 函數值（$\hat{P}=\sin^2\frac{2.73088}{2}=\sin^2 1.3654*57.2958=.95842$）。

注意，圖 1-25-2 中 EF 欄位的效果值，係「Freeman-P」之數據，以便進行後續的 Trim & Fill 分析。

嘉義大學, Fred Li, 2012 - proportion-meta-Sensitivity

檔案(F) 編輯(E) 檢視(V) 插入(I) 格式(O) 工具(T) 整合分析 資料(D) 視窗(W) StatsDirect 說明(H) VBASafe

	A	B	C	D	E	F	G	H	I	J	K	L
1	Study	EF	SE	Proportion	SE	Var	W-F	WEF-F	Freeman-I	.95 CI-L	.95 CI-U	Proportion
2	Varner	1.570796327	0.632455532	0.5	0.632456	0.4	2.5	3.926991	1.570796	0.0272	0.9728	0.5
3	Dorum	2.170161481	0.254000254	0.8	0.254	0.064516	15.5	33.6375	2.170161	0.5507	0.945	0.8
4	Hanggi	2.322853798	0.215665546	0.857142857	0.215666	0.046512	21.5	49.94136	2.322854	0.6617	0.9613	0.857143
5	Klug	2.310873066	0.34299717	0.875	0.342997	0.117647	8.5	19.64242	2.310873	0.5339	0.9937	0.875
6	Chan	2.381221409	0.239045722	0.882352941	0.239046	0.057143	17.5	41.67137	2.381221	0.6676	0.9789	0.882353
7	Karlsson (b)	2.527545275	0.254000254	0.933333333	0.254	0.064516	15.5	39.17695	2.527545	0.7215	0.9966	0.933333
8	Abu Hmeidan	2.633774103	0.107520666	0.941860465	0.107521	0.011561	86.5	227.8215	2.633774	0.8764	0.9781	0.94186
9	Pertl	2.594328693	0.226455407	0.947368421	0.226455	0.051282	19.5	50.58941	2.594329	0.7739	0.9973	0.947368
10	Karlsson (a)	2.847106105	0.093453863	0.98245614	0.093454	0.008734	114.5	325.9936	2.847106	0.944	0.9969	0.982456
11	Auslender	2.89661399	0.246182982	1	0.246183	0.060606	16.5	47.79413	2.896614	0.8734	0.986	1
12	Botsis	2.801755744	0.34299717	1	0.342997	0.117647	8.5	23.81492	2.801756	0.765	0.9726	1
13	Cacclatore	2.677945045	0.471404521	1	0.471405	0.222222	4.5	12.05075	2.677945	0.5911	0.948	1
14	Goldstein	2.35619449	0.816496581	1	0.816497	0.666667	1.5	3.534292	2.356194	0.1362	0.843	1
15	Granberg	2.91011529	0.232495277	1	0.232495	0.054054	18.5	53.83713	2.910115	0.8865	0.9875	1
16	Malinova	3.009905946	0.131876095	1	0.131876	0.017391	57.5	173.0696	3.009906	0.9624	0.996	1
17	Nasri (a)	2.78022553	0.365148372	1	0.365148	0.133333	7.5	20.85169	2.780226	0.737	0.9689	1
18	Nasri (b)	2.753995967	0.39223227	1	0.392232	0.153846	6.5	17.90097	2.753996	0.7013	0.9641	1
19	Taviani	2.526112945	0.632455532	1	0.632456	0.4	2.5	6.315282	2.526113	0.3598	0.9057	1
20	Weigel	2.978651175	0.163299316	1	0.163299	0.026667	37.5	111.6994	2.978651	0.9428	0.9938	1
21	Wolman	2.677945045	0.471404521	1	0.471405	0.222222	4.5	12.05075	2.677945	0.5911	0.948	1
22							Weight total=467	1275.32				
23							Pooled Proportion=.9584(2.7309)					
24							P=.0000					
25							Q=27.0545					
26							P=.1034					

圖 1-25-2　正確診斷率的平均效果值：待進行 Trim & Fill 之畫面

研究者如欲進行「Trim & Fill」分析，ESS 操作步驟：首先，在 EXCEL 表單上方點開「整合分析」增益集中的「Trim & Fill」副程式表單

，在表單中可點選「Lo Estimator」，接著輸入研究

樣本數 ，按下確定之後，就可順利完成比率效果值的整合分析，分析結果如圖 1-26 右側 M～N 欄位的 .95 的上下信賴區間與圖 1-26 下方方框內的整合分析結果。圖 1-26 的 B 欄位數據已轉換成為原始比率量尺，而非「Freeman-P」量尺之數據。

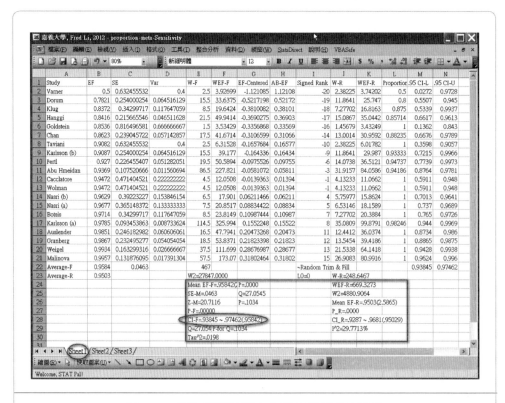

圖 1-26　平均正確診斷率效果值與相關統計量

由圖 1-26 的 L0 值爲 0 可知，本筆資料不需進行 Trim & Fill 之校正，無出版偏差之疑。本筆資料平均正確診斷率效果值爲 0.9584，其 .95 之上下信賴區間爲 .9385 ~ .9746；而異質性分析未達 .05 之顯著水準（Q = 27.054, p = .10339），研究者不須繼續進行探究異質的可能原因。根據此整合分析結果可以推知：健康檢查工具眞正能驗出罹病的比率甚高。

ESS實例解說　比率平均效果值的計算過程：特殊診斷率

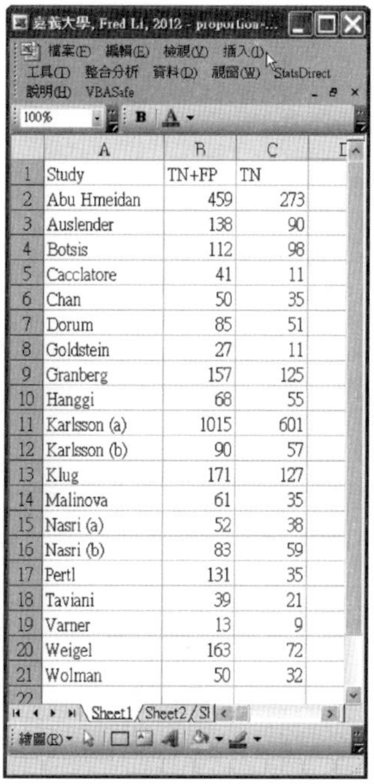

	A	B	C
1	Study	TN+FP	TN
2	Abu Hmeidan	459	273
3	Auslender	138	90
4	Botsis	112	98
5	Cacclatore	41	11
6	Chan	50	35
7	Dorum	85	51
8	Goldstein	27	11
9	Granberg	157	125
10	Hanggi	68	55
11	Karlsson (a)	1015	601
12	Karlsson (b)	90	57
13	Klug	171	127
14	Malinova	61	35
15	Nasri (a)	52	38
16	Nasri (b)	83	59
17	Pertl	131	35
18	Taviani	39	21
19	Varner	13	9
20	Weigel	163	72
21	Wolman	50	32

圖 1-27　特殊診斷率的研究數據

資料取自：Deeks（2001）.

圖 1-27 中 B 欄位的 TN 代表正確診斷出眞正無病的人數，FP 代表誤診爲有病的人數。

特殊診斷率的整合分析之 ESS 操作步驟，如前述正確診斷率之步驟，在此不

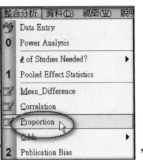

再贅述。請研究者在 ESS 的表單中，點選「Proportion」即可執行特殊診斷率的整合分析，初步分析結果如圖 1-28 所示。

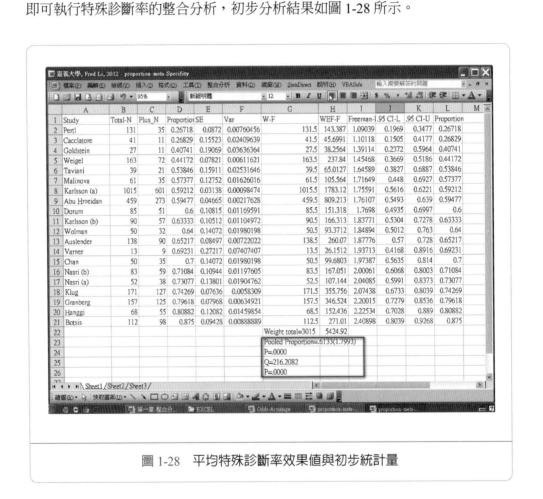

圖 1-28　平均特殊診斷率效果值與初步統計量

　　根據圖 1-28 平均特殊診斷率效果值可以推知：一個人沒病而健康診斷工具能真正判斷出此人是健康人的比率，只達 61.33%，有三分之一的機率會誤判此

人有病。正確準斷率與特殊診斷率常互爲消長，應用此兩種指標需合併評估之，才能較正確作出判斷；此種現象與推論統計學上的 α 和 β 非常類似：作任何決策都會有犯錯的機率。

ESS實例解說　比率平均效果值的計算過程：整體發生率

表 1-13　比率的研究數據：整體發生率

Trial （研究者）	Adherent （聽從醫療指示者）	Total （N）
Brown	214	311
Lamont	58	65
Lally	59	67
Orwell	182	285
Wagner	65	73
Werner	66	116
Venner	99	183
Adams	600	696
Brenner	45	57
Borrowdale	165	277
Byers	32	35
Daniels	49	60
Darling	175	199
Ehert	155	311
Fern	64	81
Mullen	526	537
Orton	104	107
Jones	97	102
Ning	2310	4612
Sherraton	72	91
Zu	37	37
Tarone	31	87

註：取自 http://www.statsdirect.com/help/meta_analysis/proportion_meta_analysis.htm （2012）

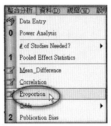

在 ESS 的表單中 ，點選「Proportion」即可執行整體比率的整合分析。

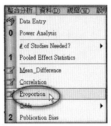

圖 1-29-1　比率平均效果值與相關統計量之結果：不進行 Trim & Fill 之畫面

以圖 1-29-1 中的 Brown 研究為例：

其比率等於 214/311 = .6881

$$x = \sin^{-1}\sqrt{\frac{r}{n+1}} + \sin^{-1}\sqrt{\frac{r+1}{n+1}} = \sin^{-1}\sqrt{\frac{214}{311+1}} + \sin^{-1}\sqrt{\frac{214+1}{311+1}} = 1.9552$$

$$se_x = \sqrt{\frac{1}{n+.5}} = \sqrt{\frac{1}{311+.5}} == .0567$$

值得一提的是，在 EXCEL 中 Sine 函數的內定單位為角度；而在一般的計算機中 Sine 函數的內定單位為弧度（約等於 180/π = 57.2958°），會導致計算結果

相左的現象。因此，假如要使用一般手邊的計算機計算前述之 Sine 反函數值，須先將根號內的值開根號後乘以 57.2958，再取 Sine 反函數值。

各研究比率平均效果值之整合分析結果爲：

$$\hat{x} = \frac{\sum xw}{\sum w} = \frac{15571.203}{840} = 1.85371$$

$$\hat{P} = \sin^2 \frac{\hat{x}}{2} = \sin^2 \frac{1.85371}{2} = .6396$$

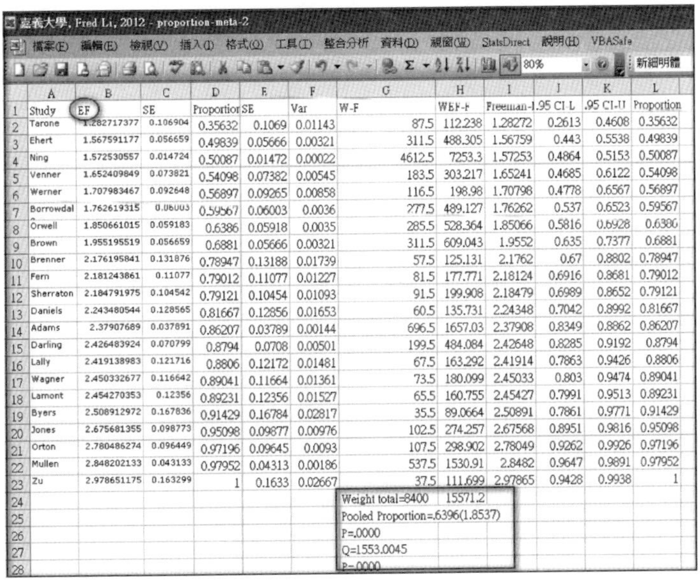

	A	B	C	D	E	F	G	H	I	J	K	L
1	Study	EF	SE	Proportior	SE	Var	W-F	WEF-F	Freeman-I	.95 CI-L	.95 CI-U	Proportion
2	Tarone	1.282717377	0.106904	0.35632	0.1069	0.01143	87.5	112.238	1.28272	0.2613	0.4608	0.35632
3	Ehert	1.567591177	0.056659	0.49839	0.05666	0.00321	311.5	488.305	1.56759	0.443	0.5538	0.49839
4	Ning	1.572530557	0.014724	0.50087	0.01472	0.00022	4612.5	7253.3	1.57253	0.4864	0.5153	0.50087
5	Venner	1.652409849	0.073821	0.54098	0.07382	0.00545	183.5	303.217	1.65241	0.4685	0.6122	0.54098
6	Werner	1.707983467	0.092648	0.56897	0.09265	0.00858	116.5	198.98	1.70798	0.4778	0.6567	0.56897
7	Borrowdal	1.762619315	0.06003	0.59567	0.06003	0.0036	277.5	489.127	1.76262	0.537	0.6523	0.59567
8	Orwell	1.850661015	0.059183	0.6386	0.05918	0.0035	285.5	528.364	1.85066	0.5816	0.6928	0.6386
9	Brown	1.955195519	0.056659	0.6881	0.05666	0.00321	311.5	609.043	1.9552	0.635	0.7377	0.6881
10	Brenner	2.176195841	0.131876	0.78947	0.13188	0.01739	57.5	125.131	2.1762	0.67	0.8802	0.78947
11	Fern	2.181243861	0.11077	0.79012	0.11077	0.01227	81.5	177.771	2.18124	0.6916	0.8681	0.79012
12	Sherraton	2.184791975	0.104542	0.79121	0.10454	0.01093	91.5	199.908	2.18479	0.6989	0.8652	0.79121
13	Daniels	2.243480544	0.128565	0.81667	0.12856	0.01653	60.5	135.731	2.24348	0.7042	0.8992	0.81667
14	Adams	2.37907689	0.037891	0.86207	0.03789	0.00144	696.5	1657.03	2.37908	0.8349	0.8862	0.86207
15	Darling	2.426483924	0.070799	0.8794	0.0708	0.00501	199.5	484.084	2.42648	0.8285	0.9192	0.8794
16	Lally	2.419138983	0.121716	0.8806	0.12172	0.01481	67.5	163.292	2.41914	0.7863	0.9426	0.8806
17	Wagner	2.450332677	0.116642	0.89041	0.11664	0.01361	73.5	180.099	2.45033	0.803	0.9474	0.89041
18	Lamont	2.454270353	0.12356	0.89231	0.12356	0.01527	65.5	160.755	2.45427	0.7991	0.9513	0.89231
19	Byers	2.508912972	0.167836	0.91429	0.16784	0.02817	35.5	89.0664	2.50891	0.7861	0.9771	0.91429
20	Jones	2.675681355	0.098773	0.95098	0.09877	0.00976	102.5	274.257	2.67568	0.8951	0.9816	0.95098
21	Orton	2.780486274	0.096449	0.97196	0.09645	0.0093	107.5	298.902	2.78049	0.9262	0.9926	0.97196
22	Mullen	2.848202133	0.043133	0.97952	0.04313	0.00186	537.5	1530.91	2.8482	0.9647	0.9891	0.97952
23	Zu	2.978651175	0.163299	1	0.1633	0.02667	37.5	111.699	2.97865	0.9428	0.9938	1
24							Weight total=8400	15571.2				
25							Pooled Proportion=.6396(1.8537)					
26							P=.0000					
27							Q=1553.0045					
28							P=.0000					

圖 1-29-2　比率平均效果值與相關統計量之結果：待進行 Trim & Fill 之畫面

注意，圖 1-29-2 中 EF 欄位的效果值，係取自圖 1-29-1 中「Freeman-P」之數據，才能獲得正確的整合分析結果。

嘉義大學, Fred Li, 2012 - proportion-meta-2

	A Study	B EF	C SE	D Var	E W-F	F WEF-F	G EF-Center	H AB-EF	I Signed Ra	J W-R	K WEF-R	L Proportion	M .95 CI-L	N .95 CI-U
2	Orwell	0.6381	0.059183	0.0035	285.5	528.364	1.21108	0.00305	0	3.68203	6.8142	0.6386	0.5816	0.6928
3	Borrowdale	0.5953	0.06003	0.0036	277.5	489.127	1.12304	0.0911	0	3.68067	6.48761	0.59567	0.537	0.6523
4	Brown	0.6875	0.056659	0.00321	311.5	609.043	1.31562	0.10148	0	3.686	7.20686	0.6881	0.635	0.7377
5	Werner	0.5684	0.092648	0.00858	116.5	198.98	1.0684	0.14573	1	3.61441	6.17336	0.56897	0.4778	0.6567
6	Venner	0.5408	0.073821	0.00545	183.5	303.217	1.01283	0.2013	1	3.65583	6.04092	0.54098	0.4685	0.6122
7	Ning	0.5009	0.014724	0.00022	4612.5	7253.3	0.93295	0.28118	2	3.72713	5.86102	0.50087	0.4864	0.5153
8	Ehert	0.4984	0.056659	0.00321	311.5	488.305	0.92801	0.28612	2	3.686	5.77814	0.49839	0.443	0.5538
9	Brenner	0.7845	0.131876	0.01739	57.5	125.131	1.53662	0.32248	2	3.5029	7.623	0.78947	0.67	0.8802
10	Fern	0.7866	0.11077	0.01227	81.5	177.771	1.54166	0.32753	2	3.56689	7.78026	0.79012	0.6916	0.8681
11	Sherraton	0.7881	0.104542	0.01093	91.5	199.908	1.54521	0.33108	2	3.58403	7.83037	0.79121	0.6989	0.8652
12	Daniels	0.8115	0.128565	0.01653	60.5	135.731	1.6039	0.38977	3	3.51351	7.8825	0.81667	0.7042	0.8992
13	Adams	0.8616	0.037891	0.00144	696.5	1657.03	1.7395	0.52536	4	3.71027	8.82702	0.86207	0.8349	0.8862
14	Lally	0.8751	0.121716	0.01481	67.5	163.292	1.77956	0.56542	4	3.5348	8.55118	0.8806	0.7863	0.9426
15	Darling	0.8775	0.070799	0.00501	199.5	484.084	1.7869	0.57277	5	3.66168	8.885	0.8794	0.8285	0.9192
16	Wagner	0.8852	0.116642	0.01361	73.5	180.099	1.81075	0.59662	5	3.54998	8.69863	0.89041	0.803	0.9474
17	Lamont	0.8865	0.12356	0.01527	65.5	160.755	1.81469	0.60056	6	3.52916	8.66151	0.89231	0.7991	0.9513
18	Byers	0.9032	0.167836	0.02817	35.5	89.0664	1.86933	0.6552	6	3.37547	8.46875	0.91429	0.7861	0.9771
19	Jones	0.9467	0.098773	0.00976	102.5	274.257	2.0361	0.82197	8	3.59916	9.63021	0.95098	0.8951	0.9816
20	Orton	0.9678	0.096449	0.0093	107.5	298.902	2.14091	0.92677	9	3.60505	10.0238	0.97196	0.9262	0.9926
21	Mullen	0.9786	0.043133	0.00186	537.5	1530.91	2.20862	0.99449	9	3.70443	10.551	0.97952	0.9647	0.9891
22	Zu	0.9934	0.163299	0.02667	37.5	111.699	2.33907	1.12494	11	3.39267	10.1056	1	0.9428	0.9938
23	Tarone	0.3579	0.106904	0.01143	87.5	112.238	0.64314	0.571	12	3.57763	4.58908	0.35632	0.2613	0.4608
24	Average-F	0.6396	0.0109		8400					~Fixed Trim & Fill			0.62928	0.64981
25	Average-R	0.7858			W2=22557415.5000					L0=0	W-R=79.1397			

Mean EF-F=.63957(P=.0000)
SE-M=.0109   Q=1553.0045
Z-M=58.6184   P=.0000
P-F=.00000
CI-F=.62928 ~ .64981(.63958)
Q=1553.0 P-for Q=.0000
Tau^2=.2681

WEF-R=172.4700
W2=284.8843
Mean EF-R=.7858(2.1942)
P_R=.0000
CI_R=.6893 ~ .8686(.78582)
I^2=98.6478%

圖 1-30　各研究比率平均效果值之整合分析結果

　　筆者的 ESS 增益集「Trim & Fill」的操作步驟：首先，備妥如圖 1-29-2 左側 A～C 欄位的原始資料之後（B 欄位需為 Freeman-Tukey 的比率值），接著在 EXCEL 表單上方點開「整合分析」增益集中的「Trim & Fill」副程式表單

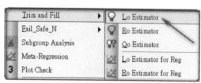，在表單中可點選「Lo Estimator」，接著輸入

研究樣本數 ，按下確定之後就可順利完成比率效果值的整合分

析，分析結果如圖 1-30 右側 M ～ N 欄位的 .95 信賴區間、圖 1-30 下方的整合分析結果 z 考驗、Q 值之計算與顯著性考驗結果。ESS 的分析結果與 StatsDirect 輸出的結果相同（參見圖 1-31），但與 CMA 的結果就有較大出入，因為 CMA 並未使用 Freeman-Tukey（1950）的 Arcsine 平方根轉換公式，以獲得較穩定的比率變異數。

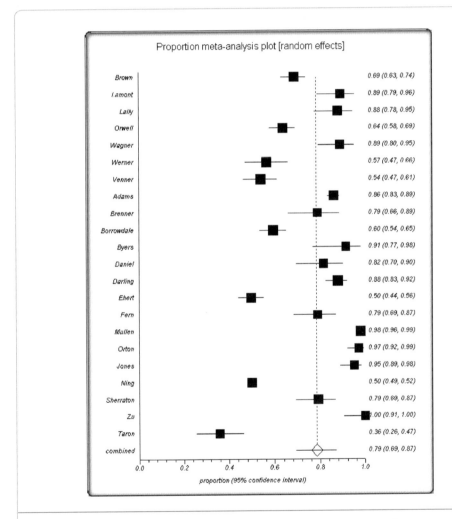

圖 1-31　StatsDirect 輸出的森林圖：隨機效果模式

由圖 1-30 的 L0 值為 0 可知，本筆資料不須進行 Trim & Fill 之校正，無出

版偏差之疑。就隨機效果模式來看，本資料比率平均效果值為 0.7858，其 .95 之上下信賴區間為 .6893 ~ .8686；而異質性分析未達 .05 之顯著水準（Q = 1553，p = .0000），研究者須繼續進行探究異質的可能原因。根據此整合分析結果可以推知：聽從醫療指示之整體發生比率尚高，但異質性問題則須一併考量之。從圖 1-31 的森林圖中的效果值分佈來看，研究者有必要利用分群或分類進行異質性分析。

（五）Cronbach α 係數的整合分析

當需要針對信度不佳的效果值加以校正，或想要估計一個研究工具在不同研究上信度的平均值時，就需要進行 Cronbach α 係數的整合分析。依據 Rodriguez & Maeda（2006）的建議，Cronbach α 效果值的轉換計算，其公式為 1-89：

$$ES_\alpha = \sqrt[3]{1-\alpha} \qquad \text{（公式 1-89）}$$

ES_α 的標準誤公式如 1-90：

$$SE_{ES_\alpha} = \sqrt{\frac{18J(N-1)(1-\alpha)^{2/3}}{(J-1)(9N-11)^2}} \qquad \text{（公式 1-90）}$$

公式 1-90 中，J 表該研究的題目數，N 表該研究的樣本大小，α 表該研究的 Cronbach α 值；ES_α 的整體變異量公式如 1-91。

$$V_. = \frac{1}{\sum W_i} \qquad \text{（公式 1-91）}$$

公式 1-91 中
$$W_i = \frac{1}{SE_{ES\alpha_i}} \qquad \text{（公式 1-92）}$$

$$\overline{ES_{\alpha_i}} = \frac{\sum W_i ES_{\alpha_i}}{\sum W_i} \qquad \text{（公式 1-93）}$$

公式 1-93 為 Cronbach α 值的加權平均數，$\overline{ES}_{\alpha i}$ 信賴區間估計之公式如 1-94。

$$\overline{ES_{\alpha_i}} \pm Z_{\alpha/2}\sqrt{V_.} \qquad \text{（公式 1-94）}$$

$$Q = \sum \frac{(ES_{\alpha_i} - \overline{ES}_{\alpha_i})^2}{V_i}$$ （公式 1-95）

公式 1-95 係 Cronbach α 異質性的分析公式，此 Q 統計量成 χ^2（df = k − 1）分配。

為了解釋的便利，通常需將此轉換過的平均信度，再還原成原始的 Cronbach α 量尺，其轉換公式需用公式 1-96：

$$\alpha = 1 - ES_{\alpha}^3$$ （公式 1-96）

最後，在此稍作補充說明：在平均效果值指標的整合分析計算時，Hunter & Schmidt（1990 & 2004）主張應針對抽樣誤差、測量誤差與直接全距減縮或間接全距減縮等人為偏差（artifacts）加以校正；其中抽樣誤差乃利用樣本大小加以校正、抽樣誤差則利用測量工具信度加以校正、全距減縮係利用相關標準差比值加以校正。因此，計算過程會運用到許多心理計量學上的理論，其計算過程較為繁複，適合於有經驗的整合分析老手（Pigott, 2006），初學者可能會感覺有些深奧難解。有鑑於此，本書之整合分析方法將以 Hedges & Olkin（1985）與 Borenstein, Hedges, Higgins, & Rothstein（2009）的理論與實務做法為主軸，效果值的計算只偏重抽樣誤差之校正與同質性考驗。對於測量誤差與全距減縮等的人為偏差校正方法，則請參考 Hunter & Schmidt（1990 & 2004）的經典著作與筆者另一進階整合分析專書。至於其它傳統使用顯著性與否計數法（vote-counting methods）及 Fisher p 值累積法（cumulation of *p*-values across studies），因未涉及任何效果值的評估，其整合分析結果均具有其本質上的缺陷：易受異質性的混淆與樣本大小影響；因此，本書中將不作介紹。

(六) 各類效果值指標強弱的歸類與意義

Cohen（1977, 1988）根據經驗法則訂定了大、中、小效果值之判定標準，可作為社會科學研究者解釋之參考。其中，中效果（例如 $0.01 < \eta^2 < 0.06$）對於實務上或臨床上是基本要求（Wolf, 1986）。不過，Lenth（2001）警告使用這些套裝效果值時不要墨守成規，因為它們可能不適用於某些特定的研究上。效果值究竟多大是大，多小是小，甚難客觀加以界定清楚，即使可以訂出自己研究性質的

標準，也難一體適用到各個學術領域。然而，筆者仍將各類效果值指標強弱的整理歸類，摘要如表 1-14 所示，以利研究者針對平均效果值的大小進行質化的解釋。

表 1-14 各類效果值指標大小的歸類與意義

效果值	小	中	大	備註
Pearson r	0.1	0.3	0.5	積差相關
ϕ/χ^2	0.1	0.3	0.5	
r^2	0.01	0.09	0.25	
η^2	0.01	0.06	0.14	ANOVA 的 F 考驗
Cohen f	0.10	0.25	0.40	ANOVA 的 F 考驗
R^2	0.02	0.13	0.26	MCR 的 F 考驗
Cohen d	± 0.2	± 0.5	± 0.8	
Cohen f^2	0.02	0.15	0.35	MCR 的 F 考驗
Odds Ratio	1.44	2.47	4.25	

註：本表的大、中、小標準較適用於 RCT 的研究。

表 1-14 中各種效果值間均可互換，η^2 係按 $\eta^2 = \dfrac{d^2}{d^2+4}(n_1 = n_2)$ 換算而得（參見公式 1-105），例如就小效果值而言（d 值 = .2），$\dfrac{.2^2}{.2^2+4} = 0.0099$；就中效果值時（d 值 = .5），$\dfrac{.5^2}{.5^2+4} = 0.0588 \cong .06$；Odds Ratio 係按 $d = \dfrac{\text{Ln}(OR)}{1.81}$ 換算而得，例如就小效果值而言，$\dfrac{\text{Ln}(1.44)}{1.81} = 0.20$（參見公式 1-106）。另外，透過 $R^2 = \dfrac{f^2}{1+f^2}$ 進行 MCR 和 f^2 之互換，而 Odds Ratio 也可轉換成比率進行相對性的解釋（需設定一組爲參照組，例如控制組）。

$$p_{treatment} = \frac{OR * p_{control}}{1 + OR * p_{control} - p_{control}}$$ （公式 1-97）

假設 Odds Ratio = 1.42 接近於小效果值，以控制組設定爲 .50，帶入公式 1-97，

則實驗組之機率為 .587。

表 1-15　各類效果值指標大小的歸類與意義：適用於社會科學研究資料

效果值	低	中	高	備註
r、φ、β、τ	0.2	0.5	0.8	包含淨相關
R^2、r^2、η^2	0.04	0.25	0.64	包含 adjusted R^2
d、g	0.41	1.15	2.70	
OR、RR	2.0	3.0	4.0	這些截斷值並非從 r 轉換而來

註：利用公式 1-116 進行 d 和 r 間截斷值的轉換。

　　Ferguson（2009）針對社會科學的研究性質（依變項的效度通常較弱、研究設計較不嚴謹），將各類效果值指標分為四類，其效果值大小的標準修正如表 1-15 所示；其中「低」表示最低實用效果值（practically significant effect），「中」表示中度效果值（moderate effect）、「高」表示高效果值（strong effect）。如果依變項的效度高、研究設計嚴謹時（如 RCT），筆者建議使用 Cohen 的標準進行研究結果的解釋（參見表 1-14）。

四、效果值指標 r 與 d、g、t/χ^2、z 間之轉換關係

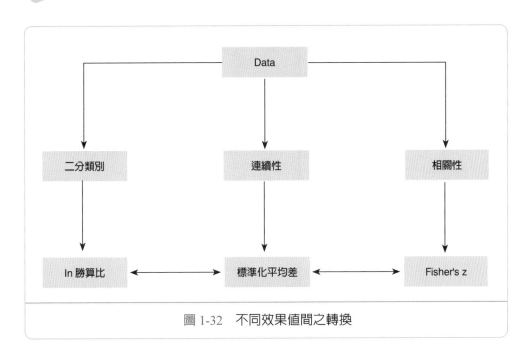

圖 1-32　不同效果值間之轉換

　　整合分析的對象最主要是平均數的差異量、變項間的相關係數、勝算比或風險指標與比率統計量。這四類統計量必須在回答同一問題，且具有相似實質意義，才能併在一起進行整合分析。如果各個研究雖使用不同工具、不同設計、不同統計方法，但均在回答同一問題，為使效果值間能相互直接比較，必須轉成具有共同量尺的效果值指標（參見圖 1-32 底層的任一共同量尺），才能進行整合分析。

(一) 由其它統計量轉換成 r 值

　　由於許多的研究者並未提供平均數、標準差等資訊，造成 Cohen d 或 Hedges 的 g 效果值指標都無法計算；幸好很多推論統計量都可以轉化為相關係數。因此，Rosenthal（1984）建議使用皮爾遜相關係數（Pearson r）做為標準化效果量的估計值。以下羅列轉換公式 1-98-1 至公式 1-103 供查考應用。研究者如能取得統計顯著性考驗的 t 值 (如相關係數顯著性考驗、兩組平均數之差異的顯著性考驗)，就可利用公式 1-98-1 轉換成 r 值。

$$r = \sqrt{\frac{t^2}{t^2 + df}} \qquad （公式 1\text{-}98\text{-}1）$$

　　其中 $df = N_1 + N_2 - 2 = N - 2$，其標準誤公式請參見公式 1-98-2。另外，在迴歸分析中，當只有一個預測變項時，該預測變項的標準化回歸係數等於 r 值。相關係數的標準誤計算，通常會先轉成 Fisher z，再利用公式 1-98-2 求得：

$$SE_z = \sqrt{\frac{1}{N-3}} \qquad （公式 1\text{-}98\text{-}2）$$

　　另外，Wilson 教授在以下網站也有提供計算 t 統計量轉換成 r 值之網路計算器（參見圖 1-33），http://gunston.gmu.edu/cebcp/EffectSizeCalculator/r/r.html，研究者可以善加利用，以省去計算之繁瑣工作。

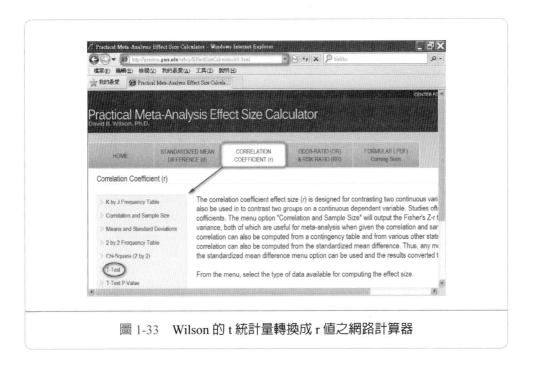

圖 1-33　Wilson 的 t 統計量轉換成 r 值之網路計算器

　　以下係利用推論統計量進行 r 的計算，例如，假如研究結果 t 值為 2.6，N=45，此 t-test 統計量的換算，可利用 Dr. Wilson 的效果值計算器進行轉換計算，計算結果如圖 1-34 所示：

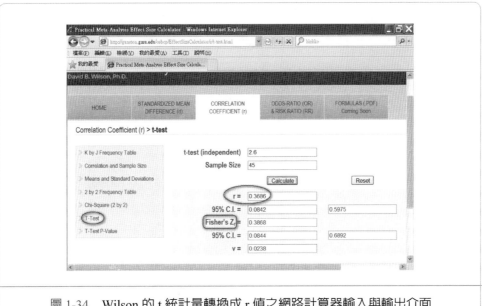

圖 1-34　Wilson 的 t 統計量轉換成 r 值之網路計算器輸入與輸出介面

利用公式 1-98-1 可以求得相同的 r 值：

$$r = \sqrt{\frac{2.6^2}{2.6^2 + 43}} = .36858$$

以下係利用 p 值進行 r 的計算，假如沒有 t 統計量而有 p 值，亦可計算出 r 值（參見圖 1-35）。首先將 p 值（雙尾 = .045/2 = .0225）轉成 z 值（= 2.005），再代入下式：

$$r = \sqrt{\frac{z^2}{N}} = \sqrt{\frac{2.005^2}{36}} = .3362$$

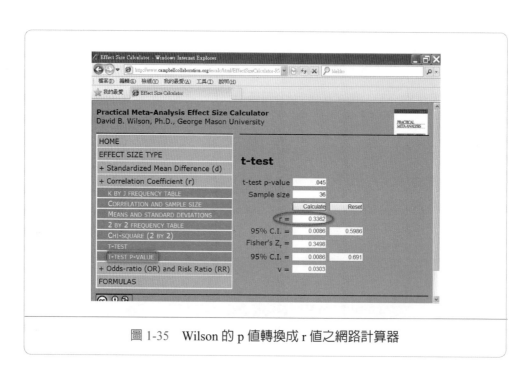

圖 1-35　Wilson 的 p 值轉換成 r 值之網路計算器

其他 F 統計量與卡方統計量，可利用公式 1-99 和公式 1-100 轉換成 r 統計量。

$$r = \sqrt{\frac{F_{(1,\sim)}}{F_{(1,\sim)} + df_{within}}}$$ （公式 1-99）

公式 1-99 中 $F_{(1,\sim)}$，代表分子自由度為 1 時的 F 值（$t^2 = F$），$df_{error} = N - \#$

of groups。

$$r = \sqrt{\frac{\chi^2_{(1)}}{N}}$$ （公式 1-100）

公式 1-100 中 $\chi^2_{(1)}$，代表自由度為 1 的卡方值（2×2 的列聯表，雙變數均為二分類別變項），適用於 ϕ 係數的轉換。

以下公式 1-101 係利用描述統計量 d 值，進行 r 的計算：

$$r = \frac{d}{\sqrt{d^2 + \frac{(n_1 + n_2)^2}{n_1 \times n_2}}} \quad 適用於（n_1 \neq n_2）$$ （公式 1-101）

公式 1-101 中 d 值為：

$$d = \frac{\overline{X}_1 - \overline{X}_2}{\sqrt{\frac{(N_E - 1)(SD_E)^2 + (N_C - 1)(SD_C)^2}{N_E + N_C - 2}}}$$ （公式 1-102）

79

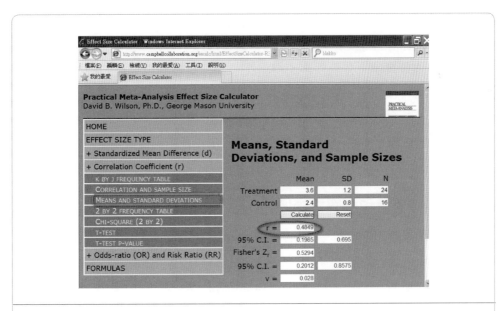

圖 1-36　Wilson 的 r 值網路計算器之輸入與輸出介面：平均數差效果值

實例解說

$$d = \frac{3.6 - 2.4}{\sqrt{\dfrac{(24-1) \times 1.2^2 + (16-1) \times 0.8^2}{24 + 16 - 2}}} = \frac{1.2}{1.06} = 1.1318 \text{，將相關數據代入公式 1-101}$$

$$r = \frac{1.1318}{\sqrt{1.1318^2 + \dfrac{(24+16)^2}{24 \times 16}}} = .4849 \quad \text{（參見圖 1-36）}$$

公式 1-103 則適用於等組時之 d 轉換：

$$r = \frac{d}{\sqrt{d^2 + 4}} \quad \text{（適用於 } n_1 = n_2 \text{）} \tag{公式 1-103}$$

至於 Pearson r 值的抽樣變異數，定義如公式 1-104 所示：

$$V_r = \frac{4^2 V_d}{(d^2 + 4)^3} \quad (n_1 = n_2) \tag{公式 1-104}$$

由此觀之，平均效果值的主要來源有四：相關係數指標、描述統計量、推論統計量與 p 值（p-value）；其中只有相關係數指標是無單位的效果值指標，可以不需進行任何資料的轉換，其它的來源就必須透過上述之公式進行資料的轉換，才能獲得平均效果值。有兩件事值得一提，第一是變異數分析的特例：t-test 與卡方考驗（DF = 1）時，探討平均數間的差異性與相關係數的顯著性具有密切關係，係由不同面向探討同一問題。因此，部分非相關係數的推論統計量亦可轉換成相關係數的資料，併在一起進行整合分析。第二是相關係數正負符號的判定，須視平均數的大小與雙變項的關聯方向而定，研究者須謹慎爲之。

(二) 各種效果值指標間之轉換

各效果值指標間之轉換（conversion of effect sizes），主要是爲了將不同指標轉化成一個共同量尺的效果值，將原來統計量轉換成更便利運算的指標與進行心理計量的整合分析。讀者可以善用 CMA 的內建「Formulas」（ Σ Formulas ）功能，實際觀察各種指標間之互換衍生過程與結果。爲便利研究者理解與進行各效果值指標間之轉換（參見圖 1-32），乃將效果值 d、g、Odds 與 t、F、r、η^2 間之對等關係的轉換公式（參見 Rosnow, Rosenthal, & Rubin, 2000；Card, 2012）羅列如公

式 1-105 至公式 1-122 所示，以利 Fail-Safe-N 之計算（參見第二章）與進行心理計量整合分析時 d 與 r 值間之轉換（參見 Hunter & Schmidt，2004，第七章）。

$$\eta^2 = \frac{d^2}{d^2 + 4} \quad (n_1 = n_2) \qquad (公式\ 1\text{-}105)$$

$$d = \frac{\sqrt{3}}{\pi} \times LnOddsRatio = \frac{Ln(OddsRatio)}{1.81}, \pi = 3.14159 \qquad (公式\ 1\text{-}106)$$

公式 1-106 係根據 Chinn（2000）的計算公式，可將 Odds 轉換成 d 值，以利於研究結果之整合與效果值大小的比較或解釋。Odds 的 d 值抽樣變異數，定義如公式 1-107 所示。

$$V_d = \frac{3}{\pi^2} \times V_{OddsRatio} \qquad (公式\ 1\text{-}107)$$

$$d = \frac{2\sqrt{F}}{\sqrt{df_{within}}} = \frac{2t}{\sqrt{df_{within}}} \quad (僅適用於\ 2\ 組時) \qquad (公式\ 1\text{-}108)$$

$$當\ n_1 = n_2\ 時，\ d = t\sqrt{\frac{2}{N}} \qquad (公式\ 1\text{-}109)$$

公式 1-109 中，n 係每一組樣本大小，當研究報告只呈現 t 值時，此公式將可派上用場，以計算效果值；當 $n_1 \neq n_2$ 時，可使用公式 1-110 或公式 1-111。

當 $n_1 \neq n_2$ 時，使用公式 1-108 會低估效果值。因此，研究者可以利用公式 1-110 調整其效果值（Rosnow, Rosenthal, & Rubin, 2000）。

$$d = \frac{2\sqrt{F}}{\sqrt{df_{within}}} \sqrt{\frac{n}{n_H}} = \frac{2t}{\sqrt{df_{within}}} \sqrt{\frac{n}{n_H}} \quad (僅適用於兩組時) \qquad (公式\ 1\text{-}110)$$

公式 1-110 中 N_H 係調和平均（$= \frac{2n_1 n_2}{n_1 + n_2}$）。

$$g = t\sqrt{\frac{n_1 + n_2}{n_1 n_2}} = \frac{2t}{\sqrt{N}} \qquad (公式\ 1\text{-}111)$$

當 $n_1 \neq n_2$ 時，使用公式 1-111 會低估效果值。因此，研究者可以利用公式 1-112 調整其效果值（Rosnow, Rosenthal, & Rubin, 2000）。

$$g = \frac{2\sqrt{F}}{\sqrt{N}} \sqrt{\frac{n}{n_H}} = \frac{2t}{\sqrt{N}} \sqrt{\frac{n}{n_H}} \quad (僅適用於\ 2\ 組時) \qquad (公式\ 1\text{-}112)$$

當遇重複量數時，請使用公式 1-113：

$$g = \frac{\sqrt{F_{repeated(1,df)}}}{\sqrt{N}} = \frac{t_{dependent}}{\sqrt{N}}$$ （僅適用於 2 組時）　　　　　　（公式 1-113）

當遇重複量數時，如為避免高估效果值，請使用校正公式 1-114（Dunlap, et al, 1996）

$$d = t\sqrt{\frac{2(1-r)}{n}}$$ 　　　　　　　　　　　　　　　　　　　　（公式 1-114）

公式 1-114 中，r 係重複量數間之相關係數，n 係配對組數，可以利用公式 1-115 間接求得：

$$r = \frac{SD^2_{pre} + SD^2_{post} - SD^2_{D}}{2 \times SD_{pre} \times SD_{post}}$$ 　　　　　　　　　　　　（公式 1-115）

公式 1-116 中，SD_D 係差異分數之標準差。

$$d = \frac{2r}{\sqrt{1-r^2}}$$ 　　　　　　　　　　　　　　　　　　　　　（公式 1-116）

公式 1-116 係由公式 1-103 逆向推導出；而 d 值的抽樣變異數，定義如公式 1-117 所示。

$$V_d = \frac{4\,V_r}{(1-r^2)^3}$$ 　　　　　　　　　　　　　　　　　　　　（公式 1-117）

公式 1-117 中，V_r 的定義請參見公式 1-104。

$$r = \frac{d}{\sqrt{d^2 + a}}$$ 　（$n_1 \neq n_2$ 相依樣本）　　　　　　　（公式 1-118）

公式 1-118 中，$a = \dfrac{(n_1 + n_2)^2}{n_1 \times n_2}$ 　　　　　　　　　　　　　（公式 1-119）

$$r = \frac{d}{\sqrt{d^2 + 1}}$$ 　（適用於相依樣本）　　　　　　　　（公式 1-120）

$$r = \frac{g}{\sqrt{g^2 + 4\left(\dfrac{df_{within}}{N}\right)}}$$ 　（適用於等組時）　　　　（公式 1-121）

$$r = \frac{g}{\sqrt{g^2 + 4\left(\sqrt{\dfrac{\bar{n}}{n_H}}\right)\left(\dfrac{df_{within}}{N}\right)}}$$ 　（適用於不等組時）　（公式 1-122）

Hunter & Schmidt（2004）建議研究者，利用公式 1-101、公式 1-103 和公式 1-120 將 d 值轉換成 r 值，以間接進行 d 值的心理計量整合分析（因為 d 值的心理計量整合分析比較麻煩），上述這些轉換公式屆時將可派上用場。

研究者如想將 OR 轉換成比率，請使用公式 1-123：

$$p_{treatment} = \frac{OR * p_{control}}{1 + OR * p_{control} - p_{control}}$$ （公式 1-123）

公式 1-123 中，$P_{control}$ 為控制組之比率，$P_{treatment}$ 為實驗組之比率。

由於各效果值指標間之轉換公式相當繁瑣，為便利使用者之運用，特將獨立樣本的常用轉換公式，摘要於圖 1-37。

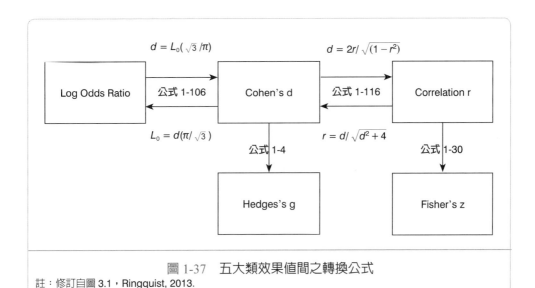

圖 1-37　五大類效果值間之轉換公式

註：修訂自圖 3.1，Ringquist, 2013.

為便利使用者之運用，亦將前述五大類效果值的常用變異量轉換公式，摘要於圖 1-38。

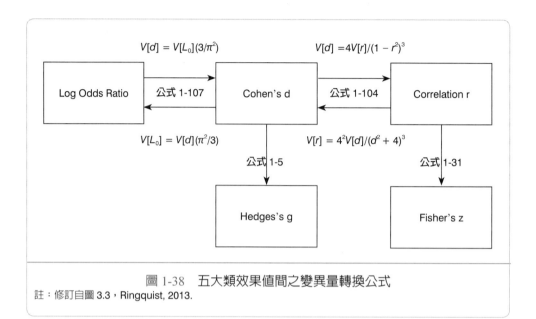

圖 1-38　五大類效果值間之變異量轉換公式

註：修訂自圖 3.3，Ringquist, 2013.

(三) SEM 和 HLM 中徑路係數的轉換

除了前述的三個共同量尺（圖 1-32）之外，標準化迴歸係數也可作為效果值的共同量尺，在一般的迴歸分析或 HLM 中的未標準化係數，須透過公式 1-124 加以轉換：

$$\beta = \frac{B * SD_X}{SD_Y}$$
（公式 1-124）

在 SEM 中的標準化係數（代表兩個潛在變項間的關係），係假設測量工具的信度為 1（perfect reliability），因而須透過公式 1-125 加以轉換：

$$\beta_{unadjusted} = \beta_{adjusted} * \sqrt{r_{XX} * r_{YY}}$$
（公式 1-125）

五、固定效果模式、隨機效果模式與混合效果模式

固定效果模式與隨機效果模式最主要的分野，乃是固定效果模式只考慮研究內的抽樣誤差；而隨機效果模式尚考慮到研究間的系統化變異量（例如：實驗處理的密度與長度、或使用不同的抽樣方法、不同的實驗設計及不同的測量工具）。

（一）固定效果模式

採用固定效果模式時，所有研究均在分享一個固定的共同效果值（a common effect size, the true effect size, θ），實際觀察值間的變異均係隨機的抽樣誤差所致，其統計理論模式可以下列公式 1-126 和 1-127 表示之。

$$Y_i = \theta + \varepsilon_i \qquad （公式 1-126）$$

公式 1-126 中 θ，係一定之常數。

$$\hat{\theta}_{fixed} = \frac{\sum\limits_{i} W_i Y_i}{\sum\limits_{i} W_i} \qquad （公式 1-127）$$

而其固定效果模式下各研究之加權量為 $W_i = \dfrac{1}{\delta_i^{\,2}}$ （公式 1-128）

以圖 1-39 為例，方形代表實際之觀察值（Y_i），而圓圈代表固定的共同效果值（θ），圖中每一研究的共同效果值的分配，均假定服從常態分配。研究 1 的樣本較小，因此其抽樣變量較大；研究 2 的樣本相對較大，因此其抽樣量較小。

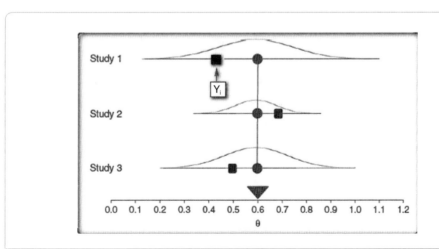

圖 1-39　固定效果模式：研究內變異源

註：修訂自 Borenstein, Hedges, Higgins, & Rothstein (2009).

　　固定效果模式最適用於：(1) 各研究的調查或實驗過程均相同，且不想推論到其它母群或情境，與 (2) 效果值具同質性。目前一般研究者都會先進行研究結果的異質性分析，如果沒有達到顯著異質性時，固定效果模式是最佳選擇；否則，當異質變異源可考時，請進行調節變項分析，否則隨機效果模式是最佳選擇。此一做法，研究者須注意評估異質性分析的統計考驗力，以正確解釋考驗結果。

(二) 隨機效果模式

　　隨機效果模式不僅考慮到研究內的抽樣變異量，且考慮及研究間的變異量。所有研究分享一個固定的平均效果值（μ）之外，每一研究上含有自己的獨特效果值（d_i）。因此，實際觀察值間的變異包含有研究間 d_i 的變異量（τ^2）與研究內的隨機抽樣誤差 ε_i 的變異量（δ^2），其統計理論模式可以公式 1-129、1-130 表示之。

$$Y_i = \theta_i + \varepsilon_i, \varepsilon_i \sim N\ (0, \delta^2) \qquad （公式 1-129）$$

$$\theta_i = \mu + d_i, d_i \sim N\ (0, \tau^2) \qquad （公式 1-130）$$

公式 1-130 中，θ_i 係一隨機變數。

　　當 $\tau^2 = 0$ 時，隨機效果模式即簡化為固定效果模式，當 τ^2 接近 .04 時，表低異質性（low heterogeneity），當 τ^2 接近 .14 時，中度異質性（moderate heterogeneity），當 τ^2 等於或大於 .40 以上時，表高度異質性（substantial heterogeneity）（Spiegelhalter, Abrams, & Myles, 2004）。公式 1-130 中，μ 代表總平均數（grand mean），d_i 表真效果值（true effect size）與總平均數的差距，而公式 1-129 中 ε_i 表實際觀察值與真效果值的差距。圖 1-40 中各研究的 θ_i, 都有自己的抽樣分配。因此，圖 1-40 圓圈（θ_i）與方塊間（Y_i）之距離即為 ε_i，而圓圈與總平均數（μ，垂直線）間之距離即為 d_i；當此距離即為 0 時，即為定效果模式。

　　整合分析時，隨機效果模式 θ 估計值的計算，可利用公式 1-131：

$$\hat{\theta}_{random} = \frac{\sum Y_i w^*_i}{\sum w^*_i} \qquad （公式 1-131）$$

各研究之加權量為 $w^*_i = \dfrac{1}{\delta_i^2 + \tau^2}$ $\qquad$ （公式 1-132）

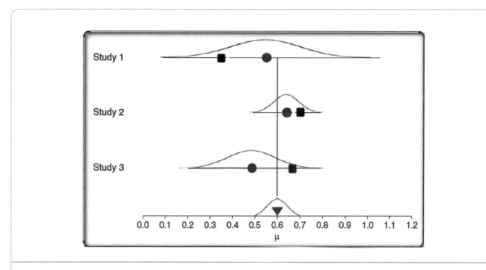

圖 1-40　隨機效果模式：研究間變異源＋研究內變異源

註：修訂自 Borenstein, Hedges, Higgins, & Rothstein (2009).

由公式 1-132 知，隨機效果模式下各研究之加權量多了一個異質性變異數參數 τ^2；此研究間異質性指標 τ^2 的計算，可採（DerSimonian & Laird, 1986）的 moment-based 估計法，利用固定效果的 Q 統計量與各研究加權量之估計值求得，請參見公式 1-133 和公式 1-134。

$$\tau_{DL}^2 = \max\left(0, \frac{Q-(k-1)}{\sum_i W_i - \frac{\sum W_i^2}{\sum W_i}}\right) \qquad （公式 1-133）$$

式中　　　　　$$Q = \sum_i W_i\left(\hat{\theta}_i - \hat{\theta}_{fixed}\right)^2 \qquad （公式 1-134）$$

由公式 1-133 可知，當 Q ＜ df 時（抽樣誤差所致），τ^2 設定為 0。因為前述 τ^2 的直接進行解釋並不客觀，Higgins 與 Thompson（2002）提出 I^2 的量化指標，作為異質性程度的指標，其計算公式如 1-135 所示。

$$I^2 = \max\left(0, \frac{Q-(k-1)}{Q}\right) \qquad （公式 1-135）$$

公式 1-135 中（k － 1）為 df，係 Q 值的期望值（因 Q 服從卡方分配）。由此公式觀之，τ^2 與 I^2 本質上都在檢驗加權離差平方和的觀察值與期望值間的差異

量，此差異量愈大，研究間的變異量愈大。I^2 的指標可以解釋為研究間異質性的百分比：$I^2 = 0$ 時，表示各研究間具同質性，$I^2 = 0.30$ 時，表示 30% 的總變異量來自於各研究間的異質性。Cochran's Q 統計量逼近卡方分配，df = k − 1。當待研究的效果估計值很大時，兩個模式的考驗結果通常會一致。隨機效果模式的效果值估計值通常較為保守，此模式最適用於：(1) 干擾各研究效果值的變因不易控制，且想推論到其它母群；(2) 各研究間效果值不具同質性。因此，隨機效果模式具有吸納不同誤差變異源的功能。由此觀之，一般我們從出版文獻中蒐集到的研究結果，大都希望能具有較強之外在推論性，且事先無法推知各研究間是否具有異質性，使用隨機效果模式似乎比較合適與安全。

茲將固定效果模式與隨機效果模式的特質、相異處與應用時機摘要於表 1-16 中，以利研究者之快速理解與運用。

表 1-16　固定效果模式與隨機效果模式的特質與相異處摘要表

	固定效果模式	隨機效果模式
統計模式	$Y_i = \theta + \varepsilon_i$，$\varepsilon_i \rightarrow N(0, \sigma^2)$ θ 為固定常數	$Y_i = \theta_i + \varepsilon_i$，$\theta_i = \mu + d_i$，$d_i \rightarrow N(0, \tau^2)$，$\theta$ 為隨機變數
抽樣誤差	√	√
研究間變異量		√
抽樣母群	同一母群	不同母群
虛無假設	每一研究的效果值均為 0。 $H_0: \theta = 0/H_0: \theta = 1$ （單一效果值）	平均效果值為 0。 $H_0: \theta = 0/H_0: \overline{\theta} = 1$ （平均效果值）
信賴區間	較窄	較寬
加權量	大研究大加權量 小研究小加權量	降低大研究加權量 增加小研究加權量
模式選擇	分析中的研究面向或屬性都相同。 異質性小時。 研究目的在於估計特定母群的共同效果值，且不想類推論到其它母群。	通常各研究受試者或實驗處理方法具有較大變異性。 異質性大時。 分析目的通常想推論到不同的情境或母群中。
結論的推論程度	較低（適用於與原先納入整合分析研究高度相似的樣本）	較廣（適用於研究特質相似的樣本）
統計考驗力	較高	較低

　　根據表 1-16 的摘要分析，要不要使用隨機效果模式，應端視：(1) 研究者對於這些相關研究是否分享同一效果值（a common effect size），而非統計考驗的結果（因為異質性考驗通常其考驗力並不高）；(2) 異質性的效果值（τ^2）大小；(3) 結論所欲推論的程度；(4) 干擾變因是否相同。假如您仍無法決定使用何種模式，您可以就選錯模式的後果來考慮（Card, 2012）。假如您選擇隨機（或混合）效果模式但卻發現研究間的變異量很小，所估計的結果將與固定效果模式相近，而且又可進行較大的推論。假如您選擇固定效果模式但卻發現研究間的變異量很大，所估計的結果將導致不正確的結論與過窄的 CI。因此，隨機效果模式利多於弊，乃為 Hunter & Schmidt（1990 & 2004）、Schulze（2007）所推薦之分析模式。

實例解說　固定效果模式與隨機效果模式的報表（原始資料請參見圖1-3）

以圖 1-41 中 study 4 為例，利用公式 1-128 其固定效果模式的加權量為：

$$w_4 = \frac{1}{\delta_4^{\,2}} = \frac{1}{.0883559} = 11.31786 \quad （固定效果模式）$$

接著，先利用公式 1-133，估計效果值的母群變異量如下：

$$\tau_{DL}^2 = \max\left(0, \frac{Q-(k-1)}{\sum_i W_i - \frac{\sum W_i^2}{\sum W_i}}\right) = \max\left(0, \frac{21.208-(13-1)}{507.175 - \frac{41416.629}{507.175}}\right) = .02164$$

最後，利用公式 1-132，其隨機效果模式的加權量為：

$$w_4^* = \frac{1}{\delta_4^{\,2} + \tau^2} = \frac{1}{.0883559 + .02164} = 9.091333 \quad （隨機效果模式）$$

整體研究而言，利用公式 1-127 其固定效果模式的平均效果值為：

$$\hat{\theta}_{fixed} = \frac{\sum_i W_i Y_i}{\sum_i W_i} = \frac{-79.137}{507.175} = -.156 \quad （固定效果模式）$$

整體研究而言，利用公式 1-131 其隨機效果模式的平均效果值為：

$$\hat{\theta}_{random} = \frac{\sum Y_i w_i^*}{\sum w_i^*} = \frac{-38.456}{226.338} = -.1699 \quad （隨機效果模式）$$

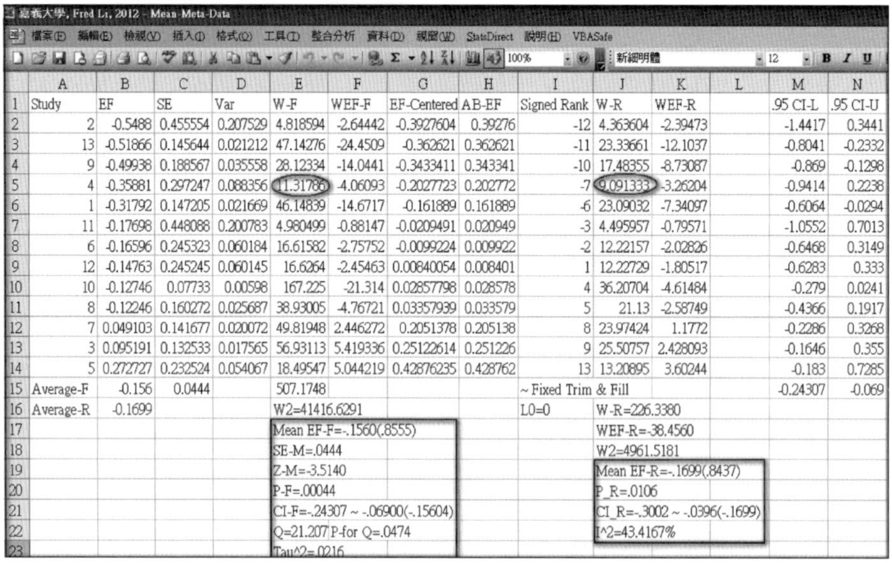
嘉義大學, Fred Li, 2012 - Mean-Meta-Data

檔案(F) 編輯(E) 檢視(V) 插入(I) 格式(O) 工具(T) 整合分析 資料(D) 視窗(W) StatsDirect 說明(H) VBASafe

100% 新細明體 12 B I U

	A	B	C	D	E	F	G	H	I	J	K	L	M	N
1	Study	EF	SE	Var	W-F	WEF-F	EF-Centered	AB-EF	Signed Rank	W-R	WEF-R		.95 CI-L	.95 CI-U
2	2	-0.5488	0.455554	0.207529	4.818594	-2.64442	-0.3927604	0.39276	-12	4.363604	-2.39473		-1.4417	0.3441
3	13	-0.51866	0.145644	0.021212	47.14276	-24.4509	-0.362621	0.362621	-11	23.33661	-12.1037		-0.8041	-0.2332
4	9	-0.49938	0.188567	0.035558	28.12334	-14.0441	-0.3433411	0.343341	-10	17.48355	-8.73087		-0.869	-0.1298
5	4	-0.35881	0.297247	0.088356	11.31786	-4.06093	-0.2027723	0.202772	-7	9.091333	-3.26204		-0.9414	0.2238
6	1	-0.31792	0.147205	0.021669	46.14839	-14.6717	-0.161889	0.161889	-6	23.09032	-7.34097		-0.6064	-0.0294
7	11	-0.17698	0.448088	0.200783	4.980499	-0.88147	-0.0209491	0.020949	-3	4.495957	-0.79571		-1.0552	0.7013
8	6	-0.16596	0.245323	0.060184	16.61582	-2.75752	-0.0099224	0.009922	-2	12.22157	-2.02826		-0.6468	0.3149
9	12	-0.14763	0.245245	0.060145	16.6264	-2.45463	0.00840054	0.008401	1	12.22729	-1.80517		-0.6283	0.333
10	10	-0.12746	0.07733	0.00598	167.225	-21.314	0.02857798	0.028578	4	36.20704	-4.61484		-0.279	0.0241
11	8	-0.12246	0.160272	0.025687	38.93005	-4.76721	0.03357939	0.033579	5	21.13	-2.58749		-0.4366	0.1917
12	7	0.049103	0.141677	0.020072	49.81948	2.446272	0.2051378	0.205138	8	23.97424	1.1772		-0.2286	0.3268
13	3	0.095191	0.132533	0.017565	56.93113	5.419336	0.25122614	0.251226	9	25.50757	2.428093		-0.1646	0.355
14	5	0.272727	0.232524	0.054067	18.49547	5.044219	0.42876235	0.428762	13	13.20895	3.60244		-0.183	0.7285
15	Average-F	-0.156	0.0444		507.1748				~ Fixed Trim & Fill				-0.24307	-0.069
16	Average-R	-0.1699			W2=41416.6291				L0=0	W-R=226.3380				
17					Mean EF-F=-.1560(.8555)					WEF-R=-38.4560				
18					SE-M=.0444					W2=4961.5181				
19					Z-M=-3.5140					Mean EF-R=-.1699(.8437)				
20					P-F=.00044					P_R=.0106				
21					CI-F=-.24307 ~ -.06900(-.15604)					CI_R=-.3002 ~ -.0396(-.1699)				
22					Q=21.207	P-for Q=.0474				I^2=43.4167%				
23					Tau^2=.0216									

圖 1-41　平均數差異效果值整合分析結果：固定效果模式和隨機效果模式（採用 Cohen's d 係數）

(三) 混合效果模式

次群體分析時，如果研究間 d_i 的變異量（τ^2）與研究內的變異量（δ^2）皆爲隨機時，常被稱爲完全隨機模式；假如研究間 d_i 的變異量（τ^2）與研究內的變異量（δ^2），有一爲隨機變異量而另一爲固定時，就是混合模式；例如，當以性別作爲調節變項時，因爲性別係一固定因子，研究間 d_i 的變異量（τ^2）需視爲固定因子，而研究內的變異量（δ^2）如視爲隨機因子，就需使用混合模式進行整合分析（參見公式 1-136）。混合效果模式的變異量會比固定效果模式的變異量大，但比隨機效果模式的變異量來得小。導致在固定效果模式下，各研究的加權量會顯得最大；而在隨機效果模式下，各研究的加權量會顯得最小；混合效果模式下的各研究加權量在前兩者之間。混合效果模式最適合於當 Q_{Model} 和 Q_{Error} 都達統計既定顯著水準時，亦即當研究者進行調節變項分析之後，發現雖然調節變項具有顯著之預測力，但仍無法解釋所有變異量。此時，混合效果模式可以同時保留有用之預測變項之外，尙可解釋及殘存之不確定性。CMA 可以處理混合模式的整

合分析，也能處理完全隨機模式的整合分析。混合效果模式可依預測變項的屬性
為類別變項或連續變項，區分為以下兩個模式：

1. Anova-like 混合模式

$$T_{ji} = \theta_{j.} + \mu_{ji} + e_{ji} \qquad\qquad （公式 1\text{-}136）$$

2. 迴歸模式（p 個預測變項）

$$T_i = \beta_0 + \beta_1 X_{1i} + \cdots + \beta_p X_{pi} + \mu_i + e_i \qquad\qquad （公式 1\text{-}137）$$

茲將前述兩個模式，摘要於圖 1-42，說明混合效果模式的三個主要成分：固
定效果、隨機效果與抽樣誤差。

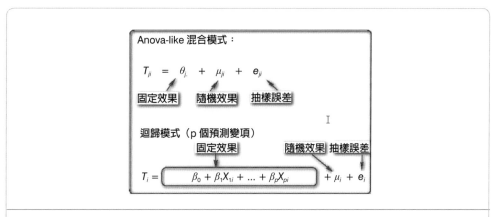

圖 1-42　混合效果模式主要成分解說與圖示

六、組合變項之變異數計算與次群體效果值差異之統計考驗

進行整合分析時，研究者可能會遇到有些研究中含有來自同一受試者之多重效果值，有些研究則只有一個效果值。此時，研究者如忽視多重效果值的相關性，而直接使用每一效果值作為分析單位進行整合分析，就可能出現以下兩個問題：

(1) 具有多重效果值的研究，會接納過多的加權量。

(2) 資料不具獨立性，會造成 SE 估計偏差。解決此一問題，研究者可以研究為分析單位（計算每一研究之平均效果值），因而在計算組合變項（如 Y_1 和 Y_2 的平均數）的變異時，研究者可以將多重效果值間之相關性考慮進去。組合變項的變異量的計算公式，條列如公式 1-138 至公式 1-143：

$$\text{var}(Y_1 + Y_2) = V_1 + V_2 + 2r\sqrt{V_1}\sqrt{V_2}, \qquad \text{（公式 1-138）}$$

公式 1-138 可用以處理平均效果值的變異量問題，公式 1-139 可用以處理次群體間效果值之差異分數的變異量問題。

$$\text{var}(Y_1 - Y_2) = V_1 + V_2 - 2r\sqrt{V_1}\sqrt{V_2}, \qquad \text{（公式 1-139）}$$

由公式 1-139 可推知，如果漠視資料的相關性，多重效果值間具有正相關時，會高估 SE；多重效果值間具有負相關時，會低估 SE。

$$\text{var}(cX) = c^2 \times \text{var}(X) \qquad \text{（公式 1-140）}$$

雙變項平均數的變異量計算，利用公式 1-138 和公式 1-140，可以獲得公式 1-141 的結果：

$$\text{var}\left(\frac{1}{2}(Y_1 + Y_2)\right) = \left(\frac{1}{2}\right)^2 \text{var}(Y_1 + Y_2) = \frac{1}{4}(V_1 + V_2 + 2r\sqrt{V_1}\sqrt{V_2}) \qquad \text{（公式 1-141）}$$

由此公式可推知，如果漠視資料的相關性，多重效果值間具有正相關時，會低估 SE；多重效果值間具有負相關時，會高估 SE。

公式 1-138 可以延伸到 1-142 的公式，以適用於超過二個以上的研究效果值：

$$\operatorname{var}\left(\sum_{i=1}^{m} Y_i\right) = \sum_{i=1}^{m} V_i + 2\sum_{i \neq j}\left(r_{ij}\sqrt{V_i}\sqrt{V_j}\right) \qquad （公式 1\text{-}142）$$

公式 1-141 可以延伸到 1-143 的公式，適用於超過二個以上多重效果值的平均值之變異量的計算

$$\operatorname{var}\left(\frac{1}{m}\sum_{i=1}^{m} Y_i\right) = \left(\frac{1}{m}\right)^2 \operatorname{var}\left(\sum_{i=1}^{m} Y_i\right) = \left(\frac{1}{m}\right)^2 \left(\sum_{i=1}^{m} V_i + 2\sum_{i \neq j}\left(r_{ij}\sqrt{V_i}\sqrt{V_j}\right)\right) \qquad （公式 1\text{-}143）$$

實例解說

(一) 組合變項之變異數計算

示範如表 1-17：

表 1-17　組合變項之變異數計算結果（利用 EXCEL）

Study	Outcome	ES	Variance	ES	Correlation	Variance	Weight	ES*WT
Study 1	Reading	0.300	0.050	0.200	0.500	0.038	26.667	5.333
	Math	0.100	0.050					
Study 2	Reading	0.200	0.020	0.150	0.600	0.016	62.500	9.375
	Math	0.100	0.020					

根據表 1-17 之結果，利用公式 1-141 驗證 Study 1 之組合變異數：

$$\operatorname{var}[(\text{Reading} + \text{Math})/2]：(\tfrac{1}{2})^2(.05 + .05 + 2 \times 0.5 \times \sqrt{.05} \times \sqrt{.05}) = .0375$$

(二) 次群體效果值差異之統計考驗

示範如下：

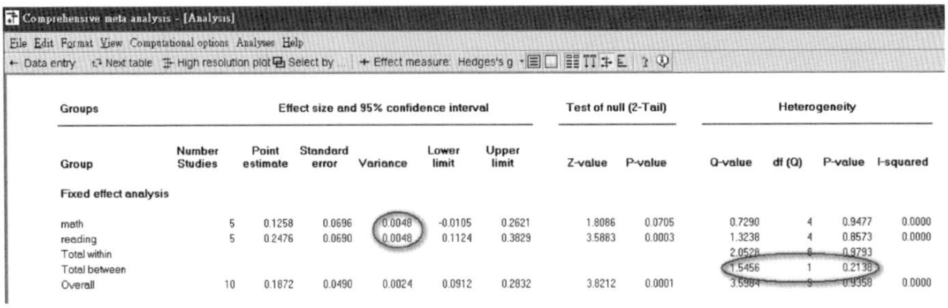

Groups	Effect size and 95% confidence interval						Test of null (2-Tail)		Heterogeneity			
Group	Number Studies	Point estimate	Standard error	Variance	Lower limit	Upper limit	Z-value	P-value	Q-value	df (Q)	P-value	I-squared
Fixed effect analysis												
math	5	0.1258	0.0696	0.0048	-0.0105	0.2621	1.8086	0.0705	0.7290	4	0.9477	0.0000
reading	5	0.2476	0.0690	0.0048	0.1124	0.3829	3.5883	0.0003	1.3238	4	0.8573	0.0000
Total within									2.0528	8	0.9793	
Total between									1.5456	1	0.2138	
Overall	10	0.1872	0.0490	0.0024	0.0912	0.2832	3.8212	0.0001	3.5984	9	0.9358	0.0000

圖 1-43　次群體效果值差異之 CMA 統計考驗結果

根據圖 1-43 之 CMA 分析結果，利用公式 1-139 驗證次群體效果值差異之統計考驗：

$$SE = \sqrt{(.0048 + .0048 - 2 \times 0 \times \sqrt{.0048} \times \sqrt{.0048})} = \sqrt{.0096} = .09798$$

$$Z = \frac{.2476 - .1258}{.09798} = 1.243$$

$$Q = Z^2 = 1.545\ (\mathrm{df} = 1)$$

七、整合分析的優勢與限制

任何研究型態（如單一研究、整合分析），均有其應用上之限制，不可能完美無缺。更何況，研究者常必須在研究方法的嚴謹性與實務的可行性中取得一平衡點。其實，整合分析方法本身沒有問題，常見的瑕疵是出自於運用該方法的研究者之不當使用。因此，研究者對於整合分析的優勢與限制亦須詳加了解與審慎評估，才能在研究過程中做出較正確的選擇，與在結果解釋上作出較正確的結論。以下將針對整合分析的主要優勢與限制，稍加說明。

(一) 優勢

傳統的敘述性文獻評析因結論易流於主觀、研究結果之不一致性也常未細查與其推論性有限，整合分析可以彌補其缺陷。整合分析的主要優點爲：

(1) 利用較客觀公正的統計方法（如效果值而非 p 值），來針對特定研究議題進行文獻探討與分析。

(2) 可以透過異質性分析（如整合迴歸分析與次群體分析），挖掘研究結果不一致的變異源（調節因素）。

(3) 整合分析可以探究一個研究發現，是否可以適用到不同情境、不同時間、不同對象與不同研究者。

(4) 整合分析統計考驗力較強，可以發現到具臨床價值的小效果值，而且估精確度也較高（信賴區間較窄）。

　　整合分析跟傳統的敘述性文獻評析一樣，亦有其本質上的限制；文獻上亦出現批判的聲音。例如：Feinstein（1995）的社論，就直指整合分析乃是 21 世紀的鍊金術，因為不當的整合分析（如強加研究特徵、研究對象或研究工具不同的研究結果進行整合）可能無中生有、可能蘋果與橘子不分而加以整合或好水果與爛水果的整合。Bailar（1997）也曾在期刊的社論上評論道：

　　依照個人在整合分析研究的審閱，問題出現的如此頻繁與嚴重……
整合出來的整體最佳估計值令人難以置信……我仍然偏好傳統文獻探究
上的敘述性評論。

　　他們的論述有理嗎？到底整合分析的研究出現了什麼樣的問題與難題，有無解決之道，值得在此稍加論述。

(二) 限制

　　前述的一些批判聲音，研究者與讀者均必須嚴肅的加以面對與理解。以下主要根據 Borenstein, Hedges, Higgins, & Rothstein（2009）、Cooper & Hedges（2009）與 Kennedy（2013）針對整合分析的主要限制與前人之批判，摘要出他們的看法，以供讀者參考：

(1) 整合分析的過程涉及許多方法學上的決定，例如：統計方法、研究選擇標準、資料篩選、資料轉換、研究品質的評定和調節因子的選擇等等，這些決定都沒有明確的對與錯，因而即使來自於同一資料庫，其使用不同方法的整合分析也易導致不一致，甚至矛盾的整合分析結果（Bailar, 1997；Kennedy, 2013）。如何評估與改善整合分析結果的信度或再製性，是未來

整合分析的重要議題。

(2) 整合分析結果之效度與研究品質息息相關，例如：隨機分派的研究，其證據強度就優於觀察性研究。因為非實驗設計的研究存在著本質上的偏差，Shapiro（1997）認為利用非隨機化觀察性研究進行整合分析，有如患有四肢麻痺者欲獨立攀登埃佛勒斯峰。筆者認為把這兩類的研究分開，進行整合分析，也許可以免於「蘋果與橘子不分」之譏。

(3) 來自於研究設計不良的整合分析可能產生整合研究衍生的證據（synthesis-generated evidence），無法確保因果關係，因果關係的確立須於研究設計精良的試驗研究，能排除主要的干擾因素而產生研究衍生之證據（study-generated evidence）。

(4) 整合分析假如納入統計考驗力低的小樣本研究，可能產生小研究效應（Small-study effects）：虛胖的效果值。因此，欲獲得可靠的結果，所納入的研究就須具備適當的統計考驗力與嚴謹的研究設計。

(5) 所收納的研究，其特徵足夠相似且能免於偏誤，才能免於「蘋果與橘子不分」、「垃圾進垃圾出」與「好水果與爛水果不分」的惡名。

(6) 出版偏差會常易導致效果值的虛胖，研究者宜利用相關統計方法（FSN 或 Trim & Fill）或圖解法（森林圖或漏斗圖）加以檢驗與校正。

(7) 整合分析不應只重視整體效果值的估計，更應注意效果值的異質性分析，進而了解其變異源。

八、整合分析的重要參考書籍

[2014]

Schmidt, F. L., & Hunter, J. E. (2014). *Methods of Meta-Analysis: Correcting error and bias in research findings* (3rd ed). Sage.

Lavalley, M. P.(2014). *Meta-analysis for Public Health and Medical Research*. Sage.

[2013]

Koricheva, J., Gurevitch, J. & Mengersen, K. (2013). *Handbook of Meta-analysis in Ecology and Evolution*. Princeton University Press.

Ringquist, E. J., & Anderson, M. R. (2013). (Eds.) *Meta-Analysis for Public Management and Policy*. John Wiley & Sons Inc.

[2012]

Cumming, G. (2012). *Understanding the new statistics: Effect sizes, confidence intervals, and meta-analysis*. New York: Routledge.

Gough, D., Oliver, S., & Thomas, J. (2012). *An Introduction to Systematic Reviews*. Sage.

Pigott, T. D. (2012). *Advances in meta-analysis.* New York, NY: Springer-Verlag.

Stanley, T. D., & Doucouliagos, H.(2012). *Meta-Regression Analysis in Economics and Business.* Routledge.

[2011]

Card, N.A. (2011). *Applied meta-analysis for social science research*. Guilford Press.

Cumming, G. (2011). *Understanding the new statistics: Effect sizes, confidence intervals, and meta-analysis*. Routledge.

Garrard, J. (2011). *Health sciences literature review made easy: The matrix method.* Jones & Bartlett Learning, LLC.

Grissom, R.J. & Kim, J.J. (2011). *Effect sizes for research: Univariate and multivariate applications* (2nd ed.) Routledge.

Khan K, Kunz R, Kleijnen J, Antes G. *Systematic reviews to support evidence-based medicine. 2nd edition*. London: Royal Society of Medicine, 2011.

[2010]

Cooper, H. (2010). *Research synthesis and meta-analysis: A step-by-step approach* (3rd ed.). Thousand Oaks, CA: Sage.

Ellis, P.D. (2010). *The essential guide to effect sizes: Statistical power, meta-analysis and the interpretation of research results*. Cambridge University Press.

Greenhalgh, T. (2010). *How to read a paper? The basics of evidence-based medicine* (4th ed.). Wiley-Blackwell.

[2009]

Borenstein, M., Hedges, L. V., Higgins, J. P. T., & Rothstein, H. R. (2009). *Introduction to meta-analysis*. Chichester, UK: Wiley.

Cooper, H., Hedges, L. V., & Valentine, J. C. (Eds.)(2009). *The handbook of research synthesis and meta-analysis* (2nd ed.). New York: Russell Sage Foundation.

Falagas, M.E. (2009). *Meta-analysis in infectious diseases*. Elsevier.

Guerra, R., & Goldstein, D. R. (2009). *Meta-analysis and combining information in genetics and genomics*. Florida: CRC Press.

[2008]

Böhning, D., Kuhnert, R., & Rattanasiri, S. (2008). *Meta-analysis of binary data using profile likelihood.* Boca Raton, FL: Chapman & Hall/CRC.

Hartung, J., Knapp, G., & Sinha, B. K. (2008). *Statistical meta-analysis with applications.* Hoboken, NJ: Wiley.

Higgins, J. P. T., & Green, S. (Eds.)(2008). *Cochrane handbook for systematic reviews of interventions.* Chichester, UK: Wiley-Blackwell.

Kulinskaya, E., Morgenthaler, S., & Staudte, R. G. (2008). *Meta-analysis: A guide to calibrating and combining statistical evidence.* West Sussex: Wiley.

Littell, J. H., Corcoran, J., & Pillai, V. (2008). *Systematic reviews and meta-analysis.* Oxford, UK: Oxford University Press.

[2007]

Grupo de Atención Sanitaria Basada en la Evidencia (2007). *Atención sanitaria basada en la evidencia: Su aplicación a la práctica clínica* [Evidence-based health care: Application to clinical practice]. Murcia: Consejería de Sanidad de la Región de Murcia.

[2006]

Martín, J.L.R., Tobías, A., & Seoane, T. (Coords.) (2006). *Revisiones Sistemáticas en las Ciencias de la Vida* [Systematic Reviews in Health Sciences]. Toledo: FISCAM.

Norris, J.M. & Ortega, L. (2006). *Synthesizing research on language learning and teaching.* John Benjamins B.V.

Petticrew, M. & Roberts, H. (2006). *Systematic Reviews in the Social Sciences: A practical guide.* Malden, MA: Blackwell.

[2005]

Fink, A. (2005). *Conducting research literature reviews: From the Internet to paper* (2nd ed.). Sage.

Grissom, R. & Kim, J.J. (2005). *Effect sizes for research. A broad practical approach.* Mahwah, NJ: LEA

Leandro, G. (2005). *Meta-analysis in medical research: The handbook for the understanding and practice of meta-analysis.* Oxford: Blackwell Pub.

Rothstein, H.R., Sutton, A.J., & Borenstein, M. (Eds.) (2005). *Publication bias in meta-analysis: Prevention, assessment, and adjustments.* Chichester, UK: Wiley.

[2004]

Hunter, J.E. & Schmidt, F.L. (2004). *Methods of meta-analysis: Correcting error and bias in research synthesis* (2nd ed.). Sage.

Schulze, R. (2004). *Meta-analysis: A comparison of approaches.* Hogrefe & Huber Pub.

[2003]

Khan, K. S., Kunz, R., Kleijnen, J., & Antes, G. (2003). *Systematic reviews to support evidence-based medicine: How to apply findings of healthcare research.* Londres: Royal Society of Medical Press Ltd.

Murphy, K.R. (Eds) (2003). *Validity generalization: A critical review.* Mahwah, NJ: Erlbaum.

Schulze, R., Holling, H., & Bohning, D. (Eds.) (2003). *Meta-analysis: New developments and applications in medical and social sciences.* Göttingen, Germany: Hogrefe & Huber Pub.

Torgerson, C. (2003). *Systematic reviews.* London: Continuum International Pub. Group.

[2002]

Botella, J. & Gambara, H. (2002). *Qué es el meta-análisis* [What is meta-analysis?]. Madrid: Biblioteca Nueva.

Whitehead, A. (2002). *Meta-analysis of Controlled Clinical Trials.* Chichester, UK: Wiley.

[2001]

Arthur, A. Jr., Bennet, W. Jr. & Huffcutt, A.I. (2001). *Conducting meta-analysis using SAS.* Mahwah, NJ: LEA.

Davey Smith (Ed.) (2001). *Clinical Meta-analysis.* New York: Wiley.

Egger, M., Davey Smith, G. & Altman, D.G. (Eds.) (2001). *Systematic reviews in health care: Meta-analysis in context* (2nd ed.). London: BMJ Pub. Group. http://www.systematicreviews.com/

Glasziou, P., Irwig, L., Bain, C., & Colditz, G. (2001). *Systematic reviews in health care: A practical guide.* Cambridge, UK: Cambridge University Press.

Letón, E. & Pedromingo, A. (2001). *Introducción al Análisis de Datos en Meta-análisis* [Introduction to Data Analysis in Meta-analysis]. Madrid: Díaz de Santos.

Lipsey, M.W. & Wilson, D.B. (2001). *Practical Meta-analysis.* Thousand Oaks, CA: Sage.

[2000]

Cortina, J.M. & Nouri, H. (2000). *Effect Size for ANOVA Designs.* Thousand Oaks, CA: Sage.

Petitti, D.B. (2000). *Meta-analysis, decisions analysis, and cost-effectiveness analysis: Methods for quantitative synthesis in medicine* (2nd ed.). New York: Oxford University Press.

Rosenthal, R., Rosnow, R.L. & Rubin, D.B. (2000). *Contrasts and effect sizes in behavioral research: A correlational approach.* cambridge, UK: Cambridge University Press.

Tangl, D. K. & Berry, D.A. (Eds.) (2000). *Meta-analysis in medicine and health policy.* New York: Marcel Dekker.

Sutton, A.J., Abrams, K.R., Jones, D.R., Sheldon, T.A. & Song, F. (2000). *Methods for meta-analysis in medical research.* Chichester, UK: Wiley.

[1998]

Cooper, H. (1998). *Integrating research: A guide for literature reviews* (2nd Ed.). Thousand Oaks, CA: Sage.

Mulrow, C.D. & Cook, D. (Eds.) (1998). *Systematic reviews: Synthesis of best evidence for health care decisions.* Philadelphia, PA: American College of Physicians.

[1997]

Hunt, M. (1997). *How Science Takes Stock: The Story of Meta-analysis.* New York: Russell Sage Foundation.

Van der Bergh, J.C.J.M., Button, K.J., Nijkamp, P. & Pepping, G.C. (1997). *Meta-analysis in environmental economics.* Dordrecht, The Netherlands: Kluwer Academic Pub.

99

[1996]

Lipsey, M.W. & Wilson, D.B. (1996). *Practical meta-analysis.* Nashville, TN: Center for Evaluation, HSRI.

[1994]

Cooper, H. & Hedges, L.V. (Eds.) (1994). *The handbook of research synthesis.* New York: Russell Sage Foundation.

Petitti, D.B. (1994). *Meta-analysis, decisions analysis, and cost-effectiveness analysis: Methods for quantitative synthesis in medicine.* New York: Oxford University Press.

[1992]

Cook, T.D., Cooper, H., Cordray, D.S., Hartmann, H., Hedges, L.V., Light, R.J., Louis, T.A. & Mosteller, F. (1992). *Meta-analysis for explanation: A casebook.* New York: Russell Sage Foundation.

Draper, D., Gaver, D.P., Goel, P.K., Greenhouse, J.B., Hedges, L.V., Morris, C.N., Tucker, J. & Waternaux, C. (1992). *Combining information: Statistical issues and opportunities for research.* Washington, D.C.: National Academy Press.

Eddy, D.M., Hasselblad, V. & Shachter, R. (1992). *Meta-analysis by the confidence profile method: The Statistical Synthesis of Evidence.* San Diego, CA: Academic Press.

Plath, I. (1992). *Understanding meta-analyses: A consumer's guide to aims, problems, evaluation and developments.* Baden-Baden, Germany: Nomos Verlagsgesellschaft.

[1991]

Rosenthal, R. (1991). *Meta-analytic procedures for social research* (rev. ed.). Newbury Park, CA: Sage.

[1990]

Hunter, J.E. & Schmidt, F.L. (1990). *Methods of meta-analysis: Correcting error and bias in research findings.* Beverly Hills, CA: Sage.

Wachter, K.W. & Straf, M.L. (Eds.) (1990). *The Future of meta-analysis.* New York: Russell Sage Foundation.

[1989]

Cooper, H.M. (1989). *Integrating Research: A guide for literature reviews* (2nd ed.). Newbury Park, CA: Sage.

Hedges, L.V., Shymansky, J.A. & Woodworth, G. (1989). *Modern methods of meta-analysis.* Washington: National Science Teachers Association.

Mullen, B. (1989). *Advanced basic meta-analysis.* New York: Academic Press.

Saris, W.E. & van Meurs, A. (Eds.) (1989). *Evaluation of measurement instruments by meta-analysis of multitrait multimethod studies.* Amsterdam: Royal Netherlands Academy of Arts and Sciences.

[1988]

    Smith, M.C. (1988). *Meta-analysis of nursing intervention research.* Birmingham, AL: Author.

[1987]

    Gómez, J. (1987). *Meta-análisis* [Meta-analysis.]. Barcelona: PPU.

    Rosenthal, R. (1987). *Judgement studies: Design, analysis, and meta-analysis.* Cambridge, MA: Cambridge University Press.

[1986]

    Farley, J.U. & Lehmann, D. (1986). *Meta-analysis in marketing: Generalization of response models.* Lexington: Lexington Books.

    Hyde, J.S. & Linn, M.C. (1986). *The psychology of gender: Advances through meta-analysis.* Baltimore, MD: Johns Hopkins University Press.

    Wolf, F.M. (1986). *Meta-analysis: Quantitative methods for research synthesis.* Beverly Hills, CA: Sage.

[1985]

    Hedges, L.V. & Olkin, I. (1985). *Statistical methods for meta-analysis.* New York: Academic Press.

    Mullen, B. & Rosenthal, R. (1985). *BASIC meta-analysis: Procedures and programs.* Hillsdale, NJ: Erlbaum.

[1984]

    Cooper, H.M. (1984). *The integrative research review: A Systematic approach.* Beverly Hills, CA: Sage.

    Light, R.J. & Pillemer, D.B. (1984). *Summing up: The science of reviewing research.* Cambridge, MA: Harvard University Press.

    Rosenthal, R. (1984). *Meta-analytic procedures for social research.* Beverly Hills, CA: Sage.

[1982]

    Hunter, J.E., Schmidt, F.L. & Jackson, G.B. (1982). *Meta-analysis: Cumulating research findings across studies.* Beverly Hills, CA: Sage.

[1981]

    Glass, G.V., McGaw, B. & Smith, M.L. (1981). *Meta-analysis in social research.* Beverly Hills, CA: Sage.

習 題

一、請觀看以下 Meta-analysis 視訊教學，作出一份摘要報告。

http://www.youtube.com/watch?v=xWiXeKR3dB4&feature=related

二、列出系統性文獻探討（Systemic reviews）與文獻整合分析（meta-analysis）的基本步驟與其異同點。

三、整合分析可以回答哪三大類問題？

四、固定效果模式與隨機效果模式的使用時機。

五、簡述四大效果值指標的內涵，何者適合於連續變項的整合分析？何者適合於類別變項的整合分析？

六、解讀圖 1-44 森林圖：抗生素 vs. 外科手術的併發症風險。

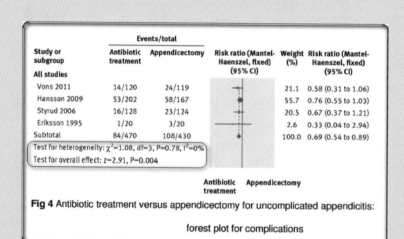

圖 1-44　抗生素 vs. 外科手術的併發症風險之森林圖

註：摘自 Varadhan, K.K., Neal, K.R., Lobo, D.N.(2012).

請根據此整合分析的森林圖，回答以下問題：

(1) 當整體相對風險（relative risk）等於 1 時，代表什麼意義？

(2) 相對於外科手術，有無單一研究顯示，使用抗生素可以顯著降低併發症風險？

(3) 本整合分析的整體併組相對風險為多少？其 .95 的 CI 為多少？請根據這些數據，解釋到底使用抗生素或使用外科手術，病患發生併發症風險較高？或兩者並無顯著差異？

(4) 相對於外科手術，此整合分析結果顯示，使用抗生素可以下降 31% 併發症風險。此種說法正確嗎？

(5) 四個研究的相對風險間並未具有顯著異質性 (p = .78)，代表什麼意義？

七、請根據圖 1-45 森林圖之研究結果，解釋紅肉和加工肉之高低攝取量與得食道癌的關係。

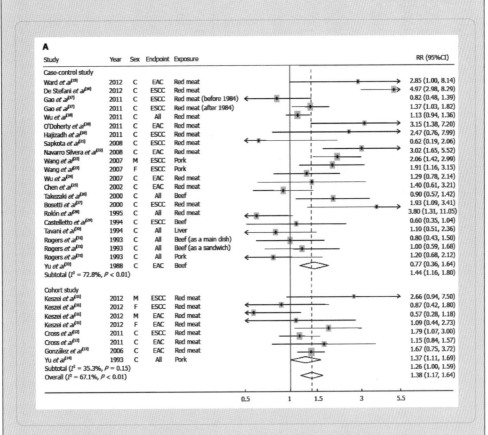

（續前圖）

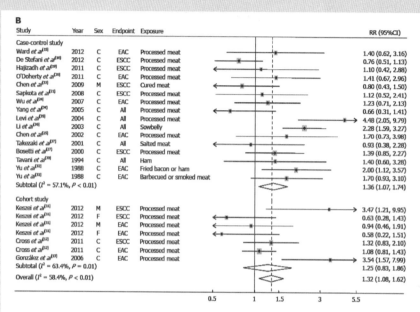

Figure 2 The combined relative risks and 95%CI of esophageal cancer risk for the highest vs lowest categories of red meat (A) and processed meat (B). M: Male; F: Female; C: Combined males and females; ESCC: Esophageal squamous cell carcinoma; EAC: Esophageal adenocarcinoma.

圖 1-45　紅肉和加工肉之高低攝取量與得食道癌的關係

EC: 食道癌
EAC: 腺癌
ESCC: 鱗狀上皮細胞癌
Note:Taken from Yuni Choi, Sujin Song, Yoonju Song, Jung Eun Lee(2013). Consumption of red and processed meat and esophageal cancer risk: Meta-analysis. *World Journal of Gastroenterol*,19(7), 1020-1029.

八、請參閱公式 1-106 有關 LogOdds → d 的轉換公式，比對圖 1-46 中 CMA 視窗的實例演算過程。

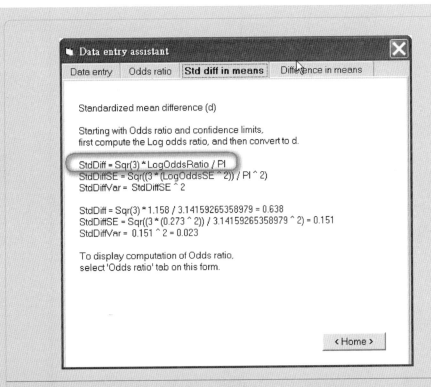

圖 1-46　LogOdds → d 的 CMA 互換公式視窗

九、根據圖 1-47 之 CMA 資料輸入視窗內之數據與圖 1-48 至圖 1-50 三種勝算比之演算公式（參見本書公式 1-40 (OR)、公式 1-41 (RR) 和公式 1-70 (Peto-Odds)），驗算相關之統計量：效果值與標準誤。

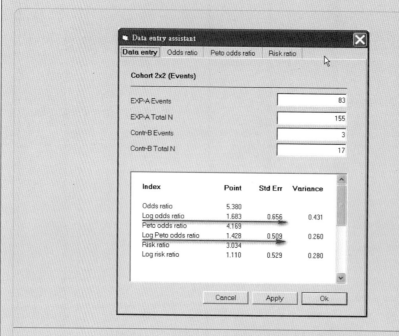

圖 1-47　CMA 資料輸入與基本統計顯示視窗

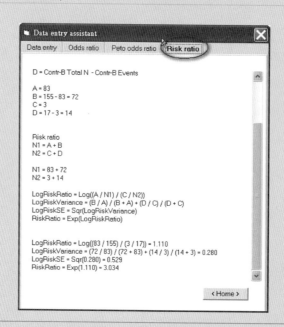

圖 1-48　CMA 基本統計量計算過程顯示視窗：Risk Ratio

圖 1-49 和圖 1-50 係 CMA 的統計教練視窗，提供研究者學習如何計算整合分析過程中的相關統計量，對於整合分析的演算邏輯的導讀有莫大助益。

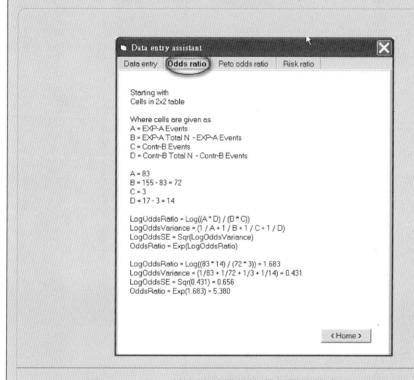

圖 1-49　CMA 基本統計量計算過程顯示視窗：Odds Ratio

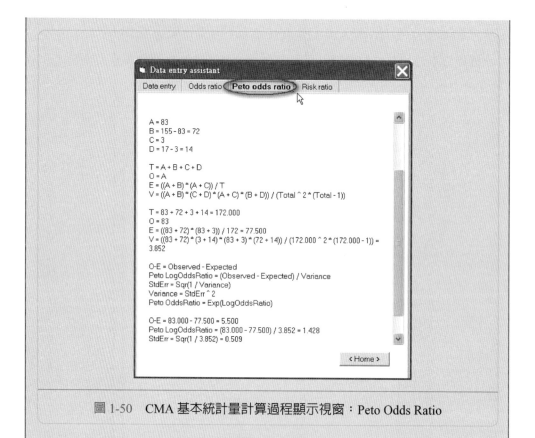

圖 1-50　CMA 基本統計量計算過程顯示視窗：Peto Odds Ratio

02

整合分析的基本假設

　　整合分析的對象爲特定研究主題下的個別研究結果，個別研究結果間須無異質性（heterogeneity）、無出版偏差（publication bias）與品質偏差（poor qaulity studies bias），否則不能進行整合分析。因此，研究結果間須無異質性、無出版偏差與無品質偏差，乃是整合分析前的三個主要基本前提，茲分述如下。

一、異質性分析的意義與解決方法

　　異質性，亦即無同質性（homogeneity），指個別研究結果間的相似度（degree of similarity），也就是研究結果間的不同質程度；換言之，所使用的測量工具均在測相同的處理效果，就不具有異質性。當研究者合併 d 或 r 等標準化效果值時，乃是假設它們都是在估計同一個母群的效果；如果違反此假設時，就不能強加合併研究結果。當同質性考驗達到顯著水準（表示具異質性），研究者就須進一步探究是否有調節變項可以詮釋此異質性；或者乾脆不進行整合分析。異質性的根源可能來自於臨床上的差異性（如受試母群特質不同、研究情境不同）或方法學上的差異性（如研究設計不同、資料分析方式不同、測量特質不同）。

　　同質性檢定的目的在於檢驗所蒐集到的研究效果值是否屬於相同的母群，亦即各研究間所顯示的差異係源自同一母群體的抽樣變動。若同質性檢定的結果未達顯著，即表示可直接將這些效果值合併以求得平均效果值與計算效果值之 95% 的信賴區間，以及進行效果值的顯著性考驗；若同質性檢定結果達顯著，即表示這些研究並非估計相同的母數，或許有其它調節變項影響了整體成效（即平均效果值），須進一步分析可能影響整體成效的因素。同質性檢定的目的也是在決定是否要進行整體效果值資料之整合分析、決定要使用何種整合分析模式（固定模式或隨機模式？）與決定是否要進行次群體分析或整合迴歸（Meta-regression）分析（請參見本書第四章之論述）。

　　除了森林圖可以視覺檢視各研究結果的異質性之外，欲進行個別效果值間異質性之量化分析，研究者可以利用 Cochran Q（χ^2）、τ^2、與 I^2（Higgins & Thompson, 2002）的不一致統計指標，分析個別效果值間之異質性（研究間變異量與總變異量之比）。因 Q 統計考驗力較低，可以採用 $\alpha = .10$，以判定是否有顯著異質性，亦即當 $\alpha < .10$ 時，就可視爲顯著異質性。

　　當 $\tau^2 = 0$ 時，隨機效果模式即爲固定效果模式。Spiegelhalter, Abrams, &

Myles（2004）定義 τ^2 的大小意義為：當 τ^2 接近 .04 時，表低異質性（low heterogeneity），當 τ^2 接近 .14 時，中度異質性（moderate heterogeneity），當 τ^2 等於或大於 .40 以上時，表高度異質性（substantial heterogeneity）。

I^2 的判定與解釋並無絕對標準，有時端視效果值的大小與方向或異質性的嚴重性而定。一般來說，$I^2 = 0$ 代表所有效果值間之變異量起因於研究內之抽樣誤差，完全無異質性問題；小於 .25 代表不到 25% 的變異量歸因於效果值的異質性，可視為無異質性；如介於 .25 到 .50 代表小異質性；如介於 .50 到 .75 代表中異質性，大於 .75 代表高異質性（通常已不適合進行整合分析），I^2 雖較不受樣本數的影響，但研究者最好同時利用 Q 與 I^2 指標，合併考慮之。I^2 界定如公式 2-1 所示：

$$I^2 = \begin{cases} \dfrac{Q - (k-1)}{Q} \times 100\% & (Q > (k-1)) \\ 0 & (Q \le (k-1)) \end{cases} \qquad \text{（公式 2-1）}$$

由公式 2-1 知，當 Q 統計量比自由度小的時候，I^2 將內定為 0，亦即 I^2 不能為負數。

如果發現研究結果不具同質性，解決效果值異質性的常用具體做法，主要有以下五種（Cheung, 2008）：

1. 檢驗原始數據是否正確，以更正異常值。

例如：使用不同測量單位（如原始分數差異分數而非標準化差異量數）、將標準誤錯認為標準差。

2. 不進行整合性分析

假如研究效果的方向相反，或研究結果具有巨大的差異性時。

3. 以分群、整合迴歸分析探索異質性原因。

如果有足夠的研究數目，次群體、整合迴歸分析的探索是可行的方法，但要找到真正的研究特徵可以解釋此異質的現象，則要靠專業知能的洞察力了。

4. 無法說明異質性原因時，使用隨機效果模式進行整合性分析。

當研究者無法徹底探究異質性原因時，這是暫行的唯一選擇。

5. **刪除極端效果值，但僅適用於無研究屬性變項可用之時，此法常用來進行敏感度分析。**

敏感度分析（Sensitivity analysis）可以用來檢驗哪些研究可以包含進來進行整合分析，哪些研究必須排除。換言之，如果研究者欲確定研究結果的強韌性（robustness of the results），可以進行敏感度分析，以強化對於研究結論的信心。敏感度分析旨在分析研究結果與結論，是否會因研究資料或分析途徑改變而產生修正的程度。常用的敏感度分析途徑有：使用不同方法（如固定效果或隨機效果模式、次群體分析）進行資料分析、與重複進行分析，每次疊代都會刪除一個研究，以顯示該研究對組合效果值的影響力、刪除極端值（效果值的極端值或樣本大小的極端值）、累進式整合分析或出版偏差。

此外，有些研究者會漠視異質性的存在，仍採用固定效果模式的整合分析。此法因異質性的干擾所估計出來的平均效果值，可能並不存在實際的母群情境中，臨床的應用者需要謹慎考慮它的實質應用性。

二、四大類效果值指標異質性分析的理論與實例解說

為利於研究者的理解與應用，茲將異質性分析方法（Cochran's Q），依四大類效果值指標，逐一定義且利用實例加以說明，以期知能合一。

(一) 平均數差異效果值之同質性考驗

以 d 值為例，欲考驗 d 值是否同質，常使用公式 2-2 或其等同公式 2-3（Hedges & Olkin, 1985）：

$$Q = \sum_{i=1}^{k} \frac{1}{V_i^2}(d_i - \bar{d})^2 \qquad \text{（公式 2-2）}$$

$$Q = \sum_{i=1}^{k} \frac{d_i^2}{V_i^2} - \left(\sum_{i=1}^{k} \frac{d_i}{V_i^2}\right)^2 \Big/ \sum_{i=1}^{k} \frac{1}{V_i^2} \qquad \text{（公式 2-3）}$$

由公式 2-2 可看出，Q 值係離均差效果值的加權平方和；式中，d_i 和 V_i^2 可以分別由第一章中公式 1-1 和公式 1-3 獲得。此公式本質上乃在檢驗 d_i 值與其加權平均數（$\bar{d}$）間的差異量。當每個研究的樣本夠大（n > 30）時，Q 的分配就會逼近 χ^2 的分配（df = k − 1）。

以下本章之實例運用解說，將先利用 EXCEL 的內定統計程式示範演算過程，再利用筆者所研發之整合分析軟體 Effect Size Synthesizer（簡稱 ESS）進行分析結果之交互印證。

實例解說

表 2-1 開放教育影響學校態度的效果值

			Effect Sizes	Variances of Effect Sizes
Study	N_E	N_C	$d_{attitude}$	Var（$d_{attitude}$）
1	40	40	0.458	0.0513
2	60	55	0.363	0.0354
3	34	40	0.162	0.0546
4	79	64	0.294	0.0286

註：摘要自 Hedges & Olkin (1985), 表 4, p.218。

以表 2-1 中之 study 1 效果值為例，依公式 1-3 其變異量為：$V_{di}^2 = \dfrac{N_E + N_C}{N_E N_C} +$

$\dfrac{d_i^2}{2(N_E + N_C)} = \dfrac{40+40}{40\times40} + \dfrac{.458^2}{2(40+40)} = .0513$，其餘的變異量以此類推。

再利用公式 1-6：$\overline{d} = \dfrac{\sum\limits_{i=1}^{k} \dfrac{d_i}{V_{di}^2}}{\sum\limits_{i=1}^{k} \dfrac{1}{V_{di}^2}}$，求得 Attitude 效果值的加權平均數：

$\overline{d} = \dfrac{32.43}{101.02} = .3210$。Q 值 可 利 用 公 式 2-2：$Q = \sum\limits_{i=1}^{k} \dfrac{1}{V_i^2}(d_i - \overline{d})^2$ 求 得：Q =

.3659 + .0498 + .4630 + .0255 = .90，此 外，研 究 者 亦 可 利 用 公 式 2-3：

$Q = \sum\limits_{i=1}^{k} \dfrac{d_i^2}{V_i^2} - \left(\sum\limits_{i=1}^{k} \dfrac{d_i}{V_i^2}\right)^2 / \sum\limits_{i=1}^{k} \dfrac{1}{V_i^2}$ 求得：$Q = 11.31 - \dfrac{32.43^2}{101.02} = .90$，這兩個公式 2-2 和公式 2-3 所得結果完全相同。

最後，利用 SPSS 內建函數求出 p 值：

p = [1 − CDF.CHISQ（.90,3）] = .8254，df = k − 1 = 3。

P 值計算之四步驟，請參見圖 2-1：(1) 開啓 SPSS 的「Compute variable」視窗，在該視窗左上角的「Target Variable」的小視窗內輸入輸出變項之名稱「P」，(2) 點選該視窗右側 Function group 的「CDF & Noncentral CDF」，(3) 點選該視窗右下側 Functions & Special Variables 的「Cdf.Chisq」，(4) 在該視窗上側「Numeric Expression」的小視窗內輸入「1-CDF.CHISQ（.90,3）」。

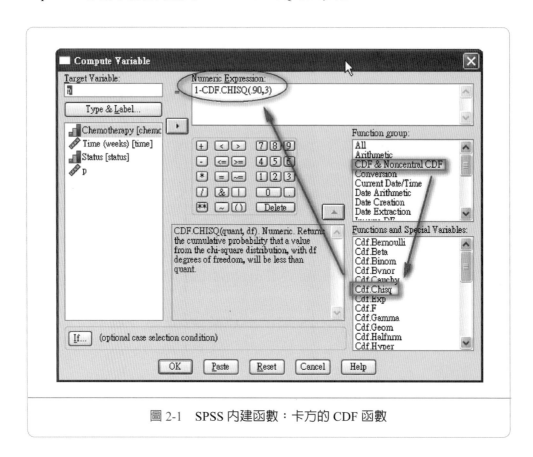

圖 2-1　SPSS 內建函數：卡方的 CDF 函數

由於 Q 值等於 .90（p = .8254 > .05），因此研究者可以接納 $H_0 = \delta_1 = \delta_2 = \delta_3 = \delta_4$ 的假設，亦即各研究效果值間具有同質性。

ESS 途徑

假如原始資料中保留有各組研究之平均數、標準差與樣本人數（如圖 2-2 中 B～G 欄位），研究者也可利用筆者的 ESS 增益集進行效果值同質性分析，

將更省時省力。在本增益集進行效果值同質性分析，需要先後透過 ESS 中之「Mean_Difference」與「Trim & Fill」二個副程式，才能順利計算出 Q 值。

嘉義大學國教所, Fred Li, 2011 - Mean-Meta-Homogeneity-p88.xls

檔案(F) 編輯(E) 檢視(V) 插入(I) 格式(O) 工具(T) SEM-CAI 統計(STAT)

	A	B	C	D	E	F	G
1	Study	ME	SDE	NE	MC	SDC	NC
2	Carroll	94	22	60	92	20	60
3	Grant	98	21	65	92	22	65
4	Peck	98	28	40	88	26	40
5	Donat	94	19	200	82	17	200
6	Stewart	98	21	50	88	22	45
7	Young	96	21	85	92	22	85

圖 2-2　平均數差異效果值同質性考驗資料

註：資料取自 Borenstein, Hedges,Higgins, & Rothstein (2009), 表 14.1, p. 88.

研究者操作 ESS 時，首先須將實驗組與控制組內各研究之平均數、標準差與樣本人數建檔，如圖 2-2 所示。圖中，第一欄位之 Study 變項係為各研究命名，第二欄位 ME 代表實驗組之平均數，第三欄位 SDE 代表實驗組之標準差，第四欄位 NE 代表實驗組之人數，第五欄位 MC 代表控制組之平均數，第六欄位 SDC 代表控制組之標準差，第七欄位 NC 代表控制組之人數。注意這七個欄位的內容係屬固定式，不能隨意更動，否則會有錯誤的分析結果。

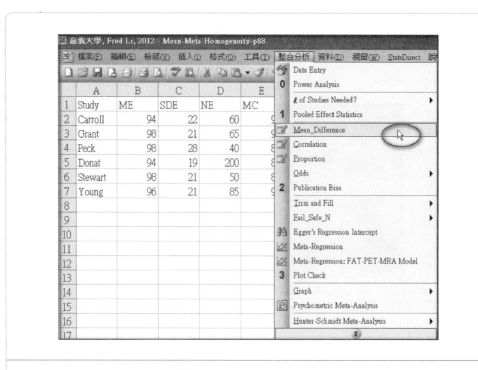

圖 2-3　平均數差異效果值分析的 EXCEL VBA 操作介面

　　研究者備妥前述的資料檔案之後，就可點選 ESS 表單下之「Mean_Difference」，以獲得平均數差異效果值與標準誤之分析結果。接著，在圖 2-4 輸入視窗中輸入研究樣本數，由圖 2-4 知，本實例之研究樣本數為 6。

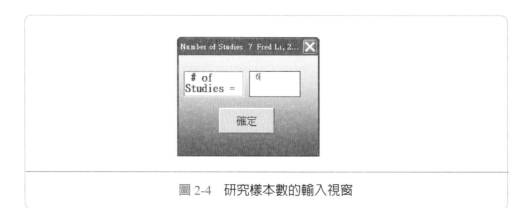

圖 2-4　研究樣本數的輸入視窗

接著，本例使用圖 2-5 的選擇視窗，選擇了 Hedges's g。

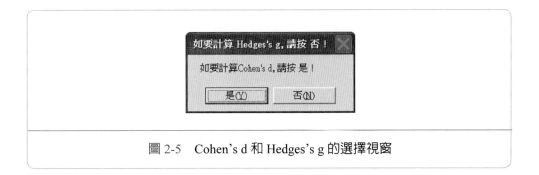

圖 2-5　Cohen's d 和 Hedges's g 的選擇視窗

分析過程中，ESS 會出現圖 2-6 的訊息視窗，要求研究者確定是否要馬上進行 Trim & Fill 分析，假如研究者選擇「是（Y）」，ESS 會自動將 Trim & Fill 分析所需用到的資料配置到既定的欄位中；假如研究者選擇「否（N）」，ESS 會出現圖 2-7 的基本描述統計量。

圖 2-6　Trim & Fill 確定視窗

當研究者按下「否（N）」確定鈕之後，就可獲得圖 2-7 中各研究的平均數差異效果值與標準誤。

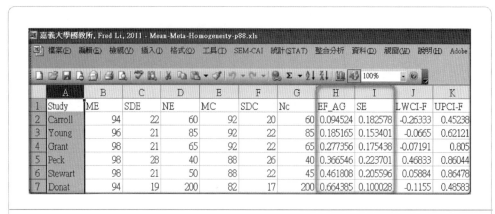

圖 2-7　平均數差異效果值與標準誤

　　當研究者獲得如圖 2-7 的平均數差異效果值與標準誤之後，如欲再計算同質性考驗的 Q 值，須在圖 2-6 之 Trim & Fill 確定視窗中點選「是（Y）」，接著透過筆者所設計 ESS 增益集中的「Trim & Fill」副程式計算之，參見圖 2-8 右側 ESS 程式選單。

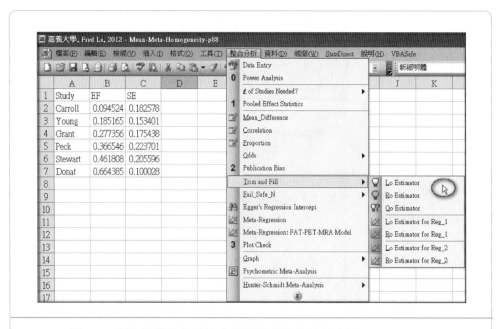

圖 2-8　平均數差異效果值之同質性考驗的點選表單：Trim & Fill

接著，研究者點開「Trim & Fill」下視窗，就可點選 Lo，Ro 或 Qo（本實例選了 Lo Estimator），三個出版偏差估計法的 Q 值均完全相同。接著，就會出現以下幾個視窗，要求研究者輸入樣本或進行模式選擇的動作。

圖 2-9　研究樣本數的輸入視窗

圖 2-10　選擇進行 Trim & Fill 的統計模式

本例選擇隨機效果模式，請參閱圖 2-10 中的上側內文說明「Press No for Random」，因此，需按下「否」。

圖 2-11　不須進行 Trim & Fill 的提示

由圖 2-11 知，本筆資料不須進行 Trim & Fill 的提示，亦即 EXCEL 報表將只有 Sheet1 中有輸出結果。因為 Lo = 0，圖 2-12 中平均數差異效果值同質性考驗的統計摘要表，即是未進行 Trim & Fill 前的統計結果。如果資料須進行 Trim & Fill，那麼研究者在圖 2-12 所顯示的 Q 值乃是 Trim & Fill 以後的結果。如欲觀看原始資料的 Q 值，必須點選 Sheet1，該表單內所顯示的 Q 值才是原始資料的 Q 值，參閱圖 2-13。因為 Lo=0，本整合研究並未進行任何 Trim & Fill 的動作，因此 Trim & Fill 之前與之後的 Q 值將完全相同。

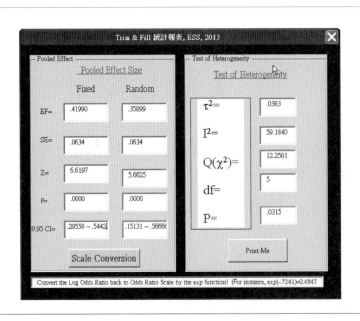

圖 2-12　平均數差異效果值之同質性考驗的統計摘要表：透過 Trim & Fill

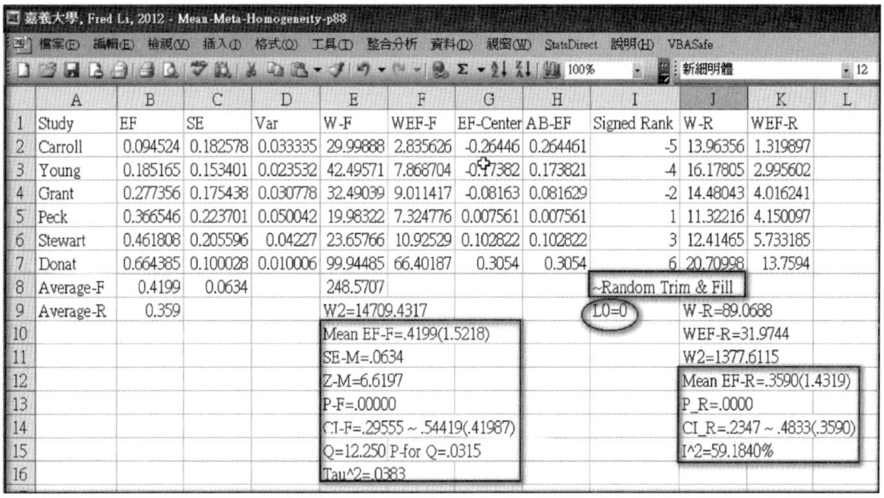

	A	B	C	D	E	F	G	H	I	J	K	L
1	Study	EF	SE	Var	W-F	WEF-F	EF-Center	AB-EF	Signed Rank	W-R	WEF-R	
2	Carroll	0.094524	0.182578	0.033335	29.99888	2.835626	-0.26446	0.264461	-5	13.96356	1.319897	
3	Young	0.185165	0.153401	0.023532	42.49571	7.868704	-0.17382	0.173821	-4	16.17805	2.995602	
4	Grant	0.277356	0.175438	0.030778	32.49039	9.011417	-0.08163	0.081629	-2	14.48043	4.016241	
5	Peck	0.366546	0.223701	0.050042	19.98322	7.324776	0.007561	0.007561	1	11.32216	4.150097	
6	Stewart	0.461808	0.205596	0.04227	23.65766	10.92529	0.102822	0.102822	3	12.41465	5.733185	
7	Donat	0.664385	0.100028	0.010006	99.94485	66.40187	0.3054	0.3054	6	20.70998	13.7594	
8	Average-F	0.4199	0.0634		248.5707				~Random Trim & Fill			
9	Average-R	0.359			W2=14709.4317				L0=0	W-R=89.0688		
10					Mean EF-F=.4199(1.5218)					WEF-R=31.9744		
11					SE-M=.0634					W2=1377.6115		
12					Z-M=6.6197					Mean EF-R=.3590(1.4319)		
13					P-F=.00000					P_R=.0000		
14					CI-F=.29555 ~ .54419(.41987)					CI_R=.2347 ~ .4833(.3590)		
15					Q=12.250	P-for Q=.0315				I^2=59.1840%		
16					Tau^2=.0383							

圖 2-13　平均數差異效果值之同質性考驗的 EXCEL VBA 輸出報表

根據圖 2-13 的方框內報表，可知固定效果估計值為 .4199（mean EF-F），隨機效果估計值為 .3590（mean EF-R）。另外，由於 Q 值等於 12.250（p =. 0315 < .05）、I^2 = 59.1840%（中度異質性）。因此，研究者可以拒絕 $H_0 = \delta_1 = \delta_2 = \cdots = \delta_6$ 的假設，亦即各研究效果值間具有顯著異質性。

(二) 相關係數同質性考驗

當以 Fisher z 值做為標準化效果值時，Q 值的計算須利用公式 2-4 或採用快速公式 2-5（Hedges & Olkin, 1985）：

$$Q_{Fisher} = \sum_{i=1}^{k}(n_i - 3)(Z_i - \overline{Z})^2 \qquad \text{（公式 2-4）}$$

$$Q_{Fisher} = \sum_{i=1}^{k}(n_i - 3)z_i^2 - \frac{\left[\sum_{i=1}^{k}(n_i - 3)z_i\right]^2}{\sum_{i=1}^{k}(n_i - 3)} \qquad \text{（公式 2-5）}$$

由公式 2-4 可看出，Q 值係離均差效果值的加權平方和；此公式本質上乃在檢驗 Fisher z_i 值與其加權平均數（$\bar{z}$）間的差異量。當每個研究的樣本夠大（n >

30）時，Q 的分配就會逼近 χ^2 的分配（df = k − 1）。

實例解說

表 2-2　相關係數效果值的演算過程

study	n_i	r_i	z_i	$(n_i - 3)$	$(n_i - 3) z_i$	$(n_i - 3) z_i^2$
1	538	0.22	0.22	535	119.66	26.76
2	60	0.21	0.21	57	12.15	2.59
3	115	0.20	0.20	112	22.58	4.55
4	109	0.17	0.17	106	18.41	3.20
5	323	0.29	0.30	320	94.44	27.87
6	335	0.12	0.12	332	41.29	5.14
Σ	1480	1.00	1.23	1462	308.53	70.11

註：$n_i - 3$ 為各研究的加權量。

利用公式 1-32 和表 2-2 底部的 Σ 統計量，即可計算出相關係數的平均效果值：

$$\bar{z} = \frac{\sum_{i=1}^{k} \frac{z_i}{V_i^2}}{\sum_{i=1}^{k} \frac{1}{V_i^2}} = \frac{308.53}{1462} = .211$$

其次，進行相關係數效果值的同質性考驗，將相關統計量代入公式 2-4，即可求得 $Q = \sum_{i=1}^{k} (n_i - 3)(Z_i - \bar{Z})^2 = 5.00$, df = k − 1 = 5；或直接利用公式 2-5 快速求得：

$$Q = \sum_{i=1}^{k} (n_i - 3)z_i^2 - \frac{\left[\sum_{i=1}^{k} (n_i - 3)z_i\right]^2}{\sum_{i=1}^{k} (n_i - 3)} = 70.11 - \frac{308.53^2}{1462} = 70.11 - 65.11 = 5.00$$

相關係數效果值的同質性考驗須使用卡方考驗，df = k − 1 = 6 − 1 = 5。

接著，利用 SPSS 內建函數求出 p 值：

$$p = [1 - \text{CDF.CHISQ}(5.00,5)] = .4159$$

由於 Q 值等於 5.0（p = .4159 > .05），因此研究者可以接納 $H_0 = \delta_1 = \delta_2 = \cdots = \delta_6$ 的假設，亦即各研究效果值間具有同質性。

無論估計的是 d 值或 r 值，如果考驗的結果顯示異質性，則我們應將所蒐集到的研究或實驗進一步加以分類或分群，也就是說必須找出調節變項（moderator），以探索異質性原因。例如：如果一個實驗處理可能只對大學生樣本產生作用，對高中生樣本無效，則年齡或教育程度可能是一個調節變項；根據這個變項將研究分成二組之後，各組之內的同質性就會提高，如果各組的同質性考驗不再顯著，我們就可以分別合併它們的估計效果值。這時，不但可以較精確地估計母群的效果值，而且也得知了教育程度或年齡與實驗處理間會產生交互作用。

ESS 途徑

如為省時省力，研究者也可利用筆者的 ESS 增益集，進行相關係數效果值同質性分析。首先，研究者須先依照既定格式建檔，如圖 2-14 中 A ～ C 欄位所示，依序內含研究名稱、相關係數與樣本大小等三個變項。

	A	B	C
	Study	Corr	Sample Size
1			
2	1	0.22	538
3	2	0.21	60
4	3	0.2	115
5	4	0.17	109
6	5	0.29	323
7	6	0.12	335

圖 2-14　相關係數效果值之同質性考驗的資料準備

圖 2-15　相關係數平均效果值計算和同質性考驗的點選表單

其次，點選圖 2-15 中的表單「Correlation」，以便進行相關係數平均效果值計算和同質性的考驗。

圖 2-16　研究樣本數的輸入視窗

接著，需要輸入研究樣本數，如圖 2-16 所示。按下「確定」之後，就可獲得如圖 2-17 中的相關係數平均效果值和同質性考驗的結果。

嘉義大學, Fred Li, 2012 - Cor-table2-2

檔案(F) 編輯(E) 檢視(V) 插入(I) 格式(O) 工具(T) 整合分析 資料(D) 視窗(W) StatsDirect 說明(H) VBASafe

	A	B	C	D	E	F	G	H	I	J	K
1	Study	Corr	Sample Size	EF(Fisher)	SE	Var	W-F	WEF-F		.95 CI-L	.95 CI-U
2	6	0.12	335	0.120581	0.054882	0.003012	332	40.0329		0.013	0.2282
3	4	0.17	109	0.171667	0.097129	0.009434	106	18.19667		-0.0187	0.362
4	3	0.2	115	0.202733	0.094491	0.008929	112	22.70605		0.0175	0.3879
5	2	0.21	60	0.213171	0.132453	0.017544	57	12.15077		-0.0464	0.4728
6	1	0.22	538	0.223656	0.043234	0.001869	535	119.656		0.1389	0.3084
7	5	0.29	323	0.298566	0.055902	0.003125	320	95.5412		0.189	0.4081
8							Weight total=1462	308.2836			
9							Mean Fisher r=.2109				
10							Z_r=8.0626(SE=.0262)				
11							P_r=.0000				
12							Pearson r=.2078				
13							Q=5.4256				
14							P=.3662				

圖 2-17　相關係數平均效果值計算和同質性考驗的 ESS 輸出報表

由於 Q 值等於 5.42559（$p = .36617 > .05$），因此研究者可以接納 $H_0 = \delta_1 = \delta_2 = \cdots = \delta_6$ 的假設，亦即各研究效果值間具有同質性。由於本增益集的運算過程小數取 6 位數，而前述手動方法只取到小數 2 位，因而所得的 Q 值前後稍有出入（5.00 vs. 5.4256）。

(三) 勝算比同質性考驗

由於勝算比（Odds Ratio）和相對風險（Relative Risk）等的計算方法，可以分為三類（細節請參閱本書第一章）。因此，計算相關 Q 值的公式也有三個，請參看公式 2-6 至公式 2-8。

$$Q_{wolfe} = \sum w_i (\ln OR_i - \ln OR_{wolfe})^2 \qquad \text{（公式 2-6）}$$

$$Q_{MH} = \sum w_i (\ln OR_i - \ln OR_{MH})^2 \qquad \text{（公式 2-7）}$$

$$Q_{Peto} = \sum w_i (\ln OR_i - \ln OR_{Peto})^2 \qquad \text{（公式 2-8）}$$

不過，它們的基本演算邏輯是相同的：均在反映離均差的加權平方和，以下僅以 Peto Odds Ratio 為例，進行實例解說。解說的過程中，將充分利用 EXCEL 本身的統計分析功能，示範 Q 值的計算過程。圖 2-18 中 A ～ E 欄位的原始資料

係取自 Fleiss（1993）的論文，依序內含五個變項：研究名稱（Study）、實驗組總人數（TOTE）、實驗組事件出現人數（NPE）、控制組總人數（TOTC）和控制組事件出現人數（NPC）。

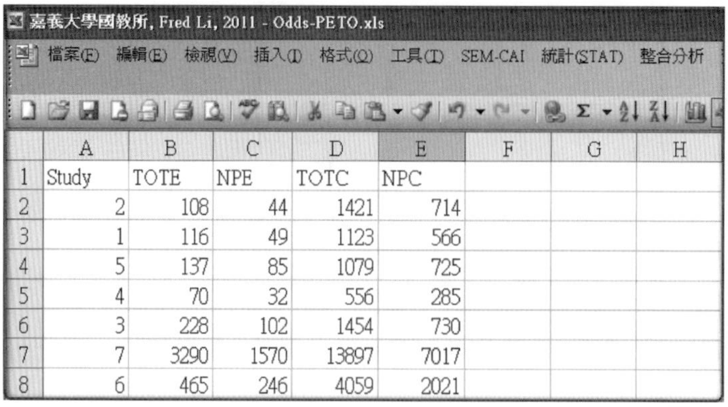

	A	B	C	D	E	F	G	H
1	Study	TOTE	NPE	TOTC	NPC			
2	2	108	44	1421	714			
3	1	116	49	1123	566			
4	5	137	85	1079	725			
5	4	70	32	556	285			
6	3	228	102	1454	730			
7	7	3290	1570	13897	7017			
8	6	465	246	4059	2021			

圖 2-18　勝算比同質性考驗資料

註：資料取自 Fleiss（1993）。

以下將利用 EXCEL 的統計分析功能，逐步說明 Q 值的計算過程。首先，須利用公式 1-70 計算出併組之平均勝算比：PetoOdds = –.10887，才能進而計算出各研究之離均差值。接著，計算各研究之離均差值，如圖 2-19 中 H 欄位所示：H = F2 –（–.10887）。操作時，先點選 H2 細格，再連續按滑鼠左鍵兩次，以便輸入計算程式：= F2 –（–.10887）。因爲 H2 以下之各研究均須使用到相同的公式，研究者可先在 H2 的細格中輸入計算公式，然後用滑鼠拖移右下角的塡充柄，直到最末端的細格（本例爲 H8）。拖移成功之後，就可見到如圖 2-19 中 H 欄位之離均差值。

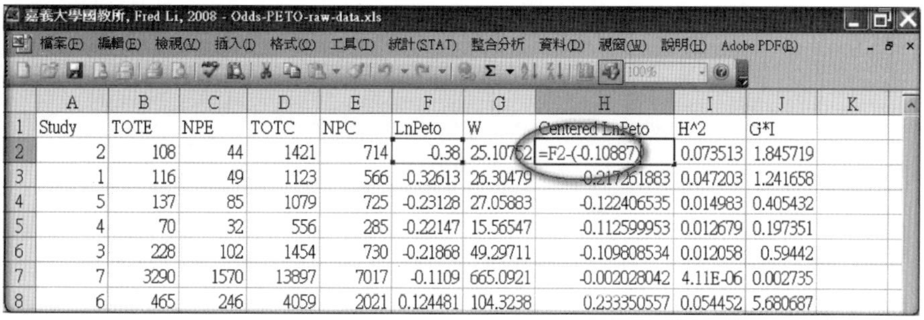

嘉義大學國教所, Fred Li, 2008 - Odds-PETO-raw-data.xls

	A	B	C	D	E	F	G	H	I	J	K
1	Study	TOTE	NPE	TOTC	NPC	LnPeto	W	Centered LnPeto	H^2	G*I	
2	2	108	44	1421	714	-0.38	25.10752	=F2-(-0.10887)	0.073513	1.845719	
3	1	116	49	1123	566	-0.32613	26.30479	-0.217261883	0.047203	1.241658	
4	5	137	85	1079	725	-0.23128	27.05883	-0.122406535	0.014983	0.405432	
5	4	70	32	556	285	-0.22147	15.56547	-0.112599953	0.012679	0.197351	
6	3	228	102	1454	730	-0.21868	49.29711	-0.109808534	0.012058	0.59442	
7	7	3290	1570	13897	7017	-0.1109	665.0921	-0.002028042	4.11E-06	0.002735	
8	6	465	246	4059	2021	0.124481	104.3238	0.233350557	0.054452	5.680687	

圖 2-19　各研究之離均差值之計算

在 EXCEL 中要計算離均差值的平方值，須在 I2 欄位內鍵入以下公式：I = H^2，如圖 2-20 所示。同樣地，因為 I2 以下之各研究均須使用到相同的公式，研究者要先在 H2 的細格中輸入計算公式，然後用滑鼠拖移右下角的填充柄，直到最末端的細格（本例為 I8）。拖移成功之後，就可見到如圖 2-20 中 I 欄位之離均差平方值。

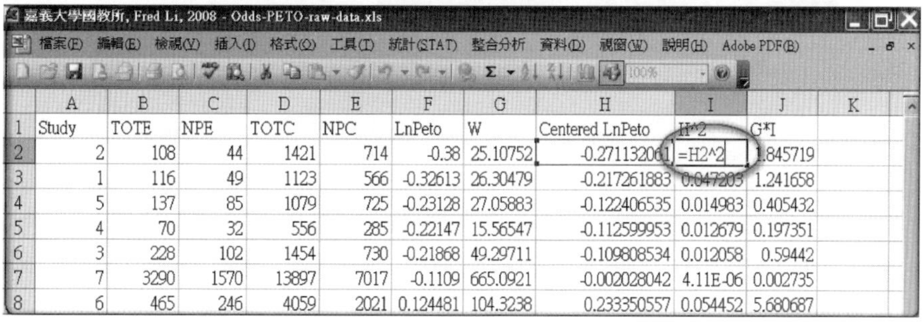

嘉義大學國教所, Fred Li, 2008 - Odds-PETO-raw-data.xls

	A	B	C	D	E	F	G	H	I	J	K
1	Study	TOTE	NPE	TOTC	NPC	LnPeto	W	Centered LnPeto	H^2	G*I	
2	2	108	44	1421	714	-0.38	25.10752	-0.271132061	=H2^2	1.845719	
3	1	116	49	1123	566	-0.32613	26.30479	-0.217261883	0.047203	1.241658	
4	5	137	85	1079	725	-0.23128	27.05883	-0.122406535	0.014983	0.405432	
5	4	70	32	556	285	-0.22147	15.56547	-0.112599953	0.012679	0.197351	
6	3	228	102	1454	730	-0.21868	49.29711	-0.109808534	0.012058	0.59442	
7	7	3290	1570	13897	7017	-0.1109	665.0921	-0.002028042	4.11E-06	0.002735	
8	6	465	246	4059	2021	0.124481	104.3238	0.233350557	0.054452	5.680687	

圖 2-20　Peto 離均差平方值之計算

接著，須計算離均差加權平方值，其公式為 J = I2*G2。因此，須在 J2 欄位內鍵入以下公式：= I2*G2。同樣的，因為 J2 以下之各研究均須使用到相同的公式，研究者要先在 H2 的細格中輸入計算公式，然後用滑鼠拖移右下角的填充柄，直到最末端的細格（本例為 J8）。拖移成功之後，就可見到如圖 2-21 中 J

欄位之離均差加權平方值。

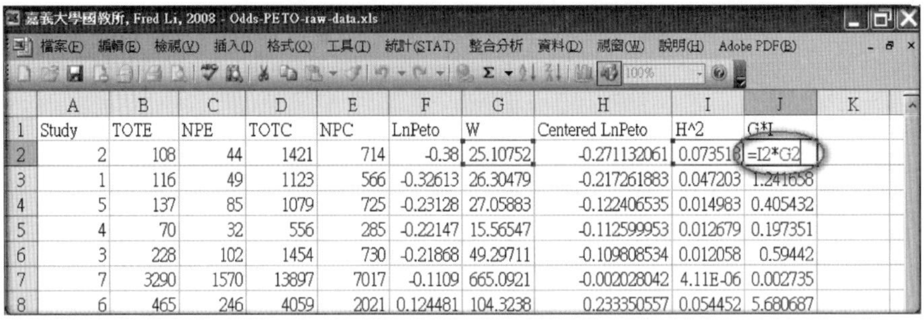

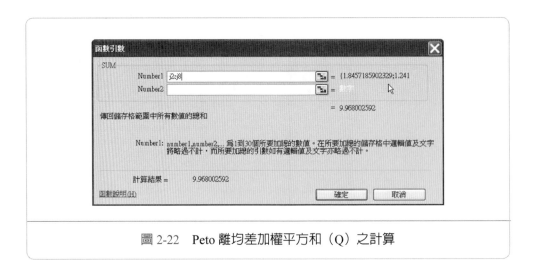

圖 2-21　Peto 離均差加權平方值之計算

最後，利用 EXCEL 的「SUM 函數」，計算 J 欄內的數據：Q = 9.968。實際操作時，請在圖 2-22 中 Number1 的右側欄框內輸入：J2：J8，計算結果 Q 值就會出現在圖 2-22 的下半部中（Q = 9.968）。

圖 2-22　Peto 離均差加權平方和（Q）之計算

ESS 途徑

以下介紹如何利用 ESS 快速計算出 Q 值。首先，研究者須先依照既定

格式建檔如圖 2-23 中 A ～ E 欄位所示：研究名稱（Study）、實驗組總人數（TOTE）、實驗組事件出現人數（NPE）、控制組總人數（TOTC）和控制組事件出現人數（NPC）。其次，點選圖 2-23 中的表單「Odds-Peto」，以便進行 Peto Odds 平均效果值計算和同質性的考驗，就會出現圖 2-24 至圖 2-27 的表單。

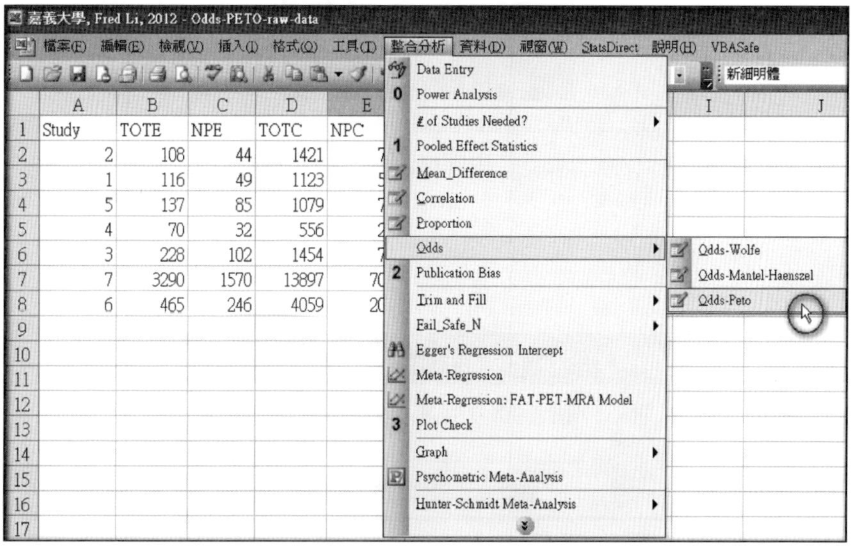

圖 2-23　Peto Odds 整合分析的點選表單

　　由圖 2-24-1 視窗內容可知，Peto Odds 程式較特殊，有自己的專用程式，會自動一次完成 Trim & Fill 統計分析。

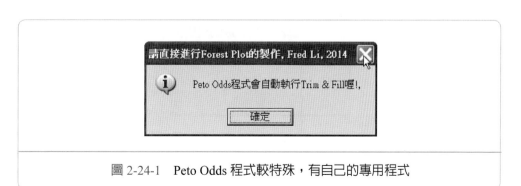

圖 2-24-1　Peto Odds 程式較特殊，有自己的專用程式

接著，在圖 2-24-2 視窗中，輸入研究樣本數，並按下「確定」鍵。

圖 2-24-2　研究樣本數的輸入視窗

圖 2-25-1　Trim & Fill 統計模式的選擇表單

圖 2-25-1 顯示程式詢問研究者，欲進行何種模式的 Trim & Fill。

圖 2-25-2　不須進行 Trim & Fill 的提示

由圖 2-25-2 知，本筆資料不須進行 Trim & Fill 的提示，亦即 EXCEL 報表將只有 Sheet1 中有輸出結果。亦即 Lo = 0，圖 2-26 中 Peto Odds 效果值同質性考驗的統計摘要表，即是未進行 Trim & Fill 前的統計結果。這個摘要表的左側呈現了固定效果與隨機效果模式下之平均效果值與其相關之統計量：而右側欄位中則呈現了異質性分析的相關統計量。若按下圖 2-26 中的「Print-Me」則可以列印此摘要表。根據圖 2-27 的報表，由於 Q 值等於 9.9692（p = .1260 > .05），研究者可以接納 $H_0 = \delta_1 = \delta_2 = \cdots = \delta_7$ 的假設，亦即各研究效果值間具有同質性。此外，Peto Odds 效果值同質性考驗與前述圖 2-22 手動計算結果有些微差異，係因 Peto 程式會自動在各細格加上 .5，以防止細格為 0 而產生當機現象。

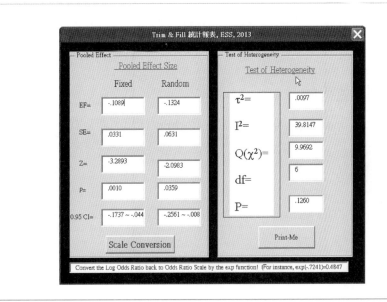

圖 2-26　Peto Odds 平均效果值計算和同質性考驗的摘要表

當取消圖 2-26 的視窗表單或列印（按下「Print-Me」）之後，就可出現圖 2-27 的 Peto Odds 平均效果值計算與同質性考驗的 EXCEL 報表。

	A	B	C	D	E	F	G	H	I	J	K	L	M
1	Study	TOTE	NPE	TOTC	NPC	Peto	1/SE	EF-Centered	AB-EF	Signed Rank	W-R	WEF-R	ZP
2	2	108	44	1421	714	-0.37994	5.0107	-0.212943382	0.212943	-6	20.20755	-7.67773	-1.9041
3	1	116	49	1123	566	-0.32615	5.1288	-0.175143382	0.175143	-5	20.97611	-6.84127	-1.6726
4	5	137	85	1079	725	-0.2313	5.2018	-0.103343382	0.103343	-4	21.45289	-4.96209	-1.2031
5	4	70	32	556	285	-0.22152	3.9453	-0.095543382	0.095543	-3	13.5314	-2.99747	-0.8738
6	3	228	102	1454	730	-0.21865	7.0212	-0.093243382	0.093243	-2	33.39766	-7.30252	-1.5354
7	7	3290	1570	13897	7017	-0.11093	25.7894	-0.001843382	0.001843	-1	89.60047	-9.93952	-2.8599
8	6	465	246	4059	2021	0.124516	10.2139	0.235756618	0.235757	7	51.96789	6.470827	1.2714
9	Average-F	-.1089(.8968)								L0=0 ~ Fixed model	W-R=251.1340		
10	Average-R	-.1324(.8760)					Pooled Peto-OR=-.1089 (.8968)				W2=13335.9774		
11							CI-F=-.1737 ~ -.0440				WEF-R=-33.2498		
12							Peto-SE=.0331				Mean EF-R=-.1324(.8760)		
13							Z= -3.2893				CI_R=-.2561 ~ -.0087		
14							P=.0010				SE_R=.0631		
15							Q=9.9692				P_R=.0359		
16							P-for Q=.1260				I^2=39.8147%		
17							Tau^2=.0097						

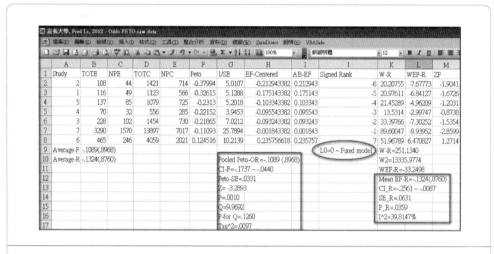

圖 2-27　Peto Odds 平均效果值計算和同質性考驗的 EXCEL 報表：Sheet 1

(四) 比率同質性考驗

計算比率（Proportion）同質性考驗的 Cochran Q 值，如公式 2-9 所示。

$$Q = \sum w(x - \hat{x})^2 \qquad \text{（公式 2-9）}$$

公式 2-9 中，x 採 Freeman-Tukey 的比率計算公式（Stuart & Ord, 1994）：

$$x = \sin^{-1}\sqrt{\frac{p}{n+1}} + \sin^{-1}\sqrt{\frac{p+1}{n+1}} \qquad \text{（公式 2-10）}$$

公式 2-10 中，p 表原始比率值；而比率的平均效果值（ $\hat{x}$ ）採公式 2-11 計算之。

$$\hat{x} = \frac{\sum xw}{\sum w} \qquad \text{（公式 2-11）}$$

實例解說

圖 2-28 中 A ～ D 欄，係正確診斷比率同質性考驗的原始資料：

嘉義大學國教所, Fred Li, 2008 - proportion-meta.xls

檔案(F) 編輯(E) 檢視(V) 插入(I) 格式(O) 工具(T) 統計(STAT) 整合分析 資料(D) 視窗(W) 說明(H) Adobe PDF(B)

	A	B	C	D	E	F	G	H	I	J	K
1	Study	Total-N	Plus_N	Proportion	Freeman-P	W	Centered P	G^2	F*H		
2	12	47	14	0.297872	1.16371022	48	=E2-1.57342	0.167862	8.057381		
3	8	20	6	0.3	1.17942235	21	-0.39399765	0.155234	3.259917		
4	6	24	8	0.333333	1.24476533	25	-0.32865467	0.108014	2.700347		
5	11	12	4	0.333333	1.25696668	13	-0.31645332	0.100143	1.301855		
6	2	8	3	0.375	1.34520736	9	-0.22821264	0.052081	0.468729		
7	3	40	15	0.375	1.32432896	41	-0.24909104	0.062046	2.5439		
8	1	10	4	0.4	1.38716562	11	-0.18625438	0.034691	0.381598		
9	10	147	68	0.462585	1.49640169	148	-0.07701831	0.005932	0.877909		
10	5	86	44	0.511628	1.59378838	87	0.020368378	0.000415	0.036094		
11	13	21	12	0.571429	1.70773128	22	0.134311284	0.01804	0.396869		
12	9	54	38	0.703704	1.98239909	55	0.408979085	0.167264	9.199514		
13	4	64	48	0.75	2.08562371	65	0.512203713	0.262353	17.05292		
14	7	7	6	0.857143	2.25662675	8	0.683206754	0.466771	3.734172		

圖 2-28　比率同質性考驗的原始資料

首先，根據公式 2-10 計算出 Freeman-Tukey 的比率值，這些轉換出來的值請參閱圖 2-28 中的 E 欄位內之數據。接著，根據公式 2-11 計算比率的加權平均效果值。

$$\hat{x} = \frac{\sum xw}{\sum w} = \frac{870.096}{553} = 1.57341$$

式中分子係 E 和 F 欄位值之乘積和，分母係 F 欄位內數據的和。

其次，計算各研究比率的離均差值，例如：圖 2-28 中的 G2 = E2 − 1.57342；其餘 G3 ～ G14 數據之 EXCEL 計算方法與步驟同前例中說明，不再贅述。

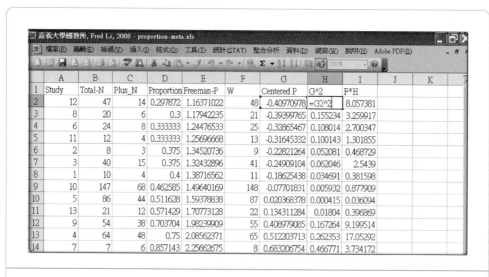

圖 2-29　各研究比率的離均差值之計算

接著，就可計算各研究比率的離均差平方值，例如：圖 2-29 中的 H2 = $(G2)^2$。其餘 H3 ～ H14 數據之 EXCEL 計算方法與步驟已在前例（Peto Q）中說明，不再贅述。

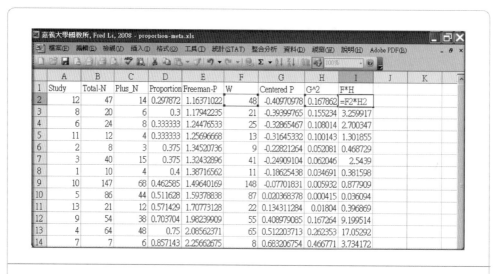

圖 2-30　各研究比率的離均差平方值與 Q 值之計算

其次，研究者需要計算各研究比率的加權離均差平方值，例如：圖 2-30 中的 I2 = F2*H2。其餘 I3 ～ I14 數據之 EXCEL 計算方法與步驟同前例（Peto Q）中說明，不再贅述。

最後，利用 EXCEL 的加總函數 SUM，自動加總 I 欄內的數據：Q = 50.01120764，請參見圖 2-31 內之計算結果。

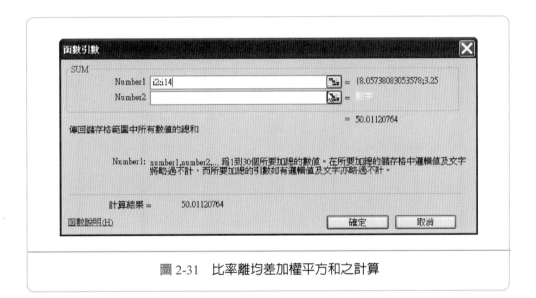

圖 2-31　比率離均差加權平方和之計算

ESS 途徑

以下介紹如何利用 ESS 增益集，可更快速計算出 Q 值。首先，研究者須先依照既定格式建檔如圖 2-32 之 A、B、C 欄位所示：研究名稱（Study）、總人數（Total-N）、正確診斷人數（Plus-N）。

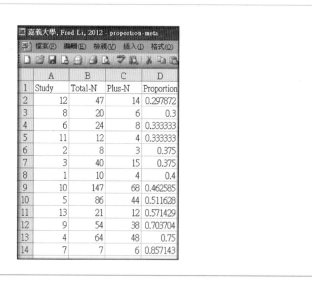

圖 2-32　正確診斷率的原始資料檔

其次，點選圖 2-33 中的 ESS 表單「Proportion」，以便進行比率平均效果值計算和同質性的考驗。

圖 2-33　ESS 比率效果值整合分析的點選表單

接著，在圖 2-34 視窗中，輸入研究樣本數，並按下「確定」鍵。

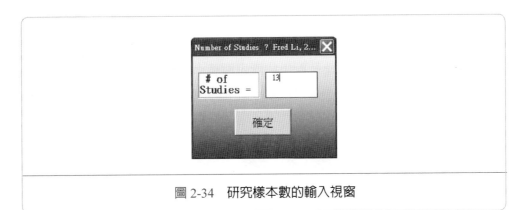

圖 2-34　研究樣本數的輸入視窗

　　按下圖 2-34 中的「確定」鍵之後，比率效果值計算和同質性考驗的結果，會在圖 2-35 EXCEL 報表中呈現出來。由圖 2-35 知，利用 EXCEL 函數法與 ESS 增益集兩種方法，所計算出來的 Q 值（50.01 vs. 49.21）並非完全相同（係因 ESS 會將各細格數據加上 0.5 以避免變異量的低估），但使用 ESS 增益集則是省時、簡捷許多。

	A	B	C	D	E	F	G	H	I	J	K	L
1	Study	Total-N	Plus-N	Proportion	SE	Var	W-F	WEF-F	Freeman-P	.95 CI-L	.95 CI-U	Proportion
2	12	47	14	0.297872	0.145095	0.021053	47.5	55.27624	1.1637102	0.1812	0.4388	0.297872
3	8	20	6	0.3	0.220863	0.04878	20.5	24.17816	1.1794224	0.133	0.5208	0.3
4	6	24	8	0.333333	0.202031	0.040816	24.5	30.49675	1.2447653	0.1696	0.5349	0.333333
5	11	12	4	0.333333	0.282843	0.08	12.5	15.71208	1.2569667	0.1184	0.6191	0.333333
6	2	8	3	0.375	0.342997	0.117647	8.5	11.43426	1.3452074	0.109	0.716	0.375
7	3	40	15	0.375	0.157135	0.024691	40.5	53.63532	1.324329	0.2368	0.5307	0.375
8	1	10	4	0.308607	0.095238	0.095238	10.5	14.56524	1.3871656	0.1454	0.7044	0.4
9	10	147	68	0.462585	0.082339	0.00678	147.5	220.7192	1.4964017	0.3832	0.5434	0.462585
10	5	86	44	0.511628	0.107521	0.011561	86.5	137.8627	1.5937884	0.4067	0.6158	0.511628
11	13	21	12	0.571429	0.215666	0.046512	21.5	36.71622	1.7077313	0.3591	0.7654	0.571429
12	9	54	38	0.703704	0.135457	0.018349	54.5	108.0408	1.9823991	0.5728	0.8133	0.703704
13	4	64	48	0.75	0.124515	0.015504	64.5	134.5227	2.0856237	0.6337	0.8441	0.75
14	7	7	6	0.857143	0.365148	0.133333	7.5	16.9247	2.2566268	0.4851	0.9929	0.857143
15							Weight total= 860.0844					
16							Pooled Proportion=.5015(1.5738)					
17							P=.0000					
18							Q=49.2107					
19							P=.0000					

圖 2-35　比率效果值計算和同質性考驗的 EXCEL 報表

三、出版偏差的意義、評估方法與預防方法

出版偏差有時被稱爲檔案櫃問題（file drawer problem），有時也被稱爲傳播偏差（dissemination bias），會威脅到整合分析結果的正確性或效度。偏差的來源可能出自作者：例如因未達統計上的既定顯著水準、與預期相左而未投稿，或因刪除與預期相左的結果（選擇性報導研究結果）而導致偏差；也可能因雜誌主編認爲未達統計上的既定顯著水準或違反特定組織或機構的利益而被拒絕出版，此種偏見常造成出版偏差（Publication Bias）。因此，整合分析所計算出之效果值常因漏掉這些沒達顯著水準的研究，導致高估效果值，而使研究結果失眞（Pigott, 2012）。高估醫療效果值在醫療的應用上，可能導致病患的不必要傷害。因此，醫學界的系統性評論出版商，「The Cochrane Database of Systematic Reviews」，就要求所有論文都要討論出版偏差（Higgins & Green，2009）的問題。其實出版偏差不限於此，像研究生的博、碩士論文、研討會論文、外語論文、組織內部研究與技術通報等，皆屬出版偏差的考慮範疇；這些文獻有時被稱爲灰色文獻（Gray literature 或 fugitive literature）。

Hopewell, Loudon, Clarke, Oxman, & Dickersin（2009）針對過去五個出版偏差的研究結果進行整合分析（Bardy, 1998; Dickersin, 1992; Dickersin, 1993; Ioannidis, 1998; Stern, 1997），顯示統計的顯著性與否會造成出版偏差，如表 2-3 所示，達顯著水準的論文比未達顯著水準的論文更容易被接納出版（約爲 1.23 倍）。另外，謝進昌、陳敏瑜（2011）調查國內 103 篇教育、心理後設分析研究之出版偏差現況發現，只有近四成研究曾利用出版偏差方法進行考驗，且有 39 篇研究都是以傳統 Fail-Safe N 指標爲主要考量，但此法有其假設上之限制。該研究經引用 30 篇後設分析研究之實徵數據，採用 Begg & Mazumdar 等級相關、Egger 迴歸分析檢定 Funnel Plot 之不對稱性，並搭配 Trim & Fill 刪補方法後發現，「各方法檢定結果雖不一致，但卻顯示出版偏差是可能存在於國內後設分析研究中，並影響著分析結果」。難怪，Stanley, Jarrell and Doucouliagos（2010）認爲出版偏差的無所不在及其嚴重性足以使得 90% 的研究結果須拋棄之，並呼籲研究者必須檢驗與處理研究結果的出版偏差問題。

表 2-3　出版偏差的森林圖：Publication bias due to statistical significance

Study or Subgroup	Sta-Sig		Sta-NonSig		Weight	Risk Ratio IV, Fixed, 95% CI	Risk Ratio IV, Fixed, 95% CI
	Events	Total	Events	Total			
Bardy 1998	52	111	16	77	2.8%	2.25[1.40, 3.64]	
Dickersin 1992	84	96	52	72	24.5%	1.21[1.03, 1.42]	
Dickersin 1993	121	124	63	74	65.4%	1.15[1.04, 1.27]	
Loannidis 1998	20	27	16	39	3.4%	1.81[1.17, 2.80]	
Stem 1997	56	76	18	54	4.0%	2.17[1.45, 3.25]	
Total (95% CI)		434		316	100.0%	1.23[1.14, 1.34]	
Total events	332		165				

Heterogeneity: Chi^2 = 18.75, df = 4（P = 0.0009）; I^2 = 79%

Test for overall effect Z = 5.13（P < 0.00001）

註：資料取自 Hopewell, Loudon, Clarke, Oxman, Dickersin, 2009.

139

　　檢驗出版偏差的統計方法很多，諸如 Rosenthal（1979）的安全失效數（Fail-Safe Number，簡稱 FSN）、Sterne, Becker, Egger（2005）的迴歸分析考驗、Begg and Mazumdar（1994）的等級相關考驗、森林圖（Forest Plots）、漏斗圖（Funnel Plots）與 Trim & Fill（Duval & Tweedie, 2000 a & b）刪補法。沒有一種是完美無缺的方法，在此僅列出較常用且適用於不同類型效果值的估計方法。其中最簡便的方法，首推 Rosenthal（1979）提出的 Fail-Safe N 檢驗方法，以分析檔案櫃的問題。

(一) 安全失效數的估計法

　　安全失效數的估計方法，須視該研究有無呈現精確的 p 值及效果值的類別而定。

1. 當研究結果未呈現精確的 p 值時

可使用 FSN 的計算公式 2-12：

$$FSN = 19S - N \qquad （公式 2-12）$$

公式 2-12 中，S 為研究樣本中達 0.05 顯著水準的論文篇數，N 為整合分析中未達顯著水準的研究篇數。

利用此法尚須利用公式 2-13，評估研究結果不顯著的最低容忍性程度（Tolerance level）。

$$容忍性程度 = 5k + 10 \qquad （公式 2-13）$$

公式 2-13 中，k 為整合分析中所有研究數。

FSN 指的是到底要加上多少篇未出版或未達顯著的研究，才會導致否定該整合分析的顯著效果值，而變為不顯著的結果（p 值本來小於 .05，增加 FSN 篇不顯著的研究之後，豬羊變色，p 值會大於 .05）；而容忍性程度係評估研究結果不顯著的容忍度。如果 FSN 大於容忍性程度，表示未達顯著性或未出版的研究結果，不會影響到整合分析既有的顯著性結果。由此觀之，FSN 愈大表示研究結果的出版偏差愈小，而 FSN 愈小表示研究結果的出版偏差可能愈大。

另外，Rosenthal's FSN 法具有兩大缺點：(1) 過分依賴 p 值而忽略實質效果值的重要性；(2) 遺漏研究的平均效果值，有時亦可能為小的正值或負值，不一定要假設為 0。Orwin（1983）因而提出改良式的 Orwins FSN 法（參見公式 2-18），該法讓研究者可以設定具有實質意義的最低效果值與遺漏研究的平均效果值大小。

ESS 途徑

圖 2-36 中箭頭所指之處，係筆者研發之 FSN 的 ESS 程式：「Without Exact p」，可以用來計算當研究報告沒有提供精確 p 值時之安全失效數。

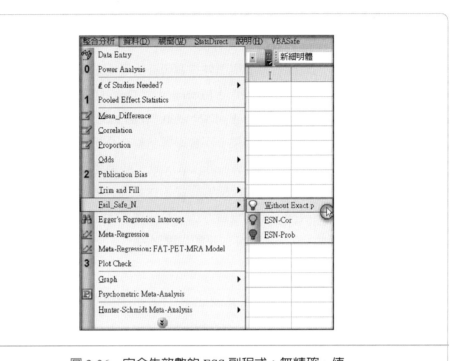

圖 2-36　安全失效數的 ESS 副程式：無精確 p 值

實例解說　研究報告未呈現精確的p值而有其他統計量數時

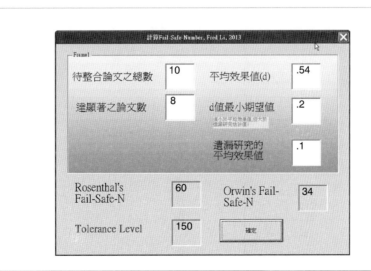

圖 2-37　ESS 增益集中安全失效數的計算介面

研究者在圖 2-37 的上半視窗中，左側只需輸入待整合論文之總數與達顯著之論文數；右側係 Orwin 的 FSN 計算介面，需額外輸入平均效果值、d 值最小期望值（具有實質意義的最低效果）與額外遺漏研究的平均效果值。按下確定鍵之後，就會在圖 2-37 的下半視窗中出現 Rosenthal 與 Orwin 的 FSN 的數目與相關之容忍性程度。在本例中，Rosenthal's FSN > 60（Tolerance Level），因而可以推論：未達顯著性或未出版的研究結果，不會影響到整合分析既有的顯著性結果；不過，Orwin's FSN 並無可靠的標準，可以裁決研究結果免於出版偏差的威脅，這是本法之弱點。Rosenthal's FSN（參見公式 2-18）過分依賴 p 值，筆者認為目前的整合分析，已揚棄根據 p 值的整合方法（易受樣本大小之干擾），而採用整合效果值的策略，因此 Orwin's FSN 似乎較具說服力。

2. 當研究結果含有精確的 p 值時

可以利用公式 2-14，該公式係 Rosenthal（1979）所提出的 Fail-Safe Number（X）的計算公式：

$$X_{f.s.05} = \left[\frac{\sum_{i=1}^{k} Z_i}{1.645}\right]^2 - K = \frac{\left(\sum_{i=1}^{k} Z_i\right)^2}{2.706} - K \qquad \text{（公式 2-14）}$$

公式 2-14 中，分母 1.645 係當 α = .05 時的 z 值，如當 α = .01 時，分母 1.645 必須換成 2.33；而分子 Z_i 係表標準常態分配下單尾機率的 z 分數。Fail-Safe Number（X）通常四捨五入取整數。

公式 2-14 係衍生自公式 2-15，式中 N = K + X

$$\frac{\sum Z_i}{\sqrt{N}} = Z_{normal} \qquad \text{（公式 2-15）}$$

假如將來自 K 個研究的整合分析資訊，與 X 個研究的檔案櫃資訊整合在一起，加上了這 X 個研究結果，將導致 Z_{normal} 變成不顯著（p > .05），公式 2-15 可推論出公式 2-16：

$$\frac{\sum Z_i + \sum Z_j}{\sqrt{K+X}} = \frac{K\overline{Z_i} + X\overline{Z_j}}{\sqrt{K+X}} < 1.645 \qquad \text{（公式 2-16）}$$

Rosenthal（1979）的 Fail-Safe Number 求法，係假設 $\sum Z_j = 0$ 或 $\bar{Z}_j = 0$，如果遺漏的研究結果出現負值時，其 FSN 會高估未顯著且未出版的研究數。因此，本法最適用於雙尾研究的 FSN 之計算；如爲單尾的 FSN 計算，最好使用下節 Hsu（2002）的校正公式，請參見公式 2-21。

ESS 途徑

實例解說　當研究結果含有精確的p值時

	A	B	C
1	Study	Probability	
2	4	0.0005	
3	2	0.004	
4	7	0.0048	
5	3	0.0061	
6	10	0.0079	
7	9	0.0193	
8	1	0.0303	
9	5	0.046	
10	8	0.0499	
11	6	0.0541	

圖 2-38　各研究之精確 p 值

研究者須在圖 2-38 的 EXCEL 表單中，建立一個 probability 變項以供輸入待整合研究的精確 p 值。建檔完後，請利用 ESS 的副程式「FSN-Prob」執行 FSN 的計算，請參見圖 2-39；因爲本例子含有 10 篇研究，因而須在圖 2-40 的視窗中輸入 10。

圖 2-39　Fail-Safe Number 的 ESS 副程式：含有精確 p 值

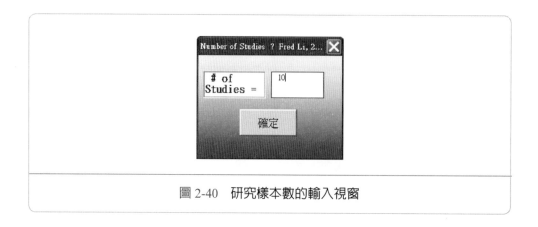

圖 2-40　研究樣本數的輸入視窗

　　接著，按下「確定」之後，就會在圖 2-41 下半視窗中，出現 α = .05 和 α = .01 之安全失效數（FSN）的數目（分別約為 174 和 82）與容忍性程度。在本例中，因不管是 .05 或 .01 顯著水準之下，FSN 均大於 60（Tolerance Level），因而可以推論：未達顯著性或未出版的研究結果，不會影響到整合分析既有的顯著性結果。

嘉義大學, Fred Li, 2012 - FSN-Prob

檔案(F) 編輯(E) 檢視(V) 插入(I) 格式(O) 工具(T) 整合分析 資料(D) 視窗(W) StatsDirect 說明(H)

	A	B	C	D	E	F	G	H	I
1	Study	Probability	Zi						
2	4	0.0005	3.290527						
3	2	0.004	2.65207						
4	7	0.0048	2.589914						
5	3	0.0061	2.506306						
6	10	0.0079	2.413503						
7	9	0.0193	2.068426						
8	1	0.0303	1.876403		Zp=1.645, Alpha=.05			Tolerance Level=60	
9	5	0.046	1.684941		Fail-Safe-Number=174.3363			Zi total=22.3342	
10	8	0.0499	1.645824		Zp=2.33, Alpha=.01				
11	6	0.0541	1.606336		Fail-Safe-Number=81.88209				

圖 2-41　標準常態分配下單尾機率的 z 分數與 FSN 輸出結果

3. 研究結果為 r 值時

研究報告中如具有 r 相關係數者，請利用公式 2-17 的 z 值轉換公式：

$$Z_i = Z_{ri}\sqrt{N_i - 3} \qquad \text{(公式 2-17)}$$

式中 Z_{ri} 係指 Fisher z 轉換後的 z 分數，N_i 係樣本大小。

實例解說　利用EXCEL函數計算FSN：含有r值

假設有 10 筆待整合的研究，其研究結果爲相關係數，如圖 2-42 所示。

	A	B	C
1	Study	Corr	Sample Size
2	1	0.28	60
3	2	0.4	50
4	3	0.35	60
5	4	0.45	56
6	5	0.2	100
7	6	0.25	60
8	7	0.32	76
9	8	0.22	80
10	9	0.33	50
11	10	0.34	60

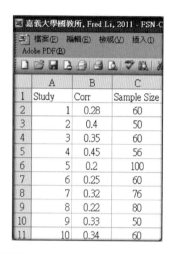

圖 2-42　各研究之相關係數與樣本大小

圖 2-43 中 Fisher z 欄位的數據，係透過 EXCEL LN 函數轉換成的分數。例如以 D3 的欄位數據爲例：$D3 = 0.5 * \ln(\frac{1+.4}{1-.4}) = .423649$。

	A	B	C	D	E	F
1	Study	Corr	Sample Size	Fisher z	Zi	
2	1	0.28	60	=0.5*LN((1+B2)/(1-B2))		
3	2	0.4	50	0.423649	2.904391	
4	3	0.35	60	0.365444	2.75904	
5	4	0.45	56	0.4847	3.528671	
6	5	0.2	100	0.202733	1.996684	
7	6	0.25	60	0.255413	1.928324	
8	7	0.32	76	0.331647	2.833594	
9	8	0.22	80	0.223656	1.962574	
10	9	0.33	50	0.342828	2.350312	
11	10	0.34	60	0.354093	2.67334	

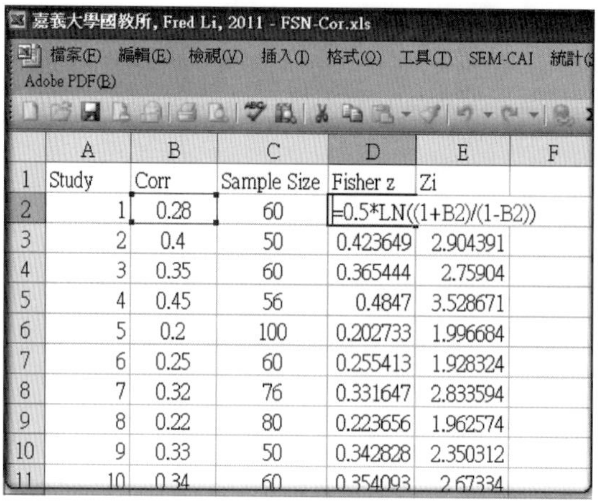

圖 2-43　Fisher z 轉換：透過 EXCEL LN 函數

圖 2-44 中，Z_i 係指 Fisher z 轉換後的 z 分數（利用公式 2-17）。例如以 E3 的欄位數據爲例：$E3 = D3 * \sqrt{C3-3} = .423649 * \sqrt{47} = 2.904391$。

	A	B	C	D	E	F
1	Study	Corr	Sample Size	Fisher z	Zi	
2	1	0.28	60	0.287682	=D2*(SQRT(C2-3))	
3	2	0.4	50	0.423649	2.904391	
4	3	0.35	60	0.365444	2.75904	
5	4	0.45	56	0.4847	3.528671	
6	5	0.2	100	0.202733	1.996684	
7	6	0.25	60	0.255413	1.928324	
8	7	0.32	76	0.331647	2.833594	
9	8	0.22	80	0.223656	1.962574	
10	9	0.33	50	0.342828	2.350312	
11	10	0.34	60	0.354093	2.67334	

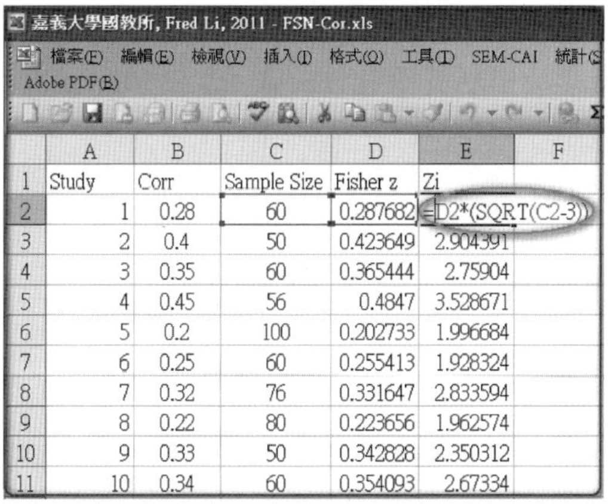

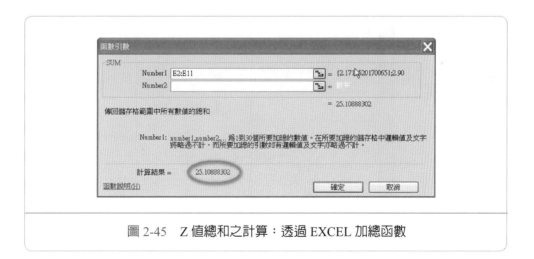

圖 2-44　將 Fisher z 分數轉換成 z 分數

圖 2-45　Z 值總和之計算：透過 EXCEL 加總函數

根據圖 2-45 之 Z 值總和，利用公式 2-14 可以計算出 FSN：

$$X = \frac{25.1089^2}{1.645^2} - 10 = \frac{630.456}{2.706} \cong 223$$

$$\text{Tolerance level} = 5k + 10 = 60$$

因為安全失效數大於 Tolerance level（223 > 60），所以可推論：未達顯著性或未出版的研究結果，不會影響到整合分析既有的顯著性結果。換言之，出版偏差不太可能會改變該整合分析的整體性結論。

ESS 途徑

實例解說　利用ESS計算FSN：含有r值

圖 2-46　安全失效數的 EXCEL 副程式：含有 r 值

假如研究資料係相關係數，研究者可以利用 ESS 的副程式「FSN-Cor」執行 FSN 的計算；其原始資料的建立如圖 2-46 所示，過程中會要求研究者輸入研究樣本數，如圖 2-47 所示。分析結果如圖 2-48 右下欄位所示：α = .05 和 α = .01 之

FSN 的數目分別約爲 223 和 106 與容忍性程度（= 60）。ESS 分析 FSN 結果與前述利用 EXCEL 函數計算 FSN 的結果完全相同。在本例中，因不管是 .05 或 .01 顯著水準之下，FSN 均大於 60（Tolerance Level），因而可以推論：即使尚有潛藏之未達顯著性或未出版的研究結果，也不會影響到整合分析既有的顯著性結果。

圖 2-47 研究樣本數的輸入視窗

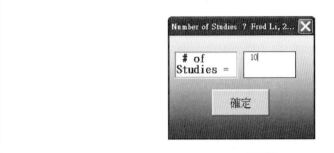

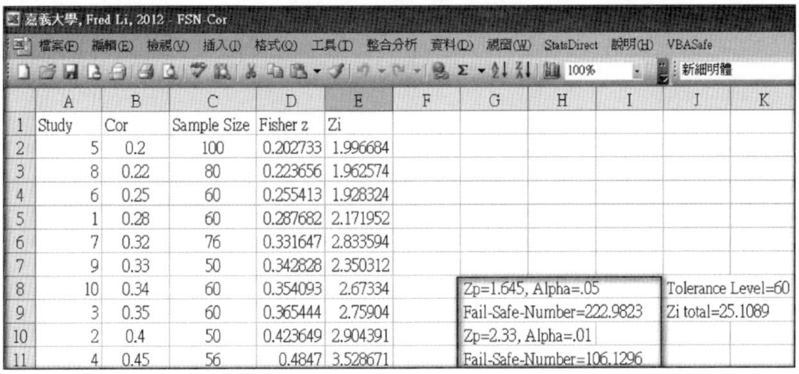

	A	B	C	D	E	F	G	H	I	J	K
1	Study	Cor	Sample Size	Fisher z	Zi						
2	5	0.2	100	0.202733	1.996684						
3	8	0.22	80	0.223656	1.962574						
4	6	0.25	60	0.255413	1.928324						
5	1	0.28	60	0.287682	2.171952						
6	7	0.32	76	0.331647	2.833594						
7	9	0.33	50	0.342828	2.350312						
8	10	0.34	60	0.354093	2.67334		Zp=1.645, Alpha=.05			Tolerance Level=60	
9	3	0.35	60	0.365444	2.75904		Fail-Safe-Number=222.9823			Zi total=25.1089	
10	2	0.4	50	0.423649	2.904391		Zp=2.33, Alpha=.01				
11	4	0.45	56	0.4847	3.528671		Fail-Safe-Number=106.1296				

圖 2-48 Fisher z 分數、標準常態分配下單尾機率的 z 分數與 FSN 輸出結果

4. 研究結果為 d 值時

Orwin（1983）針對 Cohen（1988）的標準化 d 值（d 值的計算，請參閱公式 1-6），提出計算 Fail-Safe Number 之公式，如公式 2-18 所示：

$$X_{f.s.20} = \frac{K(d_+ - .20)}{.20 - d_-}$$

$$X_{f.s.50} = \frac{K(d_+ - .50)}{.50 - d_-}$$

（公式 2-18）

式中 d_+ 代表既有研究的平均效果值、d_- 代表被遺漏掉研究的平均效果值（常被設定為 0），.2 或 .5 係代表最小平均效果值的期望值（the smallest meaningful effect size in means），研究者可以自訂此最低實用值。例如，設有一來自於 20 篇平均數的整合分析結果為 .50，設定其最低實用值為 .20、遺漏研究的平均效果值（$d_- = 0$）為 0，則 FSN 為 $30 \left(= 20 \times \frac{.5 - .2}{.2 - 0} \right)$。又如，有一來自於 20 篇相關係數的整合分析結果為 .50，設定最低實用值為 .10，d_- 設定為 0，則 FSN 為 80；操作介面請參見圖 2-37。

根據 Cohen（1988）的標準，d 值小於 .20 係屬於無價值或意義的效果值。因此，此實用期望值的最低水準，通常設定為 .2。本法所得的 X，代表尚須多少篇平均效果值為 0 的研究，才會導致既有的整合效果降到沒有實用價值或沒有意義的程度。換言之，X 值愈大，代表研究結果愈可靠；X 值愈小，代表研究結果的出版偏差（the file drawer problem）愈大。Orwin's FSN（參見公式 2-18）尚未發展出可靠的標準，可以裁決研究結果可以免於出版偏差的威脅。如使用 Rosenthal's（1979）5k + 10 規則作裁決，可能過於嚴苛。Rosenberg（2005）提出新的計算 FSN 公式，有興趣的讀者可前往其網站：http://www.rosenberglab.net/software.php#failsafe，下載計算程式。

注意，傳統 Rosenthal's FSN 之計算常出現高估，較適用於雙尾考驗之研究結果居大多數時；如為單尾的研究結果居大多數時，或未出版且未達顯著水準的研究效果可能傾向負值時，最好使用 FSN 的校正式公式（Hsu, 2002）。換言之，單尾的研究結果居大多數時，Rosenthal's FSN 傾向於高估 FSN 而導致過度樂觀解釋整合分析結果；雙尾的研究結果居大多數時，Hsu's FSN 傾向於低估 FSN，而導致過度悲觀解釋整合分析結果，因為檔案櫃內的研究結果之期望值並非為 0，而是 −.108555（Hsu, 2002），參見公式 2-19。

$$E\left(Z_j|<p>.05\right) = -.108555 \, 。 \tag{公式 2-19}$$

由公式 2-16 推知：

$$\frac{KMean(Z_i) + X(-0.108555)}{\sqrt{K+X}} < 1.645 \tag{公式 2-20}$$

或

$$\frac{\sum(Z_i) + X(-0.108555)}{\sqrt{K+X}} < 1.645$$

式中 X 可由公式 2-21 求得。

$$X = \frac{-b \pm \sqrt{b^2 - 4ac}}{2a} \tag{公式 2-21}$$

公式 2-21 中，a、b、c 值可以用來估計 Fail-Safe Number（X），這三個參數的估計值，可以利用以下的參數估計步驟推導出：公式 2-22 和公式 2-23。

$$1.645 \sqrt{K+X} = \sum(Z_i) + X(-0.1086) \tag{公式 2-22}$$

經平方後：

$$1.645^2[K+X] = \left[\sum(Z_i)\right]^2 + 2\sum(Z_i)(-.1086)X + (-0.108555)^2 X^2$$

移項後可得：

$$0 = -1.645^2[K+X] + \left[\sum(Z_i)\right]^2 - 2\sum(Z_i)(.1086)X + (-0.1086)^2 X^2$$

上述公式，加以統整之後可得：

$$(-0.1086)^2 X^2 - \left[2\sum(Z_i)(.1086) + 1.645^2\right]X + \left[\sum(Z_i)\right]^2 - 1.645^2 K = 0$$

$$\tag{公式 2-23}$$

圖 2-49　FSN 的校正公式

利用圖 2-49 中的 a，b，c 估計值，即可求得研究填補數 X 值（Hsu, 2002）。

(二) Egger 迴歸非對稱性考驗法

由於漏斗圖是否缺乏對稱性，有時很難利用肉眼加以判斷出來，Egger 迴歸非對稱性考驗法可以彌補此一缺陷。Egger's 的非對稱性迴歸分析法（Sterne, Becker, Egger, 2005），旨在量化漏斗圖的出版偏差資料，亦即考驗漏斗圖是否出現非對稱性。Egger's 的非對稱性迴歸公式定義如公式 2-24-1：

$$ES_i = \beta_0 + \beta_1 SE_i + e_i \ (OLS) \qquad （公式 2-24-1）$$

當出版偏差存在時，期刊中各研究的實徵效果值與其標準誤會呈現正相關。這個道理很簡單：小樣本的研究通常伴隨著大的標準誤，不容易透過模式的選擇、資料分析技巧獲得較大的估計值，因此這些小樣本的研究通常不會獲得顯著的統計考驗結果；相反的，大樣本的研究通常伴隨著小的標準誤，較容易透過模式的選擇、資料分析技巧獲得顯著的統計考驗結果。因此，期刊所報導的實徵效果值大小常視其標準誤而定；此即公式 2-24-1 中，使用 SE 預測研究效果值的原因。公式 2-24-1 中，β_1 係估計出版偏差，β_0 係估計校正出版偏差後之效果估計值（當 $SE_i \to 0$，$E(ES_i) \to \beta_0$）。它係雙尾考驗，為避免變異異質性（heteroscedasticity）問題，一般均使用標準化常態離差（standard normal deviate），$\dfrac{ES_i}{SE_i} = t_i$，作為效標（t_i 即為第 i 個研究效果值的 t 值），而其標準誤的倒數（亦即 precision）作為預測變項，請參見公式 2-24-2。

將公式 2-24-1 的左右項各除以 SE_i，就可獲得公式 2-24-2，請注意截距與斜率係數已互換。

$$t_i = \frac{ES_i}{SE_i} = \beta_1 + \beta_0 \frac{1}{SE_i} + v_i (WLS) \qquad （公式 2-24-2）$$

本質上，公式 2-24-2 的理論模式，係第一個理論模式的 WLS（Weighted least squares）的加權模式，可直接透過 OLS 法估計其參數。大部分的統計軟體都可以直接透過各研究變異量的倒數（$\frac{1}{SE_i^2}$）作為加權量，仍以公式 2-24-1 為理論模式，估計公式 2-24-2 中的參數值，而不必進行公式 2-24-2 中的資料轉換。

公式 2-24-1 的理論模式適用於各研究的標準誤（SE）相似時，如果各研究的 SE 具異質性時（不具等分散性），不適合使用 OLS（Ordinary least squares）而須使用公式 2-24-2 的理論模式。公式 2-24-2，即為有名的 FAT（Funnel Asymmetry Test，考驗 $\beta_1 = 0$）-PET（Precision Effect Test，考驗 $\beta_0 = 0$）考驗模式。當漏斗圖呈現對稱性現象時，第二個理論模式的截距 β_1 應會逼近於 0（Sterne, Becker, Egger, 2005）。換言之，截距係非對稱性漏斗圖的指標，亦即在考驗 $H_0 : \beta_1 = 0$；如果此假設不成立，也就反映出漏斗圖為非對稱性。通常如果相關之 p 值 < .10，研究者就會認為此假設不成立。至於 $H_0 : \beta_0 = 0$，則在考驗排除出版偏差之後的淨效果值（$ES_i - \beta_1$）。對稱性漏斗圖的迴歸線會通過原點（the origin），主要理由有二：

1. 因為標準誤端視樣本大小而定，因此樣本較小的研究之標準誤，其倒數將趨近於 0。
2. 即使小的研究也可能產生大效果值，因為標準誤很大，其標準化常態離差（standard normal deviate）仍將很小，而逼近於 0；然而對於大樣本的研究而言，其標準化常態離差與標準誤的倒數仍會很大（Egger, Smith, Schneider, Minder, 1997）。

實例解說　以抽二手菸資料為例

本實例資料取自 Table 11-3, Pigott, 2012，該筆資料係 Hackshaw et al.（1997）研究婦女抽二手菸與肺癌間之關聯性。分析軟體係採 Stata，其程式語法為：metabias logodds se, graph（egger）；漏斗圖之繪製係採 CMA 軟體。

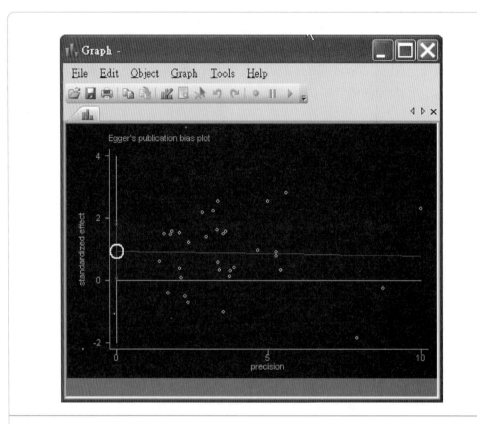

圖 2-50-1　Egger's 出版偏差考驗：以抽二手菸資料為例（Stata 產製）

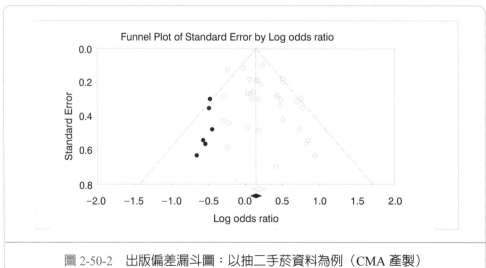

圖 2-50-2　出版偏差漏斗圖：以抽二手菸資料為例（CMA 產製）

根據圖 2-50-1 與表 2-4 可知，迴歸線並未通過原點 0；意謂著這二手菸資料存在著出版偏差。當出現出版偏差時，因為具有小效果值的小研究沒有被刊登出來，小樣本的研究會傾向於比預期更大的效果值。注意，進行 Egger 迴歸非對稱性考驗法之前，最好先檢查這些研究結果是否具有同質性與小研究效應（Small-study effects）（Sterne, Egger, 2001）。否則，研究的異質性與小研究效應也會產生非對稱性。此時，研究者也可試著將可能的共變項納入迴歸模式中，以解決研究結果異質性問題。

另外，使用 Egger's 的非對稱性迴歸分析，研究篇數至少要有 6 篇（Eggae, Davey-Smith, Schneider, & Minder, 1997），才能獲得較正確的結果，研究篇數過少時，其分析結果可能不可靠。

表 2-4　Egger's test：二手菸資料

Coefficient	Estimate	SE	t-Value	p
Bias（截距）	0.933	0.417	2.236	0.033
Slope（斜率）	−0.0155	0.098	−0.158	0.875

註：取自 Table 7-1, Pigott, 2012.

表 2-4 係採用公式 2-24-2 估計而得，由表 2-4 知，截距 β_1 並未接近於 0（β_1 = .933, p = .033），且顯著的大於 0，截距愈偏離原點，非對稱性愈嚴重；意謂著這二手菸資料存在著出版偏差；斜率為 −0.0155，此估計值表示排除出版偏差之後的淨效果值。截距方向偏差的型態之解釋：正的截距表示來自於小樣本的估計效果值，比來自於大樣本的估計效果值大；反之，負的截距表示來自於小樣本的估計效果值，比來自於大樣本的估計效果值小（STATA 技術通報，1998）。由圖 2-50-2 可知，出版偏差漏斗圖中填補了 6 筆遺漏值。雖然本法的統計考驗力通常比等級相關考驗法高，但除非有嚴重的出版偏差或含有大量的研究數目，其統計考驗力仍屬偏低。

學者 Stanley & Doucouliagos（2007 & 2012）經由模擬研究發現，當出現出版偏差時，公式 2-24-2 的效果值估計結果會產生偏差，如果於公式 2-24-1 中將標準誤以變異誤取代（參見公式 2-25-1），而提出公式 2-25-2 以提供較佳之效果估計值。注意公式 2-25-2 少了截距（假設為 0），但多了一個自變項 SE_i。在

此模式之下，β_0 係校正出版偏差後之效果估計值。當出現出版偏差之後，公式 2-25-2 可以解決觀察效果值與標準誤差間之非線性關係（認為出版偏差與變異誤有關，而非標準誤），以獲得較佳之效果估計值，帶有標準誤的精確效果估計值（Precision-Effect Estimate with Standard Error，簡稱 PEESE）。為避免低估實際效果值，Stanley（2008）建議使用 PEESE 模式之分析結果，尤其在出現顯著效果值且沒有調節變項時。

$$ES_i = \beta_0 + \beta_1 SE_i^2 + e_i \ (OLS) \hspace{2cm} （公式 2-25-1）$$

公式 2-25-1 經過線性轉換，將公式 2-25-1 的左右項各除以 SE_i，可獲得公式 2-25-2：

$$t_i = \frac{ES_i}{SE_i} = \beta_1 SE_i + \beta_0 \frac{1}{SE_i} + v_i (WLS) \hspace{1.5cm} （公式 2-25-2）$$

公式 2-25-2 中，$\beta_0 \frac{1}{SE_i}$ 係研究者需要關注的焦點，它是校正出版偏差之後的真效果值，這是使用 PEESE 模式的唯一理由。為讓研究者在運用時可以迅速查考，摘要 Stanley & Doucouliagos（2012）的 FAT-PET-PEESE 流程圖於圖 2-51，這是一個很實用的分析流程與解釋的依據。

圖 2-51 中 FAT 代表漏斗圖非對稱性考驗（funnel-asymmetry test），PET 代表精確效果值（precision effect test），PEESE 代表帶有標準誤的精確效果估計值（the precision effect estimate with standard error）。根據圖 2-51 可知，研究者須先進行 FAT 考驗，但不管有無出現出版偏差，均使用公式 2-24-1 進行 FAT 效果值估計；但當實徵的效果值達既定顯著水準（斜率非 0）時，須使用公式 2-25-2，進行 PEESE 模式的真效果值估計，否則使用公式 2-24-2（Stanley & Doucouliagos, 2012）估計之。

有關 Egger 迴歸非對稱性考驗法的應用實例，請參考本書第四章第五節 FAT-PET 整合迴歸分析法，該節中會有 ESS 的應用實例解說。

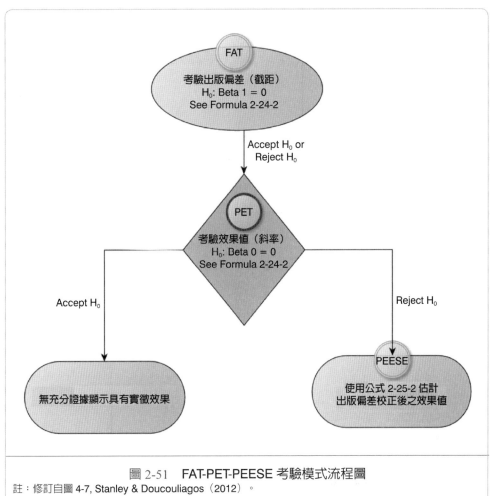

圖 2-51　FAT-PET-PEESE 考驗模式流程圖

註：修訂自圖 4-7, Stanley & Doucouliagos（2012）。

（三）Begg 與 Mazumdar 的等級相關考驗法

　　Begg 與 Mazumdar（1994）的等級相關考驗法，旨在分析標準化效果值與其變異量（或標準誤）間的等級相關（Kendall's tau）。等級相關 Tau 值的解釋與其他相關係數一樣，相關係數等於 0 表示兩者間沒有關係，顯著大於 0 表示兩者間具有顯著關係（Begg & Mazumdar, 1994）。假如非對稱性係出版偏差所致，大標準誤（小樣本之研究）將與大效果值具有顯著相關。假如低的數值代表大的效果值（例如，預防肺癌的勝算比）等級相關 Tau 值為正值，假如大的數值代表大的效果值（例如，抽二手菸的勝算比）等級相關 Tau 值為負值。因為非對稱性可

能出現在不同方向，本法亦係雙尾考驗。

(四) 出版偏差刪補法（Trim & Fill）：未含共變項

本法係 Duval and Tweedie（2000a & 2000b）所創，旨在增填漏斗圖（Funnel plots）中可能遺漏掉的相關研究，一直填補到漏斗圖左右對稱爲止。本法假定出版偏差乃是造成漏斗圖左右不對稱的主要原因，假如此非對稱性並非來自出版偏差，研究者應考慮其它分析法，如次群體分析方法。另外，本法亦假定最極端的負向效果值被忽略了，因此所填補的效果值均爲最極端的負向效果值。

爲使研究者深入理解 Trim & Fill 具體的分析步驟，逐一詳細說明如下。

(1) 計算隨機平均效果值（$\hat{\theta}_{RE}^{(1)}$）與各研究之離差效果值（Ln (OR) – $\hat{\theta}_{RE}^{(1)}$），這是隨機效果模式的 Trim & Fill，如圖 2-52 所示。如果式中改用固定效果值（$\hat{\theta}_{FE}^{(1)}$），就是固定效果模式的 Trim & Fill。值得一提，ESS 軟體亦可採固定效果模式，進行 Trim & Fill 分析；此時各研究之離均差效果值需更正爲 Ln (OR) – $\hat{\theta}_{FI}^{(1)}$。

Original data			
ln OR	SE	Centered ln OR – $\theta_{RE}^{(1)}$	Signed ranks
−0.20	0.41	−0.31	−6
−0.07	0.18	−0.18	−5
0.04	0.30	−0.07	−2
0.16	0.53	0.05	1
0.21	0.51	0.10	3
0.27	0.33	0.16	4
0.53	0.74	0.42	7
0.56	1.08	0.45	8
0.80	0.62	0.69	9
1.08	0.66	0.97	10
2.11	1.55	2.00	11

圖 2-52　Trim & Fill 的基本統計量、第一套離差效果值與排序

由圖 2-52 知，研究者首先需計算 LnOR 值與 $\hat{\theta}_{RE}^{(1)}$，再計算各研究之離差效果值：Ln（OR）$-\hat{\theta}_{RE}^{(1)}$。

(2) 根據離差效果值的絕對值進行排序（signed ranks）。根據各研究之離差效果值，進行排序與賦予相關的正、負號。

(3) 估計遺漏的研究數。根據 Duval & Tweedie（2000）定義了三種計算 k_0（遺漏研究數）的公式：Ro、Lo 和 Qo。Duval & Tweedie（2000）與 Peters, et, al.（2007）模擬研究均發現 Ro 和 Lo 的效能優於 Qo。筆者亦發現 Qo 的估計值偏高且當研究樣本數不大時，常易出現無法收斂的困境。相對 Lo 而言，Ro 較適合於研究篇數較多時，因為它擁有較小的變異量。

以圖 2-52 為例，依照各離差效果值的絕對值排序，而且比隨機平均效果值小的研究須再加上負號（如前三個研究：$-6, -5, -2$），最後之結果依序為：

-6，-5，-2，1，3，4，7，8，9，10，11

前述三種估計遺漏的研究數 k_0，定義如公式 2-26 至公式 2-28：

$$R_0 = \gamma^* - 1 \qquad\qquad （公式\ 2\text{-}26）$$

公式 2-26 中，γ^* 代表最右邊連續大於 0 的等第個數，$R_0 = \gamma^* - 1 = 8 - 1 = 7$ 較適用於大樣本。

$$L_0 = \{4T_n - n（n+1）\}/（2n-1） \qquad （公式\ 2\text{-}27）$$

公式 2-27 中，$T_n = 1 + 3 + 4 + 7 + 8 + 9 + 10 + 11 = 53$（最右邊連續大於 0 的等第和）$L_0 = [4*53 - 11*(11+1)]/（2*11 - 1）= 3.81$

$$Q_0 = n - 1/2 - \sqrt{2n^2 - 4T_n + 1/4} \qquad （公式\ 2\text{-}28）$$

$$Q_0 = 11 - \frac{1}{2} - \sqrt{2*11^2 - 4*53 + \frac{1}{4}} = 10.5 - \sqrt{30.25} = 10.5 - 5.5 = 5$$

在筆者設計的 EXCEL VBA 軟體中，L_0 和 Q_0 均會主動加上 0.5 後，取整數值作為遺漏的研究數 k_0。因此，跑出 L_0 和 Q_0 的值分別為 4 和 5；換言之，

第一迴圈所估計的 $k^{(1)}_0$，如採 Lo 估計法將等於 4。

(4) 將相對應的 $k^{(1)}_0$（= 4）個遺漏效果值從總 N 中刪除：trimming 階段。

(5) 重估平均效果值：$\hat{\theta}_{RE}^{(2)}$（排除省略的效果值）。

(6) 建立第二套的估計離差效果值（Ln（OR）－ $\hat{\theta}_{RE}^{(2)}$），如圖 2-53 所示。

Omit 4 rightmost	
Centered lnOR - $\hat{\theta}_{RE}^{(2)}$	Signed ranks
−0.23	−5
−0.10	−2
0.01	1
0.13	3
0.18	4
0.24	6
0.50	7
0.53	8
0.77	9
1.05	10
2.08	11

圖 2-53　Trim & Fill 的第二套離差效果值與排序

(7) 根據最新的離差效果值的絕對值，進行排序（signed ranks）

(8) 重新估計遺漏的研究數 $k^{(2)}_0$。以 Lo 為例，$L_0 = (4*59 - 11*12)/21 = 4.95$。

(9) 將相對應的數 $k^{(2)}_0$（= 5）個遺漏效果值從總 N 中刪除（trimming 階段）。

(10) 重估平均效果值：$\hat{\theta}_{RE}^{(3)}$（排除省略的效果值）。

(11) 建立第三套的估計離差效果值（Ln（OR）－ $\hat{\theta}_{RE}^{(3)}$），如圖 2-54 所示。

Omit 5 rightmost	
Centered lnOR - $\theta_{RE}^{(3)}$	Signed ranks
−0.21	−5
−0.08	−2
0.03	1
0.15	3
0.20	4
0.26	6
0.52	7
0.55	8
0.79	9
1.07	10
2.10	11

圖 2-54　Trim & Fill 的第三套離差效果值與排序

(12) 根據最新的離差效果值的絕對值，進行排序（signed ranks）。

(13) 重複前述之步驟一直到效果值的 signed ranks 個數不會改變為止。（$k_0^{(J)} = k_0^{(J-1)}$；亦即直到漏斗圖左右對稱為止）。

(14) 進行原始資料集的填補（含省略資料點與遺漏資料點）：filling 階段重估平均效果值與信賴區間。資料點的填補如公式 2-29：

$$\hat{\theta}_j^* = 2 \cdot \hat{\theta}_{RE}^{(J)} - \hat{\theta}_{n-j+1}, \quad j = 1,\ldots,\hat{k}_0 \qquad \text{（公式 2-29）}$$

填補資料點的標準誤計算，請參見公式 2-30（i.e., 使用原變項之標準誤）：

$$\sigma_j^* = \sigma_{n-j+1}, \quad j = 1,\ldots,\hat{k}_0 \qquad \text{（公式 2-30）}$$

利用公式 2-29 估計填補後之效果值，定義如公式 2-31：

$$\hat{\theta}_{RE}^{filled} = \frac{\sum_{i=1}^{n} \hat{\theta}_i w_i + \sum_{i=1}^{\hat{k}_0} \hat{\theta}_i^* w_i^*}{\sum_{i=1}^{n} w_i + \sum_{i=1}^{\hat{k}_0} w_i^*}, \quad se\left(\hat{\theta}_{RE}^{filled}\right) = \frac{1}{\sqrt{\sum_{i=1}^{n} w_i + \sum_{i=1}^{\hat{k}_0} w_i^*}} \qquad \text{（公式 2-31）}$$

式中 $w_i = (\sigma_i^2 + \tau^2)^{-1}$，$w_i^* = ((\sigma_i^*)^2 + \tau^2)^{-1}$。$\tau^2$ 係根據資料填補後的 DL 估計值。讀者可以利用表 2-5 的左側資料，根據前述之步驟手算 Trim & Fill 分析的過程資料與結果，驗證是否可以獲得表 2-5 下方的最後刪補結果。

表 2-5 Trim & Fill 分析過程與分析結果摘要表：取自 Riebler（2008）PPT

		Original data		Omit 4 rightmost		Omit 5 rightmost		Filled data	
InOR	SE	Centered In OR − $\hat\theta_{RE}^{(1)}$	signed ranks	Centered In OR − $\hat\theta_{RE}^{(2)}$	signed ranks	Centered In OR − $\hat\theta_{RE}^{(3)}$	signed ranks	InOR	SE
−0.20	0.41	−0.31	−6	−0.23	−5	−0.21	−5	−0.20	0.41
−0.07	0.18	−0.18	−5	−0.10	−2	−0.08	−2	−0.07	0.18
0.04	0.30	−0.07	−2	0.01	1	0.03	1	0.04	0.30
0.16	0.53	0.05	1	0.13	3	0.15	3	0.16	0.53
0.21	0.51	0.10	3	0.18	4	0.20	4	0.21	0.51
0.27	0.33	0.16	4	0.24	6	0.26	6	0.27	0.33
0.53	0.74	0.42	7	0.50	7	0.52	7	0.53	0.74
0.56	1.08	0.45	8	0.53	8	0.55	8	0.56	1.08
0.80	0.62	0.69	9	0.77	9	0.79	9	0.80	0.62
1.08	0.66	0.97	10	1.05	10	1.07	10	1.08	0.66
2.11	1.55	2.00	11	2.08	11	2.10	11	2.11	1.55
								−0.50	0.74
								−0.53	1.08
								−0.77	0.62
								−1.05	0.66
								−2.08	1.55

$$\hat\theta_{RE}^{(1)} = 0.108 \quad \left[se\left(\hat\theta_{RE}^{(1)}\right) = 0.117\right], \hat\theta_{RE}^{(2)} = 0.029, \hat\theta_{RE}^{(3)} = 0.015;$$
$$L^{(1)} = 3.81, L^{(2)} = 4.95, L^{(3)} = 4.95$$
$$Final\ \hat\theta_{RE}^{filled} = 0.015, se\left(\hat\theta_{RE}^{filled}\right) = 0.111$$

ESS 途徑

實例解說　運用筆者設計軟體ESS進行Trim & Fill

Study	EF	SE
1	-0.2	0.41
2	-0.07	0.18
3	0.04	0.3
4	0.16	0.53
5	0.21	0.51
6	0.27	0.33
7	0.53	0.74
8	0.56	1.08
9	0.8	0.62
10	1.08	0.66
11	2.11	1.55

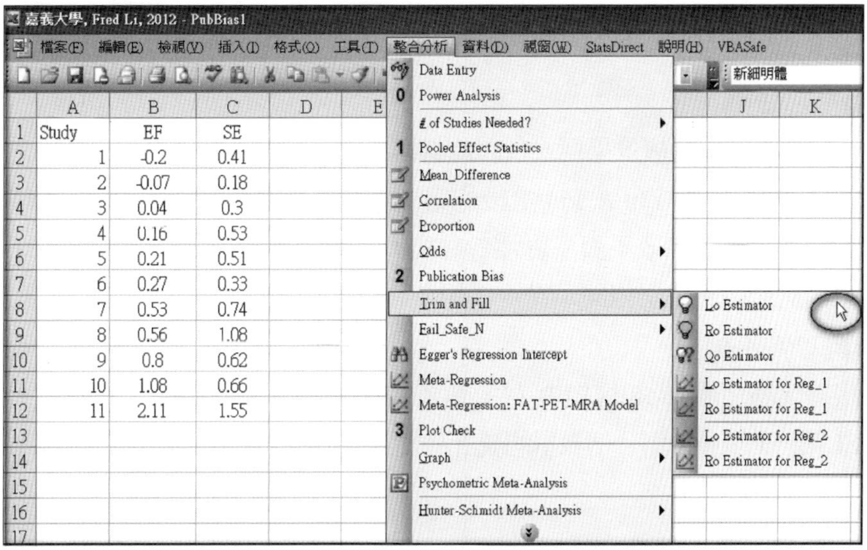

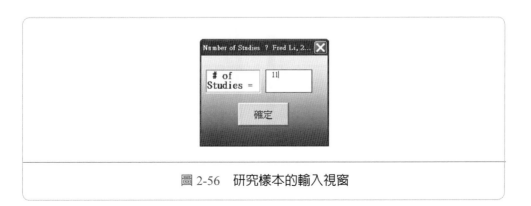

圖 2-55　Trim & Fill 的原始數據與執行表單

圖 2-55 的 EXCEL 數據，係取自於表 2-5 左側的資料。接著，點選 ESS「Trim & Fill」的副程式「Lo Estimator」，在圖 2-56 的視窗中輸入整合研究篇數。按下確定鈕之後，就會出現圖 2-58 之 Trim & Fill 的最終重要統計摘要表。

圖 2-56　研究樣本的輸入視窗

圖 2-57　設定 Trim & Fill 的統計模式

　　一般都設定為隨機效果模式，因此請按「N」。

　　圖 2-58 係經過 Trim & Fill 之後的第一與最終重要統計摘要表（A 和 B），內含固定效果、隨機效果與異質性考驗結果。由於 $\tau^2 = 0$，就最後結果來看，固定效果與隨機效果完全相同；異質性的考驗結果（Q = 14.8758），也未達 .05 顯著水準（P = .4604）。

　　接著，按下圖 2-58 視窗 B 右上角的取消按鈕「X」，就會出現圖 2-59 的 EXCEL 第一個表單。第一個表單的統計分析內容，係未經 Trim & Fill 的分析結果。

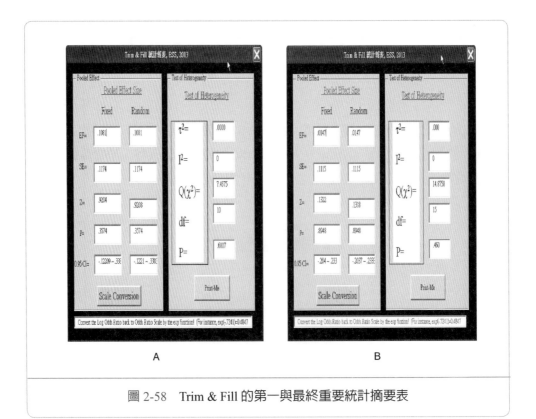

圖 2-58　Trim & Fill 的第一與最終重要統計摘要表

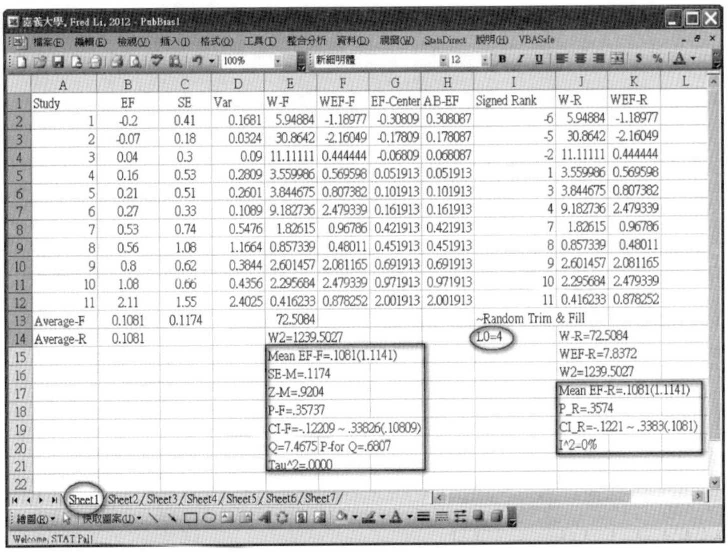

	A	B	C	D	E	F	G	H	I	J	K	L
1	Study	EF	SE	Var	W-F	WEF-F	EF-Center	AB-EF	Signed Rank	W-R	WEF-R	
2	1	-0.2	0.41	0.1681	5.94884	-1.18977	-0.30809	0.308087	-6	5.94884	-1.18977	
3	2	-0.07	0.18	0.0324	30.8642	-2.16049	-0.17809	0.178087	-5	30.8642	-2.16049	
4	3	0.04	0.3	0.09	11.11111	0.444444	-0.06809	0.068087	-2	11.11111	0.444444	
5	4	0.16	0.53	0.2809	3.559986	0.569598	0.051913	0.051913	1	3.559986	0.569598	
6	5	0.21	0.51	0.2601	3.844675	0.807382	0.101913	0.101913	3	3.844675	0.807382	
7	6	0.27	0.33	0.1089	9.182736	2.479339	0.161913	0.161913	4	9.182736	2.479339	
8	7	0.53	0.74	0.5476	1.82615	0.96786	0.421913	0.421913	7	1.82615	0.96786	
9	8	0.56	1.08	1.1664	0.857339	0.48011	0.451913	0.451913	8	0.857339	0.48011	
10	9	0.8	0.62	0.3844	2.601457	2.081165	0.691913	0.691913	9	2.601457	2.081165	
11	10	1.08	0.66	0.4356	2.295684	2.479339	0.971913	0.971913	10	2.295684	2.479339	
12	11	2.11	1.55	2.4025	0.416233	0.878252	2.001913	2.001913	11	0.416233	0.878252	
13	Average-F	0.1081	0.1174		72.5084				~Random Trim & Fill			
14	Average-R	0.1081			W2=1239.5027				L0=4	W-R=72.5084		
15					Mean EF-F=.1081(1.1141)					WEF-R=7.8372		
16					SE-M=.1174					W2=1239.5027		
17					Z-M=.9204					Mean EF-R=.1081(1.1141)		
18					P-F=.35737					P_R=.3574		
19					CI-F=-.12209 ~ .33826(.10809)					CI_R=-.1221 ~ .3383(.1081)		
20					Q=7.4675	P-for Q=.6807				I^2=0%		
21					Tau^2=.0000							
22												

圖 2-59　Trim & Fill 的第一迴圈後的平均效果值與 L_0 估計值

由圖 2-59 下半部統計分析結果知：

Mean-Effect = 7.8372/72.5084 = .108，

SE = SQRT（1/72.5084）= .117，Q = 7.4675（p = .6807），

根據公式 2-27，L_0 =（53×4 − 11×12）/（2×11 − 1）= 3.809（約等於 4）。因此，需刪除右側 4 個 OR 值，重新計算 OR 平均效果值。

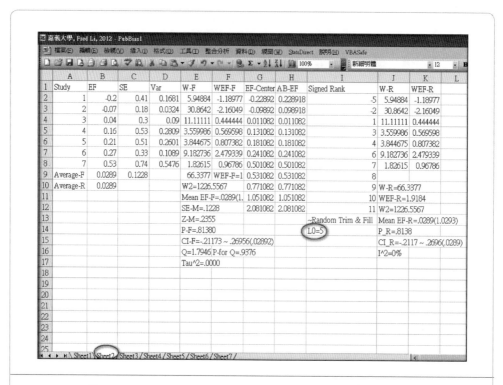

圖 2-60　Trim & Fill 第二迴圈後的平均效果值與 Lo 估計值

由圖 2-60 發現，Trim & Fill 第二迴圈後的 Lo 估計值為 5。

	Study	EF	SE	Var	W-F	WEF-F	EF-Center	AB-EF	Signed Rank		W-R	WEF-R	L
1	Study	EF	SE	Var	W-F	WEF-F	EF-Center	AB-EF	Signed Rank		W-R	WEF-R	
2	1	-0.2	0.41	0.1681	5.94884	-1.18977	-0.21473	0.214734		-5	5.94884	-1.18977	
3	2	-0.07	0.18	0.0324	30.8642	-2.16049	-0.08473	0.084734		-2	30.8642	-2.16049	
4	3	0.04	0.3	0.09	11.11111	0.444444	0.025266	0.025266		1	11.11111	0.444444	
5	4	0.16	0.53	0.2809	3.559986	0.569598	0.145266	0.145266		3	3.559986	0.569598	
6	5	0.21	0.51	0.2601	3.844675	0.807382	0.195266	0.195266		4	3.844675	0.807382	
7	6	0.27	0.33	0.1089	9.182736	2.479339	0.255266	0.255266		6	9.182736	2.479339	
8	Average-F	0.0147	0.1245		64.5115	WEF-F=.9	0.515266	0.515266		7	W-R=64.5115		
9	Average-R	0.0147			W2=1223.2219		0.545266	0.545266		8	WEF-R=.9505		
10					Mean EF-F=.0147(1.		0.785266	0.785266		9	W2=1223.2219		
11					SE-M=.1245		1.065266	1.065266		10	Mean EF-R=.0147(1.0148)		
12					Z-M=.1183		2.095266	2.095266		11			
13					P-F=.90580				~Random Trim & Fill		P_R=.9058		
14					CI-F=-.22929 ~ .25876(.01473)				L0=5		CI_R=-.2293 ~ .2588(.0147)		
15					Q=1.3231 P-for Q=.9325						I^2=0%		
16					Tau^2=.0000								

圖 2-61　Trim & Fill 第三迴圈後的平均效果值與 Lo 估計值

ESS 為避免程式誤判遺漏值出現的方向，特提供研究者選擇的視窗（如圖 2-62 所示），以進行正確的選擇。

圖 2-62　決定遺漏值是在平均值的左側或右側

遺漏值一般都會出現在平均值的左側，亦即效果值較差的一方；如果不確

定，研究者可以查閱漏斗圖的分佈狀態後，再決定是否選定另一側。

由圖 2-61 發現，Trim & Fill 第三迴圈後的 Lo 估計值亦爲 5。因 $K_0^{(2)} = K_0^{(3)} = 5$，刪除疊代迴圈即會中止，確定待補之樣本數爲 5，參見圖 2-63 中 B 欄位下的 5 個填補資料點。

由圖 2-63 下半部統計分析結果知：

Mean-Effect= .0147，

SE= .0147，Q=14.8758（p= .4604），

$\tau^2 = 0$，因此固定效果值（呈現於 E 欄位下）與隨機效果值（呈現於 H 欄位下）完全相同。

如果與圖 2-59 統計分析結果 Mean-Effect= .108 相較之下，填補之後的平均效果值變小爲 .0147，因爲所填補的未出版研究，其效果值均較小所致。

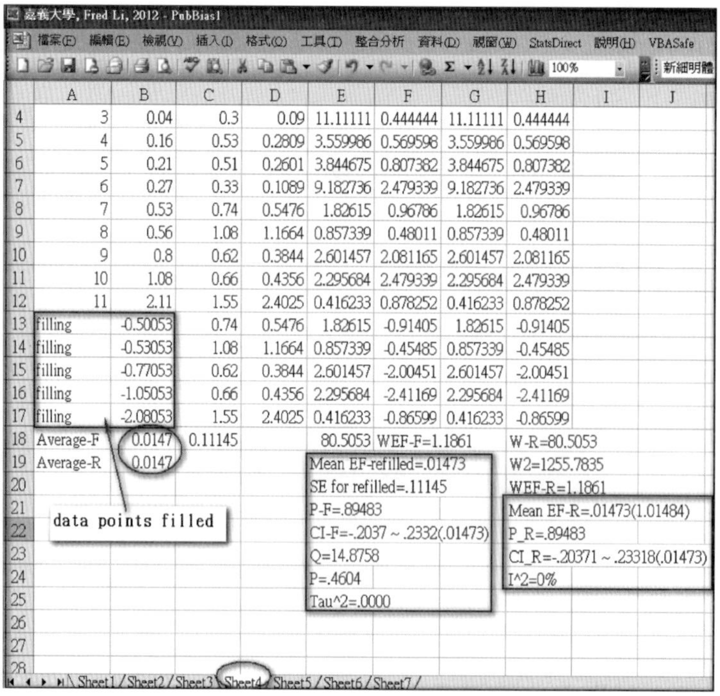

	A	B	C	D	E	F	G	H	I	J
4	3	0.04	0.3	0.09	11.11111	0.444444	11.11111	0.444444		
5	4	0.16	0.53	0.2809	3.559986	0.569598	3.559986	0.569598		
6	5	0.21	0.51	0.2601	3.844675	0.807382	3.844675	0.807382		
7	6	0.27	0.33	0.1089	9.182736	2.479339	9.182736	2.479339		
8	7	0.53	0.74	0.5476	1.82615	0.96786	1.82615	0.96786		
9	8	0.56	1.08	1.1664	0.857339	0.48011	0.857339	0.48011		
10	9	0.8	0.62	0.3844	2.601457	2.081165	2.601457	2.081165		
11	10	1.08	0.66	0.4356	2.295684	2.479339	2.295684	2.479339		
12	11	2.11	1.55	2.4025	0.416233	0.878252	0.416233	0.878252		
13	filling	-0.50053	0.74	0.5476	1.82615	-0.91405	1.82615	-0.91405		
14	filling	-0.53053	1.08	1.1664	0.857339	-0.45485	0.857339	-0.45485		
15	filling	-0.77053	0.62	0.3844	2.601457	-2.00451	2.601457	-2.00451		
16	filling	-1.05053	0.66	0.4356	2.295684	-2.41169	2.295684	-2.41169		
17	filling	-2.08053	1.55	2.4025	0.416233	-0.86599	0.416233	-0.86599		
18	Average-F	0.0147	0.11145		80.5053	WEF-F=1.1861		W-R=80.5053		
19	Average-R	0.0147			Mean EF-refilled=.01473			W2=1255.7835		
20					SE for refilled=.11145			WEF-R=1.1861		
21					P-F=.89483			Mean EF-R=.01473(1.01484)		
22					CI-F=-.2037 ~ .2332(.01473)			P_R=.89483		
23					Q=14.8758			CI_R=-.20371 ~ .23318(.01473)		
24					P=.4604			I^2=0%		
25					Tau^2=.0000					
26										
27										
28										

圖 2-63　重填數據後之最終平均效果值

　　茲將前述的刪補結果，利用 ESS 繪製如圖 2-64 的漏斗圖，圖中左側紅點係填補資料點。

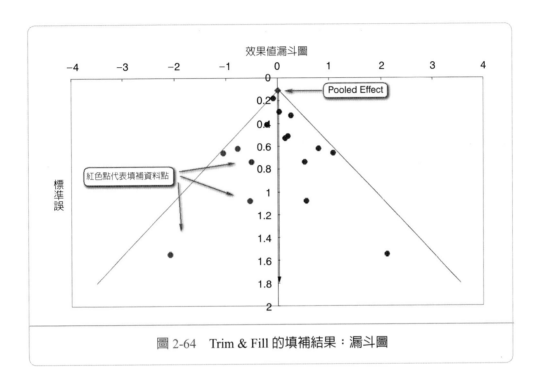

圖 2-64　Trim & Fill 的填補結果：漏斗圖

　　當出現出版偏差時，Trim & Fill 的方法雖可估計遺漏效果值研究數目而獲得偏差較小的整合分析結果。不過，當研究間的異質性偏高，出版偏差不存在時，Trim & Fill 的方法會低估實際正向效果值（Peters, Sutton, Jones, Abrams, & Rushton, 2007）。

　　值得一提的是，假如研究者針對同一表單的資料連續進行 Trim & Fill 的分析，可能會產生 EXCEL 第二表單以後之排序發生錯亂或量尺無法還原（如 Freeman-Tukey 比率和 Fisher z 量尺將不會還原）。因此，筆者建議如需要連續重複執行 Trim & Fill 的分析，請先將 EXCEL 表單中原始資料以外的前次統計分析結果加以刪除，方能保證獲得正確的結果。換言之，若非必要，不宜連續重複執行 Trim & Fill 分析。

(五) Meta-regression 刪補法（Trim & Fill）：含共變項

因為要確認異質性的來源甚為不易，研究者經常使用隨機效果模式來詮釋研究間與研究內之變異源；即使使用 Trim & Fill 也無法排除效果值系統性之偏差，更何況出版偏差並不是非對稱性的唯一原因。此時，Meta-regression 可以利用一些重要的共變項排除或詮釋一部分系統性的異質性，之後再進行 Trim & Fill 分析。

有關 Trim & Fill 填補法在 Meta-regression 模式分析上之效能，Duval & Weinhandl（2011）曾針對單向度（只含截距項）的 Meta-regression 模式與雙向度（含截距與斜率項）的 Meta-regression 模式進行模擬研究，研究結果發現單向度的 Meta-regression 模式表現較優。Weinhandl & Duval（2012）的模擬研究，也發現含共變項的單向度 Meta-regression 固定效果模式，其刪補效能比隨機效果模式單向度的 Trim & Fill 法，更能獲得有意義的整合結果。

Meta-regression 分析的填補法共含七個步驟，第一到第三步驟在做刪除資料點前之準備工作，第四到第五步驟係在估計刪除極端值數目與重估剩餘資料點之效果值，第六步驟再填補遺漏值，第七步驟則在估計 Meta-regression 的參數值。茲將該法的七個步驟與相關公式（參見公式 2-32 至公式 2-44），逐一具體說明如下：

假設有 n 個已出版觀察值，k 個未出版觀察值。

步驟一：利用固定效果迴歸模式（只含截距項）估計整體效果值

$$Y_i = \beta_0 + \varepsilon_i \text{（單向度 Meta-regression 模式）} \qquad \text{（公式 2-32）}$$

上式中 β_0 為共同效果值（true common effect），如為雙向度 Meta-regression 模式，須包含預測變項，其迴歸公式為：

$$Y_i = \beta_0 + \beta_1 X_{1,i} + \varepsilon_i \qquad \text{（公式 2-33）}$$

式中 $\varepsilon_i \sim N(0, \sigma_i^2)$；並針對每一觀察值 i 進行 $1/\sigma_i^2$ 加權。所獲得的第一個整體效果估計值記為 $\beta_0^{(1)}$。

步驟二：計算離均差（$E_i^{(1)}$），並將其排序（$r_i^{(1)}$）

$$E_i^{(1)} = Y_i - \beta_0^{(1)} \text{（單向度 Meta-regression 模式）} \qquad \text{（公式 2-34）}$$

如為雙向度 Meta-regression 模式，其離均差公式為：

$$E_i^{(1)} = Y_i - (\beta_0^{(1)} + \beta_1^{(1)} X_{1,i}) \qquad \text{（公式 2-35）}$$

接著，進行離均差的排序：

$$r_i^{(1)} = rank\ \{|E_i^{(1)}|\} \qquad \text{（公式 2-36）}$$

步驟三：計算遺漏研究數（$k_0^{(1)}$）：R_0，L_0，Q_0

三種估計遺漏的研究數 $k_0^{(1)}$，如同前述：

$$R_0 = \max\{0, \gamma^* - 1\}, \qquad \text{（公式 2-37）}$$

$$L_0 = \max\{0, \{4T_n - n\ (n+1)\ \}/\ (2n-1) + 0.5\}, \qquad \text{（公式 2-38）}$$

$$Q_0 = \max\{0, n - 1/2 - \sqrt{2n^2 - 4T_n + 1/4}\} \text{。} \qquad \text{（公式 2-39）}$$

式中 $T_n = \sum\limits_{E_i^{(1)} > 0} r_i^{(1)}$

因為根據 Weinhandl & Duval（2012）的模擬研究，發現在 Meta-regression 分析上，單向度（僅涉及截距）的整合迴歸分析之效能比雙向度（涉及截距與斜率）的整合迴歸分析稍微好些；且 R_0 的效能比 L_0 為佳（與過去一般的刪補法研究結果發現 L_0 效能較佳相左），Q_0 最差且易發生無法收斂現象。因此，筆者所設計的軟體將只提供 R_0、L_0 兩種估計法，並採單向度 Meta-regression 固定效果模式進行研究之刪補，允許多個預測變項；而雙向度 Meta-regression 固定效果模式進行研究之刪補，僅允許單一預測變項。

步驟四：刪除 $k_0^{(1)}$ 個具有正向最大離均差值的研究，並利用固定效果迴歸模式，重估整體效果值（$\beta_0^{(2)}$）、殘差（$E_i^{(2)}$）、進行 $r_i^{(2)}$ 排序與更新遺漏的研究數 $k_0^{(2)}$。

$$E_i^{(2)} = Y_i - \beta_0^{(2)} \qquad \text{（公式 2-40）}$$

如為雙向度 Meta-regression 模式，

$$E_i^{(2)} = Y_i - (\beta_0^{(2)} + \beta_1^{(2)} X_{1,i}) \qquad （公式 2-41）$$

步驟五：循環前述之步驟，一直到 $k_0^J = k_0^{J-1}$（$j = 1, 2, \cdots, k$）

步驟六：除了原有的 n 個資料點之外，再填補 k_0 個資料點（含效果值與預測值）：

(1) 標準誤之填補： $\sigma_j^* = \sigma_{n-j+1}, \quad j = 1, ..., \hat{k}_0$ （公式 2-42）

(2) 預測變項之填補：

$$X_j^* = E(X) - (X_{n-j+1} - E(X)) = 2E(X) - X_{n-j+1}, \quad j = 1, ..., \hat{k}_0 \qquad （公式 2-43）$$

式中 $E(X) = \overline{X}$（X 為連續變數），$E(X) = \dfrac{\max + \min}{2}$（X 為類別變數）

(3) 效果值之填補（假設經過 j 次之疊代）。

$$Y_j^* = \beta_0^{(j)} - E_{n-j+1}^{(j)}, \quad j = 1, ..., \hat{k}_0 \qquad （公式 2-44）$$

步驟七：重估整體效果值

就如同前述之 Trim & Fill 過程，至此研究者即可進行 Meta-regression 的固定效果或隨機效果的分析。

以下利用 Raudenbush（1984）針對 19 篇教師期望與學童 IQ 之標準化平均數差異值（EF），進行實例示範與說明，該研究含有一個共變項（Predictor）：實驗前教師與學童接觸的週數。因研究者懷疑教師期望與學童的接觸長短有關聯，遂將接觸時間超過一週的歸類為長接觸組，其餘的為短接觸組。在這些研究中，教師被告知實驗組兒童有「高」智商期望，控制組兒童則並未賦予特殊期望。

ESS 途徑

實例解說　Meta-regression分析填補的資料檔案

研究者須備齊四個變項：Study、EF、Weight & Predictor；Predictor 可為類別或連續變項，如圖 2-65 中 A ～ D 欄位所示。

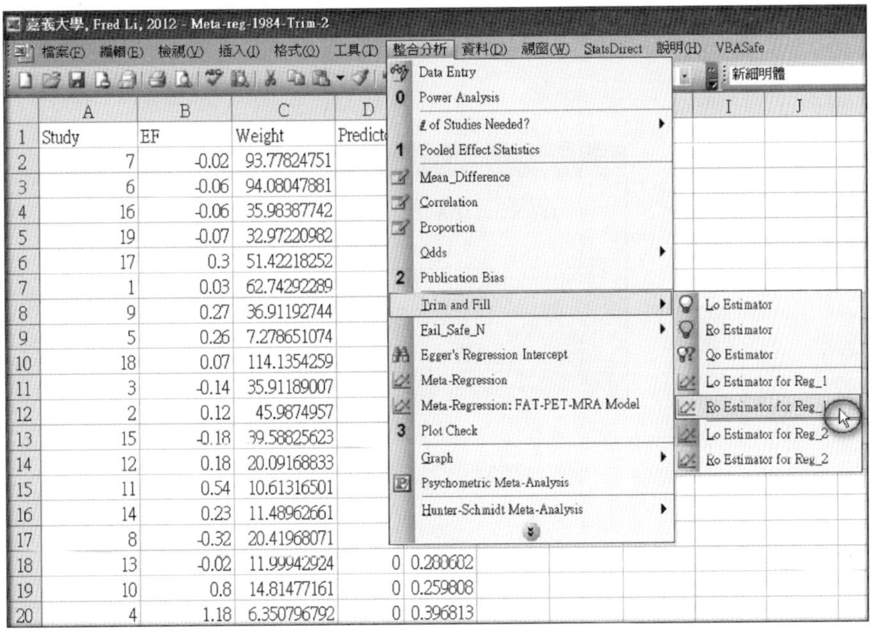

圖 2-65　Meta-regression 分析填補的原始資料檔：單向度

其次，於「Trim and Fill」表單之下，點選 ESS 表單中單向度整合迴歸分析的「R_o Estimator for Reg_1」表單，進行 Meta-regression 刪補法分析。接著就會出現圖 2-66 的提示單。如果研究者欲進行 ESS 的單向度整合迴歸分析，可以進行多個預測變項的整合迴歸分析；如欲進行雙向度 Meta-regression 固定效果模式進行研究之刪補，僅允許一個預測變項。以下先進行單向度整合迴歸分析刪補法之介紹，接著再介紹雙向度整合迴歸分析刪補法。

圖 2-66　單向度 Meta-regression 分析填補的提示單

按下「確定鈕」後，緊接著，會出現排序警訊與圖 2-67 的視窗，以便研究者輸入研究樣本與預測變項數目。

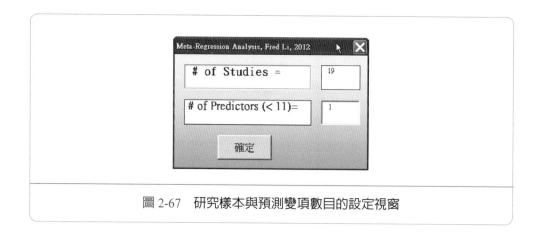

圖 2-67　研究樣本與預測變項數目的設定視窗

圖 2-68　提示不需要進行 Trim & Fill 的工作

圖 2-68 係停止 Trim & Fill 工作的提示單。按下確定鈕之後，就會在 EXCEL 的表單中出現各階段的統計分析；例如：資料未作任何刪除的統計分析，其結果會出現在 Sheet1 中。

嘉義大學, Fred Li, 2014 - Meta-reg-1984-Trim-2

Study	EP	Weight	Predictor	Se		EF-Centered	AB-EP	Signed Rank
17	0.3	51.42218252	0	0.139452		-0.0495	0.0495	-1
9	0.27	36.91192744	0	0.164595		-0.0795	0.0795	-2
5	0.26	7.278651074	0	0.370659		-0.0895	0.0895	-3
14	0.23	11.48962661	1	0.295017		-0.1195	0.1195	-4
12	0.18	20.09168833	0	0.223096		-0.1695	0.1695	-5
11	0.54	10.61316501	0	0.306957		0.1905	0.1905	6
2	0.12	45.9874957	1	0.147462		-0.2295	0.2295	-7
1	0.07	114.1354259	1	0.093603		-0.2795	0.2795	-8
1	0.03	62.74292289	1	0.126246		-0.3195	0.3195	-9
7	-0.02	93.77824751	1	0.103264		-0.3695	0.3695	-10
13	-0.02	11.99942924	1	0.288682		-0.3695	0.3695	-10
6	-0.06	94.08047881	1	0.103098		-0.4095	0.4095	-12
16	-0.06	35.98387742	1	0.166704		-0.4095	0.4095	-12
19	-0.07	32.97220982	1	0.174151		-0.4195	0.4195	-14
10	0.8	14.81477161	0	0.259808		0.4505	0.4505	15
3	-0.14	35.91189007	1	0.166871		-0.4895	0.4895	-16
15	-0.18	39.58825623	1	0.158934		-0.5295	0.5295	-17
8	-0.32	20.41968071	1	0.221297		-0.6695	0.6695	-18
4	1.18	6.350796792	0	0.396813		0.8305	0.8305	19

Beta_Fixed=	SE		Z(P)	.95CI	Beta_Random=	SE	Z(P)	R0=0	.95CI
截距 0.3495		0.0792	4.4137(.00001)	.1943 ~ .5047	截距 0.3495	0.0792	4.4137(.00001)		.1943 ~ .5047
斜率 -0.371		0.0893	-4.1551(.00003)	-.5460 ~ -.1960	斜率 -0.371	0.0893	-4.1551(.00003)		-.5460 ~ -.1960

QT=	34.0286(p=.01249, df=18)				QT=	34.0286(p=.01249, df=18)
QE=	16.7636(p=.47049, df=17)				QE=	16.7636(p=.47049, df=17)
QR=	17.2650(p=.00003, df=1)				QR=	17.2650(p=.00003, df=1)

圖 2-69　單向度 Meta-regression 分析填補過程：未作任何刪除

　　圖 2-69 的 EXCEL 表單中，「Weight」變項係各研究的加權量，為標準變異誤的導數。至於圖 2-69 之下半部統計估計結果，係未經 trimming 的固定平均效果值（Beta-Fixed）為 .3495（p = .000），隨機平均效果值（Beta-Random）為 .3495（p = .000）；$R_0 = 0$ 的數據表示不需要進行刪補之動作。另外，值得注意的是，因為迴歸係數為負值（-0.371），顯示出師生接觸時間愈長，其教師期望與學童 IQ 之相關愈小的趨勢。本例之迴歸模式為 Y = .349 - .371×Predictor，當 Predictor = 1 時，為長接觸組；當 Predictor = 0 時，為短接觸組。

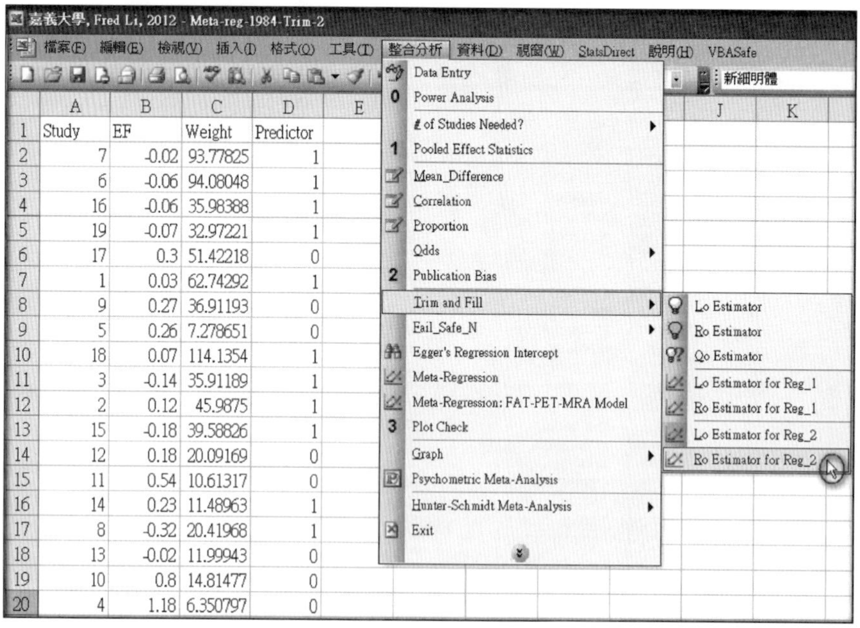

圖 2-70 Meta-regression 分析填補的原始資料檔：雙向度

　　為利於研究者作比較，以下亦將雙向度（含截距與斜率）固定效果的整合分析過程與結果簡述如圖 2-70 至圖 2-76 中。首先，於圖 2-70 中 ESS「Trim and Fill」表單之下，開啟雙向度整合迴歸分析的「R_o Estimator for Reg_2」表單，進行雙向度之 Meta-regression 刪補法分析。ESS 的雙向度整合迴歸分析，僅可以進行單一預測變項的整合迴歸分析。

圖 2-71 雙向度 Meta-regression 分析填補的提示單

按下「確定鈕」後，緊接著會出現排序警訊與圖 2-72 的視窗，以便研究者輸入研究樣本與預測變項數目。

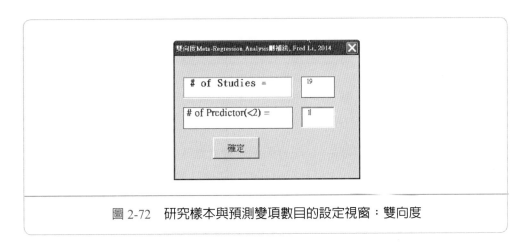

圖 2-72 　研究樣本與預測變項數目的設定視窗：雙向度

在 ESS 目前的狀況，雙向度 Meta-regression 分析填補法只允許使用單一預測變項。

圖 2-73 　提示 Trim 結束將進行 Fill 工作

圖 2-73 係 Trim 階段結束，接著將進行 Fill 工作的提示單。圖 2-74 則係預測變項屬性的設定視窗。

圖 2-74　預測變項類別的設定

當預測變項為類別變項時，ESS 會要求研究者輸入預測變項的最大值與最小值（參見圖 2-75 和圖 2-76），以計算填補的期望值（參見公式 2-43）。

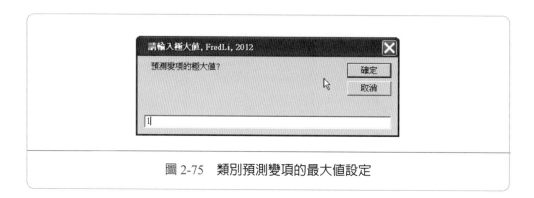

圖 2-75　類別預測變項的最大值設定

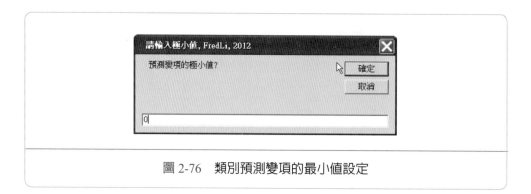

圖 2-76　類別預測變項的最小值設定

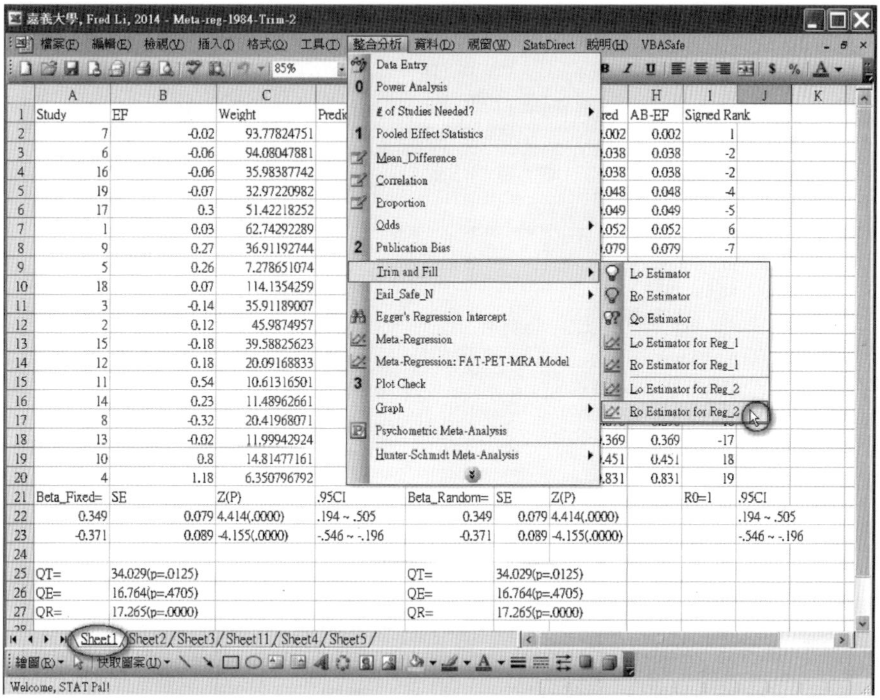

圖 2-77　雙向度 Meta-regression 分析執行表單與未刪補前之數據

　　由圖 2-77 之下半部估計結果（會出現在 EXCEL 的 Sheet1 表單中）知，經過第一次 trimming，需要再刪除一個研究（Ro = 1），未刪前之固定平均效果值為 .349（p = .000），隨機平均效果值為 .349（p = .000）。當為前後的 Ro 數目相等，trimming 的階段將終止，刪後再填補的結果請參見圖 2-78。圖 2-78 中 case #21，係「Refilled」的結果。

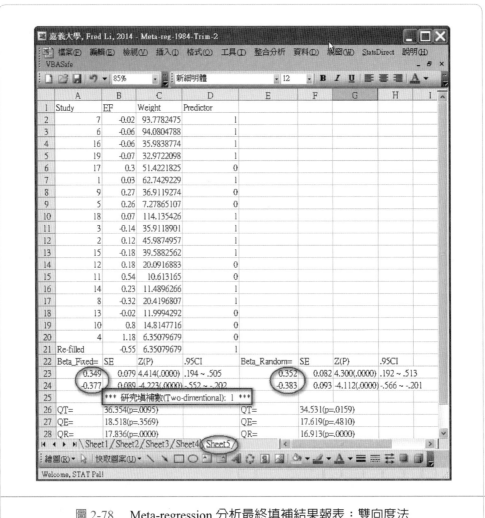

圖 2-78　Meta-regression 分析最終填補結果報表：雙向度法

　　由圖 2-78 之下半部估計結果（出現在最後一個表單中：Sheet5）知，經過填補 1 個研究結果（−.55）之後，固定平均效果值（Beta-Fixed）為 .349（p = .000），隨機平均效果值（Beta-Random）為 .352（p = .000）。如果與前述未經 trimming 的單向度固定平均效果值為 .3495（p = .000），隨機平均效果值為 .3495（p = .000）相比可以觀察到：利用共變項排除一部分系統性的異質性之後，再進行 Trim & Fill 分析，其填補後的平均效果值似乎變動不大。另外，就固定效果模式而言，由 QE = 18.518（p = .3569），反映出投入共變項（師生接觸時間長

短）之後，所剩餘的殘差變異量已無關緊要了，亦即不須再尋找造成異質性的根源了；另由 QR = 17.83（p = .0000），反映出投入共變項（師生接觸時間長短）是有效的預測變項。

(六) 圖解法

出版偏差的分析假如不使用 Cochran's Q 統計方法，研究者亦可運用以下兩種圖示法：森林圖（Forest Plots）和漏斗圖（Funnel Plots）來研判是否具有出版偏差，但圖示法比較主觀。通常 Q 統計方法與圖解法最好一起使用，以合理評估研究結果之異質性程度，尤其那些極端值的研究。

1. 森林圖

圖 2-79 的森林圖，係整合性分析的資料示意圖，以便讓研究者或讀者可以看到森林與樹。可說是整合分析的描述統計摘要圖，反映出效果值的集中趨勢、離散量與極端值之所在。它也是檢視研究結果是否異質的工具，當研究結果相當類似，各研究的信賴區間就會重疊，異質性低。在檢視漏斗圖或進行統計考驗之前，研究者應先研究一下森林圖，以一窺資料分佈的集中趨勢與異質性（特別注意具有極端值或影響力的研究結果）。如果發現具有極端值或影響力的研究結果，進行敏感度分析（Sensitivity analysis）似乎是必要的分析步驟，以確認研究結果的強韌性（Robustness of the results）。

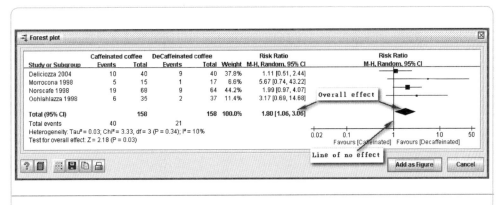

圖 2-79　含森林圖、異質性分析的整合分析總報告之實例解說：RevMan 實例

　　圖 2-79 內有一垂直的參照線，代表沒有效果的分割線。本例所有的研究結果均在此分割線的右側，但各研究的信賴區間均包含 1，顯示各研究結果相當不穩定。不過，整體實驗處理（含咖啡因之咖啡可以防止白天昏睡）似乎有效（效果值的 .95 CI 並未包含 1，亦即達 .05 的顯著水準，p = 0.03），其異質性亦很低（p = 0.34）。本例森林圖中每一研究效果的點估計值均以實心方形表示之，方形大小代表在整合分析中的相對權重；點估計值的信賴區間以水平線段表示之；菱形代表整體效果值之信賴區間。讀者在閱讀森林圖時，也須注意效果值量尺是採用自然對數的量尺（通常為類別資料時）或未轉換的線性量尺。本例係採用未轉換的線性量尺，因為量尺值為 1 代表沒有效果。圖 2-80 係採用自然對數的量尺，沒有效果的分界點應為 0（整體效果值的 .95 CI 並未包含 0）。另外，森林圖中都會提供各研究結果與平均效果的信賴區間，這些信賴區間反映出研究品質的精準度；如果信賴區間過於寬廣，研究品質的評等就要下修。

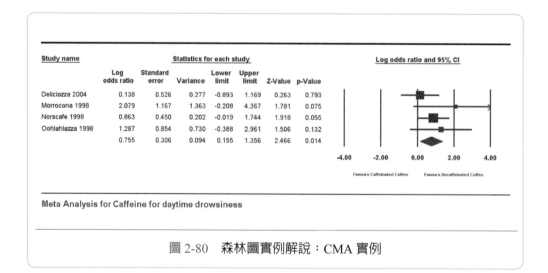

圖 2-80　森林圖實例解說：CMA 實例

ESS 途徑

　　如欲使用筆者設計之軟體 ESS 進行森林圖的繪製，必須遵循固定之設定格式，所用之格式請參見圖 2-81 的 EXCEL 格式之設定，不能有所差錯。所設定 EXCEL 檔案格式包含五大變項：研究名稱、效果值、加權量與上下 .95 信賴區間，依序為圖 2-81 的 A、B、E、M 和 N 欄位內容。研究名稱中重新填補的研

究，研究者可以手動加以命名；本例 5 個填補之研究命名，係由電腦自動命名為「Imputed」（參見圖 2-81）。 ESS 繪製森林圖時，請先執行 Trim & Fill 副程式，之後 ESS 會自動擷取表中的固定欄位資料，緊接著在圖 2-82 的表單內點選「Forest Plot-Fixed」或「Forest Plot-Random」就可順利達成。

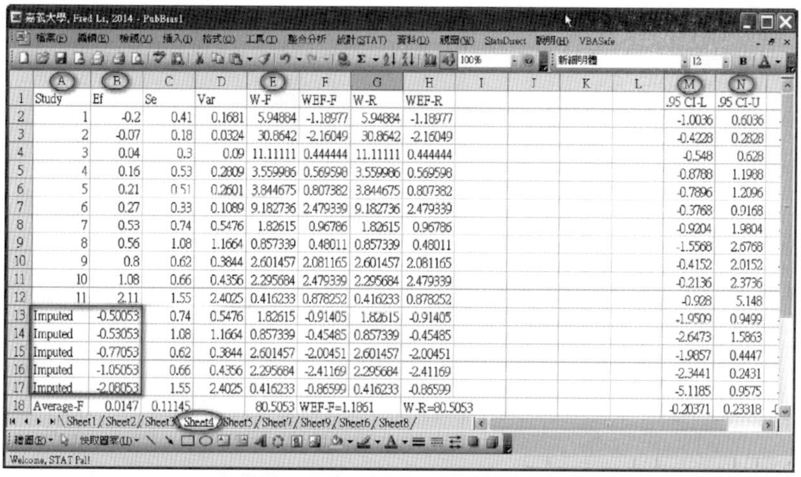

圖 2-81　繪製森林圖所需的數據：含填補資料點

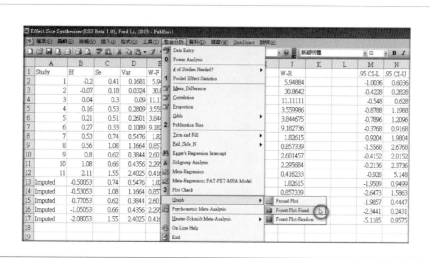

圖 2-82　ESS 森林圖製作之操作表單

　　當 ESS 自動擷取表中的固定欄位資料後，就可跑出圖 2-83 的森林圖（含填補資料點），圖中最右側的紅色正方形表示平均效果值（.02），其 .95 CI 為 −.20 ～ .23。

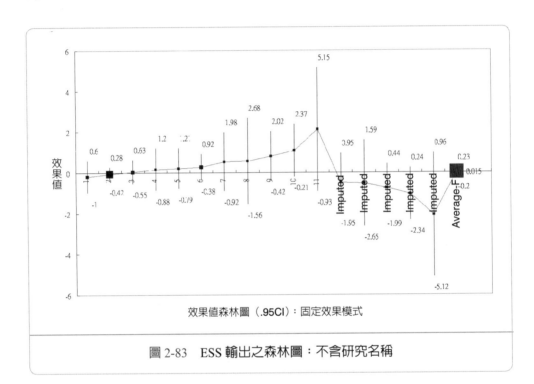

效果值森林圖（.95CI）：固定效果模式

圖 2-83　ESS 輸出之森林圖：不含研究名稱

實例解說　含研究名稱與填補數據，資料建檔與執行步驟同前

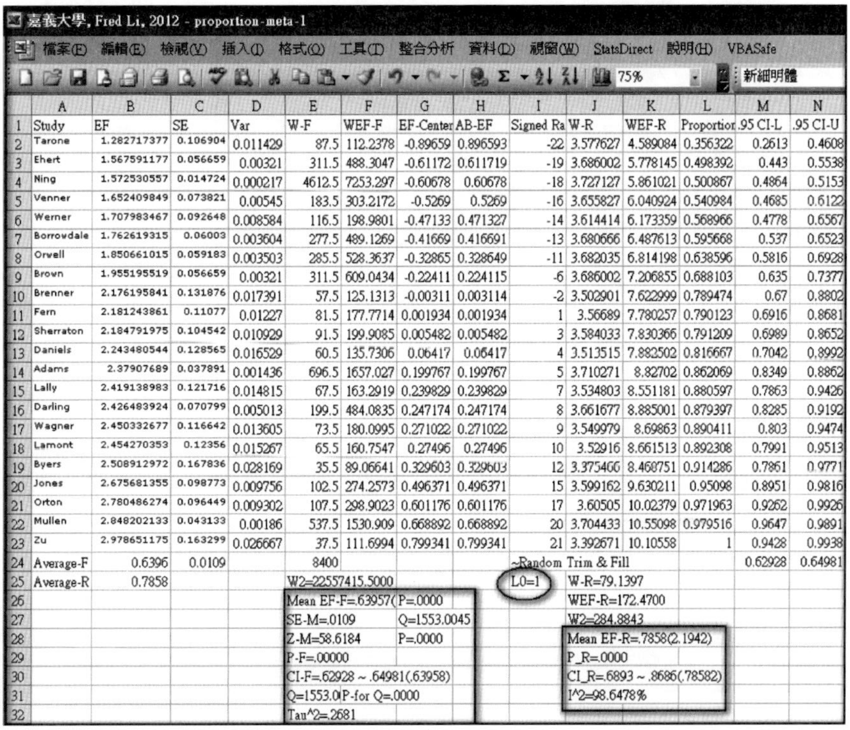

嘉義大學, Fred Li, 2012 - proportion-meta-1

檔案(F) 編輯(E) 檢視(V) 插入(I) 格式(O) 工具(T) 整合分析 資料(D) 視窗(W) StatsDirect 說明(H) VBASafe

	A	B	C	D	E	F	G	H	I	J	K	L	M	N
1	Study	EF	SE	Var	W-F	WEF-F	EF-Center	AB-EF	Signed Ra	W-R	WEF-R	Proportior	.95 CI-L	.95 CI-U
2	Tarone	1.282717377	0.106904	0.011429	87.5	112.2378	-0.89659	0.896593	-22	3.577627	4.589084	0.356322	0.2613	0.4608
3	Ehert	1.567591177	0.056659	0.00321	311.5	488.3047	-0.61172	0.611719	-19	3.686002	5.778145	0.498392	0.443	0.5538
4	Ning	1.572530557	0.014724	0.000217	4612.5	7253.297	-0.60678	0.60678	-18	3.727127	5.861021	0.500867	0.4864	0.5153
5	Venner	1.652409849	0.073821	0.00545	183.5	303.2172	-0.5269	0.5269	-16	3.655827	6.040924	0.540984	0.4685	0.6122
6	Werner	1.707983467	0.092648	0.008584	116.5	198.9801	-0.47133	0.471327	-14	3.614414	6.173359	0.568966	0.4778	0.6567
7	Borrowdale	1.762619315	0.06003	0.003604	277.5	489.1269	-0.41669	0.416691	-13	3.680666	6.487613	0.595668	0.537	0.6523
8	Orwell	1.850661015	0.059183	0.003503	285.5	528.3637	-0.32865	0.328649	-11	3.682035	6.814198	0.638596	0.5816	0.6928
9	Brown	1.955195519	0.056659	0.00321	311.5	609.0434	-0.22411	0.224115	-6	3.686002	7.206855	0.688103	0.635	0.7377
10	Brenner	2.176195841	0.131876	0.017391	57.5	125.1313	-0.00311	0.003114	-2	3.502901	7.622999	0.789474	0.67	0.8802
11	Fern	2.181243861	0.11077	0.01227	81.5	177.7714	0.001934	0.001934	1	3.56689	7.780257	0.790123	0.6916	0.8681
12	Sherraton	2.184791975	0.104542	0.010929	91.5	199.9085	0.005482	0.005482	3	3.584033	7.830366	0.791209	0.6989	0.8652
13	Daniels	2.243480544	0.128565	0.016529	60.5	135.7306	0.06417	0.06417	4	3.513515	7.882502	0.816667	0.7042	0.8992
14	Adams	2.37907689	0.037891	0.001436	696.5	1657.027	0.199767	0.199767	5	3.710271	8.82702	0.862069	0.8349	0.8862
15	Lally	2.419138983	0.121716	0.014815	67.5	163.2919	0.239829	0.239829	7	3.534803	8.551181	0.880597	0.7863	0.9426
16	Darling	2.426483924	0.070799	0.005013	199.5	484.0835	0.247174	0.247174	8	3.661677	8.885001	0.879397	0.8285	0.9192
17	Wagner	2.450332677	0.116642	0.013605	73.5	180.0995	0.271022	0.271022	9	3.549979	8.69863	0.890411	0.803	0.9474
18	Lamont	2.454270353	0.12356	0.015267	65.5	160.7547	0.27496	0.27496	10	3.52916	8.661513	0.892308	0.7991	0.9513
19	Byers	2.508912972	0.167836	0.028169	35.5	89.06641	0.329603	0.329603	12	3.375466	8.468751	0.914286	0.7861	0.9771
20	Jones	2.675681355	0.098773	0.009756	102.5	274.2573	0.496371	0.496371	15	3.599162	9.630211	0.95098	0.8951	0.9816
21	Orton	2.780486274	0.096449	0.009302	107.5	298.9023	0.601176	0.601176	17	3.60505	10.02379	0.971963	0.9262	0.9926
22	Mullen	2.848202133	0.043133	0.00186	537.5	1530.909	0.668892	0.668892	20	3.704433	10.55098	0.979516	0.9647	0.9891
23	Zu	2.978651175	0.163299	0.026667	37.5	111.6994	0.799341	0.799341	21	3.392671	10.10558	1	0.9428	0.9938
24	Average-F	0.6396	0.0109		8400				~Random Trim & Fill				0.62928	0.64981
25	Average-R	0.7858			W2=22557415.5000				L0=1	W-R=79.1397				
26					Mean EF-F=.63957(		P=.0000			WEF-R=172.4700				
27					SE-M=.0109		Q=1553.0045			W2=284.8843				
28					Z-M=58.6184		P=.0000			Mean EF-R=.7858(2.1942)				
29					P-F=.00000					P_R=.0000				
30					CI-F=.62928 ~ .64981(.63958)					CI_R=.6893 ~ .8686(.78582)				
31					Q=1553.0	P-for Q=.0000				I^2=98.6478%				
32					Tau^2=.2681									

圖 2-84　繪製森林圖所需的原始數據

根據圖 2-84 的 A、B、E、M 和 N 欄位之原始數據，利用 ESS 進行 Trim & Fill 分析，其結果如圖 2-85 所示。

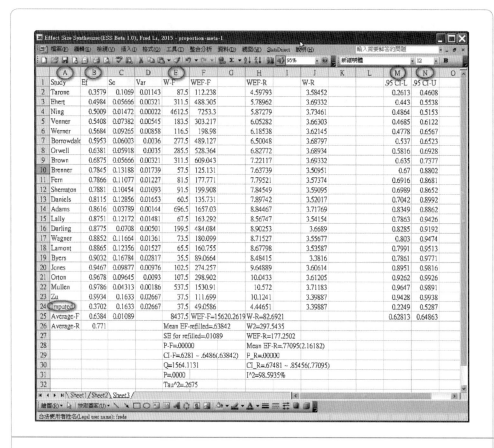

圖 2-85　繪製森林圖所需的數據與輸入格式：含研究名稱與填補數據

　　圖 2-85 之 EXCEL 表單中的數據，係比率效果值經 ESS 進行 Trim & Fill 分析後的整合分析結果，表中的 A、B、E、M 和 N 欄位數據可以用來製作固定效果模式的森林圖，ESS 會自動擷取這些相關欄位的資訊進行統計製圖，其結果如圖 2-86 所示；圖中最右側的紅色正方形表示平均效果值（.6384），其 .95 CI 為 .6281 ～ .6486。

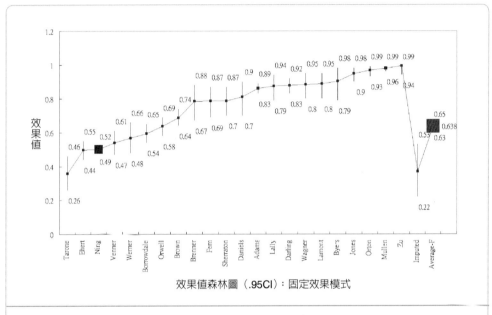

效果值森林圖（.95CI）：固定效果模式

圖 2-86　EXCEL VBA 輸出之森林圖：含研究名稱與填補數據

2. 漏斗圖

製作漏斗圖時，漏斗圖的 Y 軸為樣本大小或標準誤，X 軸為效果值大小。樣本較大的研究會出現在圖中央的上方，而且會群聚在平均效果值附近；樣本較小的研究會分佈在圖 2-87 底部的左右側（因為小樣本的效果值抽樣變異量較大所致）。注意，小樣本的效果值可能因抽樣不具代表性而致使變異量較大（Muncer, Craigie, & Holmes, 2003），也反映出這些小樣本的研究之統計考驗力不足。此種分佈型態類似漏斗，此乃漏斗圖名稱的由來（Light & Pillemer, 1984; Light et al., 1994）。假如沒有出版偏差，研究結果會出現以併組效果值為中心的對稱性分配（如圖 2-87）；假如有出版偏差，漏斗圖的底部就會在平均效果值的左側或右側出現較多的效果值群聚現象（如圖 2-88）。換言之，樣本較小的研究，假如其效果值大於平均值（統計考驗力較強），較可能被出版。漏斗圖的分析很簡單，但缺乏對稱性有時亦可能係異質性問題或低品質的小研究所致（如圖 2-89）！漏斗圖分析的另一缺點就是當研究樣本數太少時，研究者會發現不易進行解釋。

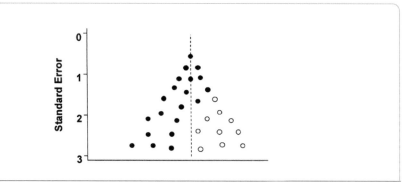

圖 2-87　漏斗圖實例解說：無出版偏差
註：取自 Sterne, Gavaghan, Egger（2000）.

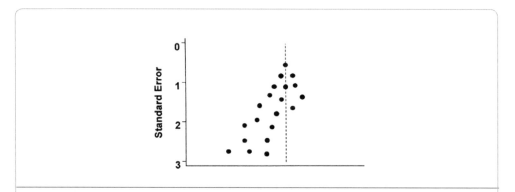

圖 2-88　漏斗圖實例解說：出現出版偏差
註：取自 Sterne, Gavaghan, Egger（2000）.

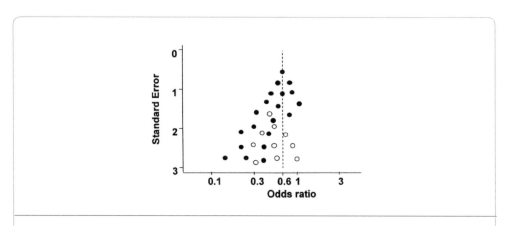

圖 2-89　漏斗圖實例解說：低品質小研究導致大效果的偏差
註：取自 Sterne, Gavaghan, Egger (2000).

ESS 途徑

使用筆者設計之 ESS 軟體進行漏斗圖的繪製，必須遵循固定之設定格式，所用之格式請參見圖 2-90 之 EXCEL 格式的設定，不能有所差錯：第一欄位為研究名稱，第二欄位為效果值，第三欄位為標準誤或樣本大小。

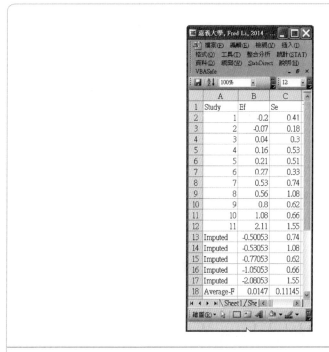

圖 2-90　繪製漏斗圖所需之原始數據（含填補資料點）

注意，請先執行 ESS 的 Trim & Fill 副程式之後，緊接著在圖 2-91 的表單內點選「Funnel Plot」，就可跑出圖 2-92 的漏斗圖（包含填補資料點）。

圖 2-91　EXCEL VBA：ESS 漏斗圖之操作選單

　　圖 2-92 比率整合分析漏斗圖中的垂直線，代表併組標準化差異效果值的所在位置；其左右的斜線代表 .95 的理論信賴區間：以 1.8 的 SE 而言，其 .95 的理論信賴區間為 .015±1.96×1.8 → .266 ~ .972，以此類推。因此，讀者只要利用以下三個點：（-3.513, 1.8），（0.015, .1115），（3.543, 1.8），將各點連線就可順利畫出圖 2-93 之整合分析漏斗圖。

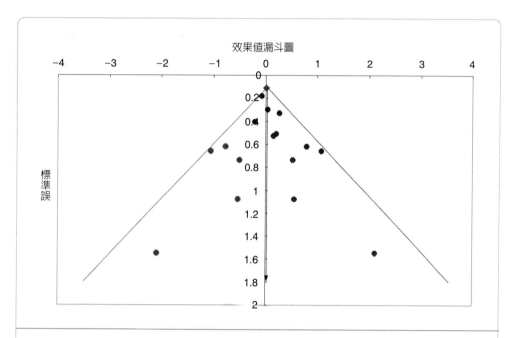

圖 2-92　EXCEL VBA 輸出之漏斗圖：左側圓形紅點係填補資料點

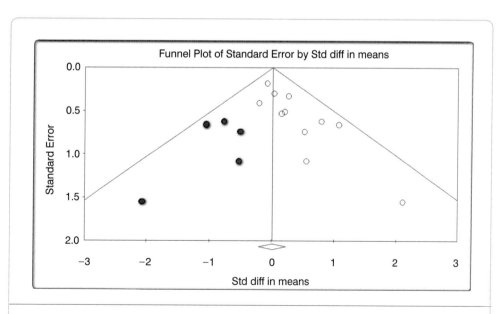

圖 2-93　整合分析之漏斗圖：CMA 報表（左側圓形紅點係填補資料點）

由圖 2-93 可以看出：經填補左側資料點之後，研究結果已出現以併組效果值為中心的對稱性分配，亦即已無出版偏差現象。

(七) 預防方法

發現出版偏差，再亡羊補牢並非上策，最好能事先避免之。依據 McDaniel （2012）的看法，避免出版偏差的具體做法有六：

(1) 文獻搜尋須透徹。整合分析論文應包含已出版論文、未出版論文、碩博士論文、研討會論文、技術通報、外文論文與組織內部研究等等。換言之，整合分析論文的搜尋須包含出版的文獻、灰色文獻與個人或組織的研究報告。

(2) 改變雜誌文章審查過程。目前有一些醫學雜誌，已率先要求研究須事先登錄，才可接受論文審查。其次，論文之補充相關資料可公佈於網站周知或擇期公開該筆研究資料（release data）。

(3) 建立研究須事先註冊的資料庫（research registries）。研究者可跟「Cochrane Prospective Meta-Analysis Methods Group」申請註冊。

(4) 依據文章的序言與方法決定文章取捨，而非研究結果與統計上之顯著性。

(5) 改變頂尖雜誌對於理論貢獻的執著而拋棄一些具有應用價值的文章。

(6) 鼓勵投稿非「A」級期刊：改變作者非「A」級期刊不投的做法，改變組織機構或大學對於非「A」級期刊文章的貶抑措施。事實上，非「A」級期刊文章，亦具有出版價值。

四、品質偏差的意義與評估方法

品質偏差（poor quality studies bias）涉及測量特質與研究品質。整合分析的第三個重要基本假設是，所有的試驗（trials）均在測量相同的處理效果，而這些研究的品質都具有一定的水準。研究品質的評估工具相當多，其品質亦良莠不齊，研究者可根據自己的研究領域與研究類別，慎選一個適當的評鑑工具去評鑑整合分析的品質，以確保研究的內在效度。有關評鑑工具的選擇請參見本書第三章之介紹。

習 題

一、利用下表資料，進行相關係數效果值的同質性考驗。

表 2-6 相關係數效果值的演算過程

Study	Sample size (n_i)	Correlation (r_i)	Z_i	Var(z_i)	Weight：w_i=1/var (z_i)	wz
1	26	0.13	0.1307	0.0435	23	3.0061
2	42	0.37	0.3654	0.0256	39	14.2506
3	20	−0.1	−0.1003	0.0588	17	−1.7051
4	40	0.31	0.3095	0.027	37	11.4515
Total	128	0.71	0.7053	0.1549	116	27.0031

Cue : Q=3.03, P=.387。

二、請利用圖 2-94 之 CMA 資料編輯器內之數據，跑一下 Trim & Fill 後之平均效果值，且該程式會刪補幾個研究？

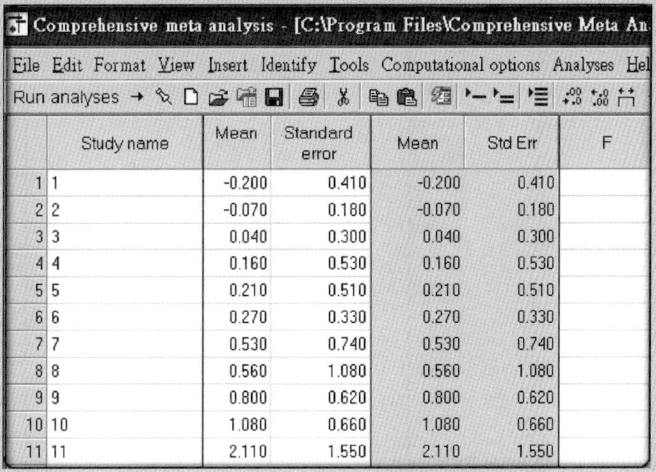

	Study name	Mean	Standard error	Mean	Std Err	F
1	1	-0.200	0.410	-0.200	0.410	
2	2	-0.070	0.180	-0.070	0.180	
3	3	0.040	0.300	0.040	0.300	
4	4	0.160	0.530	0.160	0.530	
5	5	0.210	0.510	0.210	0.510	
6	6	0.270	0.330	0.270	0.330	
7	7	0.530	0.740	0.530	0.740	
8	8	0.560	1.080	0.560	1.080	
9	9	0.800	0.620	0.800	0.620	
10	10	1.080	0.660	1.080	0.660	
11	11	2.110	1.550	2.110	1.550	

圖 2-94 CMA 資料編輯器內之數據

提示：CMA 之 Trim & Fill 操作步驟如圖 2-95 之說明。

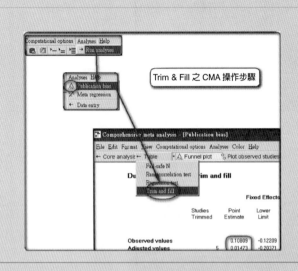

圖 2-95　CMA 之 Trim & Fill 操作步驟

三、請詳細解釋圖 2-96 之好事件勝算比的森林圖與整合分析結果，並描述此項整合分析的結論（含整體效果與異質性分析）。

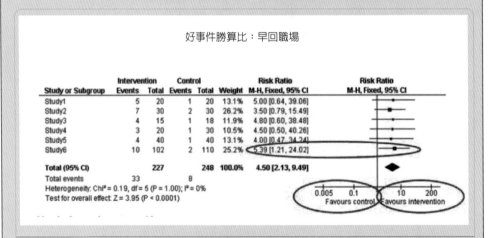

圖 2-96　好事件勝算比

註：取自 http://www.ucl.ac.uk/surgicalscience/prospective_students/programmes/msc_evidence_healthcare/tabbed_box_ebh/Sample_3.pdf

四、請詳細解釋圖 2-97 之壞事件勝算比的森林圖與整合分析結果，並描述
　　此項整合分析的結論（含整體效果與異質性分析）。

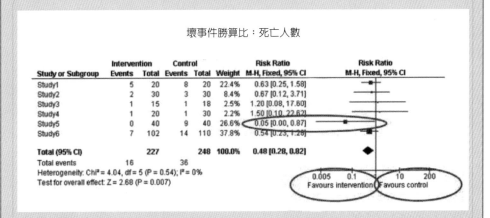

圖 2-97　壞事件勝算比

註：取 自 http://www.ucl.ac.uk/surgicalscience/prospective_students/programmes/msc_evidence_
healthcare/tabbed_box_ebh/Sample_3.pdf

整合分析的文獻搜尋與研究品質評鑑

　　整合分析的分析素材是過去的相關研究結果，因而研究文獻的搜尋乃是整合分析的首要工作。要有效率的蒐集到與主題有關的文獻，研究者首先必須清楚界定研究問題與相關變項間之關係。其次，研究者可以就以下幾個途徑搜尋相關文獻：直接向研究者取得、研討會論文集、學術期刊（含電子期刊）、參考書目資料庫（如 ERIC、PsycINFO、EBSCOHost、SSCI、SCI、DAI、AHCI）、Google Scholar 等等。工欲善其事必先利其器，由於近年來電子媒體的蓬勃發展，利用各種電子專業資料庫蒐集相關的研究結果，變成文獻搜尋的主要工具，大大改善了過去事倍功半且費時的紙本式檢索方法。因此，本章將著重電子文獻的搜尋過程與常用的資料庫之介紹。

一、電子文獻搜尋過程

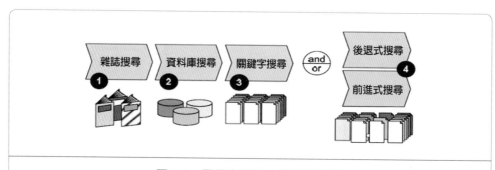

圖 3-1　電子期刊的文獻搜尋過程
註：摘自圖 5，vom Brocke, Simons, Niehaves, Riemer, Plattfaut, & Cleven (2009).

　　由圖 3-1 知，文獻搜尋歷程的第一步是特定專業期刊的搜尋，而非研究品質可能較差的研討會論文。目前我國大專院校大都購置了不少的電子期刊，研究者可以就地進行檢索，相當便利。其次，研究者也可在各學術資料庫中，利用關鍵詞進行主題搜尋。搜尋的方式可為後退式搜尋（backward searches），也可為前進式搜尋（forward searches）。後退式搜尋係指該論文中所引用的參考文獻，而前進式搜尋係指目前已引用該論文的文獻搜尋（參見圖 3-2 和圖 3-3）。

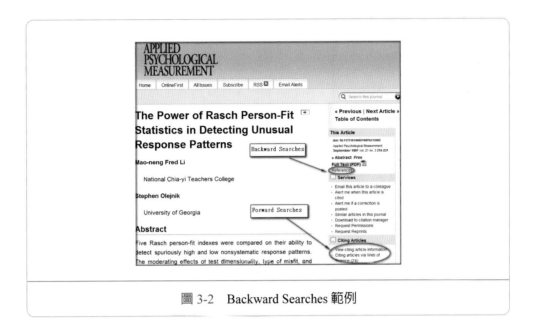

圖 3-2　Backward Searches 範例

　　按下圖 3-2 右側的「References」，研究者即可進行後退式相關文獻的搜尋。按下圖 3-2 右下角的「View citing article information」，研究者即可進行前進式相關文獻的搜尋：圖 3-3 即是前進式搜尋的查詢範例。這是 Sage 出版社為 APM 期刊所提供的專業搜尋服務。

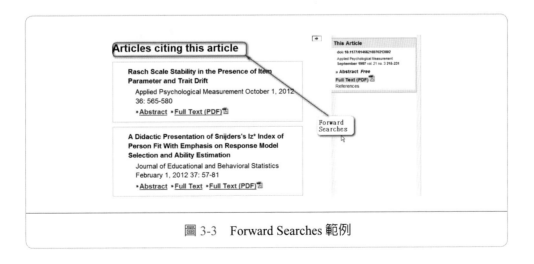

圖 3-3　Forward Searches 範例

二、電子文獻搜尋工具

除了紙本的專業期刊之外，由於電子媒體的普及，目前我國大專院校的圖書館大都購置有各專業領域的電子期刊與參考文獻資料庫。因整合分析係跨領域的研究方法，且為便利讀者熟悉在特定領域上文獻的查詢，筆者乃將各領域之中、英文主要的電子期刊或資料庫羅列說明如下：

(一) 常用中文資料庫

1. 教育資料館教育論文全文索引資料庫

教育論文全文索引資料庫收錄內容，包括自民國 60 年以來其典藏之教育論文索引及已取得授權之全文、民國 78 年以來國內 20 種報紙索引、近年重要教育文獻索引（如中華民國教育年鑑）／全文、教育學術研討會論文及大陸教育期刊61 種索引等資料。

網址：http://192.192.169.230/edu_paper/index.htm

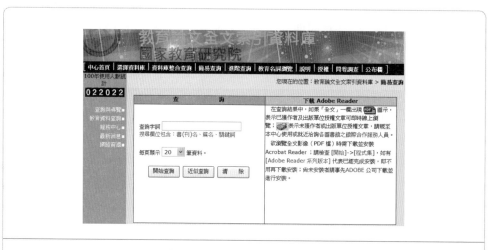

圖 3-4　教育資料館教育論文全文索引資料庫

2. 臺灣師範大學 EdD Online 教育論文線上資料庫

圖 3-5　臺灣師範大學 EdD Online 教育論文線上資料庫

資料庫涵蓋民國 46 年至今登載於中文期刊、學報、報紙和論文集等之教育性論文。

網址：http://140.122.127.251/edd/edd.htm

3. 中華民國期刊論文索引系統（自 99 年起改名為臺灣期刊論文索引系統，1970～）

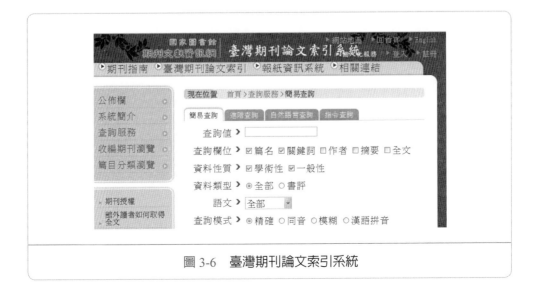

圖 3-6　臺灣期刊論文索引系統

本資料庫收錄臺灣及部分港澳地區所出版的中西文期刊、學報約 2700 餘種，提供民國 83 年以來所刊載的各類期刊論文篇目。

網址：http://readopac.ncl.edu.tw/nclJournal/

4. 臺灣博碩士論文知識加值系統

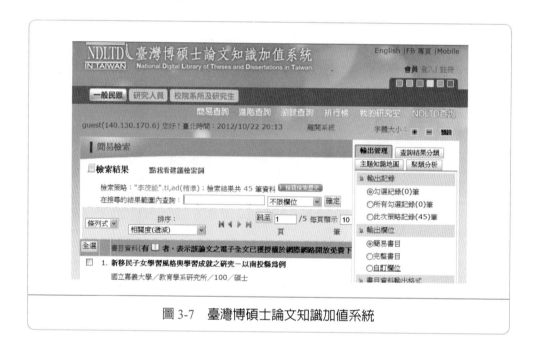

圖 3-7　臺灣博碩士論文知識加值系統

本資料庫所收錄之資料，係以臺灣各大學校院之博碩士論文為主。

網址：http://ndltd.ncl.edu.tw/cgi-bin/gs32/gsweb.cgi/ccd=dmynQe/webmge?Geticket=1

5. HINT 醫藥衛生研究資訊網（國衛院：MEDline 等多種資料庫）

「醫藥衛生研究資訊網」（HINT），服務內容是以數位化之中西文醫藥衛生相關之文獻書目資料庫、電子期刊與全文資料庫為主，共有西文資料庫 20 種（其中 6 種為全文資料庫），中文 3 種。

網址：http://www.hint.org.tw/Welcome.html

圖 3-8　HINT 醫藥衛生研究資訊網

6. 考科藍實證醫學資料庫（國衛院提供：Cochrane Reviews 中文化資料庫）

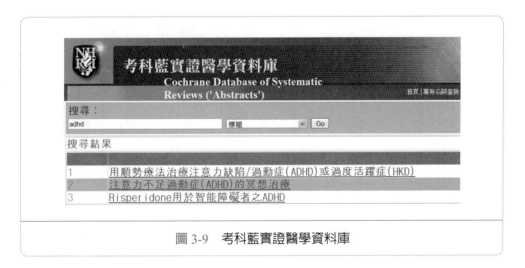

圖 3-9　考科藍實證醫學資料庫

　　國衛院與全國各醫院，動員 700 位醫事人員，費時兩年，共同翻譯 Cochrane
Database of Systemic Review（CDSR）摘要，本系統係中文化的 CDSR。

　　網址：http://clc.nhri.org.tw/admin/clcmain1.aspx

　　國外網址：http://www.cochrane.org/cochrane-reviews

該組織的考科藍圖書館，收錄許多研究成果、臨床試驗註冊和系統文獻回顧資料庫（CDSR）等資料。

7. 華藝線上圖書館

圖 3-10　華藝線上圖書館

網址：http://www.airitilibrary.com/

8. 華藝中文電子期刊服務（CEPS）與中文電子學位論文（CETD）

中文電子期刊服務（Chinese Electronic Periodical Services, CEPS），收錄兩岸中文出版之期刊全文資料庫；內容主題橫跨五大學科：人文學、社會科學、自然科學、應用科學、醫學與生命科學類。

網址：http://www.airiti.com/CEPS/ec/

圖 3-11　華藝中文電子期刊服務

9. TSSCI 引文索引資料庫

圖 3-12　TSSCI 引文索引資料庫

　　臺灣社會科學引文索引資料庫（Taiwan Social Science Citation Index, 簡稱 TSSCI），收納臺灣地區社會科學核心期刊所引用文獻之資料庫。

　　網址：http://db1n.sinica.edu.tw/textdb/tssci/searchindex.php

（二）常用英文資料庫

1. ERIC 資料庫：教育學

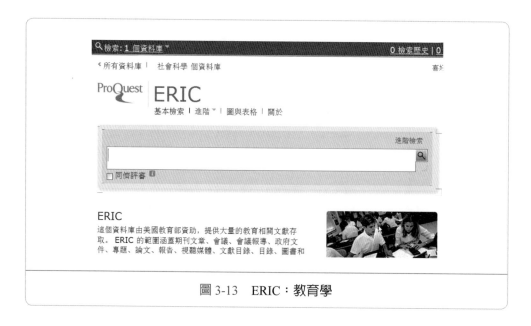

圖 3-13　ERIC：教育學

　　ERIC 是在教育，甚至社會科學領域中最負盛名的國際級資料庫，內含 Resources in Education（RIE）及 Current Index to Journals in Education（CIJE），前者收錄各種教育研究文獻索引，後者收錄 750 多種教育專業期刊之文獻索引。其主題包括成人與職業教育、諮詢與學生輔導、閱讀與溝通、教育管理、特殊與義務教育、語言與語言學、高等教育、資訊與科技、學前教育、鄉村教育及小型學校、數學與環境教育、社會研究與社會科學教育、教學與教師教育、都市教育和測驗測量與評估等十六大類。

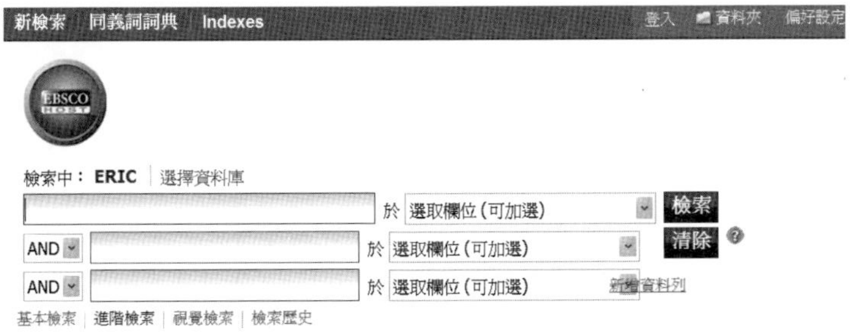

圖 3-14　ERIC 檢索表單

2. EBSCOhost 資料庫：Comprehensive

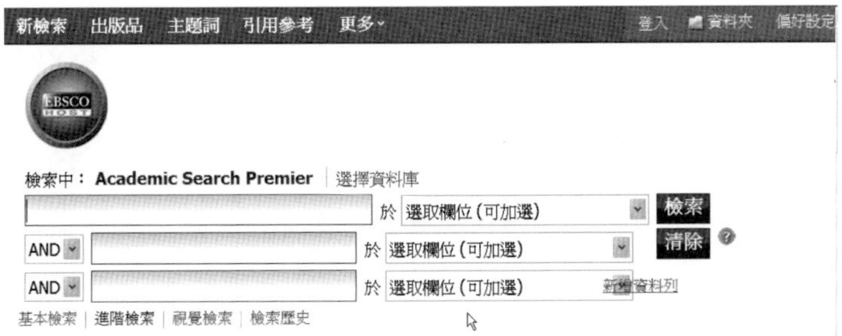

圖 3-15　EBSCOhost 檢索表單

　　EBSCOhost 為 EBSCO Publishing 公司於 1994 年所開發之線上資料庫檢索系統，涵蓋綜合學科、商管財經、生物、醫學護理、人文歷史、法律、觀光和旅館經營管理等電子全文及索摘資料庫。

　　網址：http://search.ebscohost.com

3. SCI、SSCI & Scopus 資料庫：Comprehensive

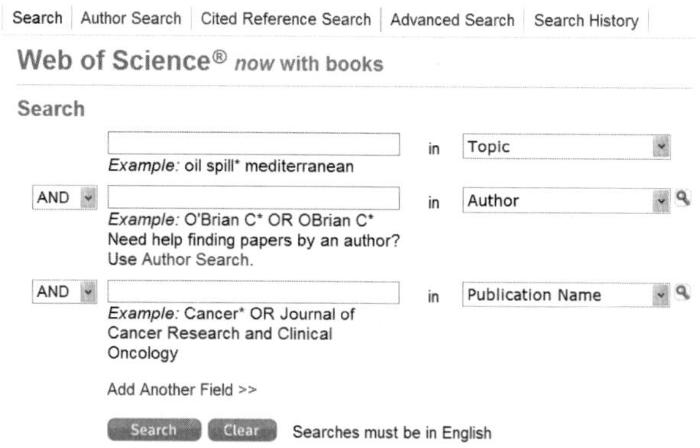

Search | Author Search | Cited Reference Search | Advanced Search | Search History

Web of Science® *now* with books

Search

[ ] in Topic

Example: oil spill* mediterranean

AND [ ] in Author

Example: O'Brian C* OR OBrian C*
Need help finding papers by an author?
Use Author Search.

AND [ ] in Publication Name

Example: Cancer* OR Journal of
Cancer Research and Clinical
Oncology

Add Another Field >>

[Search] [Clear] Searches must be in English

圖 3-16　SCI、SSCI 表單

　　SCI 係科技期刊文獻資料庫，收錄全球約 3,200 種主要科學技術論文文獻，主題包航空、醫學、天文學、氣象學、數學、物理學、工程學、病理學、遺傳學、材料科學、地質學、資訊科學、森林學和核子科學等相關主題；SSCI 係社會科學期刊文獻資料庫，收錄社會科學類期刊計 2,000 餘種，並可查該文章被引用幾次。

　　SCI 網址：http://www.thomsonscientific.com/cgi-bin/jrnlst/jloptions.cgi?PC=D

　　SSCI 網址：http://www.thomsonscientific.com/cgi-bin/jrnlst/jloptions.cgi?PC=J

4. Scopus 資料庫

　　Scopus（www.scopus.com）為全球最大的論文索引摘要資料庫，從 2012 年起，國科會也增加 Scopus 資料庫為認可資料庫之一。

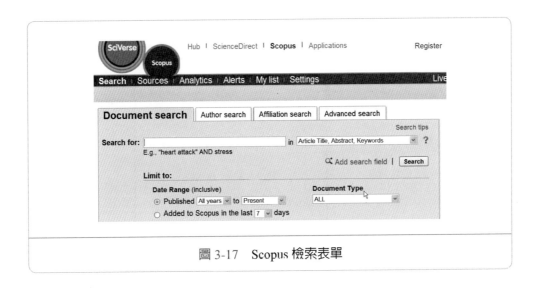

圖 3-17　Scopus 檢索表單

5. PsycINFO：心理學資料庫

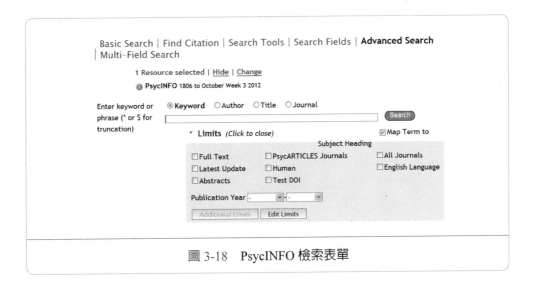

圖 3-18　PsycINFO 檢索表單

　　收錄範圍涵蓋圖書、期刊、論文、技術報告、碩博士論文等與心理學相關之主題，如心理學、護理、教育、語言學、人文學、社會學或法律學等相關內容。

6. Medline/PubMed 資料庫

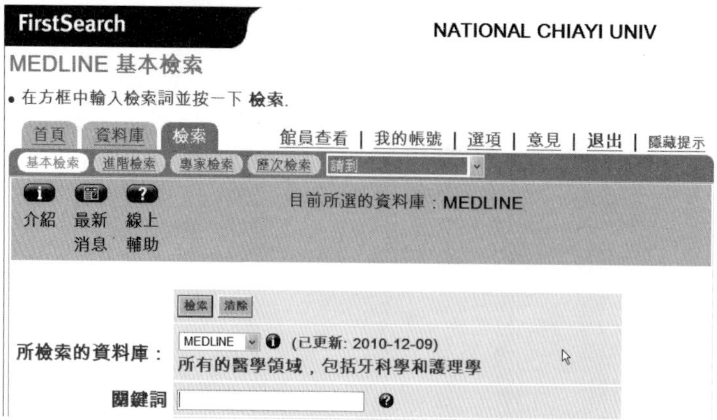

圖 3-19　MEDLINE 檢索表單

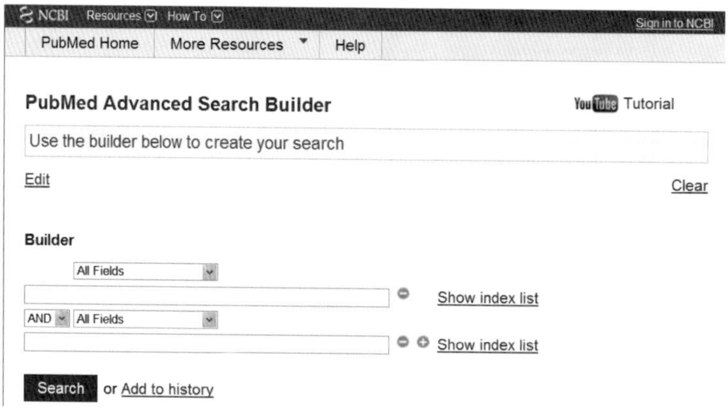

圖 3-20　PubMed 檢索表單

　　這兩個資料庫涵蓋主題：基礎生命科學、臨床生命科學、生物科學、解剖學、組織學、化學與藥物、心理學、社會醫學、農業、醫技設備學、醫技工業學和醫事資訊學。

7. EconLit：經濟學資料庫

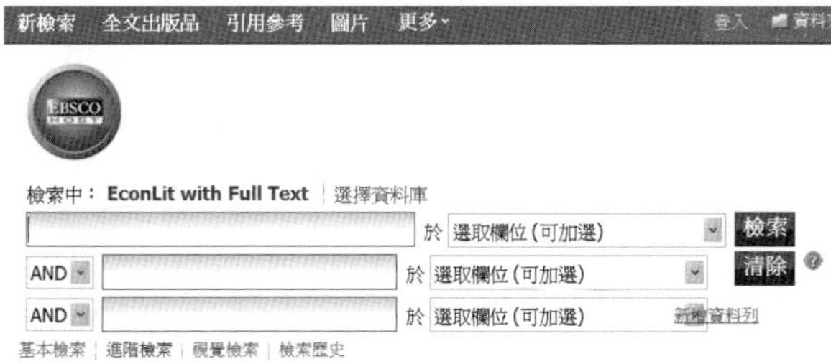

圖 3-21　EconLit 檢索表單

　　EconLit 由美國經濟學會（AEA）所建立，收錄自 1969 至今逾 550 種國際性經濟學領域之期刊文章、書籍、研究報告、會議論文及博碩士論文之索摘資料。

8. Sociological Abstracts：社會學資料庫

圖 3-22　Sociological Abstracts 檢索表單

　　該資料庫提供社會科學與行為研究的重要研究資訊。

9. Biology Abstracts：**生物與生命科學資料庫**

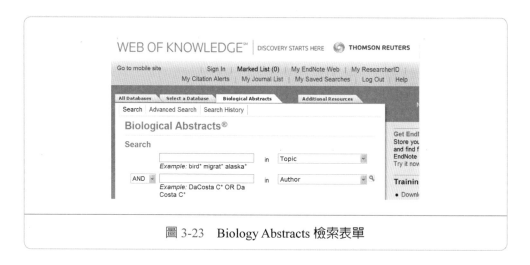

圖 3-23　Biology Abstracts 檢索表單

　　提供生物學相關主題之重要參考文獻，包含 300 餘種期刊，其中 265 種收錄全文或全文影像。

10. ABI/INFORM：**商業與管理資料庫**

圖 3-24　ABI/INFORM 檢索表單

　　提供 1,820 餘種期刊論文索摘資料（1971-），及其中 1,070 餘種期刊之全文（1987-），包括 Text、Image 與 Graphics 各類資料。本資料庫提供公司產品、商情、發展趨勢、團體策略、管理技術及商業企管相關學科論文資訊之查詢。

11. ProQuest/PQDT Dissertations and Theses 資料庫

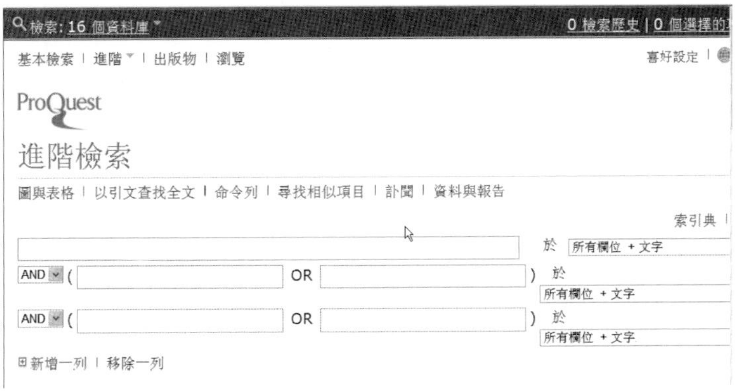

圖 3-25　ProQuest 檢索表單

收錄美加地區博碩士論文摘要，主題涵蓋理、工、醫、農及人文社會等各類學科，可免費瀏覽 1997 年後已數位化之論文的前 24 頁。

12. JSTOR：藝術、人文科學、自然科學與社會科學資料庫

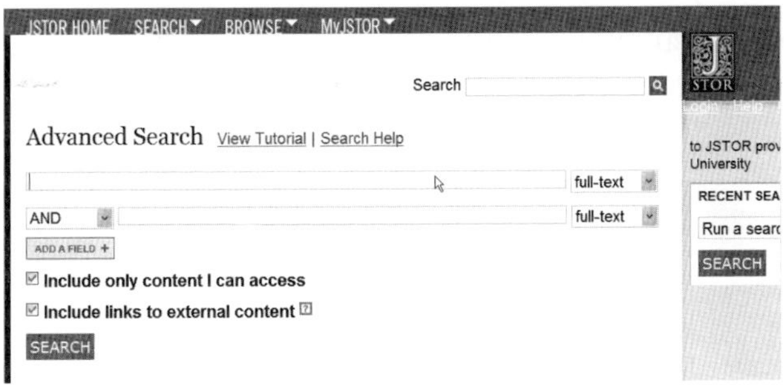

圖 3-26　JSTOR 檢索表單

JSTOR 是以建立完整的重要學術期刊文獻檔案、節省圖書館保存期刊館藏所耗損之人力、金錢，專門收錄過期學術期刊之全文資料。

網址：http://about.jstor.org/

13. ARTS & HUMANITIES CITATION INDEX：藝術與人文資料庫

圖 3-27　AHCI 引文資料庫

收錄 1975 年起至今有關藝術人文類期刊論文及其引用文獻，同時收錄藝展評論、戲劇音樂及舞蹈表演、電視廣播等相關資料。

網址：http://www.thomsonscientific.com/cgi-bin/jrnlst/jloptions.cgi?PC=H

14. Biological & Agricultural Index Plus：生物與農學資料庫

圖 3-28　Biological & Agricultural Index Plus 檢索表單

本資料庫 Biological & Agricultural Index Plus，因 H.W. Wilson 公司為 EBSCO Publishing 所併購，自 2011 年 12 月起改由 EBSCOhost 提供服務。

15. 國家教育研究院「系統性文獻回顧與後設分析」資料庫

圖 3-29　國家教育研究院「系統性文獻回顧與後設分析」資料庫

網址：http://meta.naer.edu.tw/index.php

國家教育研究院測驗及評量研究中心「系統性文獻回顧與後設分析」資料庫，係經國科會專題研究案經費補助（編號：NSC-98-2511-S-656-001-MY3、NSC-99-2511-S-656-001）所建置，目的在成立一個後設分析資料庫之交流平台，希望獲得更多後設分析學者的參與，分享其編碼資訊，以逐步在國內推廣系統性文獻評析及後設分析策略。

以上所列舉簡介的資料庫只是目前既存無數電子資料庫的一部分，欲知更多更詳細的電子資料庫，可洽學校圖書館服務人員或直接點閱學校圖書館電子資料庫的線上說明，礙於篇幅無法一一加以介紹。

(三) 常用參考書目彙編

1. APA Psychological Abstracts

　　心理學摘要網址：

　　http://search.ebscohost.com/login.aspx?profile=ehost&defaultdb=psyh

2. MLA International Bibliography

　　The MLA International Bibliography 提供書籍與論文之引得，例如：當代語言、文學、語言學與民俗。網址：http://www.mla.org/bibliography

3. *Blackwell Reference Online*

　　Blackwell Reference Online 是社會科學與人文科學參考資源的書目，包含 535 冊，每年都會更新。網址：http://www.blackwellreference.com/public/

4. *Oxford Reference Online*

　　Oxford Reference Online《牛津線上大辭書》由英國牛津大學出版社（Oxford University Press）出版。Oxford Reference Online 網址：http://www.oxfordreference.com/

　　當前述之文獻搜尋之後，研究者尚須進行研究特徵的編碼與研究品質的評估，以利進行後續之資料分析與文獻之篩選。

三、研究特徵的編碼

　　研究特徵的編碼可用來進行調節變項分析與描述研究樣本之特徵。到底要登錄（Coding）哪些研究特徵，端視您的研究問題的焦點與待研究主題的專業知識而定。假如研究問題的焦點在合併效果值，研究者可能只需要登錄效果值與樣本大小就足夠了。假如研究問題的焦點在比較效果值在不同研究特徵上的差異性，研究者可能就需要登錄效果值、樣本大小、測量特徵、設計特徵、研究品質與來源特徵等研究特徵變項了。因為這些研究特徵變項，很有可能是將來進行調節變

項分析或進行研究樣本特徵描述時所需的資訊（Card, 2012）。爲利於研究者考慮選用登錄的參考，特將這些主要研究特徵面向簡述如下。

(1) 樣本特徵：抽樣方法（如隨機抽樣、立意抽樣）、人口變項（如性別、SES）。

有無理論顯示這些研究特徵相當重要，且顯示這些研究特徵在各研究上具有哪些差異？

(2) 測量特徵：自陳量表、他人觀察、心理測驗工具（翻譯或自編）。

(3) 設計特徵：研究設計種類（實驗設計、準實驗設計、單組前後測設計）。

(4) 來源特徵：出版方式、出版年代、出版語文、贊助單位。

(5) 研究品質：內、外在效度（如隨機與否）與構念效度（如工具信效度、有無校正效果值）等與研究品質相關的面向，請參見下節研究品質的評鑑工具。

除了每一研究均須登錄的研究效果值之外，以上這些研究特徵變項，大致可以歸類爲以下三大類變項：

(1) 實質變項（substantive variables）：如樣本屬性、處理特徵、文化背景。

(2) 方法變項（method variables）：如研究方法、工具與過程。

(3) 外在變項（extrinsic variables）：如出版形式與年代、使用語文。

登錄研究特徵的可複製性，亦是整合分析報告中不可或缺的一部分。常用的研究特徵編碼的評鑑有二：

(1) 編碼的透明性與複製性（具體描述編碼的過程細節）。

(2) 編碼的信度（intercoder reliability or intracoder reliability），編碼信度常用的統計指標爲同意一致性%、Cohen's Kappa 與 Pearson 積差相關。

以上研究特徵編碼的評鑑，必須透過紙本式或電子式登錄手冊（coding manual），才得以進行評分者間與評分者內信度的檢驗。

四、納入與排除標準

整合分析除了在文獻識別階段的出版偏差與搜尋偏差（search bias）之外，選擇偏差（selection bias）亦會減損整合分析的效度。文獻搜尋偏差，通常起因

於搜尋資料庫時所用的關鍵字或詞不貼切或不夠齊全所致，通常出自於對該研究主題的專業知能不足所致。至於選擇偏差，則係因文獻納入或排除標準不當所致。整合分析結果之正確性係植基於所收納的研究的周圓性，此整合研究收納包含兩個階段。第一階段的工作在於文獻的搜尋，而第二階段的工作在訂定文獻收納的標準。三個潛藏的偏差：出版偏差、文獻搜尋偏差與文獻收納偏差就存在這兩個階段中（Walker, Hernandez & Kattan, 2008）。

通常正向的研究結果較易被刊出，而負面的研究結果不易被刊出來（例如：藥商通常對負面研究結果沒有出版意願），因而為了減少此類出版偏差，研究者應盡力找出未出版的研究文獻（常稱為 gray literature），這些研究可能是剛出爐的未出版新文獻。漏斗圖的分析可用來檢視文獻搜尋偏差與文獻收納偏差。目前美國 FDA 就要求藥商在進行任何藥物試驗之前，必須事先登錄，以避免出版偏差的問題。另外，美國國家健康研究院（The National Institute of Health）也維護了一個登錄資料庫（a registry），收納它所資助的研究。這些登錄資料庫登錄所有的研究，不管其研究結果如何，是藥物研究者必訪的文獻蒐藏寶庫。因為文獻收納偏差可能起因於收納標準界定不明確或不夠周延，研究者可依據以下選擇標準，進行文獻的篩選：

(1) 研究目的。
(2) 待研究構念的操作型定義。
(3) 樣本特徵與大小。
(4) 研究設計（實驗型或觀察型）。
(5) 實驗處理（類型與劑量）。
(6) 研究的測量方法。
(7) 資料品質。
(8) 時間範圍。
(9) 出版型式。
(10) 效果值資訊。

另外，Muncer, Taylor, & Craigie（2002）、Muncer, Craigie, & Holmes（2003）認為統計考驗力過低的研究，會因抽樣不具代表性而導致效果值的偏高或偏低的現象（異質性增大），主張除了使用加權平均數之外，也將統計考驗力納入文獻

選擇的門檻。他們主張醫學與健康科學的整合分析研究，納入整合分析的各篇文獻，其統計考驗力不應低於 .80；社會科學的整合分析研究因較不易導致生命的威脅，納入整合分析的各篇文獻之統計考驗力可降低到 .50。他們的建議，在相關研究結果的篇數較多時，值得研究者的參考應用；也讓我們警覺到來自於小樣本研究的大效果值，很有可能來自於研究方法上之偏差所致（Kennedy, 2014）。因此，將這些統計考驗力過低的研究納入整合分析中，就易產生所謂的整合研究衍生的證據（synthesis-generated evidence），而非研究衍生的證據（study-generated evidence），因果關係的推論當然無法令人信服（Cooper & Hedges, 2009）。

根據上述所擬定的選入標準，研究者儘可能將相類似的研究收納進來。當然，所收納進來的研究須具有代表性、周圓性與可比較性。如果發現並沒有相類似的研究能被收納進來，研究者只好放棄整合分析一途了（Walker, Hernandez & Kattan, 2008）。

五、研究品質的評鑑工具

整合分析的研究者與應用者，均須具有批判各研究結果是否有信、效度與價值的能力。因此，對於研究品質的評鑑內容與方法，研究者與應用者必須深入探究。整合分析研究結果的品質，端賴初始研究（primary studies）的品質好壞。因此，初始研究品質的評鑑乃是整合分析研究過程中的一項重要任務。此項任務也與納入與排除標準息息相關。初始研究品質的評鑑，通常可作爲研究文獻之篩選、研究結果加權、次群體分析與整合迴歸分析的依據。

實驗性的研究品質端賴其研究類別、研究內、外在效度而定，一般來說：

(1) 前瞻性研究（Prospective studies）優於回溯性研究（Retrospective studies）。
(2) 實驗性研究優於觀察性研究。
(3) 含有控制組的研究優於未含有控制組的研究。
(4) 同時控制組設計（實驗處理組的結果與同時期控制組的結果相比較）優於歷史性控制組設計（目前實驗處理組的結果與過去實驗處理組的結果相比較）。
(5) 內在控制組設計（例如：來自於相同母群但接受不同的實驗處理的控制

組）優於外在控制組設計（例如：不同實驗處理情境下的控制組、過去類似實驗處理的控制組）。

(6) 隨機化研究優於非隨機化的研究。

(7) 大樣本研究優於小樣本的研究。

(8) 雙盲研究（例如：病人、臨床醫師與資料分析師，均不知道使用何種藥物處理）優於非雙盲研究。

(9) 受試者母群、處理方法與測量工具界定清楚的研究優於界定不清楚的研究。

以上評估標準摘自：http://www.nlm.nih.gov/nichsr/hta101/ta10107.html#Heading26。

至於研究品質的評鑑，主要有兩個面向：第一個面向為方法學上的評鑑，第二個為非方法學的評鑑。方法學上的評鑑涉及研究設計、抽樣方法、測量工具與資料分析的適當性。非方法學的評鑑涉及研究目的之適當性、立論基礎與研究發現的價值。方法學上的評鑑可以確認研究過程與所得證據免於偏差、推論免於錯誤；非方法學上的評鑑旨在評估研究內容與結果的價值與重要性。非方法學的評鑑端賴該研究領域專業的判斷，本書所欲探討的範疇將只針對方法學上的評鑑工具進行介紹。

研究品質的評鑑常因研究領域與研究類別（實驗性、觀察性或診斷性），而出現評鑑內容與標準不一之現象，而且評鑑工具也相當多元，研究者可根據自己的研究領域與研究類別慎選一個評鑑工具，進行研究文獻品質之評鑑。以下僅就常用且有名的工具作介紹：Valentine & Cooper（2008）的 Study DIAD、Melnyk's Hierarchy of Evidence、The Jadad scale、PEDro 量表、AHRQ 的評估量表（美國健康照護研究與品質局）與 GRADE（證據等級與臨床建議的評鑑系統）。另外，適用於實驗性研究評估的 CONSORT 量表（最早由 30 位醫學雜誌主編、臨床醫師、流行病學者與方法論學者於 1993 聚集在加拿大 OTTAWA 開會所創立，量表內容涵蓋 AHRQ 量表內所有範疇），美國國民健康協會（2004）亦推出適合於非隨機化研究的評估量表：TREND 及 Higgins, Lane, Anagnostelis, Anzures-Cabrera, Baker, Cappelleri, Haughie, Hollis, Lewis, Moneuse, Whitehead（2013）所推介的「Quality assessment tool for meta-analysis」，適用於醫學文獻整合分析的品管，亦均具實用性與嚴謹性，礙於篇幅不在此作詳細介紹。

(一) Study DIAD 研究品質問卷

　　Study DIAD（The Study Design and Implementation Assessment Device）係實驗研究的品質評鑑工具（Valentine & Cooper, 2008）。該研究品質評鑑工具係屬階層性、多向度問卷（由抽象、半具體到具體），最上層問題涉及以下四大整體性問題（global questions）：構念效度（概念與操作定義間的適配性）、內在效度（因果推論的明確性）、外在效度（研究發現的普遍性）與統計結論效度（統計分析的精確度）；其次第二階包含 8 個組合問題（composite questions），最下階為 30 道有關實驗研究設計與實施的問題。實際作評估時，須由第三階的問題開始評估，利用此階段的評估結果進行第二階問題的評估。最後根據第二階問題評估的結果，進行第一階四大效度的評鑑。圖 3-30 係 Study DIAD 研究品質問卷題目的範例，僅提供構念效度的部分內容，有興趣的讀者請檢閱 Valentine & Cooper（2008）的 Study DIAD 研究品質的全部問卷內容，在此不作詳細解說。

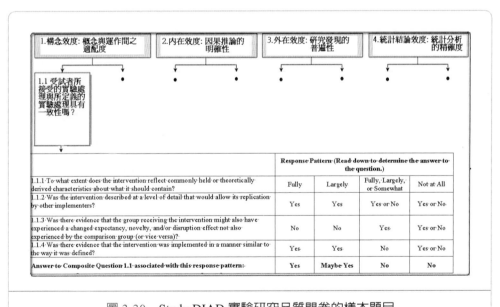

圖 3-30　Study DIAD 實驗研究品質問卷的樣本題目

(二) Melnyk's Hierarchy of Evidence 量表

　　在實證醫學中，不同的研究方法有不同的可信度，我們稱之為證據等級（level of evidence），這些等級的區分大都衍生自英國牛津大學實證醫學中心的

檢核表。以問題區分，共有五大問題：

(1) 治療／預防，危害／病因。
(2) 預後。
(3) 診斷。
(4) 區分診斷（Differential diagnosis）或症狀流行率研究。
(5) 經濟性與決策性分析（Economic and decision analyses）。
（注意：2011 年版本內容已有更動，摘自 http://www.ccd.doh.gov.tw/public/ufile/ufile/b5a01fc4fa1cf46aff9f5753c188560b.pdf）

每種問題均採五個證據等級加以評比，請參考英國牛津大學實證醫學中心網站 http://www.cebm.net/mod_product/design/files/CEBM-Levels-of-Evidence-2.1.pdf
這五個證據等級係依不同的研究方法，區分實驗研究的品質依序如下：

1. 隨機化控制組實驗（Randomized Controlled Trials）

實驗組及控制組經不同的治療，觀察其結果。例如：實驗組吃 aspirin，控制組吃安慰劑，比較這兩組受試者數年後中風的機率。

2. 同期群研究（Cohort Study）

同期群研究又稱為世代研究，是一種觀察性研究方法，研究者須觀察自然暴露或接受治療的影響，定期追蹤其結果。例如：比較嘉義市曾吃過 aspirin 及沒有吃過 aspirin 的人，10 年後發生中風的機率。

3. 個案控制組研究（Case Control Study）

個案控制組研究，又稱為病例對照研究，常採回溯性研究，係針對病人組及控制組，回溯其接受治療的情形或暴露於危險因子的關聯性。例如：比較 30 個有中風的患者及 30 個沒有中風的人，他們吃了 aspirin 的比率。

4. 個案研究或病例報告（Case Report）

蒐集相同臨床特質的病人，回顧文獻報告加以比較。例如：蒐集 10 位吃過 aspirin 預防中風結果發生消化道出血的病人，報告其臨床特徵並回顧相關文獻。

5. 專家意見或生理病理推論

表 3-1 的 Melnyk's Hierarchy of Evidence 量表係衍生自上述五種證據等級，

常作為評鑑研究品質的參考標準。

表 3-1 Melnyk's Hierarchy of Evidence 量表

Level	Description	Strength
I	證據係全來自於質性系統性文獻回顧（Systematic review）、隨機化控制組實驗或整合分析	最強
II	證據係部分來自於隨機化控制組實驗（至少有一篇設計良好的隨機化控制組實驗）	
III	證據係來自於設計良好的控制組實驗，但無隨機化	
IV	證據係來自於設計良好的個案控制組研究與同期群研究	
V	證據係來自於描述性或質化研究的系統化審查	
VI	證據係來自於單一的描述性或質化的研究	
VII	證據係來自於權威意見或專家委員會的報告	最弱

註：取自 Melnyk & Fineout-Overholt, 2005.

(三) Jadad 量表

Jadad 量表（又稱為 Oxford quality scoring system），係用來獨立評估隨機化臨床實驗的研究品質，由於題目簡單易行，受到許多世界各地研究者的廣泛採用。Jadad 量表係依 Alejandro Jadad-Bechara 命名，他曾在英國牛津大學麻醉學系疼痛緩解單位擔任研究員。

表 3-2 Jadad 隨機化控制組實驗研究評分表

評估項目	分數	說明
1. 是否隨機分派（randomized）	2	詳細說明如何進行隨機分派方式且正確
	1	提及採隨機分派，但未說明方式
	0	未採隨機方式，如類實驗法
2. 是否雙盲實驗（double-blind）	2	具體說明如何進行雙盲實驗，且被認為恰當
	1	提及採雙盲實驗，但未說明如何進行
	0	使用單盲或未採盲化
3. 對失聯及退出樣本的追蹤（withdrawals & drop-out）	1	清楚說明個案退出及失聯原因
	0	未說明個案退出及失聯原因

Jadad 量表評定結果為 0～1、2～3 和 4～5，分別相當於研究品質為不佳「poor」、普通「fair」和良好「good」。

(四) PEDro 量表

PEDro 量表，隨機化控制組臨床實驗研究的另一個常用評估工具，係增訂自 Verhagen 及其同僚所開發的 Delphi 檢核表（Verhagen, A.P., et al（1998）。該量表綜合 Jadad & Delphi 的量表題目，上次修改時間為 1999 年 6 月 21 日，首次繁體中文翻譯版本為 2012 年 9 月 30 日。以下譯文取自 http://www.pedro.org.au/traditional-chinese/downloads/pedro-scale/

(1) 受試者的納入條件有具體說明。

解釋：本標準影響研究的外在效度，而不是影響內在效度或統計效度。

(2) 受試者被隨機分配到各組（在交叉研究中，受試者的治療順序是隨機安排的）。

解釋：隨機分配（在機率的限制因素制約下）確保治療組和對照組具有可比性。

(3) 分配方式是隱藏的。

解釋：「隱藏」是指那些決定受試者有沒有資格參加研究的人，在做出決定時，並不知道下一個受試者會被分配到哪個組。如果分配不是隱藏的，那麼對於受試者是否參加研究的決定，很有可能會由於對受試者是否將接受治療的了解而受到影響。這樣就會產生系統性偏差。研究證據顯示，隱藏可預測治療效應值（隱藏與中度效應有相關）。

(4) 就最重要的預後指標而言，各組在基準線都是相似的。

解釋：本標準還表明隨機分配會產生機率的潛在偏差。組間總體差異可能表示隨機程序不足。

(5) 對受試者全部設盲（實施受盲）。

解釋：受試者受盲是保證受試者無法分辨自己是否接受了治療。如果對受試者使用受盲，讀者可以肯定明顯的療效（或治療無效）不是由於安慰劑效應或霍桑效應（一種研究假象，即受試者反應受到影響，會按研究者的期望做出反應）引起的。

(6) 對實施治療的治療師全部設盲（實施受盲）。

解釋：治療師受盲是確保治療師無法辨別各個受試者是否接受了治療。如果對治療師使用受盲，讀者可以肯定治療產生明顯療效（或治療無效）不是因為治療師對該項治療或控制條件有熱切期望或缺乏興趣。

(7) 對至少測量一項主要結果的評估者全部設盲（實施受盲）。

解釋：評估者受盲是確保評估者無法辨別各個受試者是否接受了治療。如果對評估者使用受盲，讀者可以肯定治療有明顯療效（或治療無效）不是因為評估者對測量結果的偏差。

(8) 在最初分配到各組的受試者中，對 85% 以上的人進行至少一項主要結果的測量。

解釋：重要的是要對隨機分配到各組的所有受試者進行結果測量。沒有接受追蹤的受試者與那些接受了追蹤的受試者會有系統差異，而這樣會造成偏差。潛在偏差程度與未接受追蹤受試者的比例成正比。

(9) 凡是有測量結果的受試者，都必須按照分配方案接受治療或者對照條件，假如不是這樣，那麼應對至少有一項主要結果進行「意向治療分析」（Inttention-to-treat analysis）。

解釋：在臨床研究中，違反原計畫書提案的情況幾乎是不可避免的。違反原計畫書提案意味著受試者沒有按計劃接受治療，或在不該接受治療的情況進行了治療。根據受試者實際接受治療的情況（而不是根據受試者應該接受治療的情況）來進行資料分析，可能會產生偏差。重要的是要在進行資料分析時，假定每個受試者按計劃接受了治療或對照條件（一經隨機分派，就納入分析），這通常稱為「意向治療分析」。

(10) 至少報告一項主要結果的組間比較統計結果。

解釋：在臨床研究中，要進行統計檢測來判定組間差異是否超過機率而造成的差異。

(11) 至少提供一項主要結果的點測量值和變異量值。

解釋：臨床研究可以對治療效應值進行相對無偏差的估計。對治療效應值的最佳估計（點估計）是治療組與對照組之間的結果差值（或比率）。只有當研究提供變異量測量時，才能夠計算與該估計相關的不確定度。

全部標準只有明確符合某項標準，才能給分。如果研究報告從字面上看來有可能不符合某項標準，那麼該項標準就不應給分。標準 4、7 至 11 主要結果是指衡量治療有效（或無效）最重要的若干測量結果。在大多數研究中，使用一個以上的變項來測量其結果。

(五) AHRQ 的評估標準

AHRQ 的評估標準，係美國健康照護研究與品質局（The Agency for Healthcare Research and Quality, AHRQ）所制定，分別制定了四類研究的評鑑標準：系統性評論（Systematic Reviews）、隨機化控制組實驗（Randomized Controlled Trials）、觀察性研究（Observational Studies）與診斷工具研究（Diagnostic Studies）。為研究者之便利，茲依序將評鑑範疇與要素列述如下：

表 3-3　系統性評論之評鑑範疇與要素

研究問題
貼切問題與清晰界定
搜尋策略
搜尋廣泛與嚴謹，並慮及出版偏差
合理的搜尋限制（**e.g.,** 語言或國別）
記載搜尋的關鍵詞與資料庫
細節詳細，研究可以再製
納入與排除標準
選擇方法的界定與適當性（假如可能，呈現事先定義的標準）
干預（介入治療）
對於所有研究群組的介入治療方法，定義明確而詳細
醫療結果
考慮到所有可能的利弊（**harms and benefits**）
資料萃取 *
過程嚴謹與一致
評論者的人數與類別
評論者的盲化

（續前表）

　　一致性的測量或再製性

　　對於所有相關的受試者與次群體，萃取定義清楚的介入（或暴露）與結果

研究品質與效度

　　評估方法的界定與適當性

　　合併方法的界定與適當性

資料整合與分析

　　妥當使用質化或量化的整合方法，並顧及研究結果的強任性與異質性問題

　　呈現足夠的關鍵研究要素，可進行批判性的評估與複製

研究結果

　　敘述性摘要與量化的統計摘要（含精確指標 CI）

討論

　　研究結論為研究結果所支撐，且慮及研究結果可能的偏差與限制

贊助

　　研究贊助的類別與來源

* 此範疇給予「Yes」的評等，需考慮及大部分要素。

　　研究者可以根據表 3-3 的範疇與要素，進行研究品質中各範疇的三級評估：假如所有或大部分要素均考慮到時，該範疇可給予「Yes」等第（a Yes rating）；假如所有要素均未考慮到時，該範疇可給予「No」等第；假如所有要素只少部分考慮到時，該範疇可給予「Partial」等第。

表 3-4　隨機化控制組實驗研究之評鑑範疇與要素

研究問題

　　貼切問題與清晰聚焦

研究母群

　　研究母群的描述

　　明確的納入與排除標準

　　樣本大小的適當性

隨機化

　　使用適當的隨機化方法

　　妥當的隱瞞方法

（續前表）

在起跑點上實驗與對照組之相似性

盲化措施

雙盲化實驗處理分派（e.g., 研究者，照顧者，受試者，顧問與其它主要研究人員）

介入治療（intervention）

對於所有研究群組的干預方法，明確而詳細（e.g., 計量，流程，吃藥時程，與詳細細節可以進行評估與其他類別干預的再製）

遵守介入治療（Compliance with intervention）

除了該實驗治療的差異外，其他處置在各組上的一致性

Outcomes 測量工具

界定主要與次要結果的測量工具

測量方法標準化，可靠且有效

統計分析

運用適當的分析技術，討論及研究退出者、失聯者、缺失資料與治療意向（intention to treat）

統計考驗力的計算

干擾因素的評估

異質性評估（假如適用）

研究結果

呈現效果值指標與適當的精確指標

收納進研究中合格受試者的比率與追蹤

討論

研究結論為研究結果所支撐，且慮及研究結果可能的偏差與限制

贊助

研究贊助的類別與來源

表 3-5 觀察性研究之評鑑範疇與要素（計分）：總分為 100

研究問題 (2)

貼切問題與清晰聚焦

研究母群 (8)

研究母群的描述 (5)

樣本大小的適當性 (3)

受試者的可匹配性 ＊（22）

適用於所有的觀察性研究

（續前表）

　　　　　對於各群組，均有明確的納入或排除標準 (5)

　　　　　標準適用於各群組 (3)

　　　　　就疾病的狀態與預判因素而言，各組在基線上具有可匹配性 (3)

　　　　　就干擾因素而言，待研究群組與未參與者具有匹配性 (3)

　　　　　使用同時存在的控制組 (5)

　　　　　在每一評估上，追蹤組間的可比較性 (3)

　　　個案控制組研究額外標準

　　　　　清楚定義個案 (1)

　　　　　研究個案的確定，不受暴露身分的影響 (1)

　　　　　除了感興趣的條件之外，控制組與實驗組個案應類似，且暴露的機會也相等 (1)

暴露（危險因子）或介入（處置方法）(11)

　　清楚定義暴露因子 (5)

　　測量方法標準化，可靠且有效 (3)

　　在各研究群組對於暴露的測量應一致 (3)

Outcome 測量工具（20）

　　清楚定義主要或次要結果變項 (5)

　　結果評估時，不知受試者的暴露或介入身分 (5)

　　結果測量方法標準化，可靠且有效 (5)

　　追蹤期足夠 (5)

統計分析（19）

　　統計考驗的適當性 (5)

　　考慮到多重比較 (3)

　　使用適當的理論模式及多變項方法 (2)

　　統計考驗力分析 (2)

　　干擾因素（confounding）的評估 (5)

　　劑量反應評估（Dose-response assessment），假如適當 (2)

研究結果 (8)

　　呈現效果值指標與精確度指標 (5)

　　每一研究群組的追蹤期都過長 (3)

討論 (5)

　　研究結論為研究結果所支撐，且慮及研究結果可能的偏差與限制

贊助 (5)

　　研究贊助的類別與來源

* 此範疇給予「Yes」的評等時，需考慮及大部分要素。

表 3-6　診斷工具研究（健康檢查工具的診斷力研究）之評鑑範疇與要素

研究母群
受試者應與該試驗將來運用的母群相類似，且疾病的嚴重程度相類似
診斷工具與實施的充分描述
描述執行試驗方法的細節，足夠他人去複製這個試驗
適當的參照標準
比較時，使用最佳的參照標準（gold standard）
參照標準可再製
診斷工具與參照標準的比較應盲化
工具評鑑時不知疾病的身分（假如可能）
診斷工具與參照標準具有一個獨立、雙盲的解釋
避免驗證偏差
進行參照標準的決定，並非依賴該研究中試驗的結果

註：在醫學上，「gold standard」測試，乃指該診斷測試在合理的條件下為現存最佳的偵測方法，可以高度確信個案疾病的有無。例如：乳房切片檢查乃是公認的乳癌確認的最佳方法，它是其它檢驗方法的最佳參照標準。

　　至於量表題目的計分方式，除了研究者可利用該量表上分項給分之計分方式（參見表 3-5 的計分方式），或使用文字敘述（well-covered、adequately addressed & poorly addressed、not addressed、not reported & not applicable）之外，研究者亦可利用前述的研究品質評鑑標準進行個別研究的評估。之後，再根據表 3-7 表中的整體研究品質的好壞，分派給該研究良好「Good」、普通「Fair」與不佳「Poor」的等第，以進行研究的篩選。

表 3-7　研究品質摘要的評定量尺與特質

	良好	普通	不佳
基本特質	■研究設計與實施討論及偏差的風險 ■適當的測量結果 ■適當的統計與分析方法 ■低退出率 ■妥適的報告統計與分析方法、退出率與理由、及結果（報告無錯誤）	■未達到「良好」品質的所有標準 ■不會引起重大偏差的錯誤 ■遺漏資訊時常會影響評定結果	■不當的研究設計、實施、資料分析與報告 ■遺漏大量資訊 ■報告中出現矛盾

Note: Helfand M, Balshem H. (2009). *Methods guide for comparative effectiveness reviews*. Available at: http://www.effectivehealthcare.ahrq.gov/ehc/products/60/294/2009_0805_principles1.pdf

(六) 證據等級與臨床建議的 GRADE 評鑑系統

在此特別推介一個可以同時評估證據等級與臨床建議的評鑑系統：GRADE（The Grading of Recommendations Assessment, Development and Evaluation）。

此評鑑系統，可以同時評估證據等級與臨床建議。GRADE 可以比較明確分析證據的真實性、重要性與實用性，可以釐清證據等級與建議強度間之關係。GRADE 評鑑系統適用於針對整合分析結果，進行證據強度與推薦強度之評鑑，而非針對單一 RCT 研究之評鑑。GRADE 系統將證據品質分為「高、中、低與非常低」等四個等級；將推薦強度分為「強推薦」和「弱推薦」兩個等級。在 GRADE 計分系統中，如無嚴重缺陷的 RCT 評為高品質證據，如無極顯著效果值或有嚴重缺陷的觀察性研究評定為低品質證據（參見表 3-8、表 3-9）。GRADE 並詳細描述了影響證據品質的因素與具體描述了分級的明確標準，如果 RCT 中出現可能降低證據品質的因素，則降為中等品質；如觀察性研究中出現增加證據品質的因素，則可提升為中等品質，但觀察性研究中如有降低證據品質的因素，則評級可降為非常低品質。

整合分析之證據品質強度會因下列五大因素而下修（參見表 3-8）：

1. 研究設計的侷限性

誤差風險：如樣本未具代表性（避免選擇性偏差）、隨機分派過程不隱密、治療過程未維持盲性（避免執行性偏差）、無後續追蹤、選擇性報告研究結果（避免分析選擇性偏差）、未使用治療意向分析（避免受試者損耗性偏差）和工具效度不佳。

2. 結果不一致（inconsistency of results）

異質性大之現象：各研究之點估計值離散量大、各點估計值的 CI 未重疊、異質性考驗達既定顯著水準與 I^2 很大。

3. 間接證據（indirectness）

如間接比較比直接比較品質會較差、推論母群有差異（年齡、性別、病情之嚴重性）、處置方法有差異（劑量）和結果變項有差異（測量方法）。

4. 結果不精確（imprecision）

例如：較寬的信賴區間、效果值不大、樣本數不足（尤其是遇小研究大效果

時）和發生的事件不多等都會影響研究結果的正確性。

5. 出版偏差（publication bias）

出版偏差可透過漏斗圖、統計考驗與 Trim & Fill 方法檢驗之，大部分蒐集到之研究來自於小樣本或企業界所贊助。

研究證據品質強度也會因下列三大因素而上修（參見表 3-8），此上修的準據特別適用於觀察性的研究：

1. 大效果或極大效果（large or very large effect），例如：就大效果而言，勝算比大於 2 或小於 0.5、相關係數大於 .19 或小於 −.19、標準化平均數大於 .38 或小於 −.38；就極大效果而言，勝算比大於 5 或小於 0.2、相關係數大於 .41 或小於 −.41、標準化平均數大於 .89 或小於 −.89（採用 Guyatt, Oxman, Sultan, et. al., 2011; BMJ, 2014 的標準）。
2. 可能誤差降低了眞實效果（plausible biases underestimate true effect，如實驗組與控制係非等組設計，存在著未知的殘餘偏差或殘餘干擾因素）。
3. 具有劑量多寡─反應強度間的因果關係（dose-response gradient）。

表 3-8　GRADE 證據品質評估標準

研究設計	對於估計效果值的信心 *	降級假如	升級假如
隨機化實驗設計→	高	偏差風險 -1 Serious -2 Very serious	大效果 +1 Large +2 Very Large
	中	不一致性 -1 Serious -2 Very serious	劑量反應關係 +1 Evidence of a gradient
觀察性研究　→	低	間接性 -1 Serious -2 Very serious	可能的混淆因素 +1 Would reduce a demonstrated effect
	非常低	不精確性 -1 Serious -2 Very serious	
		出版偏差 -1 Likely -2 Very likely	

* 指估計效果值與真正效果值接近性的信心。

表 3-8 的證據品質評估標準，只列出大原則，具體的評分內容，請參見表 3-9。

表 3-9 GRADE 證據品質評分表

證據品質	評定分數	研究設計	降級假如	評定分數	升級假如	評定分數	總分
	1～4			0～-2		0～+2	
高		隨機化實驗（RCT）+4	研究限制：樣本未具代表性、隨機分派過程不隱密、療法未保密、無後續追蹤、選擇性報告研究結果、未使用治療意向分析、工具效度不佳		大效果值+1：勝算比大於 2 或小於 0.5、相關係數大於 .19 或小於 -.19、標準化平均數大於 .38 或小於 -.38		
			不一致性：點估計值離散量大、各點估計值的 CI 未重疊、異質性高與 I^2 很大		巨大效果值+2：勝算比大於 5 或小於 0.2、相關係數大於 .41 或小於 -.41、標準化平均數大於 .89 或小於 -.89		
中			間接性：間接比較、推論母群有差異（年齡、性別、病情之嚴重性）、處置方法有差異（劑量）、結果變項有差異（測量方法）		具有劑量—反應因果關係+1		
			精確度不佳：信賴區間大、效果值不大、樣本數不足（尤其是遇小研究大效果時）、發生事件不多		所有可能會降低觀察效果值的干擾因素+1		

（續前表）

證據品質	評定分數	研究設計	降級假如	評定分數	升級假如	評定分數	總分
低		觀察性研究（世代研究、病例控制研究）+2	出版偏差：非對稱性漏斗圖，大部分蒐集到之研究來自於小樣本或企業界所贊助				
非常低							
總分							

　　根據表 3-9 的評分結果，就可利用 GRADE 系統進行證據品質強度的下修與上修工作，請參見圖 3-31。由此表觀之，評分結果如果等於或小於 1，該整合分析的證據品質屬於非常低級：對於估計效果值沒有信心（跟實際效果值可能具有很大落差）；評分結果如果等於 2，證據品質屬於低級；評分結果如果等於 3，證據品質屬於中級；評分結果如果等於或大於 4，證據品質屬於高級，進一步的研究也不太可能改變對於估計效果值的信心（跟實際效果值非常接近）。

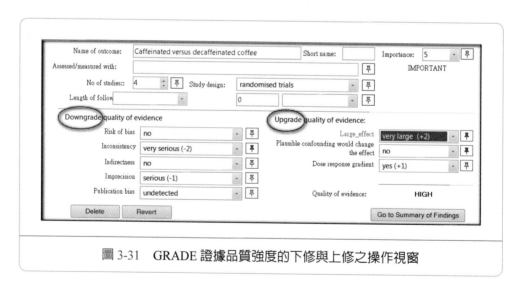

圖 3-31　GRADE 證據品質強度的下修與上修之操作視窗

　　最後，GRADE 評鑑系統可以建立一個研究發現摘要表（Summary of Findings Table）（參見表 3-10）與品質評估概要表（參見表 3-11），表中會針對不同結果指標之整合分析，進行證據強度、結果重要性與推薦強度的綜合性評

估，因而最適合於臨床醫護人員之應用。

以上表中各項目之具體的評鑑技術細節，請參考 *Journal of Clinical Epidemiology* 第 64 期（2011）與第 66 期（2013）之主題專刊論文，對於 GRADE 系統之介紹和應用實例有詳盡之描述。至於 GRADE 的免費下載網址，有二：

http://tech.cochrane.org/revman/other-resources/gradepro/download

http://ims.cochrane.org/revman/other-resources/gradepro/download

表 3-10　GRADE 研究發現摘要表（Summary of findings table）實例

Self management for patients with chronic obstructive pulmonary disease

Patient or population: patients with chronic obstructive pulmonary disease
Settings: primary care, community, outpatient
Intervention: self management[1]
Comparison: usual care

Outcomes	Illustrative comparative risks* (95% CI)		Relative effect (95% CI)	No of Participants (studies)	Quality of the evidence (GRADE)	Comments
	Assumed risk	Corresponding risk				
	Usual care	Self management				
Quality of Life St George's Respiratory Questionnaire. Scale from: 0 to 100 (worse). Follow-up: 3 to 12 months	The mean quality of life ranged across control groups from **38 to 60 points**	The mean quality of life in the intervention groups was **2.58 lower** (5.14 to 0.02 lower)		698 (7 studies)	⊕⊕⊕⊖ moderate[2]	A change of less than 4 points is not shown to be important to patients.
Dyspnoea Borg Scale. Scale from: 0 to 10 (worse). Follow-up: 3 to 6 months	The mean dyspnoea ranged across control groups from **1.2 to 4.1 points**	The mean dyspnoea in the intervention groups was **0.53 lower** (0.96 to 0.1 lower)		144 (2 studies)	⊕⊕⊖⊖ low[3,4]	
Number and severity of exacerbations[5]	See comment	See comment	Not estimable[5]	591 (3 studies)	See comment	Effect is uncertain
Respiratory-related hospital admissions Follow-up: 3 to 12 months	Low[6] 10 per 100	7 per 100 (5 to 9)	OR 0.64 (0.47 to 0.89)	966 (8 studies)	⊕⊕⊕⊖ moderate[7]	
	High[6] 50 per 100	39 per 100 (32 to 47)				
Emergency department visits for lung diseases Follow-up: 6 to 12 months	The mean emergency department visits for lung diseases ranged across control groups from **0.2 to 0.7 visits per person per year**	The mean emergency department visits in the intervention groups was **0.1 higher** (0.2 lower to 0.3 higher)		328 (4 studies)	⊕⊕⊕⊖ moderate[4]	
Doctor and nurse visits Follow-up: 6 to 12 months	The mean doctor and nurse visits ranged across control groups from **1 to 5 visits per person per year**	The mean doctor and nurse visits in the intervention groups was **0.02 higher** (1 lower to 1 higher)		629 (8 studies)	⊕⊕⊕⊖ moderate[8]	

*The basis for the **assumed risk** (e.g. the median control group risk across studies) is provided in footnotes. The **corresponding risk** (and its 95% confidence interval) is based on the assumed risk in the comparison group and the relative effect of the intervention (and its 95% CI).

CI: Confidence interval; OR: Odds ratio;

GRADE Working Group grades of evidence
High quality: Further research is very unlikely to change our confidence in the estimate of effect.
Moderate quality: Further research is likely to have an important impact on our confidence in the estimate of effect and may change the estimate.
Low quality: Further research is very likely to have an important impact on our confidence in the estimate of effect and is likely to change the estimate.
Very low quality: We are very uncertain about the estimate.

[1] Self-management is a term applied to any formalized patient education programme aimed at teaching skills needed to carry out medical regimens specific to the disease, guide health behaviour change, and provide emotional support for patients to control their disease and live functional lives. Of the 14 studies, there were four in which the education delivery mode consisted of group education; nine which were individual education and one study which was written education material only. In six studies the use of an action plan for self-treatment of exacerbations was assessed.
[2] Seven other studies were not pooled and some showed non-significant effects.
[3] No allocation concealment in 1 study. Incomplete follow-up.
[4] Sparse data.
[5] Different definitions of exacerbations used and studies could not be pooled.
[6] The low and high risk values are the two extreme numbers of admissions in the control groups from two studies (8% was rounded to 10% and 51% to 50%).
[7] Two studies with very severe COPD patients weighted heavily in meta-analysis. Therefore, there is some uncertainty with the applicability of effect to all risk groups.
[8] Unexplained heterogeneity.

Note: Taken from http://http://www.gradepro.org/va/

表 3-11 GRADE 品質評估概要表（GRADE evidence profile）實例

Author(s): Tanja TW Effing, Evelyn EM Monninkhof, Paul P.D.L.P.M. van der Valk, Job J van der Palen, C LA van Herwaarden, M R Partidge, Haydn EH Walters, E H Walters, Gerhard G.A. Zielhuis
Date: 2008-01-28
Question: Should self management vs usual care be used for chronic obstructive pulmonary disease?[1]
Settings: primary care, community, outpatient
Bibliography: Effing TTW, Monninkhof EEM, van der Valk PP.D.L.P.M., van der Palen JJ, van Herwaarden CLA, Partidge MR, Walters HEH, Walters EH, Zielhuis GG.A.. Self-management education for patients with chronic obstructive pulmonary disease. Cochrane Database of Systematic Reviews 2007, Issue 4.

No of studies	Design	Risk of bias	Inconsistency	Indirectness	Imprecision	Other considerations	Self management	Usual care	Relative (95% CI)	Absolute	Quality	Importance
Quality of Life (follow-up 3 to 12 months; measured with: St George's Respiratory Questionnaire; range of scores: 0-100 (worse); Better indicated by lower values)												
7	randomised trials	no serious risk of bias	no serious inconsistency	no serious indirectness	no serious imprecision	reporting bias[2]	381	317	-	MD 2.58 lower (5.14 to 0.02 lower)	⊕⊕⊕⊖ MODERATE	CRITICAL
Dyspnoea (follow-up 3 to 6 months; measured with: Borg Scale; range of scores: 0-10 (worse); Better indicated by lower values)												
2	randomised trials	serious[3]	no serious inconsistency	no serious indirectness	serious[4]	none	66	78	-	MD 0.53 lower (0.96 to 0.1 lower)	⊕⊕⊖⊖ LOW	CRITICAL
Number and severity of exacerbations[5] (Better indicated by lower values)												
3	randomised trials					none	591	-	[5]	not pooled[5]		CRITICAL
Respiratory-related hospital admissions (follow-up 3 to 12 months)												
8	randomised trials	no serious risk of bias	no serious inconsistency	serious[6]	no serious imprecision	none	95/528 (18%)	10%[7]	OR 0.64 (0.47 to 0.89)	3 fewer per 100 (from 1 fewer to 5 fewer)	⊕⊕⊕⊖ MODERATE	CRITICAL
								50%[7]		11 fewer per 100 (from 3 fewer to 18 fewer)		
Emergency department visits for lung diseases (follow-up 6 to 12 months; Better indicated by lower values)												
4	randomised trials	no serious risk of bias	no serious inconsistency	no serious indirectness	serious[4]	none	183	145	-	MD 0.1 higher (0.2 lower to 0.3 higher)	⊕⊕⊕⊖ MODERATE	IMPORTANT
Doctor and nurse visits (follow-up 6 to 12 months; Better indicated by lower values)												
8	randomised trials	no serious risk of bias	serious[8]	no serious indirectness	no serious imprecision	none	334	295	-	MD 0.02 higher (1 lower to 1 higher)	⊕⊕⊕⊖ MODERATE	IMPORTANT

[1] Self-management is a term applied to any formalized patient education programme aimed at teaching skills needed to carry out medical regimens specific to the disease, guide health behaviour change, and provide emotional support for patients to control their disease and live functional lives. Of the 14 studies, there were four in which the education delivery mode consisted of group education; nine which were individual education and one study which was written education material only. In six studies the use of an action plan for self-treatment of exacerbations was assessed.

[2] Seven other studies were not pooled and some showed non-significant effects.

[3] No allocation concealment in 1 study. Incomplete follow-up.

[4] Sparse data.

[5] Different definitions of exacerbations used and studies could not be pooled.

[6] Two studies with very severe COPD patients weighted heavily in meta-analysis. Therefore, there is some uncertainty with the applicability of effect to all risk groups.

[7] The low and high risk values are the two extreme numbers of admissions in the control groups from two studies (8% was rounded to 10% and 51% to 50%).

[8] Unexplained heterogeneity.

Note: Taken from http://http://www.gradepro.org/va/

　　當然，證據等級並非最終建議的唯一要素，醫護人員尚須根據以下因素進行臨床建議：相關統合證據、預後評估證據等級、病人價值與偏好、平衡利弊得失、風險與資源運用。證據與最終建議間之關係，劉人瑋（2011）有貼切的評論：

　　　　GRADE系統一個重要精神是，最終建議強度並不一定取決於證據等級，高證據等級的介入可能因爲隨之而來的壞處而不被建議，與一般人以爲高證據等級代表一定要採用該介入的認知不同（p.4）。

　　綜上所述，文獻的評鑑工作除了要注意研究的類別之外，尚須考慮研究品質（內、外在效度）的評核；而且評估的面向、內容與標準則大同小異，端視研究者的專業標準的寬嚴程度。此項研究品質評估任務，除了與該研究之納入與排除有關之外，而且也與研究結果的解釋與異質性分析息息相關，它是整合分析中關鍵的一環，研究者必須審愼爲之。

六、文獻搜尋與挑選

(一) 流程

　　文獻搜尋流程依序爲找出文獻（identification）→初步篩選（screening）→收納與排除評鑑（eligibility）→收納（included）等四大階段。

1. 找出文獻

- 資料庫找到的篇數及其他資源所搜到的篇數（假如有）。

2. 初步篩選

- 文獻排除筆數（重複）。
- 文獻排除筆數（如語言）。
- 篩選文獻筆數。

3. 收納與排除評鑑

- 全文文章適合進行收納、排除評鑑的篇數。
- 全文文獻被排除篇數，並說明排除理由。

4. 收納

- 收入質化整合分析（Systematic review）的文章篇數。
- 收入量化整合分析（Meta analysis）的文章篇數。

　　研究文獻的搜尋方法與選擇流程中，應清楚記載各階段之文獻篩選篇數。

（二）實例

茲將上述各階段的任務，摘要於圖 3-32：

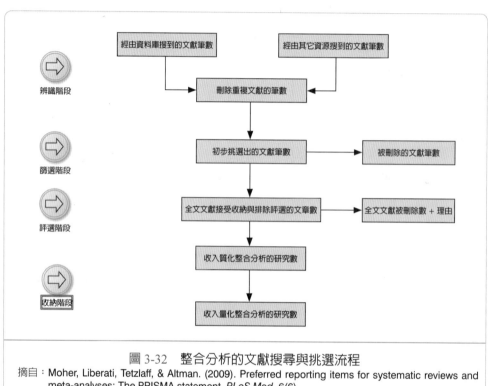

圖 3-32　整合分析的文獻搜尋與挑選流程

摘自：Moher, Liberati, Tetzlaff, & Altman. (2009). Preferred reporting items for systematic reviews and meta-analyses: The PRISMA statement. *PLoS Med*, 6(6).

以下圖 3-33 和圖 3-34 之文獻搜尋流程實例，係依照圖 3-32 的文獻搜尋與挑選流程所繪製出來的應用實例。

整合分析的品質植基於收納進來的研究是否足夠代表所欲推論的母群體，而這代表性的充分性乃決定於您進行文獻搜尋的品質。因此，整合分析者必須清楚描述文獻搜尋過程（如資料庫名稱、收納與排除標準等）；圖 3-33 和圖 3-34 即是一個文獻搜尋與挑選流程的很好圖解案例，可以參考應用。

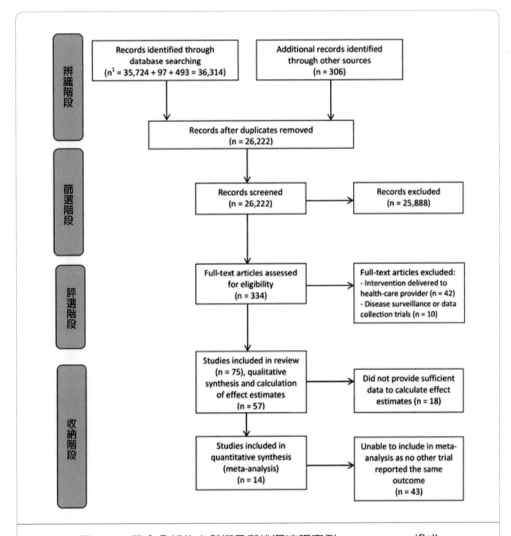

圖 3-33　整合分析的文獻搜尋與挑選流程實例一：PRISMA 格式

資料來源：Free, C.; Phillips, G.; Galli, L.; Watson, L.; Felix, L.; Edwards, P.; Patel, V.; Haines, A. (2013).

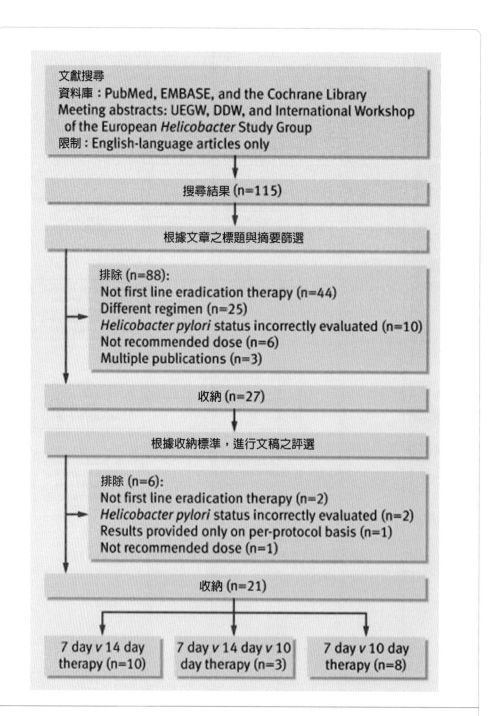

圖 3-34　整合分析的文獻搜尋與挑選流程實例二

資料來源：Alessandro, L., et. al.（2009）.

習　題

一、利用華藝線上圖書館檢索「整合分析」與「統合分析」的文獻，其網址
　　為：http://www.airitilibrary.com/。

二、利用線上資料庫搜尋出一篇整合研究之文獻，分析其文獻搜尋流程與各
　　階段之主要任務。

三、「整合研究衍生的證據」（Synthesis-generated evidence）為何不能取代
　　「研究衍生的證據」（Study-generated evidence）？

四、請搜尋 *Journal of Clinical Epidemiology* 第 64 期（2011）與第 66 期（2013）
　　有關 GRADE 系統介紹之專刊內的論文，閱讀有關 GRADE 系統的具體
　　評鑑技術。

整合分析的調節變項分析

　　當進行整合分析所蒐集到的標準化效果值不一致而出現顯著異質性時，研究者要決定調節變項（它會與自變項產生交互作用，而使得研究結果產生變異）是一件需要知識背景、研究經驗與智慧的事。例如：假如發現槍砲管制嚴格的城市之暴力事件比起槍砲管制寬鬆的城市之暴力事件來得少（譬如 RR = 0.2），研究者還不能驟下定論，須進一步分析這兩類城市的 SES、司法系統與人口組成等等因素是否相同；這些因素就是尚待探討的調節變項，只有該領域的專業人員才能找出最佳的變異源。從以往整合分析的研究當中，可以發現下列研究特徵常被當作調節變項來探索：對依變項不同的操作型定義、不同類型的實驗程序、研究者的性別、樣本的性質（性別或年齡等）、研究方法、研究情境、測量工具、出版年代、出版或未出版、博士或碩士論文、本國或外國研究等等。Lipsey (1994) & Cooper, Hedges, & Valentine (2009) 將這些研究的調節變項分為三類：實質變項（substantive variables）、方法變項（method variables）與外在變項（extrinsic variables）。研究者最感興趣的實質變項涉及樣本特徵、實驗處理特徵、文化情境等因素；至於方法變項則涉及研究方法、測量工具品質與研究過程；而外在變項則涉及出版形式、顯著性與否、學位論文類別、使用語文與出版年代等等因素。這些與研究結果有關的研究特徵，研究者必須根據各研究主題的專業知能，研判哪些重要的調節變項必須事前加以登錄編碼，才能進行後續的調節變項分析。

　　整合分析的調節變項分析方法有四：可信區間（credibility intervals）法、偏差校正變異法、次群體（subgroup）分析法與整合迴歸（Meta-regression）分析法；其中可信區間法與偏差校正變異法是檢驗所搜尋出來的研究結果是否具有同質性，次群體分析法與迴歸分析法則是後續的具體作為。

一、可信區間法

　　由於效果值的整合易受到人為的研究偏差（如抽樣誤差、測量誤差、全距限制）或情境中的調節變項（situational moderators）所影響，研究者可以利用統計方法加以校正（Schmidst & Hunter, 1997; Whitner, 1990）。效果值校正之後，心理計量整合分析者也會分析是否仍有效果值的變異量係因調節變項所致，意即效果值的變異量係來自於多個母群。此時，可信區間正可派上用場，以考驗母群的變異量是否等於 0 的假設。要談可信區間法之前，必須先進行可信區間與信賴

區間（confidence interval）之分辨，過去有不少研究的報告出現兩者混用或誤用的情形（Whitner, 1990）。信賴區間的計算係利用平均效果值的標準誤，用以反映抽樣誤差的影響力範圍，其信賴區間的上下界限為隨機值，而母群參數為固定值；而相關之平均效果值並未針對人為偏差加以校正。可信區間的建立係植基於事後機率分配中的標準差，因此有時又稱為貝氏信賴區間（Bayesian confidence interval），其可信區間的上下界限為固定值，而母群參數為隨機值。在整合分析中，事後機率分配即是經過人為偏差校正後的效果值機率分配。因此，心理計量整合分析者經常報告可信區間，以解釋母群參數估計值落在特定區間的機率。

Whitener（1990）建議使用可信區間評估調節變項是否存在，假如可信區間非常大或包含 0，那平均的校正效果值可能尚有調節變項未找出來；可信區間很小或不包含 0，那平均的校正效果值可能反映了單一母數的估計值，亦即無調節變項存在。可信區間也是心理計量整合分析（Psychometric meta-analysis）學派效度推論（validity generalization）研究中常用的輸出統計量，以檢驗情境差異是否會影響測驗工具之預測效能。假如研究者發現平均的校正效果值並未受到調節變項的干擾，且效果值間具有同質性，就應使用信賴區間解釋平均效果估計值的正確性；假如研究者發現平均的校正效果值並未受到調節變項的干擾，但效果值間具有異質性，就應針對每一同質的次群體，建立次群體信賴區間以解釋平均效果估計值的正確性。

以下簡介信賴區間與可信區間的計算過程，並加以區辨之，以利研究者之理解與應用。

(一)$\bar{r}$ 之信賴區間與可信區間的計算

計算 $\bar{r}$ 之信賴區間與可信區間請參閱公式 4-1 和公式 4-2。

(1) $$\text{Confidence interval} = \bar{r} \pm 1.96 \times SE_r \qquad （公式 4-1）$$

.95 信賴區間，代表 95% 的信賴區間會包含母數 ρ 值（固定值），亦即在大量的重複樣本之下，有 95% 的信賴區間會包含母數 ρ 值，而該母數 ρ 值落在特定信賴區間的機率不是 0 就是 1（因為母群參數為固定值）。

(2) $$\text{Credibility interval} = \bar{r} \pm 1.96 \times SD_\rho \qquad （公式 4\text{-}2）$$

　　.95 可信區間係指該特定可信區間會包含的母數 ρ 值的機率（母群參數爲隨機值）爲 .95，式中 SD_ρ 係經人爲偏差校正之後的標準誤；相關的計算公式依序逐一介紹如公式 4-3 至公式 4-11 所示：

r 之加權平均數，定義如公式 4-3：

$$\bar{r} = \frac{\sum N_i r_i}{\sum N_i} \qquad （公式 4\text{-}3）$$

r 之加權變異數，定義如公式 4-4：

$$s_r^2 = \frac{\sum \left[N_i (r_i - \bar{r})^2 \right]}{\sum N_i} \qquad （公式 4\text{-}4）$$

$\bar{r}$ 信賴區間的建立：k 個研究之 CI，定義如公式 4-5：

$$95\% \, \text{CI} = \bar{r} \pm 1.96 \sqrt{\frac{s_r^2}{k}} \qquad （公式 4\text{-}5）$$

r 抽樣誤差變異量的估計，定義如公式 4-6：

$$\sigma_r^2 \approx \frac{(1 - \rho^2)^2}{N} \qquad （公式 4\text{-}6）$$

單一研究之變異量，定義如公式 4-7：

$$\hat{\sigma}_{ei}^2 = \frac{(1 - \hat{\rho}_i^2)^2}{N - 1} \qquad （公式 4\text{-}7）$$

$\bar{r}$ 整合分析的抽樣變異量，定義如公式 4-8：

$$\hat{\sigma}_e^2 = \frac{(1 - \bar{r}^2)^2}{\overline{N} - 1} \qquad （公式 4\text{-}8）$$

根據傳統測驗理論：X = T + E 可推衍出：實得變異量 = 母群相關係數變異量 + 抽樣誤差變異量。根據此變異量間之關係，可計算出來排除抽樣誤差之後的變異量，定義如公式 4-9 和 4-10：

$$\sigma_\rho^2 = \sigma_r^2 - \sigma_e^2 \qquad\qquad （公式 4-9）$$

$$\hat{\sigma}_\rho^2 = s_r^2 - \hat{\sigma}_e^2 \qquad\qquad （公式 4-10）$$

將公式 4-4 和公式 4-8 代入公式 4-10，可獲得公式 4-11，此即 Bare-bones 整合分析的校正抽樣誤差公式。

$$\frac{\sum\left[N_i(r_i - \bar{r})^2\right]}{\sum N_i} - \frac{(1 - \bar{r}^2)^2}{\overline{N} - 1} \qquad\qquad （公式 4-11）$$

以表 4-1 的生產力資料為例：其可信區間的標準差（SD）為：

$$\sqrt{.025 - \frac{(1 - .27^2)^2}{\frac{2745}{15} - 1}} = \sqrt{.025 - \frac{.86}{182}} = .1423$$

利用公式 4-5 可建立其信賴區間（confidence interval）為：$0.27 \pm 1.96\sqrt{\frac{.025}{15}}$ = .27 ± 1.96×.04（.19 ~ .35）。此信賴區間 .19 ~ .35 不包含 0，意謂著 r = .27 的平均效果值已達 .05 之顯著水準。但如利用公式 4-11，建立其可信區間為 .27 ± 1.96×.1423（−.01 ~ .54），因為此可信區間不受抽樣誤差之影響，此區間包含 0 且區間甚大，可以反映出調節變項的存在，研究者須進行調節變項之探索。請參考表 4-1 的下半部專業與非專業之次群體分析，此調節變項為專業與非專業之工作分類。就非專業之群體來看，其可信區間（.04 ~ .48）並不包含 0，顯示研究者不必再探究調節變項；但就專業之群體來看，其可信區間（−.04 ~ .58）包含 0，顯示研究者須繼續探究造成效果值間顯著變異的調節變項。

實例解說　年齡與表現之相關係數（含調節變項分析）

表 4-1　信賴區間與可信區間的實例

Example of Statistical and Substantive Differences

Issue/group	K	N	$\bar{r}$	SD_r^2	SD_ρ	SE*	Confidence interval（SE）	Credibility interval（SD_ρ）
Waldman and Avolio（1986）								
生產力	15	2,745	.27	.025	.14	.04	.19 to .35	−.01 to .54
管理者	18	3,660	−.14	.028	.15	.04	−.22 to −.06	−.44 to .16
同儕評分	16	3,622	.10	.090	.29	.07	−.05 to .25	−.47 to .67
生產力的調節變項分析								
非專業人員	7	981	.26	.018	.11	.05	.16 to .36	.04 to .48
專業人員	8	1,764	.27	.029	.16	.06	.15 to .38	−.04 to .58

Note: K = number of studies; N = total sample size; $\bar{r}$ = sample-size weighted mean correlation; SD_r^2 = uncorrected variance in effect sizes; SD_ρ = corrected standard deviation in effect sizes; SE = standard error of the mean effect size.
*Standard error was calculated using the formula for heterogeneous cases presented in Schmidt, Hunter, and Raju (1988).

Note：取自 Coufusion of confidence intervals and credibility intervals in meta-analysis by Whitener (1990), *Jonrnal of Applied Psychology, 75*(3), 315-321.

（二）$\bar{d}$ 之信賴區間與可信區間的計算

　　$\bar{d}$ 之信賴區間與可信區間的計算，如公式 4-12 和公式 4-13 所示。

(1)　　　　　　　　Confidence interval $= \bar{d} \pm 1.96 \times SE_d$　　　　（公式 4-12）

　　.95 信賴區間，代表 95% 的信賴區間會包含母數 $\bar{d}$ 值（固定值），亦即在大量的重複樣本之下，有 95% 的信賴區間會包含母數 $\bar{d}$ 值，而該母數 $\bar{d}$ 值落在特定信賴區間的機率不是 0 就是 1（因為母群參數為固定值）。

(2)　　　　　　　　Credibility interval $= \bar{d} \pm 1.96 \times SD_\delta$　　　　（公式 4-13）

　　.95 可信區間係指該特定可信區間會包含的母數 $\bar{d}$ 值的機率（母群參數為隨

機值），式中 SD_δ 係經人為偏差校正之後的標準誤（母群效果值的標準差），參見公式 4-15。

$\bar{d}$ 抽樣誤差變異量的估計如公式 4-14：

$$\hat{\sigma}_e^2 = \frac{\overline{N} - 1}{\overline{N} - 3} \times \frac{4}{\overline{N}} \times (1 + \frac{\overline{d}^2}{8})$$ （公式 4-14）

$$SD_\delta = \sqrt{\sigma_d^2 - \hat{\sigma}_e^2}$$ （公式 4-15）

公式 4-15 中，σ_d^2 為 d 值的加權變異量，定義如公式 4-16：

$$\sigma_d^2 = \frac{\sum \left[W_i (d_i - \bar{d})^2 \right]}{\sum W_i}$$ （公式 4-16）

$\bar{d}$ 之信賴區間與可信區間的計算邏輯與前節相關係數 $\bar{r}$ 完全相同，因而實例解說從略。

Hunter & Schmidt（2004）建議了兩種常用的異質性判斷標準，以作為是否進行調節變項分析的依據。此兩種異質性的判斷標準為：

(1) 可信區間非常大或包含 0，常用的信心水準為 .80 或 .90，其下限可作為調節變項存在與否的指標。例如在心理測驗的效度推論研究中，如果其 .90 的可信區間為 .41 ~ .54，代表有 90% 的效度參數值超過下限值 .41；換言之，至多有 10% 的效度值低於 .41（通常會因仍有潛在人為偏差尚未加以校正而高估）。

(2) 抽樣誤差與測量偏差在校正偏差後之實得變異解釋 % 小於 75%（參見下節說明）。

綜上所述，研究者應在研究報告中同時報告信賴區間與可信區間，因為信賴區間可以提供平均效果值的精確程度，至於可信區間則可以評估效果值間未解釋到的變異量（the unexpected variance in effect sizes），以了解調節變項是否存在。假如可信區間非常大或包含 0，那平均的校正效果值可能尚有調節變項未找到；意即存在著好幾個次群體。因此，可信區間是推論效度的指標，當可信區間非常

大時，意謂著不同情境間或不同群體間的效果值可能具有顯著的差異性。換言之，該測量工具的效度可能無法類推到不同情境或群體上。

二、偏差校正變異量法

本法適用於在心理計量的整合分析（Psychometric meta-analysis）中。偏差校正變異量法（the percentage of variance accounted for by the experimental artifacts, I^2），又稱為人為偏差 %，也可用來檢驗效果值是否具有同質性，I^2 的求法請參見公式 4-17（適用於 Bare bones 整合分析：僅校正抽樣誤差）。

$$I^2 = 人偏 \% = \frac{抽樣誤差變異量}{校正後實得效果值之變異量} \qquad （公式 4-17）$$

一般來說，如果人偏 % < 75%，表示所搜尋的效果值可能具有異質性（Hunter & Schmidt, 2004），研究者須進行後續的調節變項的分析；假如人偏 % > 75% 表示，剩下來小於 25% 的變異量係其它無法校正的人為偏差所致，可不以理會，所搜尋的效果值具有同質性。由此觀之，在心理計量的整合分析中，I^2 是同質性指標，其異質性指標應為 $1 - I^2$。本章 I^2 與第二章的異質性指標：Cochran Q（χ^2）與 I^2 之功能雖類似，但兩者 I^2 定義不同（參照公式 2-1），在解釋時須小心分辨之。

以表 4-1 中生產力之資料為例，$I^2 = \dfrac{\dfrac{(1-.27^2)^2}{2745}}{.1423^2} = \dfrac{.00472}{.1423^2} = 23.31\%$（參閱公式 4-11）

因為人偏 % < 75%（23.31%），意謂著此效果值具有異質性，研究者須進行後續的調節變項的分析；其可信區間為 −.01 ~ .54 也包含 0，同樣地顯示出調節變項的存在。

三、次群體分析法

本質上，次群體（Subgroup）分析法，乃是先將研究特徵相同的研究結果歸類在一起，再進行整合分析。統計上，此類次群體分析可以透過調節變項進行統計分析。如果調節變項係類別變數，研究者就可以用一種類似變異數分析（ANOVA）的方式，來探討這個調節變項的解釋力（Hedges & Olkin, 1985, pp.147~165）。此時，研究特徵當作調節變項（意即自變項），效果值大小當作依變項。以固定效果模式（fixed effect model）為例，表 4-2 呈現了此模式的完整分析方式（詹志禹，1988）。

表 4-2　固定效果模式的調節變項分析

來源	統計數	自由度
組間	Q_B	$P - 1$
組內	Q_w	$K - P$
第 1 組內	Q_{wi}	$m_1 - 1$
·	·	·
·	·	·
第 P 組內	Q_{wp}	$m_p - 1$
總和	Q_T	$K - 1$

在表 4-2 中，Q_B、Q_w 與 Q_T 等都可視為 χ^2 分配（大樣本中），而且 $Q_T = Q_B + Q_w$；$Q_w = Q_{w1} + Q_{w2} + ... + Q_{wp}$。在自由度欄位上，P 指「研究可分為 P 個群組」，K 指「全部的研究共有 K 個」，m_p 指「在第 P 個群組的研究中，總共有 m 個研究」。假如 Q_B 顯著了，就表示各組別之間的標準化效果值並非同質；也就是意謂著該調節變項與這些標準化效果值的異質性具有密切關係。假如 Q_w 顯著了，就表示至少某一組之內的標準化效果值是異質的，此時須再進一步檢查 Q_{w1} 至 Q_{wp}，以便了解究竟哪一群組之內是異質的。假如發現第三組之內是異質的，那就表示也許需要其它的調節變項來解釋第三組內的變異量。假如只有 Q_B 顯著而 Q_w 不顯著，那就表示所找出的調節變項，已能夠解釋大部分的變異，也就是找到了一個正確的調節變項；假如 Q_B 與 Q_w 同時達到顯著，那就表示我們所找的調節變項雖然與這一系列研究的效果值具有密切關係，可是解釋力仍然不夠大，尚有其他潛在的重要調節變項仍未找出來（參閱圖 4-1）。計算 Q_B、Q_w 須使用到公式 4-18 和公式 4-19。

$$Q_T = \sum_{i=1}^{P} \sum_{j=1}^{mi} \frac{d_{ij}^2}{V_{ij}^2} - (\sum_{i=1}^{P} \sum_{j=1}^{mi} \frac{d_{ij}}{V_{ij}^2})^2 / \sum_{i=1}^{P} \sum_{j=1}^{mi} \frac{1}{V_{ij}^2} \qquad （公式 4-18）$$

$$Q_w = \sum_{i=1}^{mi} \frac{d_{ij}^2}{V_{ij}^2} - \left(\sum_{i=1}^{mi} \frac{d_{ij}}{V_{ij}^2}\right)^2 / \sum_{i=1}^{mi} \frac{1}{V_{ij}^2} \qquad\qquad （公式 4-19）$$

其中 d_{ij} 和 V_{ij}^2 可以由第一章公式 1-1 和公式 1-3 分別求得；其餘符號意義與表 4-1 相同，即全部的研究分成 P 個群組，每群組中含有 m_i 個研究。所以，d_{ij} 就是指 i 類中第 j 個研究的標準化效果值。Q_T 與 Q_w 算出來之後，就可計算出 Q_B。$Q_w = Q_{w1} + Q_{w2} + \cdots + Q_{wi}$；$Q_B = Q_T - Q_W$，這些變異量的組合與分割，相當於傳統變異數分析的方法。

經過次群體分類分析之後，如果各組之組內與組間皆頗爲同質，如欲合併組內的平均效果值時，即可以使用第一章公式 1-6：$\bar{d} = \sum_{i=1}^{k} \frac{d_i}{V_i^2} / \sum_{i=1}^{k} \frac{1}{V_i^2}$ 計算之。

另外，在進行調節變項的統計顯著性考驗，或解釋整合分析研究結果時，研究者務必分析該整合研究的統計考驗力，以了解其統計考驗力（power）是否過低，主要理由有三（Hedges & Pigott, 2004）：

(1) 調節變項分析本質上或概念上就是交互作用分析（實驗處理與調節變項的交互作用），而交互作用分析的統計考驗力本來就比主要效果（平均效果值）來得低，因而統計考驗力的分析此時更顯重要。

(2) 在整合分析的調節變項考驗時常作爲敏感度分析（Sensitivity analysis），旨在了解效果值在研究的次群體間是否具有顯著差異（Q_B），以便作臨床上的實質運用，除非具有足夠的統計考驗力，才能確定組間沒有顯著效果值差異。

(3) 在進行調節變項組內的統計顯著性考驗（Q_W）時，殘差變異量的考驗顯得非常重要，如果沒有足夠的統計考驗力，常會讓研究者誤判一個不完善的模式界定（imcomplete model specification）或高異質性的假設卻被接納了。由此觀之，研究的統計考驗力分析有助於正確解釋調節變項分析結果。除非有足夠的統計考驗力，這些分析才可以用來排除效果值與研究設計或母群特徵的關聯性。

上述整合分析之次群體調節變項分析的流程，摘要如圖 4-1 所示，以利研究者的決策判斷與應用。

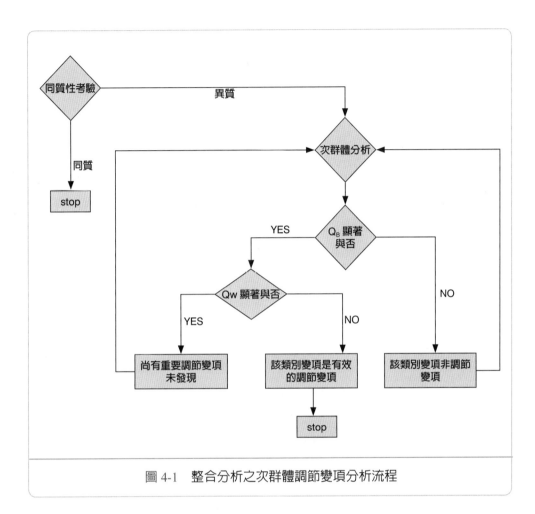

圖 4-1　整合分析之次群體調節變項分析流程

　　由圖 4-1 知，整合分析之調節變項分析流程具有四個關鍵點：

(1) 考驗效果值是否具有同質性。

(2) 假如未具同質性，可進行次群體分析。

(3) 假如組間 Q_B 未達既定之顯著水準，該類別變項並非有效預測變項，研究者須繼續找出其他有效的調節變項；假如組間 Q_B 達既定之顯著水準，研究者仍須繼續進行組內 Q_W 的同質性考驗。

(4) 假如組間 Q_B 與 Q_W 皆達既定之顯著水準，研究者須繼續找出其它有效的調節變項；假如組間 Q_B 達既定之顯著水準而 Q_W 卻未達既定之顯著水準，則研究者已經找到有效的調節變項。

實例解說

茲以 Oh & Seo（2007）對呼吸復健課程特徵對於病人運動能力改善效果的整合分析爲例。利用 SPSS & CMA 整合分析軟體的統計功能逐步示範計算過程如下。

首先，介紹圖 4-2 資料檔中各變項之定義，site 變項係指在醫院接受訓練與否，VDI 係效果值的變異量（= 1/wght），DWGT = effectsize * wght，D2WGT=effectsize^2 * wght，Class2 係指是否爲 copd（慢性阻塞性肺病）病患，這些變項皆是利用 SPSS 計算功能所轉換出來的新變項，以作爲後續異質性分析的過程資料。本研究中的效果值（effectsize）係實驗組與控制組之標準化平均數差異。注意，爲配合適切情境之說明，筆者將 site 的資料稍做更改，以利後續之示範說明，因此分析結果可能與該研究之原來結果有些出入。

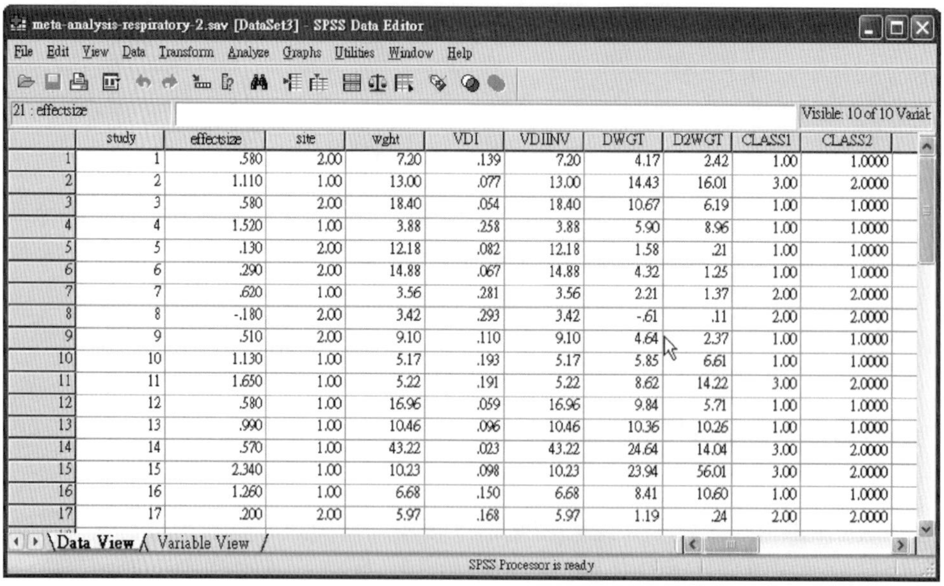

	study	effectsize	site	wght	VDI	VDIINV	DWGT	D2WGT	CLASS1	CLASS2
1	1	.580	2.00	7.20	.139	7.20	4.17	2.42	1.00	1.0000
2	2	1.110	1.00	13.00	.077	13.00	14.43	16.01	3.00	2.0000
3	3	.580	2.00	18.40	.054	18.40	10.67	6.19	1.00	1.0000
4	4	1.520	1.00	3.88	.258	3.88	5.90	8.96	1.00	1.0000
5	5	.130	2.00	12.18	.082	12.18	1.58	.21	1.00	1.0000
6	6	.290	2.00	14.88	.067	14.88	4.32	1.25	1.00	1.0000
7	7	.620	1.00	3.56	.281	3.56	2.21	1.37	2.00	2.0000
8	8	-.180	2.00	3.42	.293	3.42	-.61	.11	2.00	2.0000
9	9	.510	2.00	9.10	.110	9.10	4.64	2.37	1.00	1.0000
10	10	1.130	1.00	5.17	.193	5.17	5.85	6.61	1.00	1.0000
11	11	1.650	1.00	5.22	.191	5.22	8.62	14.22	3.00	2.0000
12	12	.580	1.00	16.96	.059	16.96	9.84	5.71	1.00	1.0000
13	13	.990	1.00	10.46	.096	10.46	10.36	10.26	1.00	1.0000
14	14	.570	1.00	43.22	.023	43.22	24.64	14.04	3.00	2.0000
15	15	2.340	1.00	10.23	.098	10.23	23.94	56.01	3.00	2.0000
16	16	1.260	1.00	6.68	.150	6.68	8.41	10.60	1.00	1.0000
17	17	.200	2.00	5.97	.168	5.97	1.19	.24	2.00	2.0000

圖 4-2 呼吸復健課程整合分析之修正資料檔（Oh & Seo, 2007）

根據圖 4-1 的流程，研究者首先須針對本研究的平均數差異效果值是否具有

同質性，進行同質性考驗。爲節省時間，在此要運用 CMA 軟體，進行 Q 值的統計考驗，以決定是否需要進行調節變項分析。進行 Q 值的統計考驗，須使用到效果值大小（effectsize）、效果值的變異量（VDI）及在醫院接受訓練與否的變項（site）。

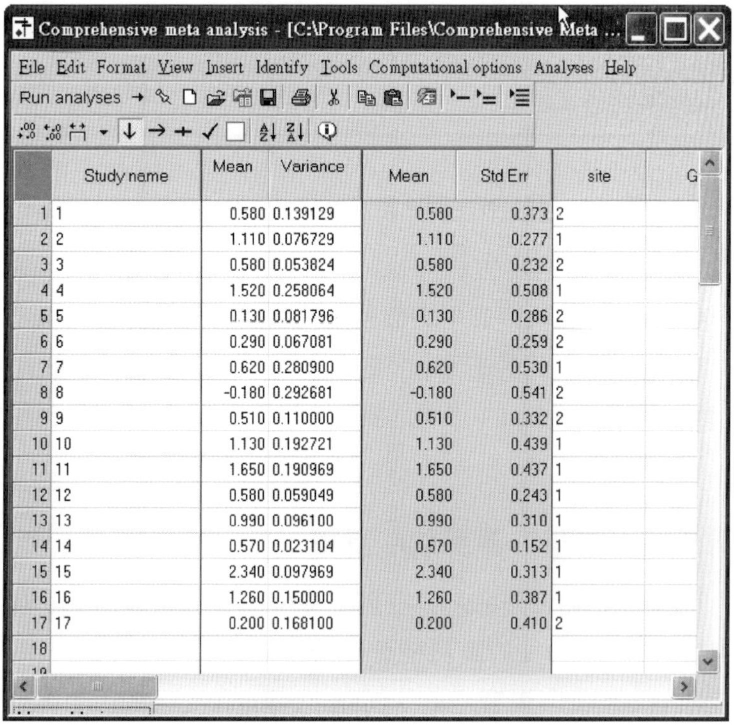

	Study name	Mean	Variance	Mean	Std Err	site	G
1	1	0.580	0.139129	0.580	0.373	2	
2	2	1.110	0.076729	1.110	0.277	1	
3	3	0.580	0.053824	0.580	0.232	2	
4	4	1.520	0.258064	1.520	0.508	1	
5	5	0.130	0.081796	0.130	0.286	2	
6	6	0.290	0.067081	0.290	0.259	2	
7	7	0.620	0.280900	0.620	0.530	1	
8	8	-0.180	0.292681	-0.180	0.541	2	
9	9	0.510	0.110000	0.510	0.332	2	
10	10	1.130	0.192721	1.130	0.439	1	
11	11	1.650	0.190969	1.650	0.437	1	
12	12	0.580	0.059049	0.580	0.243	1	
13	13	0.990	0.096100	0.990	0.310	1	
14	14	0.570	0.023104	0.570	0.152	1	
15	15	2.340	0.097969	2.340	0.313	1	
16	16	1.260	0.150000	1.260	0.387	1	
17	17	0.200	0.168100	0.200	0.410	2	
18							

圖 4-3　平均數差異效果值同質性考驗 CMA 資料檔

圖 4-3 內之 CMA 資料檔，係取自圖 4-2 呼吸復健課程整合分析之修正資料檔（Oh & Seo, 2007），其中 Mean = effectsize，Variance = VDI。

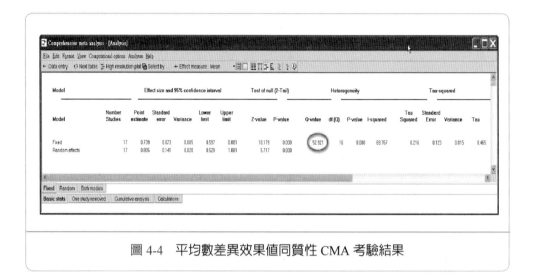

圖 4-4　平均數差異效果值同質性 CMA 考驗結果

根據圖 4-4 知，這些研究的平均數差異效果值具有異質性（$Q = 52.921$, $p =$ .000, $I^2 = 69.767$），因而不能直接進行整合分析；研究者有必要進行後續的調節變項分析。以下將依前述圖 4-1 之調節變項分析流程第二～第四個關鍵點，進行統計分析。

(一) 利用 SPSS 之基本運算功能計算

研究者先利用 SPSS 以「site」（在醫院接受訓練與否作分類）當作調節變項（分組依據），將圖 4-2 的資料檔分割成兩個檔案，操作時，請點選圖 4-5 之 SPSS「Split File」操作視窗內的「Organize output by groups」，並在 Groups Based on 之小視窗內，點入分割變項 site。

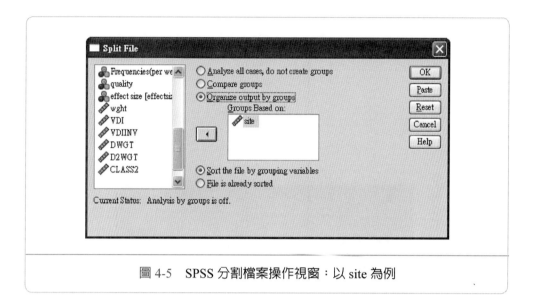

圖 4-5　SPSS 分割檔案操作視窗：以 site 為例

　　接著，利用 SPSS 的描述統計副程式「Descriptives」，計算各相關變項之總合（Sum），研究者須先將過程變項（effectsize, site, wght, VDI, VDIINV…等）點入「Variable（s）」的視窗中，再點開「Options…」內的 SPSS「Descriptives」操作視窗，再點選「Sum」。

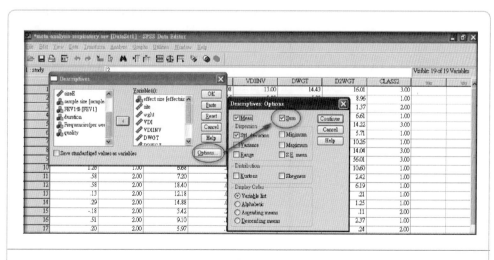

圖 4-6　SPSS 的描述統計副程式之操作視窗

其次，利用 SPSS 所跑出來的變項總和（參見圖 4-7），就可迅速計算出 Q_w 值。例如，公式 4-19：$Q_w = \sum_{i=1}^{k} \dfrac{d_i^2}{V_i^2} - \left(\sum_{i=1}^{k} \dfrac{d_i}{V_i^2}\right)^2 / \sum_{i=1}^{k} \dfrac{1}{V_i^2}$ 式中，第一項 $\sum_{i=1}^{k} \dfrac{d_i^2}{V_i^2}$ 即為 D2WGT，第二項分子 $\left(\sum_{i=1}^{k} \dfrac{d_i}{V_i^2}\right)^2$ 為 DWGT 的平方值，而其分母 $\sum_{i=1}^{k} \dfrac{1}{V_i^2}$ 為 wght。

	N	Sum	Mean	Std. Deviation
effect size	10	11.77	1.1770	.55554
site	10	10.00	1.0000	.00000
wght	10	118.39	11.8392	11.84984
VDI	10	1.43	.1425	.08637
VDIINV	10	118.39	11.8392	11.84984
DWGT	10	114.18	11.4180	7.50811
D2WGT	10	143.79	14.3787	15.28088
CLASS2	10	19.00	1.9000	.99443
Valid N (listwise)	QW(1)=143.79-114.18**2/118.39=33.670			

a. site = 1.00

圖 4-7　SPSS 的描述統計副程式之輸出視窗：第一組

利用公式 4-19，第一組之 QW：Qw(1) = 33.67（參見圖 4-7 之最後一行的計算過程），Df = 10 − 1 = 9，p = .0001，已達 .05 的顯著水準。p = .0001 係利用 SPSS「Compute」指令計算出來，請參見圖 4-8 之卡方函數「CDF.CHISQ」的呼叫視窗。計算過程中，研究者須在「Target Variable:」下小視窗，設定一個變數名稱：如 p，在「Numeric Expression:」下視窗撰寫運算式：1-CDF.CHISQ（33.67, 9），最後按下「OK」即可。

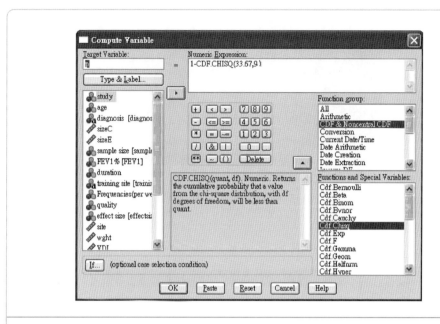

圖 4-8　SPSS 的 p 值計算方法：Compute 指令 & CDF.CHISQ

接著計算第二組之 QW：Qw(2) = 3.300（參見圖 4-9 之最後一行的計算過程），Df = 7 − 1 = 6，p = .7704，未達 .05 的顯著水準。如何利用 SPSS「Compute」指令計算 p 值，請參見前例步驟，細節不再贅述；實際運算程式請參見圖 4-10「Numeric Expression:」下之內容。

	N	Sum	Mean	Std. Deviation
effect size	7	2.11	.3014	.27997
site	7	14.00	2.0000	.00000
wght	7	71.14	10.1635	5.27882
VDI	7	.91	.1304	.08202
VDIINV	7	71.14	10.1635	5.27882
DWGT	7	25.97	3.7094	3.63925
D2WGT	7	12.78	1.8264	2.16417
CLASS2	7	9.00	1.2857	.48795
Valid N (listwise)	QW(2)=12.78-25.97**2/71.14=3.300			

a. site = 2.00

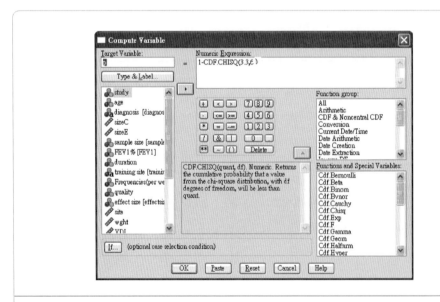

圖 4-9　SPSS 的描述統計副程式之輸出視窗：第二組

圖 4-10　SPSS 的 p 值計算方法：Compute 指令 & CDF.CHISQ

根據 Qw(1) = 33.67 和 Qw(2) = 3.300 可以算出 Qw = 33.67 + 3.30 = 36.97，此卡方值當 Df = 17 − 2 = 15 時，其 p = .0013。此即表示至少有一個組內的標準化效果值具有異質性，經查發現 site2（Qw (1)）的 χ^2 達 .05 顯著水準（p= .0001）。再經檢查 site 1 的效果值，發現本組內 #16 爲極端值。根據圖 4-1 的流程判斷，研究者可能需要加以深入探究其它可能的調節變項。

最後，利用公式 4-18，可以算出：

$$Q_T = (143.79 + 12.78) - (114.18 + 25.97)^2/(118.39 + 71.14)$$

$$= 156.57 - 140.15^2/189.53 = 52.94,$$

$$df = 17 - 1 = 16;$$

$$Q_B = Q_t - Q_w = 52.94 - 36.97 = 15.97,$$

$$df = 2 - 1 = 1,p = .0001。$$

最後，研究者可以查卡方分配表或利用 SPSS 之內建函數計算 p 值，以本例而言，site 1 和 site 2 間具有顯著差異（Q_B = 15.97，p = .0001），根據圖 4-1 的流程判斷，意謂著 site（在醫院接受訓練與否作分類）是有效的調節變項；但在 Q_w 下仍有顯著的變異源待釐清。

（二）利用 SPSS 之語法程式計算：透過 ANOVA

請先從以下網址下載 SPSS 之語法程式「METAF.SPS」: Wilson, D. B. (2010)。Meta-analysis macros for SAS, SPSS, and Stata. Retrieved, 1, 1, 2012, from http://mason.gmu.edu/~dwilsonb/ma.html。下載完後，請在 SPSS 的語法視窗中呼叫該程式，呼叫指令請參見圖 4-11 視窗內之文字說明。

該程式在 SPSS Syntax command 的語法的呼叫法：

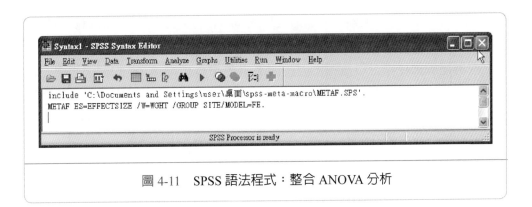

圖 4-11　SPSS 語法程式：整合 ANOVA 分析

仍利用前述圖 4-2 的原始資料檔，使用該 SPSS 語法程式時須界定效果值變項（EFFECTSIZE）、加權變項（WGFT）、次群體變項（SITE）與分析模式（FE 表固定效果模式，MM/ML 表隨機效果模式）。由圖 4-12 之 p 值結果知，本語法程式所得的所有統計分析結果與前述之手動分析法結果（包含 Q 和 p 值）

相近。

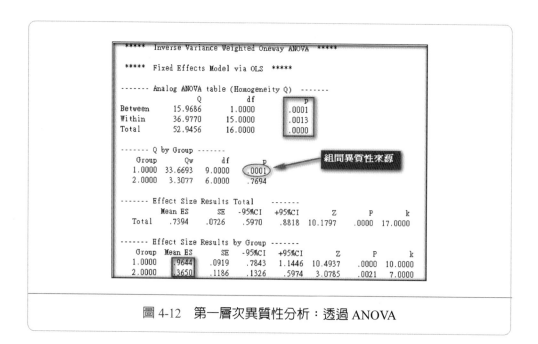

圖 4-12　第一層次異質性分析：透過 ANOVA

　　由 SPSS 報表圖 4-12 知：患者在醫院接受訓練（Group 1）的效果值不可以整合（p = .0001），有繼續探究調節變項或極端值的必要；患者非在醫院接受訓練（Group 2）的效果值則同質性高可以合併（p = .7694）。根據圖 4-1 整合分析之次群體調節變項分析流程，因組間與組內的 Q 值均達 .05 的顯著水準，研究者有必要繼續探究可能的變異源。例如以 class2（以病患是否為 Copd：慢性阻塞性肺病為例）為另一調節變項，進行第二層次的異質性分析。SPSS Syntax command 的語法視窗中呼叫「METAF.SPS」與變項控制指令：

Include 'C:\Documents and Settings\user\ 桌面 \spss-meta-macro\METAF.SPS'.

METAF ES=EFFECTSIZE /W=WGHT /GROUP class2/MODEL=FE.

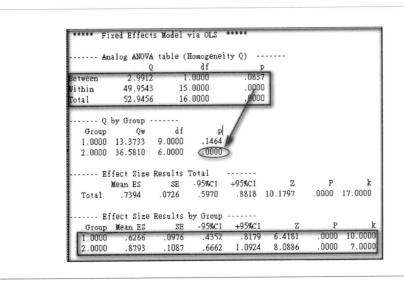

```
*****  Fixed Effects Model via OLS  *****

------ Analog ANOVA table (Homogeneity Q) -------
              Q           df          p
Between     2.9912      1.0000      .0837
Within     49.9543     15.0000      .0000
Total      52.9456     16.0000      .0000

------ Q by Group -------
  Group      Qw          df          p
  1.0000   13.3733      9.0000      .1464
  2.0000   36.5810      6.0000      .0000

------ Effect Size Results Total  -------
         Mean ES      SE      -95%CI   +95%CI       Z          P          k
Total     .7394     .0726     .5970    .8818    10.1797     .0000    17.0000

------ Effect Size Results by Group -------
 Group   Mean ES      SE      -95%CI   +95%CI       Z          P          k
1.0000    .6266     .0976     .4352    .8179     6.4181     .0000    10.0000
2.0000    .8793     .1087     .6662   1.0924     8.0886     .0000     7.0000
```

圖 4-13　第二層次異質性分析：透過 ANOVA

根據圖 4-13 之第二層次異質性分析結果，組間的 Q 值（= .0837），未達 .05 的顯著水準，可能係統計考驗力較弱所致；也有可能尚未找到正確的調節變項。此時，應用者可以參考兩組之平均效果值（.6266 cf .8793）差異是否具有臨床的意義。假如研究者認為統計考驗力較弱而有繼續分析的必要，第一組 Copd（慢性阻塞性肺病）患者的效果值似乎可以整合分析（p = .1464），而第二組非 Copd 患者的效果值則不可以整合分析（p = .000），有必要繼續探究變異源。

（三）利用 CMA 商用軟體計算

以下將利用 CMA 商用整合分析軟體，進行調節變項分析實例解說。該實例仍以 Oh & Seo（2007）對於呼吸復健課程特徵對於病人運動能力改善效果的整合分析為例，如圖 4-14 中的資料表單所示，共有 17 筆資料（檔案名稱：respiratory.cma）。圖 4-14 中的「Site」變項，係進行調節變項分析所需的調節變項，「Mean」和「Variance」則是進行 CMA 整合分析的必備資訊。

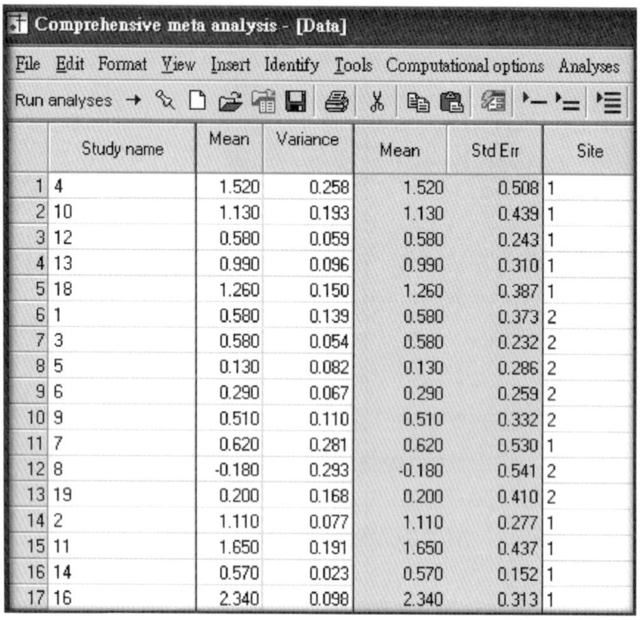

	Study name	Mean	Variance	Mean	Std Err	Site
1	4	1.520	0.258	1.520	0.508	1
2	10	1.130	0.193	1.130	0.439	1
3	12	0.580	0.059	0.580	0.243	1
4	13	0.990	0.096	0.990	0.310	1
5	18	1.260	0.150	1.260	0.387	1
6	1	0.580	0.139	0.580	0.373	2
7	3	0.580	0.054	0.580	0.232	2
8	5	0.130	0.082	0.130	0.286	2
9	6	0.290	0.067	0.290	0.259	2
10	9	0.510	0.110	0.510	0.332	2
11	7	0.620	0.281	0.620	0.530	1
12	8	-0.180	0.293	-0.180	0.541	2
13	19	0.200	0.168	0.200	0.410	2
14	2	1.110	0.077	1.110	0.277	1
15	11	1.650	0.191	1.650	0.437	1
16	14	0.570	0.023	0.570	0.152	1
17	16	2.340	0.098	2.340	0.313	1

圖 4-14　CMA 調節變項分析的資料表單

接著，在 CMA 功能表單「Analysis」下，執行「Run analysis」後，點開「Computational options」視窗，就會跳出圖 4-15 左上角之 CMA 統計分析的選單和右下角之調節變項設定視窗。點選此組別設定視窗「Group by…」，在此視窗內，須輸入在醫院接受訓練與否的調節變項「Site」點入，並勾選「Also run analysis across levels of site」和「Compare effect at different levels of site」。

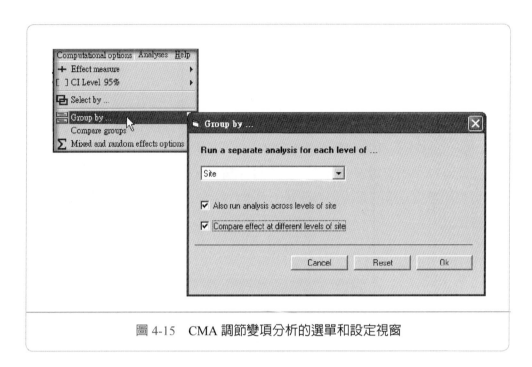

圖 4-15　CMA 調節變項分析的選單和設定視窗

　　接著，按下「OK」鍵，在其後出現的 CMA 功能表單「View」下，點選「Meta-analysis Statistics」後，就可獲得圖 4-16 之調節變項分析結果。

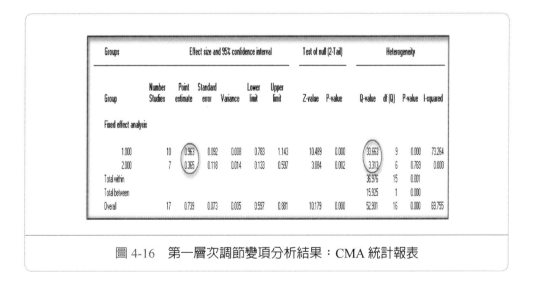

圖 4-16　第一層次調節變項分析結果：CMA 統計報表

　　圖 4-16 係第一層次調節變項分析結果，CMA 所得結果與圖 4-12 之 SPSS 第一層以異質性分析結果相近。

(四) 利用 ESS 增益集計算

　　以下將利用 ESS 整合分析軟體，進行調節變項分析實例解說。本實例仍以 Oh & Seo（2007）對呼吸復健課程特徵對於病人運動能力改善效果的整合分析為例，如圖 4-17 中的資料表單所示，共有 17 筆資料。圖 4-17 中的「Site」變項，係進行調節變項分析所需的調節變項，「EF」和「SE」則是進行 ESS 整合分析的必備資訊。

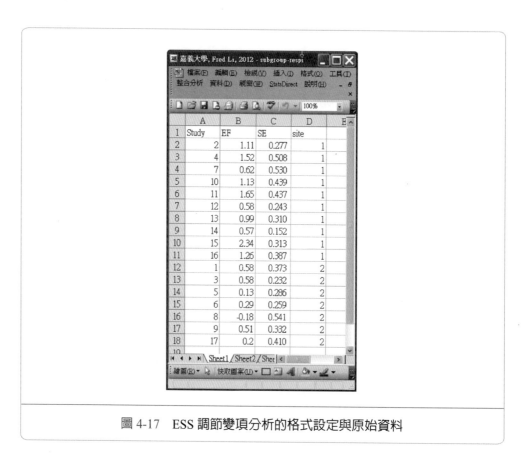

圖 4-17　ESS 調節變項分析的格式設定與原始資料

　　圖 4-17 的 EXCEL 表單中，原始資料已依 site 排序好（ESS 會自動幫您排序好，但仍須檢查確認），才能正確的獲得次群體整合分析的結果。

圖 4-18　ESS 調節變項分析的 EXCEL 表單

研究者在備妥圖 4-17 調節變項分析的 EXCEL 資料表單後，在 ESS 的功能
表單圖 4-18 中，點選「Subgroup Analysis」的次群體分析表單，就會跳出圖 4-19
的警告視窗：提醒進行次群體分析過程中應注意事項。

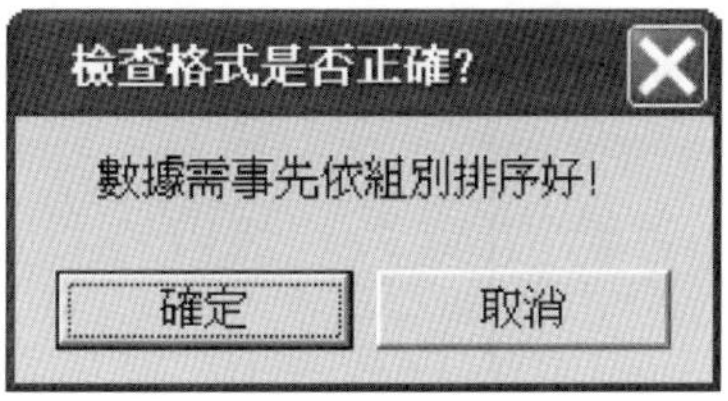

圖 4-19　ESS 提醒類別調節變項需要排序好的警訊

圖 4-20 至圖 4-22 的交談視窗，係供研究者填入必備的資訊，ESS 才能進行

正確的統計分析。

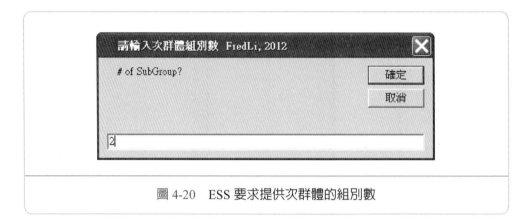

圖 4-20　ESS 要求提供次群體的組別數

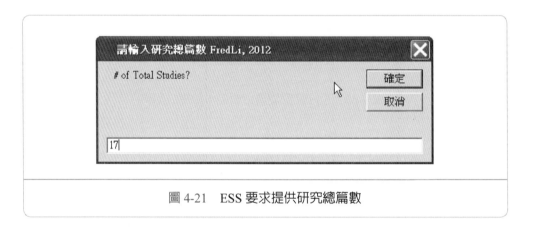

圖 4-21　ESS 要求提供研究總篇數

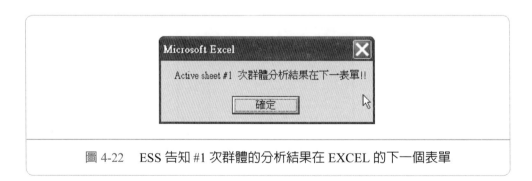

圖 4-22　ESS 告知 #1 次群體的分析結果在 EXCEL 的下一個表單

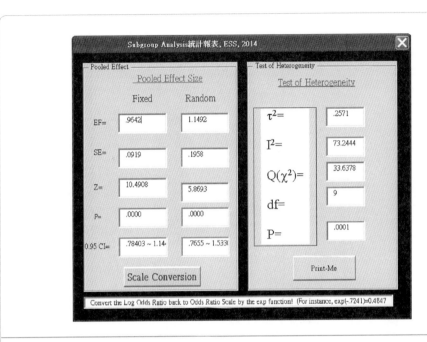

圖 4-23　ESS 提供次群體分析結果的摘要表：第一次群體

　　根據圖 4-23 和圖 4-24 之 ESS 調節變項分析結果：第一次群體的固定效果為 .964，隨機效果為 1.149，Q 值為 33.638，p = .0001；前述的結果會出現於 EXCEL 的表單中，請參見圖 4-24 底部。其次，請關閉圖 4-23 之視窗（點選圖 4-23 右上角「×」），以便 #2 次群體之資料分析；如欲列印 ESS 摘要表，請按壓「Print-Me」列印鈕。

	A	B	C	D	E	F	G	H	I	J	K	L
1	Study	EF	SE	Var	W-F	WEF_F	EF-Center	AB-EF		W-R	WEF-R	
2	2	1.11	0.277	0.076729	13.03288	14.4665	0.14584	0.14584		2.995955	3.32551	
3	4	1.52	0.508	0.258064	3.875008	5.890012	0.55584	0.55584		1.941301	2.950778	
4	7	0.62	0.530	0.2809	3.559986	2.207191	-0.34416	0.34416		1.858894	1.152514	
5	10	1.13	0.439	0.192721	5.188848	5.863398	0.16584	0.16584		2.223332	2.512365	
6	11	1.65	0.437	0.190969	5.236452	8.640146	0.68584	0.68584		2.232026	3.682844	
7	12	0.58	0.243	0.059049	16.93509	9.822351	-0.38416	0.38416		3.163522	1.834843	
8	13	0.99	0.310	0.0961	10.40583	10.30177	0.02584	0.02584		2.831623	2.803307	
9	14	0.57	0.152	0.023104	43.28255	24.67105	-0.39416	0.39416		3.56941	2.034563	
10	16	2.34	0.313	0.097969	10.20731	23.88511	1.37584	1.37584		2.816716	6.591115	
11	18	1.26	0.387	0.15	6.666667	8.4	0.29584	0.29584		2.456674	3.09541	
12					118.3906	WEF_F=1	WEF-R=29.98325			W-R=26.08945		
13					W2=2668.98084					W2=70.86081		
14					Mean Effect=.9642					CI_R=.76552 ~ 1.53298(1.1492)		
15					SE-M=.09191					P_R=.00000		
16					Z-M=10.49078							
17					P-F=.0000							
18					CI-F=.7840 ~ 1.1443(.9642)							
19					Q=33.637	P-for Q=.00010						
20					Tau^2=.25705							

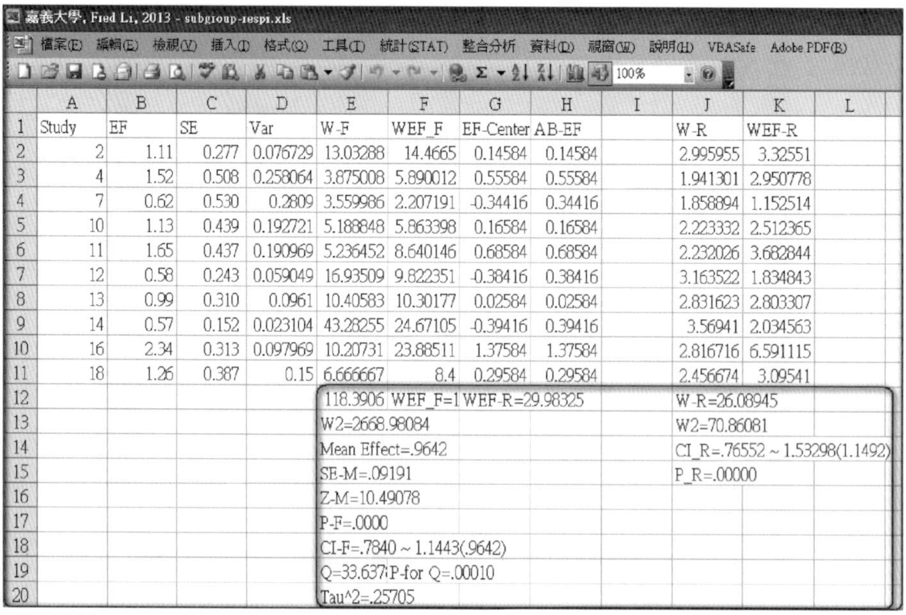

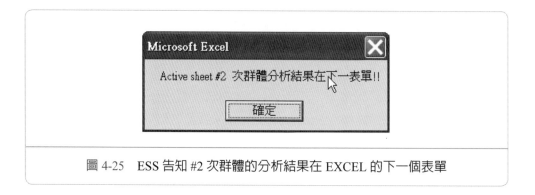

圖 4-24 ESS 的 #1 次群體分析結果：EXCEL 表單

圖 4-25 ESS 告知 #2 次群體的分析結果在 EXCEL 的下一個表單

根據圖 4-26 統計報表或圖 4-27 之 ESS 調節變項分析結果：第二次群體的固定效果爲 .3653，隨機效果爲 .3653（$\tau^2 = 0$），Q 值爲 3.318，p = .7680。

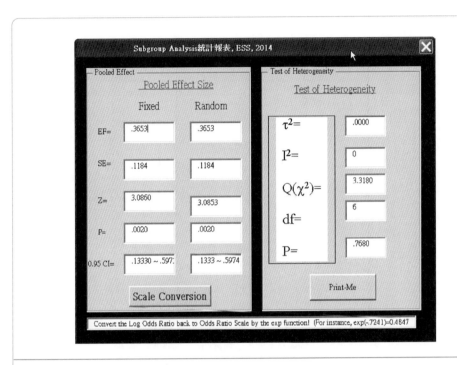

圖 4-26　ESS 提供次群體分析結果的摘要表：第二次群體

其次，請關閉圖 4-26 之視窗（點選圖 4-26 右上角「×」），如欲列印摘要表，請按壓「Print-Me」列印鈕。

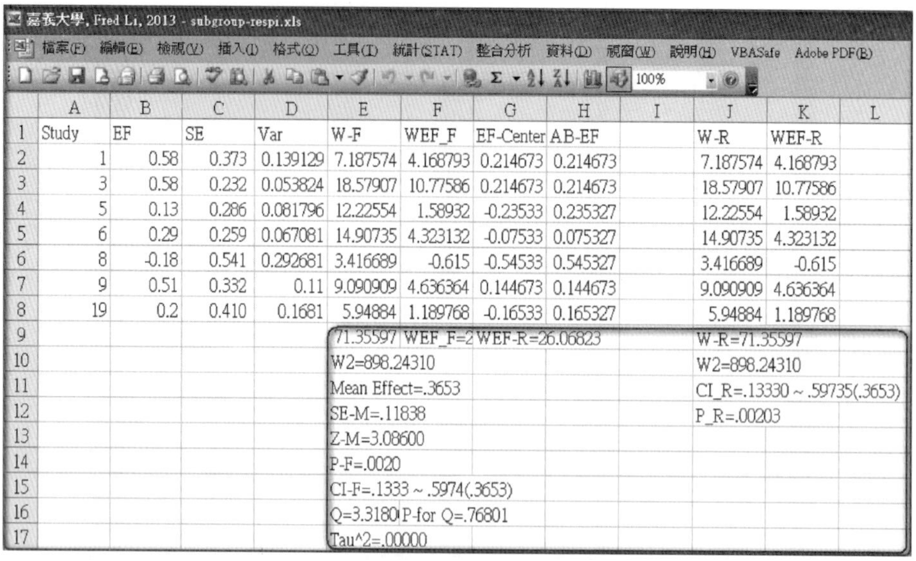

	A	B	C	D	E	F	G	H	I	J	K	L
1	Study	EF	SE	Var	W-F	WEF_F	EF-Center	AB-EF		W-R	WEF-R	
2	1	0.58	0.373	0.139129	7.187574	4.168793	0.214673	0.214673		7.187574	4.168793	
3	3	0.58	0.232	0.053824	18.57907	10.77586	0.214673	0.214673		18.57907	10.77586	
4	5	0.13	0.286	0.081796	12.22554	1.58932	-0.23533	0.235327		12.22554	1.58932	
5	6	0.29	0.259	0.067081	14.90735	4.323132	-0.07533	0.075327		14.90735	4.323132	
6	8	-0.18	0.541	0.292681	3.416689	-0.615	-0.54533	0.545327		3.416689	-0.615	
7	9	0.51	0.332	0.11	9.090909	4.636364	0.144673	0.144673		9.090909	4.636364	
8	19	0.2	0.410	0.1681	5.94884	1.189768	-0.16533	0.165327		5.94884	1.189768	
9					71.35597	WEF_F=2	WEF-R=26.06823			W-R=71.35597		
10					W2=898.24310					W2=898.24310		
11					Mean Effect=.3653					CI_R=.13330 ~ .59735(.3653)		
12					SE-M=.11838					P_R=.00203		
13					Z-M=3.08600							
14					P-F=.0020							
15					CI-F=.1333 ~ .5974(.3653)							
16					Q=3.3180	P-for Q=.76801						
17					Tau^2=.00000							

圖 4-27　ESS 的 #2 次群體分析結果：EXCEL 表單

由於數字割捨誤差，圖 4-16 之 CMA 調節變項分析結果（Q 值分別為 33.663 和 3.313）、圖 4-24 和圖 4-27 之 ESS 調節變項分析結果（Q 值分別為 33.638 和 3.318）與圖 4-12 的 SPSS 語法程式第一層次調節變項分析結果（Q 值分別為 33.669 和 3.308）稍有出入，但調節變項分析的結論相同：所得結論仍為患者在醫院接受訓練（Group 1）的效果值不可以整合（p = .000），有繼續探究調節變項或極端值的必要；而患者非在醫院接受訓練（Group 2）的效果值，則同質性甚高可以合併（p = .769）各效果值。

ESS 最後會進行次群體平均效果值間的事後 Z 考驗（出現於 EXCEL 表單 Sheet1 之後的表單中），請參看圖 4-28 的分析實例；在 CMA 中則會進行 Q 考驗（= Z^2），請參看圖 4-16。本例不管是固定效果模式或隨機效果模式，兩組間的平均效果值間的差異達 0.05 之顯著水準（$p < .01$）。

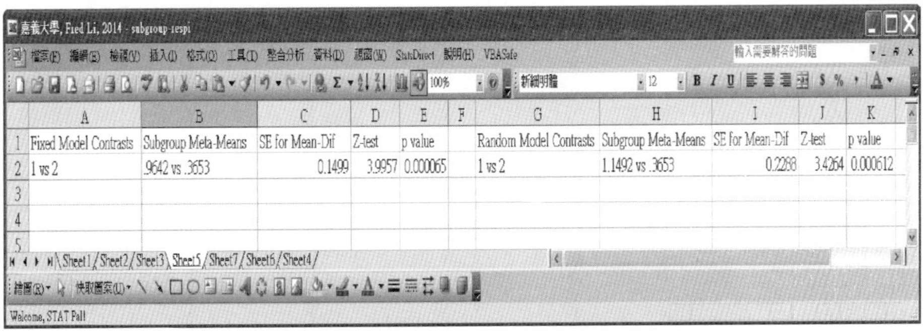

	A	B	C	D	E	F	G	H	I	J	K
1	Fixed Model Contrasts	Subgroup Meta-Means	SE for Mean-Dif	Z-test	p value		Random Model Contrasts	Subgroup Meta-Means	SE for Mean-Dif	Z-test	p value
2	1 vs 2	.9642 vs .3653	0.1499	3.9957	0.000065		1 vs 2	1.1492 vs .3653	0.2288	3.4264	0.000612
3											
4											
5											

圖 4-28　ESS 次群體平均效果值間的事後 Z 考驗

四、整合迴歸分析法

本法旨在處理連續性的調節變項整合分析（如為間斷變項須使用 Logistic 迴歸分析），以 OR 為例，其迴歸模式為：

$$\text{Ln}OR = a + b_1X_1 + b_2X_2$$（式中 X_1 和 X_2 為研究層次的變項）

由此觀之，整合迴歸分析的分析單位為各研究，依變項為效果值，預測變項為研究層次的變項。整合分析之整合迴歸（Meta-regression）分析流程，其流程與次群體之調節變項分析流程相似，謹以圖 4-29 摘要主要流程。由圖 4-29 可知，整合迴歸分析法流程也具有四個決策關鍵點：

(1) 考驗效果值是否具有同質性。

(2) 假如未具同質性，可進行次群體分析。

(3) 假如組間 Q_r 未達既定之顯著水準，該變項並非有效預測變項，研究者須繼續找出其他有效的調節變項；假如組間 Q_r 達既定之顯著水準，研究者仍須繼續進行組內 Q_e 的同質性考驗。

(4) 假如組間 Q_r 與 Q_e 皆達既定之顯著水準，研究者須繼續找出其它有效的調節變項；假如組間 Q_r 達既定之顯著水準而 Q_e 卻未達既定之顯著水準，則研究者已經找到有效的調節變項。

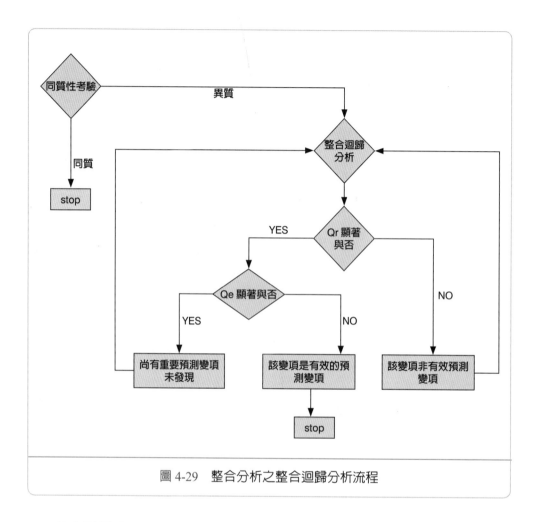

圖 4-29　整合分析之整合迴歸分析流程

　　整合迴歸（Meta-regression）分析法係次群體（Subgroup）分析的延伸，本法可以同時一次分析多個類別或連續性的因素。例如，當以 r 作為標準化效果值的估計時，我們可以使用迴歸（regression）的方式來探討調節變項的解釋力，實際資料分析時可透過套裝程式的幫助（例如：SAS、SPSS、CMA），來完成所有的考驗。以 r 效果值為例，將其步驟說明如下：

(1) 確定研究的數目超過調節變項的數目，也就是樣本的數目（以每一個研究為單位）須超過預測變項（Predictors）的數目，研究的數目與調節變項的數目的比值最好大於 10。因此，研究樣本數小於 10 時，建議不進行整合迴歸分析（Borenstein, Hedges, Higgins, & Rothstein, 2009）。Stanley（2008）

認為整合迴歸分析的研究篇數最好大於 20。

(2) 使用第一章公式（1-30），將 r 值轉換成 Fisher z 值。

(3) 每一個 z 值都賦予 $W_i = N_i - 3$ 的加權，然後做為效標變項（criterion），其中，N_i 是第 i 個研究的樣本大小。i = 1~k，總共有 k 個研究。

(4) 進行一般的線性迴歸分析前，先作加權。

　　如果以 Cohen's d 值作為標準化效果值，步驟 2 和 3 可以省略。從前述套裝程式的統計報表中，我們可以獲得標準化迴歸係數，以了解預測變項與效標變項之間的關係。報表中，迴歸平方和（sum of squares due to the regression, Q_r）可視為 χ^2 值，其自由度是預測變項的數目，而誤差平方和（error term, Q_e）也可視為 χ^2 值（df = k – p，k 是研究數目，p 是預測變項加上截矩的數目）；其中，Q_e 用以考驗所用的預測變項是否正確，假如 Q_e 的 χ^2 值不顯著，就表示該調節變項為有效預測變項；如果這個 χ^2 值顯著了，就表示所用的預測變項不適合（各研究效果值間之殘餘變異量仍具異質性），應進一步診斷其原因；譬如可能有極端分數（outliers）存在，或尚有其他重要的預測變項未納入模式中。此外，假如 Q_r 的 χ^2 值顯著了，就表示至少有一個調節變項對於研究效果值間之變異量具有顯著的解釋力；假如 Q_r 的 χ^2 值不顯著，就表示該調節變項非有效預測變項。

　　以下將以不同統計分析軟體，逐一說明整合迴歸分析法的操作步驟，以利多方推廣與交互驗證。

（一）以 SPSS 的線性迴歸分析副程式為分析工具

　　分析的資料仍以 Oh & Seo（2007）的呼吸復健課程之修正資料檔為例子作說明，SPSS 的檔案內容如圖 4-30 所示，共有 17 筆研究結果的資料，扣除 8 筆 FEVI 缺失值，共有 9 筆完整資料。

　　實際操作時，首先將效標「effectsize」選入圖 4-31 中的依變項「dependent」（效標）小視窗中，其餘的重要預測變項一併納入自變項「independent(s)」（預測變項）小視窗中；本例含 age、duration、frequencies、quality 和 FEV1 等五個預測變項；最後在圖 4-31 中的「WLS Weight」的小視窗中，點入加權變項「wght」。由此觀之，此種迴歸分析係一種加權的迴歸模式（a weighted regression model）。

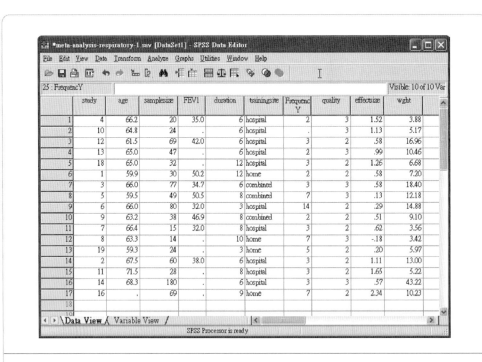

圖 4-30　Oh & Seo（2007）的呼吸復健課程之修正資料檔

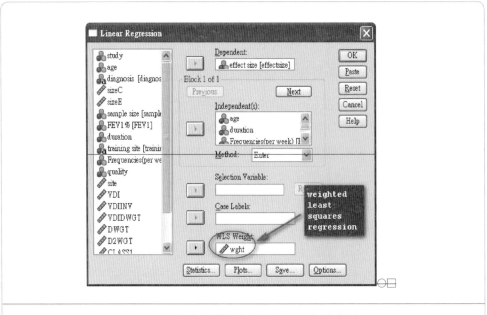

圖 4-31　整合迴歸分析法的 SPSS 操作視窗

　　值得注意的是，迴歸係數的標準誤根據 Hedges & Olkin（1985）的建議須使用公式 4-20 加以計算。

$$\frac{SE(\beta_j)}{\sqrt{MSe}}$$　　　　　　　　　　（公式 4-20）

　　公式 4-20 中之分母係迴歸模式的估計標準誤（MSE = Qe/df：1.124 = 3.373/3）。但圖 4-32 中 SPSS 報表中所提供的標準誤並非根據此公式進行計算。就 Age 而言，正確的標準誤應為 $\frac{.080}{\sqrt{1.124}}$ = .0755；就 duration 而言，正確的標準誤為 $\frac{.095}{\sqrt{1.124}}$ = .090。

　　不過，根據 Stanley & Doucouliagos（2013）的模擬研究結果卻發現，除非樣本與母群特徵相似或不作推論用，建議研究者不須再作校正，以免產生過窄的信賴區間。換言之，SPSS 的標準誤適用於推論，Hedges & Olkin 的標準誤適用於描述。

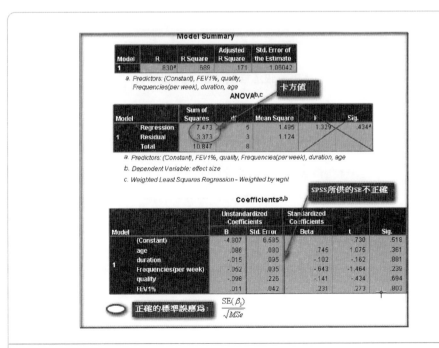

圖 4-32　Oh & Seo（2007）的呼吸復健課程之整合迴歸分析結果 SPSS 報表

圖 4-32 中，迴歸的平方和（7.473）未達 .05 的顯著水準（$\chi^2_{(5)} = 11.07$），顯示出這五個預測變項並不是有效的預測變項。因此在五個預測變項上的迴歸係數也均未達 .05 的顯著水準（p > .05）；此即意謂著研究者尚未找到有效的或正確的預測變項（也有可能是統計考驗力過弱所致）。

(二) 利用 SPSS 之語法程式，計算 Q 值

請先從以下網址下載 SPSS 之語法程式（Wilson, 2010）：SPSS/Win 6.1 or Higher Macro: Meta-Analysis Modified Weighted Multiple Regression for any type of effect size. Retrieved, 1, 1, 2013, from http://mason.gmu.edu/~dwilsonb/downloads/MetaReg.sps。

該程式在 SPSS Syntax command 中的呼叫方法（參見圖 4-33 內容）：

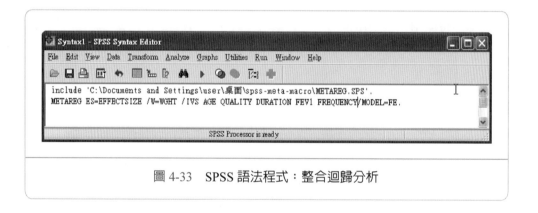

圖 4-33　SPSS 語法程式：整合迴歸分析

表 4-3　Oh & Seo（2007）的呼吸復健課程之整合迴歸分析結果：Wilson's 程式

***** Fixed Effects Model via OLS *****		
----------------------------------Descriptives----------------------------------		
Mean ES	R-Square	K
.5825	.6890	9.0000
----------------------------Homogeneity Analysis-------------------------		
Q	df	p
Model 7.4732	5.0000	.1878
Residual 3.3734	3.0000	.3376

（續前表）

▽

	B	SE	−95% CI	+95% CI	Z	P	Beta
Total	10.8466		8.0000		.2105		

-------------------------Regression Coefficients-------------------------

	B	SE	−95% CI	+95% CI	Z	P	Beta
Constant	−4.8074	6.2096	−16.9783	7.3635	−.7742	.4388	.0000
DURATION	−.0155	.0900	−.1919	.1610	−.1719	.8635	−.1018
FREQUENC	−.0516	.0333	−.1168	.0135	−1.5529	.1204	−.6426
FEV1	.0114	.0395	−.0660	.0888	.2891	.7725	.2308
AGE	.0862	.0756	−.0620	.2345	1.1400	.2543	.7455
QUALITY	−.0982	.2134	−.5164	.3200	−.4601	.6454	−.1413

檢視表 4-3 的 Q 值，迴歸的平方和（7.4732）未達 .05 的顯著水準（$\chi^2_{(5)}$ = 11.07，p = .1876），亦顯示出此五個預測變項並不是有效的預測變項。表 4-3 的下半部呈現各預測變項的迴歸係數與標準誤，均屬正確之資訊，譬如：就 Age 而言，其標準誤（SE）為 $\frac{.080}{\sqrt{1.124}}$ = .0756，係正確的結果（根據 Hedges & Olkin 的建議），並改用 z 分配進行迴歸係數之顯著性統計考驗。

（三）網路整合迴歸軟體

為增加範例內容之多元性，以下將使用另一實例進行調節變項整合迴歸分析之操作示範。此免費整合迴歸軟體，最早係 the Department of Obstetrics and Gynaecology，Chinese University of Hong Kong 的 Allan Chang 所創用，計算公式採用 Hedges & Olkin（1985）的解法，研究者可以從以下網址下載之。

http://www.statstodo.com/MetaReg_Pgm.php

圖 4-34　整合迴歸分析軟體：固定效果與隨機效果模式

　　上述圖 4-34 中第一欄位係效果值資料，為 BCG Vaccination（預防注射）對於 TB 的對數勝算比（log odds ratio）分析資料，第二欄位係標準誤 SE，其變異數的倒數為加權量，第三欄位係 COV 欄位，為迴歸分析的預測變項。隨機效果模式包含了研究內之變異量之外，尚包含研究間的變異量。在整合迴歸分析中，研究間的變異量乃指具有相同預測值的相關研究間之變異量。使用隨機效果模式會有以下幾個後果：第一，會有較寬的信賴區間；第二，會有較溫和的加權量；第三，迴歸係數較不容易達到統計上的顯著水準。圖 4-35 係固定效果模式之分析結果，只包含了研究內之變異量。

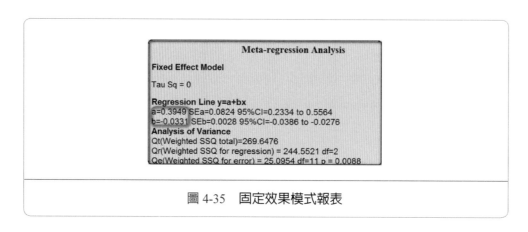

圖 4-35　固定效果模式報表

由圖 4-35 的迴歸係數為負數（−.0331），表示研究中心位置的緯度愈高，其相對之勝算比愈低，緯度接近於 10 時，預防注射對於 TB 的效果逼近於 0；換言之，緯度愈高（溫度愈低），預防注射的效果愈佳。此種現象可以從圖 4-36 整合迴歸分析的散佈圖**趨勢**看出來，圖 4-36 內的大小圓圈代表各研究的加權量多寡。

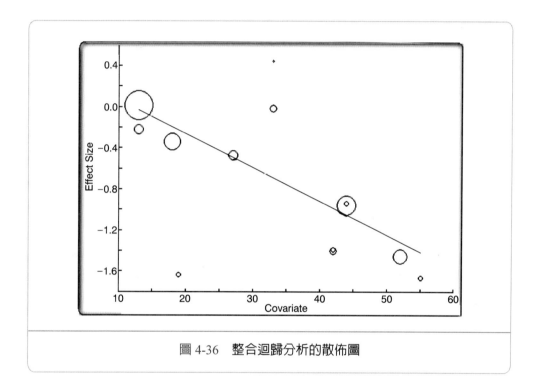

圖 4-36　整合迴歸分析的散佈圖

(四) 利用 CMA 商業軟體計算

分析資料仍為 BCG Vaccination（預防注射）的對數勝算比（log odds ratio）之資料，參見圖 4-37 之原始檔案內容。

Comprehensive meta analysis - [C:\Program Files\Comprehensive Meta Analysis Version 2\Demo Files\English

File Edit Format View Insert Identify Tools Computational options Analyses Help

Run analyses →

	Study name	Treated Events	Treated Total N	Control Events	Control Total N	Odds ratio	Log odds ratio	Std Err	Latitude
1	Aronson, 1948	4	123	11	139	0.391	-0.939	0.598	44
2	Ferguson & Simes,	6	306	29	303	0.189	-1.666	0.456	55
3	Rosenthal, 1960	3	231	11	220	0.250	-1.386	0.658	42
4	Hart & Sutherland,	62	13598	248	12867	0.233	-1.456	0.143	52
5	Frimodt-Moller,	33	5069	47	5808	0.803	-0.219	0.228	13
6	Stein & Aronson,	180	1541	372	1451	0.384	-0.958	0.100	44
7	Vandiviere, 1973	8	2545	10	629	0.195	-1.634	0.476	19
8	Madras, 1980	505	88391	499	88391	1.012	0.012	0.063	13
9	Coetze & Berjak,	29	7499	45	7277	0.624	-0.472	0.239	27
10	Rosenthal, 1961	17	1716	65	1665	0.246	-1.401	0.275	42
11	Comstock, 1974	186	50634	141	27338	0.711	-0.341	0.112	18
12	Comstock &	5	2498	3	2341	1.563	0.447	0.731	33
13	Comstock, 1976	27	16913	29	17854	0.983	-0.017	0.268	33

圖 4-37 預防注射效果值的 CMA 整合分析資料檔案：使用 Odds Ratio

由圖 4-38 整合迴歸分析的 CMA 分析結果知，迴歸係數亦爲負數（–.03310），表示研究中心位置的緯度愈高，其相對之風險愈低，推測其因可能係高溫會殺死 Vaccine 的細菌，而導致 Vaccine 的效能失常。注意，CMA 分析採用的是 Wilson（2010）的計算公式，其計算 SSQ 的方法與 Hedges & Olkin（1985）不同，導致迴歸模式之 Q 值不同。

值得注意的是，圖 4-38 的結果中，異質性分析中的 $Q_{Residual}$ 值（= 25.09542，p = .00883）顯示可能有極端值或仍有其它重要的預測變項仍未找出來；請參見圖 4-40 的散佈圖，有數個研究結果遠離迴歸線，其預測誤差變大的，其殘留的研究間變異量 τ^2 爲 .04799（尙未解釋到的部分）。

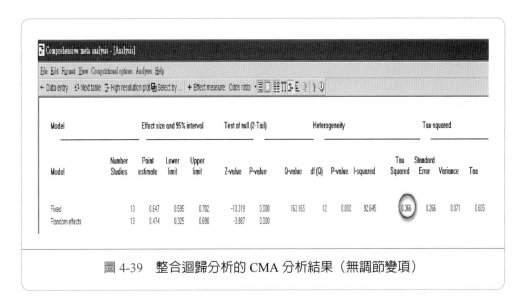

圖 4-38　整合迴歸分析的 CMA 分析結果（含調節變項）

圖 4-39　整合迴歸分析的 CMA 分析結果（無調節變項）

　　圖 4-39 係無調節變項之整合迴歸分析的 CMA 分析結果，其整體的研究間變異量 τ^2 為 0.366，加入調節變項之後，其殘留的研究間變異量 τ^2 為 .04799。根據這兩個變異量的比值可以算出調節變項之解釋百分比，參見以下計算結果（參見公式 4-23）。

$$R^2 = 1 - \frac{\tau^2_{unexplained}}{\tau^2_{total}} = 1 - \frac{.04799}{.366} = 1 - .13 = .87$$

　　R^2 反映出 Latitude 可以解釋到 87% 的研究間變異量，此百分比可能會因所選用的效果值指標（如改用 Risk Ratio 指標）或迴歸模式（如隨機效果模式）而有些微差異。

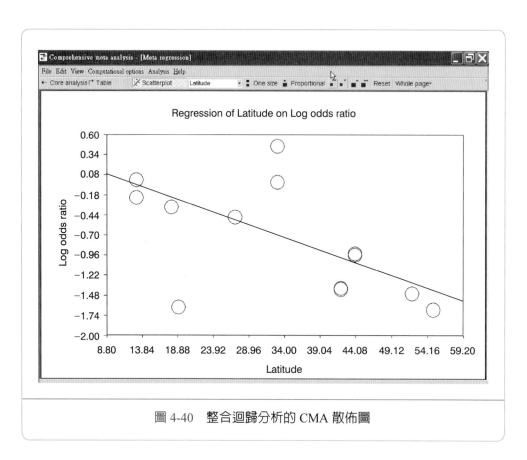

圖 4-40　整合迴歸分析的 CMA 散佈圖

(五) 筆者自行研發 EXCEL VBA 軟體：ESS

執行 ESS 之整合迴歸分析，首先打開 ESS 整合分析表單，點選「Meta-regression」。之後，就會出現一些說明視窗與基本資訊輸入視窗（如圖 4-41）。著名的商用 CMA2.0 軟體只能容納一個預測變項，筆者的 ESS 軟體目前可允許 3 個預測變項，提供了更具彈性與實用的整合迴歸分析使用環境。

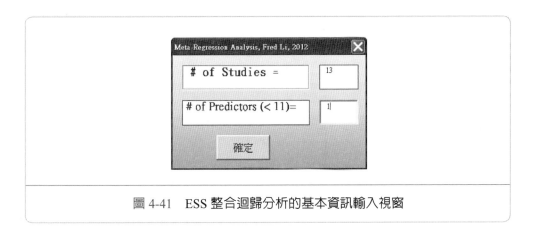

圖 4-41　ESS 整合迴歸分析的基本資訊輸入視窗

圖 4-42 報表中，EF 代表 Log Odds 效果值（因 SE 計算方法係根據 Log Odds，使用者不能使用 Odds 量尺），Weight 代表加權量（變異數之倒數），而 Predictor 代表預測變項（緯度）。

圖 4-42 報表中的 QR，係模式適配度的統計考驗。底部左側提供了固定效果模式，右側底部提供了隨機效果模式的分析結果；其中固定效果模式的截距、迴歸係數（.3949 和 −.0331）與前述兩種分析軟體所得的結果相同。注意，圖 4-42 中固定效果模式下的變異成分 QT、QE 和 QR 具等加性，因此 $R^2 = 138.0695/163.1649 = .8462$；但圖 4-42 中隨機效果模式下的變異成分 QT、QE 和 QR，並不具等加性（Borenstein, Hedges, Higgins, & Rothstein, 2009, p.198），不能根據此資料計算 R^2，其 R^2 為 .8766 必須間接求得（參見公式 4-23）。

	A	B	C	D	E	F	G	H
	Study	EF	Weight	Predictor				
1								
2	Frimodt-Moller, 1973	-0.21914109	19.24861962	13	0.227929325			
3	Madras, 1980	1.20E-02	249.5656303	13	0.063300569			
4	Comstock, 1974	-3.41E-01	79.83946634	18	0.111915744			
5	Vandiviere, 1973	-1.63377584	4.405098589	19	0.476455323			
6	Coetze & Berjak, 1968	-0.47174604	17.55090342	27	0.238698814			
7	Comstock & Webster, 1969	0.44663468	1.872090634	33	0.73086399			
8	Comstock, 1976	-1.73E-02	13.95963373	33	0.267647375			
9	Rosenthal, 1960	-1.38629436	2.307267709	42	0.658341156			
10	Rosenthal, 1961	-1.40121014	13.25877899	42	0.274630163			
11	Aronson, 1948	-0.938694414	2.800140381	44	0.597599324			
12	Stein & Aronson, 1953	-9.58E-01	100.9564053	44	0.0995252			
13	Hart & Sutherland, 1977	-1.45644355	49.22613325	52	0.142528639			
14	Ferguson & Simes, 1949	-1.66619073	4.80463412	55	0.456215293			
15	Beta_Fixed=	SE	Z(P)	.95CI	Beta_Random=	SE	Z(P)	.95CI
16	0.3949	0.0824	4.7930(.00000)	.2334 ~ .5564	0.303	0.2109	1.4370(.15071)	-.1103 ~ .7164
17	-0.0331	0.0028	-11.7503(.00000)	-.0386 ~ -.0276	-0.0316	0.0062	-5.1150(.00000)	-.0437 ~ -.0195
18	** Adopting Hedge & Olkin's (1985) approach: SE divided by sqart(MSE)							
19	QT=	163.1649(p=.00000 , df=12)			QT=	42.1638(p=.00003 , df=12)		
20	QE=	25.0954(p=.00883 , df=11)			QE=	16.0010(p=.14109 , df=11)		
21	QR=	138.0695(p=.00000 , df=1)			QR=	26.1628(p=.00000 , df=1)		
22		I-squared=.5617				Tau-squared=.0480		
23		R-squared=.8462				R-squared=.8766		
24		Tau-squared=.3888				Tau-squared=.0480		

圖 4-42　ESS 整合迴歸分析 z 值報表：固定效果與隨機效果

　　另外，圖 4-42 報表中的 QE，係模式預測殘差的統計考驗。就固定效果模式而言，根據圖 4-29 的整合迴歸分析流程，因異質性分析的 QE 值爲 25.0954（df = 1，p = .00883；I^2 = .5617、t^2 = .0480，表中度異質性），顯示可能有極端值或仍有其它重要的預測變項仍未找出來。圖 4-42 報表底部提供固定效果模式之截距與斜率的標準誤，分別爲 .0824 和 .0028，根據此可以算出 z 值。讀者如欲獲得與 SPSS 報表相同的 t 值，可以將 .0824 和 .0028 分別乘以迴歸模式的標準誤：1.5104（本例爲 25.095/11 = 2.2814 的平方根），分別求得 .1245 和 .0043。再據此可以算出 t 值：.395/.1245 = 3.173, −.0331/.0043 = −7.700（因割捨誤差，導致與圖 4-43 中 ESS 輸出之結果稍有出入）。爲了避免產生過窄的信賴區間，Stanley & Doucouliagos（2013）建議使用 t 值，進行統計推論。

Beta_Fixed=	SE	t(P)	.95CI	Beta_Random=	SE	t(P)	.95CI
0.3949	0.1244	3.1732(.0089)	.1210 ~ .6688	0.303	0.2543	1.1915(.2585)	-.2567 ~ .8628
-0.0331	0.0043	-7.7794(.0000)	-.0425 ~ -.0237	-0.0316	0.0074	-4.2410(.0014)	-.0480 ~ -.0152
** Adopting Stanley & Doucouliaghos's(2013)approach:without dividing the SE by sqart(MSE)							
QT=	163.1649(p=.00000 , df=12)			QT=	42.1638(p=.00003 , df=12)		
QE=	25.0954(p=.00883 , df=11)			QE=	16.0010(p=.14109 , df=11)		
QR=	138.0695(p=.00000 , df=1)			QR=	26.1628(p=.00000 , df=1)		

圖 4-43　ESS 整合迴歸分析 t 值報表：固定效果與隨機效果

　　整合迴歸分析可採用固定效果模式或採用隨機效果模式。一般來說，研究者會發現殘餘的顯著異質性，常無法被模式中的預測變項完全加以解釋到，且又不想過度加權於大研究上，使用隨機效果模式會比較妥當（Borenstein, Hedges, Higgins, & Rothstein, 2009）。

(六) 次群體間平均效果值差異之統計考驗

　　超過三個次群體時，可利用虛擬變數法，透過整合迴歸分析進行組間之事後考驗。為利於推論至三群體以上，先以兩組為例作說明，並分別以 CMA 和 ESS 交互驗證之。

1. 以兩組為例

(1) CMA 途徑

　　使用滑鼠右鍵點擊 CMA 的黃色結果顯示區塊（參見圖 4-44），將分析指標設定為：「Set primary index to odds ratio」。其次，在 CMA 的 Column format 視窗中，點選「Subgroup within study」，以便進行次群體分析，在 CMA 的 Column format 視窗中，點選「Moderator」幫 Group 變項設定欄位屬性，以便進行整合迴歸分析。此項欄位屬性的設定，亦可透過 CMA 表單「Insert」→「Column for…」→「Study names」→「Subgroup within study」的選單序完成設定。

Comprehensive meta analysis - [C:\Program Files\Comprehensive Meta Analysis Version 2\Demo Files\English\subgroup-v...

File Edit Format View Insert Identify Tools Computational options Analyses Help

Run analyses

	Study name	Subgroup within study	Treated Events	Treated Total N	Control Events	Control Total N	Odds ratio	Log odds ratio	Std Err	Group
1	Dewar	Female	2	10	4	10	0.375	-0.981	1.021	1
2	Dewar	Male	2	11	3	11	0.593	-0.523	1.034	0
3	1st European	Female	11	40	7	42	1.897	0.640	0.545	1
4	1st European	Male	9	43	8	42	1.125	0.118	0.543	0
5	Heikinheimo	Female	12	100	9	105	1.455	0.375	0.465	1
6	Heikinheimo	Male	10	119	8	102	1.078	0.075	0.495	0
7	2nd European	Female	37	150	46	177	0.932	-0.070	0.255	1
8	2nd European	Male	32	223	48	180	0.461	-0.775	0.255	0
9	1st Australian	Female	12	135	16	124	0.659	-0.418	0.404	1
10	1st Australian	Male	14	129	16	129	0.860	-0.151	0.389	0
11	UK Collab	Female	27	150	25	141	1.019	0.018	0.306	1
12	UK Collab	Male	21	152	27	152	0.742	-0.298	0.317	0
13	Austrian	Female	18	170	32	180	0.548	-0.602	0.316	1
14	Austrian	Male	19	182	33	196	0.576	-0.552	0.309	0
15	N German	Female	34	125	24	120	1.495	0.402	0.304	1
16	N German	Male	29	124	27	114	0.984	-0.017	0.306	0
17	GISSI-1	Female	321	2939	381	2922	0.818	-0.201	0.081	1
18	GISSI-1	Male	327	2921	377	2930	0.854	-0.158	0.081	0
19										

Cohort 2x2 (Events)

圖 4-44 CMA 的原始資料檔案：男女兩組

考驗次群體間平均效果值之差異，有兩種途徑：一爲次群體分析途徑，一爲整合迴歸分析途徑。

① CMA 次群體分析操作步驟：Analyses → Run Analyses → Computational options → Group by⋯。最後，在「Group by⋯」的視窗中，點選「Subgroup within study」變項，作爲次群體分群的依據。圖 4-45 係透過 CMA 次群體分析結果：顯示男女間的效果值（.808 vs. .858）未達 .05 顯著差異水準（Q = .389, p = .533）。

Groups		Effect size and 95% interval			Test of null (2-Tail)		Heterogeneity				Tau-squared			
Group	Number Studies	Point estimate	Lower limit	Upper limit	Z-value	P-value	Q-value	df (Q)	P-value	I-squared	Tau Squared	Standard Error	Variance	Tau
Fixed effect analysis														
Female	9	0.858	0.751	0.980	-2.251	0.024	10.611	8	0.225	24.607	0.025	0.054	0.003	0.159
Male	9	0.808	0.707	0.923	-3.136	0.002	7.846	8	0.449	0.000	0.000	0.039	0.002	0.000
Total within							18.456	16	0.298					
Total between							0.389	1	0.533					
Overall	18	0.832	0.757	0.915	-3.810	0.000	18.847	17	0.337	9.799	0.006	0.021	0.000	0.076

圖 4-45 透過 CMA 次群體分析

② CMA 整合迴歸分析操作步驟：Analyses → Meta regression → 選擇 predictor → 點選 Table。最後，在「Group by…」的視窗中，點選「Subgroup within study」變項，作為次群體分群的依據。因為筆者事先已將 Group 調節變項以虛擬變項處理之，截距項係男性的平均效果值（虛擬變項 = 0 時）。圖 4-46 係透過 CMA 整合迴歸分析結果：顯示男性的平均效果值（−.2135，可轉成 Odds Ratio 為 .808）。另外，男女群組間之差異亦未達 .05 顯著差異水準（b = .06009, Q = .38916, p = .53274），結論與前次群體分析結果相同。注意，在進行 CMA 次群體分析時，因 SE 之關係 CMA 會自動將 Odds Ratio 轉換成 Log Odds Ratio 效果值，以正確進行統計分析。因此，圖 4-46 中 CMA 整合迴歸分析的結果係以 Log Odds Ratio 量尺呈現。

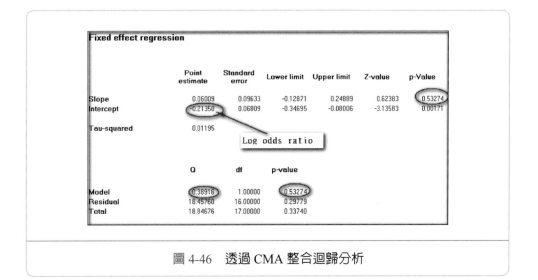

圖 4-46　透過 CMA 整合迴歸分析

(2) ESS 途徑

同樣地，考驗次群體間平均效果值之差異，也有兩種途徑：一為次群體分析途徑，一為整合迴歸分析途徑；惟後者須先以虛擬變項方式建立分組調節變項。如果只有兩群組，須建立一個分組調節變項；如果只有 k 群組，須建立（k − 1）個分組調節變項。

① 透過 ESS 進行次群體分析

在進行 ESS 次群體分析時，為配合計算標準誤之所需，必須使用 Log Odds

Ratio 效果值與標準誤，參見圖 4-47 的次群體分析資料：A 欄位為研究名稱、B 欄位為自然對數勝算比效果值、C 欄位為各研究之標準誤與 D 欄位為次群體組別變數。注意，次群體組別變數不可採虛擬變項 0 和 1 作為分組依據。ESS 的操作步驟：「Subgroup Analysis」→輸入組別數→輸入研究篇數即可。

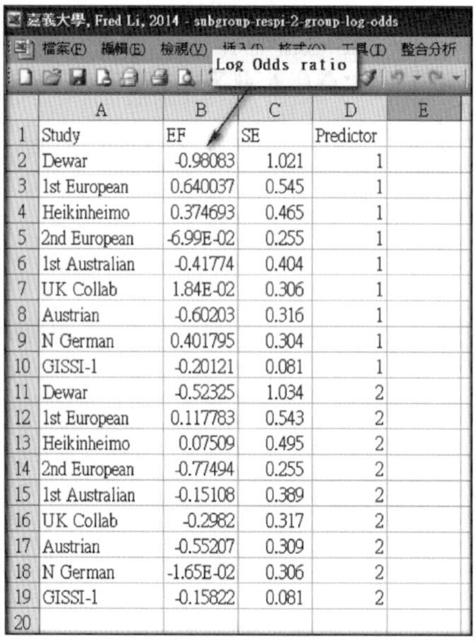

	A	B	C	D	E
1	Study	EF	SE	Predictor	
2	Dewar	-0.98083	1.021	1	
3	1st European	0.640037	0.545	1	
4	Heikinheimo	0.374693	0.465	1	
5	2nd European	-6.99E-02	0.255	1	
6	1st Australian	-0.41774	0.404	1	
7	UK Collab	1.84E-02	0.306	1	
8	Austrian	-0.60203	0.316	1	
9	N German	0.401795	0.304	1	
10	GISSI-1	-0.20121	0.081	1	
11	Dewar	-0.52325	1.034	2	
12	1st European	0.117783	0.543	2	
13	Heikinheimo	0.07509	0.495	2	
14	2nd European	-0.77494	0.255	2	
15	1st Australian	-0.15108	0.389	2	
16	UK Collab	-0.2982	0.317	2	
17	Austrian	-0.55207	0.309	2	
18	N German	-1.65E-02	0.306	2	
19	GISSI-1	-0.15822	0.081	2	
20					

圖 4-47　透過 ESS 次群體分析

ESS 次群體分析結果如圖 4-48 所示：顯示男女間的效果值（−.1534 vs. −.2135 → .858 vs. .808）未達 .05 顯著差異水準（$Q = .6238^2 = .389$, $p = .5327$）。所得結果與圖 4-45 透過 CMA 次群體分析的結果相同。

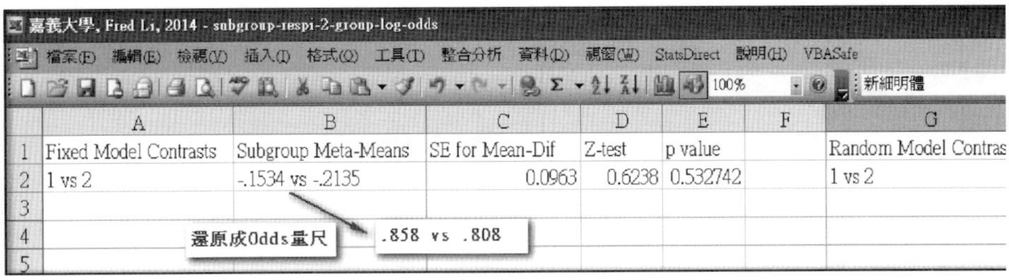

圖 4-48　透過 ESS 次群體分析最終結果

②透過 ESS 進行整合迴歸分析

　　在進行 ESS 整合迴歸分析時，為配合計算標準誤之所需，必須使用 Log Odds Ratio 效果值與加權量。注意，利用 ESS 進行整合迴歸分析時，必須使用加權量，Weight 而非標準誤（SE），參見圖 4-49 的次群體分析資料：A 欄位為研究名稱、B 欄位為自然對數勝算比效果值、C 欄位為各研究之加權量（weight）與 D 欄位為虛擬變數之組別變項。ESS 的操作步驟：「Meta-Regression」→輸入研究篇數與預測變項數即可。

　　因為筆者事先已將 Group 調節變項以虛擬變項處理之，當虛擬變項為 0 時，截距項係男性的平均效果值。圖 4-49 係透過 ESS 整合迴歸分析結果：顯示在固定效果模式下，男性的平均效果值 –.2135，該對數值可轉成 Odds Ratio 為 .808。另外，男女群組間之差異亦未達 .05 顯著差異水準（b = .0601, Q = .6238^2 = .38916, p = .53274），所得結論與前 ESS 次群體分析結果相同。因而，ESS 整合迴歸分析之結論與前述 CMA 整合迴歸分析結果，完全相同。

291

嘉義大學, Fred Li, 2014 - subgroup-respi-2-group

Log odds ratio

	A	B	C	D	E	F	G	H	I
1	Study	EF	Weight	Predictor	SE				
2	Dewar	-0.523248	0.935	0	1.021				
3	1st European	0.117783	3.391	0	0.545				
4	Heikinheimo	0.07509	4.085	0	0.465				
5	2nd European	-0.774937	15.410	0	0.255				
6	1st Australian	-0.151076	6.602	0	0.404				
7	UK Collab	-0.298198	9.971	0	0.306				
8	Austrian	-0.552069	10.504	0	0.316				
9	N German	-1.65E-02	10.691	0	0.304				
10	GISSI-1	-0.158217	154.135	0	0.081				
11	Dewar	-0.980829	0.960	1	1.034				
12	1st European	0.640037	3.369	1	0.543				
13	Heikinheimo	0.374693	4.625	1	0.495				
14	2nd European	-6.99E-02	15.326	1	0.255				
15	1st Australian	-0.417735	6.127	1	0.389				
16	UK Collab	1.84E-02	10.662	1	0.317				
17	Austrian	-0.602032	9.986	1	0.309				
18	N German	0.401795	10.813	1	0.306				
19	GISSI-1	-0.201211	153.481	1	0.081				
20	Beta_Fixed=	SE	Z(P)	.95CI	Beta_Random=	SE	Z(P)	.95CI	
21	-0.2135	0.0681	-3.1358(.00171)	-.3469 ~ -.0801	-0.2507	0.0957	-2.6188(.00882	-.4382 ~ -.0631	
22	0.0601	0.0963	.6238(.53274)	-.1287 ~ .2489	0.134	0.1353	.9906(.32190)	-.1312 ~ .3992	
23	** Adopting Hedge & Olkin's (1985) approach: SE divided by sqart(MSE)								
24	QT=	18.8472(p=.33737 , df=17)			QT=	16.7965(p=.46823 , df=17)			
25	QE=	18.4580(p=.29777 , df=16)			QE=	15.8153(p=.46592 , df=16)			
26	QR=	.3892(p=.53274 , df=1)			QR=	.9812(p=.32190 , df=1)			
27		I-squared=.1332							
28		R-squared=.0206			R-squared=.0000				
29		Tau-squared=.0089			Tau-squared=.0120				

圖 4-49　透過 ESS 整合迴歸分析的 EXCEL 報表

2. 以三組為例

當超過兩組以上時，CMA2.0 無法進行事後的組間平均效果值的比較與統計顯著性考驗。本質上傳統之變異數分析，係迴歸分析的一個特例。因而，兩組以上之事後組間平均效果值的比較，可以利用迴歸分析進行統計顯著性考驗。

ESS 具有處理多個預測變項的整合迴歸分析，因而可以處理組間的事後多重比較。因爲本例涉及三個組別，需使用到二個虛擬變項，例如圖 4-50 中的 Group1 和 Group2；這兩個虛擬變項將作爲預測變項用；其中 Group1 係用來比較 Male 和 Female，Group2 係用來比較 Both 和 Male，Male 在本分析中係作爲參照組。圖 4-50 中的 EF 變項必須爲 Log Odds Ratio 效果值，Weight 變項係 SE

變項平方的倒數，計算加權平均數用。圖 4-50 中最後二個變項：SE 和 Group 係參考用變項，在本實例過程解說中不會直接用到。ESS 的操作步驟：「Meta-Regression」→輸入研究篇數與預測變項數即可。

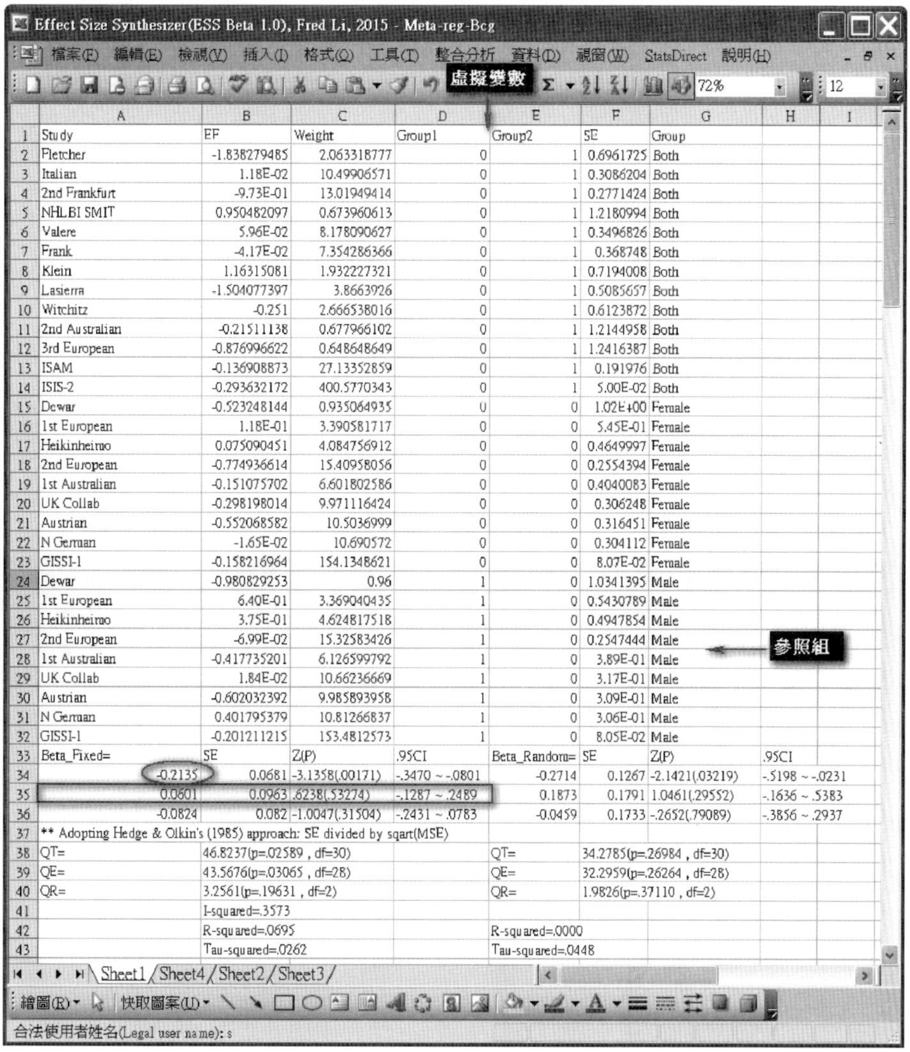

	A	B	C	D	E	F	G	H	I
1	Study	EF	Weight	Group1	Group2	SE	Group		
2	Fletcher	-1.838279485	2.063318777	0	1	0.6961725	Both		
3	Italian	1.18E-02	10.49906571	0	1	0.3086204	Both		
4	2nd Frankfurt	-9.73E-01	13.01949414	0	1	0.2771424	Both		
5	NHLBI SMIT	0.950482097	0.673960613	0	1	1.2180994	Both		
6	Valere	5.96E-02	8.178090627	0	1	0.3496826	Both		
7	Frank	-4.17E-02	7.354286366	0	1	0.368748	Both		
8	Klein	1.16315081	1.932227321	0	1	0.7194008	Both		
9	Lasierra	-1.504077397	3.8663926	0	1	0.5085657	Both		
10	Witchitz	-0.251	2.666538016	0	1	0.6123872	Both		
11	2nd Australian	-0.21511138	0.677966102	0	1	1.2144958	Both		
12	3rd European	-0.876996622	0.648648649	0	1	1.2416387	Both		
13	ISAM	-0.136908873	27.13352859	0	1	0.191976	Both		
14	ISIS-2	-0.293632172	400.5770343	0	1	5.00E-02	Both		
15	Dewar	-0.523248144	0.935064935	0	0	1.02E+00	Female		
16	1st European	1.18E-01	3.390581717	0	0	5.45E-01	Female		
17	Heikinheimo	0.075090451	4.084756912	0	0	0.4649997	Female		
18	2nd European	-0.774936614	15.40958056	0	0	0.2554394	Female		
19	1st Australian	-0.151075702	6.601802586	0	0	0.4040083	Female		
20	UK Collab	-0.298198014	9.971116424	0	0	0.306248	Female		
21	Austrian	-0.552068582	10.5036999	0	0	0.316451	Female		
22	N German	-1.65E-02	10.690572	0	0	0.304112	Female		
23	GISSI-1	-0.158216964	154.1348621	0	0	8.07E-02	Female		
24	Dewar	-0.980829253	0.96	1	0	1.0341395	Male		
25	1st European	6.40E-01	3.369040435	1	0	0.5430789	Male		
26	Heikinheimo	3.75E-01	4.624817518	1	0	0.4947854	Male		
27	2nd European	-6.99E-02	15.32583426	1	0	0.2547444	Male		
28	1st Australian	-0.417735201	6.126599792	1	0	3.89E-01	Male		
29	UK Collab	1.84E-02	10.66236669	1	0	3.17E-01	Male		
30	Austrian	-0.602032392	9.985893958	1	0	3.09E-01	Male		
31	N German	0.401795379	10.81266837	1	0	3.06E-01	Male		
32	GISSI-1	-0.201211215	153.4812573	1	0	8.05E-02	Male		
33	Beta_Fixed=	SE	Z(P)	.95CI	Beta_Random=	SE	Z(P)	.95CI	
34	-0.2135	0.0681	-3.1358(.00171)	-.3470 ~ -.0801	-0.2714	0.1267	-2.1421(.03219)	-.5198 ~ -.0231	
35	0.0601	0.0963	.6238(.53274)	-.1287 ~ .2489	0.1873	0.1791	1.0461(.29552)	-.1636 ~ .5383	
36	-0.0824	0.082	-1.0047(.31504)	-.2431 ~ .0783	-0.0459	0.1733	-.2652(.79089)	-.3856 ~ .2937	
37	** Adopting Hedge & Olkin's (1985) approach: SE divided by sqart(MSE)								
38	QT=	46.8237(p=.02589 , df=30)			QT=	34.2785(p=.26984 , df=30)			
39	QE=	43.5676(p=.03065 , df=28)			QE=	32.2959(p=.26264 , df=28)			
40	QR=	3.2561(p=.19631 , df=2)			QR=	1.9826(p=.37110 , df=2)			
41		I-squared=.3573							
42		R-squared=.0695			R-squared=.0000				
43		Tau-squared=.0262			Tau-squared=.0448				

圖 4-50　ESS 整合迴歸分析的基本資料格式與分析結果

依據圖 4-50 底部之 ESS 整合迴歸分析結果可知：其中 Group1 係用來比較 Male 和 Female，其統計考驗結果未達 .05 顯著差異水準（b = .0601, z = .6238, p = .53274）；Group2 係用來比較 Both 和 Male，其統計考驗結果也未達 .05 顯著差異水準（b = −.0824, z = −1.0047, p = .31504）。至於截距值則係參照組（男性）的平均效果值（−.2135），該對數值可轉成 Odds Ratio 為 .808。

接著，筆者將利用 CMA 透過次群體分析法，分兩次逐一進行 Male 和 Female、Both 和 Male 的組間差異之統計顯著性考驗，以檢驗 ESS 分析結果的正確性。

1. Male 和 Female 間之次群體分析

利用 CMA 執行 Male 和 Female 組間比較的操作步驟如下：

(1) 建立資料檔

請使用滑鼠右鍵點擊 CMA 的黃色結果顯示區塊（參見圖 4-51），出現交談框後，點選 CMA「Set primary index to Log odds ratio」選目，將分析指標設定為 Log Odds Ratio。

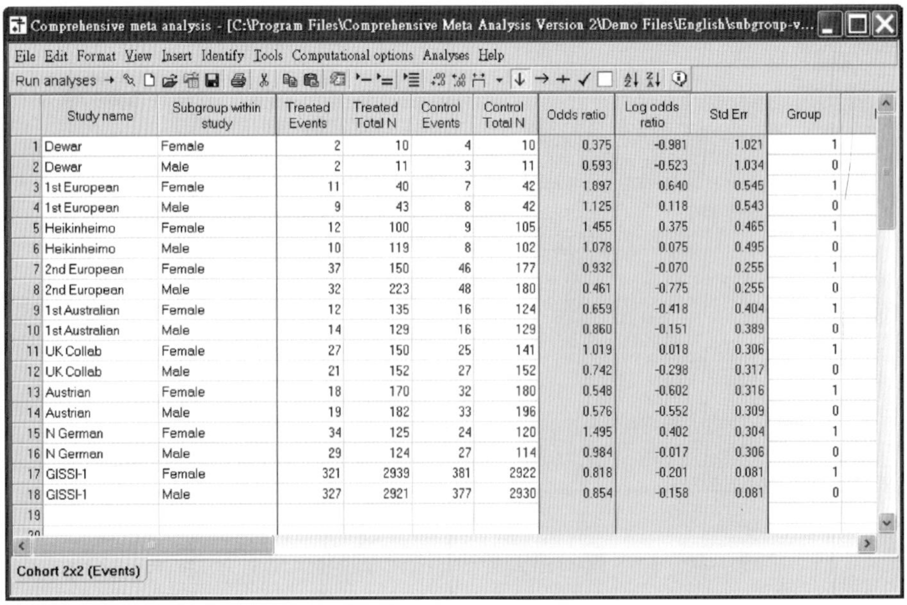
Comprehensive meta analysis - [C:\Program Files\Comprehensive Meta Analysis Version 2\Demo Files\English\subgroup-v...

File Edit Format View Insert Identify Tools Computational options Analyses Help

Run analyses

	Study name	Subgroup within study	Treated Events	Treated Total N	Control Events	Control Total N	Odds ratio	Log odds ratio	Std Err	Group
1	Dewar	Female	2	10	4	10	0.375	-0.981	1.021	1
2	Dewar	Male	2	11	3	11	0.593	-0.523	1.034	0
3	1st European	Female	11	40	7	42	1.897	0.640	0.545	1
4	1st European	Male	9	43	8	42	1.125	0.118	0.543	0
5	Heikinheimo	Female	12	100	9	105	1.455	0.375	0.465	1
6	Heikinheimo	Male	10	119	8	102	1.078	0.075	0.495	0
7	2nd European	Female	37	150	46	177	0.932	-0.070	0.255	1
8	2nd European	Male	32	223	48	180	0.461	-0.775	0.255	0
9	1st Australian	Female	12	135	16	124	0.659	-0.418	0.404	1
10	1st Australian	Male	14	129	16	129	0.860	-0.151	0.389	0
11	UK Collab	Female	27	150	25	141	1.019	0.018	0.306	1
12	UK Collab	Male	21	152	27	152	0.742	-0.298	0.317	0
13	Austrian	Female	18	170	32	180	0.548	-0.602	0.316	1
14	Austrian	Male	19	182	33	196	0.576	-0.552	0.309	0
15	N German	Female	34	125	24	120	1.495	0.402	0.304	1
16	N German	Male	29	124	27	114	0.984	-0.017	0.306	0
17	GISSI-1	Female	321	2939	381	2922	0.818	-0.201	0.081	1
18	GISSI-1	Male	327	2921	377	2930	0.854	-0.158	0.081	0
19										

Cohort 2x2 (Events)

圖 4-51　CMA 次群體分析的基本資料格式：Male 和 Female

(2) 執行 CMA 分析

執行 CMA 分析：在 Analysis 下執行「Run analysis」，如圖 4-52 所示。

	Study name	Subgroup within study	Treated Events	Treated Total N	Control Events	Control Total N	Odds ratio	Log odds ratio	Std Err	Group
1	Dewar	Female	2	10	4	10	0.375	-0.981	1.021	1
2	Dewar	Male	2	11	3	11	0.593	-0.523	1.034	0
3	1st European	Female	11	40	7	42	1.897	0.640	0.545	1
4	1st European	Male	9	43	8	42	1.125	0.118	0.543	0
5	Heikinheimo	Female	12	100	9	105	1.455	0.375	0.465	1
6	Heikinheimo	Male	10	119	8	102	1.078	0.075	0.495	0
7	2nd European	Female	37	150	46	177	0.932	-0.070	0.255	1
8	2nd European	Male	32	223	48	180	0.461	-0.775	0.255	0
9	1st Australian	Female	12	135	16	124	0.659	-0.418	0.404	1
10	1st Australian	Male	14	129	16	129	0.860	-0.151	0.389	0
11	UK Collab	Female	27	150	25	141	1.019	0.018	0.306	1
12	UK Collab	Male	21	152	27	152	0.742	-0.298	0.317	0
13	Austrian	Female	18	170	32	180	0.548	-0.602	0.316	1
14	Austrian	Male	19	182	33	196	0.576	-0.552	0.309	0
15	N German	Female	34	125	24	120	1.495	0.402	0.304	1
16	N German	Male	29	124	27	114	0.984	-0.017	0.306	0
17	GISSI-1	Female	321	2939	381	2922	0.818	-0.201	0.081	1
18	GISSI-1	Male	327	2921	377	2930	0.854	-0.158	0.081	0

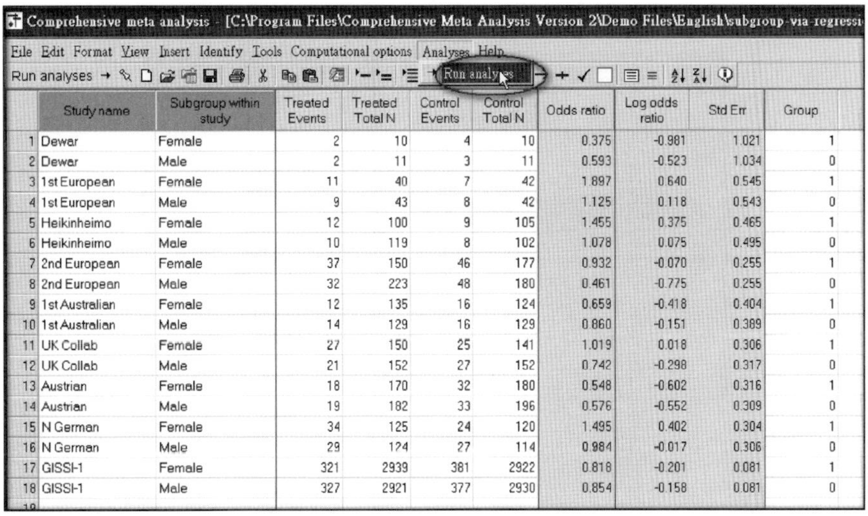

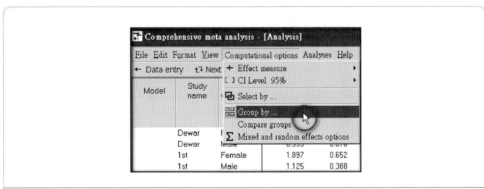

圖 4-52　CMA 執行分析介面

(3) 設定 CMA 次群體分析

設定 CMA 次群體分析：在 Computational options 下執行「Group by…」，如圖 4-53 所示

圖 4-53　CMA 次群體分析介面

(4) CMA 次群體變項設定

CMA 次群體變項設定：在 Group by 表單下選擇「Subgroup within study」，如圖 4-54 所示。

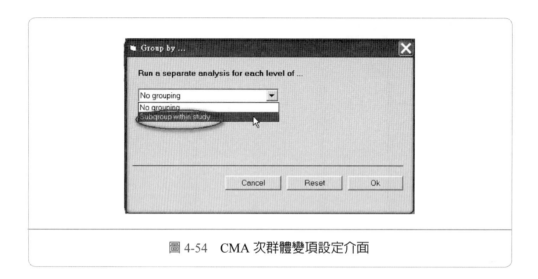

圖 4-54　CMA 次群體變項設定介面

(5) CMA 次群體分析的相關統計之設定

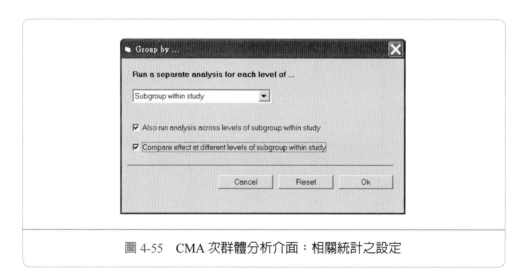

圖 4-55　CMA 次群體分析介面：相關統計之設定

次群體分析的相關統計之設定，請務必勾選圖 4-55 中的兩個選目，以進行分群組的統計分析與組間比較。

(6) 按下「OK」，查看分析結果

Groups		Effect size and 95% interval			Test of null (2-Tail)		Heterogeneity				Tau-squared			
Group	Number Studies	Point estimate	Lower limit	Upper limit	Z-value	P-value	Q-value	df (Q)	P-value	I-squared	Tau Squared	Standard Error	Variance	Tau
Fixed effect analysis														
Female	9	0.858	0.751	0.980	-2.251	0.024	10.611	8	0.225	24.607	0.025	0.054	0.003	0.159
Male	9	0.808	0.707	0.923	3.136	0.002	7.846	8	0.449	0.000	0.000	0.039	0.002	0.000
Total within							18.456	16	0.298					
Total between							0.389	1	0.533					
Overall	18	0.832	0.757	0.915	-3.610	0.000	18.847	17	0.337	9.799	0.006	0.021	0.000	0.076

圖 4-56　CMA 次群體分析結果

　　圖 4-56 係 CMA 次群體分析的最終結果。利用圖 4-50 底部的 Female 和 Male 的 ESS 分析結果，可以算出：因為 $Z^2 = Q$，所以 $.6238^2 = .389$，p = .533，由此顯示圖 4-56 的 CMA 所得結果與 ESS 的分析結果相同！

2. Both 和 Male 間之次群體分析

　　利用 CMA 執行 Both 和 Male 組間比較的操作步驟如同 Male 和 Femal 的比較，其操作細節將從簡，只提示基本步驟如下。

(1) 建立資料檔

　　請使用滑鼠右鍵點擊 CMA 的黃色結果顯示區塊（參見圖 4-57），將分析指標設定為：「Set primary index to log odds ratio」。

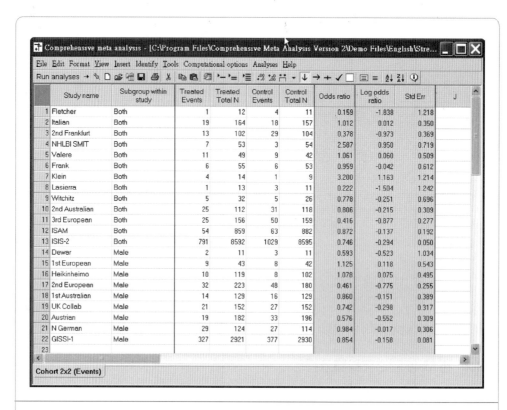

圖 4-57　CMA 次群體分析的基本資料格式：Both 和 Male

(2) 執行 CMA 分析，如圖 4-58。

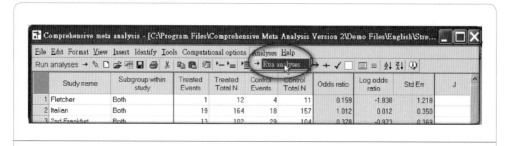

圖 4-58　CMA 執行分析介面

(3) 設定 CMA 次群體分析，如圖 4-59。

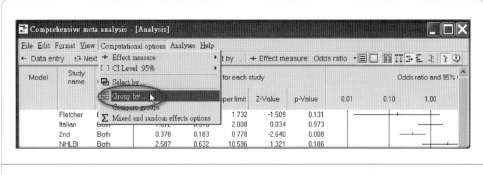

圖 4-59　CMA 次群體分析介面

(4) CMA 次群體變項設定，如圖 4-60。

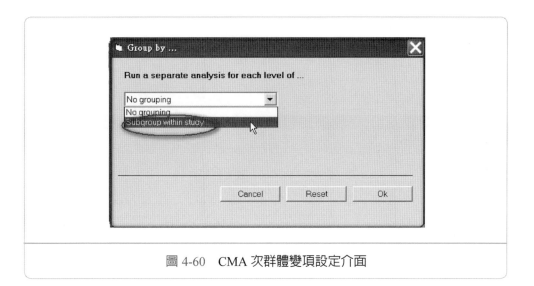

圖 4-60　CMA 次群體變項設定介面

(5) CMA 次群體分析的相關統計之設定，如圖 4-61。

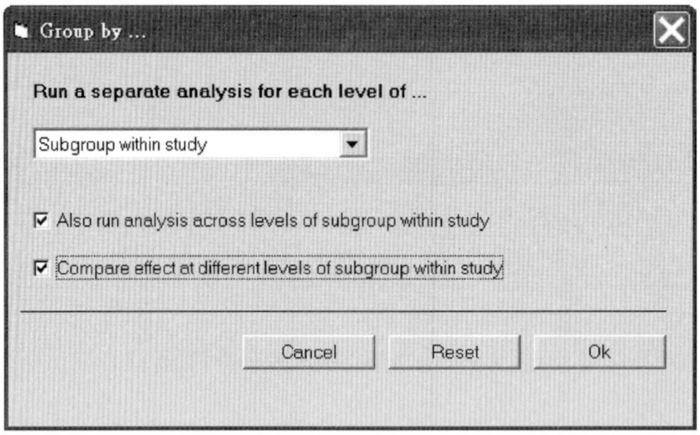

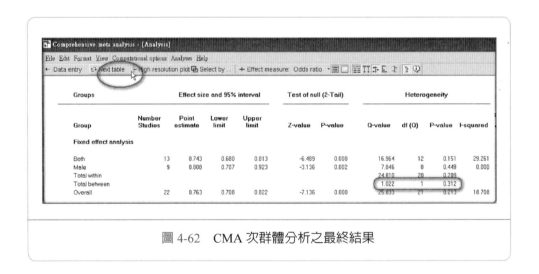

圖 4-61　CMA 次群體分析介面：相關統計之設定

(6) 按下「OK」，查看分析結果，如圖 4-62。

Groups		Effect size and 95% interval			Test of null (2-Tail)		Heterogeneity			
Group	Number Studies	Point estimate	Lower limit	Upper limit	Z-value	P-value	Q-value	df (Q)	P-value	I-squared
Fixed effect analysis										
Both	13	0.743	0.680	0.813	-6.489	0.000	16.964	12	0.151	29.261
Male	9	0.808	0.707	0.923	-3.136	0.002	7.846	8	0.449	0.000
Total within							24.810	20	0.209	
Total between							1.022	1	0.312	
Overall	22	0.763	0.708	0.822	-7.136	0.000	25.833	21	0.213	18.708

圖 4-62　CMA 次群體分析之最終結果

利用圖 4-50 底部的 ESS 對於 Both 和 Male 的比較分析結果，可以算出：$Z^2 = Q$, $-1.0047^2 = 1.0094$, $p = .315$，ESS 所得結果與圖 4-62 之 CMA 分析結果相近，但因割捨誤差兩者間稍有出入。

(七) 整合迴歸隨機效果模式中，變異成分的估計與意義

常見的隨機效果模式變異成分（variance component）的估計法有三：動差方法（the method of moments）、完全最大概似法（full maximum likelihood）和限制概似法（restricted maximum likelihood）。動差方法是唯一有封閉解（closed solution），其餘兩種需使用疊代解（iterative solution）。ESS 軟體使用的是動差方法，進行變異成分的估計。筆者在第一章中曾介紹 DerSimonian & Laird（1986）的 moment-based 估計法（參見公式 1-133），在整合迴歸分析中，將延伸該公式以適用於迴歸分析，其變異成分的估計公式定義如 4-21（公式 16.43, Raudenbush, 2009）。

$$\tau^2 = \frac{QE_{fixed} - (k - p - 1)}{trace(M)} \qquad （公式 4-21）$$

式中 QE 係固定效果模式下之殘差平方和，k 表研究篇數，p 表預測變項數，而分母定義如公式 4-22：

$$trace(M) = \sum_{i=1}^{k} w_i - trace\left[\left(\sum_{i=1}^{k} w_i x_i x_i^T\right)^{-1} \sum_{i=1}^{k} w_i^2 x_i x_i^T\right] \qquad （公式 4-22）$$

當 $\tau^2 = 0$ 時，隨機效果模式即為固定效果模式。Spiegelhalter, Abrams, & Myles（2004）定義 τ^2 的大小意義如下：

當 τ^2 接近 .04 時，表低異質性（low heterogeneity），當 τ^2 接近 .14 時，中度異質性（moderate heterogeneity），當 τ^2 等於或大於 .40 以上時，表高度異質性（substantial heterogeneity）。

本質上，τ^2 與 I^2 皆由（Q – df）推衍而來，Q 為加權離差平方和（WSS），請對照公式 4-21。I^2 界定如公式 2-1 所示：

$$I^2 = \begin{cases} \dfrac{Q - df}{Q} \times 100\% & (Q > df) \\ 0 & (Q \le df) \end{cases}$$

此外，在整合迴歸分析的隨機效果模式時，研究者可以利用 τ^2，間接計算出

301

預測變項的預測比率，計算方法如公式 4-23 所示（當 $R^2 < 0$ 時，$R^2 = 0$）：

$$R^2 = \frac{\tau_{explained}^2}{\tau_{total}^2} = 1 - \frac{\tau_{unexplained}^2}{\tau_{total}^2} \qquad （公式 4-23）$$

五、FAT-PET 整合迴歸分析法

整合迴歸分析法，英文的譯文為 Meta-regression analysis（簡稱 MRA）。整合迴歸分析常用來收納與過濾出版偏差。FAT-PET 整合迴歸分析法（簡稱 FAT-PET-MRA）常用於經濟學的研究上，其中 FAT 考驗（Funnel Asymmetry Test）旨在考驗漏斗圖非對稱性，PET（Precision Effect Test）則在考驗校正出版偏差或其它變異源後之淨效果值。以下將就雙變項 FAT-PET-MRA 與多變項 FAT-PET-MRA 等兩種分析模式，逐一闡釋之。

(一) 雙變項 FAT-PET-MRA

雙變項 FAT-PET-MRA，係 Egger's 迴歸截距考驗法，本法僅排除出版偏差的偏誤，其相關理論已於本書第二章中論述，為便利讀者之閱讀流暢性，僅將公式 2-24-2 在此重述：

$$t_i = \frac{ES_i}{SE_i} = \beta_1 + \beta_0 \frac{1}{SE_i} + v_i$$

上式即為有名的 FAT 考驗（Funnel Asymmetry Test，考驗 $\beta_1 = 0$）-PET（Precision Effect Test，考驗 $\beta_0 = 0$）考驗模式。ESS 的副程式「Egger's regression intercept」，提供了雙變項 FAT-PET-MRA 統計考驗，其資料輸入格式如圖 4-63 所示：A 欄位係研究名稱、B 欄位係效果值和 C 欄位係標準誤。

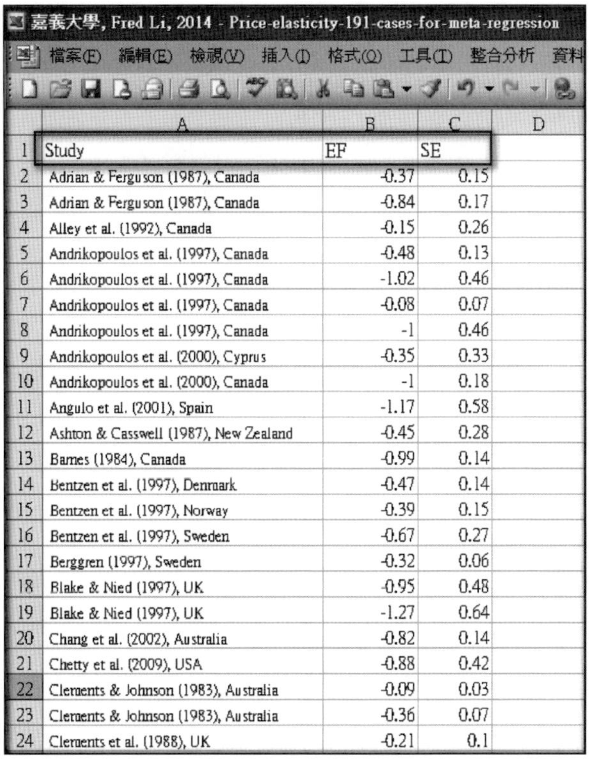

	A	B	C	D
1	Study	EF	SE	
2	Adrian & Ferguson (1987), Canada	-0.37	0.15	
3	Adrian & Ferguson (1987), Canada	-0.84	0.17	
4	Alley et al. (1992), Canada	-0.15	0.26	
5	Andrikopoulos et al. (1997), Canada	-0.48	0.13	
6	Andrikopoulos et al. (1997), Canada	-1.02	0.46	
7	Andrikopoulos et al. (1997), Canada	-0.08	0.07	
8	Andrikopoulos et al. (1997), Canada	-1	0.46	
9	Andrikopoulos et al. (2000), Cyprus	-0.35	0.33	
10	Andrikopoulos et al. (2000), Canada	-1	0.18	
11	Angulo et al. (2001), Spain	-1.17	0.58	
12	Ashton & Casswell (1987), New Zealand	-0.45	0.28	
13	Barnes (1984), Canada	-0.99	0.14	
14	Bentzen et al. (1997), Denmark	-0.47	0.14	
15	Bentzen et al. (1997), Norway	-0.39	0.15	
16	Bentzen et al. (1997), Sweden	-0.67	0.27	
17	Berggren (1997), Sweden	-0.32	0.06	
18	Blake & Nied (1997), UK	-0.95	0.48	
19	Blake & Nied (1997), UK	-1.27	0.64	
20	Chang et al. (2002), Australia	-0.82	0.14	
21	Chetty et al. (2009), USA	-0.88	0.42	
22	Clements & Johnson (1983), Australia	-0.09	0.03	
23	Clements & Johnson (1983), Australia	-0.36	0.07	
24	Clements et al. (1988), UK	-0.21	0.1	

圖 4-63　Egger's 迴歸截距考驗法的輸入格式

註：引自 Nelson（2013）的 Beer price elasticity（價格彈性）資料。

其次，利用 ESS 的副程式「Egger's regression intercept」（參見圖 4-64 之 ESS 操作表單），進行出版偏差的考驗與校正。

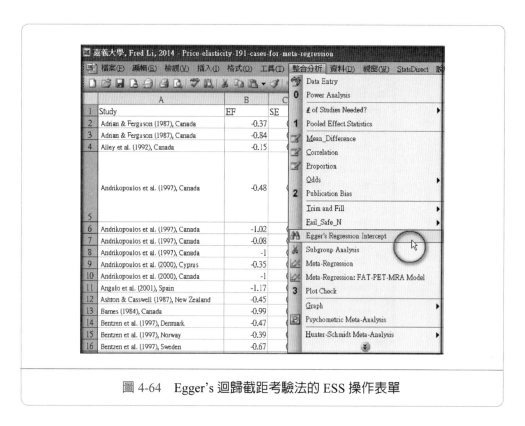

圖 4-64　Egger's 迴歸截距考驗法的 ESS 操作表單

　　圖 4-65 係 ESS 統計執行過程中的說明視窗，說明以下的統計分析將利用 Egger's 迴歸截距考驗法，以進行出版偏差之考驗。

圖 4-65　ESS 的說明視窗

　　由圖 4-66 的研究樣本數輸入視窗可知，共有 191 筆有關啤酒價格彈性的資料。

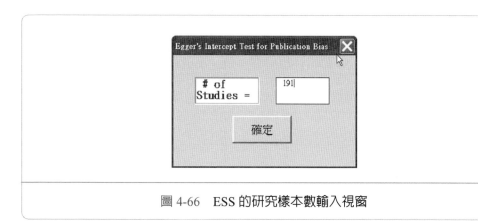

圖 4-66　ESS 的研究樣本數輸入視窗

　　圖 4-67 左側表單內容，係 Egger's 迴歸截距考驗的結果，適用於無顯著的效果值時；右側內容，係 PEESE（Precision-Effect Estimate with Standard Error）模式的估計結果，適用於具有顯著的效果值時。PEESE 的理論模式內容，請參見公式 2-25-2。

　　注意，Stanley（個人通信，2014），根據他的模擬研究結果，建議不使用 FAT-PET-PEESE-MRA 模式出版偏差的考驗結果；此 PEESE 整合迴歸模式，主要用來估計校正出偏差之後的實際真正效果值，以獲得較佳的不偏效果估計值。因此，研究者如欲進行漏斗圖非對稱性 FAT 考驗，不管實際真正效果值有無達既定之顯著水準，均請使用 FAT-PET-MRA 模式的 FAT 考驗結果。其次，根據 Stanley（2008）的模擬研究結果，發現隨機異質性與估計值的標準誤具有正向相關；因而導致隨機效果模式的 MRA 比固定效果模式的 MRA 產生更大的偏差，尤其是 FAT-PET-PEESE-MRA。因此，Stanley（2012、2013）建議不推薦使用隨機效果模式下的整合分析效果值，主張使用 FAT-PET-MRA 的固定效果考驗結果，尤其出現出版偏差時。另外，Stanley（2008）的模擬研究結果，也發現當出現嚴重的異質性與出版偏差時，顯著的 FAT 和 PET 結果可能係第一類型錯誤所致（Type I error inflation）。因而，在解釋顯著的 FAT 和 PET 研究結果時，亦須注意有無嚴重的異質性與出版偏差。

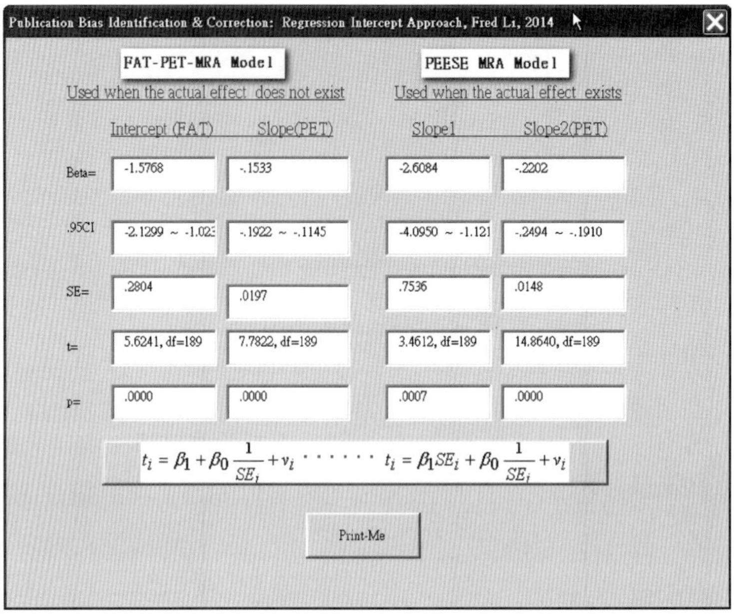

圖 4-67　ESS 之 Egger's regression 副程式的輸出表單：適合推論

　　圖 4-67 和圖 4-68 中的標準誤涉及兩個 ESS 副程式間之互換關係。根據 Hedges & Olkin（1985）的建議，固定效果模式下之迴歸係數的標準誤，須使用公式 4-20 加以計算：$\dfrac{SE(\beta_j)}{\sqrt{MSe}}$。

　　圖 4-67 的標準誤係未經公式 4-20 之轉換，而圖 4-68 中 ESS 報表所提供的標準誤，則係根據公式 4-20 計算而得。標準誤轉換的細節請參見圖 4-67 的右上角的提示過程與結果。不過，根據 Stanley & Doucouliagos（2013）的模擬研究結果，發現除非樣本與母群特徵相似或不作推論用，建議研究者不須再作校正，以免產生過窄的信賴區間。簡言之，圖 4-67 的標準誤適用於推論，而圖 4-68 中的標準誤適用於描述。

　　注意，ESS 在進行 Egger's regression 分析與整合迴歸分析的輸入格式不同，請比對圖 4-63 的檔案輸入格式與圖 4-68 的檔案輸入格式。

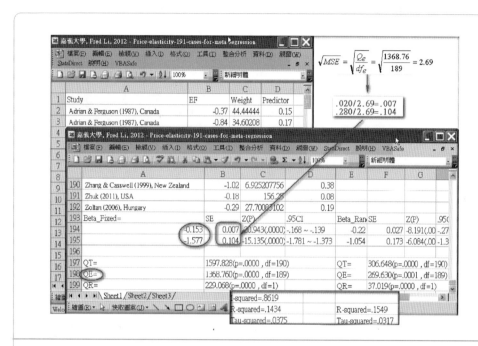

圖 4-68　ESS 之「整合迴歸分析」副程式跑出的結果：適合描述

在圖 4-68 的整合迴歸分析報表中，QE 係用來檢驗是否尚有未解釋到的異質性變異源，QE = 1368.760（p = .0000），I^2 = .8619, R^2 = .1434，表示除了出版偏差之外，尚有可能的變異源需要去探究。

（二）多變項 FAT-PET-MRA

假如重要的調節變項被省略了（例如：R^2 過小），雙變項的 MRA 迴歸分析可能會出現偏差估計值。因此，研究者最好使用多變項 FAT-PET-MRA 整合迴歸分析，又常被稱為多元整合迴歸分析模式（multiple MRA model），除了各研究效果值的標準誤之外，也將重要的解釋變項納入迴歸模式中（如公式 4-24 所示），以調查重要變異源（Sources of heterogeneity）。換言之，本法除了考慮出版偏差之外，尚包含其他重要的解釋變項，可包括「效果值變異源」（Z 變項）與「出版偏差變異源」（K 變項），欲知具體運算公式請參見 Doucouliagos, Stanley and Viscusi（2014）之論文。

$$t_i = \beta_1 + \sum_{j=1}^{j} \delta_j K_{ji} + \beta_0 (\frac{1}{SE_i}) + \sum_{k=1}^{k} \beta_i (\frac{Z_{jk}}{SE_i}) + e_i \qquad （公式 4-24）$$

公式 4-24 中各迴歸係數可以利用 t-test/z-test 考驗之；式中，t_i 為第 i 個研究效果值的 t 值，截距項 β_1 即在考驗出版偏差（FAT），β_0 即在考驗淨效果值（PET），K 變項為出版偏差變異源（多為二分類別變項，在 WLS 模式中，該類變項的異質性通常不進行控制），以探求什麼因素導引了出版偏差，Z 變項為效果值變異源，須利用 1/SE 進行加權以校正變異數異質性的問題。不過 Stanley and Doucouliagos（2007, 2012 & 2013）建議，當出現顯著的非 0 效果值之後，最好利用公式 4-25 解決觀察效果值與標準誤間之非線性關係（認為出版偏差與變異誤有關而非標準誤，相關細節請參閱本書第二章），以獲得較佳之校正效果估計值（Precision-Effect Estimate with Standard Error, 簡稱 PEESE），此模式簡稱為 FAT-PET-PEESE-MRA。

$$t_i = \beta_1 SE_i + \sum_{j=1}^{j} \delta_j K_{ji} SE_i + \beta_0 (\frac{1}{SE_i}) + \sum_{k=1}^{k} \beta_i (\frac{Z_{jk}}{SE_i}) + e_i \qquad （公式 4-25）$$

由公式 4-25（請比對公式 2-25-2）可知，FAT-PET-PEESE-MRA 模式之截距須設定為 0，該整合迴歸模式含有調節變項之外，尚須加入 1/SE 和 SE 兩個變項作為預測變項。因此，研究者如欲使用 SPSS 軟體，進行 FAT-PET-PEESE-MRA 模式分析時，除了須取消截距估計之外，並須納入 1/SE 和 SE 兩個變項及其他重要的變異源作為預測變項。圖 4-69，係筆者 ESS 軟體中的 FAT-PET-MRA 整合迴歸模式的 EXCEL 資料表單，含有兩個預測變項。另外，在隨機效果模式下（metareg 只提供此模式之分析結果），ESS 的估計值均與 Stata 之輸出結果相同，Stata 副程式分別為：metareg EF SE Predictor, wsse (SE) mm、metareg EF SE_Square Predictor, wsse (SE) mm；在固定效果模式下，ESS 的估計值均與 Stata 之輸出結果相同，Stata 副程式分別為：vwls EF SE Predictor, sd (SE)、vwls EF SE_Square Predictor, sd (SE)。在此提供 Stata 的程式，供研究參考與比對用。

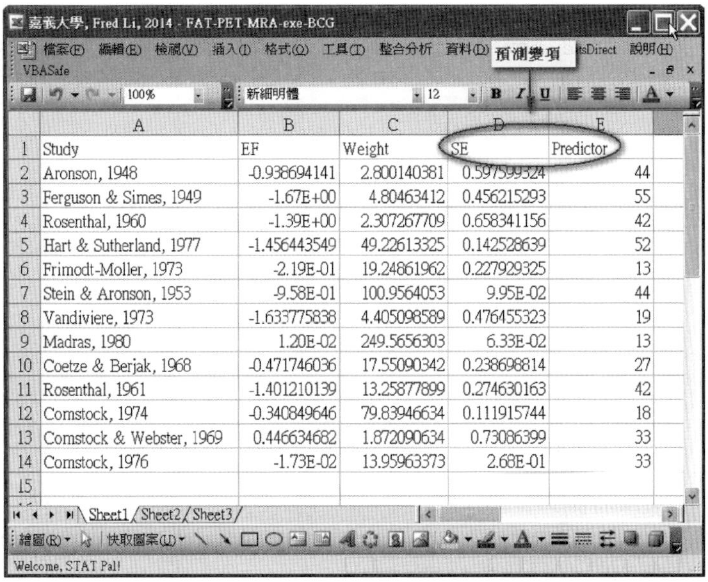

	A	B	C	D	E
1	Study	EF	Weight	SE	Predictor
2	Aronson, 1948	-0.938694141	2.800140381	0.597599324	44
3	Ferguson & Simes, 1949	-1.67E+00	4.80463412	0.456215293	55
4	Rosenthal, 1960	-1.39E+00	2.307267709	0.658341156	42
5	Hart & Sutherland, 1977	-1.456443549	49.22613325	0.142528639	52
6	Frimodt-Moller, 1973	-2.19E-01	19.24861962	0.227929325	13
7	Stein & Aronson, 1953	-9.58E-01	100.9564053	9.95E-02	44
8	Vandiviere, 1973	-1.633775838	4.405098589	0.476455323	19
9	Madras, 1980	1.20E-02	249.5656303	6.33E-02	13
10	Coetze & Berjak, 1968	-0.471746036	17.55090342	0.238698814	27
11	Rosenthal, 1961	-1.401210139	13.25877899	0.274630163	42
12	Comstock, 1974	-0.340849646	79.83946634	0.111915744	18
13	Comstock & Webster, 1969	0.446634682	1.872090634	0.73086399	33
14	Comstock, 1976	-1.73E-02	13.95963373	2.68E-01	33
15					

圖 4-69　ESS 的「Meta-regression: FAT-PET-MRA Model」的資料輸入格式

上述圖 4-69 中 B 欄位係效果值資料，爲 BCG Vaccination（預防注射）對於 TB 的對數勝算比（Log Odds Ratio）分析資料，C 欄位係各研究之加權量，D 欄位係各研究之標準誤，E 欄位 Predictor 係調節變項：緯度的資料。整合分析軟體 ESS 的「Meta-regression: FAT-PET-MRA Model」副程式，可執行多變項 FAT-PET-MRA 分析，操作表單如圖 4-70 所示。

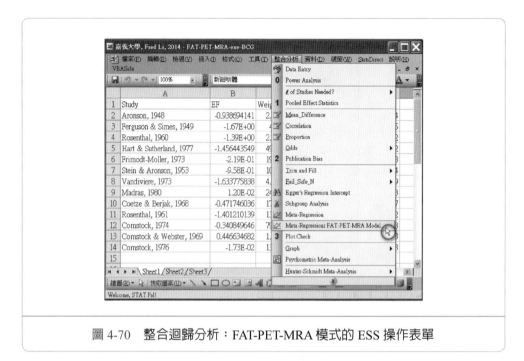

圖 4-70　整合迴歸分析：FAT-PET-MRA 模式的 ESS 操作表單

圖 4-71 係 ESS 的說明視窗，說明以下之統計分析採 FAT-PET-MRA 模式，各變項會先以 1/SE 加權之（WLS 模式）。

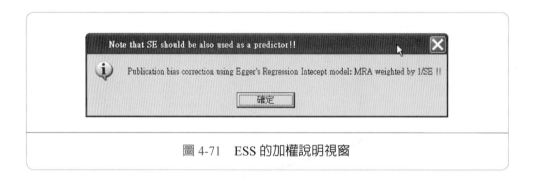

圖 4-71　ESS 的加權說明視窗

接著，圖 4-72 的輸入視窗內，輸入研究樣本數 (13) 與預測變項數 (2)。就可獲得圖 4-73 的 FAT-PET-MRA 模式的 ESS 統計摘要表，該表之統計分析結果適用於無顯著效果值時。

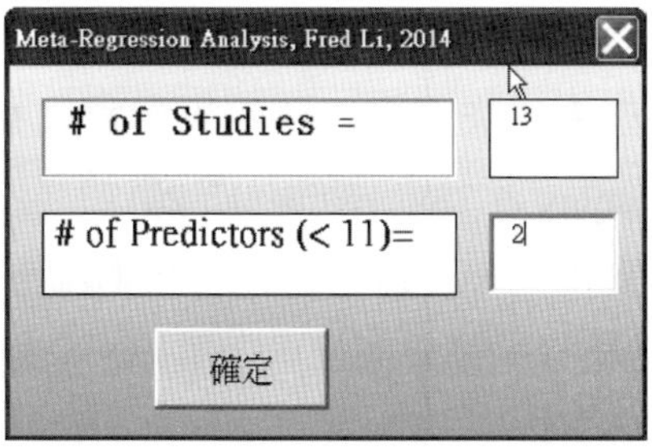

圖 4-72　ESS 的研究樣本數與預測變項數之輸入視窗

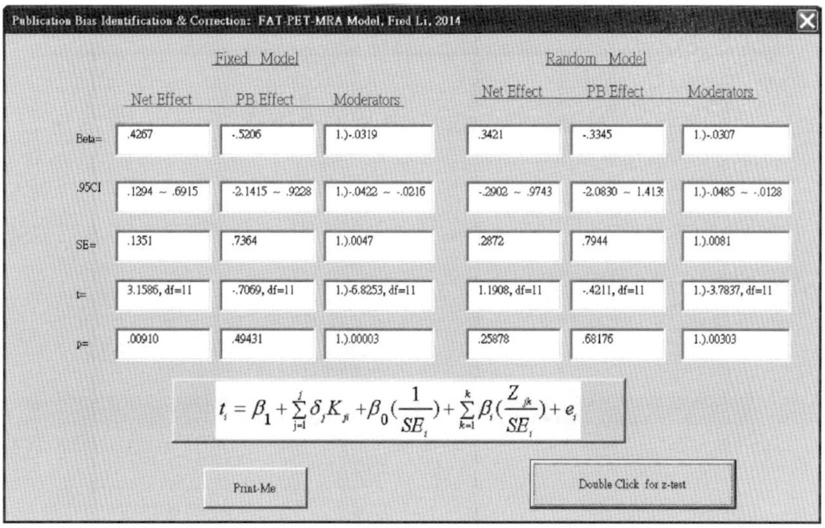

圖 4-73　FAT-PET-MRA 模式的 ESS 統計摘要表：適用無顯著效果時

　　如同前述，圖 4-73 中的 t 考驗結果，可以產生較貼切的信賴區間與 p 值（較適用於推論）。就固定效果模式來看，本例的估計淨效果值為 .4267（p = .00910），具有顯著的效果值。為獲得較佳之校正效果值，請使用 PEESE 模式中的估計淨效果值 .3956（p = .01100），已排除出版偏差與緯度因素的影響力，參見圖 4-75 之內容。

　　另外，一般在控制較嚴謹的醫學實驗性研究上，因為研究的變異可視為隨機，大都使用隨機效果模式；但在經濟學上大都採用觀察性資料，其研究的變異常為非隨機，且根據模擬研究發現隨機效果模式的 MRA 比固定效果模式的 MRA 產生更大偏差，Stanley & Doucouliagos（2012）建議採用固定效果模式。如需要詮釋研究結果的異質性，可採用多元整合迴歸分析模式（Multiple WLS-MRA model），將研究效果值的變異源或出版偏差的變異源納入模式中。

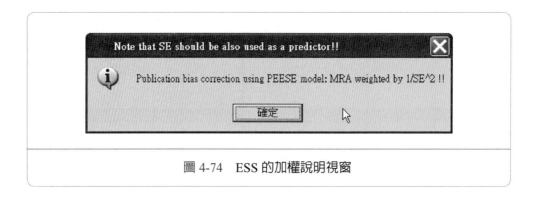

圖 4-74　ESS 的加權說明視窗

　　圖 4-74 係 ESS 的說明視窗，說明以下之統計分析採 FAT-PET-PEESE-MRA 模式，各變項會先以 $1/SE^2$ 加權之。

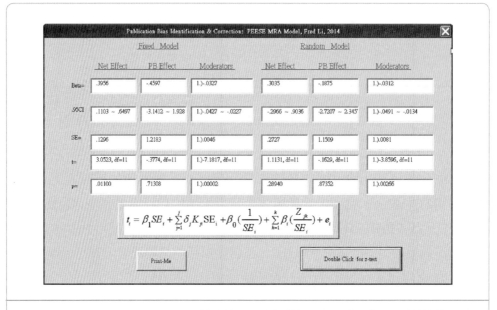

圖 4-75　FAT-PET-PEESE-MRA 模式的 ESS 統計摘要表：適用於出現顯著效果時

圖 4-75 係 FAT-PET-PEESE-MRA 模式的 ESS 統計摘要表,該表之 PET 統計分析結果,適用於具有顯著非零效果值時;但出版偏差的分析結果,請使用前面圖 4-73 之 FAT-PET-MRA 模式的 FAT 結果。總而言之,不管實際的效果值有無達顯著水準,FAT 考驗請均報告 FAT-PET-MRA 模式中的 FAT 結果。Stanley(個人通信,2014)指出:根據模擬研究結果,FAT-PET-PEESE-MRA 模式的出版偏差考驗結果,並非有效的指標。研究者如欲進行 FAT 考驗,請參考圖 4-76 左下角方框內 FAT-PET-MRA 模式的出版偏差 FAT 考驗結果(PB= −.5206,p= .4943),本實例之考驗結果顯示:並無出版偏差現象。另外,根據 Stanley(2008)的模擬研究結果,發現隨機異質性與估計值的標準誤具有正向相關;因而導致隨機效果模式的 MRA 比固定效果模式的 MRA 產生更大的偏差,他建議使用使用固定效果模式下的效果估計值(參見圖 4-75 的左側分析結果)。又根據 Stanley & Doucouliagos(2013)的模擬研究結果,發現除非樣本與母群特徵相似或不作推論用,建議研究者不須針對標準誤再作校正(直接使用 t-test),以免產生過窄的信賴區間。

綜上所述與 Stanley & Doucouliagos(2012)的整合迴歸分析所建議之流程圖(回顧圖 2-51),因為淨效果值達 .05 之顯著水準(net effect = .4267,p = .0091),本例的整合迴歸分析研究報告應採圖 4-76 右下角方框之固定效果 PEESE 模式下之參數估計值與其 t-test 的 p 值與 CI 值(net effect = .3956, p = .011,.95CI = .1103 ~ .6809; moderator effect = −.0327, p = .0000, .95CI = −.0427~−.0227);而出版偏差 FAT 考驗結果為 PB = −.5206, p = .4943。不過,為了讓讀者有更多的選擇,筆者建議在整合迴歸分析研究報告中,最好同時報告固定效果與隨機效果模式下之分析數據。此外,研究者如對於效果值的相依問題與變異數同質性問題有所顧慮,可考慮使用下截之勇健標準誤進行統計顯著性考驗,請參見以下 ESS 軟體之相關報表:圖 4-77 和圖 4-78。

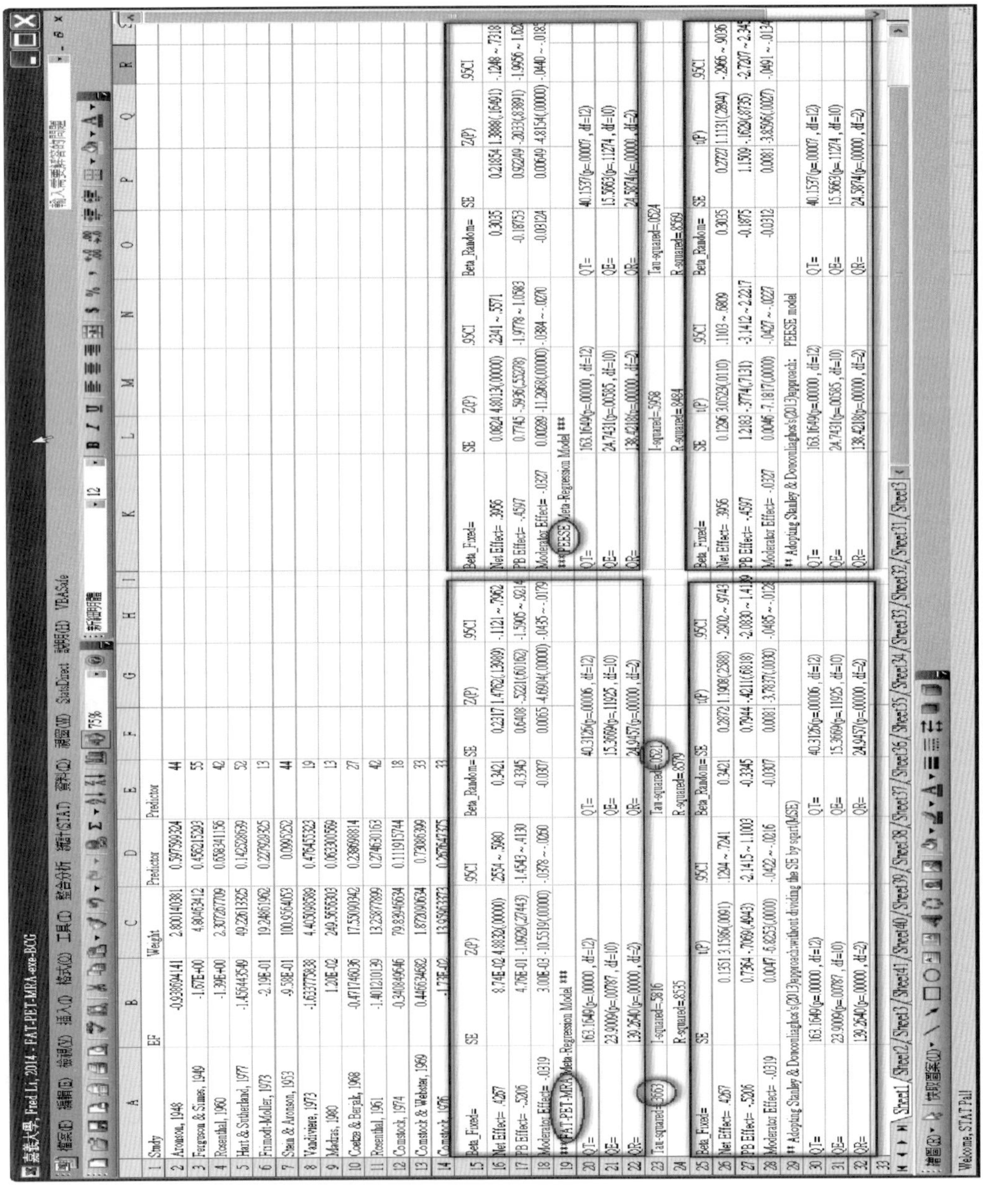

圖 4-76 ESS 之 FAT-PET-MRA 和 PEESE-MRA 分析總報表

　　圖 4-76 中四個理論模式的的 QR 係用以考驗模式之適配度，而 QE 係用以考驗模式之預測變項的殘差（考驗殘差變異量爲 0）；方框的中央則呈現了理論模式的 R^2 和 τ^2。僅含截距項的研究間總變異量 τ^2 爲 .3663。此外，在圖 4-76 的整合迴歸分析報表中，QE 係用來檢驗是否仍有異質性變異量尚未被模式中的調節變項解釋到。就固定效果模式來看，QE = 23.9009（p = .00787）、I^2 = .5816（表中度異質性）。表示除了出版偏差與該調節變項（緯度）之外，尚有可能的變異源需要進一步去探究。但就 FAT-PET-MRA 模式的隨機效果模式來看，QE = 15.3669（p = .11925），未達 .05 的顯著水準。另由圖 4-76 的 R^2 來看，不管是固定效果模式或是隨機效果模式，緯度的解釋量約爲 85%（.8535 vs. .8579 for the FAT-PET model, .8484 vs. .8569 for the PEESE model），表示除了出版偏差與該調節變項（緯度）之外，剩餘的變異源已不大（τ^2 = .0521）。

(三) 勇健標準誤

　　利用 OLS（Ordinary least squares）估計線性迴歸模式中的未知參數，除了預測變項間須線性獨立（Linearly independent）之外，尚須符合等分散性（Homoscedasticity）與無自動相關（Nonautocorrelation）的基本假設；否則信賴區間與 t 考驗等均會產生偏差。等分散性假設是指不管預測變項分數的高低，效標變項的標準誤均相等的假設；亦即誤差變異量恆定（Constant error variance）的假設。假如這些誤差式異質（heteroskedastic）的話，雖然，迴歸係數不受影響，但會導致標準誤（standard error）與 t 考驗（t-tests）卻是不正確的（通常會產生過多的顯著性考驗結果）。處理等分散性問題，常見的方法有：使用 WLS（Weighted least squares）與使用勇健標準誤（Robust standard errors）。

　　無自動相關是指誤差變項間爲獨立無關，此項基本假設通常在以下的資料中會出現違反現象：例如：重複測量資料、縱貫性資料、時間系列資料、階層性資料和其他相互依賴的資料。由於傳統 OLS 的標準誤是植基於恆定之變異數，如果違反也就不再能夠獲得有效的信賴區間或 t 統計量了。大部分的整合分析技術均假定各效果值間獨立無關。不過，有些情境下效果值間並非獨立無關（Tanner-Smith, 2012），例如：來自同一構念的多重指標量數、來自具有相同控制組的多重處理組的資料、來自相同研究實驗室的多元研究資料與來自不同追蹤期的多重指標量數。處理此類相關性的效果值，常見的方法有：忽視它，視同獨立性資料

（不推薦）、使用平均效果值、選擇最有代表性的效果值、使用多變項整合分析、使用勇健標準誤與使用 GLS（Generalized least squares）估計值。

綜上所述，勇健標準誤適用於同時解決效果值相依與變異數同質性問題。因此，在此特別針對勇健標準誤稍作介紹，並在筆者的 ESS 報表中增列勇健標準誤的輸出，以利整合分析研究者之運用。

勇健標準誤（Robust standard errors），又稱異質勇健標準誤（heteroskedasticity-robust standard error），其計算公式簡述如公式 4-26 至公式 4-33。

1. 簡單直線迴歸分析

$$y_i = \beta_0 + \beta_1 x_1 + u_i \qquad （公式 4-26）$$

若誤差項具有異質性，則：

$$Var\ (u_i|x_i) = \sigma_i^2 \qquad （公式 4-27）$$

公式中使用 σ^2 下標 i，指出誤差項的變異數係依賴個別 x_i 的值而定。
因而 OLS 的斜率參數估計公式須改寫為：

$$\hat{\beta}_1 = \beta_1 + \frac{\sum\limits_{i=1}^{n}(x_i - \bar{x})\,u_i}{\sum\limits_{i=1}^{n}(x_i - \bar{x})^2} \qquad （公式 4-28）$$

其變異數定義為：

$$Var\,(\hat{\beta}_1) = \frac{\sum\limits_{i=1}^{n}(x_i - \bar{x})^2\sigma_i^2}{SST_x^2} \qquad （公式 4-29）$$

$$SST_x = \sum_{i=1}^{n}(x_i - \bar{x})^2 \qquad （公式 4-30）$$

當 $\sigma_i^2 = \sigma^2$ 時，這個公式 4-29 可以簡化為 σ^2/SST_x，這是 OLS 對於參數變異誤的定義。

2. 多元線性迴歸分析

$$y_i = \beta_0 + \beta_1 x_1 + \beta_2 x_2 + \cdots + \beta_i x_i + u_i \qquad （公式 4-31）$$

$$Va\hat{r}\left(\hat{\beta}_j\right) = \frac{\sum \hat{r}_{ij}^2 \hat{u}_i^2}{SST_j^2} \qquad （公式 4-32）$$

$\hat{r}_{ij}^2$ 係其他預測變項對 x_j 迴歸分析的離均差平方值。

$$SST_j = \sum_{i=1}^{n} (x_i - \overline{x})^2 \qquad （公式 4-33）$$

SST_j 係該迴歸分析的離均差平方和。

3. 以矩陣形式呈現（以 HC3 為例）

　　過去 30 年來，為了解決異質性問題，出現數種具有異質變異一致性（heteroskedasticity-consistent estimators）的標準誤公式。Long and Ervin（2000）與 Cribari-Neto, Ferrari, and Oliveira（2005），經過模擬試驗發現 HC3 估計指標表現最優（Hayes & Cai, 2007）。因此，筆者在此僅將 HC3 介紹給讀者，ESS 軟體報表中所提供的亦是此類型的標準誤指標。HC3 係 Davidson & MacKinnon（1993）所提議之標準誤改良模式，定義如公式 4-34 所示。

$$HC3 = \left(X'X\right)^{-1} X' diag\left[\frac{e_i^2}{\left(1-h_{ii}\right)^2}\right] X\left(X'X\right)^{-1} \qquad （公式 4-34）$$

　　式中，$h_{ii} = x_i (X'X)^{-1} x_i'$，為大家所熟知的槓桿值（Leverage values），係 $H = X(X'X)^{-1}X'$ 的對角線元素；利用此 $(1 - h_{ii})^2$ 的倒數，作為每一殘差平方值的加權量。

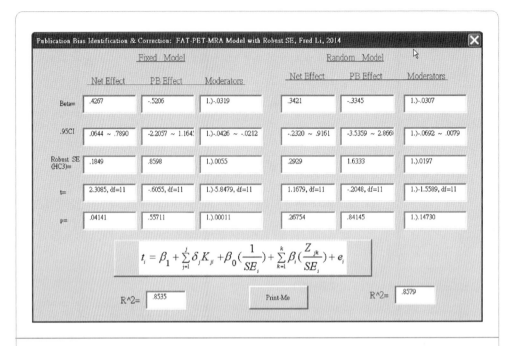

圖 4-77　ESS 報表中的勇健標準誤：FAT-PET-MRA 模式

　　圖 4-73 中淨效果值、出版偏差與調節變項的傳統標準誤分別為：.1351、.7364、.0047，其標準誤的估計值均較圖 4-77 報表中的勇健標準誤來的小（.1849、.8598、.0055）。QE 係用來檢驗是否有異質性變異量尚未被模式中的調節變項解釋到，由圖 4-76 可知，QE = 23.9009（p = .00787）表示除了出版偏差與該調節變項（緯度）之外，尚有可能的變異源需要進一步去探究。圖 4-77 報表中的 R^2 = .8535，似乎反映出緯度已詮釋了大半以上的變異量；與前述利用 QE 的考驗結果（p < .01）相左，惟筆者認為 R^2 說服力較強。注意，在隨機效果模式下，因為 QT ≠ QR + QE，ESS 報表中所報告的 R^2（.8579），係利用公式 4-23 間接求得的類比 R^2（.3663 − .0521）/.3663 = .8579），固定效果模式的 R^2 係直接求得：QR/QT = 139.2640/163.1649 = .8535。計算 R^2 所需的參數數據，請參閱圖 4-76 底部方框之內容。

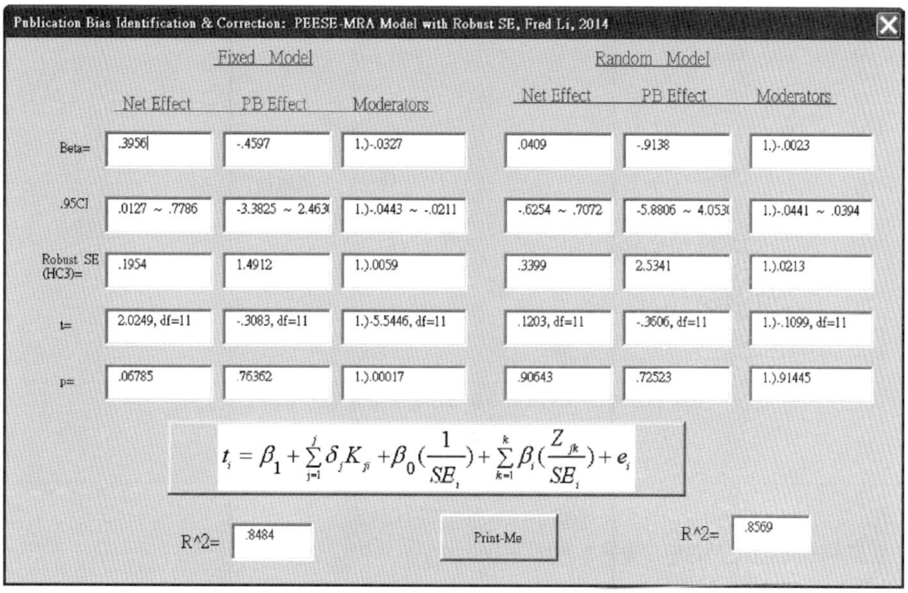

圖 4-78　ESS 報表中的勇健標準誤：PEESE-MRA 模式

　　圖 4-75 中淨效果值、出版偏差與調節變項的傳統標準誤分別為：.1296、1.2183、.0046，其標準誤的估計值亦均較圖 4-78 報表中的勇健標準誤來的小（.1954、1.4912、.0059）。因此，降低了犯第二類型錯誤的風險。就勇健標準誤實例分析結果來看，PEESE 模式中的估計淨效果值 .3956，其 p 值已從圖 4-75 的 .0110 升高到 .06785，已未達 .05 的顯著水準（參見圖 4-78 之 Net Effect 欄位內容）。這些實徵證據證實了，使用勇健標準誤可以降低第二類型錯誤的風險。

(四) 固定效果或隨機效果模式的選擇

　　在整合迴歸分析中固定效果模式，係指具有相同預測變項值的研究（例如：有三個研究在所有的共變項上，均有相同的預測值），分享一個共同的真效果值（One true effect）。任何一套共變項值，均只對應到一個母群效果值（參見圖 4-79 的黑點）。這些母群效果值均落在迴歸預測線上。

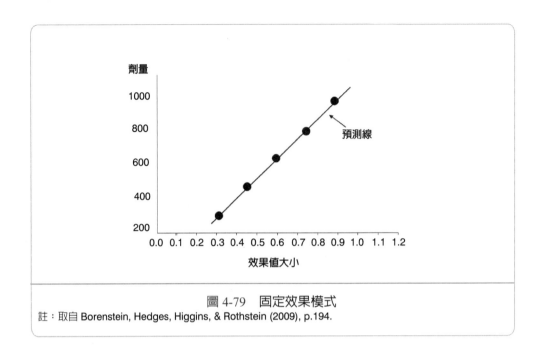

圖 4-79　固定效果模式

註：取自 Borenstein, Hedges, Higgins, & Rothstein (2009), p.194.

　　在整合迴歸分析中隨機效果模式，係指具有相同預測變項值的研究（例如：有三個研究在所有的共變項上，均有相同的預測值），分享一個效果值抽樣分配（A distribution of effects）。任何一套共變項值，均對應到一個效果值的抽樣分配（如圖 4-80 的黑點係母群效果值，可能落在分配中心點的左側或右側）。

　　到底要選擇固定效果或隨機效果模式，須視研究情境與特徵而定。假如納入的共變項仍未能有效解釋到真效果值的異質性，隨機效果模式可能就是較佳的選擇。Borenstein, Hedges, Higgins, & Rothstein（2009）認為不可僅依異質性的統計顯著性考驗結果，選擇統計分析模式。因此，過去慣用的分析模式——先以固定效果模式進行分析，如果異質性考驗達既定的顯著水準，就採用隨機效果模式，可能是一個錯誤的分析步驟。另外，根據 Stanley（2008）、Stanley and Doucouliagos（2012）模擬研究結果，發現隨機效果模式的 MRA 比固定效果模式的 MRA 產生更大偏差，因而建議研究者採用固定效果模式，尤其在 PEESE 模式下與研究樣本篇數不多（< 20）時。他們認為當出現出版偏差時，使用隨機效果模式來詮釋過多的異質性不是妥當方法，應進一步使用多變項 FAT-PET-MRA 或多變項 PEESE-MRA 去探求變異源。

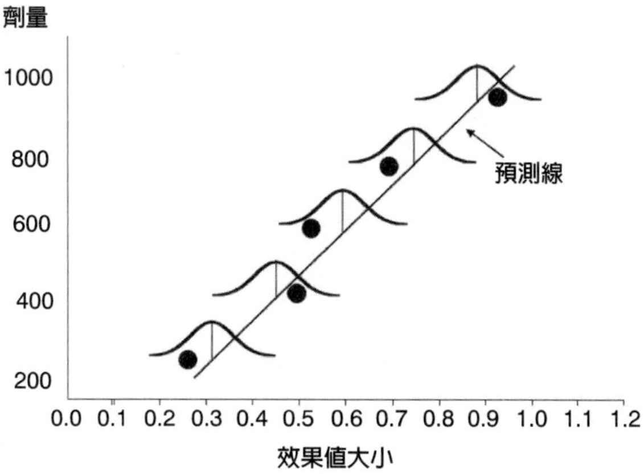

圖 4-80　隨機效果模式

註：取自 Borenstein, Hedges, Higgins, & Rothstein (2009), p.194.

習 題

一、圖 4-81 和圖 4-82 係利用 CMA 軟體跑出來的森林圖：SAT 數學教導效
　　果根據這些分析資料與結果，(1)SAT 數學考前教導訓練有正向效果嗎？
　　(2) 研究者需要繼續進行調節變項分析嗎？ (3) 森林圖中有極端值存在
　　嗎？

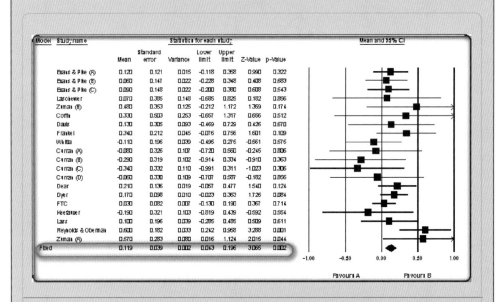

圖 4-81　CMA 森林圖：SAT 數學教導效果

Model	Effect size and 95% confidence interval						Test of null (2-Tail)	
Model	Number Studies	Point estimate	Standard error	Variance	Lower limit	Upper limit	Z-value	P-value
Fixed	20	0.119	0.039	0.002	0.043	0.196	3.065	0.002
Random effects	20	0.122	0.042	0.002	0.040	0.205	2.905	0.004

Heterogeneity				Tau-squared			
Q-value	df(Q)	P-value	I-squared	Tau Squared	Standard Error	Variance	Tau
20.428	19	0.369	6.989	0.002	0.011	0.000	0.049

圖 4-82　CMA 統計分析報表：SAT 數學教導效果

二、根據表 4-4 中第二欄位之結果，解釋本研究是否具有出版偏差與真正效果值？表中第三欄位為 PEESE 模式之分析結果，適用什麼時機？表中的 R^2 有何用途？

表 4-4　出版偏差考驗報表：FAT-PET-MA 模式

Variables	1: WLS-MRA	2: WLS-MRA
Intercept: $\hat{\beta}_0$ or $\hat{\gamma}_0$ (PET or PEESE)	0.45 (6.99)	0.62 (18.1)
SE_i: $\hat{\beta}_1$ (FAT)	1.28 (3.61)	—
SE_i^2: $\hat{\gamma}_2$	—	0.97 (2.76)
Elastic$_i$ SE_i: $\hat{\beta}_3$	—	—
Average	0.90	0.90
Top 10	0.61	0.61
Adjusted R^2	.11	.06
n	101	101

Notes: FAT is a test for publication selection bias. n is the numbe of observations.
　　　PET and PEESE provide estimates income elasticity of VSL corrected for corrected for selection bias. t-values are reported in parenthests.
註：引自 Doucouliagos, Stanley, & Viscusi（2014）.

三、失眠是否具有性別差異？請利用 ESS 重新分析 Zhang & Wing（2006）的資料（參見圖 4-83），以回答下列問題：

(1) 該研究結果具有異質性嗎？

(2) 該研究結果具有出版偏差嗎？請利用漏斗圖、Egger's regression intercept 考驗法與 Trim & Fill 等方法加以考驗。

(3) 如具有出版偏差，請利用 Trim & Fill、FAT-PET-MRA、PEESE 等迴歸分析法加以考驗；他們的結論相同嗎？

(4) 請針對失眠的嚴重性，進行調節變項分析，並解釋最後之分析結果：失眠之性別差異存在嗎？失眠之性別差異會因失眠之嚴重性而有差異嗎？

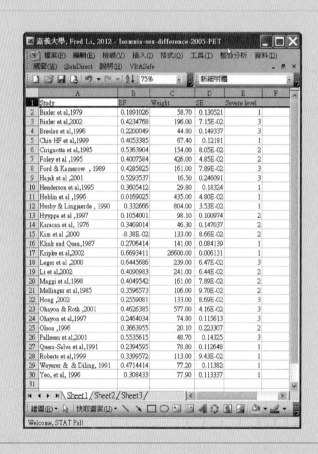

圖 4-83　失眠之性別差異研究的原始資料

四、請複習圖 2-51 之 FAT-PET-PEESE-MRA 考驗之流程，並解釋其關鍵點
之意義，以利統計決策與研究結果之取捨。

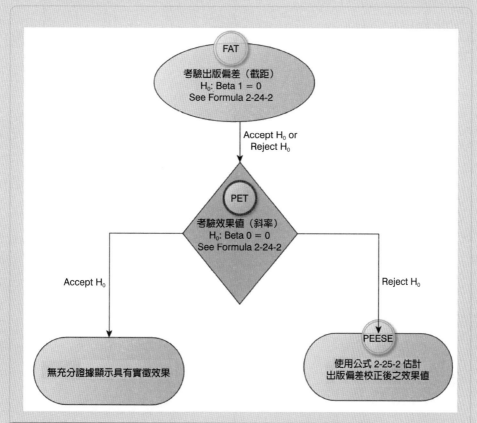

圖 2-51　FAT-PET-PEESE-MRA 考驗模式流程圖

註：修訂自圖 4-7, Stanley & Doucouliagos（2012）。

五、請利用以下 SPSS 語法程式（Weighted least squares）範例，執行 Egger's
regression intercept 考驗法，看看是否有相同之結果。

REGRESSION
　/REGWGT=WEIGHT
　/STATISTICS COEFF OUTS R ANOVA

```
/CRITERIA = PIN (.05) POUT (.10)
/NOORIGIN
/DEPENDENT LOGODDS
/METHOD=ENTER SE.
```

整合分析的統計考驗力分析

一、統計考驗力分析的意義與目的

統計考驗力（Power of the test）分析不僅在單一研究上很重要，在整合分析中亦須慎重考慮。Muncer, Taylor, & Craigie（2002）、Muncer, Craigie, & Holmes（2003）發現統計考驗力過低的研究，會因抽樣不具代表性而導致效果值的偏高或偏低的現象。因此，他們主張應依統計考驗力之高低作為文獻選擇的門檻，統計考驗力過低（如低於 .50）的研究應排除於整合分析之外。整合分析研究的樣本規劃並不多見，但 Cuijpers, Geraedts, et al.（2011）對於〈憂鬱症使用人際關係療法〉一文中，因為發現相關的文獻相當有限，曾在文中論及樣本規劃的目的：確保足夠的統計考驗力可以偵測出小效果值；並在結果討論中利用統計考驗力的大小，說明為何治療效果未達統計上的既定水準，值得讀者參考。

一般而言，除了研究的品質與研究者所蒐集到的文獻是否具有代表性之外，整合分析結果正確性的關鍵在於是否具有足夠的統計考驗力，可以偵測到最低理論效果值（hypothesized effect size）。「統計考驗力」是指研究者於進行統計假設考驗時，如果虛無假設為假時，一個統計量能夠正確加以拒絕的機率；如果虛無假設為假，而又不能加以拒絕的話，就會犯第二類型錯誤（Type II error）。統計考驗力分析主要分為兩種：

(一) 事前統計考驗力分析（Prospective power analysis）

在研究計畫階段就已進行，旨在規劃適當樣本大小，以獲得適當的統計考驗力。Cohen（1988）主張統計考驗力至少要有 .80 以上，但也不要過高，以致過當而使研究結果沒有實質效益。

(二) 事後統計考驗力分析（Retrospective power analysis）

用在實驗後資料分析時，旨在了解實得統計考驗力（observed power），以正確解釋研究發現。事後統計考驗力分析，須使用實際之樣本大小、α 與理論上的效果值而非實得效果值去估計事後統計考驗力，才有助於研究結論的正確解釋（Thomas, 1997；Valentine, Pigott, & Rothstein, 2010）。有些研究者誤解了實得統計考驗力，常宣稱「本研究不僅達到統計上之顯著水準，而且統計考驗力亦很高」或宣稱「本研究未達到統計上之顯著水準，因統計考驗力較低所致」（Lenth, 2001）。其實，一個研究就是因統計考驗力高才會達到統計上之顯著水準，因統

計考驗力低才不能達到統計上之顯著水準。因此,在進行事後統計考驗力分析時,必須以理論上的效果值而非實得效果值去估計事後統計考驗力,才更具實質意義。

整合分析統計考驗力跟個別研究的樣本大小(sample sizes of the individual studies)與研究篇數多寡(number of studies)具有極密切關係;個別研究的樣本大小是已經存在而不可改變,只有後者研究篇數多寡乃是研究者可以操弄的對象。假如發現統計考驗力不足時,研究者可以加廣研究納入標準以納入更多的研究結果,假如發現相關文獻甚多時,研究者可以採取較嚴苛的研究納入標準以減少研究篇數。因而,整合分析統計考驗力分析,乃是研究者在進行整合分析前必須嚴肅面對的課題。

整合分析統計考驗力分析主要目的有三:(1) 規劃所需之最低研究樣本篇數,以確保有足夠的統計考驗力可以檢驗所提的研究假設;(2) 確保研究結果異質性虛無假設考驗具有足夠的統計考驗力與 (3) 決定是否繼續進行整合性分析或修正研究納入標準。研究者如欲計算整合分析的統計考驗力,除了 Borenstein 的效果值同質性考驗(只需 Alpha 和 τ^2 之變異比)之外,通常需要使用到四種相關的重要統計量:Alpha、Effect size、Sample size 和 τ^2 之變異比(參見圖 5-1 內出現圓圈處)。

由圖 5-1 底部「Functions Used」知,四類統計考驗力計算(平均效果值、Borenstein & Pigott 效果值同質性與次群體分析),使用了不同的統計機率密度函數(例如:NormAinv、ChiInv、GammaDist、Poisson 等)。此外,四大類效果值(如平均效果值、平均數差異、相關係數與勝算比 / 風險)的統計考驗力分析,除了使用不同方法計算組內共同變異量之外,其基本的運算邏輯大部分均相同。因此,以下的理論說明與 ESS 實務操作示範,將以「平均數差異效果值」的統計考驗力分析為主;為節省篇幅其餘類別的統計考驗力分析將僅介紹 ESS 實務操作;其餘類別的理論內容部分,有興趣的讀者可以參閱本書第一章的相關理論介紹;而程式設計的部分可參考 Cafri, Kromrey, & Brannick(2009)的 SAS 程式內容。至於,本章中統計考驗力分析的實務操作,將以筆者所設計的 EXCEL 增益集 ESS 為主。

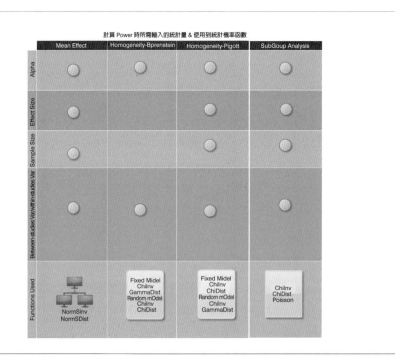

圖 5-1　各類統計考驗力分析與相關之統計機率密度函數

　　以下各節的統計考驗力分析，將依序介紹效果值的統計考驗力分析、效果值同質性考驗的統計考驗力分析與次群體組間與組內效果值同質性考驗的統計考驗力分析。各類的統計考驗力分析又將依固定效果模式與隨機效果模式之順序，逐一進行理論與實務操作之示範。

二、效果值的統計考驗力分析

　　效果值的統計考驗力分析可分為兩種：固定效果模式與隨機效果模式。

(一) 固定效果模式

　　欲計算效果值的統計考驗力，研究者需提供以下幾個關鍵統計量（Hedges & Pigott, 2001; Pigott, 2012）：就整合研究層次來看：顯著性考驗之臨界值、最低實質效果值大小、研究樣本數、組間變異量（τ^2，隨機效果模式）；就個體研究層次來看：各研究樣本大小、各研究效果值變異量 v（與樣本大小有關）。

具體言之，效果值的統計考驗力分析，其實際操作步驟依序為：

(1) 設定顯著性考驗的臨界值（C_a）。

(2) 設定預期整體最小平均效果值（θ），研究者如對於整體最小平均效果值的推估毫無可用之資訊，可以先找幾篇論文進行預試分析，再作推估。

(3) 估計整合分析時待收納之研究數目（k）。

(4) 決定欲使用固定效果模式或使用隨機效果模式。

    (a) 設定研究樣本人數大小（N）與固定效果模式之研究效果值變異量（v）。

    (b) 使用隨機效果模式時，須額外訂定 τ^2 之大小。

(5) 計算統計考驗力。

假如我們對於一個療程的平均效果，在實驗組與控制組間的差異是否具有統計上的顯著差異性感到興趣時，其研究的無方向性虛無假設為：

$$H_0 : \theta = 0 \;（\theta 代表母群平均數）\qquad\text{（公式 5-1）}$$

至於其研究的無方向性對立假設為：$H_a : \theta \neq 0$，此為雙尾的統計考驗，適用於研究者對於實驗處理的效果資訊不足時（實驗組與控制組間均有可能具有較大的平均數）。

為了考驗此時的平均效果值 $\overline{T}_\bullet$ 是否顯著不同於 0（亦即當 H_a 為真時），研究者可以計算以下的 z 統計量（相當於 λ 值）：

$$z = \frac{\overline{T}_\bullet - 0}{\sqrt{v_\bullet}}\qquad\text{（公式 5-2）}$$

式中 $\overline{T}_\bullet = \dfrac{\sum\limits_{i=1}^{k} w_i T_i}{\sum\limits_{i=1}^{k} w_i}$（固定效果值的加權平均值），$v_\bullet$ 為 $\overline{T}_\bullet$ 的抽樣變異量，k 為預期之研究樣本篇數。假定所有的研究都具有相等的組內樣本大小，抽樣變異量 $v_\bullet$ 的估計值為：

$$v_\bullet = \frac{1}{\sum\limits_{i=1}^{k} w} = \frac{1}{\sum\limits_{i=1}^{k} \dfrac{1}{v}} = \frac{1}{\dfrac{k}{v}} = \frac{v}{k}\qquad\text{（公式 5-3-1）}$$

公式 5-3-1 中的 v，係研究效果值的變異數，計算過程請參見公式 1-3。其次，研究者可利用公式 5-3-2，計算非中心性參數 λ 值。

$$\lambda = \frac{\theta - 0}{\sqrt{v_\bullet}} \qquad\qquad （公式 5-3-2）$$

假如研究者預期該實驗處理顯著大於 0，那麼研究者的對立假設，即為公式 5-4 之單尾對立假設：

$$H_a : \theta \geq 0 \qquad\qquad （公式 5-4）$$

此時，其單尾統計考驗力之計算，如公式 5-5 所示：

$$p = 1 - \Phi(C_\alpha - \lambda) \qquad\qquad （公式 5-5）$$

式中 Φ 為標準常態分配的 CDF 函數，在 EXCEL 中可以利用內建函數 NormsDist 計算之。以圖 5-2 為例，其右側的斜線部分（當 H_a 為真的抽樣分配），即為 $\alpha = .05$、$\lambda = 2.5$ 時，其單尾統計考驗力的機率。

$$p = 1 - \Phi(C_\alpha - \lambda) = 1 - \Phi(1.645 - 2.5) = 0.81 \qquad\qquad （公式 5-6）$$

在實務上，λ 比值須利用 θ（預估平均效果值，通常為研究者感興趣的最低值）和 $v_\bullet$（組內共同抽樣變異量）計算之，請參見公式 5-3-2。

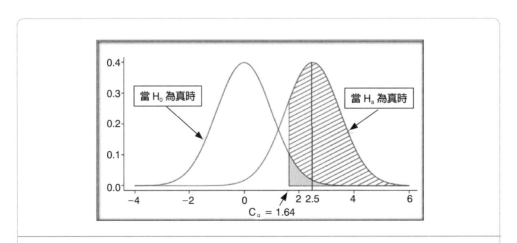

圖 5-2 統計考驗力示意圖：右側係當 $\theta = 2.5$ 和 $C_\alpha = 1.645$ 時 H_a 為真之機率

當遇雙尾統計考驗時，我們感興趣的部分係 $Z \geq |C_{\alpha/2}|$，因涉及抽樣部分的兩端，其機率如公式 5-7 所示。

$$p = 1 - [\Phi(C_{\alpha/2} - \lambda) - \Phi(-C_{\alpha/2} - \lambda)] \qquad （公式 5-7）$$
$$= 1 - \Phi(C_{\alpha/2} - \lambda) + \Phi(-C_{\alpha/2} - \lambda)$$

公式 5-7 中 C_{α}，在 EXCEL 中可以利用內建函數 NormsInv（$1 - \alpha$）計算之。

以上係理論介紹部分，接著將利用筆者之軟體 ESS，進行平均數差異效果值的樣本規劃。圖 5-3 係筆者所設計的 EXCEL 增益集 ESS 的統計點選表單，可以處理許多整合分析中所涉及到的資料分析問題；其中整合分析的統計考驗力分析，在 ESS 表單中呈現六種統計考驗力分析：平均數差異效果值、同質性（含 Borenstein 和 Pigott approach）與次群體（含 QB 和 QW）等的統計考驗力分析，以加速研究者進行整合分析前的樣本規劃工作。ESS 表單之整合迴歸（Meta-regression）分析的統計考驗力計算，因涉及各研究之調節變項預測值的推估，在實務上甚難做到，ESS 軟體無法提供此類的事前統計考驗力分析。茲將前述五種統計考驗力分析之實際操作步驟，逐一介紹於後。

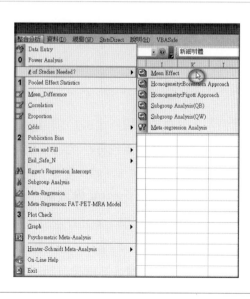

圖 5-3　ESS 平均效果值的樣本規劃選單

ESS 平均效果值的樣本規劃選單內，又包含四大類：平均數差異效果值、Fisher z 效果值、Pearson r 效果值和 Odds Ratio 效果值。以下將依此順序，逐一進行實務操作之說明。

1. 平均數差異效果值的樣本規劃

實例解說 <u>以平均數差異效果值的樣本規劃爲例</u>

首先，研究者須在圖 5-3 的 ESS 功能表單中，點開整合分析表單內「# of Studies Needed?」，接著在右側的視窗中點選「Mean Effect」，就可出現圖 5-4 的平均數差異效果值的樣本規劃輸入視窗。

假定研究者已知 $\alpha = .05$，N1 = 10，N2 = 20，標準化最小平均數差異效果值（θ）等於 0.5（例如：預期 SAT 分數可因考前訓練提高 0.5 個標準差的分數），則固定效果之平均數差異效果值的共同抽樣變異數，利用公式 1-3 可求得：

$$V = \frac{10+20}{10 \times 20} + \frac{0.5^2}{2 \times (10+20)} = .154$$

如果研究者預估可以蒐集到研究樣本篇數等於 6 時，利用公式 5-3-1，則其抽樣變異數等於：

$$v_{\bullet} = \frac{v}{k} = \frac{.154}{6} = .0257 ，至於 \lambda 值，利用公式 5-3-2 為：$$

$$\lambda = \frac{\theta - 0}{\sqrt{v_{\bullet}}} = \frac{.5}{\sqrt{.0257}} = 3.121 ，$$

將前述預定之估計值帶入公式 5-5 和公式 5-7，即可求得單尾與雙尾之 p 值。

$p = 1 - \Phi(C_{\alpha} - \lambda) = 1 - \Phi(1.645 - 3.121) = .92981$（單尾）

$p = 1 - \Phi(C_{\alpha/2} - \lambda) + \Phi(-C_{\alpha/2} - \lambda) = .87683$（雙尾）

上述之結果可以利用筆者設計之 EXCEL 增益集 ESS 直接跑出來（請參閱圖 5-5 內之報表），使用前請先開啟一個 EXCEL 空白表單，以供顯示統計考驗力分析結果，相關 ESS 操作介面如圖 5-4 所示。首先在左側 Frame1 欄位內點選「Mean Dif」，接著在 Frame2 欄位內輸入 Power 分析所需的統計量：α、最低效果值、樣本人數和異質性大小類別。

圖 5-5 係按下圖 5-4 中的「確定」之後，EXCEL 所輸出的結果表單。EXCEL

表單內含有固定效果與隨機效果模式的結果，每一模式內又含單尾與雙尾考驗之統計考驗力。每一模式欄內的第一行（# of studies）係研究者規劃研究樣本所需之數目。以本例言之，在固定效果雙尾考驗的條件下，研究者如欲 Power 達 .80 時，就至少需要 5 篇相關研究才行。

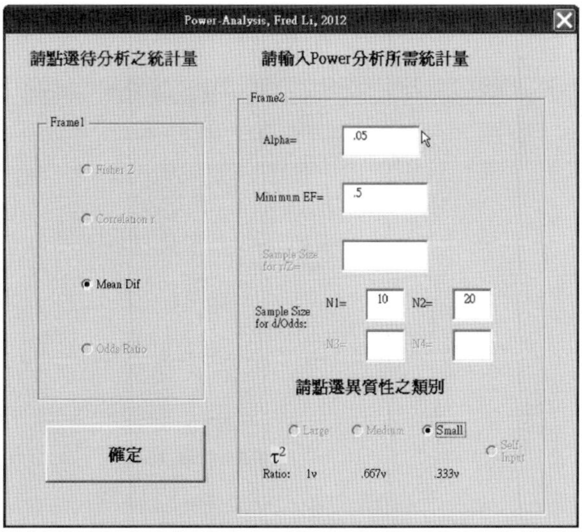

圖 5-4　平均數差異效果值的 ESS 樣本規劃介面：Mean Difference

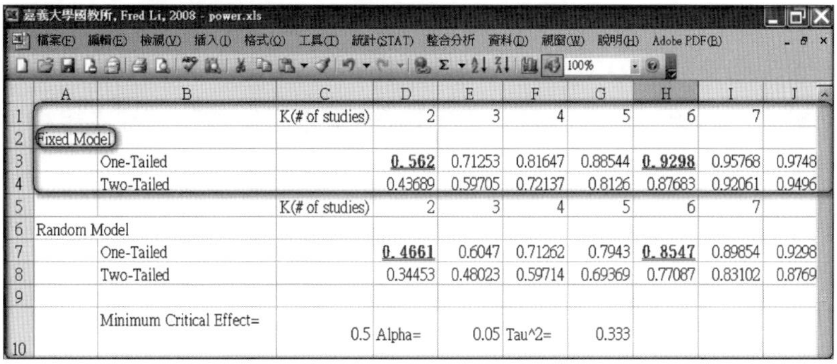

	A	B	C	D	E	F	G	H	I	J
1			K(# of studies)	2	3	4	5	6	7	
2	Fixed Model									
3		One-Tailed		0.562	0.71253	0.81647	0.88544	0.9298	0.95768	0.9748
4		Two-Tailed		0.43689	0.59705	0.72137	0.8126	0.87683	0.92061	0.9496
5			K(# of studies)	2	3	4	5	6	7	
6	Random Model									
7		One-Tailed		0.4661	0.6047	0.71262	0.7943	0.8547	0.89854	0.9298
8		Two-Tailed		0.34453	0.48023	0.59714	0.69369	0.77087	0.83102	0.8769
9										
10		Minimum Critical Effect=	0.5	Alpha=	0.05	Tau^2=	0.333			

圖 5-5　平均數差異效果值的 ESS 樣本規劃結果（含固定效果與隨機效果）

為便利研究者對於其它類效果值的統計考驗力分析的操作，其它三類效果值的操作介面亦稍作介紹。

2. Fisher z 效果值的樣本規劃

首先，利用圖 5-6，介紹 Fisher 相關係數統計考驗力分析之 ESS 操作介面，以正確進行事前樣本規劃。

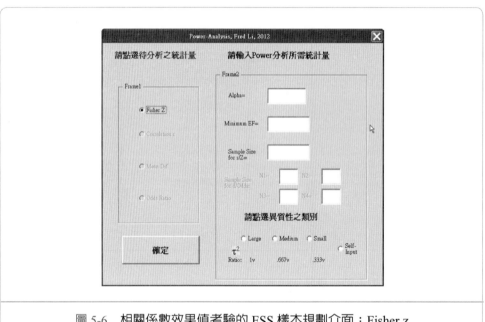

圖 5-6　相關係數效果值考驗的 ESS 樣本規劃介面：Fisher z

在圖 5-6 的左側欄位內點選「Fisher Z」，而當選目呈現淡化狀態，即表示該選目不須輸入任何值。具體言之，進行 Fisher z 效果值考驗的樣本規劃參數僅涉及 α、預估最小效果值、樣本大小與異質性大小。因此，研究者必須在右側欄位內輸入前述之相關統計量。至於 Pearson 相關係數的效果值考驗的 ESS 樣本規劃操作介面，請參閱圖 5-7；而相關的 EXCEL 輸出報表，為節省篇幅從略。

3. Pearson r 效果值的樣本規劃

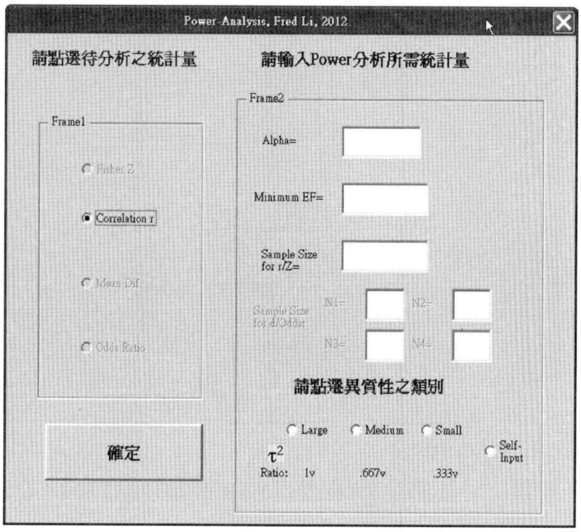

圖 5-7　Pearson r 效果值的 ESS 樣本規劃介面

　　由圖 5-7 右側欄位觀之，選目呈現淡化狀態與前述圖 5-6 中 Fisher z 的輸入介面完全相同。換言之，只有待分析之統計量不同而已，操作方法與輸入參數兩者完全相同。

4. Odds Ratio 效果值的樣本規劃

　　平均勝算比／風險之效果值（Odds Ratio）的 ESS 樣本規劃介面，請參閱圖 5-8。

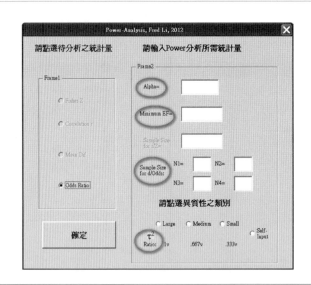

圖 5-8　勝算比／風險之效果值的 ESS 樣本規劃介面：Odds Ratio

　　由圖 5-8 中的選目呈現狀態，進行 Odds Ratio 效果值考驗，其樣本規劃參數涉及 α、預估最小效果值、樣本大小與異質性大小；其中樣本大小，研究者須分別估計四個細格的樣本大小，以便計算抽樣變異量；至於相關的輸出 EXCEL 報表，為節省篇幅亦從略。

(二) 隨機效果模式

　　在隨機效果模式中，除了研究內變異量（within-studies variance）之外，抽樣變異量尚包含研究間變異量（between-studies variance, τ^2）。在筆者所設計的 ESS 軟體中，根據 Hedges & Pigott（2001）對於 τ^2 估計大、中、小的建議，研究者可以從圖 5-8 表單上點選大、中、小的異質性類別，或自訂之（Self-Input）。假定當研究者設定為小異質性時，則其 τ^2 等於 .333 倍的研究內的變異量；當研究者設定為中異質性時，則其 τ^2 等於 .667 倍的研究內的變異量；當研究者設定為大異質性時，則其 τ^2 等於 1 倍的研究內的變異量。

　　以平均數差異效果值為例，假定研究者已知 α = .05，N1 = 10，N2 = 20，標準化最小平均數差異效果值等於 0.5，則隨機效果之平均數差異效果值的抽樣變異數等於：

$$v_{\bullet}^{R} = \frac{1}{\frac{k}{v+\tau^2}} = \frac{v+\tau^2}{k} = \frac{v+.333\times v}{k} = \frac{.154+.333\times .154}{6} = .0342$$

至於 λ 值則為：

$$\lambda = \frac{\theta-0}{\sqrt{v_{\bullet}^{R}}} = \frac{.5}{\sqrt{.0342}} = 2.704$$

若研究樣本數規劃等於 6 時，將前述預定之估計值代入公式 5-5 和公式 5-7，即可求得單尾與雙尾之 p 值。

$p = 1 - \Phi(C_\alpha - \lambda) = 1 - \Phi(1.645 - 3.121) = .8547$（單尾）

$p = 1 - \Phi(C_{\alpha/2} - \lambda) + \Phi(-C_{\alpha/2} - \lambda) = .77087$（雙尾）

上述之結果可以利用筆者設計之 EXCEL 增益集直接跑出來，使用者介面如圖 5-4 所示。實際操作時，首先在圖 5-4 的 EXCEL 表單左側 Frame1 欄位內點選「Mean Dif」，接著在 Frame2 欄位內輸入 Power 分析所需的統計量：α、最低效果值、樣本人數和異質性大小類別。隨機效果模式的樣本規劃之輸出結果，請參閱圖 5-9 下半欄位內容；讀者不難發現在規劃研究樣本數為 6 時，隨機效果模式下（假定 α = .05 和小異質性 ）相對應的單尾與雙尾之統計考驗力亦為 .855 和 .771，與前述手算結果相同。

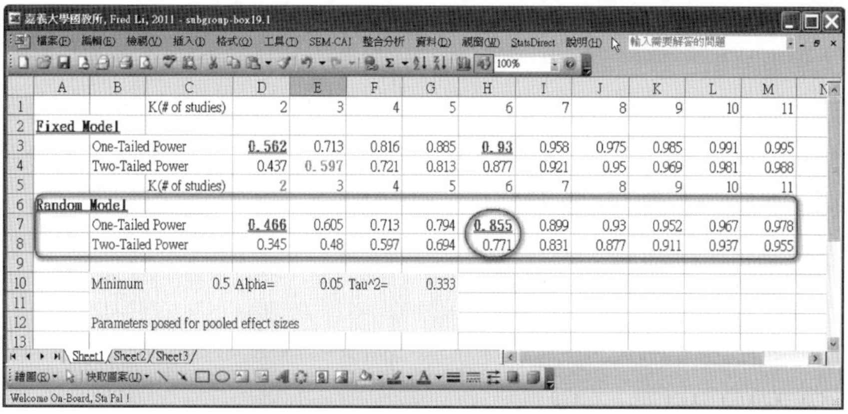

	A	B	C	D	E	F	G	H	I	J	K	L	M
1			K(# of studies)	2	3	4	5	6	7	8	9	10	11
2	Fixed Model												
3		One-Tailed Power		0.562	0.713	0.816	0.885	0.93	0.958	0.975	0.985	0.991	0.995
4		Two-Tailed Power		0.437	0.597	0.721	0.813	0.877	0.921	0.95	0.969	0.981	0.988
5			K(# of studies)	2	3	4	5	6	7	8	9	10	11
6	Random Model												
7		One-Tailed Power		0.466	0.605	0.713	0.794	0.855	0.899	0.93	0.952	0.967	0.978
8		Two-Tailed Power		0.345	0.48	0.597	0.694	0.771	0.831	0.877	0.911	0.937	0.955
9													
10		Minimum	0.5	Alpha=	0.05	Tau^2=	0.333						
11													
12		Parameters posed for pooled effect sizes											
13													

圖 5-9　平均數差異效果值的 ESS 樣本規劃結果：隨機效果模式

三、效果值同質性考驗的統計考驗力分析

本節將針對固定效果模式、隨機效果模式與簡潔法等加以說明。

(一) 固定效果模式：H-P 途徑

嚴格來說，假如固定效果模式的同質性為真時，根本不會有離散量（No dispersion），因為固定效果模式乃假定研究間的變異量為 0。Hedges & Pigott（2001），Pigott（2012）與 Borenstein, Hedges, Higgins, & Rothstein（2009）前後提出了不同方法的統計考驗力分析；其中，Borenstein, Hedges, Higgins, & Rothstein（2009）的估計方法較粗略，但使用上較為便捷。為顧及研究者的需要與便於比較，筆者所設計的 ESS 軟體中，提供了兩種不同的統計考驗力分析方法：H-P 途徑與 B-H-H-R 簡潔法（後者下節中討論）。研究者如欲計算 Hedges & Pigott（2001）的統計考驗力（H-P 途徑），從研究層次來看需要提供以下幾個關鍵統計量：整合研究層次：顯著性考驗之臨界值、最低實質效果值大小、研究樣本數、組間變異量（τ^2，隨機效果模式）；個體研究層次：各研究樣本大小、各研究效果值變異量（與樣本大小有關）。

具體的平均數差異效果值的同質性統計考驗力分析，其分析步驟依序為：

(1) 建立顯著性考驗的臨界值（C_α）。

(2) 設定整體平均數差異效果值。

如研究者對於整體最小平均數差異效果值的推估毫無資訊可用，可以先找幾篇論文進行預試分析，再作推估。在固定效果模式中，可以不必設定整體平均數差異效果值。在隨機效果模式中，則仍須設定整體平均數差異效果值，以計算 μ_Q、σ_Q^2 等統計量（參見公式 5-12 和公式 5-13）。

(3) 估計研究樣本數（k）。

(4) 決定欲使用固定效果模式或使用隨機效果模式。

(a) 設定典型研究樣本大小與研究效果值變異量（v）。

(b) 隨機效果模式 τ^2 之估計：.33v, .667v, 1v 小、中、大的事先設定標準；v 為平均數差異效果值之抽樣變異數。

(5) 計算統計考驗力。

欲計算固定效果的同質性考驗的統計考驗力，研究者需要先估計 Q 統計量，其定義如公式 5-8 所示：

$$Q = \sum_{i=1}^{k} w_i \left(T_i - \overline{T_\bullet} \right)^2 \qquad \text{（公式 5-8）}$$

公式 5-8 中，T_i 係平均數差異效果值估計量，w_i 係平均數差異效果值估計量之變異量的倒數。假設我們可以獲得一個 Q 統計量，而其虛無假設為真時，所有效果值乃在估計一共同平均效果值；此時 Q 統計量會形成卡方分配（df = k – 1）。研究者在進行整合一系列研究結果之前，必須判定這些研究結果是否共享一個母群效果值（θ）。因此，k 個研究之母群效果值的同質性考驗，實質上即在考驗以下之虛無假設：

$$H_0 : \theta_1 = \theta_2 = \theta_3 = ... = \theta_k = \theta$$

當上述該虛無假設為假時，Q 統計量會服從非中心性卡方分配（df = k – 1），其計算統計考驗力的關鍵因素：非中心性參數（NCP）的計算，如公式 5-9 所示：

$$\lambda = \sum_{i=1}^{k} w_i \left(\theta_i - \overline{\theta_\bullet} \right)^2 \qquad \text{（公式 5-9）}$$

公式 5-9 中，$\theta_1 , \theta_2 , \cdots \theta_k$ 加權平均數的計算，如公式 5-10 所示：

$$\overline{\theta_\bullet} = \frac{\sum_{i=1}^{k} w_i \theta_i}{\sum_{i=1}^{k} w_i} \qquad \text{（公式 5-10）}$$

為了避開 θ_i 的直接估計，對於 NCP (λ) 的估計，Pigott（2012）建議使用 0.5 倍、1 倍、2 倍標準差（作為效果值與平均數間的平均差異值），作為每一研究效果值與平均效果值間平均差異量之小、中、大的判定準距；因而，平方後可以獲得 NCP 為 0.25、1、4 等三個變異量大小之判定標準。之前，Schmidt（1992）檢視了許多心理學上的整合分析研究結果發現，組間與組內之變異比很少超過 1，典型的變異比是 1/3。據此，Hedges & Pigott（2001）曾建議使用 1/3v, 2/3v,

1v 作為小、中、大異質性的依據（v 為共同抽樣變異量）；不管在固定效果模式中的 λ 或隨機效果模式中的 τ² 均使用此標準。此小、中、大異質性的標準相當於 I² 的 25%、40% 與 50%。Pigott（2012）也曾建議使用 1/3v, 1v, 3v 作為隨機效果模式之小、中、大異質性的依據；此小、中、大異質性的標準相當於 I² 的 25%、50% 與 75%（此標準出自 Higgins & Thompson, 2002 的建議）。筆者所設計的 ESS 軟體為了研究者操作上的便利與一致性，仍沿用 Hedges & Pigott（2001）的方法，以 .33 (k − 1)，.667 (k − 1)，1 (k − 1) 作為 λ 之估計值，作為固定效果值 NCP (λ) 的三個判定標準；但是研究者在本軟體介面上，仍可自行設定特定的變異量倍數。據此，固定效果值同質性 Q 統計量的統計考驗力之計算（df = k − 1），如公式 5-11 所示：

$$p = 1 - F(C_\alpha \mid k - 1; \lambda) \qquad （公式 5-11）$$

公式 5-11 中，F 為「非中心性卡方分配」之 CDF 函數（df = k − 1），C_α 係中心性卡方分配 df = k − 1 的第 100 (1 − α) 的百分點；在 EXCEL 中，可以利用內建函數 ChiInv（α, df）計算之。因 EXCEL 並不提供非中心性卡方分配之 CDF 函數，筆者所設計的 ESS 軟體，係結合了卡方分配與 Poisson 分配，以疊代方式逼近此固定效果模式的統計考驗力。

公式 5-11 涉及三大參數：臨界值、研究篇數與非中心性參數（NCP），因此進行同質性 Q 統計量的統計考驗力分析，研究者必須預先估計它們。就固定效果模式來看，假定研究者已知 α = .05, N1 = 20, N2 = 20, K = 10，並依 Hedges & Pigott（2001）的建議取 .33（k − 1）作為小異質性之標準，則固定效果值同質性 Q 統計量的統計考驗力為：$p = 1 - F(C_\alpha \mid k - 1; \lambda) = p = 1 - F(16.92 \mid 10 - 1; .33(10 - 1)) = .17826$。

(二) 隨機效果模式

在隨機效果模式中，效果值同質性的考驗乃在考驗 τ² 是否等於 0，亦即 H_0: $τ² = 0$。當此虛無假設為真時，Q 統計量會遵從卡方分配（df = k − 1）；當上述該虛無假設為假時，Q 統計量會形成一個非常複雜的 Gamma 分配。該分配的平均數與變異量界定於公式 5-12 和公式 5-13（Hedges & Vevea, 1998；Hedges &

Pigott, 2001; Pigott, 2012）：

$$\mu_Q = c\tau^2 + (k-1) \qquad （公式 5-12）$$

式中 c = w (k − 1)，

在隨機效果模式中，τ^2 的小、中、大異質性的定義，仍使用前述 1/3v, 2/3v, 1v 作為依據。

$$\sigma_Q^2 = 2(k-1) + 4\left(\sum w_i - \frac{\sum w_i^2}{\sum w_i}\right)\tau^2 + 2\left(\sum w_i^2 - 2\frac{\sum w_i^3}{\sum w_i} + \frac{\left(\sum w_i^2\right)^2}{\left(\sum w_i\right)^2}\right)\tau^4 \qquad （公式 5-13）$$

式中 w_i 係固定效果模式的加權量。

研究者如欲使用卡方分配作近似估計，須再根據前述之兩個統計量算出 r 和 s 值，這兩個統計量之計算，如公式 5-14 和公式 5-15 所示：

$$r = \frac{\sigma_Q^2}{2(\mu_Q)} \qquad （公式 5-14）$$

$$s = \frac{2(\mu_Q)^2}{\sigma_Q^2} \qquad （公式 5-15）$$

當 τ^2 等於 0 時，Q 之統計考驗力為卡方分配之 CDF 函數，定義如公式 5-16-1

$$F(C_\alpha / r \mid s; 0) \qquad （公式 5-16-1）$$

卡方分配 F 函數中 C_α 係中心性卡方分配 df = s 的第 100 $(1 - \alpha)$ 的百分點；此時 DF 可能為非整數。

因為卡方分配係 Gamma 分配之特例，本 ESS 增益集乃採用 Gamma 分配，計算此隨機效果模式的統計考驗力，如公式 5-16-2 所示（Borenstein, Hedges, Higgins, & Rothstein, 2009）：

$$Power = 1 - Gammadist\left(X, \frac{b}{2}, 2, TRUE\right) \qquad （公式 5-16-2）$$

公式 5-16-2 中各參數的定義，請參見公式 5-20。

343

以下將依平均數差異效果值同質性、Fisher z 效果值同質性、Pearson r 效果值同質性與 Odds Ratio 效果值同質性考驗的樣本規劃，逐一進行介紹。

1. 平均數差異效果值同質性考驗的樣本規劃

實例解說 <u>Pigott（2012）的平均數差異效果值同質性考驗的實例解說（P.62）</u>

假定研究者已知 $\alpha = .05$, N1 = 20, N2 = 20，標準化平均數差異效果值等於 0.2（如 SAT 的訓練效果），那麼差異效果值的抽樣變異數（利用公式 1-5）等於：

$$V = \frac{20+20}{20\times20} + \frac{0.2^2}{2\times(20+20)} = .10$$

假定研究樣本數為 10，以小異質性為例，$\tau^2 = .33v = .33\times.10 = .033$。根據公式 5-12 和 5-13：c = w (k − 1) = 9w = 9(1/.10) = 90(w = 1/v)，在隨機效果模式中，Gamma 分配的平均數與變異量分別為：

$$\mu_Q = c\tau^2 + (k-1) = 90\,(.333\times.1) + (10 - 1) = 11.997$$

$$\sigma_Q^2 = 2(k-1) + 4\left(\sum w_i - \frac{\sum w_i^2}{\sum w_i}\right)\tau^2 + 2\left(\sum w_i^2 - 2\frac{\sum w_i^3}{\sum w_i} + \frac{\left(\sum w_i^2\right)^2}{\left(\sum w_i\right)^2}\right)\tau^4 = 18.4034$$

接著，計算 r 和 s 統計量：

$$r = \frac{\sigma_Q^2}{2(\mu_Q)} = \frac{18.4034}{2\times11.997} = .767$$

$$s = \frac{2(\mu_Q)^2}{\sigma_Q^2} = \frac{2\times11.997}{18.4034} = 15.641$$

$$C_{.05,\,9} = 16.92$$

最後，根據公式 5-16-1，隨機效果模式的統計考驗力可得：

Power = $F(C_a / r \mid s / 2, 2)$ = .12803（亦使用 Gamma 分配）。由此可知，我們很難發現 $\tau^2 = .033$，可以顯著的不同於 0；亦即很難拒絕 $H_0 : \tau^2 = 0$ 的假設。

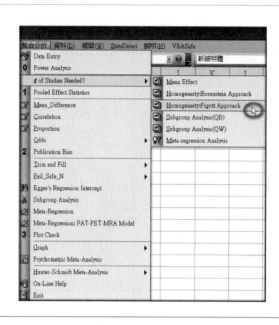

圖 5-10　平均數差異效果值同質性的統計考驗力分析之樣本規劃選單

　　上述之結果可以利用筆者設計之 EXCEL 增益集 ESS 直接跑出來，操作時，請在圖 5-10 中點選「Homogeneity: Pigott Approach」後，就會跳出圖 5-11 的操作視窗；輸入所需的統計量之後，就可獲得圖 5-12 的輸出報表。操作時，首先，在圖 5-11 的左側 Frame1 欄位內點選「Mean Dif」，接著在 Frame2 欄位內輸入 Power 分析所需的統計量：α、最低效果值、樣本人數和異質性大小類別。

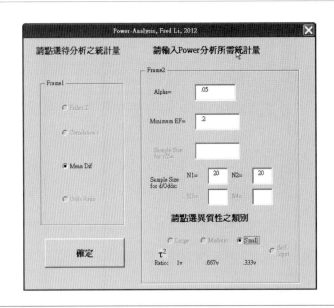

圖 5-11　平均數差異效果值同質性的統計考驗力分析之樣本規劃介面：Mean difference

　　最後，按下圖 5-11 中的「確定」之後，就會出現 ESS 所輸出的結果表單，如圖 5-12 所示。EXCEL 表單含有固定效果與隨機效果模式的分析結果。每一模式欄內的第一行（# of studies）係研究者規劃研究樣本所需之數目。以固定效果模式（假定 α = .05 和小異質性 ）為例，假定研究樣本數為 10 篇，τ^2 = .333v，power 僅達 .173；如為隨機效果模式，其 power 也僅達 .128；如欲達 .80 的水準，必須大幅增加研究篇數才行。

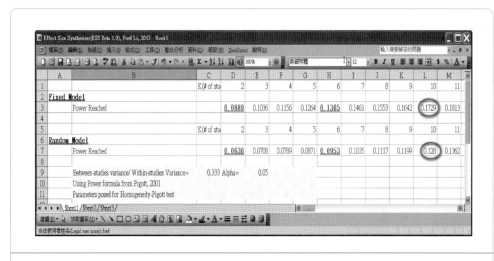

圖 5-12　平均數差異效果值同質性的統計考驗力分析之樣本規劃結果

　　為便利研究者對於其它類效果值統計考驗力分析的操作，其它三類的操作介面亦介紹如圖 5-13 至圖 5-15 所示；其中，圖 5-13 和圖 5-14 係分別為 Fisher z 和 Pearson r 效果值同質性的統計考驗力分析之樣本規劃介面，兩者操作介面完全相同；唯一差異處在於 Frame1 欄位內所點選的統計量，一為「Fisher z」，一為「Correlation r」。這兩個統計考驗力分析所需輸入的統計量完全相同：α、最低效果值、樣本人數和異質性大小類別；至於相關 EXCEL 的輸出報表，為節省篇幅在此從略。

2. Fisher z 效果值同質性考驗的樣本規劃

圖 5-13　Fisher z 效果值同質性的統計考驗力分析之樣本規劃介面

3. Pearson r 效果值同質性考驗的樣本規劃

圖 5-14　Pearson r 效果值同質性的統計考驗力分析之樣本規劃介面

4. Odds Ratio 效果值同質性考驗的樣本規劃

Odds Ratio 效果值同質性的統計考驗力分析，其 ESS 樣本規劃介面如圖 5-15
所示，研究者在 Frame1 欄位內點選「Odds Ratio」統計量之後，所需輸入的統計
量為：α、最低效果值、樣本細格人數（N1～N4）和異質性大小類別；至於相關
EXCEL 的輸出報表，為節省篇幅亦從略。

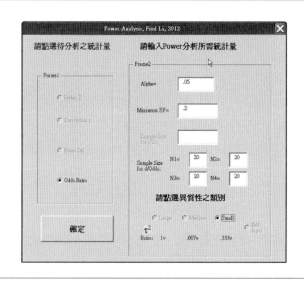

圖 5-15　Odds Ratio 效果值同質性的統計考驗力分析之樣本規劃介面

（三）B-H-H-R 簡潔法

至於 Borenstein, Hedges, Higgins, & Rothstein（2009）的同質性統計考驗力估
計方法，較為簡單，只須估計組間與組內變異比即可，不須樣本大小與共同效果
值的估計。他們提出兩種估計同質性考驗的統計考驗力方法：第一種方法適用於
固定效果模式（嚴格來說，在此模式中假如同質性為真的話，研究間的變異量應
為 0；亦即沒有變異量可言）。因為 Q 統計量的期望值為 df + λ，其非中心性參
數（NCP）的計算公式為：

$$\lambda = df \times \frac{\tau^2}{V_Y}$$

（公式 5-17）

公式 5-17 中，df = k － 1，τ^2 為研究間變異量（between-studies variance），V_Y 為研究內變異量（within-studies variance）。Schmidt（1992）在檢視心理學的整合分析結果後發現，研究間變異量與研究內變異量的比值很少超過 1，最普遍的是 .333 倍。因此，在實務應用上，研究者不須知道真正的變異量，可將 $\frac{\tau^2}{V_Y}$ 的大、中、小之變異比值設定為 1、.667、.333 即可。

Q 的統計考驗力分析公式為：

$$1 - F\left(C_\alpha \middle| k-1;\, \lambda\right) \tag{公式 5-18}$$

公式 5-18 中，F 為非中心性 df = k － 1 的卡方分配，C_α 係中心性卡方分配 df = k － 1 的第 100 (1 － α) 的百分點；在 EXCEL 中，可以利用內建函數 ChiInv（α, df）計算之。研究者也可以利用公式 5-19 的 Gamma 分配函數逼近此值。

$$Power = 1 - Gamma\,dist\,(X,\, \frac{b}{2},\, 2,\, TRUE) \tag{公式 5-19}$$

Gamma 分配函數中的相關參數（X 和 b）界定，如公式 5-20 所示：

$$a = 1 + \frac{\lambda}{df + \lambda}$$
$$b = df + \frac{\lambda^2}{df + 2\lambda} \tag{公式 5-20}$$
$$X = \frac{C_\alpha}{a}$$

第二種方法適用於隨機效果模式時，此隨機效果值模式時，須使用卡方分配的密度函數。其隨機效果值的臨界值等於 $X = \dfrac{C_\alpha}{1 + \dfrac{\tau^2}{V_Y}}$，而其統計考驗力之機率密度函數為 ChiDist（X, df）。

實例解說

B-H-H-R 簡潔法的分析，研究者在打開 EXCEL 增益集整合分析軟體 ESS 之後（參閱圖 5-16），點選「Homogeneity: Borenstein Approach」，即可進行

同質性統計考驗力分析,點選此表單之後就會出現圖 5-17 的參數輸入視窗。
Borenstein, Hedges, Higgins, & Rothstein(2009)的同質性統計考驗力法,因不須
使用到樣本大小與最低共同效果值的估計值,因而四大類效果值同質性的統計考
驗力分析的輸入介面皆完全相同。因此,在此僅提供平均數差異效果值同質性的
統計考驗力分析之樣本規劃介面,如圖 5-17 所示。

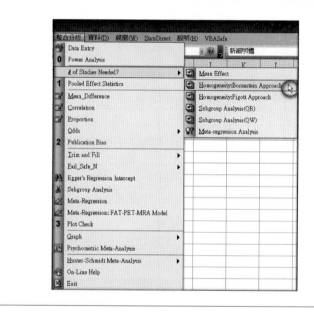

圖 5-16　平均數差異效果值同質性的統計考驗力分析之樣本規劃選單:簡潔法

　　由圖 5-17 知,研究者只須設定待分析的統計類別與輸入 α、組間與組內變
異比即可,雖然估計方法較粗略但堪稱便捷。注意在此視窗右側內,我們勾選了
「大異質性」,α 設定為 .05。

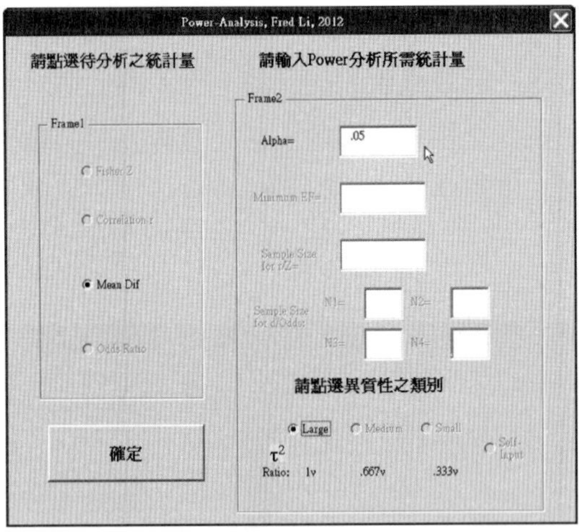

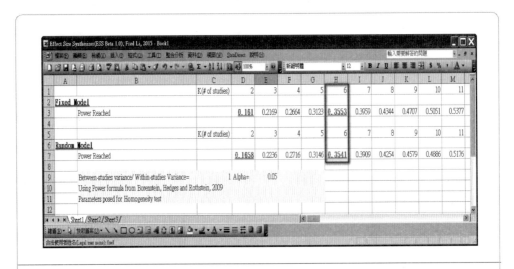

圖 5-17　平均數差異效果值同質性的統計考驗力分析之樣本規劃介面：簡潔法

按下圖 5-17 中的「確定」之後，就可出現圖 5-18 的 EXCEL 輸出表單，表單內含有兩種分析模式的樣本規劃之相關資訊。

圖 5-18　平均數差異效果值同質性的統計考驗力分析之樣本規劃結果 (1)

由圖 5-18 內容知，當固定效果模式（各效果值不一定完全相同）時：如研究者想知道當 k = 6，α = .05，且為大異質性時，相關的統計考驗力有多少？首先，研究者須利用公式 5-17 求得 NCP：

$$\lambda = df \times \frac{\tau^2}{V_Y} = (6-1) \times 1 = 5$$

Q 的統計考驗力分析公式 5-19 為 $1 - F(C_\alpha \mid k - 1; \lambda)$，式中 C_α 可以利用 EXCEL 的 ChiInv（.05, 5）求得：$C_\alpha = 11.0705$；而式中 $F(C_\alpha \mid k - 1; \lambda)$ 可利用 SPSS 的內建函數 NCDF.CHISQ 計算之：

$Power = 1 - NCDF.CHISQ\ (C_\alpha, k - 1, \lambda) = 1 - NCDF.CHISQ\ (11.0705, 5, 5) = .3627$

至於 Gamma 分配函數中的相關參數，可利用公式 5-20，計算如下：

$$a = 1 + \frac{\lambda}{df + \lambda} = 1 + \frac{5}{5+5} = 1.5$$

$$b = df + \frac{\lambda^2}{df + 2\lambda} = 5 + \frac{25}{5+10} = 6.667$$

$$X = \frac{C_\alpha}{a} = \frac{11.07}{1.5} = 7.38$$

根據這些參數，固定效果模式下單尾的統計考驗力，也就可利用公式 5-19 逼近之：

$$Power = 1 - Gammadist(\ X, \frac{b}{2}, 2, TRUE\ ) = .3553 \text{（與前述 .3267 甚為接近）}$$

如為隨機效果模式時，α = .05，且為大異質性時，須利用下式求得 X 參數：

$$X = \frac{C_\alpha}{1 + \frac{\tau^2}{V_Y}} = \frac{11.07}{1+1} = 5.535$$

$$Df = 6 - 1 = 5$$

根據此 X 代入 ChiDist 函數，可以求得隨機效果模式下單尾的統計考驗力：Power = ChiDist (5.535, 5) = .3541。顯然的是，6 篇的研究樣本數是不夠的，統計考驗力如欲達 .80，至少需要 23 篇（固定模式）與 26 篇（隨機模式）以上。

	Q	R	S	T	U	V	W	X	Y	Z	AA	AB	AC	AD
1	15	16	17	18	19	20	21	22	23	24	25	26	27	28
2														
3	0.65048	0.67468	0.69741	0.71874	0.73874	0.75746	0.77498	0.79136	0.80665	0.82092	0.83423	0.84663	0.85817	0.86891
4														
5	15	16	17	18	19	20	21	22	23	24	25	26	27	28
6														
7	0.61896	0.64102	0.6619	0.68166	0.70035	0.71803	0.73474	0.75053	0.76544	0.77953	0.79283	0.80537	0.81721	0.82837

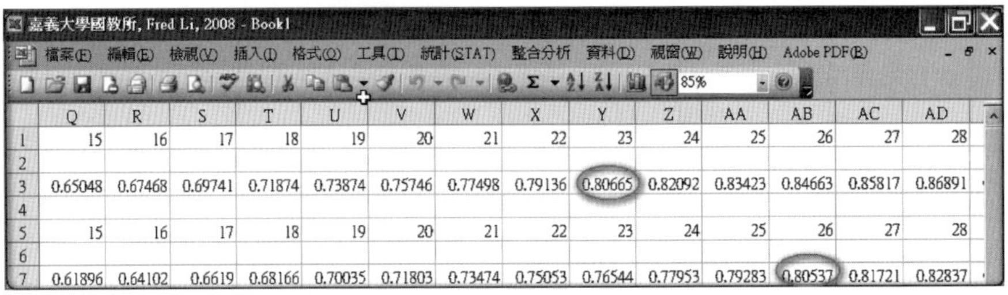

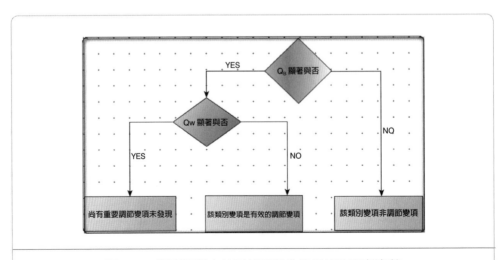

圖 5-19 平均數差異效果值同質性的統計考驗力分析之樣本規劃結果 (2)

值得注意的是，當計算 power 時異質性的程度估計非常主觀，根據 Schmidt（1992）經過檢驗許多心理方面的整合研究，發現研究間變異量與研究內變異量的比值鮮少超過 1，Hedges & Pigott（2001）建議研究者可以採用 $\lambda = .33\ (k - 1)$ 作爲小異質性的指標，$\lambda = .67\ (k - 1)$ 作爲中度異質性的指標，$\lambda = 1.0\ (k - 1)$ 作爲大異質性的指標。因此，本軟體 ESS 中有關異質性程度的表單設定，均採此標準進行程式設計；研究者如有修正之需要，亦可在圖 5-17 右下角之自我設定選目（Self-Input）另行設定之。

四、次群體組間與組內效果值同質性考驗的統計考驗力分析

圖 5-20 組間與組內效果值異質性分析的流程與意義

　　根據圖 5-20 研究群組間與研究群組內效果值的異質性分析的流程知，各類效果值「組間同質性」（Q_B）考驗達到既定顯著水準之後，研究者接著必須進行次群體效果值「組內同質性」（Q_W）的考驗：考驗組內各研究效果值是否在估計一個共同平均效果值。以下，首先談談固定效果模式的「組間同質性」（Q_B）的統計考驗力分析，接著論及「組內同質性」（Q_W）的統計考驗力分析，最後再談隨機效果模式的「組間同質性」（Q_B）的統計考驗力分析。

(一) 固定效果模式

　　最簡單的次群體效果值組間同質性考驗的統計考驗力分析，相當於單因子 ANOVA 模式分析；研究者旨在了解 p 個組間的效果值是否具有同質性，其虛無假設為：

　　$H_0 = \overline{\theta}_{1.} = \overline{\theta}_{2.} \cdots = \overline{\theta}_{p.}$，為考驗此假設，須利用公式 5-21 計算組間同質性考驗之統計量 Q_B：

$$Q_B = \sum_{i=1}^{p} w_{i\bullet} \left(\overline{T}_{i\bullet} - \overline{T}_{\bullet\bullet} \right)^2 \qquad （公式 5-21）$$

　　公式 5-21 中，$w_{i\bullet}$ 係各組內加權量之和，$\overline{T}_{i\bullet}$ 為第 i 組的平均效果值，$\overline{T}_{\bullet\bullet}$ 為整體平均效果值，這些參數定義如公式 5-22-1 所示。

$$w_{i\bullet} = \sum_{j=1}^{m_i} w_{ij}, \, where \, i = 1, ..., p(組), \, and \, j = 1, ..., m_i (各組內所含效果值數目)$$

$$\overline{T}_{i\bullet} = \frac{\sum_{j=1}^{m_i} w_{ij} T_{ij}}{\sum_{j=1}^{m_i} w_{ij}} (組平均效果值)$$

$$\overline{T}_{\bullet\bullet} = \frac{\sum_{i=1}^{p} \sum_{j=1}^{m_i} w_{ij} T_{ij}}{\sum_{i=1}^{p} \sum_{j=1}^{m_i} w_{ij}} (整體平均效果值) \qquad （公式 5-22-1）$$

　　當虛無假設為假時，至少有一組平均數與其他平均數具有顯著差異，此時組間同質性考驗之 Q_B 係一「非中心性卡方分配」之統計量（df = p − 1，非中心性參數為 λ_B）。至於 $\lambda_B = \sum_{i=1}^{p} w_{i\bullet} \left(\overline{\theta}_{i\bullet} - \overline{\theta}_{\bullet\bullet} \right)^2$ （公式 5-22-2）

非中心性參數 λ_B 須利用研究者所設定的統計量加以估計。最後，研究者可以利用非中心性卡方分配公式 5-23，求得次群體效果值組間同質性考驗的統計考驗力。

Q_B 的統計考驗力為 $1 - F(C_\alpha | p - 1; \lambda_B)$ （公式 5-23）

次群體效果值分析乃是檢驗效果值間變異原因的主要方法，預估次群體效果值考驗的統計考驗力，也是整合分析規劃的關鍵要項。欲計算次群體效果值的統計考驗力，在整合研究層次上，研究者須提供顯著性考驗之臨界值、各組最低實質效果值大小、組間變異量（τ^2，隨機效果模式）；在個體研究層次上：須提供組內研究樣本數、各組之平均效果值、各研究效果值變異量（與樣本大小有關）。

至於固定效果模式下的次群體間效果值同質性的統計考驗力分析，其分析步驟依序為：

(1) 建立顯著性考驗的臨界值（C_α）。
(2) 決定組平均效果值間之差異量。
　　就標準化平均數差異來看，決定要多大的標準差才具有實質上的重要性；就相關係數來看，決定要多大的相關差異才具有實質上的重要性。
(3) 各組平均數之分派：相當於步驟 (2) 中組平均數的差異量（可將其中一組設定為 0，以作為參照組）。
(4) 估計各組內的典型研究樣本篇數（number of studies）。
(5) 計算各效果值之共同加權量（假設所有的研究均具有相同的樣本大小）。
(6) 計算統計考驗力。

以下將依相關係數差異的次群體效果值組間同質性、平均數差異的次群體效果值組間同質性與 Odds Ratio 的次群體效果值組間同質性考驗的樣本規劃，逐一進行實例介紹。

1. 相關係數差異的次群體效果值組間同質性考驗的樣本規劃

實例解說　各級學校學生的社經地位與其學業成就間的相關性

Sirin（2005）曾針對各級學校學生的社經地位與其學業成就間的相關性，進行整合分析。該研究中的樣本涵蓋了三個不同年級的學生：初級生（k-3）、中

級生（4-8）與高級生（9-12）。針對社經地位與其學業成就間的相關性，該研究者希望了解：初級生與中級生在兩變項間的平均相關的差異是否達到 0.1、初級生與高級生在兩者間的平均相關的差異是否達到 0.5（引自 Pigott, 2012）。因為本研究的對象包含 3 個次群體，其平均效果值可以設定為：$\overline{\theta}_1 = .0, \overline{\theta}_2 = .1, \overline{\theta}_3 = .5$；轉換算成 Fisher's z 值，其平均效果值分別為：$H_0 : \overline{\theta}_z^1 = .0, \overline{\theta}_z^2 = .1, \overline{\theta}_z^3 = .55$。又假定每群組有 5 個研究結果，各組組內樣本大小（n）一律設定為 15。為了計算非中心性參數 λ_B，研究者首先需要估計 W_{ij} 的一個共用加權量。就 Fisher's z 而言，$W_{ij} = n_{ij} - 3$。根據前述之設定值，$w_{i\bullet} = \sum_{j=1}^{m_i} w_{ij} = \sum_{j=1}^{5}(15-3) = 60$。因為每一次群體的加權量與研究數均相同，整體平均效果值 $\overline{\theta}_{\bullet\bullet} = \dfrac{.0 + .1 + .55}{3} = .217$；如果不同就須使用前述 $\overline{T}_{\bullet\bullet}$ 公式加以計算；接著，研究者即可計算出非中心性參數：

$$\lambda_B = \sum_{i=1}^{3} w_{i\bullet}\left(\overline{\theta}_{i\bullet} - \overline{\theta}_{\bullet\bullet}\right)^2 = 60(.0 - .217)^2 + 60(.1 - .217)^2 + 60(.55 - .217)^2 = 10.302 \text{。}$$

將這些相關數據代入公式 5-23，$H_0 : \overline{\theta}_z^1 = \overline{\theta}_z^2 = \overline{\theta}_z^3$ 的統計考驗力為：

$$1 - F(C_a \mid p - 1; \lambda_B) = 1 - F(5.99 \mid 3 - 1; 10.302) = 1 - .0174 = .826 \text{。}$$

上述之手算結果可以利用筆者設計之 EXCEL 增益集 ESS 直接算出來，操作時，首先點選圖 5-21 中之「Subgroup Analysis（QB）」後，就會跳出圖 5-22 至圖 5-28 的操作視窗；連續輸入所需的統計量之後，就可獲得如圖 5-29 的結果。

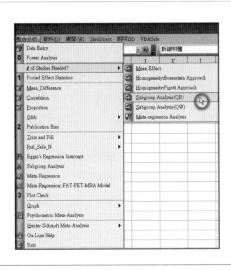

圖 5-21　次群體效果值組間同質性考驗的統計考驗力分析選單

接著，請在圖 5-22 的視窗內，輸入次群體之個數，本例爲三個次群體。

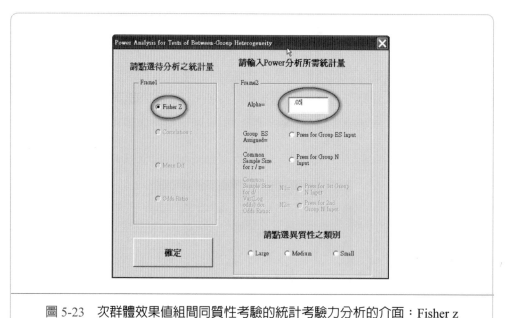

圖 5-22　次群體個數之輸入

其次，在圖 5-23 左側欄框內點選「Fisher z」，與右側欄框內輸入顯著水準 .05。

圖 5-23　次群體效果值組間同質性考驗的統計考驗力分析的介面：Fisher z

接著，點選「Press for Group ES input」按鈕之後，在圖 5-24 至圖 5-26 內之小視窗內，輸入三個次群體的預估效果值。

圖 5-24 次群體效果值的輸入介面 (1)

　　為免除將 Pearson 積差相關轉換成 Fisher z 的麻煩，本 EXCEL 增益集 ESS 仍請研究者輸入各次群體的 Pearson 積差相關，程式會自動進行資料轉換。因此，在圖 5-24 至圖 5-26 之小視窗內，依序輸入三個次群體平均效果值：$\bar{\theta}_1 = .0$, $\bar{\theta}_2 = .1$, $\bar{\theta}_3 = .5$，而不必轉換成 Fisher's z 值：$H_0 : \bar{\theta}_z^1 = .0$, $\bar{\theta}_z^2 = .1$, $\bar{\theta}_z^3 = .55$，否則會產生不正確的結果。

圖 5-25 次群體效果值的輸入介面 (2)

圖 5-26　次群體效果值的輸入介面 (3)

圖 5-27　次群體樣本大小的輸入介面

　　其次，在圖 5-27 內的小視窗中輸入組內樣本大小，因為涉及三個次群體，本軟體會自動彈出三個次群體樣本大小的輸入視窗，本例組內樣本大小均為 15，因此請依序輸入三個 15。接著，在圖 5-28 視窗右下角，選擇組間異質性程度，

本例設定為小異質性。最後，在圖 5-28 的視窗中，按下「確定」按鈕之後，就可獲得如圖 5-29 的次群體效果值組間同質性考驗的統計考驗力分析的結果。由此報表知，在固定效果模式（假定 $\alpha = .05$ 和小異質性）下，假如每一次群體含有 5 篇研究，次群體效果值組間同質性考驗的單側統計考驗力等於 .8261。

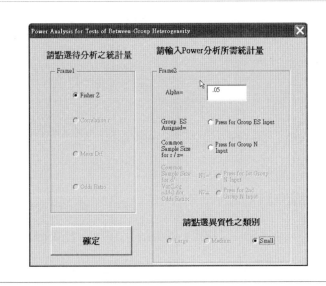

圖 5-28　組間異質性大、中、小程度的設定介面

　　圖 5-28 右下角係組間異質性大（Large）、中（Medium）、小（Small）程度的設定。

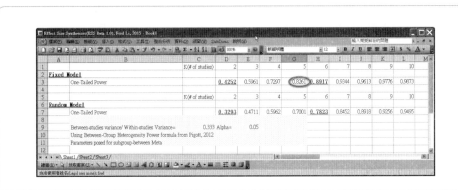

圖 5-29　次群體效果值組間同質性考驗的統計考驗力分析結果：Fisher z

另外，除了固定效果模式的分析結果之外，在圖 5-29 的 EXCEL 報表中，亦報告隨機效果模式時的統計考驗力分析結果，M = 5（每個次群體含有 5 個研究結果）時，相關係數的效果值考驗之 w_i^* 之計算不涉及各組 θ 之大小。因此，各組均使用相同之 w_i^*，各組的大、中、小異質性定義如公式 5-30，其計算結果如下：

$$w_{i\bullet}^* = \sum_{j=1}^{m_i} w_{ij}^* = \sum_{i=1}^{m_i} \frac{1}{v + \tau^2} = \sum_{i=1}^{m_i} \frac{1}{v + \frac{1}{3}v} = 5 \times \frac{1}{.083 + .028} = 45.05, \text{ 小異質性}$$

$$w_{i\bullet}^* = \sum_{j=1}^{m_i} w_{ij}^* = \sum_{i=1}^{m_i} \frac{1}{v + \tau^2} = \sum_{i=1}^{m_i} \frac{1}{v + \frac{2}{3}v} = 5 \times \frac{1}{.083 + .055} = 36.23, \text{ 中異質性}$$

$$w_{i\bullet}^* = \sum_{j=1}^{m_i} w_{ij}^* = \sum_{i=1}^{m_i} \frac{1}{v + \tau^2} = \sum_{i=1}^{m_i} \frac{1}{v + \frac{1}{1}v} = 5 \times \frac{1}{.083 + .083} = 30.12, \text{ 大異質性}$$

式中 $v = 1/w = 1/(15 - 3) = 1/12 = .083$。

因此，當小異質性時 λ_B^* 為：

$$\lambda_B^* = \sum_{i=1}^{p} w_{i\bullet}^* \left(\theta_{i\bullet}^* - \theta_{\bullet\bullet}^* \right)^2 = 45.05(0 - .217)^2 + 45.05(.1 - .217)^2 + 45.05(.55 - .217)^2 = 7.703$$

將這些相關數據代入公式 5-23，$H_0 : \bar{\theta}_z^1 = \bar{\theta}_z^2 = \bar{\theta}_z^3$ 的隨機效果模式之統計考驗力為：$1 - F(C_a | p - 1; \lambda_B^*) = 1 - F(5.99 | 2; 7.703) = 1 - .29995 = .70005$

其餘中異質性與大異質性時的統計考驗力分析，請自行練習計算。更多的隨機效果模式之理論細節，請參閱本章最後一節說明。另外，為便利研究者對於其它類效果值的統計考驗力分析的操作，其它類相關的操作介面亦介紹如圖 5-30 至圖 5-32 所示。其中，圖 5-30 係 Pearson r 次群體效果值組間同質性考驗的統計考驗力分析的介面，它與前述 Fisher z 的操作步驟完全相同；至於其輸出的 EXCEL 報表就從簡呈現。

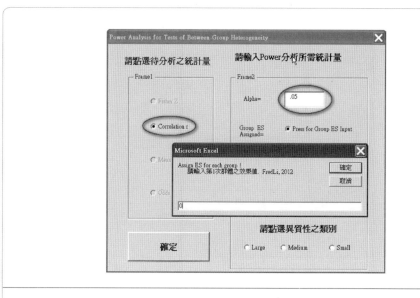

圖 5-30　次群體效果值的輸入介面 (1)

由圖 5-30 知，點選 Frame1 下「Correlation r」後，研究者必須在 Frame2 下輸入 α、各組平均效果值、各組樣本大小與異質性大小。假定仍包含三個次群體，研究者必須在圖 5-30 至圖 5-32 內的小視窗中輸入三個次群體的預估效果值：0，0.1 和 0.5。

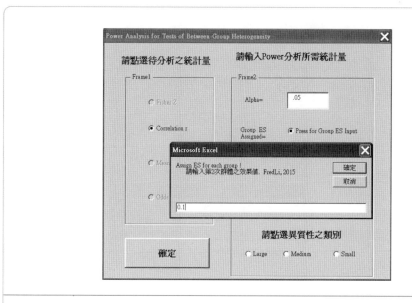

圖 5-31　次群體效果值的輸入介面 (2)

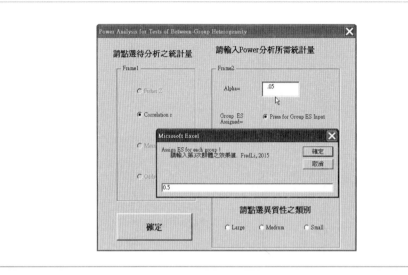

圖 5-32　次群體效果值的輸入介面 (3)

　　其次，在圖 5-33 內的小視窗中輸入組內樣本大小，因為涉及三個次群體，本軟體會自動彈出三個次群體樣本大小的輸入視窗，本例組內樣本大小均為 15。接著，在圖 5-34 視窗右下角，選擇組間異質性程度，本例設定為小異質性。最後，在圖 5-34 的視窗中，按下「確定」按鈕之後，就可獲得如圖 5-35 的次群體效果值組間同質性考驗的統計考驗力分析結果。

圖 5-33　次群體樣本大小的輸入介面

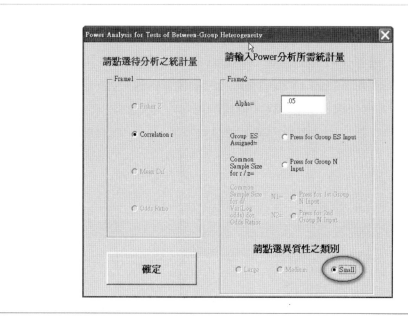

圖 5-34　組間異質性大、中、小程度的設定介面

　　由圖 5-35 的 EXCEL 報表知，在固定效果模式下（假定 $\alpha = .05$ 和小異質性），假如每一次群體含有 4 篇研究，其次群體效果值組間同質性考驗的單側統計考驗力等於 .852，而隨機效果模式下相對的單側統計考驗力等於 .731。

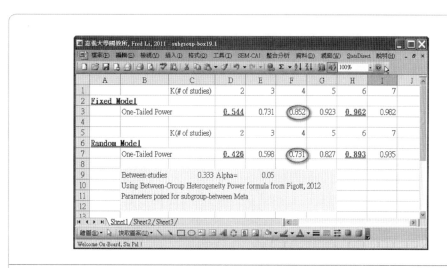

圖 5-35　次群體效果值組間同質性考驗的統計考驗力分析的結果：Pearson r

2. 平均數差異的次群體效果值組間同質性考驗的樣本規劃

　　如同前例輸入次群體個數之後，首先，需在圖 5-36 左側 Frame1 內點選「Mean Dif」，接著在右側 Frame2 下 Alpha 右側小空格內輸入「.05」及點選「Press for Group Dif ES input」後，在跳出的小視窗內輸入第一個次群體的預估效果差異值：0（參照組）、第二個次群體的預估效果差異值：0.1（與參照組之標準化差異值）、第三個次群體的預估效果差異值：0.5（與參照組之標準化差異值）。

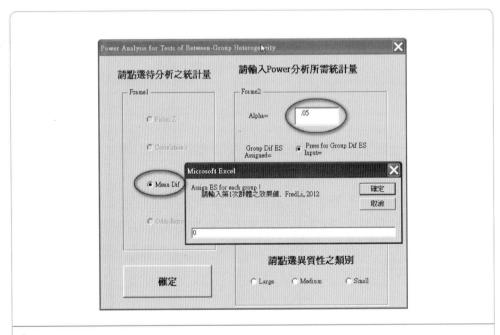

圖 5-36　次群體效果值組間同質性考驗的統計考驗力分析的介面：Mean difference

圖 5-37　第二次群體平均數差異效果值的輸入介面

圖 5-38　第三次群體平均數差異效果值的輸入介面

其次，因為平均數差異效果值的考驗涉及兩組平均數，研究者須分別針對 N1（如實驗組）和 N2（如控制組）進行三個次群體樣本大小的預估。因此，在圖 5-39 中按下「Press for 1st Group N input」之後，請在圖 5-39 至圖 5-41 內的小視窗中輸入 N1 的三個組內樣本大小，因為涉及三個次群體，ESS 軟體會自動跳出三個次群體樣本大小的輸入視窗，本例組內樣本大小均為 15。

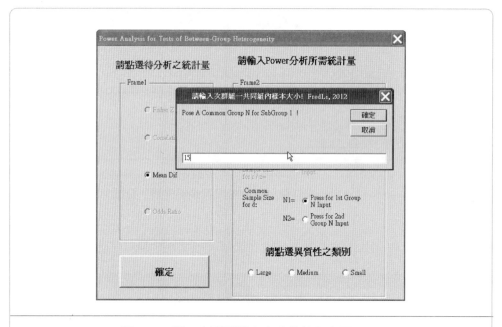

圖 5-39　第一次群體樣本大小的輸入介面：N1

圖 5-40　第二次群體樣本大小的輸入介面：N1

圖 5-41　第三次群體樣本大小的輸入介面：N1

接著，按下「Press for 2nd Group N input」之後，在圖 5-42 至圖 5-44 內的小視窗中輸入 N2 的三個組內樣本大小，因爲涉及三個次群體，ESS 軟體會自動跳出三個次群體樣本大小的輸入視窗，本例組內樣本大小均爲 15。

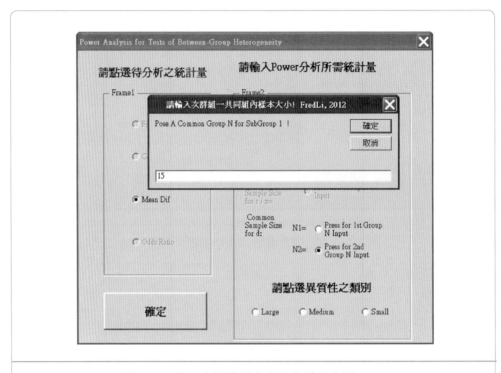

圖 5-42　第一次群體樣本大小的輸入介面：N2

圖 5-43　第二次群體樣本大小的輸入介面：N2

圖 5-44　第三次群體樣本大小的輸入介面：N2

接著，在圖 5-45 視窗右下角，選擇組間異質性程度，本例設定為小異質性。最後，在圖 5-45 的視窗中，按下「確定」按鈕之後，就可獲得如圖 5-46 的次群體平均數差異效果值組間同質性考驗的統計考驗力分析結果。

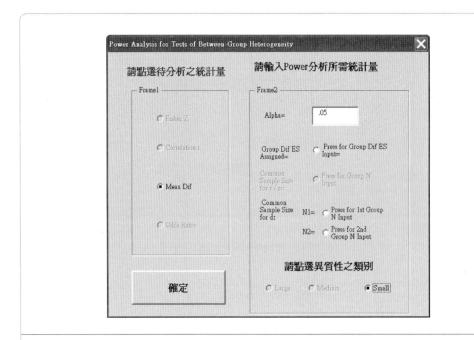

圖 5-45　組間異質性大、中、小程度的設定介面

圖 5-45 右下角係組間異質性大、中、小程度的設定。

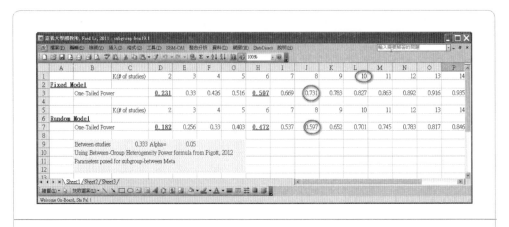

圖 5-46　次群體效果值組間同質性考驗的統計考驗力分析結果：平均數差異

由圖 5-46 的 EXCEL 報表知，在固定效果模式下（假定 α = .05 和小異質性），假如每一次群體含有 8 篇研究，其次群體效果值組間同質性考驗的單側統計考驗力等於 .731，而隨機效果模式下相對的單側統計考驗力等於 .597，在固定效果模式下如欲獲得 .80 以上的統計考驗力，每一次群體至少需有 10 篇的研究結果。

3. Odds Ratio 的次群體效果值組間同質性考驗的樣本規劃

首先，須先輸入次群體的組別數（參見圖 5-22）之後，接著在圖 5-47 左側 Frame1 內點選「Odds Ratio」，接著在右側 Frame2 下 Alpha 右側小空格內輸入「.05」。假設研究對象含有三個次群體，第一個次群體的預估 Log Odds 效果值：0.0（參照組），第二個次群體的預估 Log Odds 效果差異值：0.7（與參照組之標準化差異量），第三個次群體的預估 Log Odds 效果差異值：1.0（與參照組之標準化差異量）。

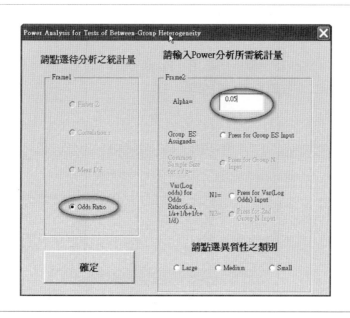

圖 5-47　次群體效果值組間同質性考驗的統計考驗力分析的介面：Odds Ratio

接著，在圖 5-48 右側欄框內點選「Press for Group ES input」後，在跳出的小視窗內輸入第一個次群體的預估 Log Odds 效果值：0.0。

圖 5-48　第一個次群體的預估效果值

接著，在圖 5-49 右側欄框內點選「Press for Group ES input」後，在跳出的小視窗內輸入第二次群體的預估效果值：0.7。

圖 5-49　第二個次群體的預估效果值

接著，在圖 5-50 右側欄框內點選「Press for Group ES input」後，在跳出的
小視窗內輸入第三個次群體的預估效果值：1.0。

圖 5-50　第三個次群體的預估效果值

其次，在圖 5-51 右側欄框內點選「Press for Var（Log Odds）input」後，在
跳出的小視窗內輸入第一個次群體的預估變異量（i.e., $\frac{1}{a}+\frac{1}{b}+\frac{1}{c}+\frac{1}{d}$）：0.2。

圖 5-51　第一個次群體的預估變異量

接著，在圖 5-52 右側欄框內點選「Press for Var（Log Odds）input」後，在跳出的小視窗內輸入第二個次群體的預估變異量（i.e., $\frac{1}{a} + \frac{1}{b} + \frac{1}{c} + \frac{1}{d}$）：0.3。

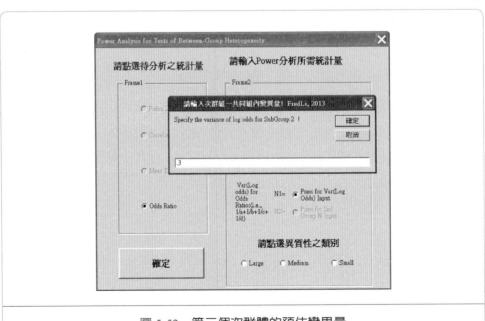

圖 5-52　第二個次群體的預估變異量

接著，在圖 5-53 右側欄框內點選「Press for Var（Log Odds）input」後，在跳出的小視窗內輸入第三個次群體的預估變異量（i.e., $\frac{1}{a} + \frac{1}{b} + \frac{1}{c} + \frac{1}{d}$）：0.6。

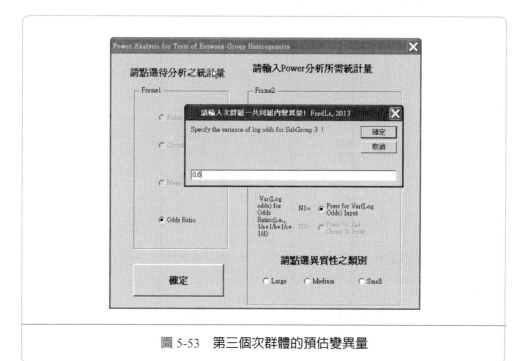

圖 5-53　第三個次群體的預估變異量

最後，在圖 5-54 視窗右下角，選擇組間異質性程度，本例設定爲小異質性。其次在圖 5-54 的視窗中，按下「確定」按鈕之後，就可獲得如圖 5-55 的次群體 Odds Ratio 效果值組間同質性考驗的統計考驗力分析結果。

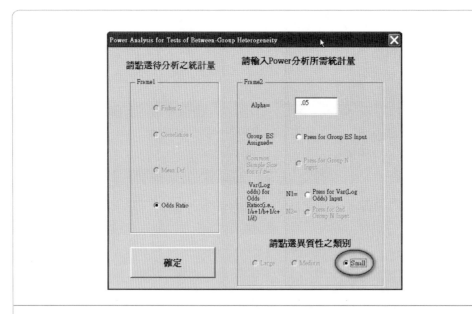

圖 5-54　組間異質性大、中、小程度的設定介面

圖 5-54 右下角係組間異質性大、中、小程度的設定。

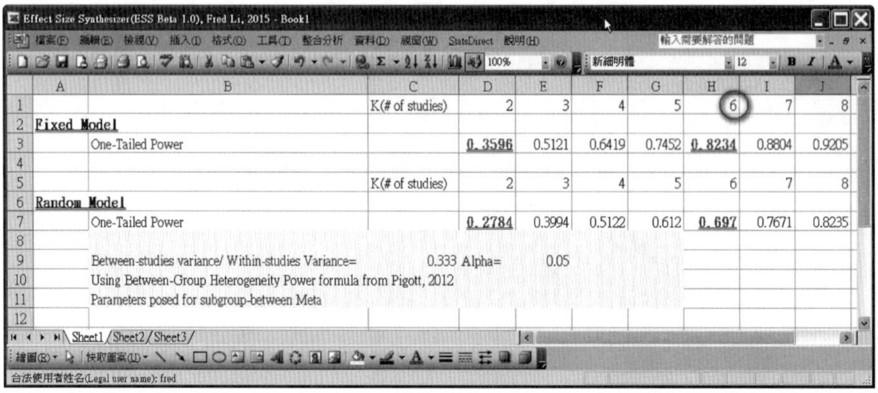

圖 5-55　次群體效果值組間同質性考驗的統計考驗力分析結果：Odds Ratio

　　由圖 5-55 的 EXCEL 報表知，在固定效果模式下（假定 α = .05 和小異質性），假如每一次群體含有 6 篇研究，其次群體效果值組間同質性考驗的單側統

計考驗力等於 .8234，而隨機效果模式下相對的單側統計考驗力等於 .697。

（二）次群體組內效果值同質性考驗的統計考驗力分析

由前述圖 5-20 之研究間與研究內異質性分析的流程可推知，當各類效果值「組間同質性」（Q_B）考驗達到既定顯著水準之後，研究者接著必須進行次群體效果值「組內同質性」（Q_W）的考驗：考驗組內各研究效果值是否在估計一個共同平均效果值。因這是一個固定效果模式的適配度考驗（Pigott, 2012），其虛無假設爲：

$$H_0 = \theta_{ij} = \overline{\theta}_{i\bullet}, \, i = 1, \cdots, p; j = 1, \cdots, m_i \, (p = 組別數；m_i = 組內研究數)$$

爲考驗此假設，須利用公式 5-24，計算組內同質性考驗之統計量 Q_W：

$$Q_W = \sum_{i=1}^{p} \sum_{j=1}^{m_i} W_{ij} \left(T_{ij} - \overline{T}_{i\bullet} \right)^2 = \sum_{i=1}^{p} Q_{W_i} \qquad （公式 5-24）$$

當虛無假設爲眞的話，Q_W 會服從中心性卡方分配；但當虛無假設爲假的話，Q_W 會服從非中心性卡方分配（df = k − p；NCP = λ_W），定義如公式 5-25 所示。

$$\lambda_W = \sum_{i=1}^{p} \sum_{j=1}^{m_i} W_{ij} \left(\theta_{ij} - \overline{\theta}_{i\bullet} \right)^2 \qquad （公式 5-25）$$

公式 5-25 中 λ_W 涉及組內各研究之樣本數、每一研究之抽樣變異量與每一研究之估計效果值等參數；其運算邏輯與前述之組間同質性考驗相同，參見公式 5-22-2。不過，在整合分析的初期規劃階段，要推估這些參數值有其實務上之困難。因而 Hedges & Pigott（2004）提議以公式 5-26 估計之：

$$\lambda_W = \sum_{i=1}^{p} \sum_{j=1}^{m_i} W_{ij} \left(\theta_{ij} - \overline{\theta}_{i\bullet} \right)^2 = \sum_{i=1}^{p} \sum_{j=1}^{m_i} \frac{m_i - 1}{v_{ij}} v_{i\bullet} = (k - p) \frac{Variance_{between-studies}}{Variance_{within-studies}} \qquad （公式 5-26）$$

公式 5-26 中，假定每一研究的變異量（v_{ij}）都相等，k 係各組總研究篇數。再依 Hedges & Pigott（2001）對於異質性小、中、大程度的定義標準：

$$\lambda^S_W = 0.33 \times (k - p)$$
$$\lambda^M_W = 0.67 \times (k - p) \qquad （公式 5-27）$$

$$\lambda^L_W = 1.0 \times (k - p)$$

如此一來，欲推估次群體效果值組內同質性考驗的樣本規劃就變得相當簡單了，研究者只要輸入 α、組別數與決定異質性大、中、小程度即可；而且輸入的介面也不因效果值的異同而有所不同。研究者只要將上述之參數估計值代入公式 5-28，即可獲得組內同質性考驗的統計考驗力。 Q_w 的統計考驗力定義如公式 5-28：

$$1 - F(C_a | k - p; \lambda_w) \qquad \text{（公式 5-28）}$$

式中 C_a 係中心性卡方分配 $\alpha = .05$，df = k − p 的臨界值。

以下茲舉三個次群體的統計考驗力分析，介紹其樣本規劃過程與結果。本實例，引自 Hedges & Pigott（2004），p.433。該實例係語音教學效果的研究，欲比較中、低與混合收入水準等三組的平均效果值。

實例解說 固定效果模式：三個次群體的統計考驗力分析

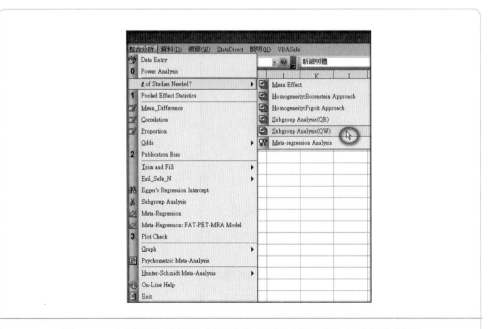

圖 5-56 次群體效果值組內同質性考驗的統計考驗力分析的選單

　　圖 5-56 右側係次群體效果值「組內同質性」考驗的統計考驗力分析之點選表單，請點選「Subgroup Analysis（QW）」選單。之後，就會出現次群體效果值組內同質性考驗的統計考驗力分析的操作介面，如圖 5-57 所示。由圖 5-57 知，研究者只要輸入 α、組別數與決定異質性大、中、小程度即可。本例，我們輸入了 $\alpha = .05$、τ^2 為小異質性與三個次群體。接著，按下「確定」鈕之後，就會出現圖 5-58 的結果視窗。

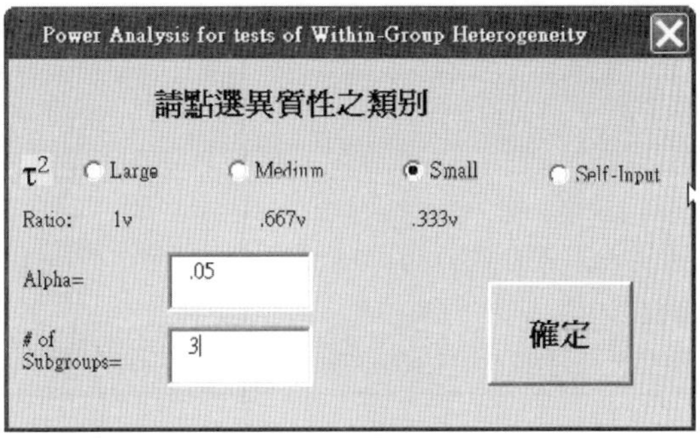

圖 5-57　次群體效果值組內同質性考驗的統計考驗力分析的通用介面

　　注意，次群體效果值「組內同質性」考驗的統計考驗力分析的介面，適用於四大類別效果值的統計考驗力分析。因此，圖 5-57 視窗內並不須點選待分析之統計量類別，操作過程簡化許多。

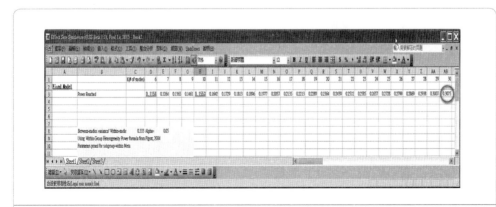

圖 5-58　次群體效果值組內同質性考驗的統計考驗力分析的結果 (1)

圖 5-58 係 EXCEL 執行 ESS 後之報表，由輸出報表知統計考驗力為：$1 - F(C_\alpha| k - p; \lambda_w) = 1 - F(40.11|30 - 3; 0.333(30 - 3)) = 1 - 0.6925 = 0.3075$。由此觀之，在 3 個次群體的規劃中，研究者如有 30 個相關研究（每個次群體含有 10 個研究），其固定效果模式的統計考驗力偏低，僅達 .3075（假定 α = .05 和小異質性）。如欲達 .80 以上須找到 145 篇的相關研究（每一次群體約須 48 篇以上研究），才能達到 .80 的水準，請參閱圖 5-59 內容。

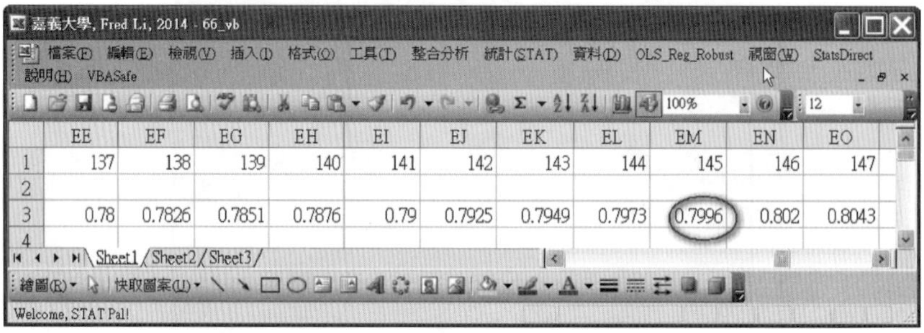

	EE	EF	EG	EH	EI	EJ	EK	EL	EM	EN	EO
1	137	138	139	140	141	142	143	144	145	146	147
2											
3	0.78	0.7826	0.7851	0.7876	0.79	0.7925	0.7949	0.7973	0.7996	0.802	0.8043

圖 5-59　次群體效果值組內同質性考驗的統計考驗力分析的結果 (2)

(三) 隨機效果模式

次群體效果值組間同質性考驗的統計考驗力分析，其虛無假設為：

$H_0 : \bar{\theta}^*_{1\cdot} = \bar{\theta}^*_{2\cdot} \cdots = \bar{\theta}^*_{p\cdot}$，為考驗此假設，需計算公式 5-29 之組間同質性考驗之統計量：Q^*_B

$$Q^*_B = \sum_{i=1}^{p} w^*_{i\bullet}\left(\bar{T}^*_{1\bullet} - \bar{T}^*_{\bullet\bullet}\right)^2 \qquad \text{（公式 5-29）}$$

Q^*_B 內的參數，需利用公式 5-30 和 5-31 加以計算。

$$w^*_{i\bullet} = \sum_{j=1}^{m_i} w^*_{ij} = \sum_{i=1}^{m_i} \frac{1}{v+\tau^2}, \text{ where } i = 1,\ldots,p, \text{ and } j = 1,\ldots,m_i \qquad \text{（公式 5-30）}$$

$$\overline{T}_{i\bullet}^{\,*} = \frac{\sum_{j=1}^{m_i} w_{ij}^* T_{ij}^*}{\sum_{j=1}^{m_i} w_{ij}^*} \text{(組平均效果值)}$$

（公式 5-31）

$$\overline{T}_{\bullet\bullet}^{\,*} = \frac{\sum_{i=1}^{p} \sum_{j=1}^{m_i} w_{ij}^* T_{ij}^*}{\sum_{i=1}^{p} \sum_{j=1}^{m_i} w_{ij}^*} \text{(整體平均效果值)}$$

當虛無假設為假時，至少有一組平均數與其他平均數具有顯著差異，此時隨機效果模式的 Q_B，係一非中心性卡方分配之統計量（df = p − 1，非中心性參數為 λ_B^*）。非中心性參數 λ_B^* 的定義如公式 5-32：

$$\lambda_B^* = \sum_{i=1}^{p} w_{i\bullet}^* \left(\theta_{i\bullet}^* - \theta_{\bullet\bullet}^* \right)^2$$

（公式 5-32）

而 Q_B 的統計考驗力定義為 $1 - F(C_\alpha | p - 1; \lambda_B^*)$ （公式 5-33）

隨機效果模式下的次群體效果值組間同質性考驗的統計考驗力分析，其分析步驟依序為（修訂自前述固定效果模式之步驟）：

(1) 建立顯著性考驗的臨界值（C_α）。

(2) 決定組平均效果值間之差異量。

　　就標準化平均數差異來看，決定要多大的標準差才具有實質上的重要性；就相關係數來看，決定要多大的相關差異才具有實質上的重要性。

(3) 各組平均數之分派：相當於步驟二中組平均數的差異量（可將其中一組設定為 0，以作為參照組）。

(4) 估計各組內的典型研究樣本篇數（number of studies）。

(5) 計算各效果值之共同抽樣變異量 v（假設所有的研究均具有相同的樣本大小）。

(6) 隨機效果模式 τ^2 之估計（通常以 .33v, .67v, 1v 或 .33v, 1v, 3v 定義小、中、大變異量）。

(7) 計算共同加權量：$w = 1/(v + \tau^2)$。

(8) 計算統計考驗力。

以下茲舉三個次群體的統計考驗力分析，介紹其隨機效果模式樣本規劃過程

與結果。本實例係取自 Hedges & Pigott（2004），p.436，此實例的三個次群體的效果值係標準化的平均差異值（standardized mean difference），各組的平均效果值設定為：0.0，0.125，0.25，各組的樣本大小均為 25 人（每一研究為 75 人），$\alpha = .05$。

實例解說 <u>三個次群體的平均數差異效果值：隨機效果模式</u>

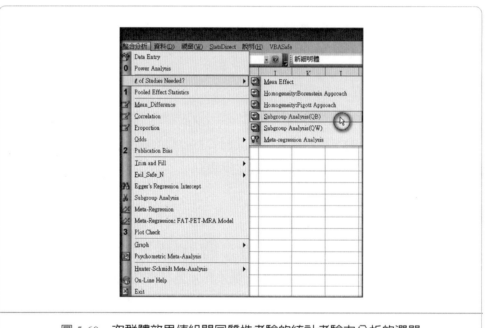

圖 5-60　次群體效果值組間同質性考驗的統計考驗力分析的選單

　　圖 5-60 右上頁係次群體效果值「組間同質性」考驗的統計考驗力分析之點選表單，研究者請點選「Subgroup Analysis（QB）」選單。之後，就會出現次群體效果值組內同質性考驗的統計考驗力分析的操作介面，如圖 5-61。本例為三個次群體，因此須在圖 5-61 視窗中輸入「3」，按下「確定」之後，就會出現圖 5-62 的統計考驗力分析的參數輸入介面。

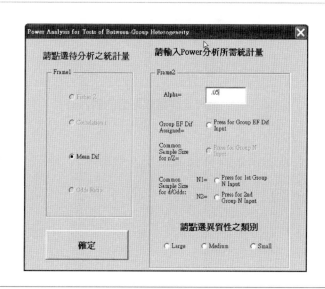

圖 5-61　次群體組別數的輸入

圖 5-62　次群體效果值組間同質性考驗的統計考驗力分析的介面：Mean difference

　　研究者於進行平均數差異效果值組間同質性的統計考驗力分析時，除了需要在圖 5-62 視窗左側 Frame1 下點選「Mean Dif」之外，還需要在視窗右側 Frame2 下輸入 α、各群組效果值（Group EF Dif）、各群組共同樣本人數（Common Sample Size）與決定異質性大、中、小程度。例如假定我們須設定 $\alpha = .05$、τ^2 為小變異量和三個次群體。以下隨機效果之操作步驟與前述固定效果模式之操作步驟完全相同；具體操作步驟說明如下。

　　首先，輸入 α 之後，點選「Press for Group EF Dif Input」。

圖 5-63　第一次群體效果值的輸入 (1)

　　接著，在圖 5-63 至圖 5-65 的交談框中，分別輸入三個次群組之預估效果值：.25, .125 和 0。

圖 5-64　第二次群體效果值的輸入 (2)

圖 5-65　第三次群體效果值的輸入 (3)

接著，點選 Common Sample Size for d/odds 之輸入視窗「N1」與「N2」。

圖 5-66　次群體樣本大小的輸入：第一組

之後，在圖 5-66 視窗交談框中，重複輸入第一組之各次群體內樣本人數：25, 25, 25。

圖 5-67　次群體樣本大小的輸入：第二組

接著在圖 5-67 視窗交談框中，重複輸入第二組之各次群體內樣本人數：25,

25, 25；第三組以此類推，不再贅述。最後，在圖 5-68 視窗交談框中，設定組間異質性大、中、小的程度，本例設定為小異質性。按下圖 5-68「確定」之後，就會出現圖 5-69 的統計考驗力分析的 EXCEL 輸出報表。

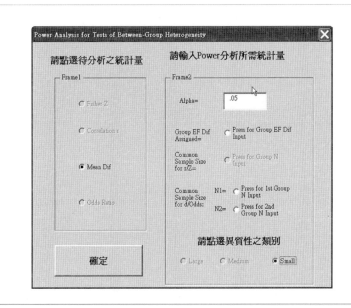

圖 5-68　組間異質性大、中、小程度的設定介面

　　由圖 5-69 之 EXCEL 輸出結果知，當各次群體中每組有 10 篇研究時，隨機效果模式下（假定 $\alpha = .05$ 和小異質性 ）之統計考驗力甚低，其統計考驗力約僅達 .314。此結果與 Cafri, Kromrey, & Brannick（2009）的 SAS 程式輸出結果完全相同。

　　在隨機效果模式下（假定 $\alpha = .05$ 和小異質性 ），其統計考驗力分析之實際計算過程，如下：

　　在平均數差異的效果值考驗時，w^*_i 之計算涉及各組 θ 之大小。因此，必須利用公式 1-5 和公式 5-30 分別計算各組之 w^*_i，就小異質性、n1 = n2 = 25 而言，三組之 w^*_i 計算結果為：

$$w^*_{1\bullet} = \sum_{j=1}^{m_i} w^*_{ij} = \sum_{i=1}^{m_i} \frac{1}{v+\tau^2} = \sum_{i=1}^{m_i} \frac{1}{(\frac{n1+n2}{n1\times n2} + \frac{\theta_1^{\ 2}}{2\times(n1+n2)}) + \frac{1}{3}(\frac{n1+n2}{n1\times n2} + \frac{\theta_1^{\ 2}}{2\times(n1+n2)})}$$

$$= \frac{10}{(\frac{50}{625}+\frac{0}{100}) + \frac{1}{3}(\frac{50}{625}+\frac{0}{100})} = \frac{10}{.08+\frac{1}{3}\times.08} = 93.773$$

$$w^*_{2\bullet} = \sum_{j=1}^{m_i} w^*_{ij} = \sum_{i=1}^{m_i} \frac{1}{(\frac{n1+n2}{n1\times n2} + \frac{\theta_2^{\ 2}}{2\times(n1+n2)}) + \frac{1}{3}(\frac{n1+n2}{n1\times n2} + \frac{\theta_2^{\ 2}}{2\times(n1+n2)})}$$

$$= \frac{10}{(\frac{50}{625}+\frac{.125^2}{100}) + \frac{1}{3}(\frac{50}{625}+\frac{.125^2}{100})} = 93.59$$

$$w^*_{3\bullet} = \sum_{j=1}^{m_i} w^*_{ij} == \sum_{i=1}^{m_i} \frac{1}{(\frac{n1+n2}{n1\times n2} + \frac{\theta_3^{\ 2}}{2\times(n1+n2)}) + \frac{1}{3}(\frac{n1+n2}{n1\times n2} + \frac{\theta_3^{\ 2}}{2\times(n1+n2)})}$$

$$= \frac{10}{(\frac{50}{625}+\frac{.25^2}{100}) + \frac{1}{3}(\frac{50}{625}+\frac{.25^2}{100})} = 93.05$$

將相關之數據代入公式 5-32，即可得到非中心性參數 λ^*_B：

$$\lambda^*_B = \sum_{i=1}^{p} w^*_{i\bullet}\left(\theta^*_{i\bullet} - \theta^*_{\bullet\bullet}\right)^2 = 93.773(0-.1247)^2 + 93.59(.125-.1247)^2 + 93.05(.25-.1247)^2$$

$$= 2.919$$

將相關之數據代入公式 5-33，即可得到統計考驗力：

$1 - F(C_\alpha | p-1; \lambda^*_B) = 1 - F(5.99|2; 2.919) = 1 - .686 = .314$

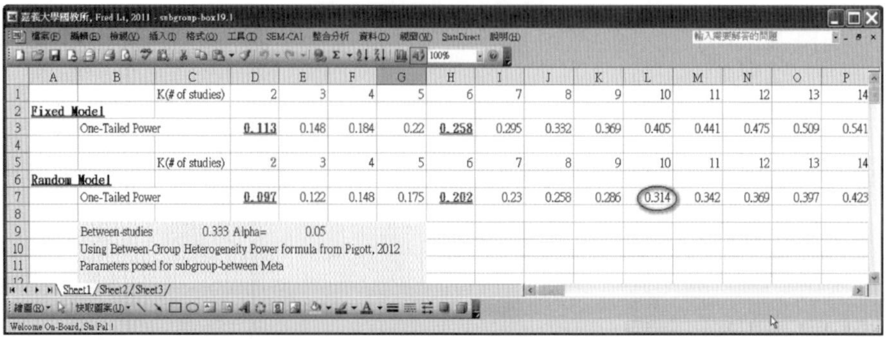

	A	B	C	D	E	F	G	H	I	J	K	L	M	N	O	P
1			K(# of studies)	2	3	4	5	6	7	8	9	10	11	12	13	14
2	Fixed Model															
3		One-Tailed Power		0.113	0.148	0.184	0.22	0.258	0.295	0.332	0.369	0.405	0.441	0.475	0.509	0.541
4																
5			K(# of studies)	2	3	4	5	6	7	8	9	10	11	12	13	14
6	Random Model															
7		One-Tailed Power		0.097	0.122	0.148	0.175	0.202	0.23	0.258	0.286	0.314	0.342	0.369	0.397	0.423
8																
9		Between-studies	0.333	Alpha=	0.05											
10		Using Between-Group Heterogeneity Power formula from Pigott, 2012														
11		Parameters posed for subgroup-between Meta														

圖 5-69　次群體效果值組間同質性考驗的統計考驗力分析的結果 (1)

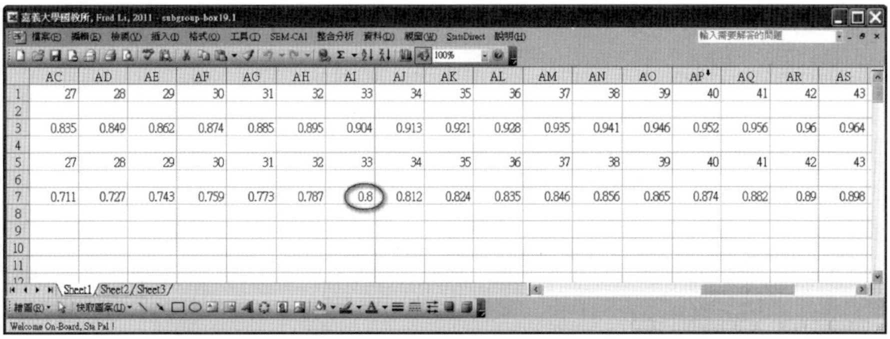

	AC	AD	AE	AF	AG	AH	AI	AJ	AK	AL	AM	AN	AO	AP	AQ	AR	AS
1	27	28	29	30	31	32	33	34	35	36	37	38	39	40	41	42	43
2																	
3	0.835	0.849	0.862	0.874	0.885	0.895	0.904	0.913	0.921	0.928	0.935	0.941	0.946	0.952	0.956	0.96	0.964
4																	
5	27	28	29	30	31	32	33	34	35	36	37	38	39	40	41	42	43
6																	
7	0.711	0.727	0.743	0.759	0.773	0.787	0.8	0.812	0.824	0.835	0.846	0.856	0.865	0.874	0.882	0.89	0.898

圖 5-70　次群體效果值組間同質性考驗的統計考驗力分析的結果 (2)

隨機效果模式時，如果統計考驗力欲達 .80，各組的研究樣本數需要 33 篇以上的研究結果，參閱圖 5-70。

至於 Fisher z、Pearson r 和 Odds Ratio 之次群體效果值組間同質性考驗的隨機模式統計考驗力分析，其操作、輸出介面與前述之固定效果模式完全相同，因而不再贅述。Fisher z 的操作介面請參考圖 5-22 至圖 5-29、Pearson r 的操作介面請參考圖 5-30 至圖 5-34 ，而 Odds Ratio 的操作介面請參考圖 5-47 至圖 5-54。

五、整合分析最低研究篇數

要進行一篇特定主題的整合分析，最少需要多少篇主題相同的研究，才能獲致穩定可靠的研究結果？這是一個沒有正確答案的問題，到底多大是大，多小是小，也沒有最佳的答案。這個問題涉及兩個層面：一是每一研究的抽樣大小（sample size），一是所蒐集到的研究樣本篇數（number of studies）。理論上，當各研究之抽樣大小（例如大於 30）與研究蒐集篇數（例如大於 5）都不小時，整合分析的研究結論較有效。Schulze（2004）認為：(1) 將小樣本研究整合在一起，雖然會比個別研究結果可靠，但並無法完全解決研究結果不可靠的問題；(2) 植基於少數篇數（例如少於 5）的整合分析結果是存疑的，尤其是整合迴歸分析。實務上，每一篇研究樣本的代表性重於樣本大小，而每一篇研究品質的重要性優於研究篇數。尤其當相關主題的研究並不多時，樣本的代表性與研究品質更需要求，方能獲得可靠的結論。因此，整合分析的事前統計考驗力分析，最適合

於該研究主題的論文甚多時，以進行代表性論文之選擇。如果該研究主題的論文甚少時，整合分析的事前統計考驗力分析，只能作為事後統計推論結果的輔助解釋。

六、整合迴歸分析的統計考驗力分析

因為預測變項的數據無法預知，整合迴歸分析的統計考驗力分析只能進行事後分析，以正確解釋研究發現。因而，進行整合迴歸分析的樣本規劃只能靠經驗法則；因此，ESS 軟體亦無法提供整合迴歸分析之事前樣本規劃。一般來說，預測變項愈多，研究篇數要求愈多。Stanley（2008）經模擬研究發現，當存在出版偏差時，研究篇數最好大於 20。根據 Hedges & Pigott（2004）的定義，整合迴歸分析的事後單尾統計考驗力分析，界定如公式 5-34 至公式 5-36。該論文中提供了矩陣的運算過程與實例解說，經典好文值得讀者一讀。

(一) 整體迴歸係數的考驗

$$1 - H(C_\alpha | q; \lambda_R) \qquad （公式 5-34）$$

H 為非中心性卡方分配，其相關參數之界定，有興趣的讀者請參考 Hedges & Pigott（2004）論文中公式 49 至公式 51，因超出本書討論範疇，不在此贅述。

(二) 個別迴歸係數的考驗

1. 單尾考驗

$$1 - \phi(C_\alpha - \frac{\beta_j}{\sigma_{ii}}) \qquad （公式 5-35）$$

2. 雙尾考驗

$$1 - \phi(C_{\alpha/2} - \frac{\beta_j}{\sigma_{ii}}) + \phi(-C_{\alpha/2} - \frac{\beta_j}{\sigma_{ii}}) \qquad （公式 5-36）$$

式中φ為標準常態累積分配，其相關參數之界定，有興趣的讀者請參考 Hedges & Pigott（2004）論文中公式 52 和公式 53，不在此贅述。另外，Cafri, Kromrey, & Brannick（2009）的 SAS 程式，可以計算整合迴歸分析的事後統計考驗力分析，請讀者參考應用。

習　題

一、事前與事後統計考驗力分析的目的何在？

二、請利用 Cafri, Kromrey, Brannick（2009）的 SAS 增益集程式（A SAS® Macro for Statistical Power Calculations in Meta-analysis），驗證本章的統計考驗力之應用實例。免費下載網址：http://link.springer.com/article/10.3758%2FBRM.41.1.35#。

三、請下載 Cuijpers, Geraedts, et al.（2011）對於〈憂鬱症使用人際關係療法〉一文，觀摩整合分析論文如何進行樣本規劃與相關結果之解釋。免費下載網址：http://www.ncbi.nlm.nih.gov/pubmed/21362740。

整合分析報告的撰寫
準則與實例

一、引言

撰寫整合分析報告，首先須在文中釐清整合分析的目的是什麼？是推論、解決對立的發現，或是結論、批判或尋找核心議題？其次，作者必須思索如何組織自己的研究報告；是利用時間的先後、利用共同的問題或概念，或利用研究方法相似性或工具相似性，組織自己的研究報告？至於報告內容至少應包含樣本篇數、研究效果值的一致性與變異性、調節變項分析與出版偏差之評估。最後，必須考慮讀者是該領域的專家學者或一般民眾。如為一般民眾，報告的撰寫內容，儘可能使用描述性的文字說明，而非統計數字的呈現而已。

二、整合分析報告主體結構的撰寫準則：MARS

美國心理學會（American Psychological Association）第六版 APA 手冊的附錄，包含兩篇研究報告的撰寫準則：其中一篇是有關於期刊雜誌文章的撰寫準則（Journal Article Reporting Standards，JARS），另外一篇乃是有關於整合分析報告的撰寫準則（Meta-Analysis Reporting Standards，MARS），其下載網站 www.apastyle.org/ manual/related/JARS-MARS.pdf。身為學術研究者，這是除了 APA 寫作格式之外，一項學術研究報告的必修入門課題。若希望雜誌或期刊能登載您的文章，研究者必須循著 JARS、MARS 寫作框架。 APA 出版 & 通訊委員會（2007）成立一個工作小組訂定 JARS、MARS 準則，其目的是為了讓社會科學研究者能夠清楚表達自己的研究過程、研究樣本、研究工具與研究結果等等，而提出一套論文寫作規範。

整合分析報告的寫作準則，簡稱 MARS（火星），尤其在美國好奇號登陸後，火星乃是一個非常熱門的話題，因為它開啟了人類生存空間的另一個可能。因為整合分析也開啟了量化研究的新紀元，筆者乃戲稱為「火星文」寫作準則，以供研究者撰寫整合分析報告的準則。「火星文」寫作準則，事實上，係修訂自醫學、醫療照護與流行病學的寫作準則，有些適用於觀察性研究，有些適用於隨機化控制組實驗（RCT）研究；例如：QUORUM (Quality of Reporting of Meta-analyses)，CONSORT (Consolidated Standards of Reporting Trials)，MOOSE (Meta-analysis Of Observational Studies in Epidemiology) & PRISMA (Preferred Reporting Items for Systematic Reviews and Meta-Analyses)。

以「火星文」寫作準則爲例，它列舉了整合分析報告中必要的段落與主題，茲逐一說明如表 6-1，以利整合分析研究者的參考與運用（Cooper, 2010）。此寫作準則，係屬建議性質。研究者可依自己的研究題目特質與需要，斟酌採用 MARS 的段落與主題。

表 6-1 美國心理學會（APA）整合分析報告準則（MARS）

段落與主題	說明
標題	標題中儘可能包含整合分析（meta-analysis）或研究整合（research synthesis）等關鍵詞（換言之，要標出研究目的或問題） 頁腳附註經費贊助來源
摘要	待研究的問題或關係 研究篩選標準（eligibility criteria） 原始研究中參與者的類型 整合分析方法（說明是固定效果或是隨機效果） 主要研究結果（包含重要的效果值大小與調節變項） 結論（包含限制） 對於理論、政策或實務上之啓示
簡介	清楚敘述研究的問題或關係： 　歷史背景 　理論、政策或實務上的相關議題（如未解決的問題） 　研究結果的調節或中介變項的選擇理由與編碼 　原始研究設計的類別及其優點與缺點 　預測變項與結果變項的類型及其心理計量屬性 　相關的母群體 　研究問題或假設（假如有）
方法	納入與排除標準： 　自變項（預測變項）與依變項（結果變項）的操作型特徵 　參與者母群的合適標準 　研究設計特徵的合適標準（e.g., 僅限於隨機分派研究，最低樣本數） 　原始研究的進行時間範圍 　地區及（或）文化上之限制 搜尋策略： 　搜尋文獻時使用到的參考書目資料庫（eg,PsycINFO）與引文資料庫（eg,SSCI） 　搜尋時使用到的研究註冊系統（registries[*]，包含已完成或正在執行中的研究） 　　搜尋的關鍵詞（資料庫和註冊系統） 　　搜尋軟體與版本 　研究執行的時間範圍（如果有） 　搜尋研究文獻時使用到的其它方法： 　　網路平台（Listservs）：學術論壇 　　跟作者的接洽（含作者如何挑選） 　　檢視報告中的參考書目

（續前表）

段落與主題	說明
	處理非英語研究報告的方法
	決定研究文獻是否合適的標準：
	研究報告的檢視面向（標題、摘要與（或）全文）
	評判者的人數與資格
	評判者的信度或一致性，如何解決不一致的情形
	未出版研究的處理
	編碼過程：
	編碼者的人數與資格（e.g., 在該領域的專業水準與訓練）
	編碼者間或編碼者內信度或一致性
	如有不一致的情形，如何解決？
	重要研究特徵的條列與定義（筆者新增）
	研究品質的評估：
	若採用量尺評估研究品質，請描述尺度標準與應用過程
	若根據研究特徵加以編碼，這些特徵為何？
	遺漏資料如何處理？
	調節與中介變項的分析：
	調節或中介變項考驗中所用到的編碼類別，均須加以定義
	統計方法：
	效果值大小的特徵
	效果值大小的計算公式（e.g., 平均數和標準差，F-r 的轉換 etc.）
	效果值的校正方法（e.g., 小樣本偏差，樣本大小不等的修正 etc.）
	平均效果值與加權方法
	如何計算效果值信賴區間（confidence interval）或標準誤 SE
	如何計算排除抽樣誤差後的效果值可信區間（credibility intervals）（如有報告）
	一個研究中如有超過一個以上的效果值[**]，如何處理之？
	說明固定或隨機效果模式及模式選擇的理由
	如何評估或計算效果質的異質性（Q 和 I^2）
	調節變項分析的方法與過程（筆者新增）
	若研究焦點係構念層次的關係，提供測量誤差修正後的平均數和標準差（Means and SDs for measurement artifacts）
	資料遺漏之修正／設限（data censoring）的考驗與調整（e.g., 出版偏差、選擇性的報導）
	統計極端值的考驗
	整合分析的統計考驗力分析
	執行統計分析所使用到的統計軟體或程式
結果	文獻搜尋結果：
	檢視的引用文獻數量
	整合分析中所有引文的表列
	符合大部分納入標準而被排除的引文數目
	每一個排除標準所排除研究的數量（如：無法計算效果值），附帶範例說明
	表列每一個研究的描述性資料（包括效果值和樣本大小）
	研究品質的評估（假如有）
	整合分析摘要表與（或）摘要圖（eg, 森林圖或莖葉圖）

（續前表）

段落與主題	說明
討論	整個研究資料的特徵（例如：不同研究設計的研究篇數） 整體效果估計值，包含不確定性指標（e.g., 信賴區間與（或）排除抽樣誤差的可信區間，credibility intervals） 調節與中介變項分析結果 　每一調節變項分析的研究數與總樣本人數 　調節變項間、中介變項間之相關分析 偏誤（bias）評估，包含資料修正 主要研究發現的摘要（效果值大小與實質意義） 研究結果的其它解釋 　資料修正的影響 結論的推論性： 　相關的母群體（周延性或代表性） 　實驗處理的變異性 　依變項（結果變項） 　研究設計（個別研究與推論間之一致性）等 一般研究限制（包括研究品質的評估） 理論、政策或實務上的啟示與詮釋 未來研究的方向
參考書目	

*A registry 係指一個註冊系統資料庫，旨在蒐集資料與進行統計分析用；而建置 A register 則僅在提供或驗證資訊用，如醫院的掛號處的資料庫。
　Note: PP. 251-252, APA (6th-ed, 2010) Mars.
** 可能係來自於不同測量工具或次群體，此時應敘明如何求取平均效果值。
*** 本表修訂自 Cooper, H. (2010). *Research synthesis and meta-analysis: A step-by-step approach* (4th ed., Applied Social Research Methods Series, Vol. 2). Thousand Oaks, CA: Sage.

此外，CONSORT 2010 檢核表內含 25 個檢核項目，專供 RCT（randomized controlled trials）的研究品質提升之用；其內容與 MARS 大同小異，有興趣的讀者可以前往其網站 :http://www.consort-statement.org，下載此檢核表。

三、整合分析研究品質的評鑑標準

Cooper（2007）針對社會科學中整合分析研究品質的檢核，提出了以下 20 個關鍵的問題，提供整合分析研究者與相關消費決策者的參考與應用。這 20 個關鍵的問題，分在整合分析報告的六個階段中。

(一) 研究問題的界定

(1) 明確的界定了待研究變項之概念嗎？

(2) 待研究變項之操作型定義與概念型定義相吻合嗎？

(3) 待研究問題中的變項關係是否界定清楚？

(4) 待研究問題是否出現於理論、時空或實務的脈絡中？

（二）蒐集研究證據

(5) 使用完善的搜尋策略找尋相關的研究嗎？

(6) 在搜尋參考書目資料庫與研究註冊系統時，是否使用貼切的關鍵詞與無遺漏任何的關鍵詞？

(7) 有無使用任何標準或方法確保研究的實質相關性與報告擷取內容的可靠性與不偏性？

（三）針對個別研究的研究方法及實施方式（描述性、相關性或因果性）與整合分析希望得到的結論間之相對關係進行評估

(8) 研究的分類是否根據研究設計與實施方式清晰的加以分辨？例如，相關性與實驗性研究的整合分析，其因果推論的強度顯然是不同的。

(9) 假如研究係因研究設計與實施方式之考量而加以排除時，這些排出的考量是否具體而明確的加以界定？是否所有的研究都一體適用？

（四）個別研究證據的摘要與統整

(10) 是否使用適當的方法來結合與比較不同研究間的結果？

(11) 假如進行整合分析，是否使用貼切的效果值指標？

(12) 假如進行整合分析，是否 (a) 報告平均效果值與信賴區間，(b) 使用適當的統計模式來估計獨立效果值與誤差？

(13) 假如進行整合分析，是否進行效果值的同質性考驗？

(14) 在研究結果調節變項的尋找過程中，是否針對研究設計與實施方式的特色（問題 8）、及其它的研究關鍵特色加以考驗（包含問題 4 的理論、歷史或實務的相關變項）？

(五) 累積性證據的詮釋

(15) 有無針對研究結果進行統計假設的敏感度分析（Sensitivity analysis）？假如有，這些分析結果在什麼地方有助於證據的解釋？

(16) 是否論及整合分析資料中缺失值的程度及它對於整合分析發現的可能影響？

(17) 是否論及整合分析發現的推論性與限制？

(18) 解釋整合分析的結果時，是否適當的分辨個別研究衍生的證據（Study-generated evidence）與整合研究衍生的證據（Synthesis-generated evidence）？來自於個別實驗研究所衍生的證據，才能進行因果推論；來自於整合分析所衍生的證據，通常不能直接進行因果推論，但可作為將來進一步考驗研究假設的基礎。

(19) 整合分析者有無進行效果值的大小與其它相關效果值的對比分析？有無針對效果值的重要意義提出實務上的解釋？

(六) 研究整合方法與結果的報告

(20) 研究整合的過程與結果是否有清晰且完整的記載？

　　誠如 JARS Group 對於報告標準（reporting standard）的定義，認為上述寫作規範的要點並非必備（requirement）而是建議（recommendation），各報告內容或各要點呈現的取捨則留給主編與作者衡量之（APA, 2008, p.847）。

四、整合分析中常用的表與圖

　　本節呈現整合分析報告中經常出現的各研究原始資料、整體效果值與異質性分析之摘要表，如表 6-2 和表 6-3 所示，以供研究報告撰寫者參考。

（一）摘要表

表 6-2　Stata 報表：男性校長與女性校長之領導效能分析

Study	SMD	[95% Conf. Interval]		% Weight
李明來	0.128	−0.032	0.288	6.89
吳明雄	0.109	−0.039	0.257	7.11
邱春堂	0.580	0.406	0.754	6.64
范熾文	0.194	0.070	0.318	7.53
張碧娟	0.023	−0.142	0.189	6.81
曾文鑑	0.238	0.112	0.365	7.49
童鳳嬌	0.024	−0.143	0.192	6.76
蔡文杰	0.282	0.127	0.438	6.98
蔡進雄	0.273	0.140	0.407	7.37
鄭可偉	−0.088	−0.236	0.059	7.12
錢幼蘭	−0.080	−0.207	0.046	7.49
賴協志	0.229	0.088	0.370	7.24
謝百亮	−0.062	−0.192	0.069	7.42
濮世緯	−0.012	−0.158	0.134	7.15
D+L pooled SMD	0.130	0.038	0.221	100.00

Heterogeneity chi-squared = 73.54 (d.f. = 13) p = 0.000
I-squared (variation in SMD attributable to heterogeneity) = 82.3%
Estimate of between-study variance Tau-squared = 0.0251
Test of SMD = 0 : z = 2.77, p = 0.06

註：資料修訂自謝傳崇、曾文鑑、許櫸龍（2011）。
　　D+L 代表隨機效果模式

表 6-2 係利用 Stata 外掛程式 metan 所製作，其語法為

metan Mn Mmean Mstd Fn Fmean Fstd, random label (namevar= studyID)

表 6-3　巴金森症患者的冷漠與憂鬱相關性之莖葉圖

Stem	Leaf			Author	N = 6
.5	2			1	Maximum = .52
.4	1			2	Minimum = .01
.3					Mean = .28
.2	1	6	6	3, 4, 5	SD = .25
.1					Proportion of
.0	1			6	positive signs = 6/6

Table 5. Stem and Leaf Plot of r values for nominal data

Authors:
[1] Levy et al. (1998)　　　[2] Kirsch Darrow et al. (2006)
[3] Isella et al. (2001)　　　[4] Hill (2008)
[5] Starkstein et al. (1992)　[6] Pluck and Brown (2002)

註：取自 Minich（2008）。

(二) 統計分析圖

　　整合分析的報告中，森林圖與漏斗圖是報告內容的主要精髓，可以讓讀者一目了然各研究效果值的集中趨勢與離散情形。一般的整合分析軟體（如 CMA，RevMan Stata）都可以輸出森林圖與漏斗圖，雖然呈現之內容大致相似，但各有各的特色與巧思。讀者閱讀森林圖與漏斗圖時，宜關切以下幾個問題：

(1) 小研究是否傾向對實驗處理有利？
(2) 有無極端值？
(3) 有無具有顯著影響力的研究？
(4) 是否有單一研究造成極小的 p 值？
(5) 各研究間的異質性程度是否很大？
(6) 各研究間的信賴區間是否很寬？

1. 森林圖

　　不同整合分析軟體所繪製的森林圖大同小異，請參見圖 6-1 至圖 6-3。

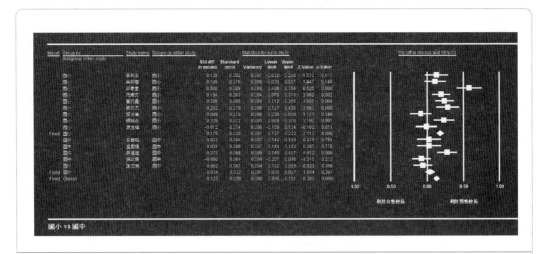

圖 6-1　CMA 森林圖：固定效果

　　圖6-1 係整合分析軟體CMA 所繪製的彩色森林圖，亦可輸出黑白的森林圖；圖 6-2 則係整合分析 RevMan 所繪製的黑白森林圖。

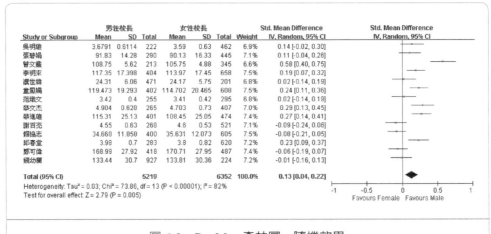

圖 6-2　RevMan 森林圖：隨機效果

圖 6-3 之森林圖，係利用 Stata 外掛程式 metan 所產製，其語法為：

metan malesamplesize malemean malestddev femalesamplesize femalemean
femalestddev, random counts label（namevar = studyname）favours（Favor 女性校長
#Favor 男性校長）

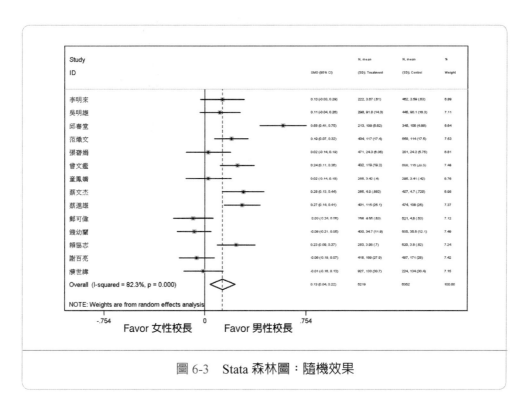

圖 6-3　Stata 森林圖：隨機效果

　　由此森林圖，讀者可以快速查看到各研究效果值的信賴區間、加權量、該整
合研究的平均效果值及其信賴區間與異質性考驗結果。

2. 漏斗圖

　　漏斗圖的繪製主要有三類，一類為 SE-based 的漏斗圖（如圖 6-4），一類
為 1/SE-based 的漏斗圖（如圖 6-8），一類為 N-based 的漏斗圖。Egger, Davey-
Smith, Schneider, Minder（1997）根據實徵研究發現，即使使用同一筆資料，漏
斗圖的形狀會因使用的效果值不同而產生改變；例如 X 軸使用相對風險或風險
差異與精確度的定義不同，或 Y 軸使用標準誤、標準誤的倒數或樣本大小，其

形狀亦會不同。Sterne & Egger（2001）針對繪製漏斗圖的 X 和 Y 軸指標的選擇進行實徵探究，發現整合分析的漏斗圖的繪製，Y 軸最好使用標準誤（standard error），X 軸最好使用標準化的效果值或自然對數勝算比（Log Odds Ratio）。依據 Sterne & Egger（2001）的建議，所繪製出來的漏斗圖較具一致性與效度。

(1) 使用標準誤

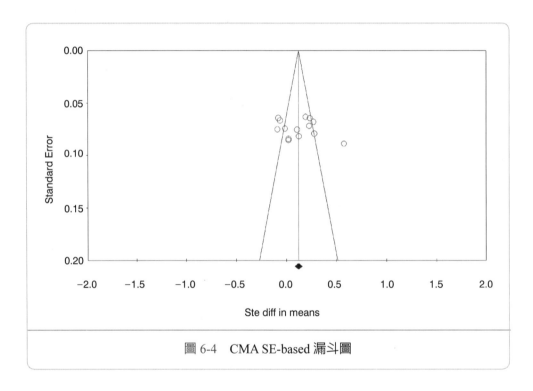

圖 6-4　CMA SE-based 漏斗圖

　　圖 6-4 漏斗圖之中間垂直線，代表平均效果值，兩側之斜線代表 .95 之信賴區間，而其 Y 軸為標準誤，X 軸為標準化平均數差異值。

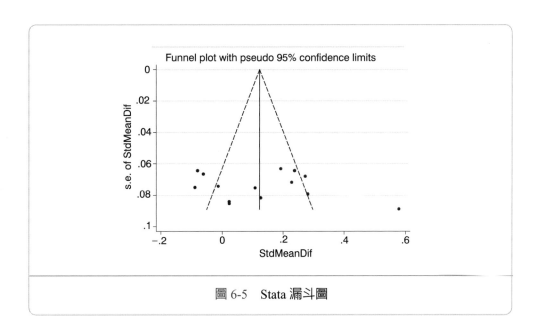

圖 6-5　Stata 漏斗圖

　　圖 6-5 漏斗圖之中間垂直線，代表平均效果值，兩側之斜線代表 .95 之信賴區間，而其 Y 軸為標準化平均數差異值，X 軸為標準誤。

　　可由 Stata 外掛程式 metafunnel 產製，其語法為：metafunnel logrr logse

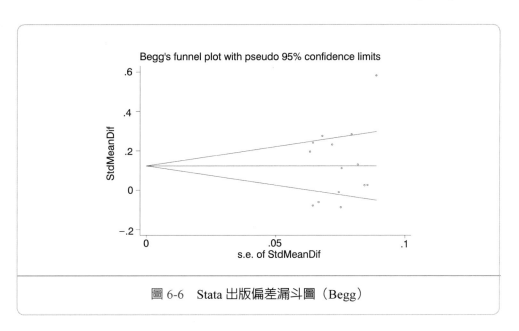

圖 6-6　Stata 出版偏差漏斗圖（Begg）

圖 6-6 係利用 Stata 外掛程式 metabias 產製，其語法爲：

metabias logrr logse, graph (Begg)

(2) 使用標準誤的倒數（precision）

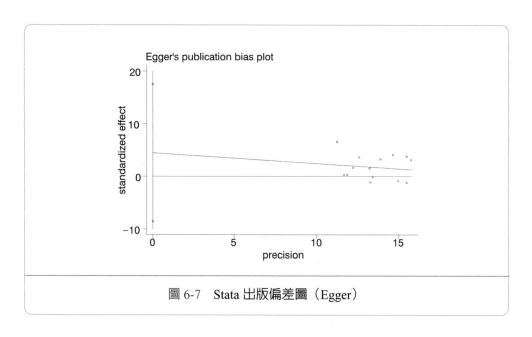

圖 6-7　Stata 出版偏差圖（Egger）

圖 6-7 中 X 軸使用標準誤的倒數（精確度），Y 軸爲標準化效果值，係利用 Stata 外掛程式 metabias 產製，其語法爲：

metabias logrr logse, graph (Egger)

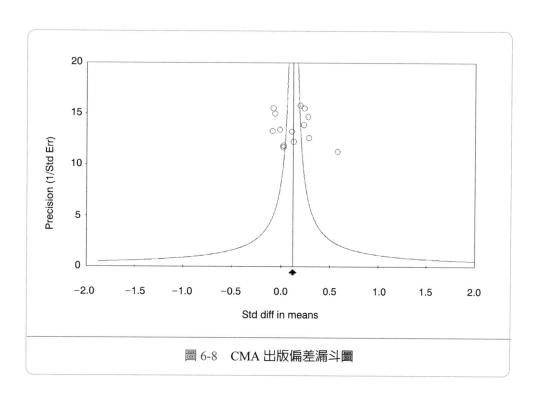

圖 6-8　CMA 出版偏差漏斗圖

　　圖 6-8 出版偏差漏斗圖之中間垂直線，代表平均效果值，兩側之曲線代表 .95 之信賴區間，而其 Y 軸使用精確度（標準誤倒數），X 軸為標準化平均數差異值。

(3) 填補後

　　填補後之森林圖與漏斗圖，如圖 6-9 至圖 6-12 所示。

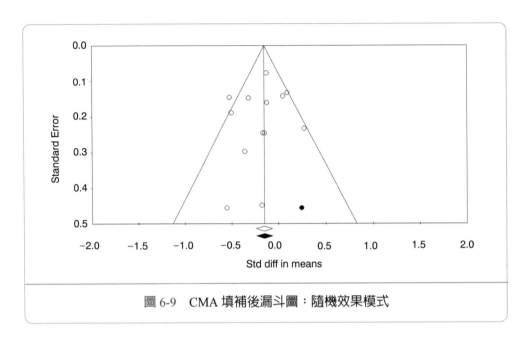

圖 6-9　CMA 填補後漏斗圖：隨機效果模式

圖 6-9 之填補後漏斗圖係 CMA 所繪製，圖中含有 1 個填補值。

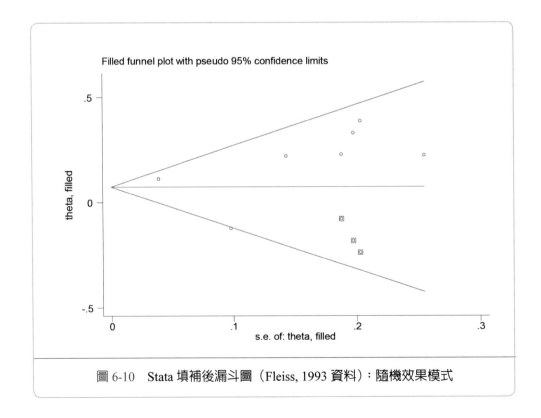

圖 6-10　Stata 填補後漏斗圖（Fleiss, 1993 資料）：隨機效果模式

圖 6-10 之漏斗圖，係利用 Stata 外掛程式 metatrim 產製，其語法為：

metatrim logrr logse, funnel reffect

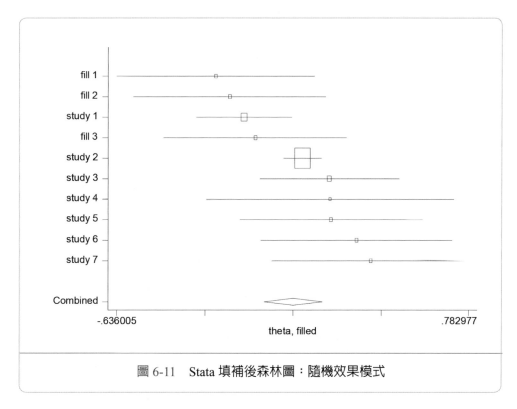

圖 6-11　Stata 填補後森林圖：隨機效果模式

圖 6-11 之森林圖，圖中 fill 1、fill 2 和 fill 3 為填補值，係利用 Stata 外掛程式 metatrim 產製，其語法為：

metatrim hedgessg hstderr, graph idvar (studyname) reffect print

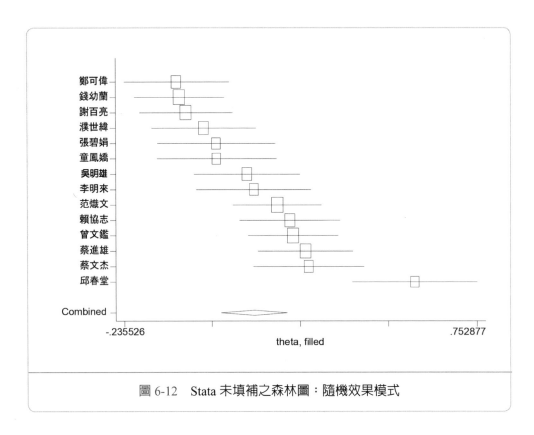

圖 6-12　Stata 未填補之森林圖：隨機效果模式

　　圖 6-12 之森林圖，係利用 Stata 外掛程式 metatrim 產製，其語法為：

metatrim StdMeanDif stderr, graph idvar (studyname) reffect print

(4) 輪廓加強型漏斗圖

　　輪廓加強型漏斗圖（Contour-enhanced funnel plot）係傳統的漏斗圖配上統計顯著性水準（p < .01, p < .05, p < .10）的區域圖，參見圖 6-13。輪廓加強型漏斗圖可以區辨出版偏差與小研究效應（Small-study effect，通常高估）或其他干擾因素：如抽樣誤差、研究品質不佳所致。漏斗圖的非對稱性可能出自於出版偏差，亦可能出自於其他因素（如研究品質或小樣本偏差），後者須靠輪廓加強型漏斗圖才能分辨之。漏斗圖的非對稱性有時可能出自於非統計顯著性所致，而是出自於小樣本效應；例如：醫藥可能對於病的很嚴重者（小樣本）最有效，對於病的不嚴重者（大樣本）不是很有效；小樣本的研究也可能因使用較佳的醫療檢測工具而產生較大的療效，而這些較佳的醫療檢測工具卻很難在大樣本中實施。

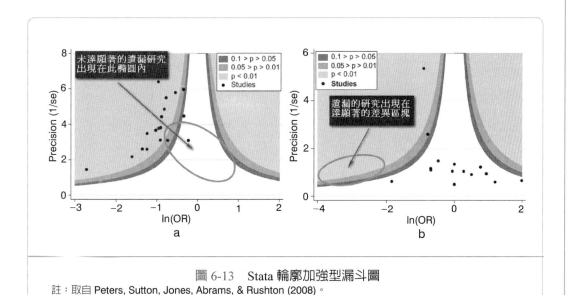

圖 6-13　Stata 輪廓加強型漏斗圖

註：取自 Peters, Sutton, Jones, Abrams, & Rushton (2008)。

　　圖 6-13 中，a 圖顯示出所蒐集到的研究大都達到既定之顯著水準，因未出現的遺漏研究大都在未達既定顯著水準之橢圓區域內，此現象可能係出版偏差所致；b 圖顯示出所蒐集到的研究大都出現在未達到既定顯著水準之區域內，而未出現的遺漏研究大都出現在達既定顯著水準之橢圓區域內，此現象可能不是單一出版偏差因素所致。圖 6-14 係一出現出版偏差的輪廓加強型漏斗圖範例，因其遺漏研究大都出現在未達既定顯著水準之左側區域內（此筆資料取自 Fleiss,1993）。

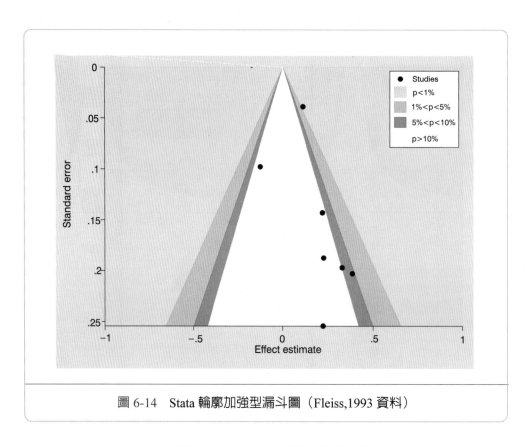

圖 6-14 　Stata 輪廓加強型漏斗圖（Fleiss,1993 資料）

　　圖 6-14 可由 Stata 外掛程式 confunnel 產製，其語法為：

confunnel logrr logse

五、整合分析研究過程與報告：CMA & ESS 實例解說

　　整合分析研究報告的主要內容，包含以下三大要素：(1) 平均效果值之摘要，(2) 異質性分析結果，(3) 出版偏差評析結果。本節將示範兩個整合分析研究過程與統計分析報告，報告中的前言與討論部分將從略。以下將以兩個實例的原始資料：勝算比效果值與比率效果值資料，使用不同分析軟體進行整合分析研究過程與報告結構的解說。第一個勝算比效果值實例，重新以 CMA 進行資料分析；第二個比率效果值實例，重新以 ESS 進行資料分析。這兩個實例之解說僅在示範整合分析的過程與報告之重點。因此，分析的簡化內容與原報告所得結果可能略有出入。

（一）勝算比效果值實例

Susantitaphong, Alfayez, Cohen-Bucay, Balk, Jaber（2012）針對過去有些研究報告指出低溫療法（therapeutic hypothermia）對於心跳驟停之後失去意識病人的腎衰竭（acute kidney injury, 簡稱 AKI）療效，出現不一致的現象。他們懷疑產生衝突的研究結果可能係導因於樣本過小或研究品質不佳所致。因此，他們利用整合分析方法，企圖確認低溫療法對失去意識病人的腎衰竭的療效及找出研究結果不一致的原因。該論文在簡介之後，接著，在方法論一節中，扼要論及整合分析的資料蒐集、研究選擇、品質評估與分析方法。

1. 資料來源與搜尋策略

他們主要係使用 MeSH 資料庫關鍵詞：Hypothermia、Hypothermia induced & Deep hypothermia induced，搜尋 Medline 資料庫（1955 ～ Feb.,2011），沒有語言之限制，但僅限於 RCT 的實驗研究。

2.AKI 研究選擇方法

AKI 研究選擇的流程，如圖 6-15 所示：

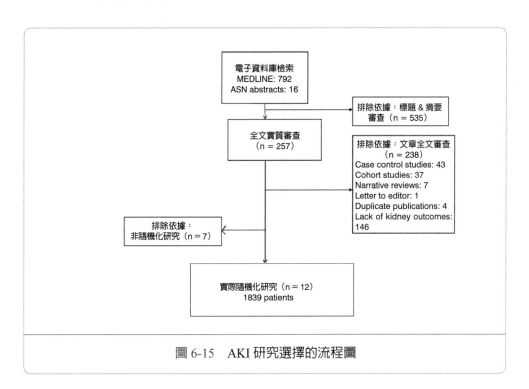

圖 6-15　AKI 研究選擇的流程圖

　　所選入的研究均係探究成年人經過低溫療法或常溫療法之主要或次要腎衰竭（AKI）的效果，排除新生兒、小孩與重複出版的實驗研究結果。

3. 資料萃取與品質評估

　　全文文章經審閱與篩選之後，萃取與登錄以下重要的變項資訊：國別、出版年、研究設計、母群情境、性別、平均年齡、平均心臟停止時間、目標冷卻溫度、冷卻時間、冷卻方法、AKI 發展狀態、死亡率……等等，以利調節變項的分析。各實驗研究品質的評估，則利用 Jadad 量表的三個題目評定之。得分 0～1 分視為不良「poor」，2～3 分視為尚可「fair」，4～5 分視為優良「good」。

4. 資料整合與分析

　　由於大部分 AKI 研究的低頻發生率（時常出現 0），該研究乃採用 Petro-Odds 進行低溫療法與常溫療法的勝算比分析。該整合分析利用 CMA 2.0 和 MetaAnalsis 3.1 進行固定效果模式資料分析，假如該事件在兩組中均未發生，則資料分析時，會排除該實驗結果。資料分析過程中，先利用 I^2 和 P 值進行效果值間異質性的統計考驗，再利用次群體分析（如冷卻方法）與 meta-regression 分析（如目標冷卻溫度）探究異質性的來源。至於出版偏差則利用漏斗圖進行評估。

　　其次，在研究結果一節中，該研究首先呈現各研究的特質與品質之分析結果，請參見表 6-4 部分內容實例。這些研究的特質（國別、冷卻時間、冷卻溫度、輸液型態等）與研究品質或分類資料，即為效果值異質性的變異源。

表 6-4 整合分析研究中隨機化控制組實驗的研究特徵

Author	Year Country	Population setting	Total number of patients	Mean age (years)	Men (%)	Mean cardiac arrest duration (min)	Hypothermia group target temperature (°C)	Normothermia group temperature (°C)	Cooling technique	Infusate type	Duration of cooling (min)	Study quality	Definition of AKI
Clifton	1993 USA	Traumatic brain injury	46	29	NR	NA	32-33	37	Cooling blanket	NA	2880	1	Not specified
Lajos	1993 USA	CABG-CPB	163	63	71	73	30	37	Fluid infusion	Crystalloid	91	1	Not specified
							30	37	Fluid infusion	Blood	98		
Ip-Yam	1994 UK	CABG-CPB	23	60	83	62	28	37	Fluid infusion	Hartmann's solution	112	1	Change in Cr

圖 6-16 係急性腎衰竭（AKI）原始資料，資料為來自於低溫（Hypothemia）與常溫（Nomothermia）處理效果比較，最後一欄位資料係冷卻溫度，將作為調節變項。

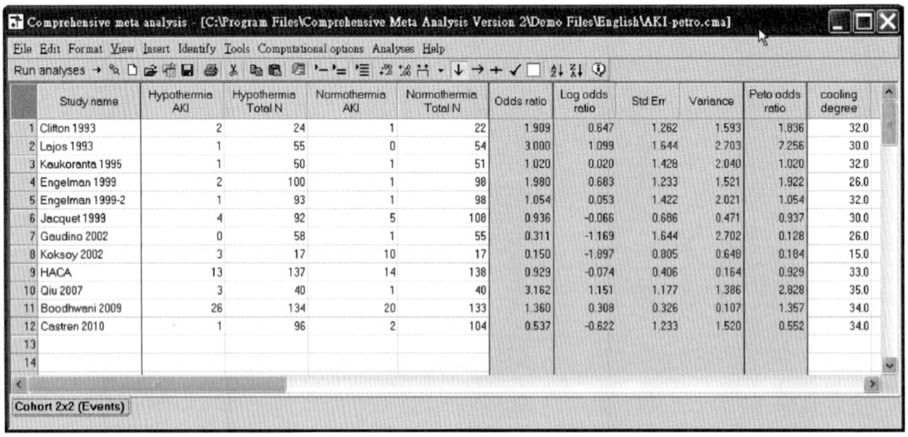

	Study name	Hypothermia AKI	Hypothermia Total N	Normothermia AKI	Normothermia Total N	Odds ratio	Log odds ratio	Std Err	Variance	Peto odds ratio	cooling degree
1	Clifton 1993	2	24	1	22	1.909	0.647	1.262	1.593	1.836	32.0
2	Lajos 1993	1	55	0	54	3.000	1.099	1.644	2.703	7.256	30.0
3	Kaukoranta 1995	1	50	1	51	1.020	0.020	1.428	2.040	1.020	32.0
4	Engelman 1999	2	100	1	98	1.980	0.683	1.233	1.521	1.922	26.0
5	Engelman 1999-2	1	93	1	98	1.054	0.053	1.422	2.021	1.054	32.0
6	Jacquet 1999	4	92	5	108	0.936	-0.066	0.686	0.471	0.937	30.0
7	Gaudino 2002	0	58	1	55	0.311	-1.169	1.644	2.702	0.128	26.0
8	Koksoy 2002	3	17	10	17	0.150	-1.897	0.805	0.648	0.184	15.0
9	HACA	13	137	14	138	0.929	-0.074	0.406	0.164	0.929	33.0
10	Qiu 2007	3	40	1	40	3.162	1.151	1.177	1.386	2.828	35.0
11	Boodhwani 2009	26	134	20	133	1.360	0.308	0.326	0.107	1.357	34.0
12	Castren 2010	1	96	2	104	0.537	-0.622	1.233	1.520	0.552	34.0
13											
14											

圖 6-16　急性腎衰竭原始資料：低溫與常溫處理效果分析

接著，呈現冷卻療法對於急性腎衰竭的效果，如圖 6-17。根據圖 6-17 的 CMA 森林圖，低溫與常溫處理對於急性腎衰竭並無顯著之差異（Peto Odds = 1.013, .95CI: .682 ~ 1.505, p = .0948）。不過，圖 6-17 中 Koksoy（2002）的研究出現低溫療法具有顯著的優越效果（p = .015），可以有效防止急性腎衰竭。

另外，依據表 6-5 之異質性分析結果，也未達 .05 之顯著水準（Q = 10.769, df = 11, p = .463, I^2 = 0%），因此使用固定效果模式即可。雖然異質性分析未達 .05 之顯著水準，但各研究的 .95 信賴區間蠻大的，主要係 AKI 事件的出現頻率偏低所致。不過，利用冷卻溫度進行整合迴歸分析，卻發現低溫能有效降低 AKI 的風險（p = .011），參見圖 6-18 和表 6-5。

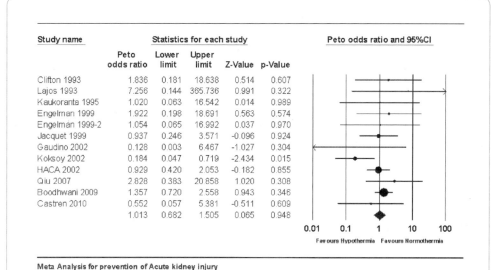

圖 6-17　急性腎衰竭之低溫與常溫處理效果分析：CMA 森林圖

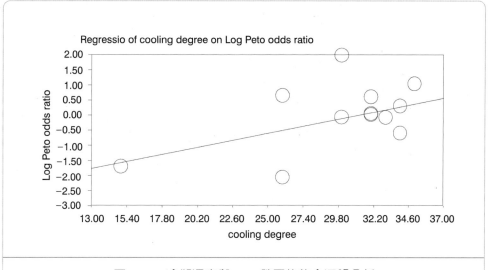

圖 6-18　冷卻溫度與 AKI 發展的整合迴歸分析

表 6-5 冷卻溫度與 AKI 發展的整合迴歸分析摘要表

	Point estimate	Standard error	Lower limit	Upper limit	Z-value	p-Value
Slope	0.09689	0.03812	0.02217	0.17161	2.54158	0.01104
Intercept	−3.02295	1.21148	−5.39741	−0.64848	−2.49524	0.01259
Tau-squared	0.00000					
	Q	df	p-value			
Model	6.45963	1.00000	0.01104			
Residual	4.30987	10.00000	0.93229			
Total	10.76949	11.00000	0.46277			

　　為了解是否有出版偏差的現象，利用 CMA 進行 Trim & Fill 分析，分析結果如表 6-6 所示。

表 6-6 CMA Trim & Fill 分析摘要表：Duval and Tweedie 法

	Fixed Effects				Random Effects			Q Value
	Studies Trimmed	Point Estimate	Lower Limit	Upper Limit	Point Estimate	Lower Limit	Upper Limit	
Observed values		1.01316	0.68205	1.50503	1.01316	0.68205	1.50503	10.76949
Adjusted values	1	0.99283	0.66970	1.47188	0.99283	0.66970	1.47188	11.76853

　　由表 6-6 Trim & Fill 分析摘要表可知，填補一個遺漏值之後點估計值為 0.99283。根據表 6-6 原始觀察值（observed values）之結果，Peto Odds 的點估計值為 1.013，刪補前與刪補後相去不遠。圖 6-19 係相關之刪補後漏斗圖，亦顯示兩者的點估計值相似（空白菱形與黑色菱形幾乎重疊）。

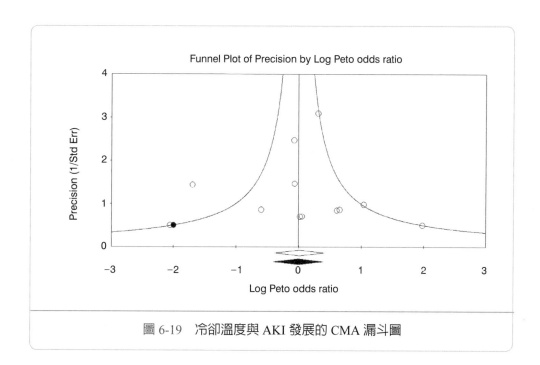

圖 6-19　冷卻溫度與 AKI 發展的 CMA 漏斗圖

由圖 6-19 觀之，漏斗圖之非對稱性並不嚴重，圖中填補了一個遺漏值（曲線左下黑點）。

最後，研究者為了解研究結論的強韌性（robust），乃透過不同分析方法進行敏感度分析（Sensitivity analysis），可以比較固定效果模式與隨機效果模式的估計效果值是否相似，也可利用次群體分析，探究研究位置、研究品質、冷卻溫度與輸液型態是否會產生顯著之影響力。本研究的 $I^2 = 0\%$（$\tau^2 = 0$），因此固定效果模式與隨機效果模式的估計效果值完全相等，顯示出研究結論的強韌性，不會因分析方法的改變而產生不同的結論。

（二）比率效果值實例

圖 6-20 的森林圖，係摘要了非侵入性通氣法，在急性肺損傷與急性呼吸窘迫症候群處置效能之分析結果。該筆資料（13 個研究，540 個病人），係取自 Agarwal, Reddy, Aggarwal, and Gupta（2010）。為利於研究者應用筆者所開發的 ESS 軟體，以下將利用 ESS 重新進行整合分析，示範整合分析的結果的圖表與解釋。為節省篇幅，該研究的受試者特徵、資料搜尋策略、資料篩選過程與結果討論，將從略。

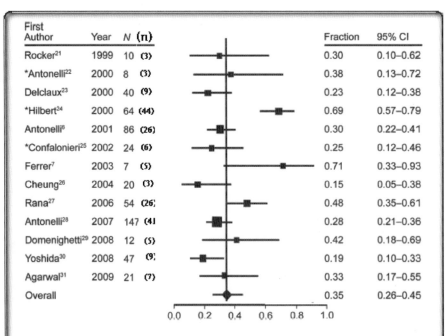

Fig. 3. Mortality rate in patients with acute lung injury/acute respiratory distress syndrome managed with noninvasive ventilation. The mortality (percentages) in the individual studies are represented by squares, through which the horizontal lines represent the 95% CIs. The diamond at the bottom represents the pooled intubation rate from these studies. * The study was with immunocompromised patients.

圖 6-20　以非侵入性通氣法處置急性肺損傷與急性呼吸窘迫症候群病患之死亡率：隨機效果模式

註：取自 Agarwal, Reddy, Aggarwal, Gupta (2010)。

　　由圖 6-20 隨機效果模式結果知：各研究的死亡率從 15% ~ 71%，平均死亡率約為 35%（.95 CI 為 26% ~ 45%）。圖 6-21 係利用 ESS 重新分析，所得之森林圖。

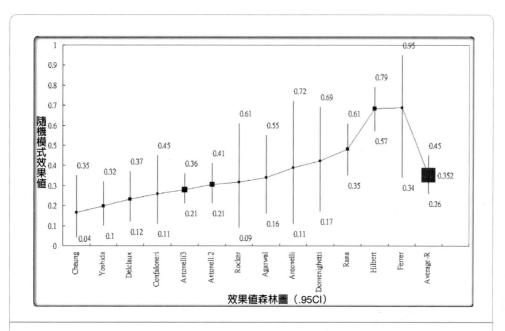

圖 6-21　以非侵入性通氣法處置急性肺損傷與急性呼吸窘迫症候群病患之死亡率：
　　　　　ESS 報表（隨機效果模式）

1. 平均效果值的摘要

由圖 6-21 的隨機效果模式結果知：死亡率的平均效果值為 35.2%（.95 CI 為 26% ～ 45%），反映出非侵入性通氣法處置急性肺損傷與急性呼吸窘迫症候群病患，可以避免 65% 的病患死亡。

2. 異質性分析

研究效果值比率的異質性分析結果：Q = 55.159（p = .000），I^2 = 78.245%（> 75%），亦顯示具有顯著的高異質性（參見圖 6-22 之 EXCEL 表單底部）。因此，異質性原因有待後續之調節變項分析。臨床的應用推論上，亦須考慮研究結果的分歧性，尤其病因（etiology）是什麼可能是重要的調節變項。

3. 出版偏差評析

(1) Trim & Fill

由 ESS 報表（參見圖 6-22 的 I 欄位）可知：統計量 Lo = 0，顯示並無出版

偏差的現象。由固定效果模式與隨機效果模式的平均效果值分別爲 .345 與 .352 看來，整合分析結果穩定性甚佳。圖 6-23 的 ESS 漏斗圖亦顯示左右對稱，顯示無出版偏差的現象。

嘉雀大學, Fred Li, 2012 - proportion-meta-NIV-2010

檔案(F) 編輯(E) 檢視(V) 插入(I) 格式(O) 工具(T) 整合分析 資料(D) 視窗(W) StatsDirect 說明(H)

	Study	EF	SE	Var	W-F	WEF-F	EF-Center	AB-EF	Signed Ra	W-R	WEF-R	Proportion
1												
2	1	0.166	0.2208631	0.04878	20.5	17.20422	-0.43034	0.430343	-11	7.105835	5.963431	0.15
3	Yoshida	0.198	0.1450953	0.021053	47.5	43.78632	-0.34776	0.347756	-10	8.849436	8.157563	0.191489
4	Delclaux	0.232	0.1571348	0.024691	40.5	40.66788	-0.26543	0.265428	-9	8.573368	8.608905	0.225
5	Confaloneri	0.26	0.2020305	0.040816	24.5	26.2045	-0.2	0.200001	-7	7.532092	8.056111	0.25
6	Antonelli3	0.28	0.0823387	0.00678	147.5	164.6228	-0.15349	0.153486	-6	10.12878	11.30459	0.278912
7	Antonelli2	0.305	0.1075207	0.011561	86.5	101.1408	-0.10032	0.100315	-4	9.660939	11.29613	0.302326
8	Rocker	0.317	0.3086067	0.095238	10.5	12.5659	-0.07282	0.072821	-2	5.342251	6.39335	0.3
9	Agarwal	0.341	0.2156655	0.046512	21.5	26.80187	-0.02297	0.022974	-1	7.222274	9.003278	0.333333
10	Antonelli	0.388	0.3429972	0.117647	8.5	11.43426	0.075634	0.075634	3	4.771084	6.418097	0.375
11	Domenighetti	0.423	0.2828427	0.08	12.5	17.69828	0.14629	0.14629	5	5.815681	8.234205	0.416667
12	Rana	0.482	0.1354571	0.018349	54.5	83.62582	0.264846	0.264846	8	9.066385	13.91163	0.481481
13	Hilbert	0.685	0.1245146	0.015504	64.5	125.7126	0.679459	0.679459	12	9.306412	18.13849	0.6875
14	Ferrer	0.689	0.3651484	0.133333	7.5	14.69202	0.689363	0.689363	13	4.438876	8.695474	0.714286
15	Average-F	0.345	0.043		546.5	WEF-F=6	Weight tot 686.1572		L0=0			
16	Lower CI	-0.439	0.4		W2=42143.250		Pooled Proportion=.345(1.256)			W-R=97.813		
17	Pooled Effect	0.345	0.043		Mean EF-F=.3452(1.		P=.000			WEF-R=124.181		
18	Upper CI	1.129	0.4		SE-M=.043		Q=55.159			W2=780.765		
19					Z-M=8.065		P=.000			Mean EF-R=.352(1.421)		
20					P-F=.0000					P_R=.000		
21					CI-F=.3057 ~ .3853(.3450)					CI_R=.261 ~ .449(.3517)		
22					Q=55.159 P-for Q=.000					I^2=78.245%		
23					Tau^2=.092							

Sheet1 / Sheet2 / Chart1 / Sheet3

繪圖(R) 快取圖案(U)

Welcome, STAT Pal!

圖 6-22　ESS 的整合分析報表

(2) 漏斗圖

　　圖 6-23 係利用 ESS 所繪製的漏斗圖，觀之圖中的資料點分佈，亦大致呈現左右對稱，顯示無出版偏差。

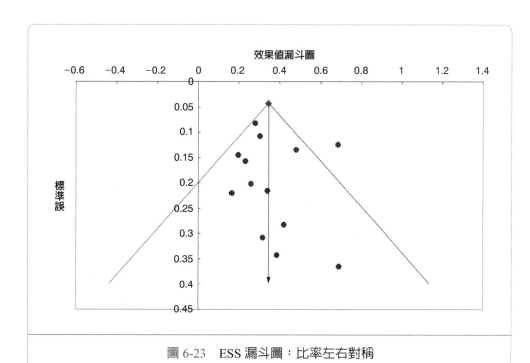

圖 6-23　ESS 漏斗圖：比率左右對稱

習 題

一、請找出一篇您感興趣的整合分析論文，仔細閱讀之後，根據 MARS 之準則與相關之檢核問題，檢核該論文是否與 MARS 之準則內容相符？該論文有無省略 MARS 中的項目？這些省略的項目對於研究結果的解釋有重大影響嗎？

二、請利用 Stata 分析 Agarwal, Reddy, Aggarwal, and Gupta（2010）的資料，繪製森林圖與漏斗圖。請利用兩個下載網址下載 30 天試用版的 Stata 軟體與整合分析的外掛軟體：

http://www.Stata.com/customer-service/evaluate-Stata/

http://www.Stata.com/support/faqs/statistics/meta-analysis/

三、試根據圖 6-24 之 30 筆長期藥物濫用者的 ADHD 流行病學之研究結果，利用 ESS 進行整合分析，並回答以下幾個問題：

1. 全體之 ADHD 流行率有多少？

2. 研究結果的異質性嚴重嗎？

3. 不同類的藥物濫用者，其 ADHD 的流行率相同嗎？

4. 本整合分析存在著出版偏差嗎？

5. 利用 Trim & Fill 校正出版偏差之後，其整體流行率有多少？

6. 利用整合迴歸分析校正出版偏差之後，其整體流行率有多少？

	A	B	C	D	E
1	Study	Total-N	Plus_N	Substance	
2	Clark et al., 1997	133	38	Alcohol	
3	Garland et al., 2001	166	35	Various	
4	Grella et al., 2001	992	129	Various	
5	Hovens et al., 1994	52	16	Various	
6	Jainchill et al., 1997	829	204	Various	
7	Latimer et al., 2002	135	54	Various	
8	DeMilio, 1989	57	8	Various	
9	Molina et al., 2002	395	113	Various	
10	Novins et al., 2006	89	16	Various	
11	Stowell and Estroff, 1992	226	18	Various	
12	Subramaniam and Stitzer,2009	94	31	Opioid	
13	Subramaniam et al., 2009	74	29	Various	
14	Szobot et al., 2007	61	27	Various	
15	Tarter et al., 1997	151	30	Alcohol	
16	Tims et al., 2002	600	228	Cannabis	
17	Carroll et al., 1993	101	24	Cocaine	
18	Clure et al., 1999	136	20	Various	
19	Daigre Blanco et al., 2009	80	16	Various	
20	Falck et al., 2004	313	31	Cocaine	
21	Johann et al., 2003	314	67	Alcohol	
22	King et al., 1999	125	24	Opioid	
23	Levin et al., 1998	281	28	Cocaine	
24	Modestin et al., 2001	101	11	Opioid	
25	Ohlmeier et al., 2008a	91	21	Alcohol	
26	Ohlmeier et al., 2008b	61	33	Various	
27	Rounsaville et al., 1991	298	104	Cocaine	
28	Schubiner et al., 2000	201	48	Various	
29	Tang et al., 2007	243	25	Cocaine	
30	Wood et al., 1983	27	9	Alcohol	
31	Ziedonis et al., 1994	263	91	Cocaine	
32					

圖 6-24　30 筆長期藥物濫用者的 ADHD 流行病學原始資料

註：資料摘自：van Emmerik-van Oortmerssen, van de Glind, van den Brink, Smit, Crunelle, Swets, et al (2012)。

圖 6-24 中的原始資料說明：變項「Substance」係藥物濫用者的類別：其中涉及酒精依賴的有 5 個研究（alcohol），涉及古柯鹼依賴的有 6 個研究（cocaine），涉及鴉片依賴的有 3 個研究（opioid），涉及大麻依賴的有 1 個研究（cannabis），其餘 15 個研究則不限定某一藥物依賴（various）。

07

整合分析軟體 ESS 簡介

　　廣受研究者使用的整合分析軟體，有些是免費的（如 MIX, RevMan, MetaAnalyst），有些是商業軟體需要付費（如 CMA, WinBUGS, Stata）。為利於本土化整合分析的推廣，本章將詳細介紹筆者所研發的整合分析軟體。該軟體係利用 EXCEL VBA 所研發的應用軟體，筆者將它命名為「Effect Size Synthesizer」，簡稱 ESS。

一、整合分析軟體 ESS 簡介

　　本 ESS 軟體係 EXCEL 的增益集，結合了 EXCEL 表單與 VBA 所開發的本土化整合分析應用軟體。本整合分析軟體的設計，係依整合分析的全方位分析步驟而構思：首先進行統計考驗力分析，以決定適切之研究樣本大小；接著，進行效果值之估計、出版偏差之評估與最後森林圖、漏斗圖等之繪製。為便利研究者操作與應用，ESS 所設計的流程儘量簡化，讓電腦主動到事先設定的欄位讀取資料，以減少研究者準備統計分析所需資料及資料應放在哪一欄位的困擾。研究者只要依據圖 7-4 ESS 資料建檔（Data Entry）內定格式的選擇之後，按照圖 7-1 之操作順序，逐一按下操作表單的選目，在顯示表單中的變項欄位填入相關資料；接著，研究者只要在 ESS 點選的統計分析選單，依序執行即可。換言之，累人的資料準備與統計分析過程：如選擇哪些正確的變項、正確資料欄位的設定、統計量的計算與統計圖的製作，ESS 將全部替您代勞。

（一）ESS 軟體設計的基本架構與統計分析執行順序

　　圖 7-1 顯示了整合分析 ESS 軟體設計的基本架構與整合分析的四個階段，其中，零階段係指整合分析前的準備工作：樣本規劃與資料的輸入。除第一階段的統計分析（計算平均效果值）可以獨立運作之外，第二階段的統計分析（考驗出版偏差與異質性）係第三階段資料分析（森林圖與漏斗圖的製作）的必備過程，因為後一階段的統計分析端賴前一階段資料分析的結果。圖 7-1 中除了右側的傳統整合分析路徑之外，左側係當代整合分析的路徑：心理計量整合分析（Psychometric meta-analysis）。心理計量整合分析會先校正信度、效度與全距減縮等人為偏差的效果之後，再進行整合分析。此項統計分析功能，因非本書所探討之範疇，隨書所附之 ESS 不提供此項統計分析功能，將於未來筆者另一專書《當代整合分析理論與實務》中開放此項分析功能。

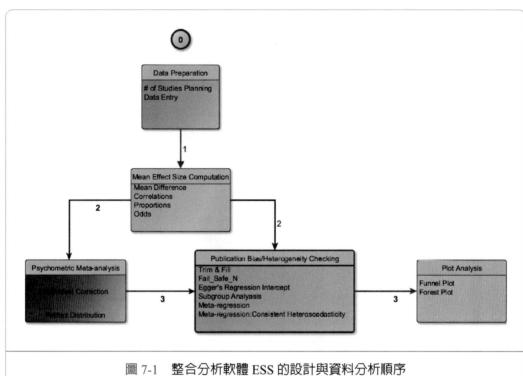

圖 7-1　整合分析軟體 ESS 的設計與資料分析順序

　　根據圖 7-1 的流程，整合分析的前導工作為樣本規劃與資料準備；其次，
ESS 的統計分析執行順序為：整合分析的效果值的計算先於「Trim & Fill」分析，
「Trim & Fill」分析先於漏斗圖或森林圖的製作。為了避免前後不同筆或不同統
計分析間參數傳遞錯亂，請在每一次結束製圖之後，關閉該筆資料的 EXCEL 表
單，再進行其它筆資料的整合分析，以確保資料分析能正常運作。如果針對同一
筆資料連續進行「勝算比」、「比率」或「相關係數」（涉及效果值的特殊轉換）
的「Trim & Fill」分析時，只有第一次的分析結果是正確的，因為筆者的 VBA 程
式在跑「Trim & Fill」時，如果有出現刪除的動作，程式跑完之後會將「比率」
與「相關係數」的特定參數傳遞解除（效果值不經特殊轉換等），而導致程式計
算結果無法還原的現象。換言之，研究者在執行「勝算比」、「比率」或「相關
係數」的「Trim & Fill」分析，如果有出現刪除的動作，只能使用第一次分析結
果；當然其它類的「Trim & Fill」分析（例如平均數效果值）不受此限制。

　　執行「Trim & Fill」過程中，電腦程式會自動讀取相關數據進行整合分析

研究的刪補工作，並重估刪之前、刪之後與補之後的平均效果值。另外，執行「Trim & Fill」之後，使用者不必費神編修必備的統計量數效果值與標準誤，電腦程式會自動讀取相關數據進行漏斗圖或森林圖之工作。

簡言之，ESS 使用者只要依圖 7-1 一貫作業的操作順序，逐一依序執行資料分析，就能確保獲得正確的統計分析與製圖結果。不過，因為 Peto Odds 的整合分析，其計算過程需要使用原始資料而無法與其它統計量使用共同的副程式，ESS 乃利用另一獨立的副程式，同時進行平均效果值的計算與 Trim & Fill 分析，之後就可進行漏斗圖或森林圖之製作。

(二) ESS 主要功能與特色

整合分析軟體 ESS 具有以下主要功能與特色：

(1) 利用大家熟悉的 EXCEL 表單格式進行資料的輸入。

(2) 提供事先建置好的各種檔案格式，建檔無煩惱。

(3) 提供四大類效果值的整合分析。

(4) 可進行統計考驗力分析（研究樣本規劃）。

(5) 可評估多元出版偏差：Trim & Fill（提供各類效果值指標之刪補過程資料與結果）、整合迴歸 Trim & Fill、Fail-Safe-N（安全失效數）、Egger 迴歸截距、FAT-PET-MRA。

(6) 多重異質性分析：次群體整合分析（處理類別變項）與整合迴歸（可處理多個預測變項）。

(7) 提供經濟學常用的整合迴歸：FAT-PET 模式和 FAT-PET-PEESE 模式（可處理多個預測變項）。

(8) 次群體整合分析可進行次群體間效果值差異的統計考驗。

(9) 可進行心理計量整合分析（Psychometric meta-analysis），含人為偏差分配法（可以處理資料不全），此項分析功能，將於筆者的另一專書中提供。

(10) 提供森林圖與漏斗圖分析。

由此觀之，整合分析軟體 ESS 除了提供一系列完整的傳統的整合分析方法之外，亦提供醫學、心理計量學與經濟學上常用的當代整合分析技術。因此，ESS 具全方位（comprehensive）功能，適用於各學術領域的整合分析軟體，所提供的

統計功能，請參見圖 7-2 操作介面的主選單與次選單，應是目前功能相當完備的整合分析軟體。ESS 主要功能表單的左側阿拉伯數字（0～3）表 ESS 的建議操作順序，以避免因各類效果值的參數傳遞錯誤而導致不正確之分析結果。ESS 主要功能表單中，「# of Studies Needed?」、「Odds」、「Trim and Fill」、「Fail-Safe-N」、「Graph」和「Hunter-Schmidt Meta-Analysis」各含數個次要功能表單，如圖 7-2 右側小方框。「Hunter-Schmidt Meta-Analysis」（心理計量的整合分析）副程式，則係一獨立的 ESS 副程式，不受前述操作順序的限制。心理計量的整合分析會考慮測量信度、抽樣誤差與全距減縮等等的弱化問題，而加以校正效果值。

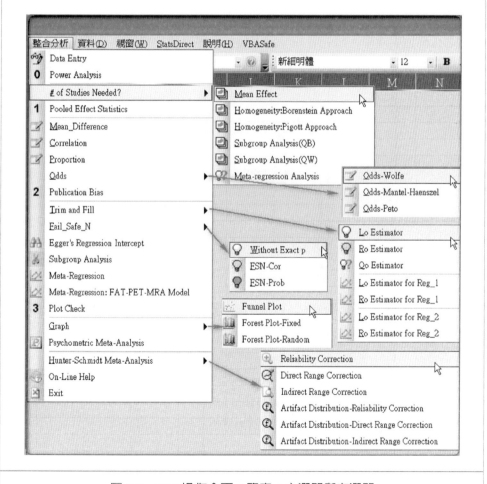

圖 7-2　ESS 操作介面一覽表：主選單與次選單

(三) ESS 資料內建建檔格式

　　ESS 的資料分析順序與建檔格式均有嚴格限制。ESS 的資料分析順序，請依圖 7-3 左側中阿拉伯數字的大小依序執行；0 係資料分析前的準備工作，表示此階段中主要工作為樣本規劃與分析資料的準備，尤其資料建檔格式的正確性，關係到後續的 ESS 統計分析結果；第一階段在計算平均效果值；第二階段在出版偏差之評估；第三階段則在製作漏斗圖與森林圖。除了整合分析軟體 ESS 的資料分析有一定之順序之外，資料檔案之建檔格式亦依各效果值類別而定，不允許有任何偏差，否則會有不正確的分析結果。為了讓 ESS 使用者能夠正確的建立檔案格式及鍵入必備之資料，ESS「Data Entry」的表單內（參見圖 7-3），事先內建了四類效果值計算及十六個統計分析所需之檔案格式（參見圖 7-4），以確保資料建檔之正確性與效率。研究者如能運用這些內建之建檔格式，不必操心要如何備妥分析前的資料。相信此友善之輸入介面，會替您省下不少寶貴的時間與精神。

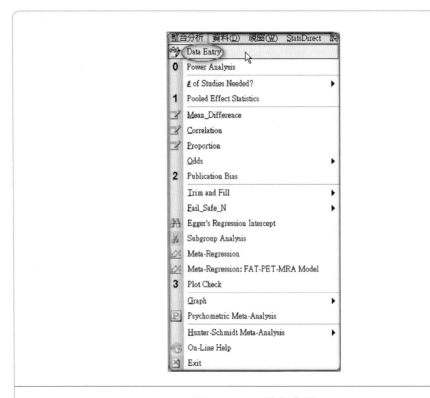

圖 7-3　ESS 操作介面

ESS 資料檔案之格式須依各效果值類別而定，不允許有任何偏差，否則會有不正確的分析結果。為了讓 ESS 使用者能夠建立正確的檔案格式及鍵入必備之資料，使用者可以利用 ESS 內建四類效果值及十六個統計分析之輸入格式選單，以確保資料建檔之正確性與效率，參見圖 7-4。Trim & Fill、Forest plot 和 Funnel plot 等程序，並未列在圖 7-4 的選單中，係因這些程序的建檔不必研究者去費心，ESS 會自動幫您建好。研究者在執行效果值的計算之後，ESS 會自動將 Trim & Fill 所需的數據配置到正確的欄位中；在執行 Trim & Fill 之後，ESS 會自動將 Forest plot 和 Funnel plot 所需的數據配置到正確的欄位中。

圖 7-4　ESS 內定四類效果值及十六個統計分析所需檔案格式的選擇

在開啟一個 EXCEL 空白表單之後，假定研究者想進行實驗組與控制組平均數差異（Mean Difference）效果值的整合分析，就須在圖 7-4 底部空白處鍵入「1」，按下「確定」後，就會出現如圖 7-5 之資料建檔內定格式表單。

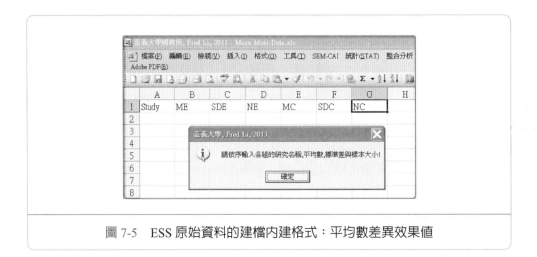

圖 7-5　ESS 原始資料的建檔內建格式：平均數差異效果值

　　圖 7-5 係平均數差異效果值之 ESS 原始資料的建檔內定格式；表單中的第一行顯示平均數差異效果值建檔時所需之各變項名稱：Study（研究名稱）、ME（實驗組的平均數）、SDE（實驗組的標準差）、NE（實驗組的樣本大小）、MC（控制組的平均數）、SDC（控制組的標準差）、NC（控制組的樣本大小），只要在指定的欄位內輸入原始資料，即可執行後續之整合分析。爲利於研究者之迅速查考，茲將各類效果值常用之建檔格式，摘述如圖 7-6 至圖 7-18 所示。

1. 平均數差異效果值檔案格式

	A	B	C	D	E	F	G
1	Study	ME	SDE	NE	MC	SDC	NC
2	4	2.5	2.3	23	5.6	1.2	23
3	2	2	1.3	10	2.8	1.6	10
4	13	24.4	16.9	145	33.2	17.1	73
5	9	26	21	58	36	19	58
6	1	34.5	28.5	140	43.7	29.8	70
7	11	6.9	5.6	10	7.9	5.7	10
8	6	30.6	23.5	50	34.5	23.5	25
9	12	44.5	24.5	50	48	22	25
10	10	3	2.3	315	3.3	2.4	358
11	8	2.9	1.6	119	3.1	1.7	58
12	7	3.7	2	138	3.6	2.1	78
13	3	6.38	4.1	113	5.98	4.3	115
14	5	2.7	2.2	35	2.1	2.2	40

圖 7-6　平均數差異效果值檔案格式

圖 7-6 表單係平均數差異效果值檔案格式的實例，其第一行顯示各變項名稱：Study、ME、SDE、NE、MC、SDC、NC，當中 Study 代表研究名稱，ME 代表實驗組平均數，MC 代表控制組平均數，SDE 代表實驗組標準差，SDE 代表控制組標準差，NE 代表實驗組人數，NC 代表控制組人數。各個變項下之輸入資料，即爲待分析的數據，以供研究者進行 ESS 第一階段的統計分析：計算平均效果值。

2. 相關係數效果值檔案格式

	A	B	C	D
1	Study	Corr	Sample size	
2	1	0.2	400	
3	2	0.4	25	
4	3	0.45	50	
5	4	0.5	40	
6	5	0.6	90	
7	6	0.7	60	

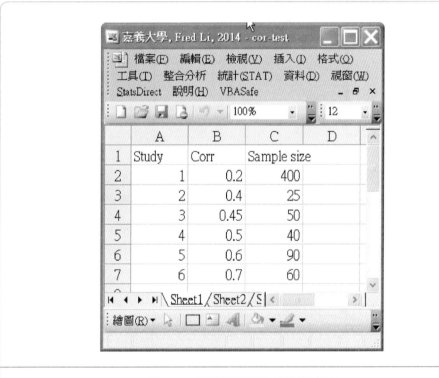

圖 7-7　相關係數效果值檔案格式

圖 7-7 表單係相關係數效果值檔案格式的實例，其第一行顯示各變項名稱：Study、Corr、Sample Size，當中 Study 代表研究名稱，Corr 代表相關係數，Sample Size 代表該研究所涉及的樣本人數。

3. **勝算比和相對風險比效果值檔案格式**

嘉義大學國教所, Fred Li, 2008 - Odds-Fleiss.xls

	A	B	C	D	E
1	Study	TOTE	NPE	TOTC	NPC
2	1	615	49	624	67
3	2	758	44	771	64
4	3	832	102	850	126
5	4	317	32	309	38
6	5	810	85	406	52
7	6	2267	246	2257	219
8	7	8587	1570	8600	1720

圖 7-8　勝算比和相對風險比效果值檔案格式

勝算比和相對風險比效果值使用同一建檔格式。圖 7-8 表單係勝算比（Odds Ratio）和相對風險比（Relative Odds）效果值檔案格式的實例，其第一行顯示各變項名稱：Study、TOTE、NPE、TOTC、NPC，其中 Study 代表研究名稱，TOTE 代表實驗組總人數，TOTC 代表控制組總人數，NPE 代表實驗組出現事件人數，NPC 代表對照組出現事件人數。

4. **比率（或百分比）效果值檔案格式**

圖 7-9 表單係比率（或百分比）效果值檔案格式的實例，其第一行顯示各變項名稱：Study、Total-N，Plus-N，其中 Study 代表研究名稱，Total-N 代表總人數，Plus-N 係發生事件次數或人數。

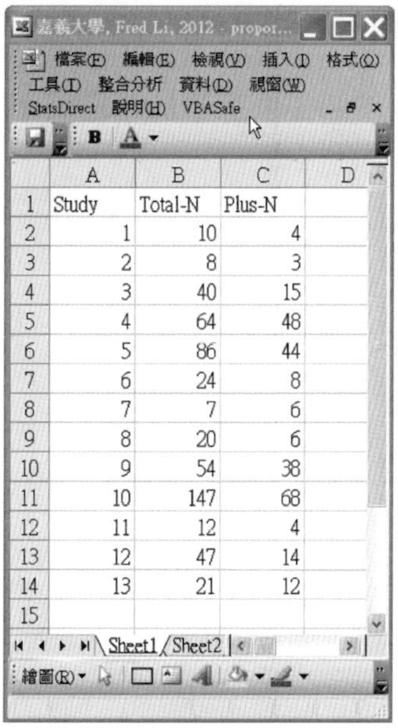

	A	B	C	D
1	Study	Total-N	Plus-N	
2	1	10	4	
3	2	8	3	
4	3	40	15	
5	4	64	48	
6	5	86	44	
7	6	24	8	
8	7	7	6	
9	8	20	6	
10	9	54	38	
11	10	147	68	
12	11	12	4	
13	12	47	14	
14	13	21	12	
15				

圖 7-9　比率（或百分比）效果值檔案格式

5. 整合迴歸分析檔案格式

圖 7-10 係整合迴歸（Meta-regression）分析之檔案格式，適合於研究者不想針對出版偏差進行直接校正時，研究者只須提供每一研究之研究名稱（Study）、效果值（EF）、效果值的加權量（Weight）與預測變項（Predictors），就能正確進行整合迴歸分析。注意本 ESS 軟體目前可允許三個預測變項，請從 D 欄位起接續輸入預測變項的名稱與數據，建檔格式如圖 7-10 所示。

6. 次群體分析檔案格式

如果調節變項係類別變數，研究者就可以用一種類似變異數分析（ANOVA）的方式，來探討這個調節變項的解釋力，此即次群體整合分析，以探究研究結果出現異質性的來源。圖 7-11 係次群體分析檔案格式的範例，研究者需備齊第一欄位的各研究名稱（Study）、第二欄位的各研究效果值（EF）與第三欄位之標準誤（SE）。

嘉義大學, Fred Li, 2014 - Meta-reg-Sat

	A	B	C	D
1	Study	EF	Weight	Predictor
2	1	0.12	68.02721	1.322219
3	2	0.06	46.2963	1.322219
4	3	0.09	45.6621	1.322219
5	4	0.07	6.738544	0.954243
6	5	0.48	8.012821	1.380211
7	6	0.33	3.94633	1.255273
8	7	0.13	10.71811	1.176091
9	8	0.34	22.17295	1.477121
10	9	-0.11	25.97403	1
11	10	-0.08	9.389671	0.778151
12	11	-0.29	9.852217	0.778151
13	12	-0.34	9.057971	0.778151
14	13	-0.06	9.182736	0.778151
15	14	0.21	53.76344	1.176091
16	15	0.17	103.0928	1.176091
17	16	0.03	149.2537	1.60206
18	17	-0.19	9.718173	1.146128
19	18	0.1	25.90674	0
20	19	0.6	30.03003	1.799341
21	20	0.57	12.5	1.431364

圖 7-10　整合迴歸分析檔案格式

嘉義大學國教所, Fred Li, 2008 - subgroup-box19.1.xls

	A	B	C	D	E
1	Study	EF	SE		
2	1	0.11	0.1		
3	2	0.224	0.1732		
4	3	0.338	0.1414		
5	4	0.451	0.1225		
6	5	0.48	0.1		
7	6	0.44	0.1225		
8	7	0.492	0.1414		
9	8	0.651	0.1225		
10	9	0.71	0.1581		
11	10	0.74	0.1095		

圖 7-11　次群體分析檔案格式

7. 計算出版偏差檔案格式

研究者在計算平均效果值之後，就可直接進行 Trim & Fill 分析；但因 Odds Peto 在 Trim & Fill 的過程中，須使用到原始細格次數之資料，與其它類型的 Odds 分析過程不同。因此，必須撰寫另一獨立程式集，以進行 Trim & Fill 之工作。基本上，Trim & Fill 分析，須備齊第一欄位之研究名稱（Study）、第二欄位之各研究效果值（EF）與第三欄位之標準誤（SE），如圖 7-12 所示。ESS 就可自動讀取這些欄位的變項資料，進行 Trim & Fill 分析。

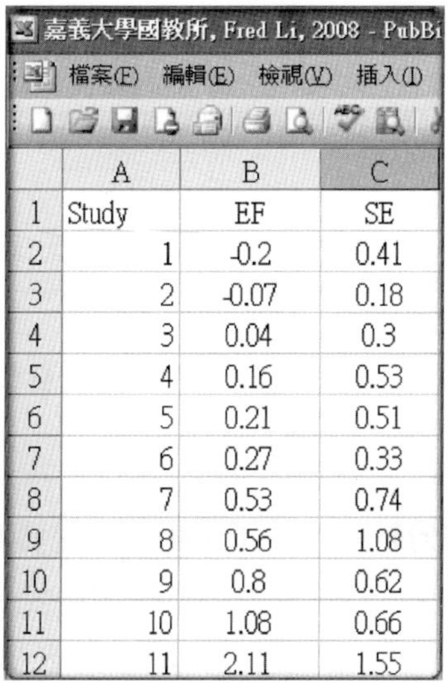

	A	B	C
1	Study	EF	SE
2	1	-0.2	0.41
3	2	-0.07	0.18
4	3	0.04	0.3
5	4	0.16	0.53
6	5	0.21	0.51
7	6	0.27	0.33
8	7	0.53	0.74
9	8	0.56	1.08
10	9	0.8	0.62
11	10	1.08	0.66
12	11	2.11	1.55

圖 7-12　出版偏差分析之檔案格式

8. Egger 迴歸截距出版偏差考驗之資料檔格式

圖 7-13 係 Egger 迴歸截距（Egger's regression intercept）出版偏差分析之檔案格式的範例，研究者須備齊第一欄位的各研究名稱（Study）、第二欄位的各研究效果值（EF）與第三欄位之標準誤（SE）。

圖 7-13　Egger's 出版偏差考驗之資料檔格式

9. FAT-PET-MRA 整合迴歸分析法：校正出版偏差之資料檔格式

　　圖 7-14 係 FAT-PET-MRA 整合迴歸分析檔案格式的範例，研究者須備齊第一欄位的各研究名稱（Study）、第二欄位的各研究效果值（EF）、第三欄位之加權量（Weight）、第四欄位之標準誤（SE）與第五欄位起的其他預測變項名稱與數據。注意，本例共有三預測變項：SE、Predictor1 和 Predictor2。

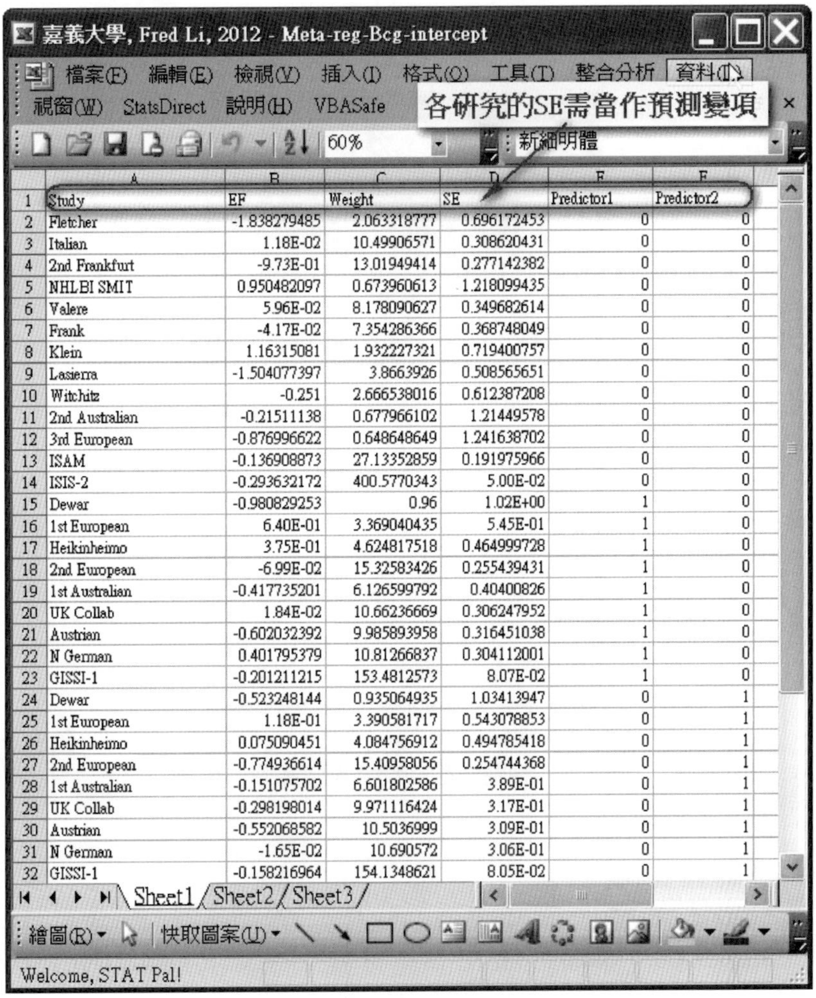

	A	B	C	D	E	F
1	Study	EF	Weight	SE	Predictor1	Predictor2
2	Fletcher	-1.838279485	2.063318777	0.696172453	0	0
3	Italian	1.18E-02	10.49906571	0.308620431	0	0
4	2nd Frankfurt	-9.73E-01	13.01949414	0.277142382	0	0
5	NHLBI SMIT	0.950482097	0.673960613	1.218099435	0	0
6	Valere	5.96E-02	8.178090627	0.349682614	0	0
7	Frank	-4.17E-02	7.354286366	0.368748049	0	0
8	Klein	1.16315081	1.932227321	0.719400757	0	0
9	Lasierra	-1.504077397	3.8663926	0.508565651	0	0
10	Witchitz	-0.251	2.666538016	0.612387208	0	0
11	2nd Australian	-0.21511138	0.677966102	1.21449578	0	0
12	3rd European	-0.876996622	0.648648649	1.241638702	0	0
13	ISAM	-0.136908873	27.13352859	0.191975966	0	0
14	ISIS-2	-0.293632172	400.5770343	5.00E-02	0	0
15	Dewar	-0.980829253	0.96	1.02E+00	1	0
16	1st European	6.40E-01	3.369040435	5.45E-01	1	0
17	Heikinheimo	3.75E-01	4.624817518	0.464999728	1	0
18	2nd European	-6.99E-02	15.32583426	0.255439431	1	0
19	1st Australian	-0.417735201	6.126599792	0.40400826	1	0
20	UK Collab	1.84E-02	10.66236669	0.306247952	1	0
21	Austrian	-0.602032392	9.985893958	0.316451038	1	0
22	N German	0.401795379	10.81266837	0.304112001	1	0
23	GISSI-1	-0.201211215	153.4812573	8.07E-02	1	0
24	Dewar	-0.523248144	0.935064935	1.03413947	0	1
25	1st European	1.18E-01	3.390581717	0.543078853	0	1
26	Heikinheimo	0.075090451	4.084756912	0.494785418	0	1
27	2nd European	-0.774936614	15.40958056	0.254744368	0	1
28	1st Australian	-0.151075702	6.601802586	3.89E-01	0	1
29	UK Collab	-0.298198014	9.971116424	3.17E-01	0	1
30	Austrian	-0.552068582	10.5036999	3.09E-01	0	1
31	N German	-1.65E-02	10.690572	3.06E-01	0	1
32	GISSI-1	-0.158216964	154.1348621	8.05E-02	0	1

圖 7-14　FAT-PET-MRA 迴歸分析法之資料檔格式

圖 7-14 資料檔中，Weight 變項係各研究變異數之倒數（= 1/Se^2），研究者如欲進行 PEESE 模式之迴歸分析，其原始資料的輸入與欄位的設定亦如圖 7-14 所示，執行過程中 ESS 會自動將第四欄位 SE 值，以各研究的 SE^2 取代之。

10. 計算安全失效數：透過相關係數和樣本大小

	A	B	C
1	Study	Cor	Sample Size
2	1	0.28	60
3	2	0.4	50
4	3	0.35	60
5	4	0.45	56
6	5	0.2	100
7	6	0.25	60
8	7	0.32	76
9	8	0.22	80
10	9	0.33	50
11	10	0.34	60

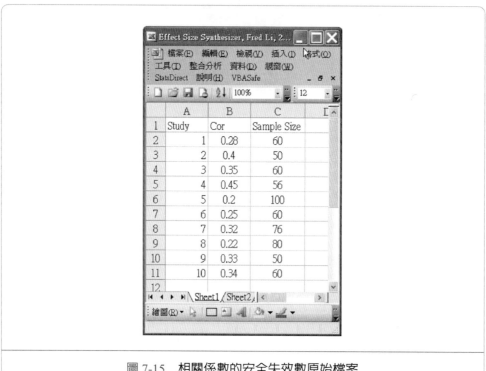

圖 7-15　相關係數的安全失效數原始檔案

圖 7-15 表單係相關係數的安全失效數檔案格式的實例，其第一行顯示各變項名稱：Study、Cor、Sample Size，當中 Study 代表研究名稱，Cor 代表相關係數，Sample Size 代表該研究所涉及的樣本人數。

11. 計算安全失效數：透過機率值

圖 7-16 表單係相關係數的安全失效數檔案格式的實例，其第一行顯示各變項名稱：Study、Probability，當中 Study 代表研究名稱，Probability 代表該研究相關係數的 z 考驗機率值。

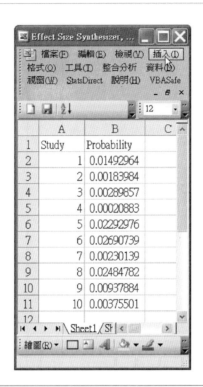

圖 7-16　相關係數的 z 考驗機率值

12. 漏斗圖檔案格式

執行 Trim & Fill 之後，研究者不必再調整每一研究效果值與標準誤的欄位，筆者設計的 EXCEL VBA 軟體就能自動截取相關欄位之資料，進行漏斗圖的繪製。假如研究者想單獨使用 ESS 進行漏斗圖的繪製，圖 7-17 係漏斗圖檔案格式的實例，研究者須備齊第二欄位各研究的效果值（EF）與第三欄位之標準誤（SE）。另外，第十八和第十九行（Average-F 和 Average-R）亦皆須備齊，ESS 的漏斗圖程式才能獨立正確運作（意指不經 ESS 的 Trim & Fill 分析過程時）。漏斗圖分析亦可使用「樣本大小」取代圖 7-17 中的 SE 變項，進行漏斗圖分析。

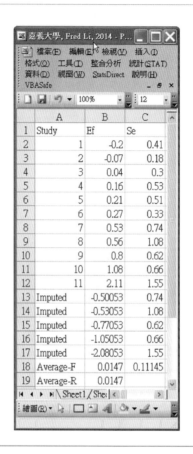

圖 7-17　漏斗圖原始檔案格式（含填補數據）

13. 森林圖檔案格式

執行 Trim & Fill 之後，研究者不必再調整每一研究效果值的上下信賴區間與加權量的欄位，筆者設計的 EXCEL VBA 軟體就能自動讀取相關欄位之資料進行森林圖的繪製。假如研究者想單獨使用 ESS 進行森林圖的繪製，圖 7-18 是製作森林圖的檔案格式實例，研究者須備齊第一欄位的各研究名稱（Study）、第二欄位各研究的效果值（EF）、第五欄位之加權量（W-F）、與第十三和十四欄位（M 和 N）之 .95 上下信賴區間數據（固定效果模式用），或第十五和十六欄位（O 和 P）之 .95 上下信賴區間數據（隨機效果模式用）。

嘉義大學國教所, Fred Li, 2011 - Mean-Meta-Data.xls

	A	B	C	D	E	F	G	H	I	J	K	L	M	N	O	P
1	Study	EF	SE	Var	W-F	WEF_F	EF-Center	AB-EF	Signed Ra	W-R	WEF-R		LWCI-F	UPCI-F	LWCI-R	UPCI-R
2	2	-0.5488	0.455554	0.207529	4.818594	-2.64442	-0.37552	0.375521	-12	4.105848	-2.25327		-1.44168	0.34409	-1.51608	0.41849
3	13	-0.52069	0.145661	0.021217	47.13198	-24.5412	-0.34742	0.347417	-11	17.4695	-9.09622		-0.80619	-0.2352	-0.98963	-0.05175
4	9	-0.49938	0.188567	0.035558	28.12334	-14.0441	-0.3261	0.326101	-10	13.96974	-6.97616		-0.86897	-0.12978	-1.02378	0.02502
5	4	-0.35881	0.297247	0.088356	11.31786	-4.06093	-0.18553	0.185532	-7	8.03978	-2.88473		-0.94141	0.2238	-1.05006	0.33244
6	1	-0.31792	0.147205	0.021669	46.14839	-14.6717	-0.14465	0.144649	-6	17.33257	-5.51044		-0.60645	-0.0294	-0.78871	0.15286
7	11	-0.17698	0.448088	0.200783	4.980499	-0.88147	-0.00371	0.003709	-1	4.222818	-0.74737		-1.05524	0.70127	-1.13078	0.77681
8	6	-0.16596	0.245323	0.060184	16.61582	-2.75752	0.007317	0.007317	2	10.39401	-1.72496		-0.64679	0.31488	-0.7739	0.44199
9	12	-0.14763	0.245245	0.060145	16.6264	-2.45463	0.02564	0.02564	3	10.39815	-1.53513		-0.62832	0.33305	-0.75546	0.46019
10	10	-0.12746	0.07733	0.00598	167.225	-21.314	0.045818	0.045818	4	23.80636	-3.03429		-0.27902	0.02411	-0.52916	0.27425
11	8	-0.12246	0.160272	0.025687	38.93005	-4.76721	0.050819	0.050819	5	16.20412	-1.98429		-0.43659	0.19168	-0.60936	0.36445
12	7	0.049103	0.141677	0.020072	49.81948	2.446272	0.222378	0.222378	8	17.82592	0.875301		-0.22858	0.32679	-0.41512	0.51333
13	3	0.095191	0.132533	0.017565	56.93113	5.419336	0.268466	0.268466	9	18.65996	1.776261		-0.16457	0.35496	-0.35854	0.54892
14	5	0.272727	0.232524	0.054067	18.49547	5.044219	0.446002	0.446002	13	11.09965	3.027178		-0.18302	0.72847	-0.31558	0.86103
15	Pooled EF	-0.15622			507.164	WEF_F=-79.22741			L0=0				-0.2432	-0.0692	-0.3221	-0.0245
16	Pooled EF	-0.17327			W2=41415.61255					W-R=173.52843						
17					Mean Effect=-.15622					WEF-R=-30.06812						
18					SE-M=.04440											
19					Z-M=-3.51804											
20					P-F=.0004					CI_R=-.32206 ~ -.02449(-.1733)						
21					CI-F=-.2432 ~ -.0692(-.1562)					Mean EF-R=-.17327						
22					Q=27.329	P-for Q=.00693										
23					Tau^2=.03603											

電腦會自動讀取框內之數據，以製作森林圖

圖 7-18　森林圖檔案格式：固定效果模式

為了使用者資料輸入的便利與效率，特將以上 ESS 各類效果值的計算與各個統計程序的檔案格式設定，摘要於表 7-1 和表 7-2。

表 7-1　ESS 計算四大類效果值的檔案格式設定之摘要表

嘉義大學, Fred Li, 2012 - ESS-Data-Format-For-Effects

	A	B	C	D	E	F	G	H	I	J
1	Study	ME	SDE	NE	MC	SDC	NC		Effecct Sizes	
2	x	x	x	x	x	x	x		Mean Diffrence	
3										
4	Study	Corr	Sample Size						Effecct Sizes	
5	x	x	x						Correlations	
6										
7	Study	TOTE	NPE	TOTC	NPC				Effecct Sizes	
8	x	x	x	x	X				Odds Ratio	
9										
10	Study	Total-N	Plus-N						Effecct Sizes	
11	x	x	x						Proportions/Diagnostic Data	

Sheet1 / Sheet2 / Sheet3

Welcome, STAT Pal!

ESS 在計算四大類效果值之後，ESS 就會將 Trim & Fill 分析、漏斗圖與森林圖等所需的資料在正確欄位備妥，等待研究者進行後續的統計分析與製圖。

表 7-2 中的副程式「Meta-regression Analysis」的資料分析不需用到 SE 變項，而「Fat-Pet-Mra Regression」與「PEESE Regression」副程式則需用到 SE 變項。不同的迴歸分析使用不同的資料格式，請使用者小心使用正確的資料輸入，否則會產生錯誤的結果。

表 7-2　ESS 統計程序所需的檔案格式設定摘要表

	A	B	C	D	E	F	G	H	I	J	K	L	M	N	O	P	Q
1	Study	EF	SE														Procedures
2	x	x	x														Egger's Regression Intercept
3	x	x	x														Trim & Fill
4	x	x	x														Funnel Plot
5	x	x	x														Sub Group Analysis
6																	
7	Study	EF	Weight	SE	Predictor	···											Procedures
8	x	x	x	x	x	···											Fat-Pet-Mra Regression
9	x	x	x	x	x	···											PEESE Regression
10																	
11	Study	EF	Weight	Predictor	···												Procedures
12	x	x	x	x	···												Meta-regression Analysis
13																	
14	Study	EF				W-F						LWCI-F	UPCI-F				Procedures
15	x	x				x						x	x				Forest Plot for Fixed Model
16																	
17	Study	EF					W-R							LWCI-F	UPCI-F		Procedures
18	x	x					x							x	x		Forest Plot for Random Model
19																	
20	Study	Cor	Sample Size														Procedures
21	x	x															FSN-Cor
22																	
23	Study	Probability															Procedures
24	x	x															FSN-Prob
25																	

二、整合分析軟體 ESS 的主要統計功能與操作介面

ESS 軟體係 EXCEL VBA 的增益集，結合了 EXCEL 的統計功能與資料表單功能，充分發揮了易學易用的特色。使用者在執行本軟體時，務必遵守前述各統計方法的特殊資料輸入格式與資料分析之順序，否則可能會有錯誤結果。為便利研究者迅速學會正確操作本軟體，以下將針對 ESS 的的主要統計功能：統計考驗力分析、併組效果值的計算、出版偏差、異質性分析與圖表檢核，依據圖 7-3 之操作介面，依序逐一加以重點提示，以確保操作過程的正確性，方能獲致正確的統計分析結果。

(一) 統計考驗力分析

　　ESS 的統計考驗力分析，必須先開啓一個空白表單，供統計分析結果存放輸出資料。

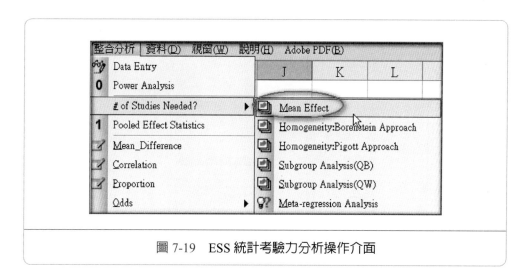

圖 7-19　ESS 統計考驗力分析操作介面

　　整合分析的統計考驗力分析（power analysis），主要目的在於規劃整合分析研究所需之最低研究樣本數，執行時請點選圖 7-19 中整合分析的表單「Power Analysis」下的「# of Studies Needed?」。ESS 可針對四大類的效果值，進行統計考驗力分析圖（如圖 7-19 所示）。以平均效果值的統計考驗力分析為例，請點選圖 7-19 中的次表單「Mean Effect」，就會出現輸入操作視窗。接著在圖 7-20 的左側欄位內點選「Fisher z」，如果其它選目呈現淡化狀態，即表示該選目不須填入任何數值。圖 7-20 的操作介面右側空白欄位，係等待輸入數據的欄位。以 Fisher z 效果值考驗的樣本規劃為例，等待填入的參數涉及 α（.05）、預估最小效果值（.30）、樣本大小（36）與異質性大小（中等）。所需參數填入之後，按下「確定」鈕，即可獲得 Fisher z 效果值的統計考驗力分析結果，如圖 7-21 所示。其他三大類別的效果值的統計考驗力分析之操作步驟大同小異，不再贅述。

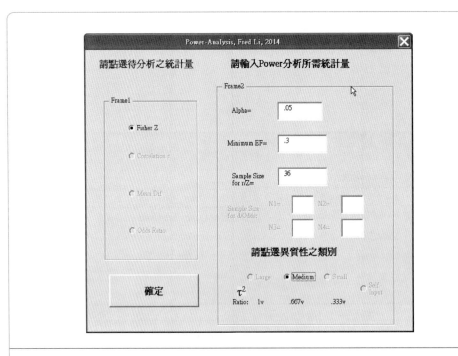

圖 7-20　統計考驗力分析操作介面：Fisher z 的輸入參數

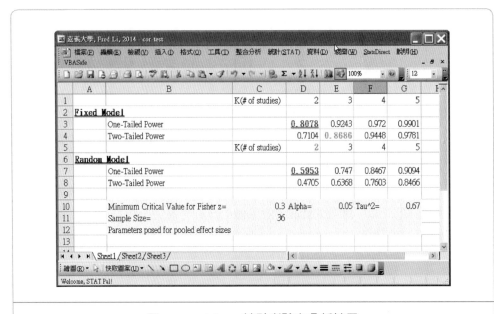

圖 7-21　Fisher z 統計考驗力分析結果

(二) 併組效果值

在 ESS 中，整合分析的併組效果值統計量（Pooled Effect Statistics）分析，主要包含四大類：平均數差異（Mean Difference）、相關係數（Correlation）、比率（Proportion）與勝算比（Odds Ratio），操作介面如圖 7-22 所示。

1. 平均數差異整合分析

以原始資料表單圖 7-6 為例（檔名：Mean-Meta-Data.xls），研究者如欲執行平均數差異併組效果值的計算時，請點選圖 7-22 的整合分析次表單「Mean_Difference」。

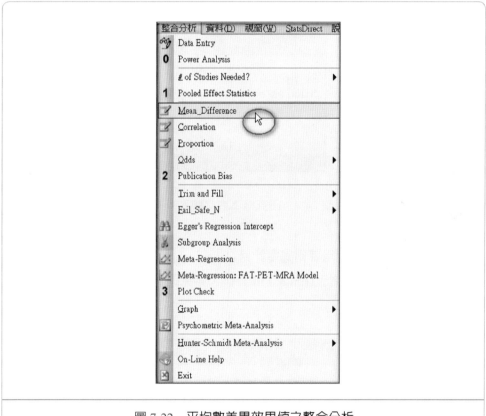

圖 7-22　平均數差異效果值之整合分析

按下圖 7-22 的「Mean_Difference」表單之後，就會出現圖 7-23 之 ESS 操作注意事項視窗，告訴使用者需要輸入樣本大小、平均數與標準差。

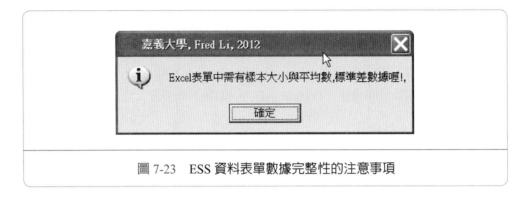

圖 7-23　ESS 資料表單數據完整性的注意事項

接著需要在圖 7-24 視窗內，輸入研究樣本數。

圖 7-24　研究樣本數之輸入視窗

最後，ESS 會提示使用者到底要計算 Cohen's d 值或 Hedges's g 值，如圖 7-25 所示，以及決定是否要進行 Trim & Fill 分析，參見圖 7-26。

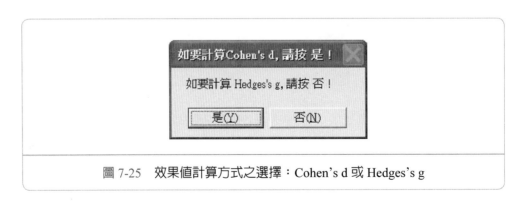

圖 7-25　效果值計算方式之選擇：Cohen's d 或 Hedges's g

圖 7-26　Trim & Fill 確定視窗

　　圖 7-26 的 Trim & Fill 確定視窗，研究者如果選擇「是」，ESS 會自動安置好所需之資料欄位與數據，以進行後續的 Trim & Fill 分析；如果選擇「否」，ESS 會保留一些重要的統計量與原始數據，但無法進行後續的 Trim & Fill 分析。圖 7-27 係平均數差異效果值之計算（參見 H 欄位，係 Cohen's d 值）與整合分析結果（參見圖 7-27 底部統計量）。

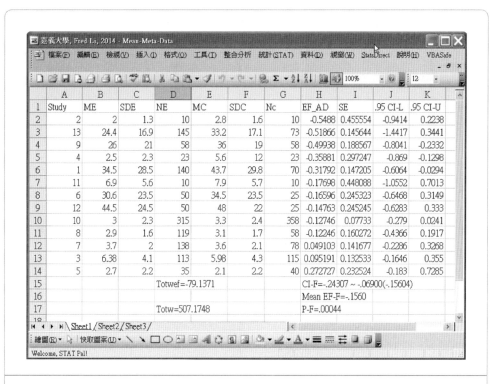

圖 7-27　平均數差異效果值之計算與整合分析結果

圖 7-27 係不進行 Trim & Fill 分析的資料表單（所需之資料尚未在正確欄位），在此狀態不能直接進行 Trim & Fill 分析。等待 Trim & Fill 分析的資料表單（所需之 Study、EF 和 SE 資料已在正確欄位 A ～ C），請參見圖 7-28。

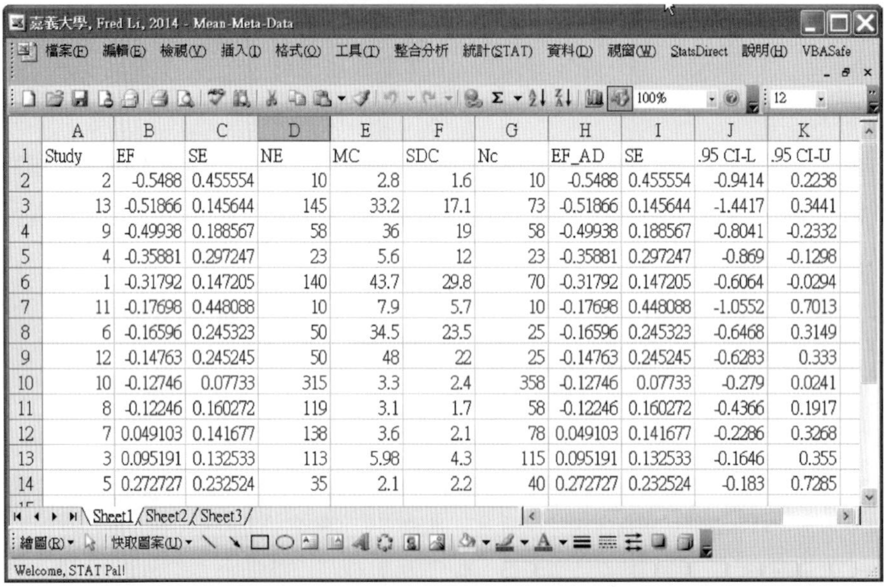

	A	B	C	D	E	F	G	H	I	J	K
1	Study	EF	SE	NE	MC	SDC	Nc	EF_AD	SE	.95 CI-L	.95 CI-U
2	2	-0.5488	0.455554	10	2.8	1.6	10	-0.5488	0.455554	-0.9414	0.2238
3	13	-0.51866	0.145644	145	33.2	17.1	73	-0.51866	0.145644	-1.4417	0.3441
4	9	-0.49938	0.188567	58	36	19	58	-0.49938	0.188567	-0.8041	-0.2332
5	4	-0.35881	0.297247	23	5.6	12	23	-0.35881	0.297247	-0.869	-0.1298
6	1	-0.31792	0.147205	140	43.7	29.8	70	-0.31792	0.147205	-0.6064	-0.0294
7	11	-0.17698	0.448088	10	7.9	5.7	10	-0.17698	0.448088	-1.0552	0.7013
8	6	-0.16596	0.245323	50	34.5	23.5	25	-0.16596	0.245323	-0.6468	0.3149
9	12	-0.14763	0.245245	50	48	22	25	-0.14763	0.245245	-0.6283	0.333
10	10	-0.12746	0.07733	315	3.3	2.4	358	-0.12746	0.07733	-0.279	0.0241
11	8	-0.12246	0.160272	119	3.1	1.7	58	-0.12246	0.160272	-0.4366	0.1917
12	7	0.049103	0.141677	138	3.6	2.1	78	0.049103	0.141677	-0.2286	0.3268
13	3	0.095191	0.132533	113	5.98	4.3	115	0.095191	0.132533	-0.1646	0.355
14	5	0.272727	0.232524	35	2.1	2.2	40	0.272727	0.232524	-0.183	0.7285

圖 7-28　平均數差異效果值之計算與等待 Trim & Fill 分析的資料表單

2. 相關係數整合分析

以原始資料表單圖 7-7 為例，點選圖 7-29 的「Correlation」副程式，就會出現圖 7-30 的 ESS 操作注意事項視窗，告訴使用者需要輸入研究名稱、樣本大小與相關係數。

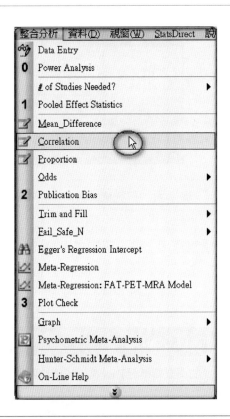

圖 7-29　相關係數效果值之整合分析

圖 7-30　ESS 資料表單數據完整性的注意事項

圖 7-31　研究樣本數之輸入視窗

接著需要在圖 7-31 視窗內，輸入研究樣本數及在圖 7-32 視窗中確認是否要執行等待 Trim & Fill 分析。

圖 7-32　Trim & Fill 確定視窗

圖 7-32 的 Trim & Fill 確定視窗，研究者如果選擇「是」，ESS 會自動安置好 Trim & Fill 所需之資料欄位與數據，以進行後續的 Trim & Fill 分析；如果選擇「否」，ESS 會保留一些重要的統計量與原始數據，但無法進行後續的 Trim & Fill 分析。圖 7-33 係 Fisher z 係數效果值之計算（參見 D 欄位）與整合分析結果。圖 7-34 則是等待 Trim & Fill 分析的資料表單（檔名：cor-test.xls）。

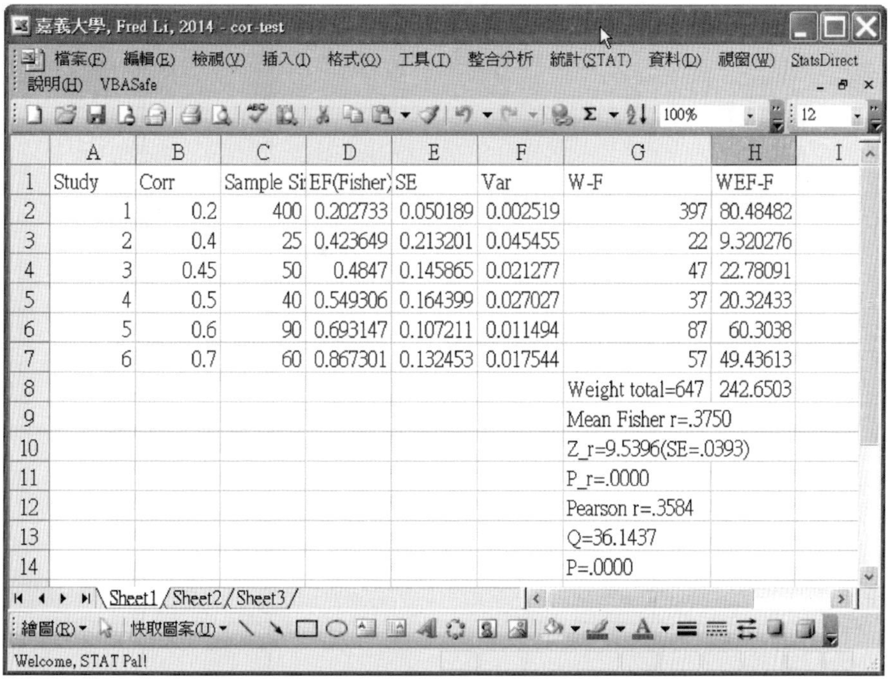

	A	B	C	D	E	F	G	H
1	Study	Corr	Sample Si	EF(Fisher)	SE	Var	W-F	WEF-F
2	1	0.2	400	0.202733	0.050189	0.002519	397	80.48482
3	2	0.4	25	0.423649	0.213201	0.045455	22	9.320276
4	3	0.45	50	0.4847	0.145865	0.021277	47	22.78091
5	4	0.5	40	0.549306	0.164399	0.027027	37	20.32433
6	5	0.6	90	0.693147	0.107211	0.011494	87	60.3038
7	6	0.7	60	0.867301	0.132453	0.017544	57	49.43613
8							Weight total=647	242.6503
9							Mean Fisher r=.3750	
10							Z_r=9.5396(SE=.0393)	
11							P_r=.0000	
12							Pearson r=.3584	
13							Q=36.1437	
14							P=.0000	

圖 7-33　Fisher z 係數效果值之計算與整合分析結果（不進行 Trim & Fill）

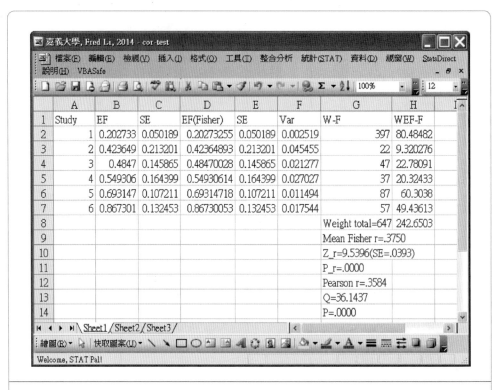

圖 7-34　相關係數效果值之計算與等待 Trim & Fill 分析的資料表單

3. 比率整合分析

　　以原始資料表單圖 7-9 為例（檔名：Proportion-meta.xls），點選圖 7-35 的「Proportion」表單，就會出現圖 7-36 的 ESS 操作注意事項視窗，提醒使用者需要輸入研究名稱、總人數與事件發生人數。

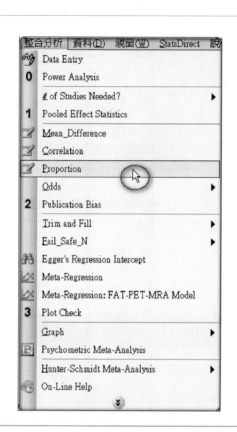

圖 7-35　比率效果值之整合分析

圖 7-36　ESS 資料表單數據完整性的注意事項

圖 7-37 　研究樣本數之輸入視窗

接著，需要在圖 7-37 視窗內，輸入研究樣本數。

圖 7-38 　Trim & Fill 確定視窗

　　圖 7-38 的 Trim & Fill 確定視窗，研究者如果選擇「是」，ESS 會自動安置好 Trim & Fill 所需之資料欄位與數據，以進行後續的 Trim & Fill 分析；如果研究者選擇「否」，ESS 會保留一些重要的統計量與原始數據，但無法進行後續的 Trim & Fill 分析。圖 7-39 底部，係比率效果值之計算與整合分析結果。圖 7-39 係不進行 Trim & Fill 分析的資料表單，在此狀態不能直接進行 Trim & Fill 分析。至於等待進行 Trim & Fill 分析的資料表單，請參見圖 7-40。

	A	B	C	D	E	F	G	H	I	J	K	L
1	Study	Total-N	Plus_N	Proportion	SE	Var	W-F	WEF-F	Freeman-F	.95 CI-L	.95 CI-U	Proportion
2	12	47	14	0.2978723	0.145095	0.021053	47.5	55.27624	1.16371	0.1812	0.4388	0.297872
3	8	20	6	0.3	0.220863	0.04878	20.5	24.17816	1.179422	0.133	0.5208	0.3
4	6	24	8	0.3333333	0.202031	0.040816	24.5	30.49675	1.244765	0.1696	0.5349	0.333333
5	11	12	4	0.3333333	0.282843	0.08	12.5	15.71208	1.256967	0.1184	0.6191	0.333333
6	2	8	3	0.375	0.342997	0.117647	8.5	11.43426	1.345207	0.109	0.716	0.375
7	3	40	15	0.375	0.157135	0.024691	40.5	53.63532	1.324329	0.2368	0.5307	0.375
8	1	10	4	0.4	0.308607	0.095238	10.5	14.56524	1.387166	0.1454	0.7044	0.4
9	10	147	68	0.462585	0.082339	0.00678	147.5	220.7192	1.496402	0.3832	0.5434	0.462585
10	5	86	44	0.5116279	0.107521	0.011561	86.5	137.8627	1.593788	0.4067	0.6158	0.511628
11	13	21	12	0.5714286	0.215666	0.046512	21.5	36.71622	1.707731	0.3591	0.7654	0.571429
12	9	54	38	0.7037037	0.135457	0.018349	54.5	108.0408	1.982399	0.5728	0.8133	0.703704
13	4	64	48	0.75	0.124515	0.015504	64.5	134.5227	2.085624	0.6337	0.8441	0.75
14	7	7	6	0.8571429	0.365148	0.133333	7.5	16.9247	2.256627	0.4851	0.9929	0.857143
15							Weight total=	860.0844				
16							Pooled Proportion=.5015(1.5738)					
17							P=.0000					
18							Q=49.2107					
19							P=.0000					

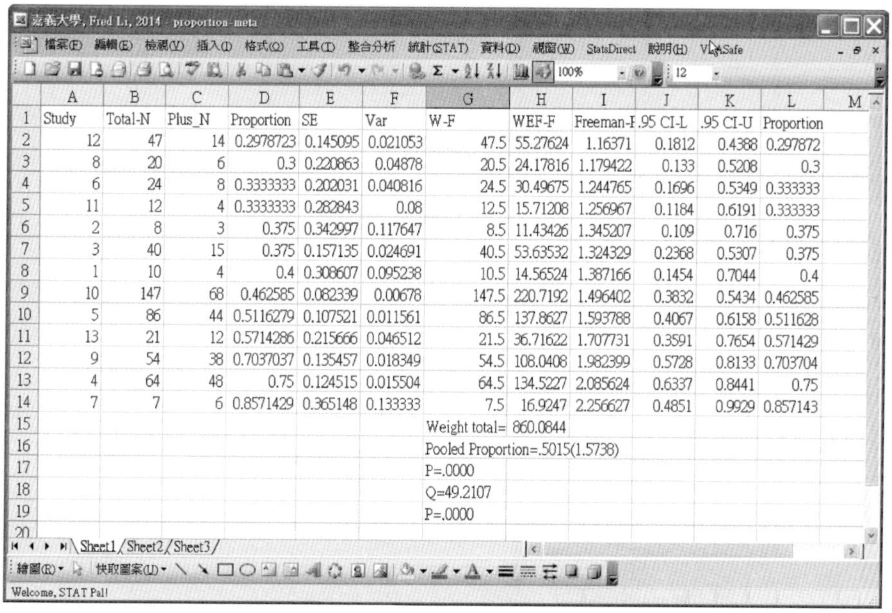

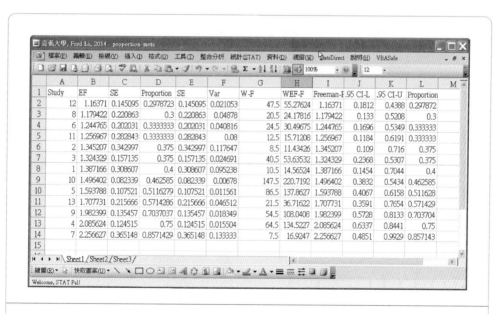

圖 7-39　比率效果值之計算與整合分析結果（不進行 Trim & Fill）

	A	B	C	D	E	F	G	H	I	J	K	L
1	Study	EF	SE	Proportion	SE	Var	W-F	WEF-F	Freeman-F	.95 CI-L	.95 CI-U	Proportion
2	12	1.16371	0.145095	0.2978723	0.145095	0.021053	47.5	55.27624	1.16371	0.1812	0.4388	0.297872
3	8	1.179422	0.220863	0.3	0.220863	0.04878	20.5	24.17816	1.179422	0.133	0.5208	0.3
4	6	1.244765	0.202031	0.3333333	0.202031	0.040816	24.5	30.49675	1.244765	0.1696	0.5349	0.333333
5	11	1.256967	0.282843	0.3333333	0.282843	0.08	12.5	15.71208	1.256967	0.1184	0.6191	0.333333
6	2	1.345207	0.342997	0.375	0.342997	0.117647	8.5	11.43426	1.345207	0.109	0.716	0.375
7	3	1.324329	0.157135	0.375	0.157135	0.024691	40.5	53.63532	1.324329	0.2368	0.5307	0.375
8	1	1.387166	0.308607	0.4	0.308607	0.095238	10.5	14.56524	1.387166	0.1454	0.7044	0.4
9	10	1.496402	0.082339	0.462585	0.082339	0.00678	147.5	220.7192	1.496402	0.3832	0.5434	0.462585
10	5	1.593788	0.107521	0.5116279	0.107521	0.011561	86.5	137.8627	1.593788	0.4067	0.6158	0.511628
11	13	1.707731	0.215666	0.5714286	0.215666	0.046512	21.5	36.71622	1.707731	0.3591	0.7654	0.571429
12	9	1.982399	0.135457	0.7037037	0.135457	0.018349	54.5	108.0408	1.982399	0.5728	0.8133	0.703704
13	4	2.085624	0.124515	0.75	0.124515	0.015504	64.5	134.5227	2.085624	0.6337	0.8441	0.75
14	7	2.256627	0.365148	0.8571429	0.365148	0.133333	7.5	16.9247	2.256627	0.4851	0.9929	0.857143
15												

圖 7-40　比率效果值之計算與進行 Trim & Fill 之表單

4. 勝算比整合分析

勝算比整合分析最常出現在實證醫學、流行病學的研究上。

圖 7-41　勝算比效果值之整合分析

以原始資料表單圖 7-8 為例（檔名：Odds-Fleiss.xls），由圖 7-41 之勝算比整合分析的表單可知，ESS 提供三大類勝算比之整合分析：「Wolfe's Odds」、「Mantel-Haenszel's Odds」和「Peto's Odds」。

圖 7-42　ESS 資料表單數據完整性的注意事項

以圖 7-41 的次表單「Odds-Wolfe」為例，點選它後，就會出現圖 7-42 的
ESS 操作注意事項視窗，提醒使用者需要輸入樣本大小。

圖 7-43　研究樣本數之輸入視窗

接著需要在圖 7-43 視窗內，輸入研究樣本數。

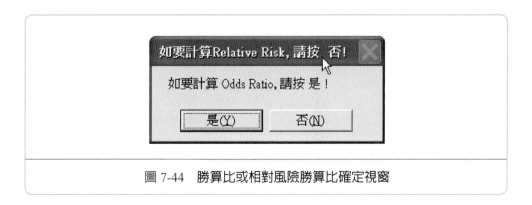

圖 7-44　勝算比或相對風險勝算比確定視窗

最後，ESS 會提醒使用者到底要計算勝算比（Odds Ratio）或相對風險（Relative Risk, RR），如圖 7-44 所示。

圖 7-45　Trim & Fill 確定視窗

圖 7-45 係 Trim & Fill 的確定視窗，研究者如果選擇「是」，ESS 會自動安置好 Trim & Fill 所需之資料欄位與數據，以進行後續的 Trim & Fill 分析；如果研究者選擇「否」，ESS 會保留一些重要的統計量與原始數據，但無法進行後續的 Trim & Fill 分析。圖 7-46 底部，係勝算比效果值之計算與整合分析結果。圖 7-46 係不進行 Trim & Fill 分析的資料表單，在此狀態不能直接進行 Trim & Fill 分析。欲進行 Trim & Fill 分析，請使用圖 7-47 的資料表單。

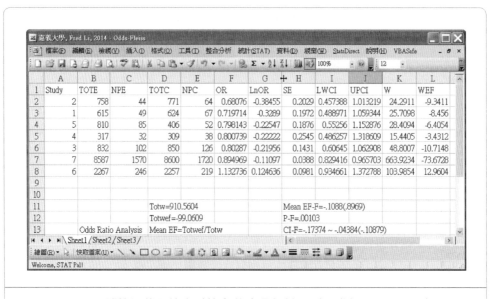

	A	B	C	D	E	F	G	H	I	J	K	L
1	Study	TOTE	NPE	TOTC	NPC	OR	LnOR	SE	LWCI	UPCI	W	WEF
2	2	758	44	771	64	0.68076	-0.38455	0.2029	0.457388	1.013219	24.2911	-9.3411
3	1	615	49	624	67	0.719714	-0.3289	0.1972	0.488971	1.059344	25.7098	-8.456
4	5	810	85	406	52	0.798143	-0.22547	0.1876	0.55256	1.152876	28.4094	-6.4054
5	4	317	32	309	38	0.800739	-0.22222	0.2545	0.486257	1.318609	15.4405	-3.4312
6	3	832	102	850	126	0.80287	-0.21956	0.1431	0.560645	1.062908	48.8007	-10.7148
7	7	8587	1570	8600	1720	0.894969	-0.11097	0.0388	0.829416	0.965703	663.9234	-73.6728
8	6	2267	246	2257	219	1.132736	0.124636	0.0981	0.934661	1.372788	103.9854	12.9604
9												
10												
11				Totw=910.5604					Mean EF-F=-.1088(.8969)			
12				Totwef=-99.0609					P-F=.00103			
13		Odds Ratio Analysis		Mean EF=Totwef/Totw					CI-F=-.17374 ~ -.04384(-.10879)			

圖 7-46　勝算比效果值之計算與整合分析結果（不進行 Trim & Fill）

圖 7-47　勝算比效果值之計算與進行 Trim & Fill 表單

(三) 出版偏差

出版偏差（Publication Bias）是整合分析的效度考驗，它也是敏感度分析（Sensitivity Analysis）的證據，可用來探究資料的改變或分析方法的改變，是否會改變研究結果與結論。檢驗出版偏差的統計分析方法很多，諸如：Trim & Fill 刪補法（Duval & Tweedie, 2000 a & b）、安全失效數（Fail-Safe Number，簡稱 FSN）、Egger 迴歸分析考驗（2001, 2005）、次群體分析（Subgroup Analysis）、FAT-PET-MRA 整合迴歸分析、森林圖（Forest Plots）與漏斗圖（Funnel Plots）。注意，利用 ESS 執行 Trim & Fill 分析時，勝算比、相關係數與比率的整合分析，因計算公式特殊而設有特殊參數之傳遞，研究者必須先執行 ESS 第一階段的統計分析後，才能進行 ESS 第二階段的 Trim & Fill 分析；否則會產生錯誤的分析結果。ESS 提供了五大類的出版偏差分析方法：Trim & Fill 刪補法、安全失效數、整合迴歸刪補法、Egger 迴歸截距法與 FAT-PET-MRA 整合迴歸分析法。茲將 ESS 所提供的五類出版偏差的考驗操作過程，逐一簡述如下：

1. Trim & Fill 刪補法

本法係 Duval and Tweedie（2000 a & b）所創，旨在增填漏斗圖（Funnel plots）中可能遺漏掉的相關研究，一直填補到漏斗圖左右對稱為止。他們定義了

三種計算 Ko（# of missing studies）的公式：Lo、Ro 和 Qo，但 ESS 目前僅提供了 Lo 或 Ro 估計值（參見圖 7-48）。萬一執行 ESS 的「Trim & Fill」時如果出現錯誤現象，請檢查 EXCEL 表單 Sheet 1 之後各表單內容，是否已經清空。

圖 7-48　出版偏差檢查：Trim & Fill 方法

以圖 7-47 的勝算比效果值資料為例（Odds-Fleiss.xls），如果使用者可以選擇按下圖 7-48 的次表單「Lo Estimator」，就會出現圖 7-49 的 ESS 操作注意事項視窗。

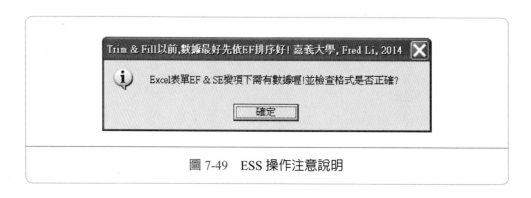

圖 7-49　ESS 操作注意說明

　　圖 7-49 之 ESS 操作注意說明，提醒使用者務必備齊各研究效果值與相關的標準誤。此外，除了平均數差異效果值的整合分析之外，其他類別的整合分析都需先經第一階段的 ESS 統計分析（亦即計算效果值），才能進行 Trim & Fill 之工作，不能直接利用 ESS 進行 Trim & Fill；否則會因特殊參數沒傳遞而產生不正確的分析結果。

圖 7-50　研究樣本數之輸入視窗

　　接著須在圖 7-50 視窗內，輸入研究樣本數 7；在圖 7-51 視窗內，選擇欲採用固定效果模式或隨機效果模式，進行 Trim & Fill，如採固定效果模式，請按「Y」，如採隨機效果模式，請按「N」。

圖 7-51　Trim & Fill 採固定效果模式或隨機效果模式確定視窗

　　圖 7-52 的視窗顯示此筆資料無出版偏差（因 Lo=0），事實上不需要進行 Trim & Fill。

圖 7-52　ESS 分析結果：不需進行 Trim & Fill

按下確定鈕之後，就可獲得勝算比效果值整合分析結果，如圖 7-53。

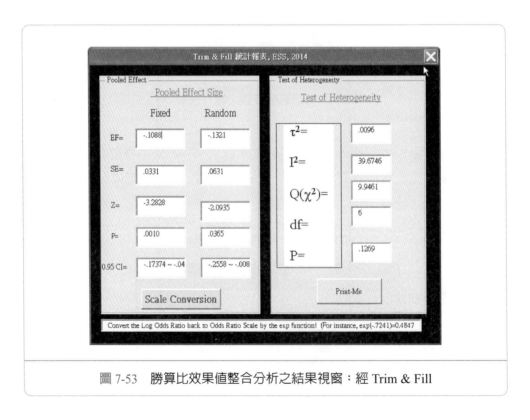

圖 7-53　勝算比效果值整合分析之結果視窗：經 Trim & Fill

　　圖 7-53 係勝算比效果值，經 Trim & Fill 分析之後的統計摘要視窗，該視窗可以列印出來（請按「Print-Me」）。

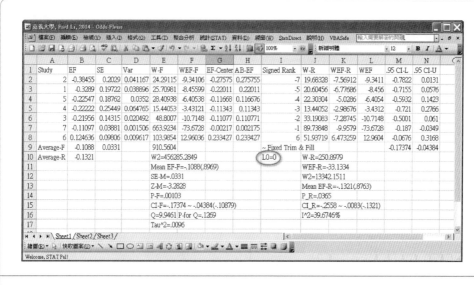

圖 7-54　勝算比效果值的 EXCEL 整合分析報表

由圖 7-54 的 EXCEL 整合分析報表可知，此筆資料無出版偏差（L0=0），不需要進行 Trim & Fill，亦即本例不需要進行刪補，因而平均效果值不必進行調整。

2. 安全失效數

安全失效數（Fail-Safe Number，簡稱 FSN），計算方法有 3 種：Without Exact P、FSN-Cor 和 FSN-Prob。

(1)Without Exact p：適用於沒有精確 p 值的整合分析

本法不須原始資料數據，只須知道論文總篇數與達顯著水準的論文篇數，請點選圖 7-55 的 ESS「Without Exact p」副程式，就會出現圖 7-56 的 FSN 操作介面。

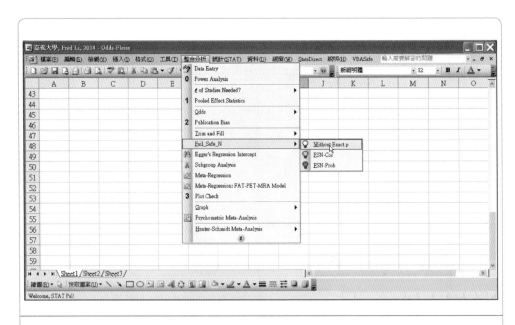

圖 7-55　ESS 安全失效 N 的操作介面：Without Exact p (1)

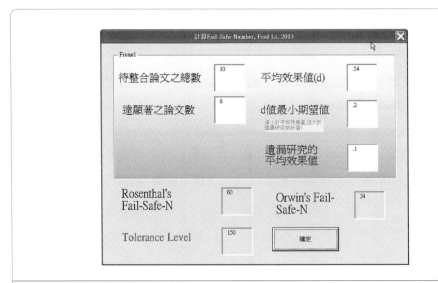

圖 7-56　ESS 安全失效 N 的操作介面：Without Exact p (2)

本法計算與操作過程最容易，研究者只要在圖 7-56 的安全失效 N 的操作介面內輸入：論文總篇數（10）、達顯著之論文篇數（8）與平均效果值（.54）、d 值最小期望值（.2）和遺漏研究的平均效果值（.1）等，接著按下確定鈕即可獲得 Rosenthal's & Orwin's 安全失效數（60 vs. 34）與容忍性程度（Tolerance level）的篇數（150）。d 值最小期望值的設定，必須介於其他兩個估計值（平均效果值與遺漏研究的平均效果值）之間。如果研究者的效果值不是 d 值，請先利用本書第一章第四節中的相關公式轉換成 d 值，再使用本程式。研究者假如只須計算 Rosenthal's FSN，圖 7-56 的右側空格可以不必理會，直接按下確定鈕即可。

(2)FSN-Cor：適用於相關係數的整合分析

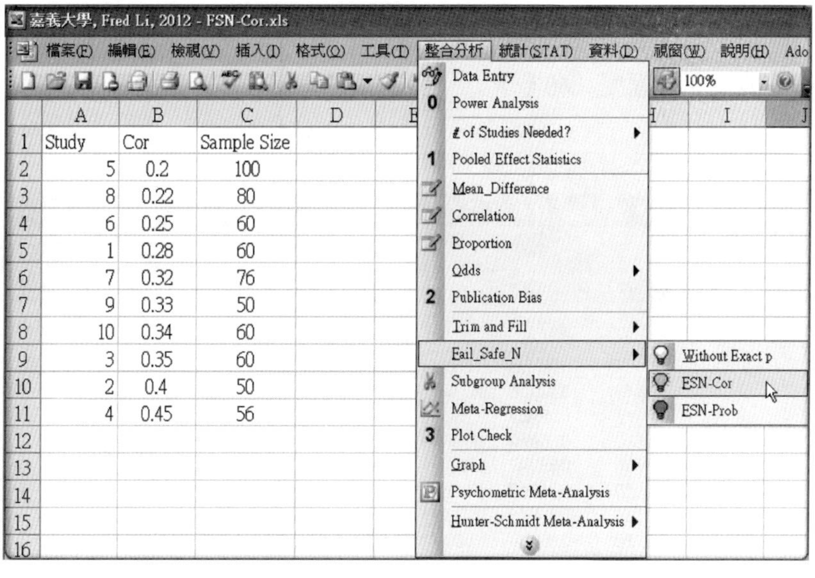

圖 7-57　ESS 安全失效 N 的操作介面：FSN-Cor

以圖 7-57 之相關係數數據為例，本法計算過程中，研究者需要先備好各研究的相關係數與樣本大小（參見圖 7-57 左側內容），其次點選「FSN-Cor」選單，就會出現圖 7-58 的研究篇數操作視窗，最後按下確定鈕，即可看見安全失效數與容忍性程度的篇數出現在 EXCEL 表單上，參見圖 7-59。

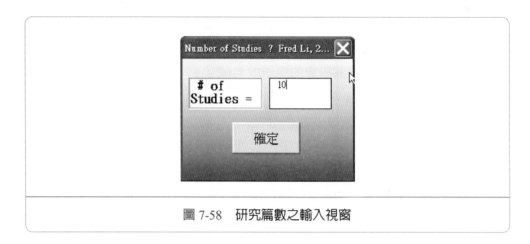

圖 7-58　研究篇數之輸入視窗

在圖 7-58 的研究篇數操作視窗內鍵入研究篇數 10，按下確定鈕，就可出現圖 7-59 之 FSN 分析報表，呈現了 α = .05 和 .01 時的安全失效數（222.9823 vs. 106.1296）與容忍性程度（60）。

圖 7-59　ESS 相關係數的 FSN 分析報表

(3)FSN-Prob：適用於只有精確 p 值的整合分析

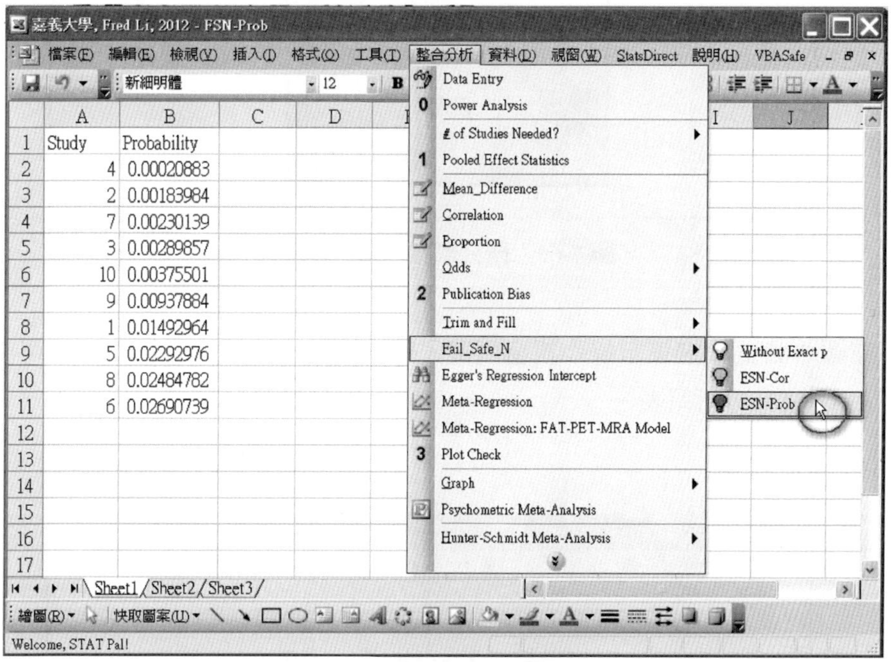

圖 7-60　ESS 安全失效 N 的操作介面：精確 p 值

　　由圖 7-60 知，本法計算過程中，研究者只需要先備好各研究的精確 p 值，如圖 7-60 左側內容，其次點選「FSN-Prob」選單，就會出現圖 7-61 的操作注意說明視窗與圖 7-62 的研究篇數操作視窗，最後按下確定鈕，即可看見安全失效數與容忍性程度的篇數出現在圖 7-63 的 EXCEL 表單上。

圖 7-61　ESS 操作注意說明

圖 7-62　研究篇數之輸入視窗

在圖 7-62 的研究篇數操作視窗內鍵入研究篇數 10，按下確定鈕，就可出現圖 7-63 之 FSN 分析報表。

圖 7-63　ESS 精確 p 值之安全失效 N 的輸出表單

3. 整合迴歸刪補法

根據 Weinhandl & Duval（2012）的模擬研究，發現在整合迴歸刪補法上，Ro 的效能比 Lo 為佳，Qo 最差且易發生無法收斂現象；而且，單向度（只含截距項）的整合迴歸刪補效能比雙向度（含截距與斜率項）的整合迴歸效能佳。因此，ESS 軟體目前只提供 Ro 估計法，進行研究結果之刪補。

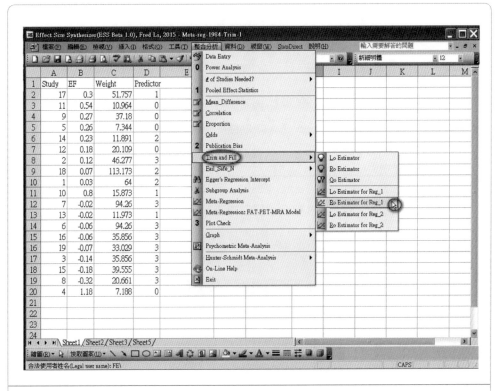

圖 7-64　ESS 整合迴歸刪補法的 Ro 程式選單

由圖 7-64（檔名：Meta-reg-1984-Trim-1.xls）知，ESS 整合迴歸刪補法的資料輸入格式與 ESS 整合迴歸分析法完全相同。本刪補法過程中，研究者需要先備好各研究的效果值、加權量與預測變項（如圖 7-64 左側內容），其次如果在「Trim & Fill」下點選「Ro Estimator for Reg_1」選單，就會出現圖 7-65 到圖 7-67 的操作視窗，最後按下確定鈕，即可看見統計分析結果出現在 EXCEL 表單上。如欲進行雙向度整合迴歸刪補法，請點選「Ro Estimator for Reg_2」副程式。

圖 7-65　ESS 整合迴歸刪補法的分析模式

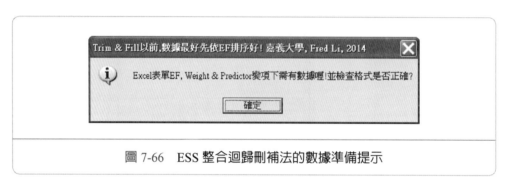

圖 7-66　ESS 整合迴歸刪補法的數據準備提示

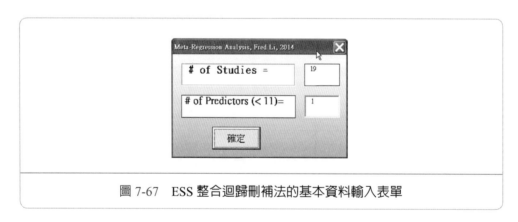

圖 7-67　ESS 整合迴歸刪補法的基本資料輸入表單

　　由圖 7-67 的視窗內容知，ESS 整合迴歸刪補法，需要研究者提供研究篇數與預測變項數，其餘資訊 ESS 會從 EXCEL 表單的固定欄位上自動截取。

圖 7-68　整合迴歸刪補法的提示視窗：不需要再進行 Trim & Fill

　　由圖 7-68 可知，刪補過程已結束，就會出現整合迴歸刪補法的表單：圖 7-69。分析結果 R0 = 0，表示本例不需進行刪補，因而平均效果值不必進行調整。

	A	B	C	D	E	F	G	H	I	J	K
1	Study	EF	Weight	Predictor			EF-Centered	AB-EF	Signed Rank		
2	17	0.3	51.757	1			-0.1072	0.1072	-1		
3	11	0.54	10.964	0			0.1328	0.1328	2		
4	9	0.27	37.18	0			-0.1372	0.1372	-3		
5	5	0.26	7.344	0			-0.1472	0.1472	-4		
6	14	0.23	11.891	2			-0.1772	0.1772	-5		
7	12	0.18	20.109	0			-0.2272	0.2272	-6		
8	2	0.12	46.277	3			-0.2872	0.2872	-7		
9	18	0.07	113.173	2			-0.3372	0.3372	-8		
10	1	0.03	64	2			-0.3772	0.3772	-9		
11	10	0.8	15.873	1			0.3928	0.3928	10		
12	7	-0.02	94.26	3			-0.4272	0.4272	-11		
13	13	-0.02	11.973	1			-0.4272	0.4272	-11		
14	6	-0.06	94.26	3			-0.4672	0.4672	-13		
15	16	-0.06	35.856	3			-0.4672	0.4672	-13		
16	19	-0.07	33.029	3			-0.4772	0.4772	-15		
17	3	-0.14	35.856	3			-0.5472	0.5472	-16		
18	15	-0.18	39.555	3			-0.5872	0.5872	-17		
19	8	-0.32	20.661	3			-0.7272	0.7272	-18		
20	4	1.18	7.188	0			0.7728	0.7728	19		
21	Beta_Fixed=	SE	Z(P)	.95CI	Beta_Random=	SE	Z(P)	R0=0		.95CI	
22	0.4072	0.0871	4.6775(.00000)	.2366 ~ .5779	0.4072	0.0871	4.6775(.00000)			.2366 ~ .5779	
23	-0.1573	0.0358	-4.3883(.00001)	-.2275 ~ -.0870	-0.1573	0.0358	-4.3883(.00001)			-.2275 ~ -.0870	
24											
25	QT=		35.8258(p=.00743 , df=18)		QT=		35.8258(p=.00743 , df=18)				
26	QE=		16.5683(p=.48396 , df=17)		QE=		16.5683(p=.48396 , df=17)				
27	QR=		19.2575(p=.00001 , df=1)		QR=		19.2575(p=.00001 , df=1)				

圖 7-69　ESS 整合迴歸刪補法的表單

4. Egger 迴歸截距法

Egger 迴歸截距（Egger's regression intercept）法，係漏斗圖的非對稱性之統計考驗方法；假如截距的統計顯著性考驗達既定之顯著水準，即顯示出版偏差的存在。ESS 的操作步驟，依序如圖 7-70 至圖 7-73 所示。圖 7-70 中之資料係利用原始檔案「Mean-Meta-Data.xls」，進行平均數差異效果值之計算結果。

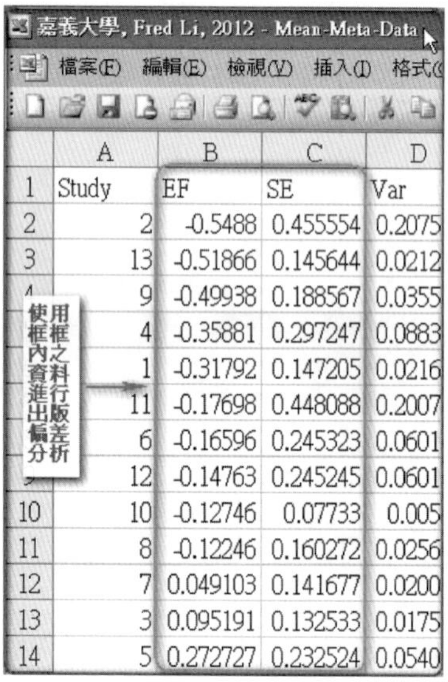

	A	B	C	D
1	Study	EF	SE	Var
2	2	-0.5488	0.455554	0.2075
3	13	-0.51866	0.145644	0.0212
	9	-0.49938	0.188567	0.0355
	4	-0.35881	0.297247	0.0883
	1	-0.31792	0.147205	0.0216
	11	-0.17698	0.448088	0.2007
	6	-0.16596	0.245323	0.0601
	12	-0.14763	0.245245	0.0601
10	10	-0.12746	0.07733	0.005
11	8	-0.12246	0.160272	0.0256
12	7	0.049103	0.141677	0.0200
13	3	0.095191	0.132533	0.0175
14	5	0.272727	0.232524	0.0540

圖 7-70　Egger 迴歸截距法的檔案格式

Egger 迴歸截距法，將只會利用圖 7-70 中 EF 和 SE 欄位的資料，進行資料分析。因此，在進行 Egger 迴歸截距法分析時，EF 和 SE 欄位的資料為必備之資料。

其次，請點選圖 7-71 中的 ESS「Egger's Regression Intercept」副程式。

圖 7-71　Egger 迴歸截距法操作介面

　　在圖 7-72 視窗中輸入研究篇數 13 之後，按下確定鈕，就可獲得 Egger 迴歸截距法之輸出報表，如圖 7-73 和圖 7-74 所示。

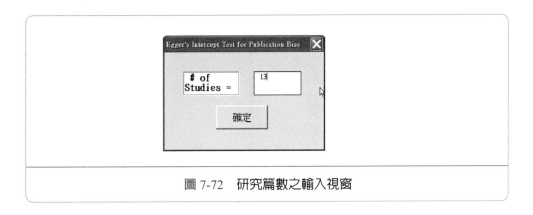

圖 7-72　研究篇數之輸入視窗

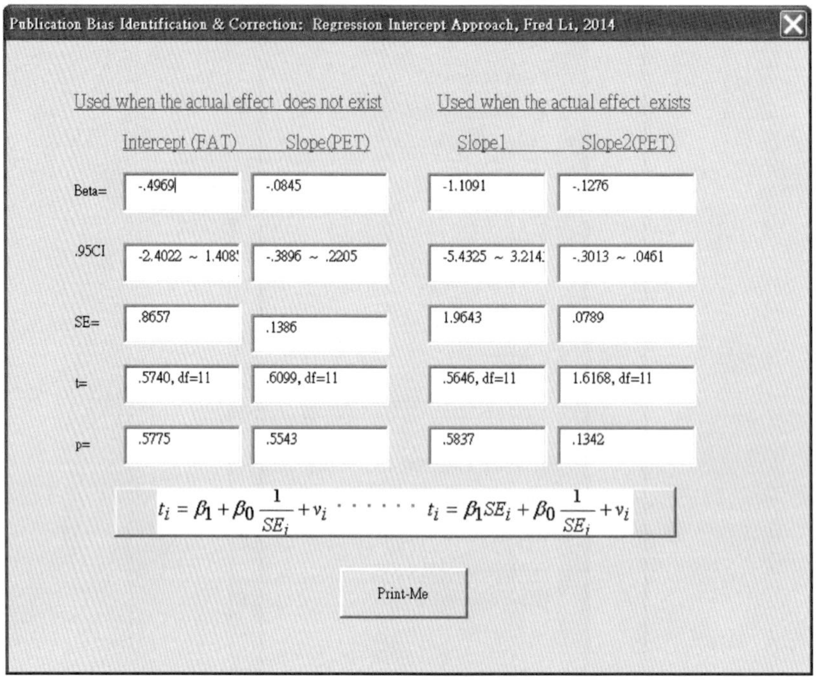

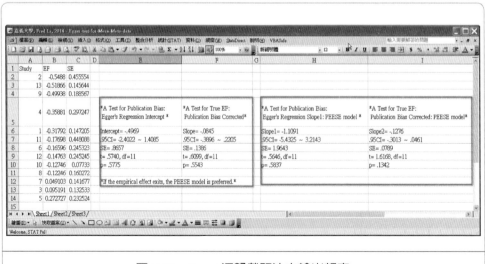

圖 7-73　Egger 迴歸截距法之輸出摘要表

圖 7-74　Egger 迴歸截距法之輸出報表

圖 7-74 左側框內 Egger 迴歸截距法的分析結果，反映本例並無出版偏差的疑慮（t = .5740, df = 11, p = .5775）。

5. FAT-PET-MRA 整合迴歸分析法

本法係 Egger 迴歸截距法的延伸，除了漏斗圖的非對稱性考驗之外，尚可納入重要調節變項，以獲得淨效果值（可排除出版偏差與造成研究結果異質性的調節變項效果）。ESS 的操作步驟，依序如圖 7-75 至圖 7-77 所示。

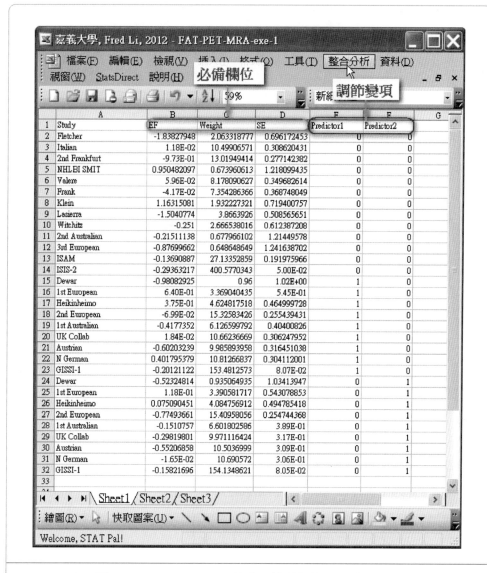

圖 7-75　FAT-PET-MRA 整合迴歸分析的資料輸入欄位

本 ESS 軟體目前可允許三個預測變項（含 SE 變項，將來預定擴充爲十個），請從 D 欄位起開始輸入預測變項的數據，建檔格式如圖 7-75 所示（檔名：FAF-PET-MRA-exe-1.xls），圖中 SE 變項與調節變項（predictor1 和 predictor2）均須視爲預測變項；因此，本例預測變項共有三個。

圖 7-76　FAT-PET-MRA 整合迴歸分析之操作介面

請點選圖 7-76 中的 ESS「Meta-regression：FAT-PET-MRA model」副程式。

於圖 7-77 的輸入視窗內，輸入研究樣本數（31）與預測變項數（3）。按下確定鈕之後，就會出現圖 7-78 的結果視窗，注意本表中的 SE 係勇健標準誤，可同時解決效果值相依問題與變異數同質性問題。另外，右下角的變異解釋％比，$R^2 = .0000$，係因出現負值，ESS 會自動設定爲 0。

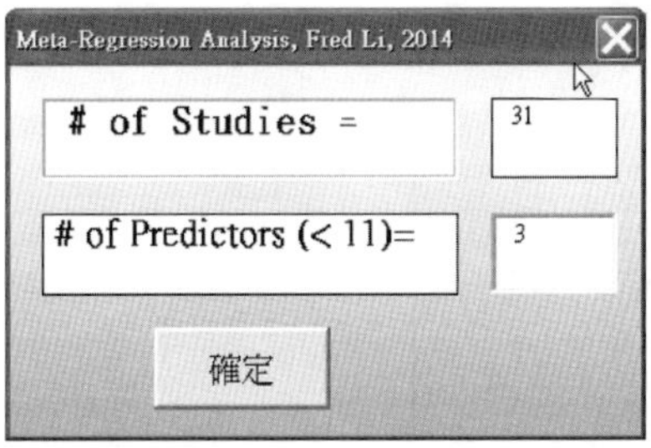

圖 7-77　研究樣本數與預測變項數之輸入視窗

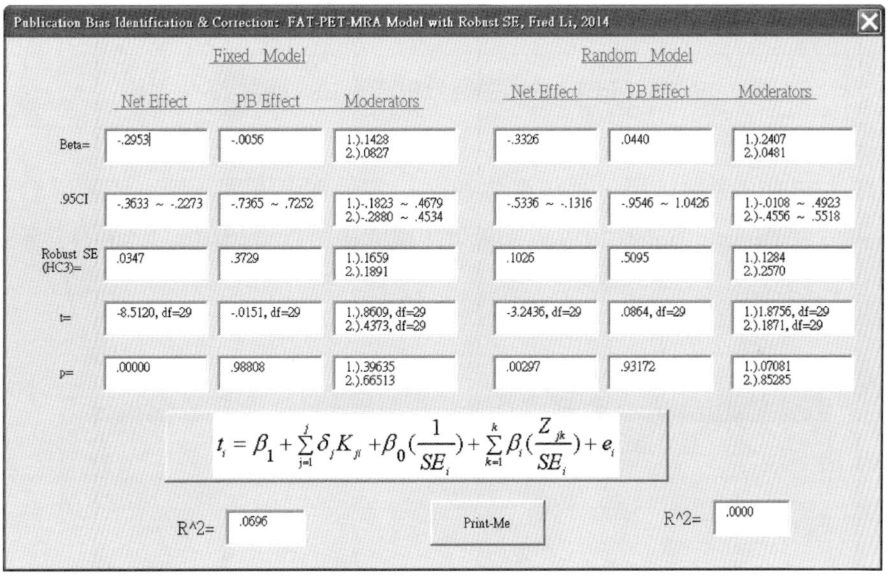

圖 7-78　ESS 報表中的勇健標準誤：FAT-PET-MRA 模式

接著，ESS 會提供 FAT-PET-MRA 迴歸分析法的兩個統計分析摘要表：圖 7-79 係 t 考驗的結果，圖 7-80 係 z 考驗的結果。

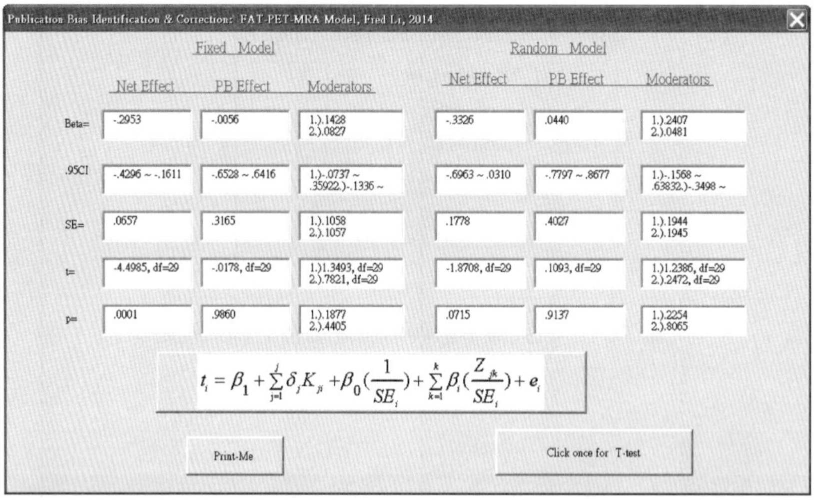

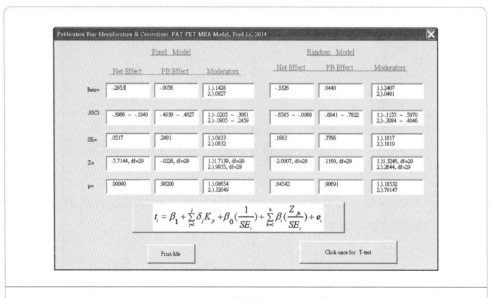

圖 7-79　FAT-PET-MRA 迴歸分析法的 ESS 摘要表：t 考驗

　　圖 7-79 中 t 考驗結果，可以產生較貼切的信賴區間與 p 值，較適用於推論（Stanley & Doucouliagos, 2013）。關閉此視窗後，就會出現圖 7-80 的 z 考驗摘要表。

圖 7-80　FAT-PET-MRA 迴歸分析法的 ESS 摘要表：z 考驗

關閉圖 7-80 的視窗後，就會出現圖 7-81 的加權方法說明視窗，說明以下之統計分析採 FAT-PET-PEESE 模式，各變項會先以 $1/SE^2$ 加權（WLS 模式）。圖 7-82 至圖 7-84 的摘要表，係 PEESE 模式的分析結果。

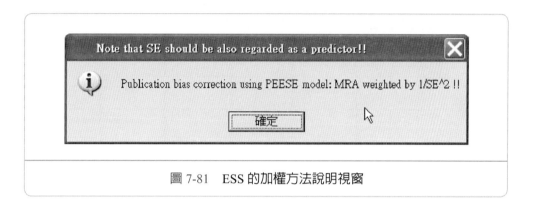

圖 7-81　ESS 的加權方法說明視窗

FAT-PET-PEESE-MRA 模式下的 PET 結果，適用於具有顯著非零效果值時；但出版偏差的分析結果，則須使用 FAT-PET-MRA 模式下的 FAT 結果。根據模擬研究結果，FAT-PET-PEESE-MRA 模式的出版偏差 FAT 考驗結果，並非有效的指標（Stanley，2014，個人通信）。總而言之，不管實際的效果值有無達顯著水準，非對稱性 FAT 考驗請均報告 FAT-PET-MRA 模式中的 FAT 結果。

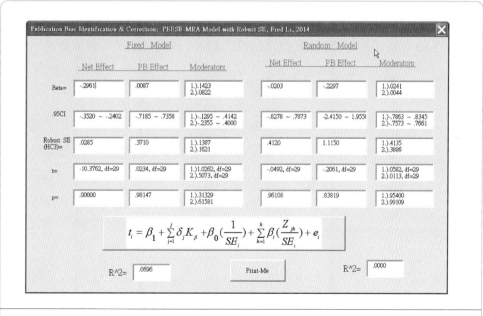

圖 7-82　ESS 報表中的勇健標準誤：PEESE-MRA 模式

圖 7-82 右下角的變異解釋 % 比，$R^2 = .0000$，係因出現負值，ESS 會自動設定為 0。

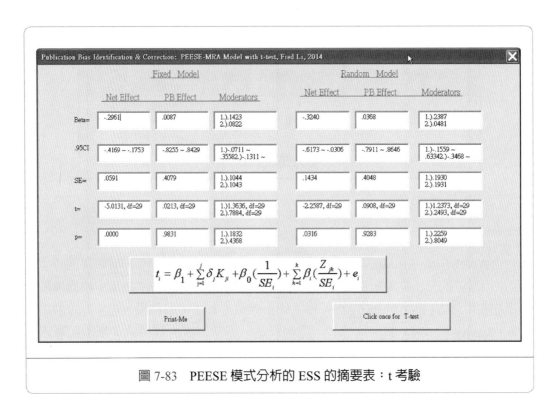

圖 7-83　PEESE 模式分析的 ESS 的摘要表：t 考驗

圖 7-83 和圖 7-84 係 PEESE 模式分析的 ESS 的 t 考驗與 z 考驗摘要表。

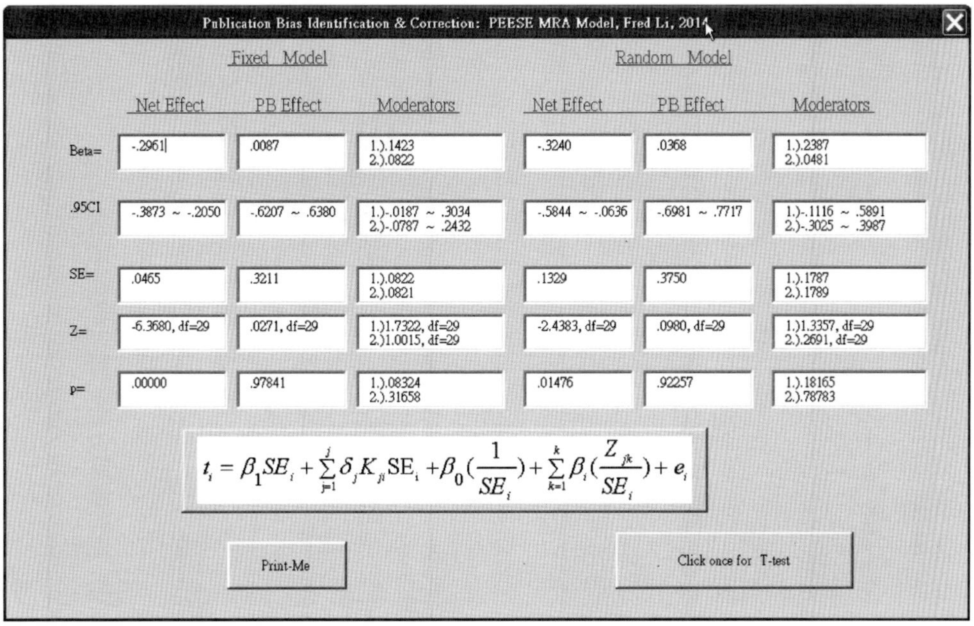

Publication Bias Identification & Correction: PEESE MRA Model, Fred Li, 2014

	Fixed Model			Random Model		
	Net Effect	PB Effect	Moderators	Net Effect	PB Effect	Moderators
Beta=	-.2961	.0087	1.).1423 2.).0822	-.3240	.0368	1.).2387 2.).0481
.95CI	-.3873 ~ -.2050	-.6207 ~ .6380	1.)-.0187 ~ .3034 2.)-.0787 ~ .2432	-.5844 ~ -.0636	-.6981 ~ .7717	1.)-.1116 ~ .5891 2.)-.3025 ~ .3987
SE=	.0465	.3211	1.).0822 2.).0821	.1329	.3750	1.).1787 2.).1789
Z=	-6.3680, df=29	.0271, df=29	1.)1.7322, df=29 2.)1.0015, df=29	-2.4383, df=29	.0980, df=29	1.)1.3357, df=29 2.).2691, df=29
p=	.00000	.97841	1.).08324 2.).31658	.01476	.92257	1.).18165 2.).78783

$$t_i = \beta_1 SE_i + \sum_{j=1}^{j} \delta_j K_{ji} SE_i + \beta_0 \left(\frac{1}{SE_i}\right) + \sum_{k=1}^{k} \beta_i \left(\frac{Z_{jk}}{SE_i}\right) + e_i$$

Print-Me   Click once for T-test

圖 7-84　PEESE 模式分析的 ESS 的摘要表：z 考驗

在出現上述幾個報表之後，就可獲得如圖 7-85 中 EXCEL 表單底部的 FAT-PET-MRA（左欄框）和 PEESE-MRA（右欄框）模式下之全部分析結果。表內含固定效果模式與隨機效果模式下之整合分析結果：FAT 和 PET 結果、t 和 z 考驗、QT、QR、QE、R^2、τ^2 和 I^2 等重要統計量。

ESS 不僅提供 FAT-PET-MRA 整合迴歸分析的結果，在 EXCEL 表單中亦提供 FAT-PET-PEESE-MRA 整合迴歸分析的結果，以便在檢驗出版偏差之後，選擇較適當的統計方法。如何選擇較適當的統計方法，請參照圖 2-51 的 PEESE-MRA 考驗流程圖。

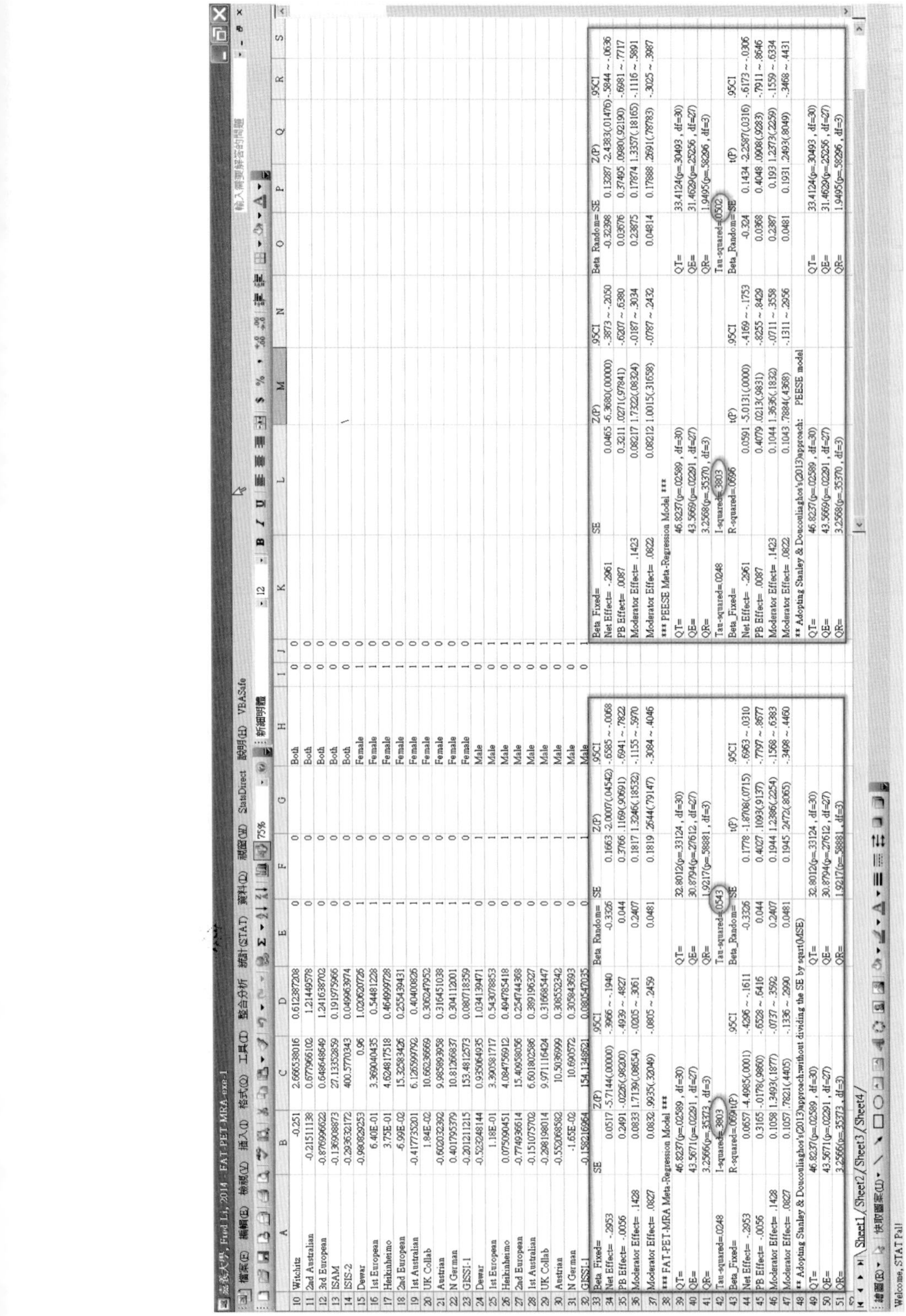

圖 7-85　FAT-PET-MRA 和 PEESE-MRA 整合迴歸分析的輸出總報表

(四) 異質性分析

異質性（heterogeneity）指個別研究結果間的不相似度（degree of dissimilarity），而此異質性可由其它類別調節變項加以解釋。調節變項可爲類別變項，也可爲連續變項：類別變項常使用次群體進行分析，連續變項則須使用整合迴歸進行分析。

1. 次群體異質性分析

以 Oh & Seo（2007）對於呼吸復健課程特徵對於病人運動能力改善效果的整合分析爲例，如圖 7-86 中的資料表單所示（檔名：subgroup-respi.xls），共有 17 筆資料。圖 7-86 中的「Site」變項，係進行調節變項分析所需的調節變項（在醫院接受訓練與否作分類），「EF」和「SE」則是進行整合分析的必備資訊。

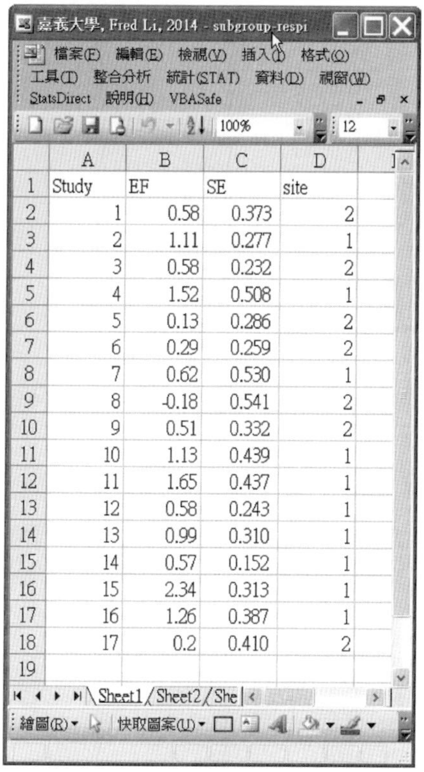

	A	B	C	D
1	Study	EF	SE	site
2	1	0.58	0.373	2
3	2	1.11	0.277	1
4	3	0.58	0.232	2
5	4	1.52	0.508	1
6	5	0.13	0.286	2
7	6	0.29	0.259	2
8	7	0.62	0.530	1
9	8	-0.18	0.541	2
10	9	0.51	0.332	2
11	10	1.13	0.439	1
12	11	1.65	0.437	1
13	12	0.58	0.243	1
14	13	0.99	0.310	1
15	14	0.57	0.152	1
16	15	2.34	0.313	1
17	16	1.26	0.387	1
18	17	0.2	0.410	2
19				

圖 7-86　ESS 次群體異質性分析的資料表單

次群體異質性分析適用於類別性的調節變項分析，分析時請點選圖 7-87 之 ESS 表單的「Subgroup Analysis」，接著就會出現圖 7-88 之格式檢查的警告視窗、圖 7-89 之次群體分析組別數的輸入視窗與圖 7-90 之研究總篇數的輸入視窗。

圖 7-87　次群體異質性分析 ESS 介面

圖 7-88　次群體分析資料須按組別排序好

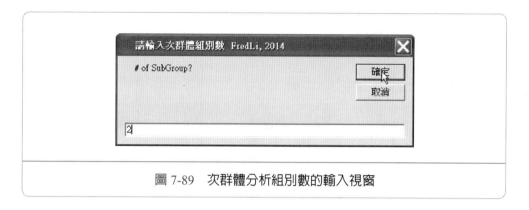

圖 7-89　次群體分析組別數的輸入視窗

　　利用 ESS 進行次群體的同質性考驗，首先須將原始資料利用類別調節變項排序好，並且計算出每一次群體的研究篇數（參見圖 7-90），以便後續相關輸入資訊的運用。

圖 7-90　ESS 要求提供研究總篇數

　　接著，就可看到圖 7-91 與圖 7-93 之 EXCEL 訊息視窗，告知第一次群體與第二次群體的研究分析結果，會存在 EXCEL 的表單之中。

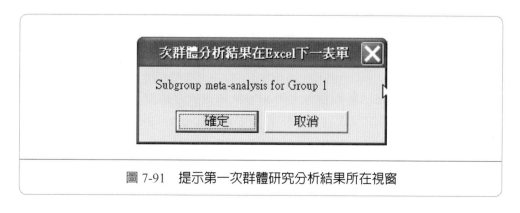

圖 7-91　提示第一次群體研究分析結果所在視窗

其次，第一次群體整合分析的結果會以圖 7-92 摘要表呈現，關閉此摘要表之後也會出現在 EXCEL 的表單中。

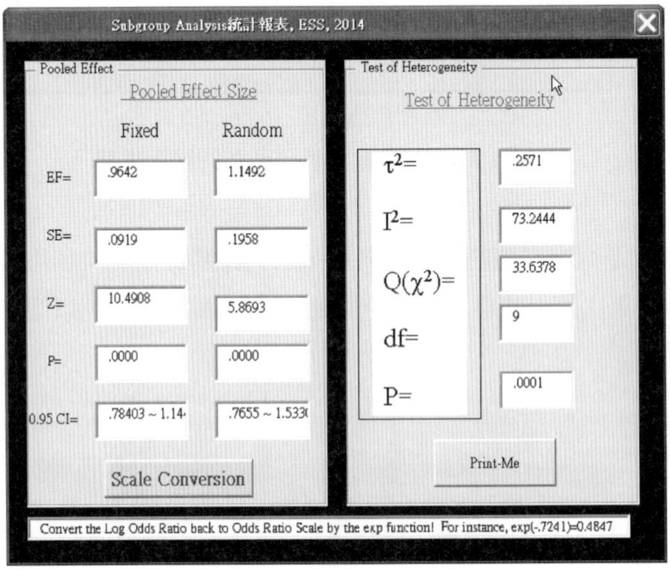

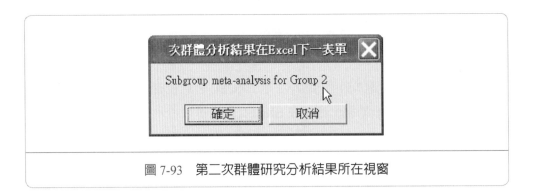

圖 7-92　第一次群體分析的摘要表

圖 7-93　第二次群體研究分析結果所在視窗

當出現圖 7-93 之訊息視窗後，告知分析結果會存放於 EXCEL 的下一表單中，研究者即可獲得第二次群體分析的摘要表，如圖 7-94 所示，關閉此摘要表之後相關的統計量數亦會呈現在 EXCEL 的表單中。

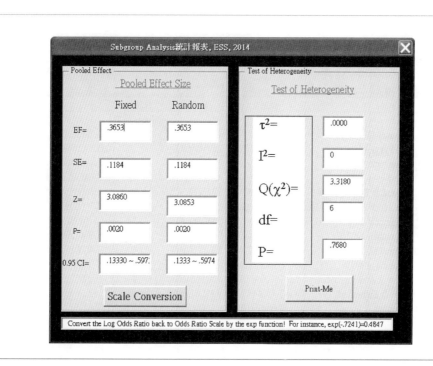

圖 7-94　第二次群體分析的摘要表

2. 整合迴歸異質性分析

　　整合迴歸異質性分析，適用於連續性的調節變項分析。以圖 7-95 為例
（檔名：Meta-reg-BCG-cma.xls），B 欄位係 Log Odds 效果值資料，為 BCG
Vaccination（預防注射）對於 TB 的對數勝算比分析資料，C 欄位係加權量，D
欄位係迴歸分析的預測變項：緯度（連續變項）。

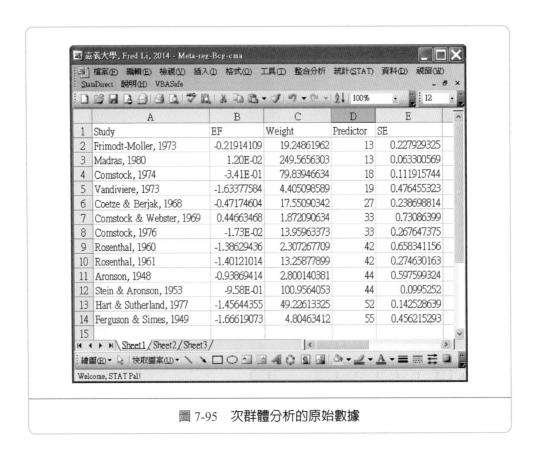

圖 7-95　次群體分析的原始數據

　　請先點選圖 7-96 中的 ESS「Meta-regression」副程式。接著，就會出現圖 7-97 之整合迴歸分析視窗，請求輸入研究篇數與預測變項數目。

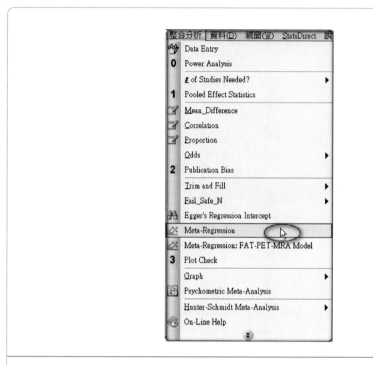

圖 7-96　整合迴歸分析 ESS 介面

按下圖 7-97 的確定鈕之後，就會出現圖 7-98 的異質性分析結果。

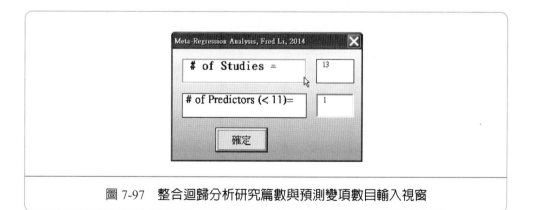

圖 7-97　整合迴歸分析研究篇數與預測變項數目輸入視窗

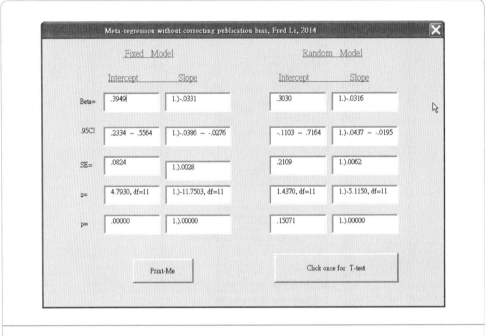

圖 7-98　整合迴歸的異質性分析結果視窗

(五) ESS 製圖功能

利用 EXCEL 的製圖功能，ESS 提供漏斗圖（Funnel Plots）與森林圖（Forest Plots），以便研究者目視研究結果分佈圖是否具有異質性與出版偏差，也讓研究者或讀者可以視覺評估效果值的集中趨勢與離散情形。為了確保 ESS 製圖時取得正確待分析的效果值的類別資料，強烈建議研究者須先利用 ESS 計算效果值進行 Trim & Fill 分析後，再進行製圖的工作（ESS 方能正確取得研究者計算效果值的類別）；且務必先執行漏斗圖的製作，再進行森林圖的製作。研究者如果先完成森林圖的製作，再回頭製作漏斗圖，會因參數設定之傳遞不正確而影響到製圖的正確性。因此，請研究者務必依 ESS 表單上建議之順序，進行圖形之製作。

1. **漏斗圖**

(1) 未含填補數據

	A	B	C	D
1	Study	Total-N	Plus-N	
2	1	10	4	
3	2	8	3	
4	3	40	15	
5	4	64	48	
6	5	86	44	
7	6	24	8	
8	7	7	6	
9	8	20	6	
10	9	54	38	
11	10	147	68	
12	11	12	4	
13	12	47	14	
14	13	21	12	
15				

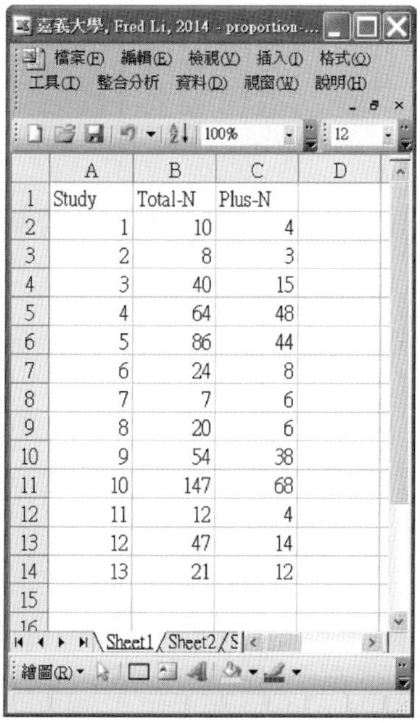

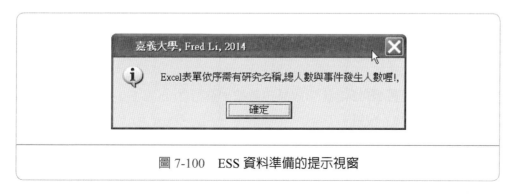

圖 7-99　比率效果值的原始數據

以圖 7-99 之比率效果值原始數據爲例（檔名：proportion-meta.xls），先利用 ESS 計算比率效果值，比率效果值的計算，請點選 ESS 的選單：
Proportion
。接著，ESS 會要求研究者準備好所需之數據與輸入研究篇數，參見圖 7-100 和圖 7-101。

嘉義大學, Fred Li, 2014
Excel表單依序需有研究名稱,總人數與事件發生人數喔!,
確定

圖 7-100　ESS 資料準備的提示視窗

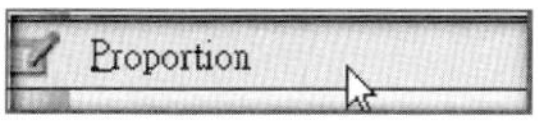

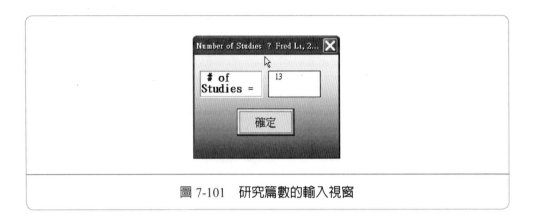

圖 7-101　研究篇數的輸入視窗

ESS 計算比率效果值之後，會將比率值存放在圖 7-102 的 D 欄位中。

	A	B	C	D
1	Study	Total-N	Plus-N	Proportion
2	1	10	4	0.4
3	2	8	3	0.375
4	3	40	15	0.375
5	4	64	48	0.75
6	5	86	44	0.511628
7	6	24	8	0.333333
8	7	7	6	0.857143
9	8	20	6	0.3
10	9	54	38	0.703704
11	10	147	68	0.462585
12	11	12	4	0.333333
13	12	47	14	0.297872
14	13	21	12	0.571429
15				

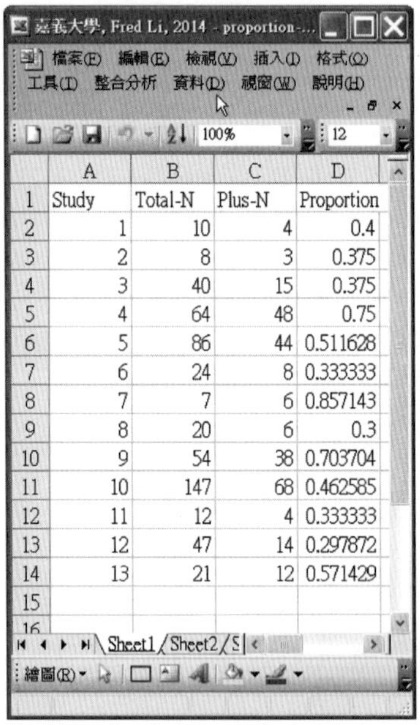

圖 7-102　比率效果值數據

其次，根據圖 7-102 之比率效果值數據，進行 Trim & Fill 分析，請選擇圖 7-103 的「是（Y）」按鈕。

圖 7-103　是否進行 Trim & Fill 的選擇視窗

選擇「是（Y）」按鈕之後，就會立即出現等待 Trim & Fill 分析的資料表單，參見圖 7-104，需用到 A ～ C 欄位的數據。

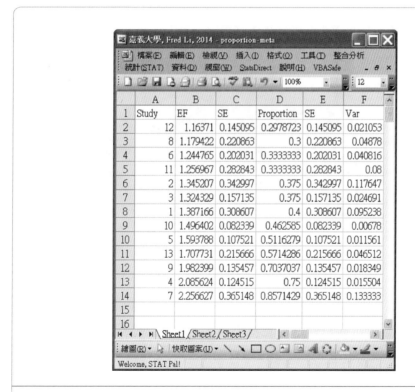

圖 7-104　進行 ESS Trim & Fill 分析的數據

其次，請點選 ESS 表單：，並選擇
固定或隨機模式，參見圖 7-105。

圖 7-105　固定效果模式或隨機效果模式的選擇視窗

圖 7-106 係說明 Trim & Fill 已終止，該筆資料無出版偏差，不需要進行填補
工作。

圖 7-106　ESS 提示 Trim & Fill 已終止

另外，研究者如欲進行漏斗圖分析，請點選圖 7-107 的 ESS「Funnel Plot」
副程式，這個副程式目前只執行固定效果模式，欲執行隨機效果模式需要在
EXCEL 表單中將固定效果平均值更換成隨機效果平均值。

圖 7-107　漏斗圖的 ESS 點選表單

　　圖 7-108 係 ESS 繪製漏斗圖的數據：比率效果值和 SE，第 15～18 行數據可由 ESS 自動產生（利用 ESS 計算效果值與 Trim & Fiill 分析之後）。

圖 7-108　ESS 繪製漏斗圖的數據：比率效果值和 SE

　　只要依照以上筆者建議之執行順序，研究者不必再調整每一研究效果值與標準誤的欄位，EXCEL VBA 軟體 ESS 就能正確讀取相關欄位之資料，進行漏斗

圖的繪製。圖 7-108 就是漏斗圖檔案格式的讀取資料（比率效果值實例）；而第 15～18 行資料亦皆須備齊（如果不經 ESS 的 Trim & Fill 分析過程），ESS 的漏斗圖程式才能獨立正確運作。圖 7-109 係 ESS 所輸出的比率效果值漏斗圖（未含填補數據）。

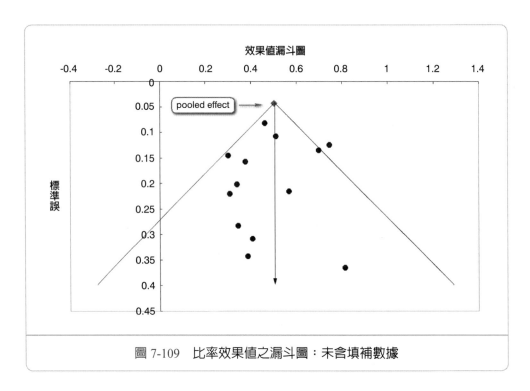

圖 7-109　比率效果值之漏斗圖：未含填補數據

(2) 含填補數據

　　爲節省篇幅，利用 ESS 計算效果值與執行 ESS Trim & Fill 的程序將省略，操作步驟如前述。圖 7-110 係進行 ESS Trim & Fill 分析之後，含有五個填補數據的資料（檔名：PubBiasl.xls）。

	Study	Ef	Se
2	1	-0.2	0.41
3	2	-0.07	0.18
4	3	0.04	0.3
5	4	0.16	0.53
6	5	0.21	0.51
7	6	0.27	0.33
8	7	0.53	0.74
9	8	0.56	1.08
10	9	0.8	0.62
11	10	1.08	0.66
12	11	2.11	1.55
13	Imputed	-0.5005324	0.74
14	Imputed	-0.5305324	1.08
15	Imputed	-0.7705324	0.62
16	Imputed	-1.0505324	0.66
17	Imputed	-2.0805324	1.55

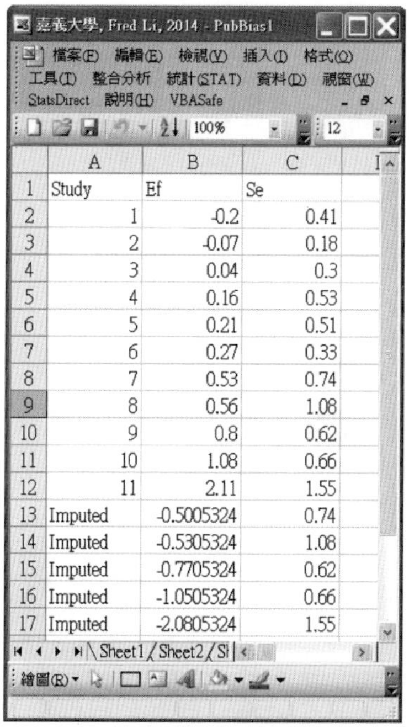

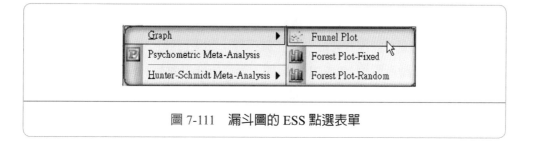

圖 7-110　進行 ESS Trim & Fill 分析之後的數據：含填補數據

爲進行漏斗圖分析，請點選圖 7-111 的 ESS「Funnel Plot」副程式。

Graph
Psychometric Meta-Analysis
Hunter-Schmidt Meta-Analysis
Funnel Plot
Forest Plot-Fixed
Forest Plot-Random

圖 7-111　漏斗圖的 ESS 點選表單

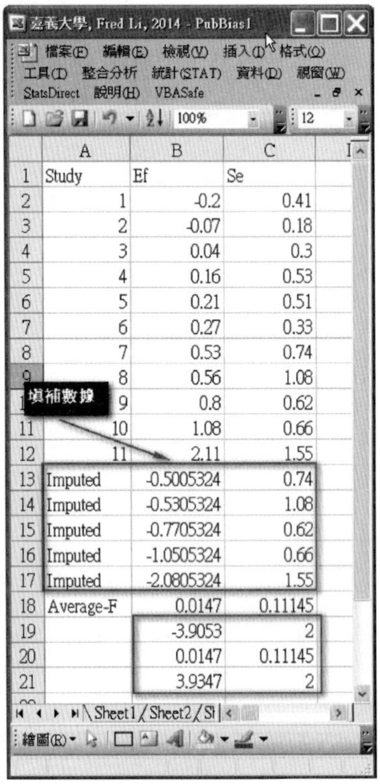

	A	B	C
1	Study	Ef	Se
2	1	-0.2	0.41
3	2	-0.07	0.18
4	3	0.04	0.3
5	4	0.16	0.53
6	5	0.21	0.51
7	6	0.27	0.33
8	7	0.53	0.74
9	8	0.56	1.08
10	9	0.8	0.62
11	10	1.08	0.66
12	11	2.11	1.55
13	Imputed	-0.5005324	0.74
14	Imputed	-0.5305324	1.08
15	Imputed	-0.7705324	0.62
16	Imputed	-1.0505324	0.66
17	Imputed	-2.0805324	1.55
18	Average-F	0.0147	0.11145
19		-3.9053	2
20		0.0147	0.11145
21		3.9347	2

圖 7-112　ESS 繪製漏斗圖的數據：含填補數據

圖 7-112 底部第 18～21 行數據亦須備齊（如果不經 ESS 的 Trim & Fill 分析過程），ESS 的漏斗圖程式才能獨立正確運作；如果已經利用 ESS 的 Trim & Fill 分析，ESS 會自動產製第 18～21 行數據，等待研究者執行漏斗圖分析。圖 7-113 係研究效果值之漏斗圖（含五個填補數據）。

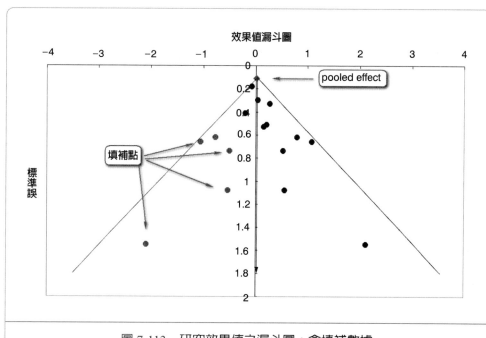

圖 7-113　研究效果值之漏斗圖：含填補數據

2. 森林圖

對於森林圖的繪製，ESS 提供了二種統計模式的製圖：固定效果模式與隨機效果模式。

(1) 固定效果模式

研究者如欲進行森林圖分析，須在 ESS 的「Graph」表單下，點選圖 7-114 的「Forest Plot-Fixed」副程式。

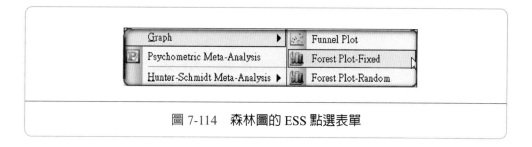

圖 7-114　森林圖的 ESS 點選表單

森林圖的製作必須在執行效果值計算與 Trim & Fill 之後，才能順利產生所需要的統計量或圖表；因為需要用到執行效果值計算所傳遞的效果值代碼及 Trim & Fill 過程中的儲存數據。ESS 在進行森林圖的製作過程中，會自動擷取圖 7-115 中研究名稱、效果值、加權量與信賴區間等數據（1, 2, 5, 13, 14 欄位）。這些欄位數據係根據圖 7-6 內之原始數據（檔名：Mean-Meta-Data.xls），經過平均效果值的計算與 Trim & Fill 等過程計算而來，這些數據乃是用來繪製森林圖的必備數據。第十三、十四欄位（M 和 N）資料，係固定效果的上下信賴區間資料。只要依照以上筆者建議之執行順序，ESS 就能正確讀取相關欄位之資料，自動進行森林圖的繪製。

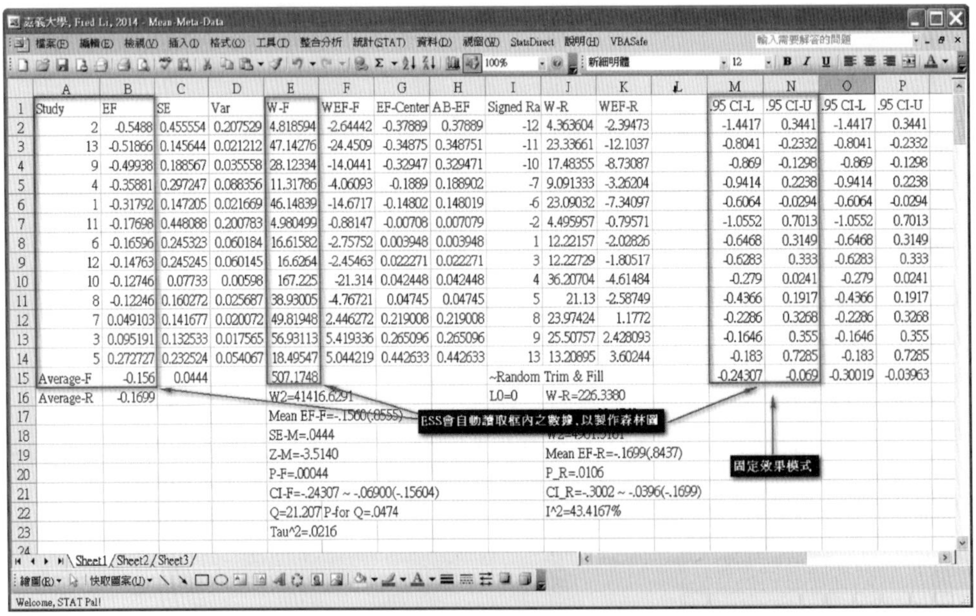

	A	B	C	D	E	F	G	H	I	J	K	L	M	N	O	P
1	Study	EF	SE	Var	W-F	WEF-F	EF-Center	AB-EF	Signed Ra	W-R	WEF-R		.95 CI-L	.95 CI-U	.95 CI-L	.95 CI-U
2	2	-0.5488	0.455554	0.207529	4.818594	-2.64442	-0.37889	0.37889	-12	4.363604	-2.39473		-1.4417	0.3441	-1.4417	0.3441
3	13	-0.51866	0.145644	0.021212	47.14276	-24.4509	-0.34875	0.348751	-11	23.33661	-12.1037		-0.8041	-0.2332	-0.8041	-0.2332
4	9	-0.49938	0.188567	0.035558	28.12334	-14.0441	-0.32947	0.329471	-10	17.48355	-8.73087		-0.869	-0.1298	-0.869	-0.1298
5	4	-0.35881	0.297247	0.088356	11.31786	-4.06093	-0.1889	0.188902	-7	9.091333	-3.26204		-0.9414	0.2238	-0.9414	0.2238
6	1	-0.31792	0.147205	0.021669	46.14839	-14.6717	-0.14802	0.148019	-6	23.09032	-7.34097		-0.6064	-0.0294	-0.6064	-0.0294
7	11	-0.17698	0.448088	0.200783	4.980499	-0.88147	-0.00708	0.007079	-2	4.495957	-0.79571		-1.0552	0.7013	-1.0552	0.7013
8	6	-0.16596	0.245323	0.060184	16.61582	-2.75752	0.003948	0.003948	1	12.22157	-2.02826		-0.6468	0.3149	-0.6468	0.3149
9	12	-0.14763	0.245245	0.060145	16.6264	-2.45463	0.022271	0.022271	3	12.22729	-1.80517		-0.6283	0.333	-0.6283	0.333
10	10	-0.12746	0.07733	0.00598	167.225	-21.314	0.042448	0.042448	4	36.20704	-4.61484		-0.279	0.0241	-0.279	0.0241
11	8	-0.12246	0.160272	0.025687	38.93005	-4.76721	0.04745	0.04745	5	21.13	-2.58749		-0.4366	0.1917	-0.4366	0.1917
12	7	0.049103	0.141677	0.020072	49.81948	2.446272	0.219008	0.219008	8	23.97424	1.1772		-0.2286	0.3268	-0.2286	0.3268
13	3	0.095191	0.132533	0.017565	56.93113	5.419336	0.265096	0.265096	9	25.50757	2.428093		-0.1646	0.355	-0.1646	0.355
14	5	0.272727	0.232524	0.054067	18.49547	5.044219	0.442633	0.442633	13	13.20895	3.60244		-0.183	0.7285	-0.183	0.7285
15	Average-F	-0.156	0.0444		507.1748				~Random Trim & Fill				-0.24307	-0.069	-0.30019	-0.03963
16	Average-R	-0.1699			W2=41416.6291				L0=0	W-R=226.3380						
17					Mean EF-F=-.1560(.8555)											
18					SE-M=.0444											
19					Z-M=-3.5140					Mean EF-R=-.1699(.8437)						
20					P-F=.00044					P_R=.0106						
21					CI-F=-.24307 ~ -.06900(-.15604)					CI_R=-.3002 ~ -.0396(-.1699)						
22					Q=21.207	P-for Q=.0474				I^2=43.4167%						
23					Tau^2=.0216											

圖 7-115 Trim & Fill 之後的數據與製作森林圖所需的資料欄位：固定效果模式格式

圖 7-116 之森林圖，係根據圖 7-115 之固定效果模式之相關數據繪製而來，圖中未含有新填補的數據。

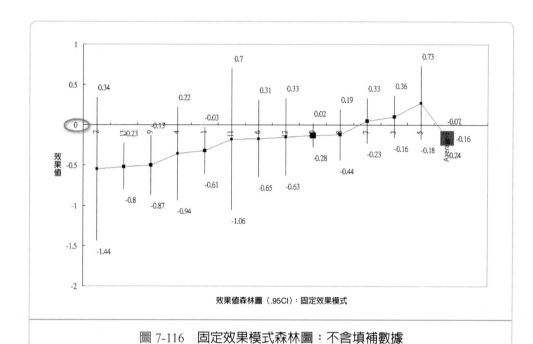

圖 7-116　固定效果模式森林圖：不含填補數據

(2) 隨機效果模式

　　研究者如欲進行隨機效果模式之森林圖分析，須在 ESS「Graph」表單下，點選圖 7-114 的「Forest Plot-Random」。另一實例，相關資料之建檔格式如圖 7-117 所示（檔名：PubBiasl.xls），而操作方法詳如固定效果模式，不再贅述。注意，Peto Odds 的森林圖建檔格式與其他不同，請勿單獨執行森林圖的製作。圖 7-118 係隨機效果模式下，含填補數據的森林圖。

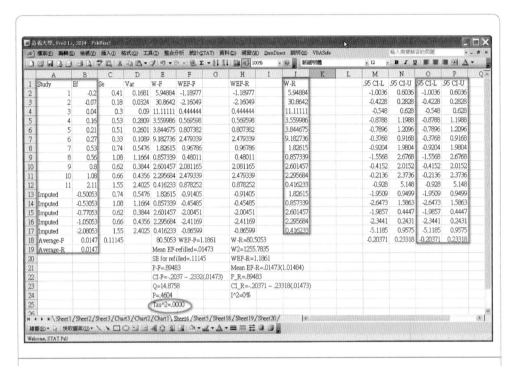

圖 7-117　Trim & Fill 之後的含填補數據：隨機效果模式格式

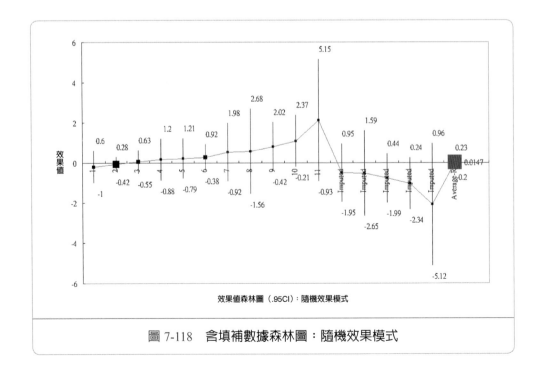

圖 7-118　含填補數據森林圖：隨機效果模式

當樣本篇數較多時，ESS 的森林圖繪製可能出現 CI 的資料標籤（橫列數據）重疊的現象，如圖 7-119 所示。此時研究者可以點選圖中信賴區間的上、下緣資料數據，即可出現資料標籤格式設定視窗 資料標籤格式(Q)… / 清除(A)。請點選「資料標籤格式」，以進行資料標籤的文字方向設定，以改善各研究之 CI 數據互相重疊的現象。EXCEL 2007 以後之版本，操作方法略有差異，請類推運用之。

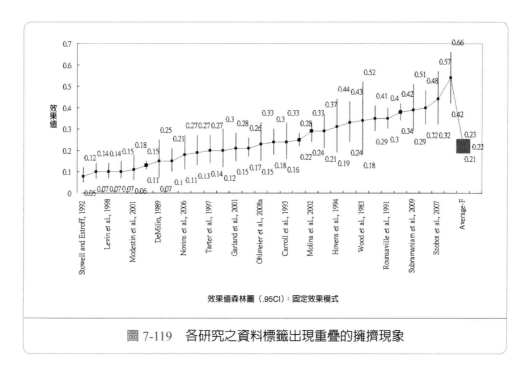

圖 7-119　各研究之資料標籤出現重疊的擁擠現象

利用圖 7-120 內的資料標籤內「對齊方式」，調整文字對齊的角度，點選上緣標籤以打開資料標籤視窗後，將上緣標籤逆時針往上調到 90 度位置（位置設定為置中對齊，垂直設定為靠下，參見圖 7-121），下緣標籤順時針往下調到 90 度位置（位置設定為置中對齊，垂直設定為置中對齊，參見圖 7-122），就可解決數據重疊的問題，參見圖 7-123。當然研究者亦可調到一特定的角度，只要數據不重疊就行。同理，亦可調整 Y 軸之標籤文字方向，如直排標籤。

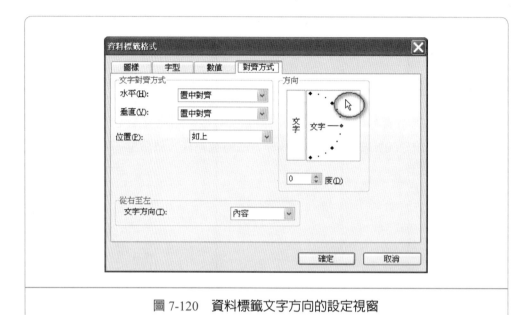

圖 7-120　資料標籤文字方向的設定視窗

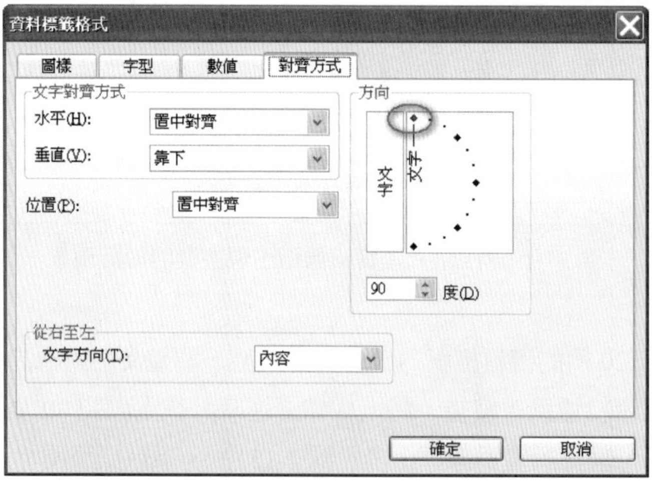

圖 7-121　資料上緣標籤文字方向的設定視窗：角度設定為 90 度

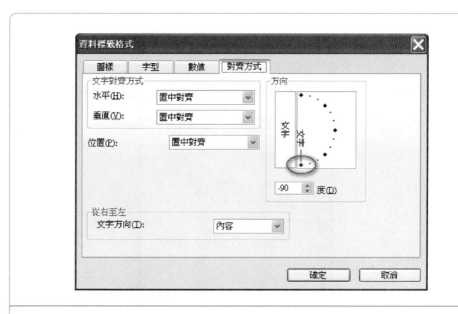

圖 7-122　資料下緣標籤文字方向的設定視窗：角度設定為 −90 度

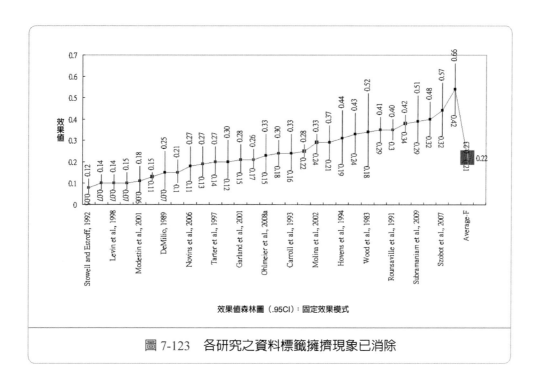

圖 7-123　各研究之資料標籤擁擠現象已消除

　　由此觀之，研究者可以善用資料標籤格式設定視窗，進行森林圖內之數字位置與方向之設定，以編修出清晰滿意的森林圖。

(3) 解決研究名稱未完全列出的問題

　　當研究較多時，EXCEL 會自動隱藏部分研究名稱，如圖 7-124 所示。

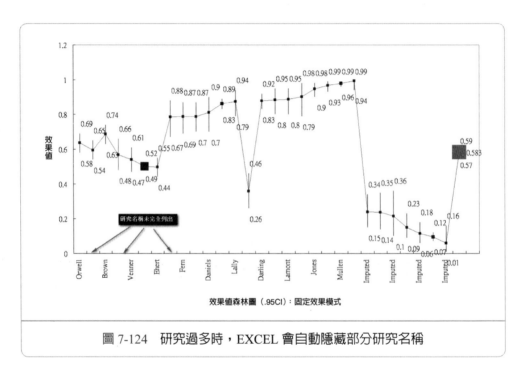

圖 7-124　研究過多時，EXCEL 會自動隱藏部分研究名稱

　　為顯示隱藏部分的研究名稱，請利用滑鼠右鍵點選座標軸（X），如圖 7-125 之選單。接著，點選座標軸格式，就會出現座標軸格式視窗，參見圖 7-126。以進行間距刻度的調整，顯示出所有的研究名稱。

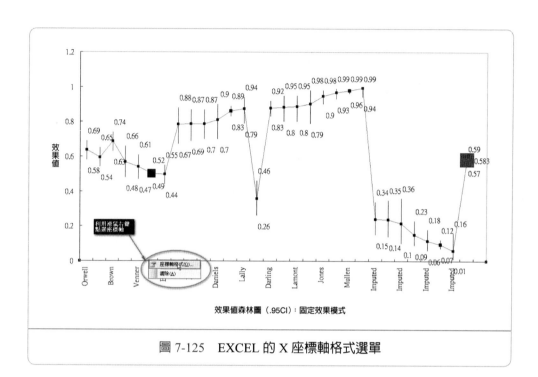

圖 7-125　EXCEL 的 X 座標軸格式選單

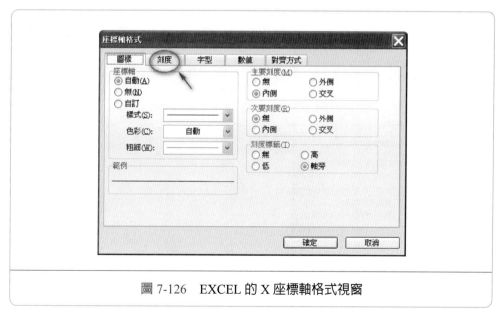

圖 7-126　EXCEL 的 X 座標軸格式視窗

　　其次，點選 X 座標軸格式視窗中的「刻度」選單，就可出現圖 7-127 的標籤
間距的調整視窗。

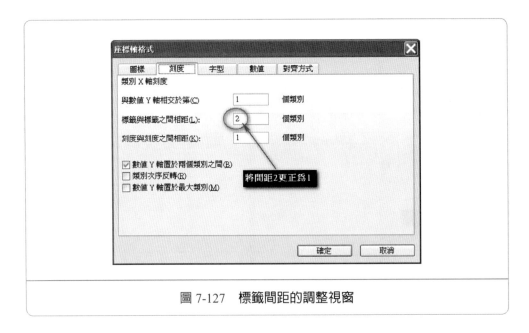

圖 7-127　標籤間距的調整視窗

　　將標籤間距由 2 設定為 1，如圖 7-128 所示。另外，如欲將 Y 軸的效果值刻度置於右側，請點選「數值 Y 軸置於最大類別」。

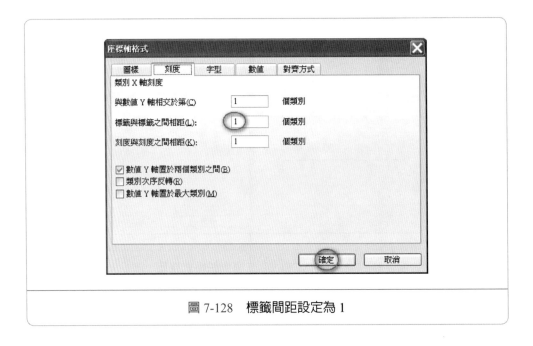

圖 7-128　標籤間距設定為 1

最後，按下確定鈕之後，EXCEL 已顯示所有的研究名稱，參見圖 7-129。

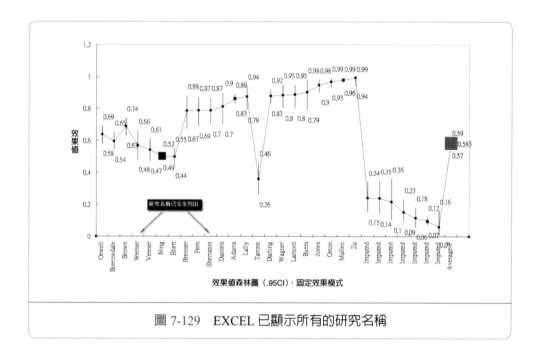

圖 7-129　EXCEL 已顯示所有的研究名稱

(4) 解決研究名稱與信賴區間數據重疊的問題

　　圖 7-130 的森林圖，出現研究名稱與信賴區間數據重疊的現象。欲解決研究名稱與信賴區間數據重疊的問題，請使用滑鼠右鍵點選 Y 軸打開數值座標軸格式視窗，參見圖 7-131。

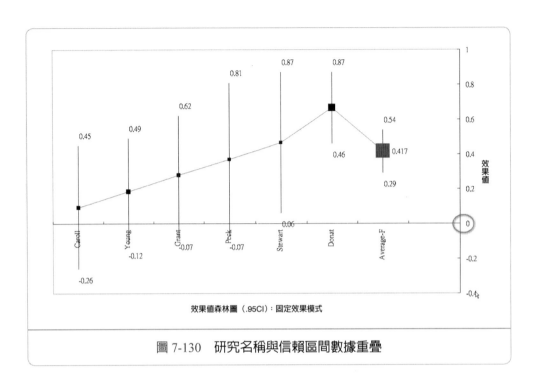

圖 7-130　研究名稱與信賴區間數據重疊

圖 7-131　數值座標軸（Y）格式視窗

接著，將 Y 座標軸格式視窗內，類別 X 軸交叉於「0」的數據，更正爲您所欲呈現的圖形，本例筆者更正爲 X 軸與 Y 軸交叉於「−0.4」，按下確定鈕之後，所呈現出來的森林圖即無研究名稱與信賴區間數據重疊的現象（參見圖7-132）。

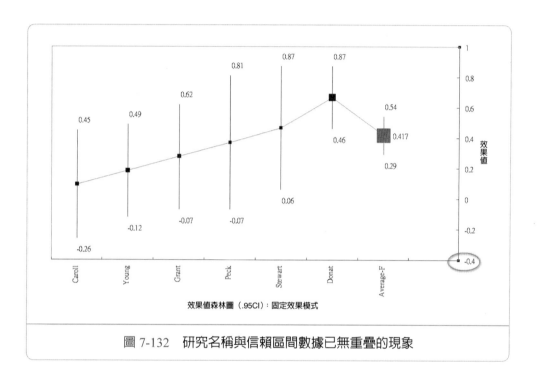

效果值森林圖（.95CI）：固定效果模式

圖 7-132　研究名稱與信賴區間數據已無重疊的現象

3. 故障排除

ESS 的製圖功能可能因前次參數傳遞仍未解除，而造成其後無法正確製圖或出現錯亂的森林圖形。因此，製圖前建議使用者最好關閉表單上無關的 EXCEL 資料檔，只留待分析與製圖的資料檔案。當然，最保險的做法是先關閉 EXCEL，重新開啓 EXCEL，依序執行統計分析（效果值的計算和 Trim & Fill 分析），再執行 ESS 的統計製圖。

另外，前述資料標籤格式與座標軸格式之設定方法，適用於 EXCEL 2003 版本，EXCEL 2007 以後之版本，設定方法略有差異，使用者請自行類化推敲之。

習 題

一、ESS 的整合迴歸分析（Meta-regression Analysis）與 FAT-PET-MRA、PEESE 迴歸分析都使用相同的資料輸入格式嗎？（參見表 7-2）

二、當研究較多時，EXCEL 會自動隱藏部分 ESS 森林圖中的研究名稱，如何解決研究名稱未完全列出的問題？

三、當研究較多時，ESS 的森林圖出現研究名稱與信賴區間數據重疊現象時，如何解決？

四、以圖 7-133 為例（採用圖 7-117 數據），各研究信賴區間與 X 軸重疊，請設法移動 X 軸與 Y 軸之交會點。另外，也設法將 Y 軸之標籤（效果值）直排。理想的完成圖，請參閱圖 7-135。

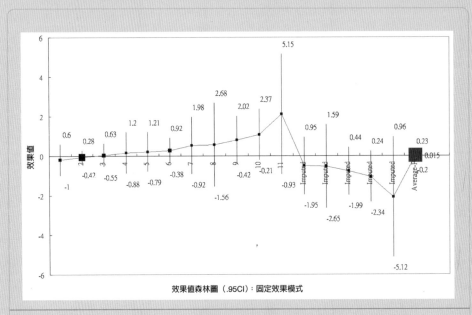

圖 7-133 各研究信賴區間與 X 軸出現重疊現象

提示：請參考圖 7-134 之座標軸標題格式的設定視窗

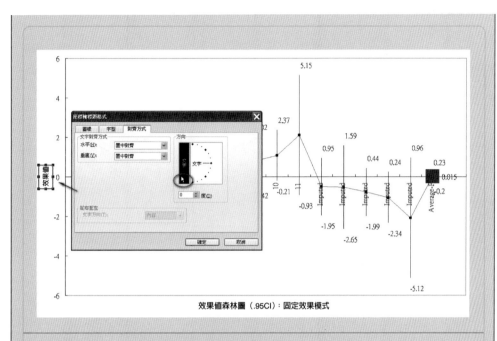

圖 7-134　座標軸標題格式的設定視窗

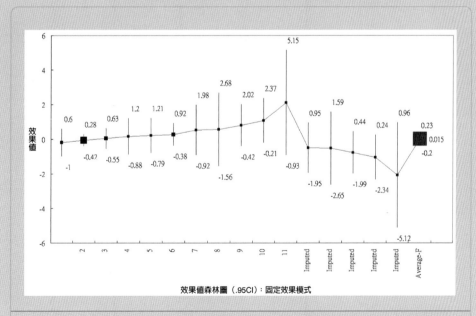

圖 7-135　最終之完成圖：直排效果值與各研究信賴區間與 X 軸無重疊現象

Chapter

08

ESS 報表的解說

ESS 統計分析結果的輸出，大部分會存放在原始資料的下層 EXCEL 表單之中（如圖 8-1 & 8-2），部分則會利用特製摘要表單（如圖 8-11）。爲協助研究者正確解釋報表內容，本章將逐一討論各類 ESS 的統計報表內容。

一、統計考驗力分析

圖 8-1 係 ESS 相關係數的樣本規劃報表，報表中規劃了固定效果模式與隨機效果模式下，單尾與雙尾所需的研究篇數（# of studies）K，K 所對應的細格數據係統計考驗力（power）。表中的樣本規劃，係根據圖 8-1 下方的參數設定進行規劃，這些參數研究者須事先設定好。

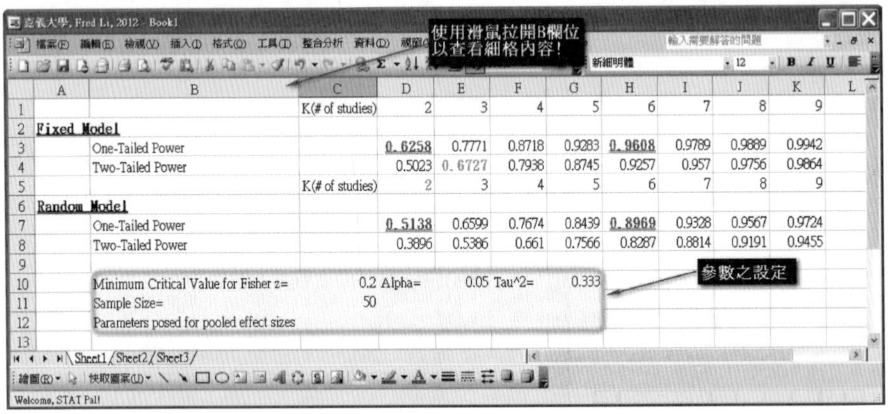

	A	B	C	D	E	F	G	H	I	J	K
1			K(# of studies)	2	3	4	5	6	7	8	9
2	Fixed Model										
3		One-Tailed Power		0.6258	0.7771	0.8718	0.9283	0.9608	0.9789	0.9889	0.9942
4		Two-Tailed Power		0.5023	0.6727	0.7938	0.8745	0.9257	0.957	0.9756	0.9864
5			K(# of studies)	2	3	4	5	6	7	8	9
6	Random Model										
7		One-Tailed Power		0.5138	0.6599	0.7674	0.8439	0.8969	0.9328	0.9567	0.9724
8		Two-Tailed Power		0.3896	0.5386	0.661	0.7566	0.8287	0.8814	0.9191	0.9455
9											
10		Minimum Critical Value for Fisher z=		0.2 Alpha=		0.05 Tau^2=	0.333				
11		Sample Size=		50							
12		Parameters posed for pooled effect sizes									
13											

圖 8-1　ESS 統計考驗力分析報表：以相關係數為例

由圖 8-1 的 EXCEL 報表知，在研究者事先設定的參數與單尾考驗條件下：如採固定效果模式，需要有 4 篇研究結果；如採隨機效果模式，需要有 5 篇研究結果，統計考驗力才能達到 .80 以上之水準。

二、常用效果值的計算

常用效果值計有四類八種：平均數差異、相關係數、比率、Wolfe 勝算比、相對風險、Mantel-Haenszel 勝算比、Mantel-Haenszel 相對風險和 Peto 勝算比。本節將介紹這八種效果值的 ESS 報表，報表中會出現各研究的效果值與整合分析

結果：平均效果值與異質性統計指標（Q）。

(一) 平均數差異實例

1. Cohen's d

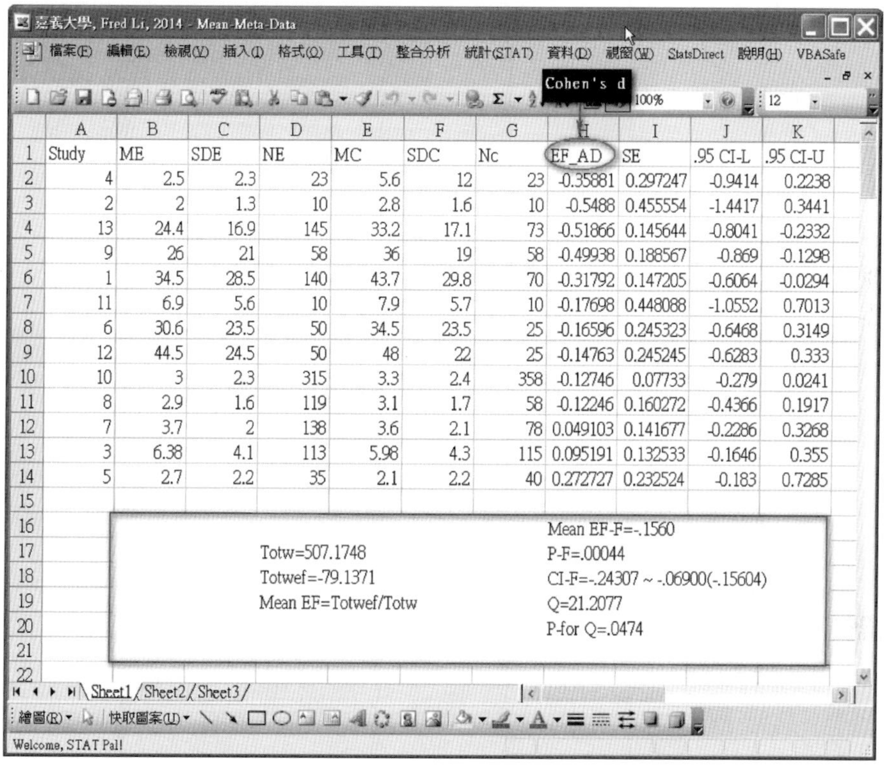

	A	B	C	D	E	F	G	H	I	J	K
1	Study	ME	SDE	NE	MC	SDC	Nc	EF_AD	SE	.95 CI-L	.95 CI-U
2	4	2.5	2.3	23	5.6	12	23	-0.35881	0.297247	-0.9414	0.2238
3	2	2	1.3	10	2.8	1.6	10	-0.5488	0.455554	-1.4417	0.3441
4	13	24.4	16.9	145	33.2	17.1	73	-0.51866	0.145644	-0.8041	-0.2332
5	9	26	21	58	36	19	58	-0.49938	0.188567	-0.869	-0.1298
6	1	34.5	28.5	140	43.7	29.8	70	-0.31792	0.147205	-0.6064	-0.0294
7	11	6.9	5.6	10	7.9	5.7	10	-0.17698	0.448088	-1.0552	0.7013
8	6	30.6	23.5	50	34.5	23.5	25	-0.16596	0.245323	-0.6468	0.3149
9	12	44.5	24.5	50	48	22	25	-0.14763	0.245245	-0.6283	0.333
10	10	3	2.3	315	3.3	2.4	358	-0.12746	0.07733	-0.279	0.0241
11	8	2.9	1.6	119	3.1	1.7	58	-0.12246	0.160272	-0.4366	0.1917
12	7	3.7	2	138	3.6	2.1	78	0.049103	0.141677	-0.2286	0.3268
13	3	6.38	4.1	113	5.98	4.3	115	0.095191	0.132533	-0.1646	0.355
14	5	2.7	2.2	35	2.1	2.2	40	0.272727	0.232524	-0.183	0.7285

Totw=507.1748
Totwef=-79.1371
Mean EF=Totwef/Totw

Mean EF-F=-.1560
P-F=.00044
CI-F=-.24307 ~ -.06900(-.15604)
Q=21.2077
P-for Q=.0474

圖 8-2　平均數差異效果值：Cohen's d 為例

因爲各研究所使用的測量工具或量表可能不同，研究者通常會將平均數差異效果值標準化，最常見的標準化統計量就是 Cohen's d 與 Hedges's g。圖 8-2 中 H 欄位的效果值即爲 Cohen's d 值，其 .95 的信賴區間在 J 和 K 欄位。圖 8-2 中表單下層的 CI-F 爲固定效果模式下整合分析結果的 .95 的信賴區間：−.24307 ~ −.0690；此 CI 不包含 0，因而整合分析結果不爲 0 是可以確定的（conclusive）；

Mean EF-F（加權平均效果值）–.156（$= \dfrac{-79.131}{507.175}$），其 p 值為 .0004，顯示出兩組的平均數差異效果值，顯著小於 0（亦即控制組優於實驗組）。

報表中亦提供 Cochran's Q 的整合研究異質性指標，作為衡量各研究效果值與平均效果值間的變異量。本例的 Q 值為 21.2077（p = .0474），顯示各研究效果值間的變異量達到須關切的程度，研究者有必要進一步探索其變異原因（或使用隨機效果模式的統計量）。Q 服從卡方分配，自由度為研究篇數減 1。Q 的統計考驗力，在研究篇數較少時會偏低，在研究篇數較多時會偏高（Karpova, 2006）。研究者在進行整合分析的模式選擇時，最好參考其他異質性指標（如 τ^2）或檢視森林圖再作決定。

2. Hedges's g

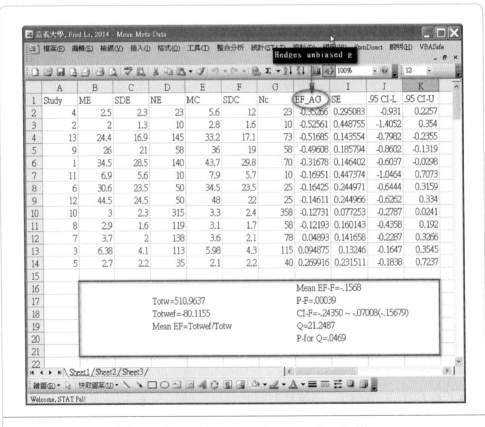

圖 8-3　平均數差異效果值：Hedges's g 為例

圖 8-3 平均效果值的計算，係平均數差異之不偏估計值：Hedges's g。適用於 N < 20 時，因爲 Cohen's d 值在小樣本時會出現高估現象。圖 8-2 和圖 8-3 中的 Mean EF（−.1560 vs. −.1568），因爲兩組的樣本數大都大於 20，因此兩者的平均效果值甚爲接近。

（二）相關係數實例

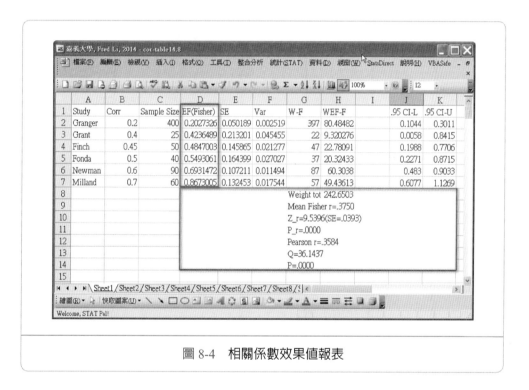

圖 8-4　相關係數效果值報表

ESS 在進行相關係數的整合分析時，其分析單位爲 Fisher's z（有時稱爲 Fisher's r）。圖 8-4 的 D 欄位係 Fisher's r 值。G 欄位 $W-F = \frac{1}{n-3}$，爲固定效果模式之加權量，這些加權量係用來計算 Fisher's r 的加權平均數。Mean Fisher's r（加權平均效果值）.3750（$= \frac{242.6503}{647}$），其 p 值爲 .00000，顯示平均相關係數效果值，顯著大於 0（拒絕了虛無假設爲 0 的假設）；將其還原成 Pearson's r，其值等於 .3584。本例的異質性指標，Q 值爲 36.144（p = .000），顯示各研究效果值間的變異量達到須關切的程度，研究者有必要進一步探索其變異原因。

(三) 比率實例

嘉義大學, Fred Li, 2014 - proportion-meta

	A	B	C	D	E	F	G	H	I	J	K	L
1	Study	Total-N	Plus_N	Proportion	SE	Var	W-F	WEF-F	Freeman-P	.95 CI-L	.95 CI-U	Proportion
2	12	47	14	0.297872	0.145095	0.021053	47.5	55.27624	1.1637102	0.1812	0.4388	0.297872
3	8	20	6	0.3	0.220863	0.04878	20.5	24.17816	1.1794224	0.133	0.5208	0.3
4	6	24	8	0.333333	0.202031	0.040816	24.5	30.49675	1.2447653	0.1696	0.5349	0.333333
5	11	12	4	0.333333	0.282843	0.08	12.5	15.71208	1.2569667	0.1184	0.6191	0.333333
6	2	8	3	0.375	0.342997	0.117647	8.5	11.43426	1.3452074	0.109	0.716	0.375
7	3	40	15	0.375	0.157135	0.024691	40.5	53.63532	1.324329	0.2368	0.5307	0.375
8	1	10	4	0.4	0.308607	0.095238	10.5	14.56524	1.3871656	0.1454	0.7044	0.4
9	10	147	68	0.462585	0.082339	0.00678	147.5	220.7192	1.4964017	0.3832	0.5434	0.462585
10	5	86	44	0.511628	0.107521	0.011561	86.5	137.8627	1.5937884	0.4067	0.6158	0.511628
11	13	21	12	0.571429	0.215666	0.046512	21.5	36.71622	1.7077313	0.3591	0.7654	0.571429
12	9	54	38	0.703704	0.135457	0.018349	54.5	108.0408	1.9823991	0.5728	0.8133	0.703704
13	4	64	48	0.75	0.124515	0.015504	64.5	134.5227	2.0856237	0.6337	0.8441	0.75
14	7	7	6	0.857143	0.365148	0.133333	7.5	16.9247	2.2566268	0.4851	0.9929	0.857143

Weight total= 860.0844
Pooled Proportion=.5015(1.5738)
P=.0000
Q=49.2107
P=.0000

Sheet1 / Sheet2 / Sheet3

Welcome, STAT Pal!

圖 8-5 比率效果值報表

圖 8-5 之比率效果值報表中的 I 欄位，係透過 Arcsine 函數轉換來的 Freeman-Tukey 比率數值，以獲得較穩定的比率變異量。最後的平均效果值須利用 Sine 函數還原之，以利進行應用上的解釋。例如：本例的比率平均效果值爲 1.5738，其還原的比率值爲 .5015，方易爲一般大衆所理解。本例的異質性指標，Q 值爲 49.2107（p = .000），顯示各研究效果值間的變異量達到須關切的程度，研究者有必要進一步探索其變異原因。

以下將介紹各類勝算比（Odds Ratio）的效果值，爲利於讀者理解勝算（Odds）是什麼？特針對「勝算」再進行說明，勝算係指發生某事件的人數與未發生該事件人數的比值。Rasch 測驗模式（單參數 IRT 理論）也以各題答對與答錯之比率作爲測驗難度之分析單位，此分析單位即是勝算。因爲勝算比的分析單位是「勝算」，因此勝算比可以回答以下的問題：暴露組得病勝算是非暴露組得病勝算的幾倍？

(四) Wolfe 勝算比實例

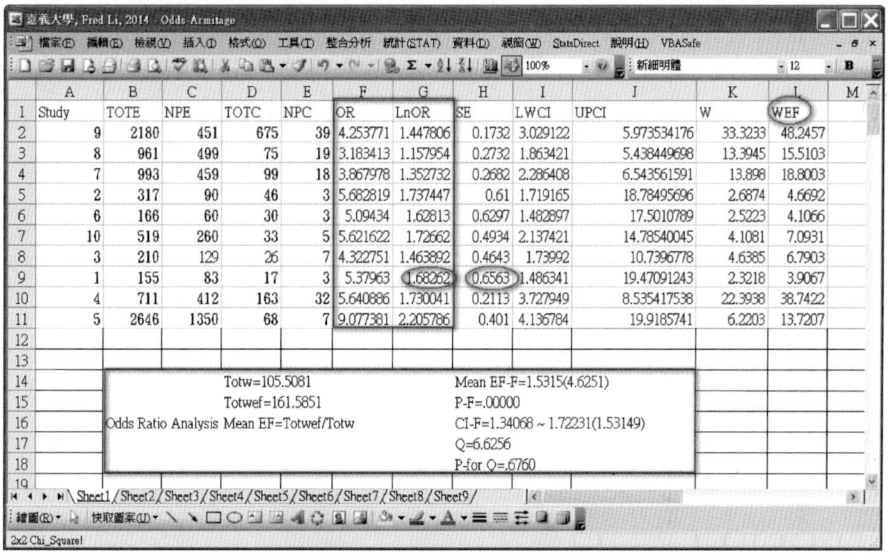

	A	B	C	D	E	F	G	H	I	J	K	L	M
1	Study	TOTE	NPE	TOTC	NPC	OR	LnOR	SE	LWCI	UPCI	W	WEF	
2	9	2180	451	675	39	4.253771	1.447806	0.1732	3.029122	5.973534176	33.3233	48.2457	
3	8	961	499	75	19	3.183413	1.157954	0.2732	1.863421	5.438449698	13.3945	15.5103	
4	7	993	459	99	18	3.867978	1.352732	0.2682	2.286408	6.543561591	13.898	18.8003	
5	2	317	90	46	3	5.682819	1.737447	0.61	1.719165	18.78495696	2.6874	4.6692	
6	6	166	60	30	3	5.09434	1.62813	0.6297	1.482897	17.5010789	2.5223	4.1066	
7	10	519	260	33	5	5.621622	1.72662	0.4934	2.137421	14.78540045	4.1081	7.0931	
8	3	210	129	26	7	4.322751	1.463892	0.4643	1.73992	10.7396778	4.6385	6.7903	
9	1	155	83	17	3	5.37963	1.68262	0.6563	1.486341	19.47091243	2.3218	3.9067	
10	4	711	412	163	32	5.640886	1.730041	0.2113	3.727949	8.535417538	22.3938	38.7422	
11	5	2646	1350	68	7	9.077381	2.205786	0.401	4.136784	19.9185741	6.2203	13.7207	
12													
13													
14				Totw=105.5081				Mean EF-F=1.5315(4.6251)					
15				Totwef=161.5851				P-F=.00000					
16		Odds Ratio Analysis		Mean EF=Totwef/Totw				CI-F=1.34068 ~ 1.72231(1.53149)					
17								Q=6.6256					
18								P-for Q=.6760					

圖 8-6　抽菸得肺癌的 Wolfe 勝算比效果值報表

圖 8-6 的 F 欄位為各研究的 Wolfe 勝算比效果值，G 欄位為各研究的自然對數勝算比效果值。這些研究結果的自然對數整合分析結果為 1.5315，勝算比平均效果值為 4.6251，顯示抽菸者（實驗組）得肺癌的勝算比約為非抽菸者（控制組）的 4.6 倍。此項整合分析結果，也可利用 LnOdds 信賴區間：1.3407 ~ 1.7223 加以考驗之，因為此 CI 不包含 0，此整合分析結果不為 0 也是確認無疑的。本例的異質性指標，Q 值為 6.6256（p = .676），顯示各研究效果值間的變異量未達到須關切的程度，整合分析的結果是有效的，不會有橘子與蘋果整合在一起的疑慮。

（五）相對風險實例

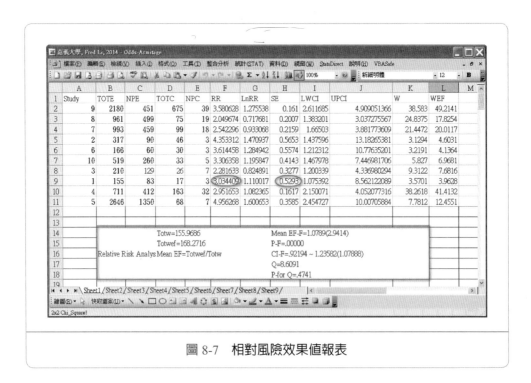

圖 8-7　相對風險效果值報表

　　相對風險（Relative Risk, RR）的分析單位也是「比率」，因此 可以回答以下的問題：暴露組得病的機率是非暴露組得病的幾倍？圖 8-7 的 F 欄位為各研究的相對風險效果值，G 欄位為各研究的自然對數相對風險效果值。這些研究結果的自然對數整合分析結果為 1.0789，相對風險平均效果值為 2.9414，顯示抽菸者（實驗組）得肺癌機率約為非抽菸者（控制組）的 3 倍。本例的異質性指標，Q值為 8.6091（p = .4741），顯示各研究效果值間的變異量未達 .05 的顯著水準，整合分析的結果是有效的。

(六) Mantel-Haenszel 勝算比實例

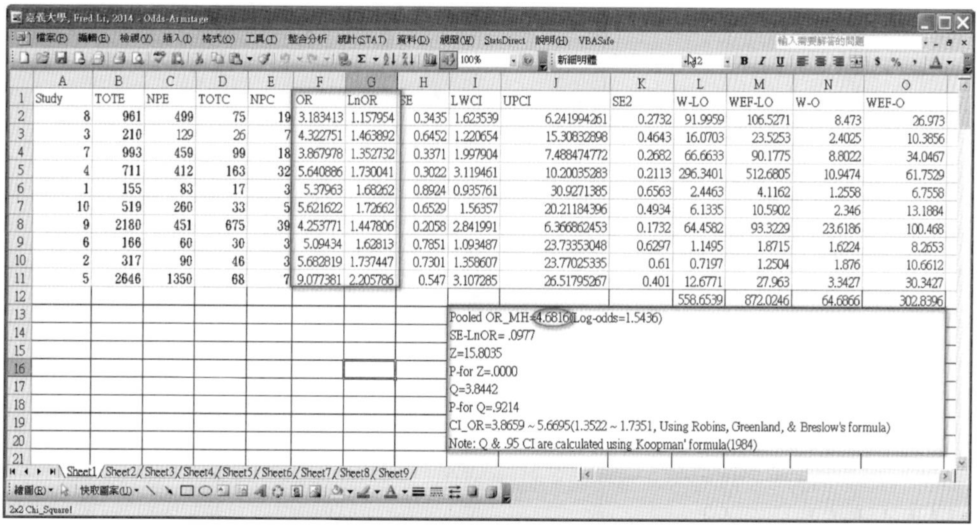

Study	TOTE	NPE	TOTC	NPC	OR	LnOR	SE	LWCI	UPCI	SE2	W-LO	WEF-LO	W-O	WEF-O
8	961	499	75	19	3.183413	1.157954	0.3435	1.623539	6.241994261	0.2732	91.9959	106.5271	8.473	26.973
3	210	129	26	7	4.322751	1.463892	0.6452	1.220654	15.30832898	0.4643	16.0703	23.5253	2.4025	10.3856
7	993	459	99	18	3.867978	1.352732	0.3371	1.997904	7.488474772	0.2682	66.6633	90.1775	8.8022	34.0467
4	711	412	163	32	5.640886	1.730041	0.3022	3.119461	10.20035283	0.2113	296.3401	512.6805	10.9474	61.7529
1	155	83	17	3	5.37963	1.68262	0.8924	0.935761	30.9271385	0.6563	2.4463	4.1162	1.2558	6.7558
10	519	260	33	5	5.621622	1.72662	0.6529	1.56357	20.21184396	0.4934	6.1335	10.5902	2.346	13.1884
9	2180	451	675	39	4.253771	1.447806	0.2058	2.841991	6.366862453	0.1732	64.4582	93.3229	23.6186	100.468
6	166	60	30	3	5.09434	1.62813	0.7851	1.093487	23.73353048	0.6297	1.1495	1.8715	1.6224	8.2653
2	317	90	46	3	5.682819	1.737447	0.7301	1.358607	23.77025335	0.61	0.7197	1.2504	1.876	10.6612
5	2646	1350	68	7	9.077381	2.205786	0.547	3.107285	26.51795267	0.401	12.6771	27.963	3.3427	30.3427
											558.6539	872.0246	64.6866	302.8396

Pooled OR_MH=4.6816(Log-odds=1.5436)
SE-LnOR= .0977
Z=15.8035
P-for Z=.0000
Q=3.8442
P-for Q=.9214
CI_OR=3.8659 ~ 5.6695(1.3522 ~ 1.7351, Using Robins, Greenland, & Breslow's formula)
Note: Q & .95 CI are calculated using Koopman' formula(1984)

圖 8-8　Mantel-Haenszel 勝算比效果值

圖 8-8 的 F 欄位爲各研究的勝算比效果值，G 欄位爲各研究的自然對數勝算比效果值。這些研究結果的自然對數整合分析結果爲 1.544（.95 的 CI 爲 1.352 ~ 1.735），勝算比平均效果值爲 4.682（.95 的 CI 爲 3.866 ~ 5.669），顯示抽菸者（實驗組）得肺癌勝算約爲非抽菸者（控制組）的 4.68 倍。此項整合分析結果，也可利用 Odds 信賴區間：3.866 ~ 5.669 加以考驗之，因此信賴區間不包含 1，此整合分析結果也是確認無疑的。另由 Q 值與 p 值（Q = 3.8442, p = .9214）可推論這些研究結果具有同質性，整合分析的結果是有效的。

（七）Mantel-Haenszel 相對風險實例

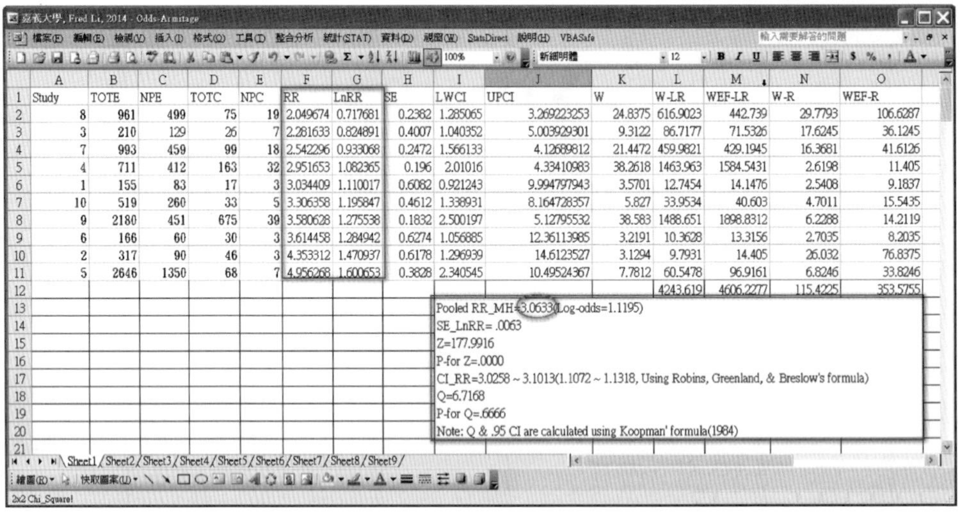

	A	B	C	D	E	F	G	H	I	J	K	L	M	N	O
1	Study	TOTE	NPE	TOTC	NPC	RR	LnRR	SE	LWCI	UPCI	W	W-LR	WEF-LR	W-R	WEF-R
2	8	961	499	75	19	2.049674	0.717681	0.2382	1.285065	3.269223253	24.8375	616.9023	442.739	29.7793	106.6287
3	3	210	129	26	7	2.281633	0.824891	0.4007	1.040352	5.003929301	9.3122	86.7177	71.5326	17.6245	36.1245
4	7	993	459	99	18	2.542296	0.933068	0.2472	1.566133	4.12689812	21.4472	459.9821	429.1945	16.3681	41.6126
5	4	711	412	163	32	2.951653	1.082365	0.196	2.01016	4.33410983	38.2618	1463.963	1584.5431	2.6198	11.405
6	1	155	83	17	3	3.034409	1.110017	0.6082	0.921243	9.994797943	3.5701	12.7454	14.1476	2.5408	9.1837
7	10	519	260	33	5	3.306358	1.195847	0.4612	1.338931	8.164728357	5.827	33.9534	40.603	4.7011	15.5435
8	9	2180	451	675	39	3.580628	1.275538	0.1832	2.500197	5.12795532	38.583	1488.651	1898.8312	6.2288	14.2119
9	6	166	60	30	3	3.614458	1.284942	0.6274	1.056885	12.36113985	3.2191	10.3628	13.3156	2.7035	8.2035
10	2	317	90	46	3	4.353312	1.470937	0.6178	1.296939	14.6123527	3.1294	9.7931	14.405	26.032	76.8375
11	5	2646	1350	68	7	4.956268	1.600653	0.3828	2.340545	10.49524367	7.7812	60.5478	96.9161	6.8246	33.8246
12												4243.619	4606.2277	115.4225	353.5755
13						Pooled RR_MH=3.0633(Log-odds=1.1195)									
14						SE_LnRR= .0063									
15						Z=177.9916									
16						P-for Z=.0000									
17						CI_RR=3.0258 ~ 3.1013(1.1072 ~ 1.1318, Using Robins, Greenland, & Breslow's formula)									
18						Q=6.7168									
19						P-for Q=.6666									
20						Note: Q & .95 CI are calculated using Koopman' formula(1984)									
21															

圖 8-9　Mantel-Haenszel 相對風險效果值

　　圖 8-9 的 F 欄位為各研究的相對風險效果值，G 欄位為各研究的自然對數相對風險效果值。這些研究結果的自然對數整合分析結果為 1.119（.95 的 CI 為 1.107 ~ 1.132），相對風險平均效果值為 3.063（.95 的 CI 為 3.026 ~ 3.101），顯示抽菸者（實驗組）得肺癌比率約為非抽菸者（控制組）的 3 倍。另由異質性指標 Q 值與其 p 值（Q = 6.7168，p = .6666），可推論這些研究結果具有同質性，整合分析的結果是有效的，不會有橘子與蘋果混在一起的疑慮。

(八) Peto 勝算比實例

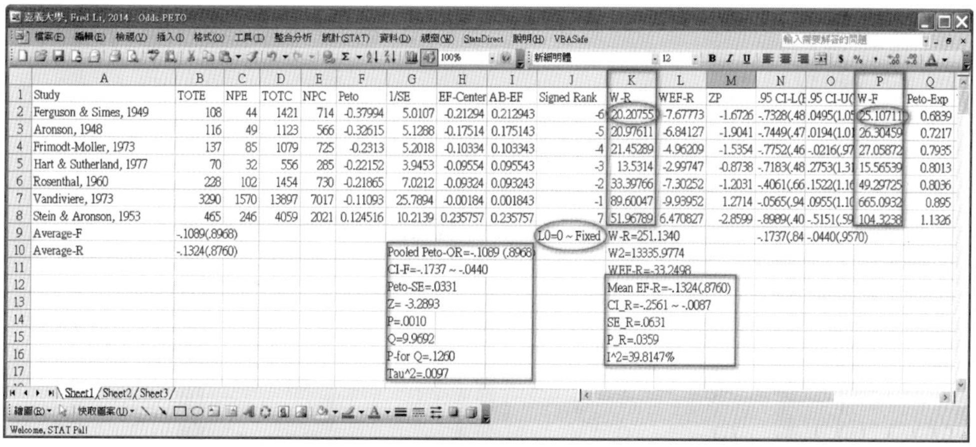

嘉義大學, Fred Li, 2014 - Odds-PETO

	A	B	C	D	E	F	G	H	I	J	K	L	M	N	O	P	Q
1	Study	TOTE	NPE	TOTC	NPC	Peto	1/SE	EF-Center	AB-EF	Signed Rank	W-R	WEF-R	ZP	.95 CI-L(F	.95 CI-U(	W-F	Peto-Exp
2	Ferguson & Simes, 1949	108	44	1421	714	-0.37994	5.0107	-0.21294	0.212943	-6	20.20755	-7.67773	-1.6726	-.7328(.48	.0495(1.05	25.10711	0.6839
3	Aronson, 1948	116	49	1123	566	-0.32615	5.1288	-0.17514	0.175143	-5	20.97611	-6.84127	-1.9041	-.7449(.47	.0194(1.01	26.30459	0.7217
4	Frimodt-Moller, 1973	137	85	1079	725	-0.2313	5.2018	-0.10334	0.103343	-4	21.45289	-4.96209	-1.5354	-.7752(.46	-.0216(.97	27.05872	0.7935
5	Hart & Sutherland, 1977	70	32	556	285	-0.22152	3.9453	-0.09554	0.095543	-3	13.5314	-2.99747	-0.8738	-.7183(.48	.2753(1.31	15.56539	0.8013
6	Rosenthal, 1960	228	102	1454	730	-0.21865	7.0212	-0.09324	0.093243	-2	33.39766	-7.30252	-1.2031	-.4061(.66	.1522(1.16	49.29725	0.8036
7	Vandiviere, 1973	3290	1570	13897	7017	-0.11093	25.7894	-0.00184	0.001843	-1	89.60047	-9.93952	1.2714	-.0565(.94	.0955(1.10	665.0932	0.895
8	Stein & Aronson, 1953	465	246	4059	2021	0.124516	10.2139	0.235757	0.235757	7	51.96789	6.470827	-2.8599	-.8989(.40	-.5151(.59	104.3238	1.1326
9	Average-F	-.1089(.8968)								L0=0 ~ Fixed	W-R=251.1340			-.1737(.84	-.0440(.9570)		
10	Average-R	-.1324(.8760)					Pooled Peto-OR=-.1089 (.8968)				W2=13335.9774						
11							CI-F=-.1737 ~ -.0440				WEF-R=-33.2498						
12							Peto-SE=.0331				Mean EF-R=-.1324(.8760)						
13							Z= -3.2893				CI_R=-.2561 ~ -.0087						
14							P=.0010				SE_R=.0631						
15							Q=9.9692				P_R=.0359						
16							P-for Q=.1260				I^2=39.8147%						
17							Tau^2=.0097										

Sheet1 / Sheet2 / Sheet3

Welcome, STAT Pal!

圖 8-10　Peto 勝算比效果值報表（未經 Trim & Fill）：吃 aspirin 以避免心肌梗塞而死亡風險的效果

假如 τ^2 等於 0 時，隨機效果的加權量（W_R）將等於固定效果的加權量（W_F）；假如 τ^2 不等於 0 時，$W_R \neq W_F$。以第二行 Study 2 為例，$W_R \neq W_F$，

$$W_R = \frac{1}{\frac{1}{25.10711} + .0097} = \frac{1}{.03983 + .0097} = 20.19$$

（圖 8-10 中的數據因割捨誤差，稍有出入）與 W_F 的 25.107 不相等。由此觀之，相對於固定效果而言，隨機效果的各研究加權量傾向於給小研究較多的加權量，導致各研究將接受較類似的加權量（equally weighted），請比較 K 和 P 欄位之加權量的分配範疇。

由圖 8-10 知：吃 aspirin 與不吃 aspirin 心肌梗塞的平均死亡風險的勝算比為：0.897：1（自然對數 −.109 的反函數）。各研究結果間的變異量未達顯著水準（Q = 9.9692, p = .126），顯示各研究結果具同質性（參見圖 8-11 之摘要表），整合分析的結果是有效的。另外，由圖 8-10 中的隨機效果模式 L0 = 0 知，本研究實例不須進行 Trim & Fill 分析，顯示無出版偏差現象。

綜合觀之，本研究結果間具有同質性（p = .126）且無出版偏差（L0 = 0），

整合分析的結果可以有效反應真正效果值。通常，當 τ^2 接近 .04 時，表低異質性（low heterogeneity），本研究的 τ^2 = .0097，顯示研究效果值間之異質性甚低，與 Q 之考驗結果相同。

　　前述的統計分析結果，亦會呈現於圖 8-11 的摘要表中以利列印，如欲列印請按「Print Me」。

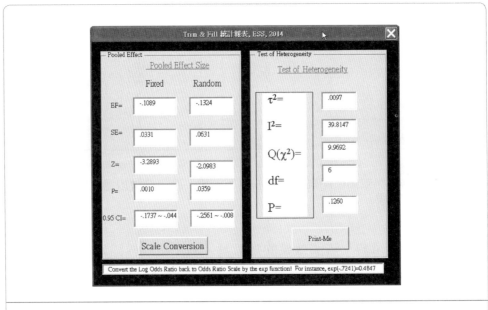

圖 8-11　Peto 勝算比效果值和異質性考驗的輸出表單

　　異質性考驗（heterogeneity testing）亦顯示各研究效果間出現小變異量（I^2 = 39.82%）且未達 .05 之顯著水準（Q = 9.9692, p = .126）；因此研究者不需要進行後續的調節變項分析或使用隨機效果模式的統計量。研究者如欲進行量尺之轉換，請按一下「Scale Conversion」按鈕。「Scale Conversion」主要用以進行「Odds→LnOdds」、「LnOdds→Odds」、「Pearson's r→Fisher's z」、「Fisher's z→Pearson's r」間的量尺轉換（只轉換 EF 和 CI）。「Scale Conversion」按鈕失效時，代表該顯示量尺不必轉換。如連續按兩下「Scale Conversion」按鈕，則會還原最初數值。

　　以上勝算比的整合分析，係透過 Wolfe（又稱變異數倒數法）方法、Mantel-Haenszel 方法與 Peto 方法，計算併組勝算比；其中，Wolfe 方法運算最簡單，最

受研究者的青睞，Mantel-Haenszel 公式適合小樣本時使用，而 Peto 公式則適用在細格含有 0 時，但不適用於小樣本與含有極端值時。值得注意的是，利用這些相對性指標來整合稀有事件（發生率低的事件）的效果值時，資料的微小變化也會造成研究結果的巨大改變，足見這些相對性指標在此情境下，其整合研究結果甚為不穩定（Walker, Hernandez, & Kattan, 2008），應用上須特別謹慎；其研究結果有必要進行敏感度分析或進行後續的相關研究。

三、出版偏差刪補法

出版偏差刪補法（Trim & Fill），係透過負向研究結果之遺漏數估計，並據以校正出版偏差。整合分析所計算出之效果值常因漏掉這些沒達顯著水準的研究，導致高估效果值，而使研究結果失真（Pigott, 2012）。注意，除了平均數差異整合分析之外，利用 ESS 執行出版偏差刪補法時，相關係數、Peto Odds、M-H Odds 和比率等的整合分析，因計算公式特殊而設有特殊參數之跨階段傳遞，研究者必須先執行 ESS 第一階段的統計分析後，才能進行 ESS 第二階段的出版偏差刪補法分析；否則會因參數未正確傳遞而產生錯誤的分析結果。

(一) 勝算比實例

ESS 進行出版偏差刪補法的每一過程與結果，均會存在 EXCEL 的表單中，以下 Sheet 1 ~ Sheet 5（參見圖 8-12、圖 8-14 至圖 8-18）就是記載刪補動態過程與整合分析結果，研究者可以清楚看見此刪補法每一步驟的過程與結果。出版偏差刪補法過程中，研究者可以決定要使用固定或隨機效果模式。圖 8-12 係第一次的分析結果，為未經刪補的分析結果：平均效果值為 1.2329。

B	C	D	E	F	G	H	I	J	K	L
TOTE	NPE	TOTC	NPC	Peto	1/SE	EF-Center	AB-EF	Signed Rank	W-R	WEF-R
2180	451	675	39	1.048371	8.5617	-0.57804	0.578044	-5	63.0005447	66.04795
961	499	75	19	1.06264	4.1725	-0.53704	0.537044	-4	16.7588752	17.80864
993	459	99	18	1.138826	4.7082	-0.30794	0.307944	-3	21.1226157	24.05499
317	90	46	3	1.144478	2.7706	-0.29024	0.290244	-2	7.5469878	8.637358
166	60	30	3	1.192558	2.3601	-0.13554	0.135544	-1	5.5017088	6.561106
519	260	33	5	1.397482	2.7854	0.613956	0.613956	6	7.62645678	10.65783
210	129	26	7	1.407126	2.3819	0.653156	0.653156	7	5.60253948	7.883478
155	83	17	3	1.4277	1.9627	0.738056	0.738056	8	3.8193694	5.452914
711	412	163	32	1.531217	5.7602	1.192756	1.192756	9	30.8932386	47.30425
2646	1350	68	7	1.628456	4.0719	1.664956	1.664956	10	15.988973	26.03734
1.2329(3.4310)								L0=3 ~ Fixed model	177.861309	220.4459
1.2394(3.4536)										

Pooled Peto-OR=1.2329 (3.4310)
CI-F=1.0918 ~ 1.3739
Peto-SE=.0719
Z= 17.1351
P=.0000
Q=9.3415
P-for Q=.4064
Tau^2=.0022

W-R=177.8613
W2=6097.4976
WEF-R=220.4459
Mean EF-R=1.2394(3.4
CI_R=1.0925 ~ 1.3864
SE_R=.0750
P_R=.0000
I^2=3.6561%

圖 8-12　Peto 勝算比效果值報表（經固定效果模式 Trim & Fill）：Sheet 1

　　圖 8-12 的 F 欄位，為各研究的自然對數 Peto 勝算比效果值。這些研究結果的自然對數整合分析結果為 1.233（.95 的 CI 為 1.092 ~ 1.374），Peto 勝算比平均效果值為 3.431（固定效果模式），顯示抽菸者（實驗組）得肺癌勝算約為非抽菸者（控制組）的 3.43 倍。另由 Q 值、I^2 與 p 值（Q = 9.342, I^2 = 3.663%, p = .406）可推論這些研究結果具有同質性。圖 8-12 的下層表單的統計分析結果，亦摘要於圖 8-13 的統計分析摘要表單中，除了異質性分析之外，也同時列出固定效果模式與隨機效果模式的相關統計量。另外，由圖 8-12 中固定效果模式的 L_0 = 3 知，本研究實例經 Trim & Fill 分析之後，顯示有出版偏差現象，須再增填三個遺漏掉的負向研究，漏斗圖才能左右對稱。本法假定出版偏差乃是造成漏斗圖左右不對稱的主要原因；假如此非對稱性並非來自出版偏差，研究者應考慮其它分析法，如次群體分析或整合迴歸分析。

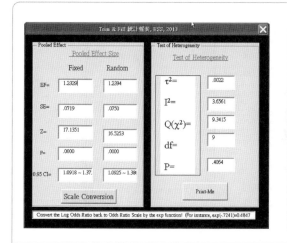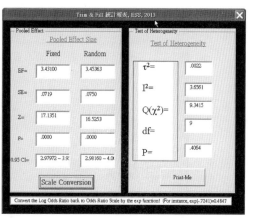

圖 8-13　Peto 勝算比效果值和異質性考驗的輸出表單：尚未經 Trim & Fill

圖 8-13 左側表單中的 EF（1.233）和 CI（1.092 ~ 1.374）值為固定效果模式下之自然對數轉換值，而其右側表單中的 EF（3.4310）和 CI（2.9797 ~ 3.950）值為固定效果模式下之原始 Peto Odds 值；且均具高度同質性（Q = 9.342, p = .4064），無進行調節變項分析的必要。至於摘要表單底部的「Print- Me」，按此可列印本摘要表；如欲進行量尺之轉換，請按下「Scale Conversion」按鈕。「Scale Conversion」主要用以進行「Odds → LnOdds」、「LnOdds → Odds」、「Pearson's r → Fisher's z」、「Fisher's z → Pearson's r」間的量尺轉換（只轉換 EF 和 CI）。「Scale Conversion」按鈕失效時代表該顯示量尺不必轉換。

根據 EXCEL「Sheet 1」中的第一次遺漏研究估計數：L0 = 3，EXCEL「Sheet 2」表單內容係刪除三個較極端的研究結果後之整合分析結果：平均效果值為 1.1096。另外，本次遺漏研究的重估數為 4，因此下一步整合分析需刪除四個研究結果，參見圖 8-14。

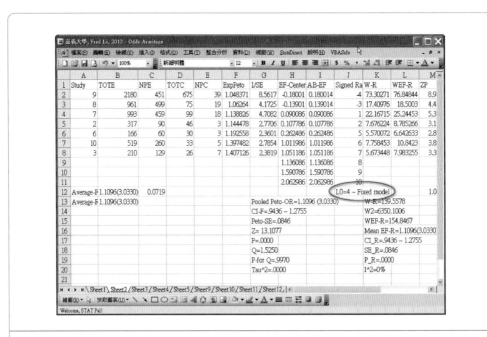

圖 8-14　Peto 勝算比效果值報表（經固定效果模式 Trim & Fill）：Sheet 2

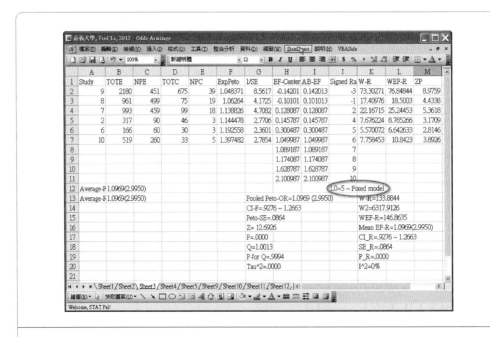

圖 8-15　Peto 勝算比效果值報表（經固定效果模式 Trim & Fill）：Sheet 3

根據 EXCEL「Sheet 2」中的最新遺漏研究估計數：L0 = 4，因已刪除了三個研究結果，本次只須再刪除一個研究結果，EXCEL「Sheet 3」表單內容係刪除四個較極端的研究結果後之整合分析結果，參見圖 8-15。另外，本次遺漏研究的重估數爲 5，因此下一步整合分析需刪除五個研究結果。

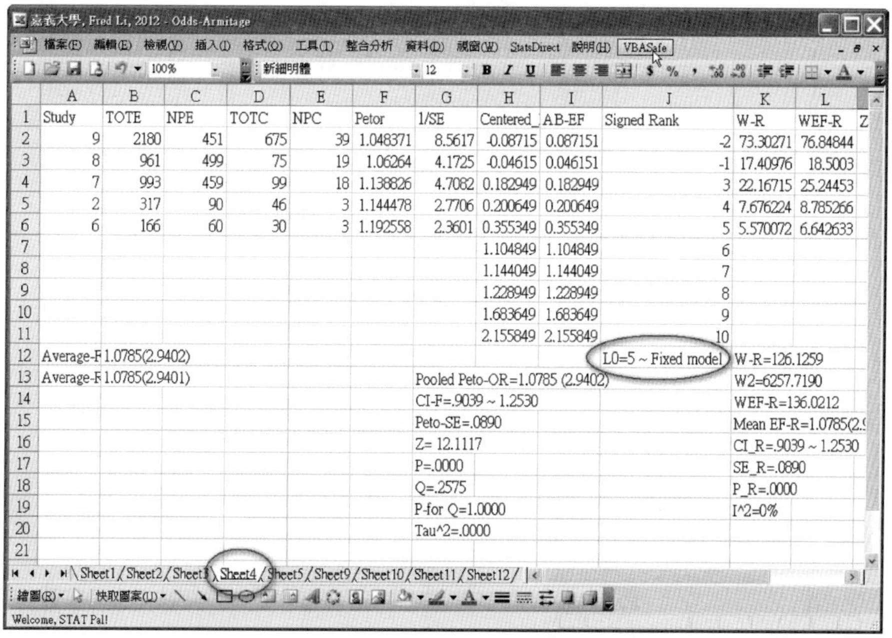

	A	B	C	D	E	F	G	H	I	J	K	L
1	Study	TOTE	NPE	TOTC	NPC	Petor	1/SE	Centered_	AB-EF	Signed Rank	W-R	WEF-R
2	9	2180	451	675	39	1.048371	8.5617	-0.08715	0.087151	-2	73.30271	76.84844
3	8	961	499	75	19	1.06264	4.1725	-0.04615	0.046151	-1	17.40976	18.5003
4	7	993	459	99	18	1.138826	4.7082	0.182949	0.182949	3	22.16715	25.24453
5	2	317	90	46	3	1.144478	2.7706	0.200649	0.200649	4	7.676224	8.785266
6	6	166	60	30	3	1.192558	2.3601	0.355349	0.355349	5	5.570072	6.642633
7								1.104849	1.104849	6		
8								1.144049	1.144049	7		
9								1.228949	1.228949	8		
10								1.683649	1.683649	9		
11								2.155849	2.155849	10		
12	Average-F	1.0785(2.9402)								L0=5 ~ Fixed model	W-R=126.1259	
13	Average-F	1.0785(2.9401)					Pooled Peto-OR=1.0785 (2.9402)				W2=6257.7190	
14							CI-F=.9039 ~ 1.2530				WEF-R=136.0212	
15							Peto-SE=.0890				Mean EF-R=1.0785(2.9	
16							Z= 12.1117				CI_R=.9039 ~ 1.2530	
17							P=.0000				SE_R=.0890	
18							Q=.2575				P_R=.0000	
19							P-for Q=1.0000				I^2=0%	
20							Tau^2=.0000					
21												

圖 8-16　Peto 勝算比效果値報表（經固定效果模式 Trim & Fill）：Sheet 4

根據 EXCEL「Sheet 3」中的最新遺漏研究估計數：L0 = 5，因已刪除了四個研究結果，本次只須再刪除一個研究結果，EXCEL「Sheet 4」表單內容係刪除五個較極端的研究結果後之整合分析結果，參見圖 8-16。另外，本次遺漏研究的重估數爲 5，因與上一步的遺漏研究估計數 5 相同，因而可以確定遺漏了五個研究結果，Trim & Fill 的刪除階段必須終止。緊接的是五個遺漏資料點的回塡階段，參見圖 8-17 中 A 欄位下「Imputed」的五行塡補資料。

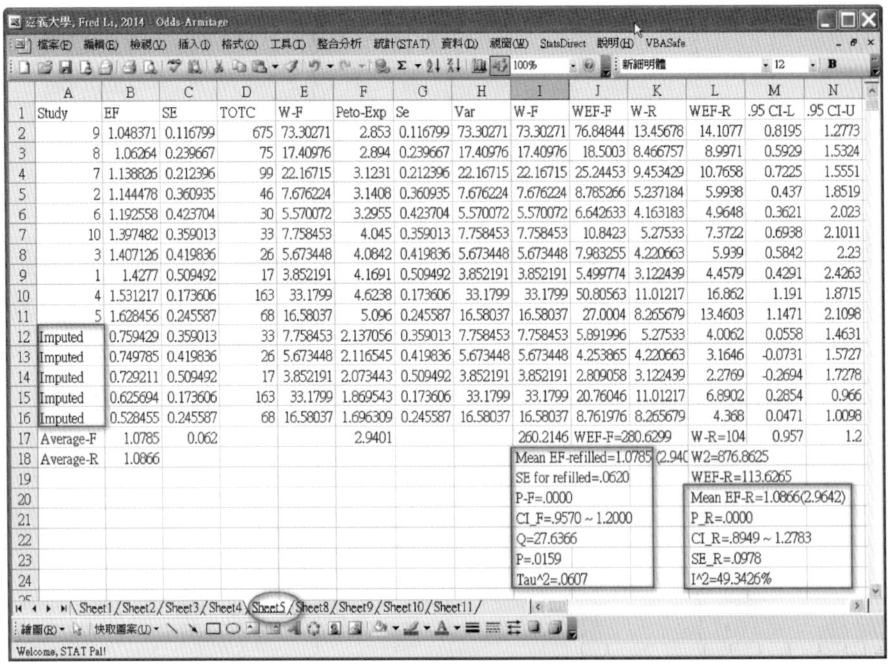

	A	B	C	D	E	F	G	H	I	J	K	L	M	N
1	Study	EF	SE	TOTC	W-F	Peto-Exp	Se	Var	W-F	WEF-F	W-R	WEF-R	.95 CI-L	.95 CI-U
2	9	1.048371	0.116799	675	73.30271	2.853	0.116799	73.30271	73.30271	76.84844	13.45678	14.1077	0.8195	1.2773
3	8	1.06264	0.239667	75	17.40976	2.894	0.239667	17.40976	17.40976	18.5003	8.466757	8.9971	0.5929	1.5324
4	7	1.138826	0.212396	99	22.16715	3.1231	0.212396	22.16715	22.16715	25.24453	9.453429	10.7658	0.7225	1.5551
5	2	1.144478	0.360935	46	7.676224	3.1408	0.360935	7.676224	7.676224	8.785266	5.237184	5.9938	0.437	1.8519
6	6	1.192558	0.423704	30	5.570072	3.2955	0.423704	5.570072	5.570072	6.642633	4.163183	4.9648	0.3621	2.023
7	10	1.397482	0.359013	33	7.758453	4.045	0.359013	7.758453	7.758453	10.8423	5.27533	7.3722	0.6938	2.1011
8	3	1.407126	0.419836	26	5.673448	4.0842	0.419836	5.673448	5.673448	7.983255	4.220663	5.939	0.5842	2.23
9	1	1.4277	0.509492	17	3.852191	4.1691	0.509492	3.852191	3.852191	5.499774	3.122439	4.4579	0.4291	2.4263
10	4	1.531217	0.173606	163	33.1799	4.6238	0.173606	33.1799	33.1799	50.80563	11.01217	16.862	1.191	1.8715
11	5	1.628456	0.245587	68	16.58037	5.096	0.245587	16.58037	16.58037	27.0004	8.265679	13.4603	1.1471	2.1098
12	Imputed	0.759429	0.359013	33	7.758453	2.137056	0.359013	7.758453	7.758453	5.891996	5.27533	4.0062	0.0558	1.4631
13	Imputed	0.749785	0.419836	26	5.673448	2.116545	0.419836	5.673448	5.673448	4.253865	4.220663	3.1646	-0.0731	1.5727
14	Imputed	0.729211	0.509492	17	3.852191	2.073443	0.509492	3.852191	3.852191	2.809058	3.122439	2.2769	-0.2694	1.7278
15	Imputed	0.625694	0.173606	163	33.1799	1.869543	0.173606	33.1799	33.1799	20.76046	11.01217	6.8902	0.2854	0.966
16	Imputed	0.528455	0.245587	68	16.58037	1.696309	0.245587	16.58037	16.58037	8.761976	8.265679	4.368	0.0471	1.0098
17	Average-F	1.0785	0.062			2.9401			260.2146	WEF-F=280.6299		W-R=104	0.957	1.2
18	Average-R	1.0866							Mean EF-refilled=1.0785	(2.940		W2=876.8625		
19									SE for refilled=.0620			WEF-R=113.6265		
20									P-F=.0000			Mean EF-R=1.0866(2.9642)		
21									CI_F=.9570 ~ 1.2000			P_R=.0000		
22									Q=27.6366			CI_R=.8949 ~ 1.2783		
23									P=.0159			SE_R=.0978		
24									Tau^2=.0607			I^2=49.3426%		

圖 8-17　Peto 勝算比效果值報表（經固定效果模式 Trim & Fill）：Sheet 5

經過前述出版偏差的校正之後，圖 8-17 表單的下半部呈現 Trim & Fill 結束後的固定效果與隨機效果模式整合分析結果分別爲：EF（1.0785）和 CI（.957 ~ 1.200），EF（1.0866）和 CI（.8949 ~ 1.2783）（自然對數轉換值）。因爲 τ^2 = .0607，固定效果與隨機效果模式整合分析結果不盡相同。就固定效果模式整合分析結果來看，最終經五個遺漏資料點的回塡的整合平均效果值爲 1.0785 與未經刪補的整合平均效果值爲 1.2329（參見圖 8-12）已往下稍作修正。

經過前述出版偏差的校正之後，圖 8-18 左側表單中顯示的 EF（1.078）和 CI（.957 ~ 1.200）值爲固定效果模式下之自然對數轉換值，而其右側表單中顯示的 EF（2.9388）和 CI（2.6026 ~ 3.3185）值爲固定效果模式下之原始 Peto Odds 值。圖 8-18 的摘要表單底部的「Scale Conversion」，按此可進行量尺之轉換。

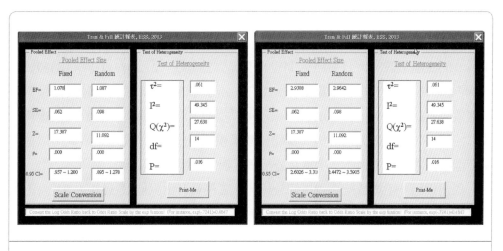

圖 8-18　Peto 勝算比效果值和異質性考驗的輸出表單：經過 Trim & Fill

(二) 平均數差異實例

　　平均數差異效果值分析，將列舉兩個實例進行 ESS 報表的解說，當中一個實例未具出版偏差（參見圖 8-19），另一個實例則具有出版偏差（參見圖 8-20）。

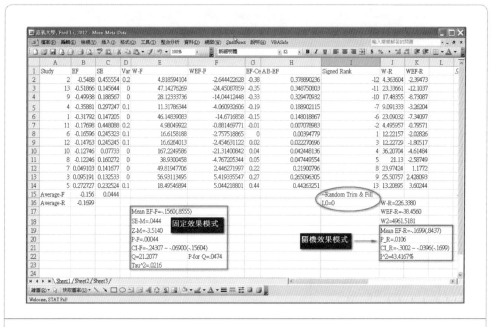

圖 8-19　平均數差異效果值為例之報表（不必進行 Trim & Fill 實例）

　　由圖 8-19 底部方框之固定效果模式的整合分析結果知，平均數差異效果值的整體效果值為 −.156（z = −3.514, p = .00044，顯示可以拒絕平均數差異效果值為 0 的虛無假設），且各研究間也具有異質性（Q = 21.2077, I^2 = 43.4167%, p = .0474）；由右側方框之隨機效果模式的整合分析結果知，平均數差異效果值的整體效果值為 −.1699（p = .0106，顯示可以拒絕平均數差異效果值為 0 的虛無假設）。另外，遺漏研究估計值（採隨機效果模式）L0 = 0，顯示本研究不須進行研究遺漏值之填補，因此本項整合分析研究無出版偏差的現象。

　　以下係另一平均數差異效果值分析，本實例具有出版偏差（L0 ≠ 0）。由圖 8-20 底部之固定效果模式的整合分析結果知，平均數差異效果值的整體效果值為 .108（z = .920, p = .3574），顯示無法拒絕平均數差異效果值為 0 的虛無假設，且各研究間沒有異質性（Q = 7.468, I^2 = 0%, p = .681）。圖 8-20 的下層表單的統計分析結果，亦摘要於圖 8-21 的統計分析摘要表單中，除了異質性分析之外，也同時列出固定效果模式與隨機效果模式的相關統計量。另外，由圖 8-20 中的 L0 = 4 知，本研究實例須進行遺漏值之填補，顯示具有出版偏差現象。以下 ESS 的填補過程與結果，參見圖 8-20 至圖 8-25。

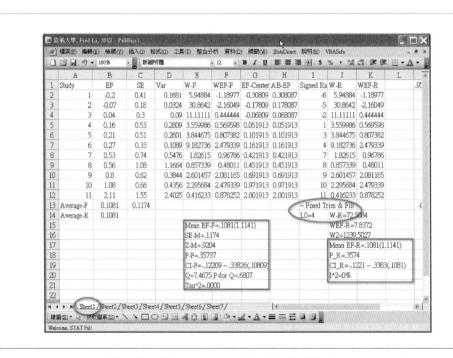

圖 8-20　平均數差異效果值為例之報表（經固定效果模式 Trim & Fill）：Sheet 1

圖 8-20 底部顯示：EXCEL「Sheet 1」中的第一次遺漏研究估計數（採固定效果模式），L0 等於 4。圖 8-21 的統計摘要表係未經刪補前的整合分析結果：平均效果值不管是固定效果模式或隨機效果式均為 .1081（τ^2=0）。

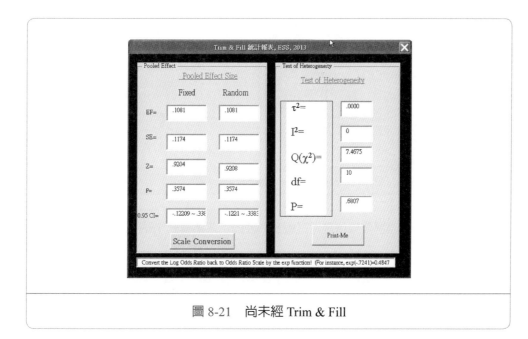

圖 8-21 尚未經 Trim & Fill

541

圖 8-21 的統計摘要表中，異質性考驗（heterogeneity testing）顯示各研究效果間未出現任何變異量（I^2 = 0%），且未達 .05 之顯著水準（Q = 7.468, p = .681）；因此，研究者不需要進行後續的調節變項分析或使用隨機效果模式的統計量。

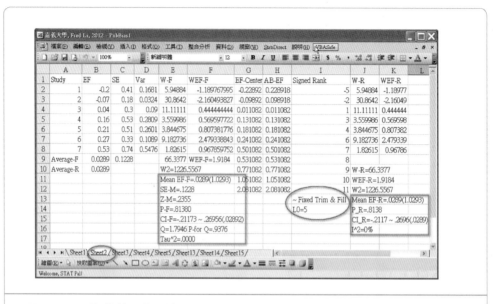

圖 8-22　平均數差異效果值為例之報表（經固定效果模式 Trim & Fill）：Sheet 2

　　圖 8-22 方框內之 EXCEL「Sheet 2」表單內容（平均效果值與異質性分析），係刪除四個較極端的研究結果後之整合分析結果。另外，本次遺漏研究的重估數為 5，因此下一步整合分析須刪除五個研究結果。

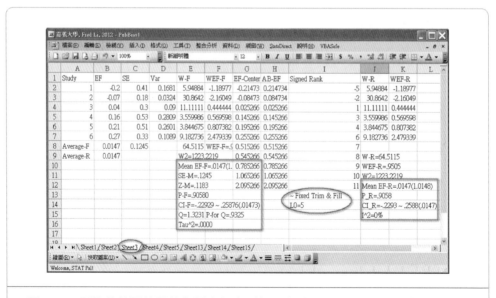

圖 8-23　平均數差異效果值為例之報表（經固定效果模式 Trim & Fill）：Sheet 3

根據 EXCEL「Sheet 3」中（參見圖 8-23）的最新遺漏研究估計數：L0 = 5，因已刪除了四個研究結果，本次只須再刪除一個研究結果，Excel「Sheet 4」表單內容係刪除五個較極端的研究結果後之整合分析結果。另外，本次遺漏研究的重估數為 5，因與上一步的遺漏研究估計數 5 相同，因而已可以確定遺漏了五個研究結果，Trim & Fill 的刪除階段必須終止。緊接的是五個遺漏資料點的回填階段，參見圖 8-24 中 A 欄位下「Imputed」的五行填補資料。

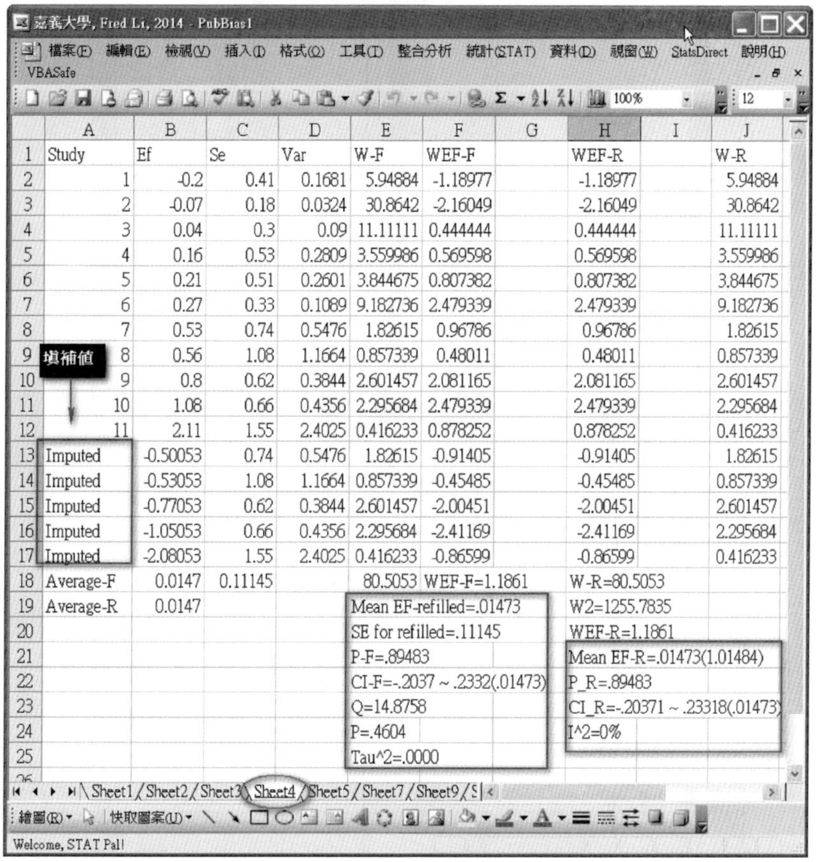

	A	B	C	D	E	F	G	H	I	J
1	Study	Ef	Se	Var	W-F	WEF-F		WEF-R		W-R
2	1	-0.2	0.41	0.1681	5.94884	-1.18977		-1.18977		5.94884
3	2	-0.07	0.18	0.0324	30.8642	-2.16049		-2.16049		30.8642
4	3	0.04	0.3	0.09	11.11111	0.444444		0.444444		11.11111
5	4	0.16	0.53	0.2809	3.559986	0.569598		0.569598		3.559986
6	5	0.21	0.51	0.2601	3.844675	0.807382		0.807382		3.844675
7	6	0.27	0.33	0.1089	9.182736	2.479339		2.479339		9.182736
8	7	0.53	0.74	0.5476	1.82615	0.96786		0.96786		1.82615
9	8	0.56	1.08	1.1664	0.857339	0.48011		0.48011		0.857339
10	9	0.8	0.62	0.3844	2.601457	2.081165		2.081165		2.601457
11	10	1.08	0.66	0.4356	2.295684	2.479339		2.479339		2.295684
12	11	2.11	1.55	2.4025	0.416233	0.878252		0.878252		0.416233
13	Imputed	-0.50053	0.74	0.5476	1.82615	-0.91405		-0.91405		1.82615
14	Imputed	-0.53053	1.08	1.1664	0.857339	-0.45485		-0.45485		0.857339
15	Imputed	-0.77053	0.62	0.3844	2.601457	-2.00451		-2.00451		2.601457
16	Imputed	-1.05053	0.66	0.4356	2.295684	-2.41169		-2.41169		2.295684
17	Imputed	-2.08053	1.55	2.4025	0.416233	-0.86599		-0.86599		0.416233
18	Average-F	0.0147	0.11145		80.5053	WEF-F=1.1861		W-R=80.5053		
19	Average-R	0.0147			Mean EF-refilled=.01473			W2=1255.7835		
20					SE for refilled=.11145			WEF-R=1.1861		
21					P-F=.89483			Mean EF-R=.01473(1.01484)		
22					CI-F=-.2037 ~ .2332(.01473)			P_R=.89483		
23					Q=14.8758			CI_R=-.20371 ~ .23318(.01473)		
24					P=.4604			I^2=0%		
25					Tau^2=.0000					

圖 8-24　平均數差異效果值為例之報表（經固定效果模式 Trim & Fill 後最終結果）：Sheet 4

經過前述出版偏差的校正之後，圖 8-24 表單的下半部呈現 Trim & Fill 結束

後的固定效果與隨機效果模式整合分析結果均為：EF（.0147, p = .8948）和 CI（−.203 ～ .233），顯示無法拒絕平均數差異效果值為 0 的虛無假設；且未具異質性（Q = 14.876, p = .460, I^2 = 0%），無進行調節變項分析的必要。因為 τ^2 = 0，固定效果與隨機效果模式整合分析結果完全相同。

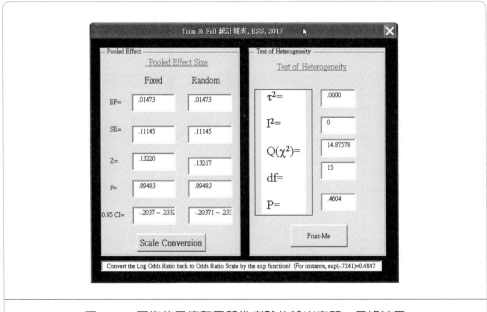

圖 8-25　平均效果值和異質性考驗的輸出表單：最終結果

　　由圖 8-25 知，異質性考驗（heterogeneity testing）顯示各研究效果間未出現任何變異量（I^2 = 0%），且未達 .05 之顯著水準（Q = 14.88, p = .460）；因此研究者不需要進行後續的調節變項分析或使用隨機效果模式的統計量。

（三）相關係數實例

　　為提供一完整的 ESS 整合分析步驟，本實例將從計算相關係數效果值開始，再進行 Trim & Fill 分析，如此才能正確將第一階段特殊參數值（本例為 Fisher z 的參數傳遞）傳遞到第二階段的 Trim & Fill 分析（Trim & Fill 副程式為四大類效果值所共用），方能正確地將 Fisher z 還原成 Pearson 積差相關係數，參見本書公式 1-34。

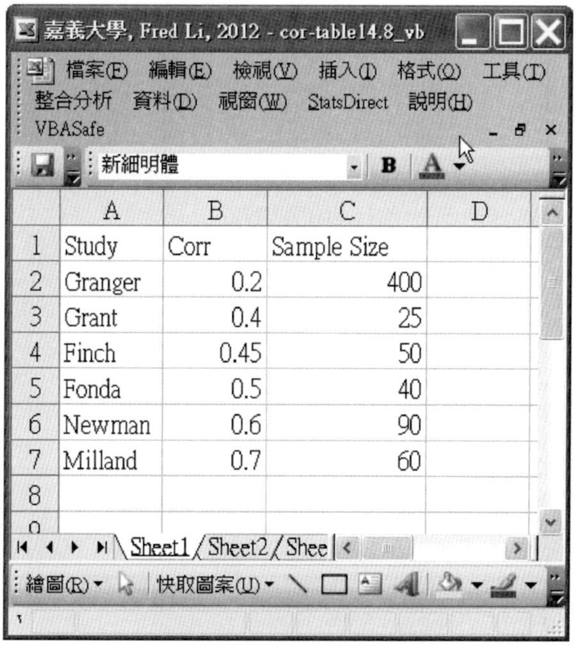

	A	B	C	D
1	Study	Corr	Sample Size	
2	Granger	0.2	400	
3	Grant	0.4	25	
4	Finch	0.45	50	
5	Fonda	0.5	40	
6	Newman	0.6	90	
7	Milland	0.7	60	
8				

圖 8-26　相關係數的資料檔案

根據圖 8-26 的資料，利用 ESS 的「Correlation」副程式，即可獲得圖 8-27 的初步統計資料與整合分析結果。

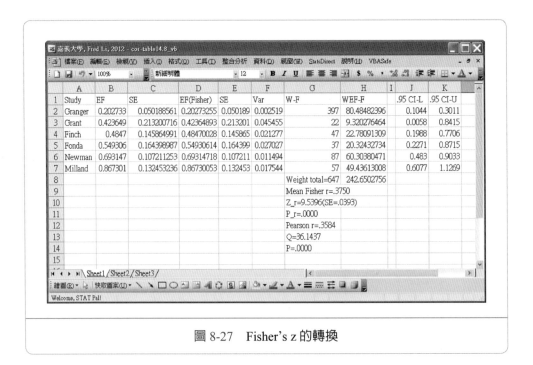

圖 8-27　Fisher's z 的轉換

　　根據圖 8-27 的 B 和 C 欄位之資料，利用 ESS 的「Trim and Fill」副程式，即可獲得圖 8-31 的 Trim & Fill 整合分析初步結果。Trim & Fill 分析時，必須設定分析的模式，如圖 8-28 所示。

圖 8-28　ESS 分析模式的設定視窗

　　本實例將利用固定效果模式，進行 Trim & Fill 分析，因此須按下圖 8-28 中的「是（Y）」鍵。接著，須確認是否要再執行 Trim & Fill 分析。

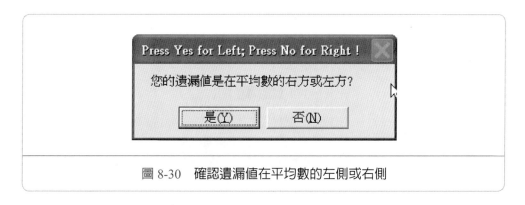

圖 8-29　確認是否再執行 Trim & Fill 分析

　　如果要再執行 Trim & Fill 分析，請務必按下「是（Y）」，否則會有錯誤的結果。其次，要確認遺漏值在平均數的左側或右側。

圖 8-30　確認遺漏值在平均數的左側或右側

　　通常遺漏值在平均數的左側，請按「是（Y）」，否則按「否（N）」。

　　圖 8-31 內 B 欄位（EF）係 Fisher's z，E 欄位（W-F）係固定效果模式的加權量（= N-3）。由圖 8-31 底部之固定效果模式的整合分析結果知，相關係數的整體效果值為 .3584（z = 9.5396, p = .0000），顯示相關係數效果值為 0 的虛無假設必須加以拒絕，且各研究間具有高異質性（Q = 36.1437, I^2 = 86.166%, p = .000）。圖 8-31 的下層表單的統計分析結果，亦摘要於圖 8-32 的統計摘要表單中，除了異質性分析之外，也同時列出固定效果模式與隨機效果模式的相關統計量。另外，由圖 8-31 中的 L0 = 3 知，本研究實例經進行 Trim & Fill 分析，顯示有出版偏差現象，初步需再填補三個遺漏值。

　　圖 8-32 左側輸出表單係 Pearson's r 的報表，右側輸出表單係 Fisher's z 的報表（可按「Scale Conversion」進行 EF 和 CI 之不同單位互換）。本實例的異質性

考驗顯示各研究效果間出現很大的變異量（$I^2 = 86.1663\%$），且達 .05 之顯著水準（$Q = 36.1437$, $p = .000$）。因為各研究間具有高異質性（> 75%），也達統計上的 .05 既定顯著水準，研究者有必要進行後續的調節變項分析或使用隨機效果模式的統計量。

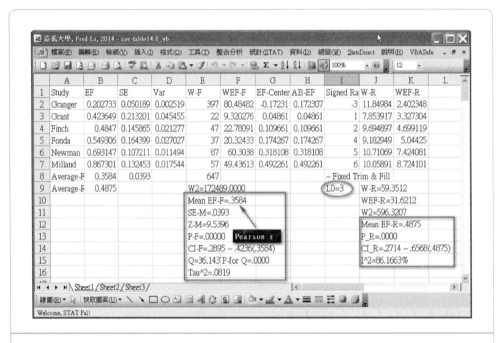

圖 8-31　相關係數效果值為例之報表（經固定效果 Trim & Fill）：Sheet 1

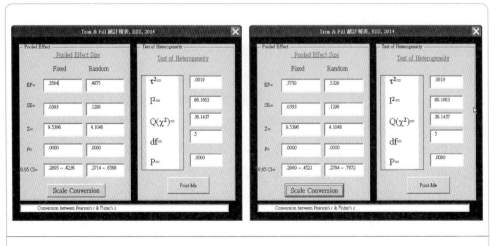

圖 8-32　相關係數平均效果值和異質性考驗的輸出表單：未經 Trim & Fill 結果

根據 EXCEL「Sheet 2」中（參見圖 8-33）的最新遺漏研究估計數：L0 = 3，因與上一步的遺漏研究估計數 3 相同，因而已可以確定遺漏了三個研究結果，Trim & Fill 的刪除階段必須終止。緊接的是三個遺漏資料點的回填階段，參見圖 8-34 中 A 欄位下「Imputed」的三行填補資料。

本實例選擇使用固定效果模式的 Trim & Fill 分析，係根據 Moreno, Sutton, Turner, et al., 2009；Kepes, Banks, McDaniel, & Whetzel, 2012 的主張，固定效果模式（$\hat{\theta}_{FE}$）Trim & Fill 分析比隨機效果模式（$\hat{\theta}_{RE}$）更能有效評估出版偏差。

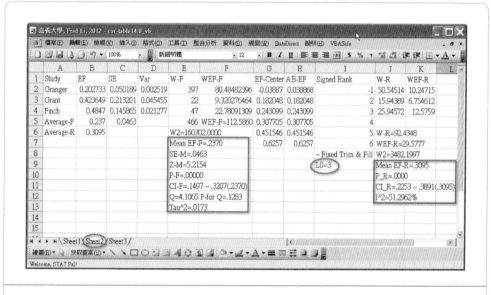

圖 8-33　相關係數效果值之報表（經固定效果 Trim & Fill）：Sheet 2

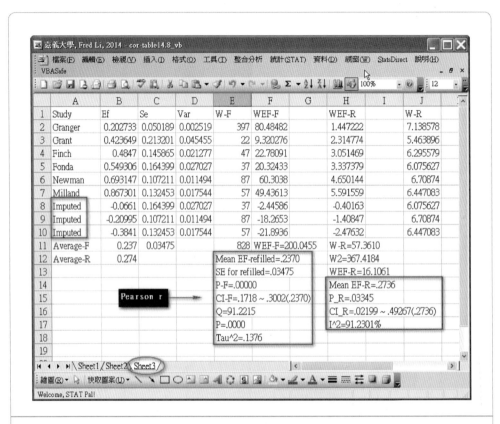

圖 8-34　相關係數效果值為例之報表（經固定效果模式 Trim & Fill 後最終結果）：
Sheet 3

　　經過前述出版偏差的校正之後，圖 8-34 表單的下半部呈現 Trim & Fill 結束後固定效果與隨機效果模式整合分析的結果，分別為：EF（.2370, p = .0000）和 CI（.1718 ~ .3002），與 EF（.2736, p = .03345）和 CI（.02199 ~ .49267），顯示在固定效果模式下，可以拒絕相關係數效果值為 0 的虛無假設；在隨機效果模式下，無法拒絕相關係數效果值為 0 的虛無假設；且研究間具高度異質性（Q = 91.2215, p = .000, I^2 = 91.2301%），因此研究者須進行調節變項分析。

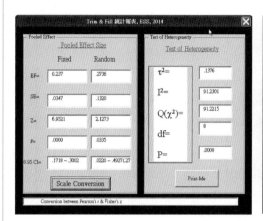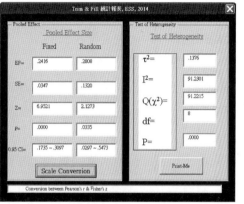

圖 8-35　相關係數平均效果值和異質性考驗的輸出表單：最終結果

　　圖 8-35 左側輸出表單係 Pearson's r 的報表，右側輸出表單係 Fisher's z 的報表（可按「Scale Conversion」進行 EF 和 CI 之不同單位互換）。本整合研究的最終異質性考驗顯示各研究效果間出現很大的變異量（I^2 = 91.2301%），且達 .05 之顯著水準（Q = 91.22153, p = .000）。因為各研究間具有高異質性（> 75%），也達統計上的 .05 既定顯著水準，研究者有必要進行後續的調節變項分析或使用隨機效果模式的統計量。未經 Trim & Fill 前之相關係數平均效果值之最終結果為：.3584 和 .4875（參見圖 8-31），Trim & Fill 後之相關係數平均效果值為 .24159 和 .28079（因加入三個負向效果值），出現下修校正。

(四) 整合迴歸刪補法

　　研究者要確認異質性的來源甚為不易，因而經常使用隨機效果模式來詮釋研究間與研究內之變異源；即使使用 Trim & Fill 也無法排除效果值系統性之偏差，更何況出版偏差並不是非對稱性的唯一原因。此時，研究者可以利用整合迴歸法將一些重要的共變項先加以排除，詮釋一部分系統性的異質性之後，再進行 Trim & Fill 分析。

　　以下利用 Raudenbush（1984）針對 19 篇教師期望對於學童 IQ 影響力之實驗研究，該研究學年之初，所有學生均先接受智力測驗；接著，隨機選取一群學生當作實驗組，告訴老師這群學生的智力會有長足進步。學年之末，不管實驗組

或控制組的學生均再接受智力測驗。圖 8-36 中的 EF 變項，係實驗組與控制組的標準化平均數差異值；該研究含有一個共變項（Predictor）：係實驗前教師與學童接觸的週數；因研究者懷疑教師期望與學童的接觸長短有關聯，遂將接觸時間超過一週的歸類爲長接觸組（編碼爲 1），其餘的爲短接觸組（編碼爲 0），參見圖 8-36。Raudenbush（1984）認爲在實驗操弄之前，如果師生接觸的時間愈長，老師對於學生 IQ 成長期望的實驗操作效力會減弱；因此，以接觸的長短作爲調節變項。

本實例將進行雙向度的整合迴歸刪補法分析，涉及截距與斜率項；因此須利用整合分析軟體 ESS 的「Trim & Fill」下之「R0 Estimator for Reg_2」副程式，執行之後，就可以獲得如圖 8-36 的雙向度整合迴歸刪補法統計分析摘要表。

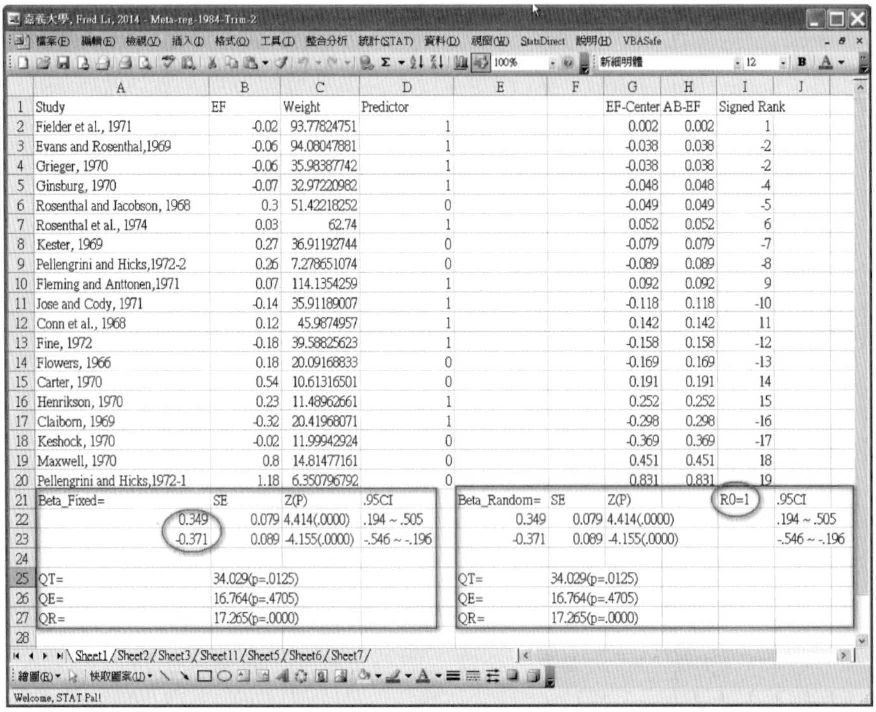

	A	B	C	D	E	F	G	H	I	J
1	Study	EF	Weight	Predictor			EF-Center	AB-EF	Signed Rank	
2	Fielder et al., 1971	-0.02	93.77824751	1			0.002	0.002	1	
3	Evans and Rosenthal,1969	-0.06	94.08047881	1			-0.038	0.038	-2	
4	Grieger, 1970	-0.06	35.98387742	1			-0.038	0.038	-2	
5	Ginsburg, 1970	-0.07	32.97220982	1			-0.048	0.048	-4	
6	Rosenthal and Jacobson, 1968	0.3	51.42218252	0			-0.049	0.049	-5	
7	Rosenthal et al., 1974	0.03	62.74	1			0.052	0.052	6	
8	Kester, 1969	0.27	36.91192744	0			-0.079	0.079	-7	
9	Pellengrini and Hicks,1972-2	0.26	7.278651074	0			-0.089	0.089	-8	
10	Fleming and Anttonen,1971	0.07	114.1354259	1			0.092	0.092	9	
11	Jose and Cody, 1971	-0.14	35.91189007	1			-0.118	0.118	-10	
12	Conn et al., 1968	0.12	45.9874957	1			0.142	0.142	11	
13	Fine, 1972	-0.18	39.58825623	1			-0.158	0.158	-12	
14	Flowers, 1966	0.18	20.09168833	0			-0.169	0.169	-13	
15	Carter, 1970	0.54	10.61316501	0			0.191	0.191	14	
16	Henrikson, 1970	0.23	11.48962661	1			0.252	0.252	15	
17	Claiborn, 1969	-0.32	20.41968071	1			-0.298	0.298	-16	
18	Keshock, 1970	-0.02	11.99942924	0			-0.369	0.369	-17	
19	Maxwell, 1970	0.8	14.81477161	0			0.451	0.451	18	
20	Pellengrini and Hicks,1972-1	1.18	6.350796792	0			0.831	0.831	19	
21	Beta_Fixed=	SE	Z(P)	.95CI	Beta_Random=	SE	Z(P)		R0=1	.95CI
22	0.349	0.079	4.414(.0000)	.194 ~ .505	0.349	0.079	4.414(.0000)			.194 ~ .505
23	-0.371	0.089	-4.155(.0000)	-.546 ~ -.196	-0.371	0.089	-4.155(.0000)			-.546 ~ -.196
24										
25	QT=	34.029(p=.0125)			QT=	34.029(p=.0125)				
26	QE=	16.764(p=.4705)			QE=	16.764(p=.4705)				
27	QR=	17.265(p=.0000)			QR=	17.265(p=.0000)				
28										

圖 8-36　針對截距與斜率項的雙向度整合迴歸刪補法實例

由圖 8-36 內的 R0 = 1，可知將刪補一個效果值。圖 8-36 方框內的分析結果，係針對雙向度整合迴歸刪補前的整合迴歸分析結果：截距項的結果 0.349，係短接觸組（編碼為 0）的平均效果值，長接觸組（編碼為 1）的平均效果值為 −0.022（0.349 − 0.371），整合迴歸分析所得結果與 CMA 次群體分析結果完全相同，參見圖 8-37。因為 τ^2 等於 0，固定效果與隨機效果相同。另外，值得注意的是，因為迴歸係數為負值（−0.371），顯示出師生接觸時間愈長，教師期望與學童 IQ 之平均差異效果值愈小的趨勢。本例之迴歸模式為 Y = .349 − .371×Predictor，當 Predictor = 1 時，為長接觸組；當 Predictor = 0 時，為短接觸組。因而 Raudenbush（1984）的實驗假設，經整合分析獲得支持：師生長接觸組的智力差異比短接觸組的智力差異來得小（−0.022 vs. 0.349）。

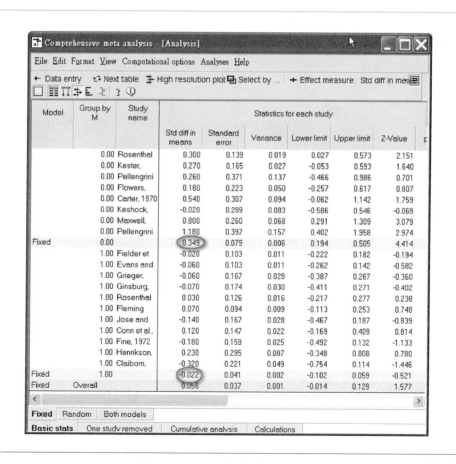

圖 8-37　CMA 次群體分析結果

圖 8-38 方框內的分析結果，係針對雙向度整合迴歸填補一個效果值之後的整合迴歸分析結果。

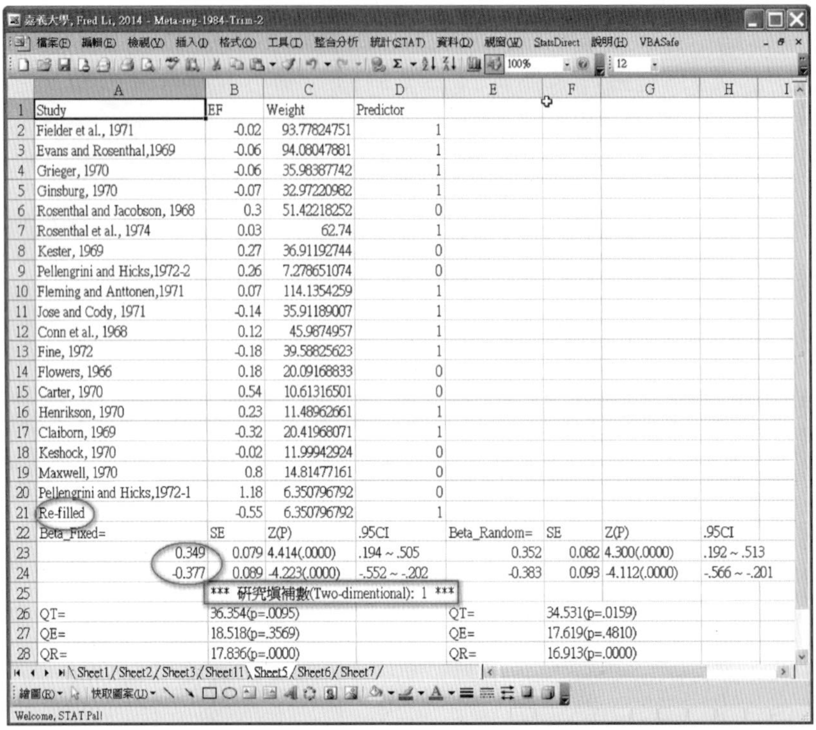

	A	B	C	D	E	F	G	H
1	Study	EF	Weight	Predictor				
2	Fielder et al., 1971	-0.02	93.77824751	1				
3	Evans and Rosenthal,1969	-0.06	94.08047881	1				
4	Grieger, 1970	-0.06	35.98387742	1				
5	Ginsburg, 1970	-0.07	32.97220982	1				
6	Rosenthal and Jacobson, 1968	0.3	51.42218252	0				
7	Rosenthal et al., 1974	0.03	62.74	1				
8	Kester, 1969	0.27	36.91192744	0				
9	Pellengrini and Hicks,1972-2	0.26	7.278651074	0				
10	Fleming and Anttonen,1971	0.07	114.1354259	1				
11	Jose and Cody, 1971	-0.14	35.91189007	1				
12	Conn et al., 1968	0.12	45.9874957	1				
13	Fine, 1972	-0.18	39.58825623	1				
14	Flowers, 1966	0.18	20.09168833	0				
15	Carter, 1970	0.54	10.61316501	0				
16	Henrikson, 1970	0.23	11.48962661	1				
17	Claiborn, 1969	-0.32	20.41968071	1				
18	Keshock, 1970	-0.02	11.99942924	0				
19	Maxwell, 1970	0.8	14.81477161	0				
20	Pellengrini and Hicks,1972-1	1.18	6.350796792	0				
21	Re-filled	-0.55	6.350796792	1				
22	Beta_Fixed=	SE	Z(P)	.95CI	Beta_Random=	SE	Z(P)	.95CI
23	0.349	0.079	4.414(.0000)	.194 ~ .505	0.352	0.082	4.300(.0000)	.192 ~ .513
24	-0.377	0.089	-4.223(.0000)	-.552 ~ -.202	-0.383	0.093	-4.112(.0000)	-.566 ~ -.201
25		*** 研究填補數(Two-dimentional): 1 ***						
26	QT=	36.354(p=.0095)			QT=	34.531(p=.0159)		
27	QE=	18.518(p=.3569)			QE=	17.619(p=.4810)		
28	QR=	17.836(p=.0000)			QR=	16.913(p=.0000)		

圖 8-38　雙向度整合迴歸刪補法分析後的填補結果

因爲在長接觸組填補了一個負的效果值（–0.55），導致長接觸組（編碼爲 1）的平均效果值稍降爲 –0.028（0.349 – 0.377），短接觸組的平均效果值維持不變（= 0.349），參見圖 8-38。

四、安全失效 N

Rosenthal（1979）的安全失效 N（Fail-Safe N），旨在處理檔案櫃問題（file drawer problem）。ESS 程式中含有三個計算 FSN 的副程式：

（一）Without Exact p

此法適用於研究報告中缺乏精確之 p 值，但可以取得達到顯著水準的論文篇數時。

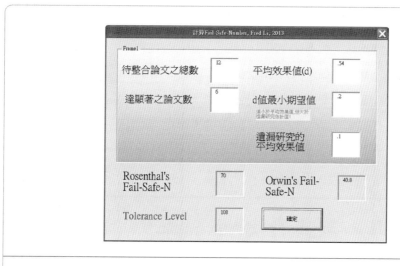

圖 8-39　安全失效 N 的計算表單

圖 8-39 的左側視窗為 Rosenthal's FSN 的輸入視窗（須輸入論文總篇數、達顯著水準的論文篇數），下半左側視窗中出現 FSN 的數目與容忍性程度（Tolerance level）。在本例中，因 FSN = 70 < 108（容忍性程度），因而可以推論：未達顯著性或未出版的研究結果，不會影響到整合分析既有的顯著性結果（亦即無出版偏差）。圖 8-39 的右側視窗為 Orwin's FSN 的輸入視窗（須額外輸入平均效果值、最小期望值與遺漏研究的平均效果值），下半右側視窗中出現 FSN 的數目。在本例中，因 FSN = 40.8 < 108（容忍性程度），代表尚須有 41 篇平均效果值為 0.1 的研究，才會導致既有的整合效果降到沒有實用價值或沒有意義的程度（本例為 .2）。

（二）FSN-Cor

FSN-Cor 副程式，適用於研究報告中呈現相關係數與樣本大小時。

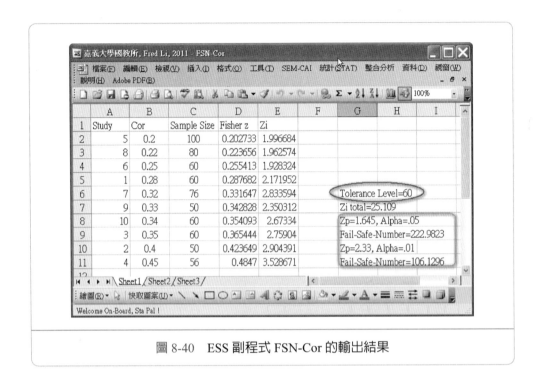

圖 8-40　ESS 副程式 FSN-Cor 的輸出結果

　　圖 8-40 中右側方框，提供了 α 等於 .01 和 .05 兩個顯著水準的 FSN。以 .05 顯著水準爲例，在本例中因 FSN = 223 > 60（容忍性程度），因而可以推論：未達顯著性或未出版的研究結果，不會影響到整合分析既有的顯著性結果，亦即無出版偏差之疑慮。圖 8-40 中 E 欄位的 z 值可以利用 EXCEL 的統計機率密度函數進行 p 值的轉換：$p = 1 - NORMSDIST(z)$，此即圖 8-41 中 B 欄位的機率數據。

(三) FSN-Prob

　　此法適用於研究報告中僅呈現精確之 p 值時。圖 8-41 中右側方框，提供了 α 等於 .01 和 .05 兩個顯著水準的 FSN。以 .05 顯著水準爲例，在本例中因 FSN = 223 > 60（容忍性程度），因而可以推論：未達顯著性或未出版的研究結果，不會影響到整合分析既有的顯著性結果，無出版偏差之疑慮。綜上所述，不管是利用 z 值或 p 值進行 FSN 的計算，所得結果與結論完全相同。

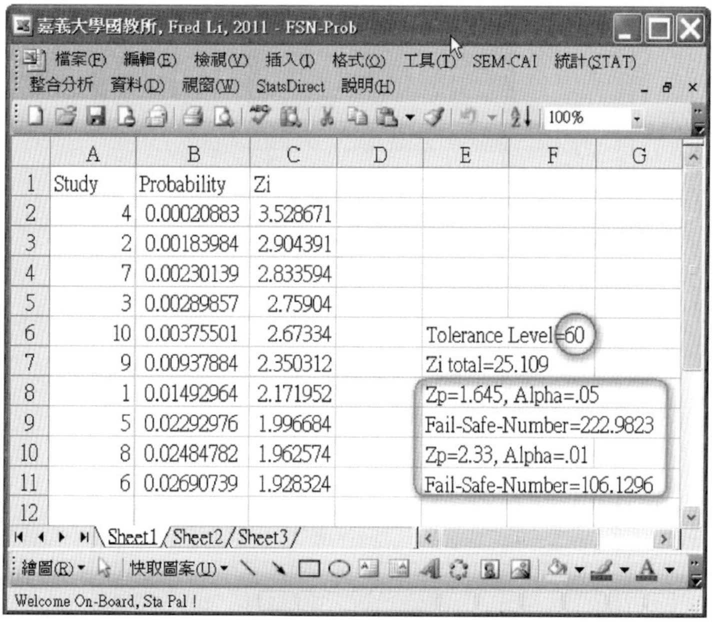

	A	B	C	D	E
1	Study	Probability	Zi		
2	4	0.00020883	3.528671		
3	2	0.00183984	2.904391		
4	7	0.00230139	2.833594		
5	3	0.00289857	2.75904		
6	10	0.00375501	2.67334		Tolerance Level=60
7	9	0.00937884	2.350312		Zi total=25.109
8	1	0.01492964	2.171952		Zp=1.645, Alpha=.05
9	5	0.02292976	1.996684		Fail-Safe-Number=222.9823
10	8	0.02484782	1.962574		Zp=2.33, Alpha=.01
11	6	0.02690739	1.928324		Fail-Safe-Number=106.1296

圖 8-41　ESS 副程式 FSN-Prob 的輸出結果

五、Egger 迴歸截距法

本法係漏斗圖的非對稱性檢視之統計考驗方法，如截距的統計顯著性考驗達既定之顯著水準，即顯示具有出版偏差的存在。本節將利用圖 8-42 中之 B 欄位與 C 欄位數據，進行 Egger 迴歸截距法（Egger’s regression intercept）之說明。圖 8-42 中第一欄位（A）係研究名稱，第二欄位（B）係效果值資料，爲 BCG Vaccination（預防注射）對於肺結核的對數勝算比（Log Odds Ratio）分析資料，第三欄位（C）係標準誤 SE，爲迴歸分析的預測變項，其變異數的倒數爲加權量。

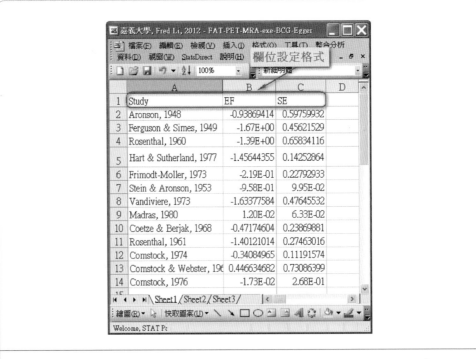

圖 8-42　Egger's regression intercept 法資料輸入欄位（EF in log Odds）

利用整合分析軟體ESS的副程式「Egger's regression intercept」，執行之後，就可以獲得如圖 8-43 的漏斗圖的非對稱性統計考驗摘要表。

由圖 8-43 的左側報表知，所得之截距為負（−2.3453，p = .160），表出版偏差問題不嚴重。如果此截距項為正值且達到既定的顯著水準，表示所估計的效果值高估了；如果此截距項為負值且達到既定的顯著水準，表示所估計的效果值低估了。圖 8-43 的摘要表，按「Print Me」可列印出來。這些統計分析結果也會呈現於 EXCEL 表單內，參見圖 8-44。圖 8-43 右側係 PEESE（Precision-Effect Estimate with Standard Error）模式的分析結果，適用於實際效果值存在時；左側係 Egger's regression intercept 考驗的結果，適用於實際效果值不存在時。本例因實際效果值（−.1571，p = .5214），未達顯著水準。因此，建議研究者使用圖 8-43 左側的 FAT-PET-MRA 整合迴歸分析模式，進行分析與解釋（細節請參考圖 2-51 的流程）。

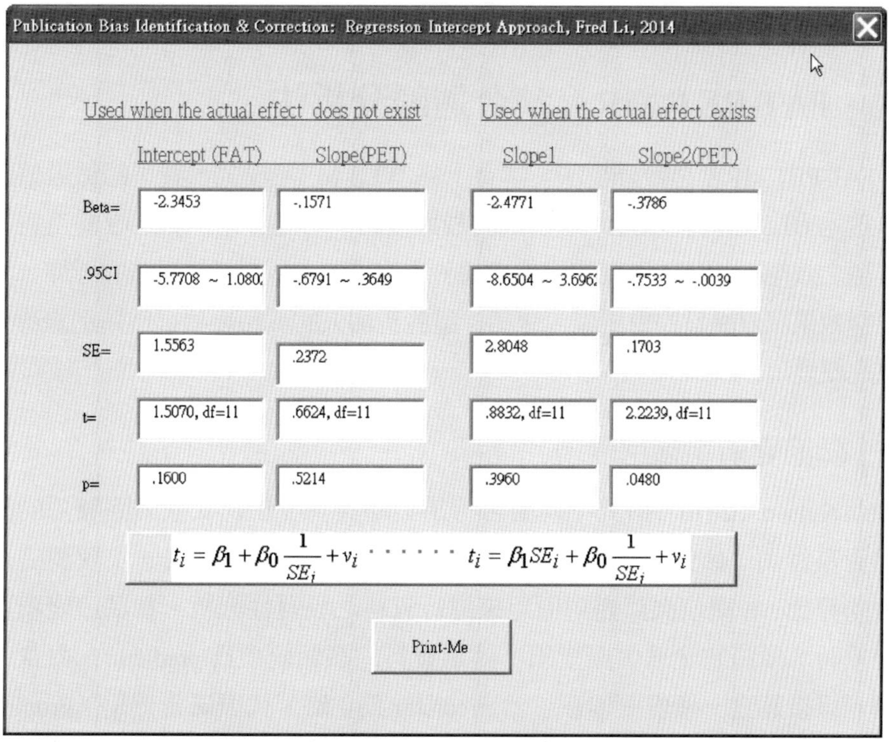

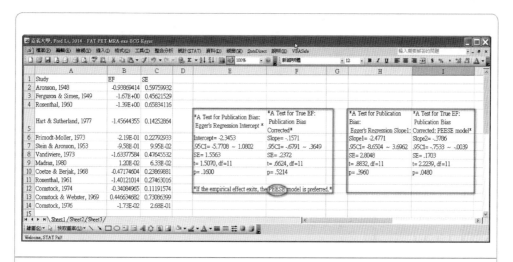

圖 8-43　Egger's 迴歸截距法和 PEESE 模式分析的 ESS 摘要表

圖 8-44　Egger's regression intercept 法和 PEESE 模式的 ESS 報表輸出

　　圖 8-43 之 Egger 迴歸截距法與 PEESE 模式分析的 ESS 統計摘要表內容，也會一併呈現於圖 8-44 的 EXCEL 表單右側方框中。

六、FAT-PET-MRA 整合迴歸分析法

　　FAT-PET-MRA 迴歸分析法，本質上係 WLS-MRA 模式，其迴歸係數估計值可以透過 OLS 估計法求得。本模式的最大優點，乃是可以排除出版偏差與其他變異源之效應，估計該研究的淨效果值。本法係 Egger 迴歸截距法的延伸，增加了詮釋效果值變異量的重要調節變項；這些新加入的調節變項可為類別變項，也可為連續變項。

(一) 調節變項為類別變項

　　以 Nelson（2010）研究不同廣告行銷策略與青少年初次飲酒間關係的整合分析資料為例（參見圖 8-45），資料中 B 欄位 EF 係青少年第一次飲酒的自然對數勝算比，E 欄位調節變項係用來進行資料之異質性分析。當調節變項為類別變項時，須將它化為虛擬變項，該筆資料的調節變項為 predictor，內含二個組別，只須建立一個虛擬變項。當 predictor 為 1 時，代表廣告促銷（promotion portrayals，如動畫、錄影帶）宣傳；當 predictor 為 0 時，代表傳統媒體（如電視、雜誌與廣播）行銷。由此觀之，本整合迴歸分析共有二個預測變項：SE 和 Predictor（D 欄位和 E 欄位）。注意，有些研究中內含多重研究結果，漠視其資料的相關性，可能會導致標準誤過小與更易拒絕虛無假設的偏誤。不過，以下的 ESS 資料分析，仍假設其資料點具有完全獨立性。因此，分析結果或結論與 Nelson 的分析結果相近，但結論不同。

嘉義大學, Fred Li, 2014 - alcohol-marketing-nelson-2010

	A	B	C	D	E
1	Study	EF	Weight	SE	Predictor
2	Robinson_1998_1	0.0862	625	0.04	0
3	Ellickson_2005_1	0.0488	16.12877212	0.249	0
4	Ellickson_2005_2	-0.2485	260.1456816	0.062	0
5	Hanewinkel_2009	-0.0101	49.59333466	0.142	0
6	Ellickson_2005_3	0.1044	145.158949	0.083	0
7	McClure_2006	0.4055	43.28254848	0.152	1
8	Fisher_2007_1	0.5766	53.2793436	0.137	1
9	Fisher_2007_2	0.5539	69.44444444	0.12	1
10	Henriksen_2008_1	0.1823	17.80341469	0.237	1
11	Henriksen_2008_2	0.5188	33.80205516	0.172	1
12	McClue_2009_1	0.3436	29.86055123	0.183	1
13	McClue_2009_2	0.4511	17.95461074	0.236	1
14	Saegent_2006	0.1398	566.893424	0.042	1
15	Hanewinkel_2009	0.3507	90.70294785	0.105	1
16	Robinson_1998_2	0.27	297.2651605	0.058	1
17	Robinson_1998_3	-0.1278	297.2651605	0.058	1
18	Robinson_1998_4	-0.0619	307.7870114	0.057	0
19	Ellickson_2005_3	0.0677	56.53230821	0.133	0
20	Ellickson_2005_4	0.3507	62.98815823	0.126	0
21	Fisher_2007_3	0.239	58.27166249	0.131	0
22	Fisher_2007_4	0.0392	84.16799933	0.109	0
23	Henriksen_2008_3	0.0677	198.3733386	0.071	0
24	Henriksen_2008_4	0.0953	236.6863905	0.065	0

Welcome, STAT Pal!

圖 8-45　FAT-PET-MRA 迴歸分析法資料輸入欄位與資料

利用整合分析軟體 ESS 的副程式「FAT-PET-MRA Model」，執行之後就可以獲得如圖 8-46 的統計分析摘要表。根據圖 8-46 之分析結果，在固定效果模式之下，其整合迴歸分析模式為：

$$Effect_i = -.0979 + 1.8847PB + .1456predictor$$

當 PB、predictor 均為 0 時，該研究的淨效果值為 −.0979（p = .008，排除出版偏差之效果），為傳統媒體行銷的淨效果值；隱含著傳統媒體行銷（如電視、雜誌與廣播）並不會增大誘引青少年第一次飲酒的機率。當 PB 為 0，predictor

為 1 時，該研究的淨效果值為 .0477（= −.0979 + .1456），為非傳統媒體行銷的淨效果值；隱含著非傳統媒體行銷（如動畫、錄影帶）會增大誘引青少年第一次飲酒的機率。此外，該研究的出版偏差與調節變項效果均達 .05 的顯著水準（p值分別為 .00002 和 .00002）。可見宣傳策略的不同會有不一樣的效果，出版偏差的問題也頗嚴重，這些因素都會左右青少年初次飲酒的機率，值得納入考慮。

在圖 8-46 中，FAT-PET-MRA 法的 ESS 的摘要表含有固定效果與隨機效果模式的統計分析結果。在整合迴歸分析的情境中，因為研究效果與調節變項常具有相關性，隨機效果模式須謹慎使用（利用 Hausman 考驗，確定選擇隨機效果模式是否有效）或避免用它（Stanley & Doucouliagos, 2012）。

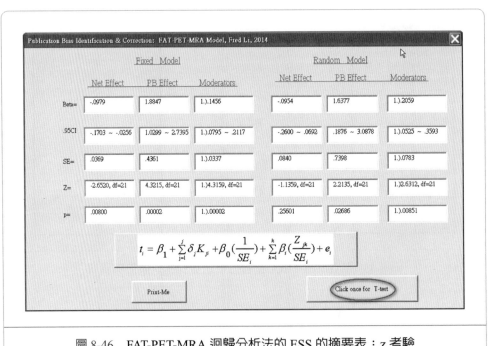

圖 8-46　FAT-PET-MRA 迴歸分析法的 ESS 的摘要表：z 考驗

根據 Hedges & Olkin（1985）的建議，迴歸係數的標準誤，須使用公式 7-19 加以計算：$z = \dfrac{SE(\beta_j)}{\sqrt{MSe}}$。圖 8-46 中 ESS 報表所提供的標準誤（其統計考驗為 z 值），係根據上式計算而得。圖 8-47 中的標準誤（其統計考驗為 t 值），係未經轉換而得，一般的統計軟體如 SPSS，均輸出此結果。

不過，根據 Stanley & Doucouliagos（2013）的模擬研究結果發現，除非樣本與母群特徵相似或不作推論用，建議研究者不須利用上式再作校正，以免產生過窄的信賴區間。因此，Stanley & Doucouliagos（2013）建議，圖 8-46 中所呈現 z 考驗的標準誤較適用於描述，圖 8-7 中所呈現 t 考驗的的標準誤較適用於推論。

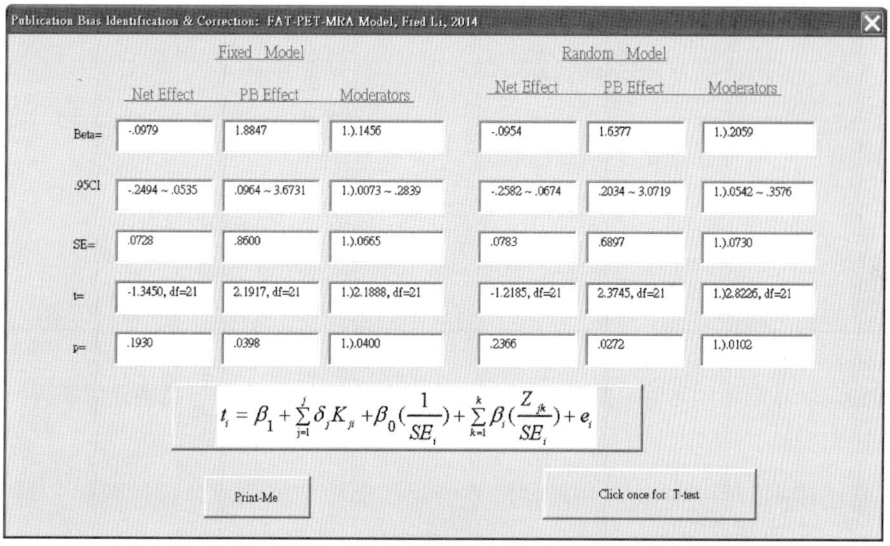

圖 8-47　FAT-PET-MRA 迴歸分析法的 ESS 的摘要表：t 考驗

另外，勇健標準誤（Robust standard errors）適用於同時解決效果值相依問題與變異數同質性問題，相關理論請參閱本書第四章第五節。效果值相依現象可能來自於同一構念的多元指標、重複施測的效果值、多個實驗處理組與共通的控制組的多元效果值、與來自於同一實驗室的多元研究結果。

因此，在筆者的 ESS 報表中，增列勇健標準誤（HC3）的輸出（如圖 8-48 所示），讓研究者有更多的選擇與運用。圖 8-48 中的 $R^2 = .3360$，似乎反映尚有不少未詮釋到的異質性變異量。

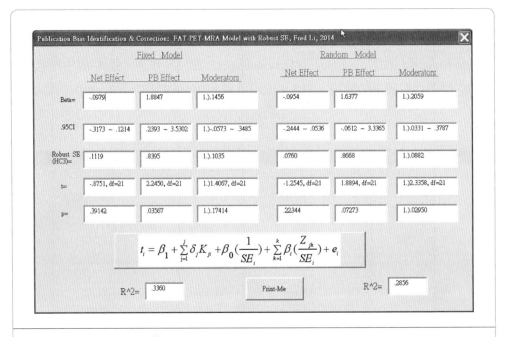

圖 8-48　FAT-PET-MRA 迴歸分析法的 ESS 的摘要表：t 考驗（含勇健標準誤）

　　當出現出版偏差之後，為解決觀察效果值與標準誤間之非線性關係，研究者可以改用變異誤的導數作為加權量，以獲得較佳之效果估計值（Precision-Effect Estimate with Standard Error，簡稱 PEESE）。注意圖 8-49 中 PB Effect 的出版偏差考驗結果，根據模擬研究結果並不是很有效的指標（與 Stanley, 2014 個人通信）。因此，研究者如欲進行 FAT 考驗，建議參考圖 8-47 的出版偏差考驗結果；當實際效果存在時且欲獲得更正確的估計效果值，請使用 PEESE 模式的估計結果。圖 8-49（或圖 8-50）係 PEESE 模式之分析結果，適用於出現顯著效果值時，以避免低估實際效果值，尤其在沒有調節變項時（Stanley, 2008）。

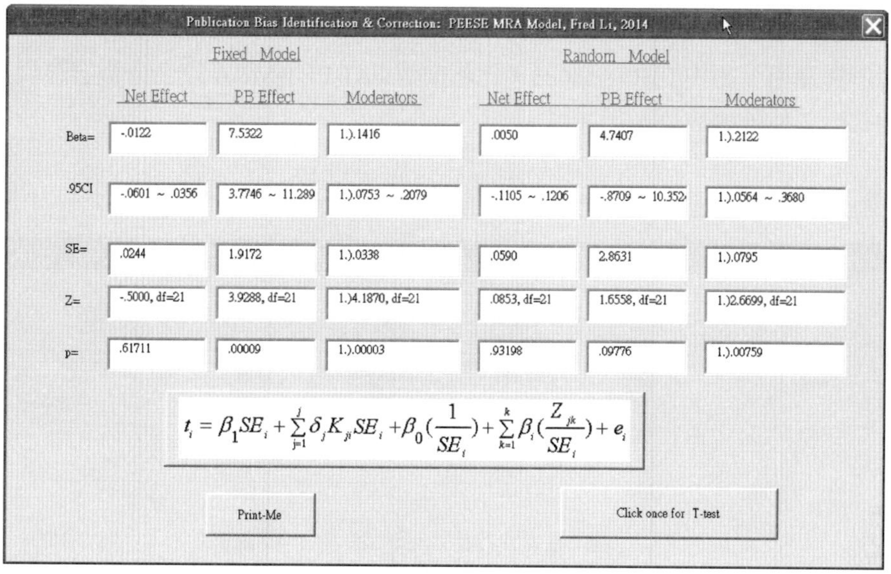

圖 8-49　PEESE 模式分析的 ESS 的摘要表：z 考驗

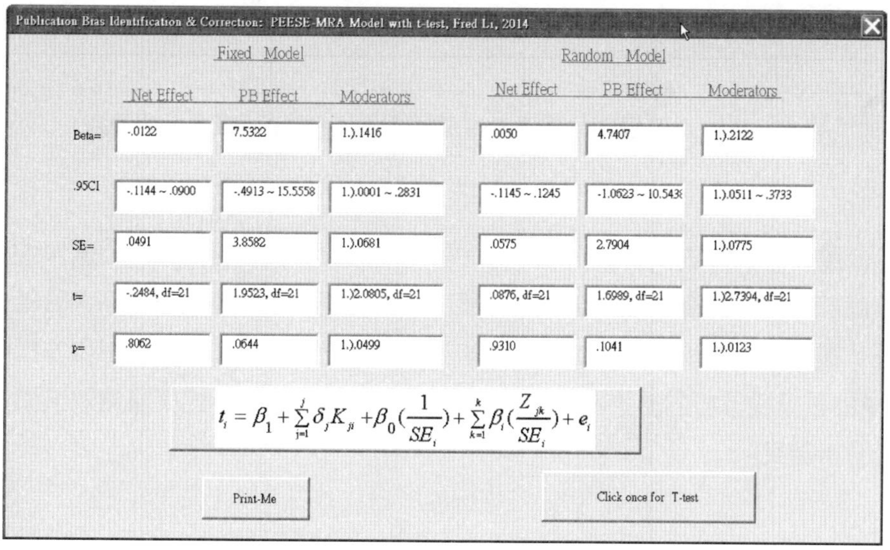

圖 8-50　PEESE 模式分析的 ESS 的摘要表：t 考驗

勇健標準誤適用於同時解決效果值相依問題與變異數同質性問題。因此，在筆者的 ESS 報表中，增列勇健標準誤（HC3）的輸出（如圖 8-51 所示），讓研究者選擇運用。表中的 $R^2 = .3083$，比起前述 FAT-PET-MRA 整合分析迴歸模式，詮釋到的異質性變異量並未改善。

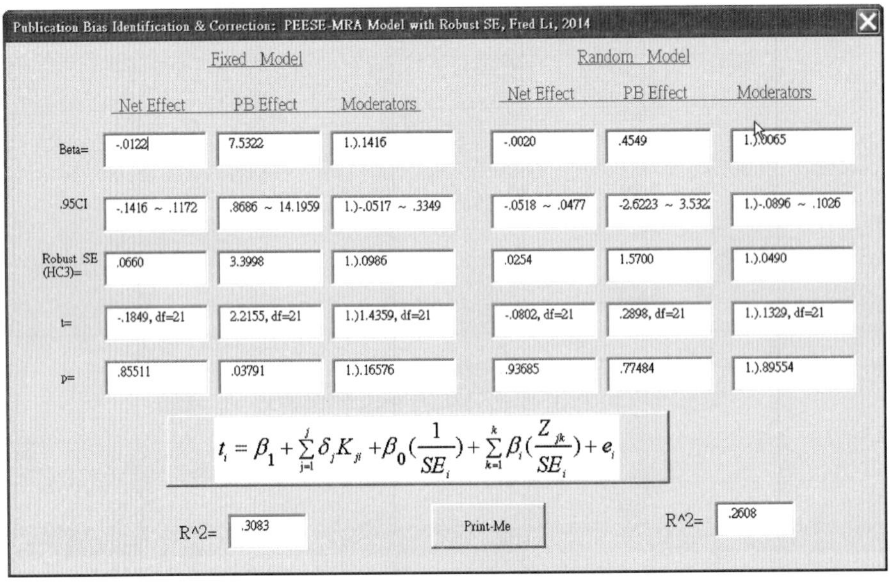
Publication Bias Identification & Correction: PEESE-MRA Model with Robust SE, Fred Li, 2014

	Fixed Model			Random Model		
	Net Effect	PB Effect	Moderators	Net Effect	PB Effect	Moderators
Beta=	-.0122	7.5322	1.).1416	-.0020	.4549	1.).0065
.95CI	-.1416 ~ .1172	.8686 ~ 14.1959	1.)-.0517 ~ .3349	-.0518 ~ .0477	-2.6223 ~ 3.532	1.)-.0896 ~ .1026
Robust SE (HC3)=	.0660	3.3998	1.).0986	.0254	1.5700	1.).0490
t=	-.1849, df=21	2.2155, df=21	1.)1.4359, df=21	-.0802, df=21	.2898, df=21	1.).1329, df=21
p=	.85511	.03791	1.).16576	.93685	.77484	1.).89554

$$t_i = \beta_1 + \sum_{j=1}^{j} \delta_j K_{ji} + \beta_0 (\frac{1}{SE_i}) + \sum_{k=1}^{k} \beta_i (\frac{Z_{jk}}{SE_i}) + e_i$$

R^2= .3083　Print-Me　R^2= .2608

圖 8-51　PEESE 模式分析的 ESS 的摘要表：t 考驗（含勇健標準誤）

前述幾個 ESS 的摘要表內容，亦一併呈現於圖 8-52 中的 EXCEL 表單中。該表單底部方框一的欄位顯示 z 考驗結果，底部方框二的的欄位顯示 t 考驗結果。方框一與方框二呈現 FAT-PET-MRA 整合迴歸分析法的結果；方框三與方框四呈現 PEESE 模式分析的結果，每一分析結果均含固定效果模式與隨機效果模式的統計分析結果。

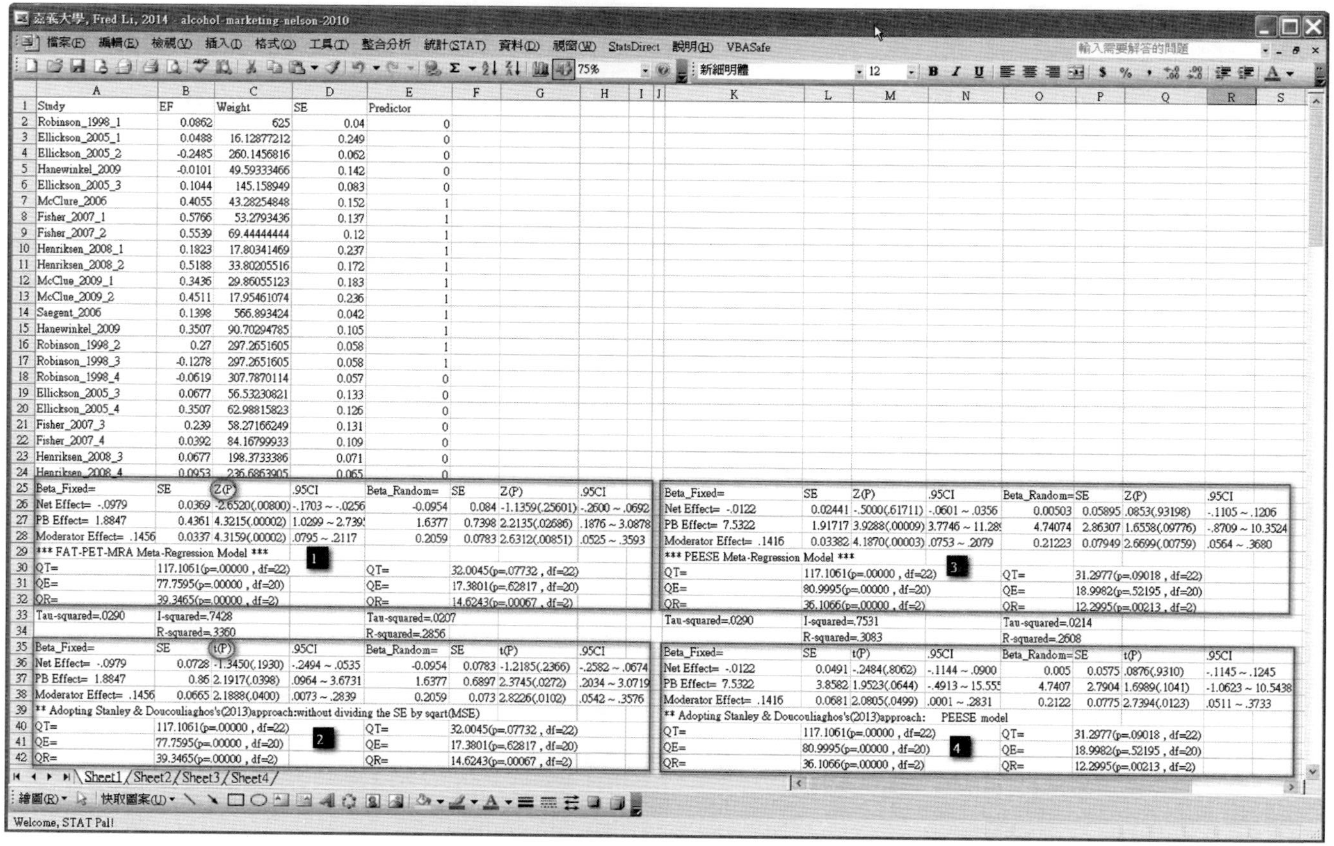

圖 8-52　FAT-PET-MRA 整合迴歸分析模式：ESS 總報表

　　根據 Stanley & Doucouliagos（2012）的整合迴歸流程圖與 Stanley & Doucouliagos（2013）的建議：當淨效果值達既定之顯著水準時，應使用固定效果 PEESE 模式下的估計值與相關之 t 統計考驗數據（參見圖 8-52 中的第四個方框內之固定效果分析數據）；當淨效果值未達既定之顯著水準時，請使用第二個方框內之固定效果分析數據；出版偏差的估計值則不管有無達既定之顯著水準時，請使用第二個方框內之固定效果分析數據。由圖 8-52 中方框二的固定效果之統計報表亦知，出版偏差的估計值為 1.8847（p = .0398），達 .05 之顯著水準，主宰著青少年是否初次飲酒之機率；行銷策略也會左右青少年是否初次飲酒（.145, p = .04）；初次飲酒之淨效果值（自然對數勝算比）為 −.0979（p = .193），未達 .05 之顯著水準。因為淨效果值未達 .05 之顯著水準，本例的研究報告應採方框二內的固定效果數據：Net effect = −.0979，p = .1930；PB effect = 1.8847，p = .0398；Moderator effect = .1456，p = .040。另外，為了讓讀者有更多的選擇，筆者建議同時報告固定效果與隨機效果模式下之分析數據。

（二）調節變項為連續變項

　　以 BCG Vaccination（預防注射）對於 TB（肺結核病）的對數勝算比（Log Odds Ratio）分析資料為例，圖 8-53 中第 B 欄位係效果值資料，第 D 欄位係標準誤 SE，其變異數的倒數為加權量（C 欄位），第 E 欄位係迴歸分析的預測變項：緯度。

　　利用整合分析軟體 ESS 的副程式「FAT-PET-MRA Model」，執行之後就可以獲得如圖 8-54 的統計分析摘要表。根據圖 8-54 之分析結果，在固定效果模式之下，其迴歸模式為：

$$Effect_i = .4267 − .5206PB − .0319predictor1$$

　　當 PB、predictor1 均為 0，亦即當無出版偏差與緯度為 0 時，該研究的淨效果值為 .4267（p = .0000，排除出版偏差之效果）。出版偏差的效果估計值為 −.5206（z = −1.0929, p = .2744）會低估效果值，但未達 .05 的顯著水準；而調節變項：緯度的效果值（z = −10.552, p = .0000），達 .05 的顯著水準。因為此迴歸係數為負數（−.0319），表示研究中心位置的緯度愈高，其相對之勝算比愈低；換言之，緯度愈高預防注射的效果愈佳。

	A	B	C	D	E
1	Study	EF	Weight	SE	Predictor1
2	Aronson, 1948	-0.938694141	2.800140381	0.597599324	44
3	Ferguson & Simes, 1949	-1.67E+00	4.80463412	0.456215293	55
4	Rosenthal, 1960	-1.39E+00	2.307267709	0.658341156	42
5	Hart & Sutherland, 1977	-1.456443549	49.22613325	0.142528639	52
6	Frimodt-Moller, 1973	-2.19E-01	19.24861962	0.227929325	13
7	Stein & Aronson, 1953	-9.58E-01	100.9564053	9.95E-02	44
8	Vandiviere, 1973	-1.633775838	4.405098589	0.476455323	19
9	Madras, 1980	1.20E-02	249.5656303	6.33E-02	13
10	Coetze & Berjak, 1968	-0.471746036	17.55090342	0.238698814	27
11	Rosenthal, 1961	-1.401210139	13.25877899	0.274630163	42
12	Comstock, 1974	-0.340849646	79.83946634	0.111915744	18
13	Comstock & Webster, 1969	0.446634682	1.872090634	0.73086399	33
14	Comstock, 1976	-1.73E-02	13.95963373	2.68E-01	33

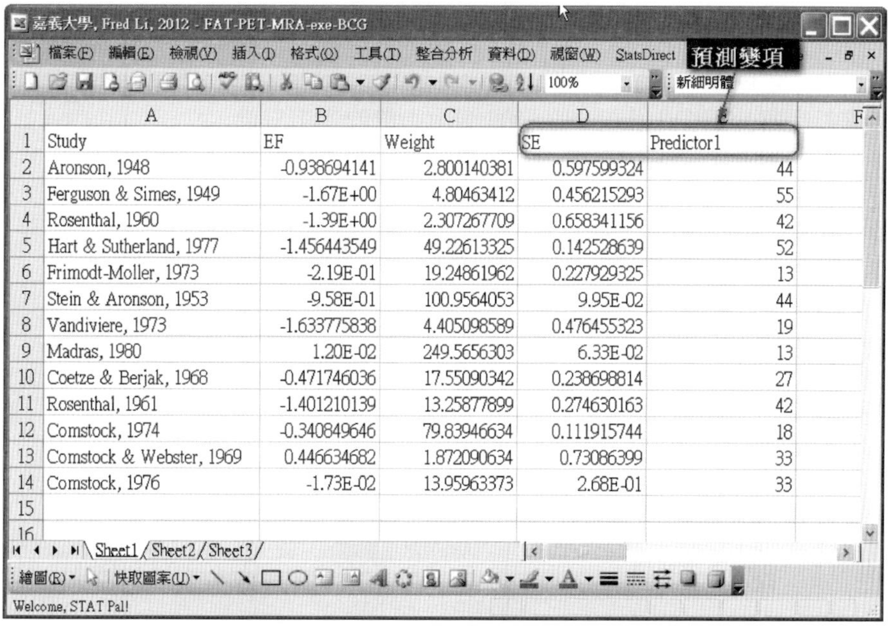

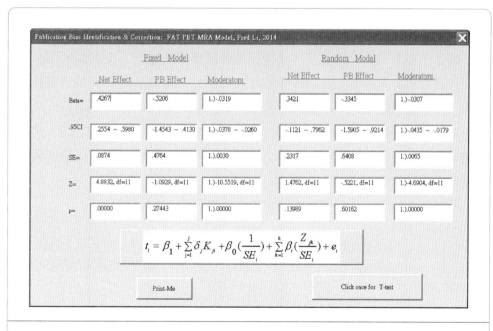

圖 8-53　FAT-PET-MRA 迴歸分析法資料輸入欄位

圖 8-54　FAT-PET-MRA 迴歸分析法的 ESS 的摘要表：z 考驗

　　如前面所述，根據 Stanley & Doucouliagos（2013）建議：圖 8-54 中 z 考驗的標準誤適用於描述，而圖 8-55 中 t 考驗的標準誤適用於推論。

　　另外，勇健標準誤（Robust standard errors）適用於同時解決效果值相依問題與變異數同質性問題，相關理論請參閱本書第四章第五節。

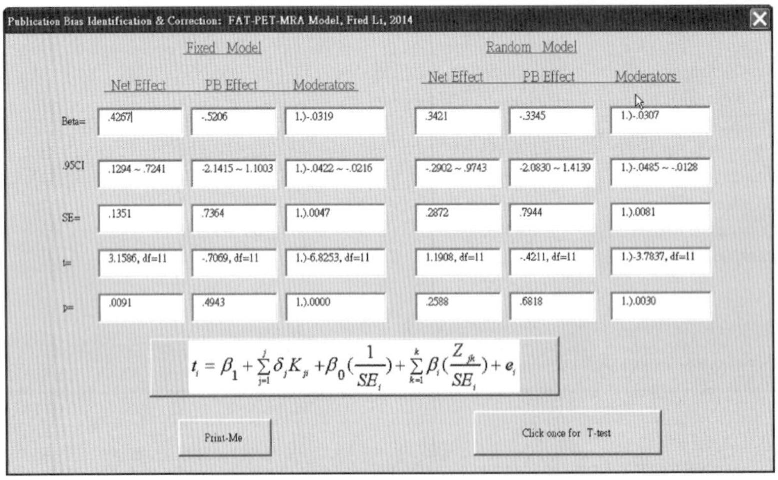

圖 8-55　FAT-PET-MRA 迴歸分析法的 ESS 的摘要表：t 考驗

　　因此，在筆者的 ESS 報表中，增列勇健標準誤的輸出（如圖 8-56 所示），讓研究者有更多的選擇。圖 8-56 中的 R^2 = .8535，已詮釋到大部分的異質性變異量。

　　圖 8-57 係 PEESE 模式之分析結果，適用於顯著實徵效果值存在時。當出現顯著實徵效果值之後，為解決觀察效果值與標準誤間之非線性關係，研究者如果改用變異誤的導數作為加權量，可以獲得較佳之效果校正值。

　　根據圖 8-57 之分析結果，在固定效果模式之下，其迴歸模式為：

$$Effect_i = .396 - .460PB - .033predictor1$$

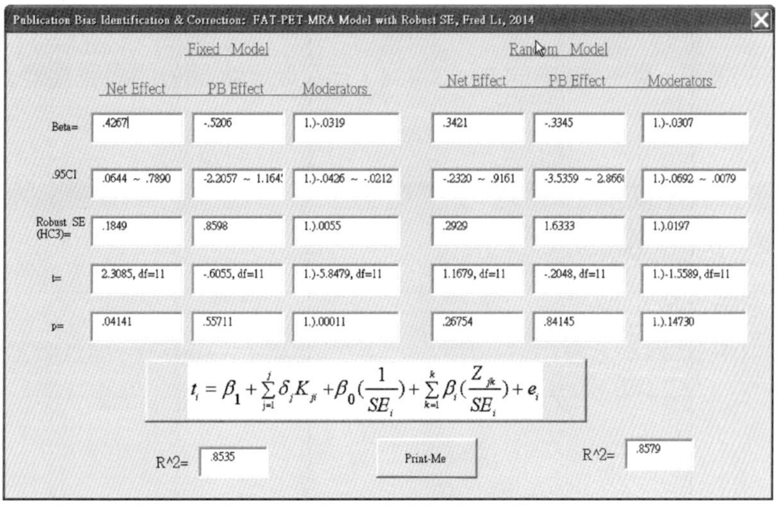

圖 8-56　FAT-PET-MRA 迴歸分析法的 ESS 的摘要表：t 考驗（含勇健標準誤）

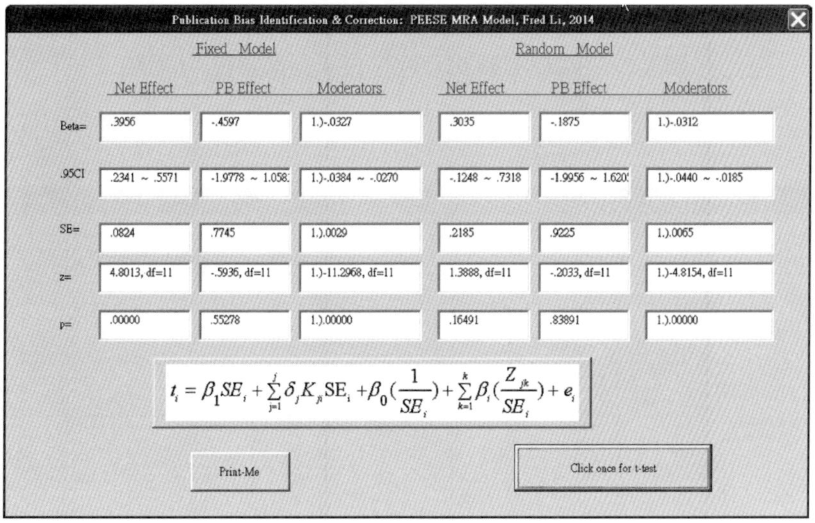

圖 8-57　PEESE 模式分析的 ESS 的摘要表：z 考驗

　　另外，勇健標準誤適用於同時解決效果值相依問題與變異數同質性問題，因此，在筆者的 ESS 報表中，增列勇健標準誤的輸出（如圖 8-59 所示），讓研究者有更多的選擇。圖 8-59 中的 $R^2 = .8484$，已反映了大部分的異質性變異量。

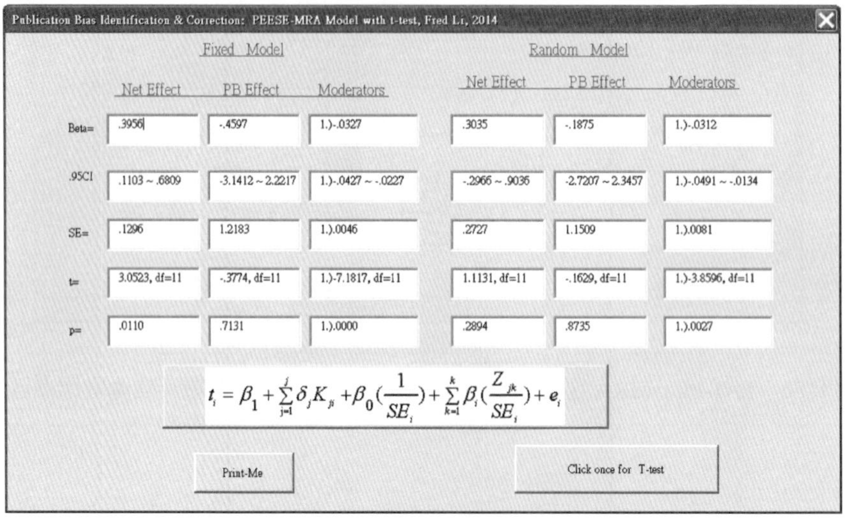

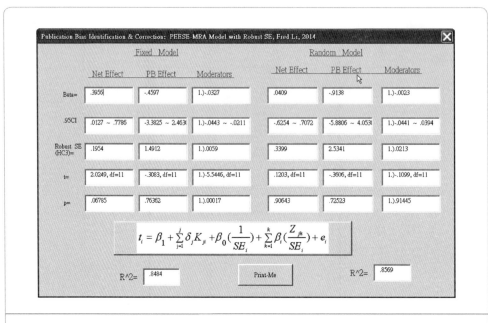

圖 8-58　PEESE 模式分析的 ESS 的摘要表：t 考驗

圖 8-59　PEESE 模式分析的 ESS 的摘要表：t 考驗（含勇健標準誤）

　　圖 8-58 和圖 8-59 兩個 ESS 的摘要表內容，亦會一併呈現於圖 8-60 中的 EXCEL 表單中。該表單底部的上欄位顯示 z 考驗結果，下欄位顯示 t 考驗結果。每一欄位的左右兩側均呈現 FAT-PET-MRA 整合迴歸分析法與 PEESE 模式分析的結果，每一分析結果均含固定效果模式與隨機效果模式的統計分析結果。

　　由圖 8-60 左側方框一中 ESS 報表的 QT、QR 和 QE，可以計算出固定效果模式之 R^2 = .8535（139.264/163.1649），顯示本迴歸模式已大致解釋到主要變異源（Sources of heterogeneity）。此外，在圖 8-60 的整合迴歸分析報表中，QE 係用來檢驗是否仍有異質性變異量尚未被模式中的調節變項解釋到。就固定效果模式來看，QE = 23.9009（p = .00787）、I^2 = .5816（表中度異質性），表示除了出版偏差與該調節變項（緯度）之外，尚有可能的變異源存在。但就 FAT-PET-MRA 模式的隨機效果模式來看，QE = 15.3669（p = .11925），未達 .05 的顯著水準。另由圖 8-60 的 R^2 來看，不管是固定效果模式或是隨機效果模式，緯度的解釋量約為 85%（.8535 vs. .8579 for the FAT-PET model；.8484 vs. .8569 for the PEESE model），表示除了出版偏差與該調節變項（緯度）之外，剩餘的變異源已不大（τ^2 = .0521）。

　　根據 Stanley & Doucouliagos（2012）的整合迴歸流程圖與 Stanley & Doucouliagos（2013）的建議：當淨效果值達既定之顯著水準時，應使用第四方框內之固定效果 PEESE 模式下的估計值與相關之 t 統計考驗數據；當淨效果值未達既定之顯著水準時，請使用第二個方框內之固定效果分析數據。出版偏差的估計值則不管有無達既定之顯著水準，請使用第二個方框內之固定效果分析數據。因此，研究者如欲進行 FAT 考驗，請採用圖 8-60 第二個方框內之 FAT-PET-MRA 模式的出版偏差 FAT 考驗結果（PB = −.5206, p = .4943），本實例並無出版偏差現象；另外，本實例的淨效果值達 .05 之顯著水準（Net effect = .4267, p = .0091），因此須採圖 8-60 第四方框內之固定效果模式下之參數估計值（Net effect = .3956, p = .011）與 t-test 的 p 值與 CI 值。為了讓讀者有更多的選擇，筆者建議同時報告固定效果與隨機效果模式下之分析數據。

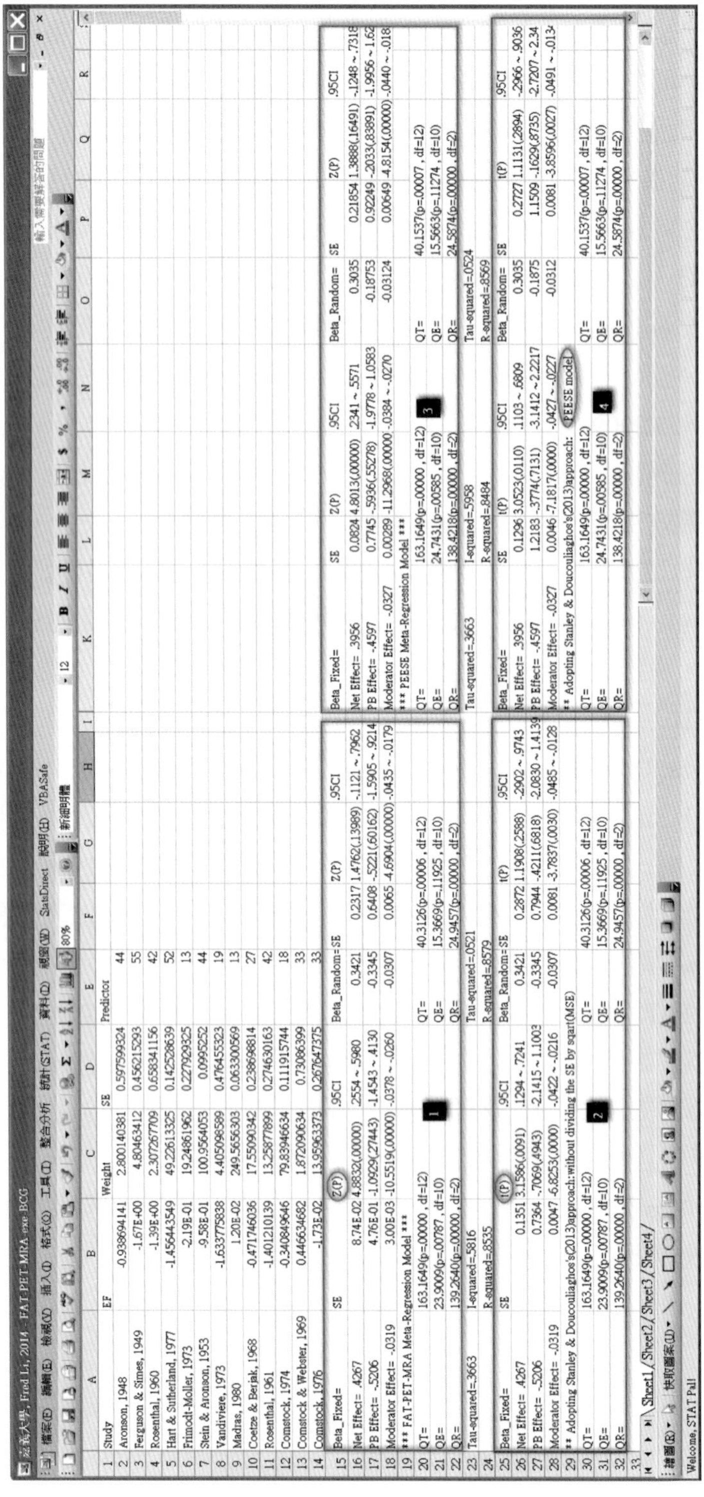

圖 8-60　FAT-PET-MRA 整合迴歸模式：ESS 總報表

七、次群體分析

　　次群體分析適用於研究層次之調節變項為類別變項時。本質上，它將研究特徵相類似的研究結果歸類在一起，再進行每一類組的整合分析。茲以 Oh & Seo（2007）對呼吸復健課程特徵對於病人運動能力改善效果的整合分析為例。圖 8-61 資料檔中各變項之定義：EF 係各研究之效果值，SE 係各研究之標準誤，site 係指在醫院接受訓練與否。

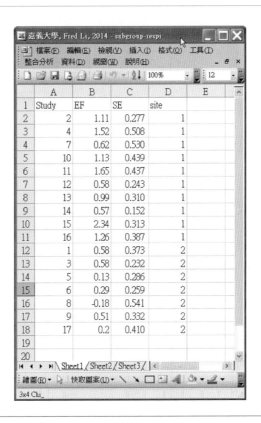

	A	B	C	D	E
1	Study	EF	SE	site	
2	2	1.11	0.277	1	
3	4	1.52	0.508	1	
4	7	0.62	0.530	1	
5	10	1.13	0.439	1	
6	11	1.65	0.437	1	
7	12	0.58	0.243	1	
8	13	0.99	0.310	1	
9	14	0.57	0.152	1	
10	15	2.34	0.313	1	
11	16	1.26	0.387	1	
12	1	0.58	0.373	2	
13	3	0.58	0.232	2	
14	5	0.13	0.286	2	
15	6	0.29	0.259	2	
16	8	-0.18	0.541	2	
17	9	0.51	0.332	2	
18	17	0.2	0.410	2	

圖 8-61　呼吸復健課程整合分析之修正資料檔（Oh & Seo, 2007）

　　本次群體分析內含二個次群體，第一個次群體包含 10 個研究，第二個次群體包含 7 個研究（參見圖 8-61）；因此須進行兩次的整合分析。本質上這是研究的次群體分析（Subgroup Analysis），而非受試者的次群體分析（ANOVA）。利

用 ESS 的副程式「Subgroup Analysis」，輸入組別數與研究總數之後，就可獲得圖 8-62 的分析結果。

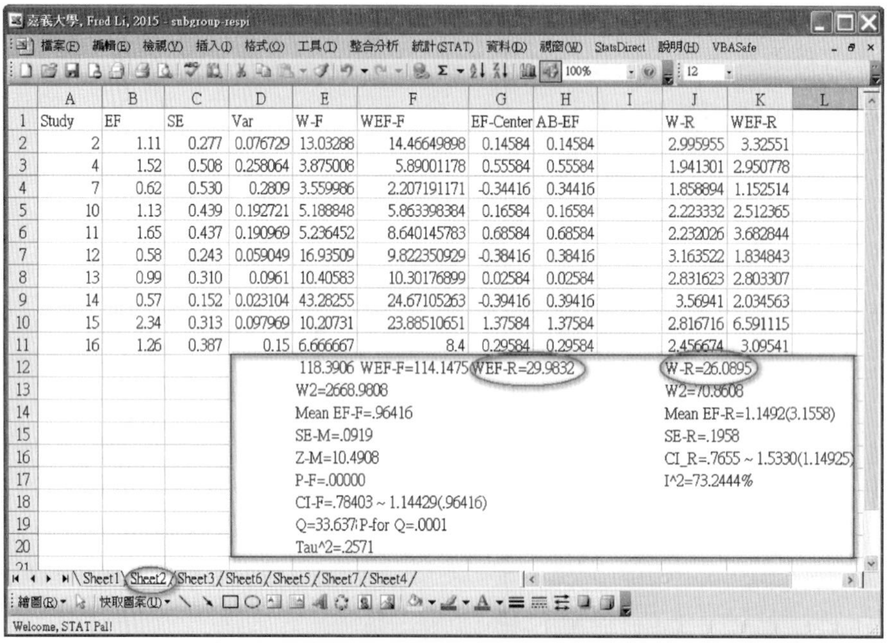

	A	B	C	D	E	F	G	H	I	J	K	L
1	Study	EF	SE	Var	W-F	WEF-F	EF-Center	AB-EF		W-R	WEF-R	
2	2	1.11	0.277	0.076729	13.03288	14.46649898	0.14584	0.14584		2.995955	3.32551	
3	4	1.52	0.508	0.258064	3.875008	5.89001178	0.55584	0.55584		1.941301	2.950778	
4	7	0.62	0.530	0.2809	3.559986	2.207191171	-0.34416	0.34416		1.858894	1.152514	
5	10	1.13	0.439	0.192721	5.188848	5.863398384	0.16584	0.16584		2.223332	2.512365	
6	11	1.65	0.437	0.190969	5.236452	8.640145783	0.68584	0.68584		2.232026	3.682844	
7	12	0.58	0.243	0.059049	16.93509	9.822350929	-0.38416	0.38416		3.163522	1.834843	
8	13	0.99	0.310	0.0961	10.40583	10.30176899	0.02584	0.02584		2.831623	2.803307	
9	14	0.57	0.152	0.023104	43.28255	24.67105263	-0.39416	0.39416		3.56941	2.034563	
10	15	2.34	0.313	0.097969	10.20731	23.88510651	1.37584	1.37584		2.816716	6.591115	
11	16	1.26	0.387	0.15	6.666667	8.4	0.29584	0.29584		2.456674	3.09541	
12					118.3906 WEF-F=114.1475		WEF-R=29.9832			W-R=26.0895		
13					W2=2668.9808					W2=70.8608		
14					Mean EF-F=.96416					Mean EF-R=1.1492(3.1558)		
15					SE-M=.0919					SE-R=.1958		
16					Z-M=10.4908					CI_R=.7655 ~ 1.5330(1.14925)		
17					P-F=.00000					I^2=73.2444%		
18					CI-F=.78403 ~ 1.14429(.96416)							
19					Q=33.637; P-for Q=.0001							
20					Tau^2=.2571							

圖 8-62　第一個次群體平均效果值和異質性考驗 EXCEL 表單

根據圖 8-62 底部的 ESS 分析結果，第一個次群體固定效果模式的自然對數平均效果值的計算為：$\frac{WEF-F}{W-F}=\frac{114.148}{118.391}=.9642$，其 z 值為 10.491，p 值為 .000，拒絕了平均效果值為 0 的虛無假設（α = .05）。報表中的 τ^2 的計算過程說明如下：$\tau^2=\frac{q-(k-1)}{W-F-\frac{w2}{W-F}}=\frac{33.638-(10-1)}{118.391-\frac{2668.981}{118.391}}=.257$，為異質性變異數指標。

至於第一次群體隨機效果模式的自然對數平均效果值的計算則為：$\frac{WEF-R}{W-R}=\frac{29.983}{26.089}=1.1492$，其 .95 的 CI 為 .766 ~ 1.533，此 CI 不包含 0，因此可以拒絕平均效果值為 0 的虛無假設（α = .05）。

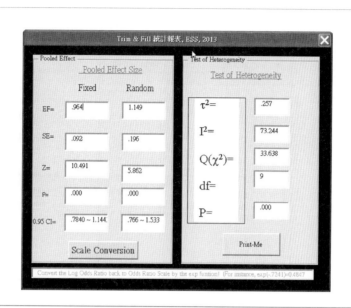

圖 8-63　第一個次群體平均效果值和異質性考驗輸出表單

　　由圖 8-63 的輸出表單內容可知，本整合研究效果值在第一個次群體（係指在醫院接受訓練者）之異質性考驗（heterogeneity testing），顯示各研究效果間出現中度的變異量（I^2 = 73.244%），且達 .05 之顯著水準（Q = 33.638, p = .000）。因為各研究間具有中度異質性（I^2 < 75%），也達統計上的 .05 既定顯著水準，研究者需要進行後續的調節變項分析（一直到變異量變小且不顯著為止）或使用隨機效果模式的統計量。

　　根據圖 8-64 底部的 ESS 分析結果，第二個次群體固定效果模式的自然對數平均效果值的計算為：$\dfrac{WEF-F}{W-F} = \dfrac{26.068}{71.356} = .3653$，其 z 值為 3.086，p 值為 .002，拒絕了平均效果值為 0 的虛無假設（α = .05）。

　　因為 $\tau^2 = \dfrac{q-(k-1)}{W-F-\dfrac{w2}{W-F}} = \dfrac{3.318-(7-1)}{71.356-\dfrac{898.243}{71.3561}} < 0$，其異質性變異數指標乃

設定為 0；而第二個次群體隨機效果模式的自然對數平均效果值的計算為：

$\dfrac{WEF-R}{W-R} = \dfrac{26.068}{71.356} = .3653$，其 .95 的 CI 為 .133 ~ .597，此 CI 不包含 0，因此可

以拒絕平均效果值為 0 的虛無假設（α = .05）。

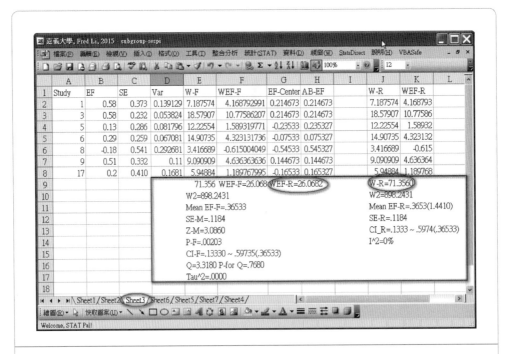

圖 8-64　第二個次群體平均效果值和異質性考驗 EXCEL 表單

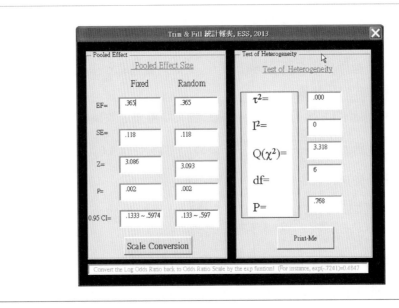

圖 8-65　第二個次群體平均效果值和異質性考驗輸出表單

由圖 8-65 的輸出表單內容可知，本整合研究效果值在第二個次群體（未在醫院接受訓練者）之異質性考驗（heterogeneity testing），顯示各研究效果間未出現任何變異量（$I^2 = 0\%$），且未達 .05 之顯著水準（Q = 3.318, p = .768）；因此研究者不需要進行後續的調節變項分析或使用隨機效果模式的統計量。最後，ESS 也會進行次群體平均效果值整合分析的事後考驗（含固定效果和隨機效果模式），請參見圖 8-66。

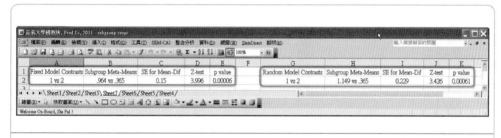

圖 8-66　次群體平均效果值整合分析的事後考驗：固定效果和隨機效果模式

根據圖 8-66 中的次群體平均效果值整合分析的事後考驗結果知，不管在固定效果或隨機效果模式，這兩個次群體的實驗處理效果均具有顯著差異（Z = 3.996, p = .00006 < α = .05；Z = 3.426, p = .00061 < α = .05）。據此，過去文獻顯示，在醫院接受訓練者，其呼吸復健課程對於改善病人的運動能力，優於未在醫院接受訓練者。

八、整合迴歸分析

整合迴歸（Meta-regression）分析，適合於一次分析多個類別或連續性的調節變項，不過較常用於連續性的調節變項分析。這些調節變項為研究層次的預測變項，依變項為研究結果之效果值。圖 8-67 為整合迴歸分析的自然對數相對風險（Relative Risk, RR）之實例資料（取自表 20.1，Borenstein, Hedges, Higgins, Rothstein, 2009）。

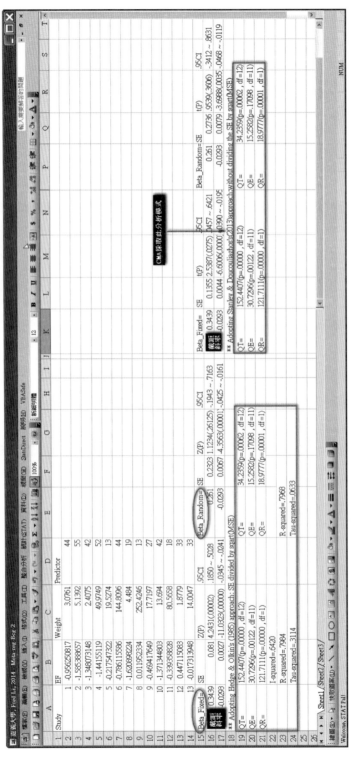

圖 8-67　ESS 整合迴歸分析結果

圖 8-67 中第二欄位 B 係效果值資料，為 BCG Vaccination（預防注射）對於預防肺結核的自然對數相對風險（log relative risk）分析資料，第三欄位 C 係加權量，為變異數的倒數，第四欄位 D 係 Predictor 欄位，為迴歸分析的預測變項：緯度。由圖 8-67 中之固定效果模式而言，其迴歸係數為負數（$-.0293$, $z = -11.0323$, $p = .0000$），表示研究中心位置的緯度愈高，其相對之風險愈低；換言之，緯度愈高預防注射的效果愈佳，其緯度與預防注射效果的關係，可以下式表示之：

$$Ln(RR) = .3439 - .0293 \times 緯度$$

也就是說，當緯度為 0 時，相對之風險為 .3439（.95 CI 為 .185 ~ .503），亦即當緯度為 0 時，至少可以降低 50% 得肺癌的機率，至多可以降低約 82% 得肺癌的機率；且每增加一個緯度，可以降低 .0293 單位的效果值，反映出研究中心位置的緯度愈高，其相對之風險愈低。

其次，就固定效果模式來說，從 QT 值（152.4407, $p = .0000$）顯示出研究間的變異量不容忽視，這些變異量可以利用緯度有效加以預測（QR = 121.7111, $p = .0000$, $R^2 = .7984$），不過仍有一些研究間的變異量未被預測到（QE = 30.7296, $p = .00122$, $I^2 = .6420$），反映出仍有重要的預測變項尚未列入模式中。因此，建議使用隨機效果模式的分析結果，以詮釋殘存的不確定性（Borenstein, Hedges, Higgins, & Rothstein, 2009）。

另外，圖 8-67 中隨機效果模式下的變異成分 QT、QE 和 QR，並不具等加性（p.198, Borenstein, Hedges, Higgins, & Rothstein, 2009），不能根據此資料計算 R^2，圖 8-67 內在隨機效果模式下的 $R^2 = .7968$，係根據公式 4-23 間接求得。

九、圖形檢核

ESS 提供了漏斗圖與森林圖，供研究者或讀者快速評估整合分析的結果。

(一) 漏斗圖

理想上的漏斗圖應是左右對稱且瘦窄（symmetric & lean），圖 8-68 係 ESS 的比率整合分析漏斗圖（不含填補點），為一實徵的漏斗圖，左右不對稱且分佈寬廣。

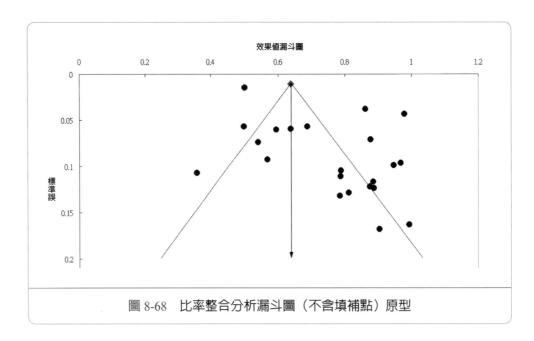

圖 8-68　比率整合分析漏斗圖（不含填補點）原型

　　圖 8-68 比率整合分析漏斗圖中的垂直線，代表併組比率值；其左右的斜線代表 .95 的理論信賴區間：以 0.18 的 SE 而言，其 .95 的理論信賴區間為 .619±1.96×.18 → .266 ~ .972，以此類推。因此，讀者只要利用以下三個點：（.266, .18），（.619, .0105），（.972, .18），將各點連線就可順利畫出圖 8-69 之整合分析漏斗圖。

　　假如出版無偏差，漏斗圖會出現左右對稱的趨勢。圖 8-69 中各研究結果在比率平均值的左右側，出現不對稱現象；如補上左側的一個資料點即會呈現左右對稱的型態。不過漏斗圖分析也有缺點：研究篇數很少時，甚難作解釋；另外，異質性也會造成非對稱性的現象。由圖 8-69 可以看出：經填補左側資料點之後，研究結果已出現以併組效果值為中心的對稱性分配，亦即已無出版偏差現象。

（二）森林圖

　　森林圖摘要了整合分析結果，呈現了各研究效果值與平均效果值的信賴區間及加權量，是研究者或應用者必看的統計圖。圖 8-70 係固定效果模式的比率整合分析森林圖，而隨機效果模式適用於異質性較大時，其 .95 信賴區間亦較固定效果模式來得寬些（.63 ~ .65 vs. .67 ~ .85）。圖 8-70 中 Ning 研究的相對加權量（以方塊表示）最大，其研究的 .95 信賴區間很窄（.49 ~ .52），顯示研究者具

有 .95 的信心，其 .95% CI（.49 ~ .52）會包含母群參數 μ，因此其研究發現的確定性很高。

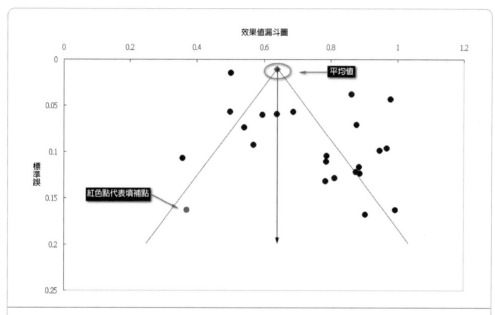

圖 8-69　比率整合分析漏斗圖（含填補點）：隨機效果 Trim & Fill 模式

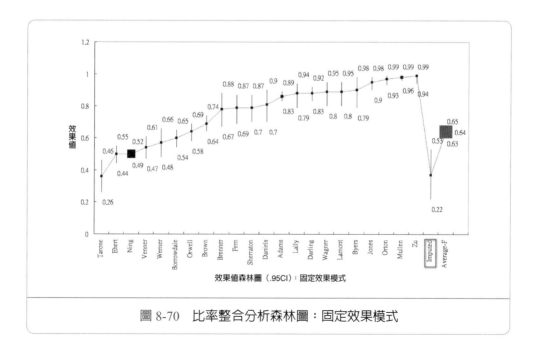

圖 8-70　比率整合分析森林圖：固定效果模式

圖 8-71 係隨機效果模式的比率整合分析森林圖，適用於異質性較大時。

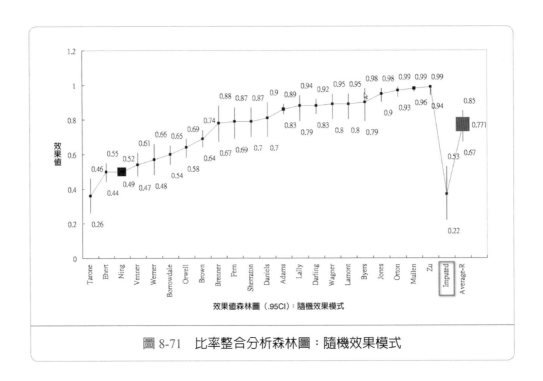

效果值森林圖（.95CI）：隨機效果模式

圖 8-71　比率整合分析森林圖：隨機效果模式

　　信賴區間與 p 值具有密切關係，假如兩個獨立研究之 CI 剛好接觸或完全無重疊，其效果值的差異應可達 .01 顯著水準；假如兩個獨立研究之 CI 僅重疊約四分之一，其效果值的差異應可達 .05 顯著水準（Cumming, 2013）。因此，研究者可以透過視覺判斷兩個研究的效果值是否達到既定的顯著差異水準。例如，圖 8-71 中 Tarone & Ehert 研究的 CI 重疊不到四分之一，研究者可以斷知其效果值的差異已達 .05 顯著差異水準；而 Tarone & Venner 研究的 CI 完全無重疊，其效果值的差異應達 .01 顯著差異水準。在此提起 p 值與 CI 的關係，並不意謂著：研究者可以使用 p 值進行整合分析研究的解釋與討論。由於 p 值的本質上缺陷，整合分析研究的解釋與討論，應植基於點估計與信賴區間而非 p 值（APA, 2010; Cumming, 2013）。

　　另一實例，圖 8-72 中效果值 0 的垂直線，係死亡風險比率相等的參照線，參照線的上側係對控制組（不吃 aspirin）有利的區塊，參照線的下側係對實驗組（吃 aspirin）有利的區塊；假如研究發現的 .95 信賴區間過寬包含了 0，即表示

該研究結果處在不確定狀態（The result is not conclusive），無法下定論。由圖 8-72 知：吃 aspirin 與不吃 aspirin 心肌梗塞的死亡風險比率為：0.896：1（自然對數 −.11 的反函數）；由 LnOdds 的 .95 信賴區間 −0.044 ～ −0.174 不包含 0，亦即此項整合分析結果很可信。整體而言，吃 aspirin 之病患可以有效降低心肌梗塞的死亡風險，只有第六個研究是例外，也值得進一步探究無效的原因。

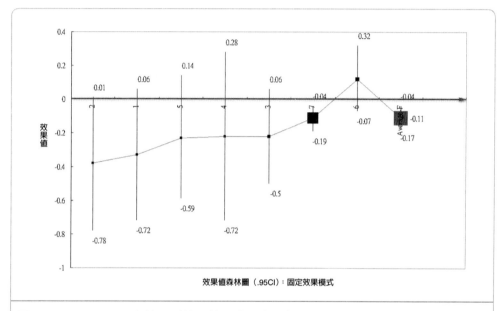

圖 8-72　Odds Ratio 森林圖（效果值取自然對數）：吃 aspirin 以避免心肌梗塞死亡風險的效果

另外，圖 8-73 中效果值 0 的垂直線，係 IQ 和 EQ 關係為 0 的參照線，參照線的上側係正相關的區塊，參照線的下側係負相關的區塊；假如研究發現的 .95 信賴區間過寬包含了 0，即表示該研究結果處在不確定狀態（The result is not conclusive），無法下定論。由圖 8-73 知：IQ 和 EQ 關係的平均效果值為：0.2078（$z = 8.063, p = .000$：拒絕了相關為 0 的虛無假設）；且其 .95 信賴區間 .1583 ～ .2563 未包含 0，即此項整合分析結果很可信：IQ 和 EQ 具有顯著正相關。

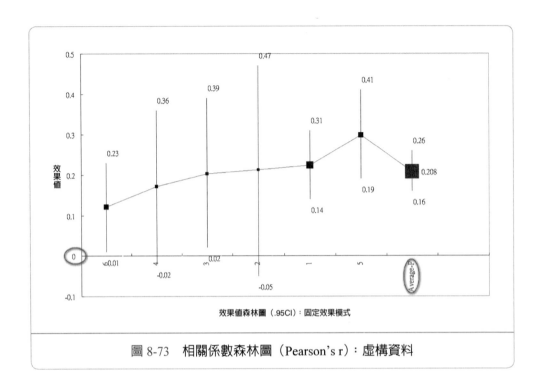

圖 8-73　相關係數森林圖（Pearson's r）：虛構資料

習 題

一、爲何研究者偏好使用 Orwin's FSN 而非 Rosenthal's FSN ？

二、FAT-PET-MRA 迴歸分析法與 Egger 迴歸截距分析法，有何異同點，試申論之。

三、根據圖 8-74 的資料，利用 ESS 增益集進行以下的資料分析：

1. 如果不具同質性，請依據成就測驗的種類與不同 SES 測量工具，進行次群體分析，並解釋研究發現。

2. 進行 Trim & Fill 分析，並解釋出版偏差的分析結果。

3. 進行 Egger 整合迴歸截距分析，並解釋出版偏差的分析結果。

4. 製作森林圖與漏斗圖，並加以解釋。

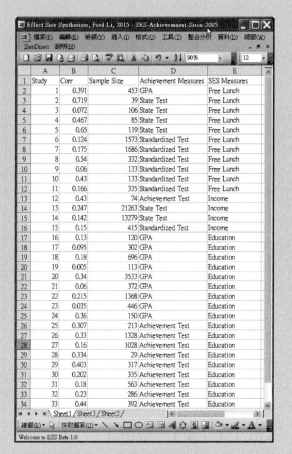

圖 8-74　社經地位與學業成就關係的原始資料（摘自 Sirin, 2005）

References

參考文獻

• 參考文獻 •

中文部分

李茂能（1998）。統計顯著性考驗的再省思。**教育研究資訊**，*6(3)*，103-115。

李茂能（2002）。量化研究的品管：統計考驗力與效果值分析。**國民教育研究學報**，*8*，1-24。

李茂能（2014）。整合分析軟體CMA簡介與操作實務。台北：五南。

吳政達、吳盈瑩（2011）。後設分析方法Comprehensive Meta Analysis軟體應用與報表解析。**教育研究**，*206*，105-111。

張明玲譯(2013)。**研究統合與後設分析**（第四版，Copper, 2010）。台北：揚智。

黃寶園、林世華（2002）。合作學習對學習效果影響之研究：統合分析。**教育心理學報**，*34(1)*，21-42。

詹志禹（1988）。後設分析：量化的文獻探討法。**思與言**，*26(4)*，311-325。

應立志、鍾燕宜（2000）。**整合分析方法與應用**。台北：華泰。

謝進昌、陳敏瑜(2011)。國內教育、心理後設分析研究出版偏誤檢定之實徵分析。**測驗學刊**，*58(2)*，391-422。

劉人瑋（2011）。GRADE證據等級評比系統的臨床應用。**醫療品質雜誌**，*5(6)*，42-45。

謝傳崇、曾文鑑、許懷龍（2011）。國民中小學校長領導研究之後設分析以博士論文為例。發表於第10屆教育經營與管理學術研討會，台南市。

英文部分

Alessandro, L., Douglas, G. A., Jennifer, T., Cynthia, M., Peter, C. G., John, P. A. I., Mike, C., Devereaux, P. J. Jos, K., and David, M.(2009). The PRISMA statement for reporting systematic reviews and meta-analyses of studies that evaluate healthcare interventions: explanation and elaboration. *BMJ*; 339: b2700doi: 10.1136/bmj.b2700.

Aloe, A. M. (2009). A partial effect size for the synthesis of multiple regression models. *Electronic Theses, Treatises and Dissertations.*

Aloe, A. M. & Becker, B. J. (2009). Teacher verbal ability and school outcomes: Where is the evidence? *Educational Researcher, 38(8)*, 612-624.

Aloe, A. M., & Becker, B. J. (2011). *Advances in combining regression results in meta-analysis.* In W. P. Vogt & M. Williams (Eds.), Handbook of methodological innovation. London: Sage.

Aloe, A. M., & Becker, B. J. (2012). An effect size for regression predictors in meta-analysis. *Journal of Educational and Behavioral Statistic, 37,* 278-297.

Aloe, A. M., Becker, B. J., & Pigott, T. D. (2011). An alternative to R^2 for assessing linear models of effect size. *Research Synthesis Methods, 1*(3-4), 272-283.

APA publications and communications board working group on journal article reporting standards[JARS Group](2008). Reporting standards for research in psychology: Why do we need them? What might they be? *American Psychologist, 63*(9), 839-851.

American Psychological Association. (2010). *Publication manual of the American Psychological Association* (6th ed.).Washington, DC: Author.

Armitage, P. & Berry, G. (1994) *Statistical methods in medical research*(third edition). Oxford, Blackwell Scientific Publications.

Bailar, J. C. (1997). The promise and problems of meta-analysis. *New England

Journal of Medicine, 337, 559-561.

Becker, B. (2005). Fail safe N or file-drawer number. In H. Rothstein, A. Sutton & M. Borenstein (Eds.), *Publication bias in meta analysis: Prevention, assessment and adjustments* (pp. 111-126). Chichester: Wiley.

Becker, B. J., & Wu, M. J. (2007). The synthesis of regression slopes in meta-analysis. *Statistical Science, 22(3),* 414-429.

Becker, B. J. (2009). Model-based meta-analysis, chapter 20, in The handbook of research synthesis and meta-analysis, editors: Cooper, H. M. and Hedges, L. V. and Valentine, J. C., Russell Sage Foundation Publications.

Begg, C. B. and Mazumdar, M. (1994). Operating characteristics of a rank correlation test for publication bias. *Biometrics, 50,* 1088-1101.

BMJ, Clinical Evidence. (2014). What is GRADE? Retrieved from http://clinicalevidence.bmj.com/x/set/static/ebm/learn/665072.html.

Borenstein, M., Hedges, L. V., Higgins, J. P. T., & Rothstein, H. R. (2010). A basic introduction to fixed effect and random effects models for meta-analysis. *Research Synthesis Methods, 1,* 97-111.

Borenstein, M., Hedges, L. V., Higgins, J. P. T., & Rothstein, H. R. (2009). *Introduction to meta-analysis.* West Sussex, UK: John Wiley.

Bowman, N. A. (2012). Effect sizes and statistical methods for meta-analysis in higher education. *Research in Higher Education , 53*(3), 75-382.

Cafri, G., Kromrey, J. D., & Brannick, M. T. (2009). A SAS macro for statistical power calculations in meta-analysis. *Behavior Research Methods, 41,* 35-46.

Card, N. A. (2012). *Applied meta-analysis for social science research.* New York: Guilford Press.

Cheung, M. W. L. (2008). A model for integrating fixed-, random-, and mixed-effects meta-analyses into structural equation modeling. *Psychological Methods, 13,* 182-202.

Cheung, Mike W. L. (2010): Fixed-effects meta-analyses as multiple-group structural equation models, structural equation modeling. *A Multidisciplinary Journal, 17(3)*, 481-509.

Chinn, S. (2000). A simple method for converting an odds ratio to effect size for use in meta-analysis. *Statistics in Medicine, 19*, 3127-3131.

Cohen, J. (1994). The earth is round (*p* < .05). *American Psychologist, 49*, 997-1003.

Cohen, J. (1977). *Statistical power analysis for the behavioral sciences.* (1st Ed). Hillsdale, NJ: Lawrence Erlbaum Associates.

Cohen, J. (1988). *Statistical power analysis for the behavioral sciences.* (2nd Ed). Hillsdale, NJ: Lawrence Erlbaum Associates.

Cooper, H. (2007). *Evaluating and interpreting research synthesis in adult learningand literacy.* Boston, MA: National College Transition Network, New England Literacy Resource Center/World Education Inc.

Cooper, H., Hedges, L. V. & Valentine, J. C. (2009). *The handbook of research synthesis and meta-analysis* (2nd ed.). New York: Russell Sage Foundation.

Cooper, H. (2010). *Research synthesis and meta-analysis: A step-by-step approach* (4th Ed.). Thousand Oaks, CA: Sage.

Cribari-Neto, F., Ferrari, S. L. P., & Oliveira, W. A. S. C. (2005). Numerical evaluation of tests based on different heteroskedasticityconsistent covariance matrix estimators. *Journal of Statistical Computation & Simulation, 75*, 611-628.

Cuijpers, Geraedts, et al. (2011). Interpersonal psychotherapy for depression: A meta-analysis. *The American Journal of Psychiatry,168*(6), 581-592.

Cumming, G. (2012). *Understanding the new statistics: Effect sizes, confidence intervals, and meta-analysis.* New York: Routledge.

Cumming, G. (2013). The new statistics: Why and how. *Psychological Science.* Available at: http://pss.sagepub.com/content/early/2013/11/07/0956797613504966.

DerSimonian, R. and Laird, N. (1986). Meta-analysis in clinical trials, *Controlled Clinical Trials, 7(3)*, 177-188.

Dias, S., Welton, N. J., Sutton, A. J. & Ades, A. E. (2013). Evidence synthesis for decision making 1: Introduction. *Medical Decision Making, 33*(5), *597-606.* available from http://www.nicedsu.org.uk.

Dias, S., Welton, N. J., Sutton, A. J. & Ades, A. E. (2013). Evidence synthesis for decision making 3: Heterogeneity—subgroups, meta-regression, bias, and bias-adjustment. *Medical Decision Making, 33*(5), 618-640. Available from http://www.nicedsu.org.uk.

Doucouliagos, H., Stanley, T. D., & Viscusi, W. K. (2014). Publication selection and the income elasticity of the value of a statistical life. *Journal of Health Economy, 33*, 67-75.

Dunlap, W. P., Cortina, J. M., Vaslow, J. B., & Burke, M. J. (1996). Meta-analysis of experiments with matched groups or repeated measures designs. *Psychological Methods, 1*, 170-177.

Duval, S. (2005). The trim and fill method, in H. Rothstein, A. Sutton and M. Borenstein (eds), Publication bias in meta-analysis: prevention, assessment adjustments, Chichester, West Sussex: Wiley, pp. 127-144.

Duval, S. and Tweedie, R. (2000a). A nonparametric trim and fill method of accounting for publication bias in meta-analysis. *Journal of the American Statistical Association, 95*, 89-98.

Duval, S. and Tweedie, R. (2000b). Trim and fill: A simple funnel-plot-based method of testing and adjusting for publication bias in meta-analysis. *Biometrics, 56(2)*, 455-463.

Duval, S, and Weinhandl, R. (2011). *Correcting the publication bias in the presence of covariates.* (Prepared by the Minnesota Evidence-based Practice Center under Contract No. 290-02-0009.) AHRQ Publication No. 11-EHC041-EF. Rockville, MD: Agency for Healthcare Research and

Quality. September 2011. Available at: www.effectivehealthcare.ahrq.gov/reports/final.cfm.

Egger, M., G. Davey Smith, M. Schneider, C. Minder (1997). Bias in meta-analysis detected by a simple, graphical test .*British Medical Journal, 315,* 629-634.

Egger, M., Davey-Smith, G., Schneider, M, Minder, C.(1997). Bias in meta-analysis detected by a single, graphical test. *British Medical Journal, 315,* 629-34.

Feinstein, A.R. (1995). Meta-analysis: statistical alchemy for the 21st century. *Journal of Clinical Epidemiology, 48,* 71-79.

Ferguson, C. J. (2009). An Effect Size Primer: A guide for clinicians and researchers. *Professional Psychology: Research and Practice, 40* (5), 532-538.

Fidler, F. (2005). *From statistical significance to effect estimation:Statistical reform in psychology, medicine and ecology* (Doctoral dissertation). Retrieved from tiny.cc/fionasphd.

Fleiss, J. L.(1993). The statistical basis of meta-analysis. *Statistical Methods in Medical Research,* 2, 121-145.

Free C, Phillips G, Galli L, Watson L, Felix L, et al.(2013). The effectiveness of mobile-health technology-based health behaviour change or disease management interventions for health care consumers: A systematic review. *PLoS Med, 10*(1), 1-45. doi:10.1371/journal.pmed.1001362.

Freeman, M..F, Tukey, J.W. (1950) Transformations related to the angular and the square root. *The Annals of Mathematical Statistics, 21,*607-11.

Friedman, L. (2000). Estimators of random effects variance components in meta-analysis. *Journal of Educational and Behavioral Statistics, 25,* 1-12.

Gegenfurtner, A. (2011). Comparing two handbooks of meta-analysis: Review of Hunter & Schmidt, Methods of meta-analysis: Correcting error and bias in research findings, and Borenstein, Hedges, Higgins, and Rothstein, Introduction to meta-analysis. *Vocations and Learning, 4* (2), 169-174. doi:10.1007/s12186-011-9057-6.

Gilbert R, Salanti G, Harden M, See S. (2005). Sleeping position and the sudden infant death syndrome: systematic review of observational studies and historical review of recommendations from 1940 to 2002. *International Journal of Epidemiology, 34*(4), 874-887.

Gillespie, M. A., Oswald, F. L., & Converse, P. D (2002). *A comparison of the individual correction versus artifact distribution method of correcting for artifactual variance in meta-analysis.* Presented in S. Morris (Chair), Rethinking artifact corrections in meta-analysis: Innovations and extensions. Symposium conducted at the 17th Annual Convention of the Society for Industrial and Organizational Psychology, Toronto, CN.

Glass, G. V. (1976). Primary, secondary, and meta-analysis of research. *Educational Researcher, 5*, 3-8.

Glass, G. V. (1977). Integrating findings: The meta-analysis of research. Review of Research. *Education, 5*, 351-379.

Gramham, J. M. (2011). Measuring love in romantic relationships: A meta-analysis. *Journal of Social and Personal Relationships, 28*(6), 748-771.

Grissom, R. J., & Kim, J. J. (2012). *Effect sizes for research: Univariate and multivariate applications* (2nd ed.). New York: Routledge.

Guyatt, G. H., Oxman, A. D., Sultan, S., Glasziou, P., Akl, E. A., Alonso-Coello, P., Atkins, D., Kunz, R., Brozek, J., Montori, V., Jaeschke, R., Rind, D., Dahm, P., Meerpohl, J., Vist, G., Berliner, E., Norris, S., Falck-Ytter, Y., Murad, M. H., Schünemann, H. J.; The GRADE Working Group.(2011). GRADE guidelines: 9. *Rating up the quality of evidence. Journal of Clinical Epidemiology, 64*, 1311-1316.

Hayes, A. F., & Cai, L. (2007). Using heteroscedasticity-consistent standard error estimators in OLS regression: An introduction and software implementation. *Behavior Research Methods, 39,* 709-722.

Hedges, L.V., & Olkin, I. (1985). *Statistical methods for meta-analysis.* Orlando, FL: Academic Press.

Hedges, L. V., & Pigott, T. D. (2001) The power of statistical tests in meta-analysis. *Psychological Methods, 6,* 203.17.

Hedges, L. V., & Pigott, T. D. (2004). The power of statistical tests for moderators in meta-analysis. *Psychological Methods, 9,* 426.45.

Helfand M, Balshem H.(2009). *Principles in developing and applying guidance.* In: Agency for Healthcare Research and Quality. Methods Reference Guide for Comparative Effectiveness Reviews [posted August 2009]. Rockville, MD. Available at: http://effectivehealthcare.ahrq.gov/healthInfo. cfm?infotype=rr&ProcessID=60.

Higgins, J. P., & Green, S. (Eds.). (2009). *Cochrane handbook for systematic reviews of interventions* (Update Version). The Cochrane Collaboration. Available from www.cochrane-handbook.org.

Higgins, J. P. T., & Thompson, S. G. (2002). Quantifying heterogeneity in a meta-analysis. *Statistics in Medicine, 21,* 1539-1558.

Higgins, J. P. T., Lane, P. W., Anagnostelis, B., Anzures-Cabrera, J., Baker, N. F., Cappelleri, J. C., Haughie, S., Hollis, S., Lewis, S. C., Moneuse, P., Whitehead, A.(2013). A tool to assess the quality of a meta-analysis, *Research Synthesis Methods, 4,* 351-366.

Hopewell, S., Loudon, K., Clarke, M. J., Oxman, A. D., Dickersin, K. (2009). Publication bias in clinical trials due to statistical significance or direction of trial results. *Cochrane Database of Systematic Reviews, (1)*: MR000006. doi: 10.1002/14651858.MR000006.pub3.

Hsu, L. M. (2002). Fail-Safe Ns for 1- vs. 2-tailed tests lead to different conclusions about publication bias. Understanding statistics: Statistical issues in psychology, *Education and the Social Sciences, 1*(2), 85-100.

Hunter, J. E., & Schmidt, F. L. (1990). *Methods of meta-analysis: Correcting error and bias in research findings*. Newbury Park, CA: Sage.

Hunter, J. E. & Schmidt, J. L. (1996) Cumulative research knowledge and social policy formulation: The critical role of meta-analysis. *Psychology, Public Policy, and Law, 2*, 324-347.

Hunter, J. E. and Schmidt, F. L. (2004). *Methods of meta-analysis: Correcting error and bias in research findings* (2nd ed.). Thousand Oaks: Sage Publications.

Hus, L. M. (2002). Fail-safe ns for one-versus two-tailed tests lead to different conclusions about publication bias. *Understanding Statistics, 1(2)*, 85-100.

Jadad, A. R.; Moore R. A., Carroll D., Jenkinson C., Reynolds D. J. M., Gavaghan D. J., McQuay H. J. (1996). Assessing the quality of reports of randomized clinical trials: Is blinding necessary? *Controlled Clinical Trials, 17(1)*, 1-12.

Karpova, I. (2006). *Simulation of meta-analysis for assessing the impact of study variability on parameter estimates for survival data.* Master's Thesis, University of Pittsburgh.

Kennedy, J. E. (2013). Can parapsychology move beyond the controversies of retrospective meta-analyses? *Journal od Parapsychology, 77*(1), 21-35.

Kepes, S., Banks, G. C., McDaniel, M. A., & Whetzel, D. L.(2012). Publication bias in the organizational sciences. *Organizational Research Methods, 15*, 624-662. doi: 10.1177/1094428112452760.

Kim, R-S. (2011). *Standardized regression coefficients as indices of effect sizes In meta-analysis.* Unpublished doctoral dissertation, Florida State University (Available for download at http://etd.lib.fsu.edu/theses/available/etd-07222011-122932/).

Kline, R. B. (2004). Supplemental chapter on multivariate effect size estimation. Retrieved [date, e.g., June 20, 2004] from jttp://www.apa.org/books/resoources/kline.

Kontopantelis, E., & Reeves, D. (2009). MetaEasy: A meta-analysis add-in for Microsoft Excel.*Journal of Statistical Software, 30(7),* 1-25. http://www.jstatsoft.org/v30/i07/.

Koopman, P. (1984). Confidence limits for the ratio of two binomial proportions. *Biometrics,40*, 513-517.

Kuncel, N. R., Hezlett, S. A., & Ones, D. S. (2001). A comprehensive meta-analysis of the predictive validity of the Graduate Record Examinations: Implications for graduate student selection and performance. *Psychological Bulletin, 127*, 162-181.

Law, Kenneth S.; Schmidt, Frank L.; Hunter, John E.(1994). A test of two refinements in procedures for meta-analysis. *Journal of Applied Psychology, 79*(6), 978-986. doi: 10.1037/0021-9010.79.6.978.

Lenth, R. V. (2001). Some practical guidelines for effective sample size determination. *American Statistics, 55(3)*, 187-193.

Liberati, A., Altman, D. G., Tetzlaff, .J, Mulrow, C., Gøtzsche, P. C., et al. (2009). The PRISMA statement for reporting systematic reviews and meta-analyses of studies that evaluate health care interventions: Explanation and elaboration. *PLoS Med*, 6(7): e1000100. doi:10.1371/journal.pmed.1000100.

Light, R. J., and Pillemer, D. B. (1984). *Summing Up: The science of reviewing research*. Cambridge, Mass: Harvard University Press.

Light, R. J., Singer, J. D. and Willett, J. B. (1994). The visual presentation and interpretation of meta-analyses. In: Cooper H and Hedges LV (eds). *The Handbook of Research Synthesis*. New York: Russell Sage.

Lipsey, M. W.(1994). *Identifying potentially interesting variables and analysis opportunities.* pp. 111-123 in: H.M. Cooper/L. V. Hedges (Eds.): The handbook of research synthesis. New York: Russel Sage Foundation.

Lipsey, M. W. and Wilson, D. B.(2001). *Practical meta-analysis.* Sage Publications.

Long, J. S., & Ervin, L. H. (2000). Using heteroskedasticity consistent standard errors in the linear regression model. *American Statistician*, 54, 217-224.

Lord, F. M., & Novick, (1968). *Statistical theories of mental test scores*. Reading, MA: Addison-Wesley.

McDaniel, M. A. (2012). *Publication bias and other sensitivity analyses in meta-analysis*. Invited presentation to Center for Advanced Research Methods and Analysis (CARMA), November 9, 2012.

Masuda, M. (2003). Meta-analyses of love scales: Do various love scales measure the same psychological constructs? *Japanese Psychological Research, 45*, 25-37.

Melnyk, B. M. & Fineout-Overholt, E. (2005). *Evidence-based practice in nursing & healthcare. A Guide to Best Practice*. Lippincott, Williams & Wilkins.

Miller, J. J. (1978) The inverse of the Freeman-Tukey double arcsine transformation. *The American Statistician, 32*(4), 138.

Minich, C. M.(2008). A meta-analytic review : Can apathy be isolated from depression in Parkinson's disease? http://hdl.handle.net/2374.UTOL/10168.

Moher D, Jadad A. R., & Tugwell. P. (1996). Assessing the quality of randomized controlled trials. Current issues and future directions. *International Journal Technology Assessment in Health Care. 12*(2), 195-208.

Moher, D., Liberati, A., Tetzlaff, J., Altman, D. G., The PRISMA Group (2009) Preferred reporting items for systematic reviews and meta-analyses: The PRISMA Statement. *PLoS Med 6(7)*: e1000097. doi:10.1371/journal. pmed.1000097.

Moher, D., Liberati A., Tetzlaff, J., Altman, D. G.(2009). Preferred reporting items for systematic reviews and meta-analyses: The PRISMA statement. *PLoS Med, 6*(6): e1000097. doi:10.1371/journal.pmed1000097.

Mount, M. K., & Barrick, M. R. (1995). The Big Five personality dimensions:

601

Implications for research and practice in human resources management. In K. M. Rowland & G. Fen-is (Eds.), *Research in personnel and human resources management* (Vol. 13, pp. 153-200). Greenwich, CT: JAI Press.

Muncer, S. J., Taylor, S., & Craigie, M. (2002). Power dressing and meta-analysis: Incorporating power analysis into meta-analysis. *Journal of Advanced Nursing, 38*(3), 274-280.

Muncer, S. J., Craigie, M., & Holmes, J. (2003). Meta-analysis and power: some suggestions for the use of power in research synthesis. *Understanding statistics*, 2 (1), 1-12.

Nelson, J. P. (2010). Alcohol marketing, adolescent drinking and publication bias in longitudinal studies: A critical survey using meta-analysis. *Journal of Economic Surveys,* 25(2), 191-232.

Nelson, J. P. (2013). Estimating the price elasticity of beer: Meta-analysis of data with heterogeneity, dependence, and publication bias. Available at SSRN: http://ssrn.com/abstract=2200492 or http://dx.doi.org/10.2139/ssrn.2200492.

Oh, H. & Seo, W. (2007). Meta-analysis of the effects of respiratory rehabilitation programmes on exercise capacity in accordance with program characteristics. *Journal of Clinical Nursing, 16,* 3-15.

Oh, I.-S. (2007). In search of ideal methods of research synthesis over 30 years (1977-2006): Comparison of Hunter-Schmidt meta-analysis methods with other methods and recent improvements. *International Journal of Testing,* 7(1), 2007, 89-93.

Olkin, I., & Siotani, M. (1976). Asymptotic distribution of functions of a correlation matrix. In S. Ideka (Ed.), *Essays in probability and statistics* (pp. 235-251). Tokyo: Shinko Tsusho.

Orwin, R. G. (1983). A Fail-Safe N for effect size in meta-analysis. *Journal of Educational Statistics, 8,* 157-159.

Pedhazur, E. J. (1997). *Multiple regression in behavioral research: Explanation and prediction (3rd ed.)*. Orlando, FL: Holt, Rinehart, & Winston.

Peters, J. L.; Sutton, A. J.; Jones, D. R.; Abrams, K. R.; Rushton, L.(2007). Performance of the trim and fill method in the presence of publication bias and between-study heterogeneity. *Statistics in Medicine, 26*, 4544-4562.

Peters, J. L., Sutton, A. J., Jones, D. R., Abrams, K. R., & Rushton, L. (2008). Contour-enhanced meta-analysis funnel plots help distinguish publication bias from other causes of asymmetry. *Journal of Clinical Epidemiology, 61*(10), 991-996.

Peterson, R.A.; Brown, S. P.(2005). On the use of Beta Coefficients in Meta-Analysis. *Journal of Applied Psychology, 90*(1), 175-181.

Pierce, C. A.(2008). *Software review: Borenstein, M., Hedges, L. V., Higgins, J. P. T., & Rothstein, H. R. (2006). Comprehensive meta-analysis (Version 2.2.027)* [Computer software]. Englewood, NJ: Biostat. Organizational Research Methods January, 11(1), 188-191.

Pigott, T. D.(2006). Methods of meta-analysis: Correcting error and bias in research findings. *Evaluation and Program Planning, 29*, 236-237.

Pigott, T. D.(2012). *Advances in meta-analysis. Statistics for Social and Behavioral Sciences*. New York: Springer.

Psychonomic Society. (2012). *2012 Psychonomic Society guidelines on statistical issues*. Retrieved from tiny.cc/Psychonomicstats.

Raju, N. S. & Burke, M. J. (1983). Two new procedures for studying validity generalization. *Journal of Applied Psychology, 68*, 382-395.

Raju, N. S., Burke, M. J., Normand, J., & Langlois, G. M. (1991). A meta-analysis approach. *Journal of Applied Psychology, 76,* 432-446.

Randolph, J. J., & Edmondson, R. S. (2005). Using the Binomial Effect Size Display (BESD) to present the magnitude of effect sizes to the evaluation audience. *Practical Assessment, Research & Evaluation, 10*(14). Retrieved from http://pareonline.net/pdf/v10n14.pdf.

Raudenbush, S. W.(1984). Magnitude of teacher expectancy effects on pupil

IQ as a function of the credibility of expectancy induction. *Journal of Educational Psychology, 76,* 85-97.

Raudenbush, S. W. (2009). Analyzing effect sizes: Random- effects models. In Cooper, H., Hedges, L. V. & Valentine, J. C. (Eds.). *The handbook of research synthesis and meta-analysis (2nd ed).* New York: Russell Sage Foundation.

Riebler, A. (2008). Publication bias in meta-analysis: The trim and fill method. http://www.biostat.uzh.ch/teaching/phd/doktorandenseminar/trim_fill_handout.pdf.

Ringquist, E. (2013). *Meta-analysis for public management and policy.* Wiley.

Robins J, Breslow N, Greenland S. (1986). Estimators of the Mantel-Haenszel variance consistent in both sparse data and large-strata limiting models. *Biometrics, 42,* 311-323.

Rodríguez, M.C. and Maeda, Y. (2006). Meta-analysis of coef cient alpha. *Psychological Methods, 3,* 306-322.

Rojewski, J. W. (1999). Five things greater than statistics in quantitative educational research. *Journal of Vocational Research, 24(1),* 63-74.

Rosenberg, M. S. (2005). The file-drawer problem revisited: A general weighted method for calculating fail-safe numbers in meta-analysis. *Evolution,* 59(2), 464-468.

Rosenthal, R. (1979). The file drawer problem and tolerance for null results. *Psychological Bulletin, 86,* 638-641. doi:10.1037/0033-2909.86.3.638.

Rosenthal, R. (1984). *Meta-analytic procedures for social research.* Beverly Hills, CA: Sage.

Rosenthal, R. (1991). Effect sizes: Pearson's correlation, its display via the BESD, and alternative indices. *American Psychologist, 46(10),* 1086-1087.

Rosnow, R. L., Rosenthal, R., & Rubin, D. B. (2000). Contrasts and correlations in effect-size estimation. *Psychological Science, 11,* 446-453.

Shapiro, S.(1997). Is meta-analysis a valid approach to the evaluation of small effects in observational studies? *Journal of Clinical Epidemiology,50(3)*, 223-229.

Schmidt, F. L., Gast-Rosenberg, I., & Hunter, J. E. (1980). Validity generalization results for computer programmers. *Journal of Applied Psychology, 65,* 643-661.

Schmidt, F. L. (1992). What do data really mean? Research findings, meta-analysis,and cumulative knowledge in psychology. *American Psychologist, 47 (10)*, 1173-1181.

Schmidt, F. L. & Hunter, J. E. (1997). Eight common but false objections to the discontinuation of significance testing in the analysis of research data. In Lisa A. Harlow, Stanley A. Mulaik, and James H. Steiger (Eds.) *What if there were no significance tests?* (pp. 37-64). Mahwah, NJ: Lawrence Erlbaum Associates.

Schmidt, F. L., & Huy, A. L. (2005). *Hunter-Schmidt meta-analysis programs* (Version 1.1) [Computer software].Available from Frank Schmidt via email: frank-schmidt@uiowa.edu.

Schulze, R. (2007). Current methods for meta-analysis: Approaches, issues, and developments. *Journal of Psychology, 215*, 90-103.

Schulze, R. (2004). *Meta-Analysis: A Comparison of Approaches*. Cambridge, MA: Hogrefe & Huber.

Shadish, W.R. (1996). Meta-analysis and the exploration of causal mediating processes: A primer of examples, methods, and issues. *Psychological Methods, 1*, 47.

Silcocks, P. (2005). *An easy approach to the Robins-Breslow-Greenland variance estimator*. Epidemiologic Perspectives & Innovations, 2(9). http://www.epi-perspectives.com/content/2/1/9.

Sirin, S. R. (2005). Socioeconomic status and academic achievement: A meta-analytic review of research. *Review of Educational Research, 75*(3), 417-453.

Smith, Mary L.; Glass, Gene V. (1977). Meta-analysis of psychotherapy outcome studies. *American Psychologist, 32(9)*, 752-760. doi: 10.1037/0003-066X.32.9.752.

Spiegelhalter, D. J., Abrams, K. R., & Myles, J. P.(2004). *Bayesian approaches to clinical trials and health care evaluation.* Chichester: John Wiley & Sons.

Stanley, T. D., & and Doucouliagos, C. (2007). *Identifying and correcting publication selection bias in the efficiency-wage literature: Heckman meta-regression.* School working paper, Economics Series 2007-11, Deakin University.

Stanley, T. D.(2008). Meta-regression methods for detecting and estimating empirical effect in the presence of publication selection. *Oxford Bulletin of Economics and Statistics ,70*,103-127.

Stanley, T. D., Jarrell, S. B. and Doucouliagos, H.(2010). Could it be better to discard 90% of the data? A statistical paradox. *The* American Statistician*, 64,* 70-77.

Stanley, T. D., & Doucouliagos, H.(2012). *Meta-regression and analysis in economics and business.* London & New York: Routledge.

Stanley, T. D., & Doucouliagos, H.(2013). *Better than random: Weighted least squares meta-regression* Analysis. Economics series, Deakin University, Faculty of Business and Law, School of Accounting, Economics and Finance. http://ideas.repec.org/p/dkn/econwp/eco_2013_2.html.

Stanley, T. D., Doucouliagos, H. (2014). Meta-regression approximations to reduce publication selection bias. *Review Synthesis Methods, 5*(1), 60-78.

Sterne, J. A., Gavaghan, D., Egger, M.(2000). Publication and related bias in meta-analysis: Power of statistical tests and prevalence in the literature. *Journal of Clinical Epidemiology, 53*, 1119-1129. (2000).

Sterne, J. A., Egger, M. (2001). Funnel plots for detecting bias in meta-analysis: Guidelines on choice of axis. *Journal of Clinical Epidemiology, 54*, 1046-1055.

Sterne, J. A., Becker, B. J. *and* Egger, M. *(2005). The funnel plot. In Publication bias in meta-analysis: Prevention, assessment and adjustments (eds* H. R. Rothstein, A. J.Sutton *and* M.Borenstein*), pp.* 75-98. *Chichester: Wiley.*

Sterne, J. A., Egger, M., and Davey Smith, G. (2001). Systematic reviews in health care: Investigating and dealing with publication and other biases in meta-analysis, *British Medical Journal, 323,* 101-105.

Straus, S., Richardson, W. S., Glasziou, P. & Haynes, R. B. (2005). *Evidence-based medicine: How to practice and teach EBM* (3rd ed.). Edinburgh: Churchill Livingstone.

Stuart, A., & Ord, J. K. (1994). *Kendall's advanced theory of statistics* (6th edition). London: Edward Arnold.

Susantitaphong, P., Alfayez, M., Cohen-Bucay, A., Balk, E. M., & Jaber, B. L.(2012). Therapeutic hypothermia and prevention of acute kidney injury: A meta-analysis of randomized controlled trials. *Resuscitation, 83*, 159-167.

Tanner-Smith, E. E. (2012). Using robust standard errors for dependent effect sizes. Campbell Collaboration Colloquium, Copenhagen, Denmark.

Tang, J. L., Liu, J. L.(2000). Misleading funnel plot for detection of bias in metaanalysis.*Journal of Clinical Epidemiology, 53*, 477-484.

Thomas, L. (1997). Retrospective power analysis. *Conservation Biology, 11,* 276-280.

Thompson, B. (1996). AERA editorial policies regarding statistical significance testing:Three suggested reforms. *Educational Researcher, 25(2),* 26-30.

Thompson, B. (1998). *Five methodology errors in educational research: The pantheon of statistical significance and other faux pas.* Paper presented at the annual meeting of American Educational Research Association, San Diego.

Valentine, J. C., & Cooper, H. M. (2008). A systematic and transparent approach for assessing the methodological quality of intervention effectiveness research: The Study Design and Implementation Assessment Device (Study DIAD). *Psychological Methods, 13,* 130-149.

Valentine, J. C., Pigott, T. D., & Rothstein, H. R. (2010). How many studies do you need?: A primer on statistical power in meta-analysis. *Journal of Educational and Behavioral Statistics, 35*, 215-247.

van Emmerik-van Oortmerssen, K., van de Glind, G., van den Brink, W., Smit, F., Crunelle, C. L., Swets, M., Schoevers, R. A. (2012). Prevalence of attention-deficit hyperactivity disorder in substance use disorder patients: A meta-analysis and meta-regression analysis. *Drug and Alcohol Dependence, 122*(1-2), 11-19. doi:10.1016/j.drugalcdep.2011.12.007.

Varadhan, K. K., Neal, K. R., Lobo, D. N.(2012). Safety and efficacy of antibiotics compared with appendicectomy for treatment of uncomplicated acute appendicitis: meta-analysis of randomised controlled trials. BMJ, Apr 5;344:e2156. doi: 10.1136/bmj.e2156. PubMed PMID: 22491789.

Verhagen, A. P., et. Al.(1998). The Delphi list: a criteria list for quality assessment of randomised clinical trials for conducting systematic reviews developed by Delphi consensus. *Journal of Clinical Epidemiology, 51*(12), 1235-41.

vom Brocke, J.; Simons, A.; Niehaves, B.; Riemer, K.; Plattfaut, R.; Cleven, A.(2009). *Reconstructing the giant: on the importance of rigour in documenting the literature search process.* In: Proceedings of the European Conference on Information Systems (ECIS). Verona, Italy, 2206-2217.

Walker, E., Hernandez, A.V., Kattan, M.W.(2008). Meta-analysis: its strength and limitations. *Cleveland Clinic Journal of Medicine, 75(6),* 431-439.

Weinhandl, E. D. & Duval, S.(2012). Generalization of trim and fill for application in meta-regression. *Research Synthesis Methods, 3(1)*, 51-67.

Welton, N. J., Sutton. A. J., Cooper, N. J., Abrams, K. R., Ades, A. E. (2012). Evidence synthesis for decision making in healthcare. UK: John Wiley & Sons.

Whitener, E. M.(1990). Confusion of confidence intervals and credibility intervals in meta-analysis. *Journal of Applied Psychology, 75(3)*, 315-321. doi: 10.1037/0021-9010.75.3.315.

Wilson, D. B.(2010). SPSS/Win 6.1 or higher macro: meta-analysis modified weighted multiple regression for any type of effect size. http://mason.gmu.edu/~dwilsonb/downloads/MetaReg.sps.

Wolf, F. (1986). *Meta-Analysis: Quantitative methods for research synthesis.* Beverly Hills, CA: Sage.

World Health Organization special program on health and environment European Center for Environment and Health Bonn Office.(2005). *Effects of air pollution on children's health and development.* http://www.euro.who.int/data/assets/pdf_file/0010/74728/E86575.

Zablotska, L. B. (2012). *Critical review of epi studies and presentation of study findings.* Retrieved from http://rds.epi-ucsf.org/ticr/syllabus/courses/75/2011/03/11/Lecture/notes/Week%2010%20-%20Meta-analysis_class.ppt#256,1,Critical review of epi studies and presentation of study findings.

Zhang, B., Wing, Y. K. (2006). Sex differences in insomnia: A meta-analysis. *Sleep, 29*(1), 85-93.

Index

索 引

• 索 引 •

英文索引

中文索引

國家圖書館出版品預行編目資料

傳統整合分析理論與實務：ESS & EXCEL／
李茂能著. ――初版.――臺北市：五南,
2015.05
　面；　公分
ISBN 978-957-11-8053-3（平裝）

1.社會科學　2.研究方法　3.後設分析

501.2　　　　　　　　　　104003239

1H95

傳統整合分析理論與實務：
ESS & EXCEL

作　　　者 ― 李茂能

發 行 人 ― 楊榮川

總 編 輯 ― 王翠華

主　　　編 ― 張毓芬

責任編輯 ― 侯家嵐

文字校對 ― 陳欣欣　許宸瑞

封面設計 ― 盧盈良

出 版 者 ― 五南圖書出版股份有限公司

地　　　址：106台北市大安區和平東路二段339號4樓

電　　　話：(02)2705-5066　　傳　真：(02)2706-6100

網　　　址：http://www.wunan.com.tw

電子郵件：wunan@wunan.com.tw

劃撥帳號：01068953

戶　　　名：五南圖書出版股份有限公司

台中市駐區辦公室/台中市中區中山路6號

電　　　話：(04)2223-0891　　傳　真：(04)2223-3549

高雄市駐區辦公室/高雄市新興區中山一路290號

電　　　話：(07)2358-702　　傳　真：(07)2350-236

法律顧問　林勝安律師事務所　林勝安律師

出版日期　2015年5月初版一刷

定　　　價　新臺幣850元